帝國落日 下

John Toland

大日本帝國的衰亡（1936-1945）

終戰八十週年紀念版

THE RISING SUN

The Decline and Fall of the Japanese Empire, 1936-1945

約翰・托蘭 著 ——— 吳潤璿 譯

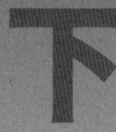

目次

第五部
調兵遣將

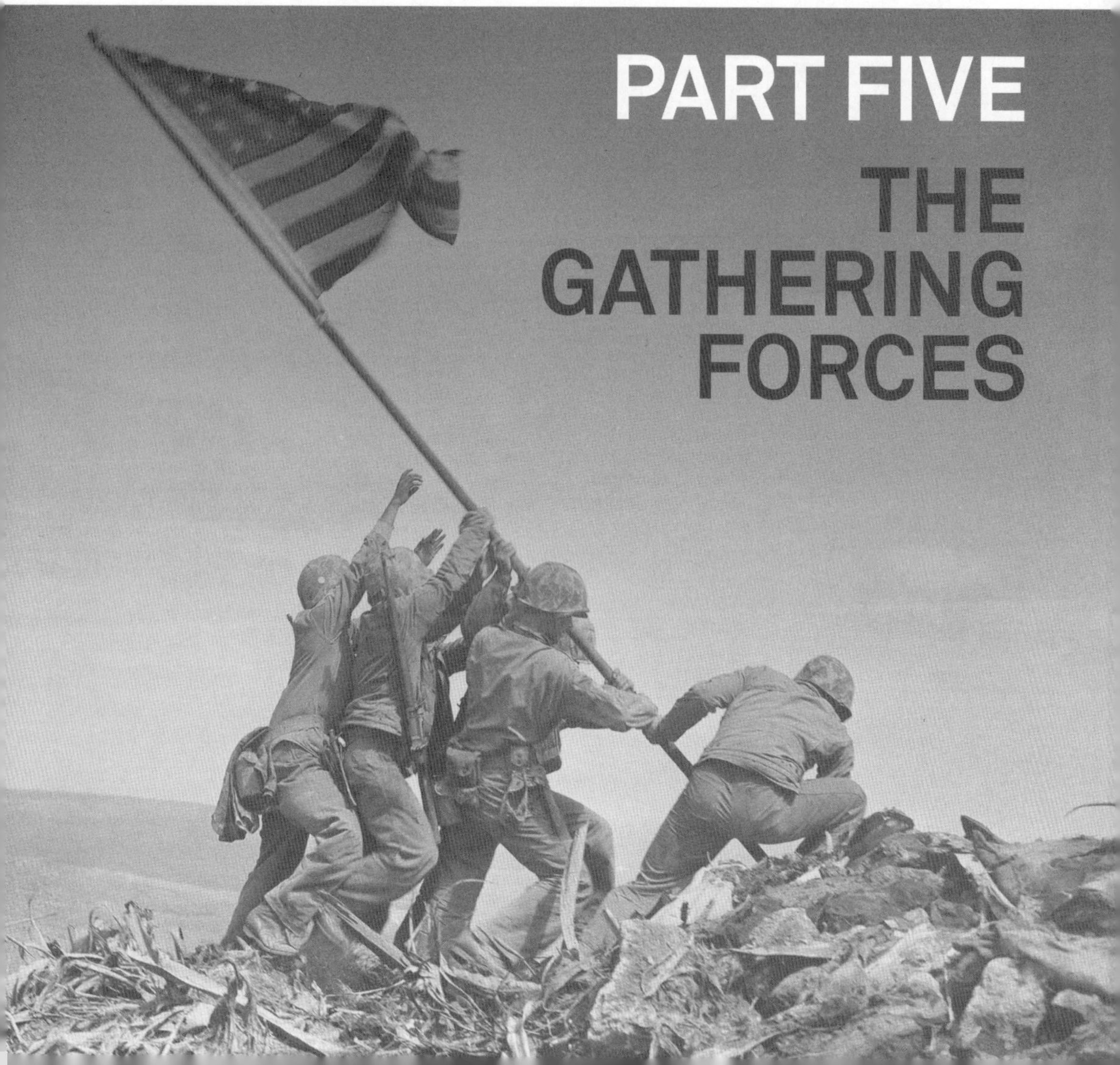

PART FIVE
THE GATHERING FORCES

第十八章
鼠膽與好漢

一

一九四三年是日本的「羊年」，對於同盟國而言是「會議年」；舉行的地點從卡薩布蘭卡（Casablaca）到開羅（Cairo），又從魁北克（Quebec）到德黑蘭（Teheran）。在那場極煩人的瓜達爾卡納爾戰役結束之前，羅斯福和邱吉爾已經計劃好和他們的伙伴史達林在卡薩布蘭卡會面。那裡看起來是個舉行重大會議的絕佳地點，地名本身就代表著神祕和權謀，但是這個原本值得紀念的首度戰時「三巨頭」會議，一開始就讓人失望。天性多疑的史達林有禮地婉拒出席，原因是得忙於擊退希特勒的軍隊。

甚至連美國特勤局（Secret Service）幹員都向羅斯福施壓，要求他不要參加此場會議。他們反對羅斯福在充斥著德國特務和陰謀破壞者戰火頻仍的戰區現身。但正是危險本身吸引了羅斯福總統前往，過去他常說想逃離華盛頓沉悶的政治圈，那怕是幾天也好。

羅斯福和邱吉爾兩人都住在卡薩布蘭卡的安法飯店（Anfa Hotel）。這是個現代化建築，位於離市區四英里遠的山頂上，被熱帶花園和豪華私人別墅環繞著，看上去就像是盛開著九重葛和秋海棠的天堂，還有閃閃發亮的地中海作為襯底。整個飯店區域都用鐵刺網包圍住，並由一大群憲兵保護著。成群的安全人員隱身在周遭地區，大多數的摩洛哥服務生都換成了美國或英國士兵。

一月十三日，美國軍方領袖——參謀長聯席會議——在飯店內舉行了會前會議。在過去的兩個月，世界的兩端都迎接到一些意外的勝仗，此時是該再次檢視全球戰略以及為歐洲與遠東的勝利做出長遠規劃的時刻。英國人希望在太平洋內進行有限度的戰爭，只有在擊敗希特勒之後才該把全部的力量集中轉向遠東地區。美國的參謀長們被那十分難應付的金恩上將慫恿，都認為英軍低估了日本人，並且決定在太平洋和緬甸同時進行攻勢和守勢作戰。

隔天他們去會見英國的參謀長。金恩一開始就採取攻勢，盟軍只有百分之十五的資源投入在太平洋地區，這實在遠遠不足以阻擋日本人去鞏固其初期的勝利。

英軍參謀長艾倫．布魯克爵士（Alan Brooke）以毫不掩飾的憤怒神情回應著，日軍肯定是採取守勢。此外，西方眼下的局勢是相當有利的，在年底之前是有可能獲勝的——只要不把軍力和物資分散到像緬甸那種地方，就可獲勝。

金恩反駁道，日本還是很強大的，若不進行緬甸戰役，蔣介石或許會退出戰爭。收復菲律賓可能得等到希特勒戰敗之後了，但迅速奪下特魯克島和馬里亞納群島卻是必要的。

金恩的滔滔雄辯對英國人未能產生什麼效果。他們來到卡薩布蘭卡之前就決心自行其事，甚至為此還精心計劃。有艘六千噸的郵輪就停在幾海哩之外的海上，是作為參謀本部和通訊中心之用。這船上載有「一台機器裝置，可以根據不時的需要來進行技術性的量化計算」。

金恩私下敦促他的同僚要堅定立場，在一月十七日召開的參謀首長聯席會議中，馬歇爾威脅英國人：如果太平洋戰區不能取得盟軍百分之三十的物資，那麼「相當遺憾地，美國有必要從歐洲戰場中撤回其承擔的義務」。英國人有點動搖了，提出在一九四三年之前遠東地區的作戰必須侷限在拉包爾和緬甸的建議，作為反制的回應。

金恩不會放棄馬里亞納群島。在那個地區的兵力規模是足夠發動一場戰役的，而讓這些兵員閒置在那裡，就是種虛擲浪費。此外，這項行動並不會汲取任何原先要撥給歐洲戰場的資源。

英國人反應相當冷淡。所有在太平洋地區會削弱進攻德國的行動都不可採行。金恩的回覆也是十分冰冷，在太平洋地區就由美國人來決定何時何地發動攻擊。

金恩的話語毫無疑問地意味著，太平洋地區是美國人最為關切的議題。珍珠港、巴丹和瓜達爾卡納爾比起羅馬、巴黎和柏林等名稱更能鼓動美國人。把這種國族驕傲（和屈辱）一起考量，那勢必得達成一份合理的妥協。

布魯克感到很氣餒。他擔心不論英國人說些什麼「都不會使金恩斷絕在太平洋開戰的想法」。歐洲的戰事「只不過是讓他無法專心進行太平洋戰爭的麻煩事而已」。午餐時，他絕望地告訴約翰・迪爾爵士：「玩完了，我們永遠都無法和他們達成協議。」

做事客觀的迪爾從一九四一年聖誕節擔任參謀首長聯席會議英國駐華盛頓代表起，就經常扮演起布魯克和美國人之間緩頰的角色。他安撫將軍說：「在大多數要點上，你們已經達成協議了。只剩下要解決其他的問題而已。」

布魯克說：「我寸步不移。」

迪爾笑著勸他：「你當然得妥協。你知道必須達成協議，不然就把這些事全都推給首相和總統了。而你和我一樣都深知，『他們』會把事情搞得一團糟。」

到了傍晚，雙方的規劃人員已經擬好一份條件相當寬泛的一九四三年的盟軍目標概要，因此布魯克和金恩雙方都感到滿意。協議約定，「持續太平洋地區的行動，目地在於能對日軍持續施壓（為了讓金恩滿意）」，但是這樣的行動不能從歐洲抽調過多的資源（為了取悅布魯克）。不過，將由美國參謀長們來決定是否會抽調過多資源的標準。當哈利．霍普金斯讀到這份協議後，他寫信給迪爾表示：「我想這是個『非常』好的文件，太棒的計畫——因此，我現在感覺好多了。」

邱吉爾和羅斯福兩人幾乎是毫無疑問地就接受了這份協議。邱吉爾還高度讚揚了參謀首長聯席會議，並說：「在我知道的所有同盟國的會議中，從來沒有一場會議能像這場會議這般，就軍事、武器生產以及經濟方面，對世界大戰的整體局勢進行長時間的專業研究。」

但是，歧異不過是被妥協遮掩住而已，就像用繃帶蓋住很深的傷口一樣。

在會議的最後一天，英國首相和美國總統在非洲炙熱的艷陽下，和記者們廣泛地談起戰事的進程。接著，羅斯福在沒有經過事先商議情況下發表宣言，他謹慎且深思熟慮地說：「消滅德國、義大利和日本的戰爭力量，這意味著德國、義大利和日本的無條件投降。」

這句話對大家而言有如炸彈一般，但是對邱吉爾來說卻不是了，他在前天一場有霍普金斯和艾利奧特．羅斯福（Elliott Roosevelt，羅斯福總統之子）一起參加的私人午宴上，就聽到羅斯福說出這樣的話。邱吉爾一開始是皺起眉頭，接著咧嘴笑著說：「太好了！那我倒是想看看戈培爾（Joseph Goebbels）及其餘那群人會怎麼叫囂！」[1]

但是，這讓對手有可乘之機，希特勒和東條手上立刻有了一份可以用來激勵人民抵抗到底的寶貴宣傳素材。而且盟軍陣營中還有許多人，特別是軍方人士，對這份公告感到困擾。像威廉・萊希上將（William Leahy）推論，這樣就不得不摧毀敵人了。放棄了外交手段，盟軍已經走上了無限戰爭的嚴峻之路。

二

在太平洋戰場上，今村均中將決定好好利用瓜達爾卡納爾戰役後的喘息空檔，派出六千四百名部隊來增援新幾內亞首府萊城的駐防軍。這座戰略性城鎮位於北海岸的布納以西約莫一百五十英里遠，對於防衛拉包爾而言，至為重要。在二月最後一天的子夜，木村昌福海軍少將率領了八艘驅逐艦和八艘運輸船組成的船團，離開拉包爾港後以逆時鐘方向航行繞過新不列顛島，很快就進入俾斯麥海（Bismarck Sea）。隔天下午，當船隊破浪航行時，有架「解放者式」戰機發現它們。翌日，又再度被發現，並且遭到二十九架重轟炸機的攻擊。其中一艘運輸艦被擊沉，兩艘中彈起火，但是船團還是維持原航路向前。

不過，新幾內亞島上的美國第五航空隊（即初期的盟軍空軍）的戰力，比日軍所獲知的情資更為強大。此時，該區域內已經擁有二百零七架轟炸機和一百二十七架戰鬥機，喬治・肯尼中將徹底地改良轟炸機的角色，使其成為攻擊水面艦艇的革命性手段。拆卸B-25「米契爾式」戰機的機鼻部分，裝上八挺五零機槍，便能在兩百英尺的低空飛行中進行掃射。飛行員幾乎可以貼著海面飛行，在即將飛到目標之前才投彈攻擊。裝有延遲五秒爆炸引信的炸彈不是擊中艦身，就是跳彈到船舷側，足夠飛行員在炸彈爆炸之前飛到安全距離之外。肯尼一直在等待著試驗這種跳彈轟炸（skip bombing）的時機，木村的船團正是絕佳的對象。

三月三日上午十點，十八架「空中堡壘」以及二十架中型轟炸機在七千英尺的高空對運輸艦進行傳統式攻擊，接著有十八架澳洲的「英俊戰士式」（Beaufighter）戰機開始掃射船團。木村並不膽怯。之後來了十二架「米契爾式」跳彈轟炸機，離海面只有幾碼的高度低空飛行而來。日軍艦長們認定它們是魚雷轟炸機，開始進行轉向迴避，「米契爾式」機鼻的多挺機槍則朝著擠在甲板上的日軍進行掃射。這是場屠殺。最後，炸彈從僅船桅高的高度落下。幾乎有半數的炸彈——十七枚——擊中目標。又有十多架的戰機低空飛來。這些是輕型轟炸機，它們一樣沒有投射魚雷，當它們飛過這些運輸艦時，「跳彈」了炸彈並且用機鼻上的機槍猛烈掃射。這回它們的命中率比較好，二十枚炸彈中了十一枚。前幾分鐘內，每艘運輸艦都被擊中，不是被擊沉就是嚴重受損。有艘驅逐艦被擊沉，三艘被炸到癱瘓。

這場攻擊行動持續了一整個下午。受損的船艦全部都毀了，竹筏或是救生艇上的生還者遭到無情的掃射。攻擊者毫無君子之爭的念頭。他們從澳洲士兵那裡聽到太多的故事，描述他們的袍澤在被俘後日軍是如何用刺刀對待他們，並任由他們死去，還掛著牌子上面寫著：「凌遲處死。」[2]

這回的慘敗，還有被美軍潛水艇擊沉了四艘貨輪和一艘油輪，使得今村受挫而不再派出船艦向新幾內亞島運送增援部隊。他也承受不起把這個島嶼變成另外一個瓜達爾卡納爾島的損失。

盟軍部隊已經大舉攻向萊城，從萊城，他們除了可以跨過新幾內亞和新不列顛之間的海峽，還能對拉包爾發動地面攻擊。麥克阿瑟那份雄心壯志的計畫需要再增加一千八百架戰機和五個師的兵力。因為他這份要求，得重新評估優先順序，因此太平洋地區各指揮部的代表被召集到華盛頓，參加「太平洋軍事會議」（Pacific Military Conference）。無法避免地爭論哪個戰區享有優先權的問題。陸軍航空軍的代表並不支持麥克阿瑟，他宣稱在卡薩布蘭卡協定中，給予對德轟炸任務最高優先權。海軍則同樣激烈地要求先攻佔拉包爾，以及要有「足夠的兵力」好讓日軍維持在守勢狀態。

要取得意見一致是不可能的了，因此把這個問題提交到參謀長聯席會議上。在那裡，爭論再啟，可以預期金恩上將是會支持太平洋的戰局，而阿諾德將軍的代表拒絕對空襲德國做出讓步。雙方都利用那份措詞模糊的卡薩布蘭卡協定，來支援自己的論點。不過終究得達成協議，最後同意要限制對拉包爾的攻擊，但是要為「最終得奪取俾斯麥群島」有所準備。

麥克阿瑟一反常態且心平氣和地接受了這樣的妥協，並要他的參謀人員開始策劃「車輪作戰」（Operation Cartwheel）。這是個複雜的作戰計畫，牽涉到十三個階段一步步的攻擊。行動會在六月中旬發動，在十二月時以陸海兩軍聯合攻擊拉包爾告終。

在帝國大本營內，新幾內亞也是個爭論焦點。陸軍希望以大批軍力進行防守，這是發動大規模地面作戰的絕佳跳板。就海軍而言，所羅門群島則顯得更為重要。這些島上比起新幾內亞擁有更多的航空基地，如果布干維爾島陷落，拉包爾——以及聯合艦隊總部的特魯克島——也會陷入險境。陸軍堅持新幾內亞更為重要，一旦失守，菲律賓群島和爪哇就會被切斷。戰略邏輯是站在海軍這方的，早就證明把部隊運送到新幾內亞的代價之高昂。可是擅於言辭交鋒的陸軍勝出了。三月二十五日，山本上將和今村中將分別接到新幾內亞為第一優先的指示。

對於美軍和日軍雙方而言，此時是規劃和準備的時機點，而非進行戰鬥；在戰事和緩期間，雙方都強化基地防務以及添補援軍。雖然帝國海軍在爭論中敗下陣來，但是對敵軍發動首波攻擊的卻是山本上將。他的任務是去摧毀盟軍整個區域內的海面與空中的戰力，因此他制定了「伊號作戰」（Operation I）計畫，首先集中兵力對付所羅門群島，然後才是新幾內亞。

四月初，山本帶著宇垣、黑島、渡邊和其他重要幕僚一起來到拉包爾，準備親自指揮攻擊。四月七日，朝瓜達爾卡納爾島發動自珍珠港攻擊以來最大的空襲——動用了二百二十四架戰鬥機和轟炸機。飛行員一如往常高興地回報戰果，但是也一如往常收效甚微。僅擊沉一艘驅逐艦和兩艘小型船艦，擊落七架海軍陸戰隊的戰鬥機。

山本接著把注意力轉向新幾內亞島，在四天內對歐羅灣（Oro Bay）、莫爾茲比港和米爾恩灣（Milne Bay）發動了三波大規模襲擊。飛行員回報摧毀了一百七十五架戰機、一艘巡洋艦、兩艘驅逐艦以及二十五艘運輸艦。事實上，盟軍所損失的是戰機五架、一艘運輸艦和一艘商船，另外一艘船被炸到擱淺。可是這些戰報讓山本相信「伊號作戰」的目的已經達到。

在返回特魯克之前，他準備用一天時間去偵查所羅門防務情況。他的首站會在布干維爾島南方的一座小島巴拉萊島（Ballale），短暫停留慰問歷經瓜達爾卡納爾的苦難正在恢復元氣的丸山中將的部隊。他要親自對他們做出的犧牲表達謝意。

今村中將對於此行程相當擔憂，他告訴山本，他在布干維爾島附近千鈞一髮之際逃脫美軍戰鬥機攻擊的經歷。山本不為所動，甚至連第十一航空隊的指揮官都未能勸阻他放棄此行。渡邊中校親手寫下行程表，並親自送到第八艦隊總部。他要用郵件方式將此訊息遞送出去，但是一名通訊官卻說得用無線電發送。渡邊抗議，表示美軍會截收這份電文，並且可能會加以破解。該名通訊官認為不可能，表示「這份密碼在四月才啟用，而且無法破解」。

渡邊的恐懼是有道理的。這份電報發送後就被攔截，並遞送到位於珍珠港的戰鬥情報總部。那些在地下室內曾經協助贏得「中途島海戰」的一群人，幾乎是通宵達旦在破解這份電文，到了四月十四日清晨，已經將電文譯成日文明碼。海軍陸戰隊的語言軍官阿瓦爾・拉斯威爾中校（Aval Lasswell）和他的手下把譯文中的空白處填寫完畢，並且辨識出地名的代碼名稱。比方說，RR代表著拉包爾，而巴拉萊是RXZ。

上午八點二分，艦隊的情報官愛德華・萊頓中校獲准進入尼米茲上將的辦公室。萊頓說：「我們的老朋友山本。」遞上了那份電報。上將讀到山本將會在十八日上午六點搭乘一架中型轟炸機，在六架戰鬥機護航下離開拉包爾，並且會在上午八點抵達巴拉萊。他笑著抬起頭，說：「我們要試著逮他嗎？」

萊頓回說：「他在日本海軍中獨一無二。」山本是青壯派軍官還有士兵們的偶像。「你了解日本人的心理，這會震動全日本的。」

「我唯一關心的，是他們能不能找到一個更會作戰的艦隊指揮官？」答案是：和所有的日本海軍將領相比，山本是「出類拔萃的」。尼米茲最後說：「那是哈爾西的轄區。如果有辦法的話，他會想出來的。好吧，讓我試看看吧。」

尼米茲寫電文給哈爾西，授權他「擬定初步計畫」。該任務獲得海軍部長法蘭克．諾克斯和總統的批准，四月十五日，尼米茲發給哈爾西一份最後批准的電文，並「祝好運和豐收」。

四月十八日星期天，黎明時天氣晴朗而潮濕。剛好在兩年前的今天，杜立德轟炸了東京。山本和以往一樣有條不紊，已經準備好要出發了。他的副官勸他穿上綠色軍服，而不是那顯眼的白色軍服。當他要走上座機（一架三菱公司製造的轟炸機）時，他轉向拉包爾的海軍指揮官草鹿任一中將（南雲的參謀長草鹿龍之介的堂弟），拿出兩份卷軸要他轉給第八艦隊的新任指揮官。這是山本手書的明治天皇的詩句。

山本的座機在東京時間六點整離開了拉包爾。隨行的有他的祕書、艦隊醫官和航空參謀官。第二架三菱戰機則載著宇垣參謀長和其他數名參謀。渡邊中校目送兩架飛機消失在視線外，因未能隨行而感到失望。

兩架轟炸機爬上五千英尺高空後朝南飛去，宇垣擔心兩架飛機的距離過近，彼此機翼或許會擦撞。六架「零式」戰鬥機飛在上方護航。這是次愉快而平靜的行程，從布干維爾島右方飛過不久之後，機群開始降低高度，準備要降落在卡西里機場（Kahili）。

在南方，十六架P-38「閃電式」戰鬥機從韓德森機場起飛，以兩千英尺的高度飛行正朝著布干維爾島而去。機隊的指揮官約翰．米契爾少校（John Mitchell）看著手錶，此時是九點三十四分（比東京時間晚一個小時）。他們的機翼上都掛著副油箱，僅僅依靠羅盤和空速錶就在這片寬廣無際的水域上飛了超過六百英里——而且令人難以置信地，居然能準時飛到攔截點。滿心期望山本的座機會在一分鐘之內出現。它應該在西方三英里處。但是視線內毫無飛機的蹤影。

米契爾手下的一名飛行員打破無線電靜默，小聲地說：「十一點方向，國籍不明飛機。」

米契爾數了一下敵軍飛機，共有八架。兩架轟炸機，其中一架定是山本的座機。「殺手」組的四架「閃電式」戰機能把兩架轟炸機擊落嗎？這個小組的隊長是上尉小湯瑪士．蘭飛爾（Thomas Lanphier, Jr.），也正在計算著敵軍戰機。它們看起來像是高射砲爆開的火花。他甩開了副油箱，轉而使用機內燃油。毫不意外地日軍戰機衝了過來。離海岸約兩英里處，蘭飛爾也看到「零式」甩掉機腹下的銀白色油箱，他們發現到這些伏擊的機群。兩架日本轟炸機開始朝著叢林急降。

數架「零式」戰鬥機朝著蘭飛爾沖來，他開火射擊。

米契爾從上方對他呼叫：「湯姆，別理那些『零式』了。攻擊轟炸機。打下轟炸機。他媽的，打下轟炸機！」

宇垣的座機幾乎就貼著叢林上方而過。他問正在機內走道上要綁住自己的機長：「怎麼了？」他說：「我想應該是操作錯誤。」

宇垣抬頭往上看，只見「零式」和「閃電式」在纏鬥。山本呢？另外一架轟炸機突然從旁飛過，接著消失了。

蘭飛爾有兩架戰機已經無法作戰，其中一架甩不開機腹的油箱，而他的僚機必須緊跟著他。這樣就只剩下蘭飛爾和自己的僚機雷克斯．巴柏上尉（Rex Barber）來擊落這兩架轟炸機了。蘭飛爾從三架「零式」戰鬥機圍剿中衝了出來，翻了個筋斗飛了下去。

他瞥見下方有一架轟炸機，便俯衝而下，並射出持續連串的機砲。這架三菱的右引擎和機翼都中彈起火。

巴柏往另外一架三菱飛去。他開火射擊，看到這架轟炸機抖動幾下。他持續朝它射擊，把垂直尾翼的上緣部分都打爛了。他從旁飛過並回頭看，確定「機身殘骸從叢林中冒出」。他和蘭飛爾兩人都肯定擊落了第一架轟炸機，也就是山本的座機。

宇垣已經看到長官的座機墜入叢林內。他驚訝地指著那一縷黑煙柱說：「看！山本的座機！完蛋了！」他自己這架飛機也因右翼中彈而不斷抖動，往大海中墜入。飛行員試著要把機身拉回，但是無法控制飛機俯衝墜落。他這架三菱斜翻衝進了大海。

當被海水包圍著時，他自言自語地說：「宇垣，你玩完了！」他在黑暗中並不想掙扎。就像在夢中一樣，他看見頭上方有道亮光，還感覺自己不斷往上浮出水面。他張著嘴大口吸氣。有面機翼還在燃燒著，其他部分全都消失無蹤。他離岸邊大概有兩百碼，於是開始用蛙式往岸上游。他游到精疲力竭，伸手抓到一個木箱，但是卻無法抱住它，這才發現他的右手臂斷了。他用左手緊抓著箱子，用腳踢水前進。

首先回到韓德森機場的「閃電式」戰機進場時，做了低空滾筒飛行，因此地面人員知道山本的座機被擊落，於是發送一封電報給哈爾西：

命中黃鼠狼。約翰·米契爾少校所率領的「閃電式」戰機在美軍巡視的卡西里區域內，於九點三十分左右，擊落由緊密編隊飛行的「零式」戰鬥機護航的兩架轟炸機。其中一架確信是試飛飛機。外加三架「零式」戰機，總數共擊落六架。一架「閃電式」未能返航。四月十八日似乎是屬於我們的日子。

哈爾西在隔天的例行會議上宣讀了這份電報，特納少將「歡欣鼓舞並拍手叫好」。哈爾西說：「等等，凱力。這有什麼好的？我原本希望用鐵鍊把這惡棍拉到賓夕法尼亞大道上去遊街示眾的，讓你們這些人去踹他幾腳，這樣才好呢！」他下令不得把消息透露給媒體，這有可能會讓日本人發現他們的密碼被破解了。[3]

渡邊中校悲傷不已，主持了山本遺體的火化儀式。他把骨灰放在一個下面墊著木瓜葉的小木盒內。在特魯克，他登上「武藏號」，踏上悲傷的返國之途。五月二十一日，這艘超級主力艦抵達了東京灣，廣播電台播音員以哽咽的語調向全國宣布，山本「在一架軍機上壯烈犧牲」。

他的骨灰被分裝到兩個骨灰罈內，一個送回山本的出生地長岡，另外一個則是安排國葬。國葬在六月五日舉行——這也是日本另外一名海軍英雄東鄉將軍的葬禮紀念日。上百萬的東京市民排列在街道的兩旁觀看送葬隊伍。渡邊中校捧著他棋友生前的指揮刀，一路走在載運骨灰罈的砲兵拖車的正後方。骨灰和指揮刀一同葬在日比谷公園內。

山本的繼任人古賀峰一上將說：「只有一個山本，無人能取代他。」

——

對於日本人民來說，他們最了不起的戰鬥英雄卻是悲劇性喪生了，這是「難以承受的打擊」。不過，緊接著而來令人沮喪的訊息是，美國已經重新奪回阿留申群島中的阿圖島。宣傳人員試圖把在阿拉斯加外那人煙罕至的小島上陣亡兩千三百五十一人的事件，宣傳為振奮人心的史詩，成為「國家戰鬥精神的巨大刺激品」。

不過，天皇本人是深感哀痛的。他告訴陸軍參謀本部長杉山：「將來你發動戰事之前，務必要看到極大的獲勝機會，才能發動戰事。」——然後，在他的侍從武官長蓮沼蕃上將面前長篇大論地說出自己的內心想法。「他們（參謀本部長和軍令部長）應該早就預期到局勢會演變成這個樣子。在敵軍五月十二日登陸後，他們反而是花了一個星期的時間去準備反制措施。他們提到什麼『濃霧』的事，可是他們應該知道會有霧……海陸兩軍之間真的能坦言相對？看起來像是某方提出一個無法達成的要求，另外一方又不負責任地承諾能夠實行。不論雙方怎麼協議，都必須得完成。如果他們不能實踐相互之間的承諾，這比當初就做出承諾還要更糟。如果海陸兩軍之間不和，這場戰爭也就不會以勝利告終。他們在擬制作戰計畫時，彼此應該開誠布公……如果我們持續這樣的作戰方式，這只會提升敵軍的士氣，一如在瓜達爾卡納爾島的情況。中立國將會搖擺不定，並且鼓舞了中國，這對大東亞共榮圈內的各國也會產生嚴重的影響。我們還有什麼辦法可以抗衡美國，並且還能擊敗他們的嗎？……杉山好像是說，如果海軍打場『決戰』就能『終結』這場戰事的話，這個想法是行不通的。」

阿圖島的陷落引起海軍高級將領對帝國大本營提出不留情面的抨擊。大西瀧治郎中將告訴他的民間友人兒玉譽士夫，也就是陰謀要行刺近衛公爵的那個兒玉說：「我們本來就該在重擊阿圖島之後立即撤離。但是我們卻傻到喜歡上這個地方，把過多的物資和非必要的人員弄上去，然後又無法脫離。在南面也一樣有很多這樣的島嶼。」

兒玉說，他認為日本的戰略是「過度關切表面化的戰績」。大西同意這樣的看法。「就像陸軍和海軍為了每件小事都要爭吵一樣，如你所知的，海軍航空本部和海軍艦政本部也是爭論不已。不管我們怎樣指出了空中戰力的重要性，艦政本部還是死守著『艦隊第一』的老舊看法，而且只會從這種角度來觀看全局。總體來說，除非海軍被逼到牆角，否則它不會對那些該革新的事物予以改革。但是，屆時就會為時已晚。」

大西的仇恨已經超越了戰爭的整體進程。他認為艦政本部和其過時的「艦隊第一」的想法，都凌駕在更為重要的空軍戰力的需求之上。當然他的觀點是偏狹的，可是同樣反映了各個部門之間以及文官和軍方之間愈來愈激烈的衝突。

緩慢且大幅滑降的生產力惡化了這樣的情勢。無法補充戰場上的物資耗損，甚至都無法滿足陸軍和海軍最低限度的要求。不僅僅是因為各佔領區的指揮官未能開發當地的天然資源，而且生產品中也只有一小部分能夠送回本土，因為日本的商船數量有限，以及美軍潛水艇會對長途北上的船隻進行毀滅性的攻擊。

原物料缺乏的狀況愈來愈嚴重，還參雜了經常性的多方面管制以及互不協調。而另外一方面，美國國內的經濟動員正在加速當中。日本的產出在戰爭的激勵下成長了四分之一，而美國卻增加了三分之二，況且日本製造業的效能又只有對手的百分之三十五。更重要的是，日本國民生產毛額（以一九四〇年一百作為基數），到了一九四三年時僅僅上升二個百分點，而美國卻是達到百分之三十六。此外，美國在各個層面的擴張都有完備的計畫。日本卻未能多樣化。軍需生產是暴漲的——但是卻以放棄非軍事品生產為代價。在珍珠港事件的前十年中，因為產值增長的幅度迅速，導致其領導人認為無需擴大生產就可以進行大規模作戰。

面對這樣的現實狀況，他們只能盡力去提升整體水平。在幾個月內，國民生產毛額開始上升。總產出明顯的增幅，軍事品項的生產也攀升到歷史上的高點。前景看起來很有希望，但是這一切是否來得太晚了？

船運還是最為關鍵性的問題。因為阿圖島的陷落以及從臨近的基斯卡島上祕密撤退，[4]這都打亂了精心設計的預算配置。隨著失去了阿留申群島上的兩個橋頭堡，就必須強化千島群島的防務以及增加軍力布署。這一切都會大量分散南方被圍攻區域內的船運量。

六月時，在緊急狀況下舉行了聯繫會議，會議得出結論，雖然得損失國力，還是要把千島群島加以要塞化；鋼鐵生產量會減少二十五萬噸，鋁會降低六千噸，而煤產量會短少六十五萬噸。

種村上校當晚在他的「日誌」中寫下，「我們正面臨重大的危機」。因為陸海兩軍之間在爭奪戰略物資，使得這場危機更為嚴重。豐田副武海軍上將已經開始用「馬糞」來稱呼陸軍了。他在公開場合宣稱，他寧可女兒嫁給一個乞丐，都不願她嫁給陸軍軍人。

幾天之後的六月三十日，宣布所羅門群島的爭鬥已經結束，這使得爭論船舶運輸的議題突然之間就顯得黯然失色了。哈爾西將軍要麾下的兩棲部隊實施「蛙跳」（leapfrog）戰術穿過「狹縫」而上，向所羅門群島中的關鍵島嶼新喬治亞島挺進。日本駐軍已經嚴陣以待，迅速抵達的增援部隊很快就把兵力提到五千人，但守軍無法擊退蜂擁而上的數個陸軍師和海軍陸戰隊的兵力。征服整座島嶼不會超過幾週。這樣一來，在美軍和戰略要點布干維爾島之間就沒有什麼阻礙了。

天皇召見了首相。東條晉見之後，對天皇陛下「嚴重關切」一事感到震驚，隨即派人把他時常聽取意見的佐藤賢了將軍找來。東條臉上毫無表情地說：「去問問參謀本部，他們要在哪堵住敵軍？」

佐藤回說：「我們永遠都別想得到答案。不管是陸軍或是海軍都不可能訂出能擋住敵人的計畫。」

東條沉默不語，但是臉上的表情再也無法遮掩住他的苦惱。

佐藤反問：「皇居內怎麼了？」

東條低聲說：「天皇很擔心所有這一切。」接著又再度靜默下來。

佐藤又激他一下：「天皇到底說了什麼？」

首相突然打起精神挺起身說：「天皇說，說實話吧，你們老說皇軍是無敵的，但是每當敵軍登陸之後，你們就戰敗了。你們始終無法擊退敵軍的登陸。難道你們就不能在『某個地方』做到這點嗎？這場戰爭會演變成怎樣的局面？」[5]他聳了聳肩，好像他剛才透露出來的話語是無關緊要一般。「嗯，他大概就是這樣的意思。」

不過佐藤卻堅持認定，天皇之所以會和首相說出這些話，必定是天皇無法從參謀本部長和軍令部長那裡得到直接的答案。「所以才有可能他最後會對你提出這個問題。如果真是這樣，我再說一次，這可是嚴重的事。他一定正對軍方失去信心。」

東條不表示贊同，認為佐藤說得太過頭了。「我剛剛說的不是天皇的原話。他並沒有表示對軍方失去信心。不過，我得承認天皇是感到極度困擾的。我會去找杉山談一談。你去找作戰部長，然後我們必須想出一些辦法。事態緊迫了。不能說這是天皇的御令，但是我們必須要有明確的戰略計畫，能夠完整指出我們能在何處抵擋敵軍的反攻，以及我們最後一道防線又是在哪？」

佐藤同意這個看法，而且還倉促地補上一份勸誡：「在實踐政治策略時，我們也該把這些謹記在心。」

日本政治目標的主要工具還是「大東亞共榮圈」，如果說日本在生產量方面已經輸了一回，那麼在整個亞洲大陸大部分地區的宣傳戰中卻是扳回一城。這個政策是要亞洲「以四海之內皆兄弟的精神」團結在日本的領導下，由天皇來分配各國的「應有地位」，就能帶來和平與繁榮。這是第一任近衛政府在一九三八年所建立的政策，已經誘使數百萬的亞洲人在戰爭中和日本人合作對抗西方人。

這是那些希望從被西方白人剝削中解放亞洲的理想主義者所建立起的策略。就像許多夢想一樣，被現實主義者接手，進而加以利用。首先是那些想要倚重東南亞的豐富自然資源，好作為日本經濟疲態解決方案的那群人；日本是不能在西方羞辱性的宰制貿易之下，維持現代化國家的狀態而存在。軍國主義分子也認為這個政策是他們最為迫切需求的解決之道——戰爭中的原物料，因此成為這項政策最積極的擁護者。從理想主義出發而現在卻發展成機會主義，似乎已經不可能兼容並蓄了。雖然軍國主義分子和民族主義支持者已經篡改了共榮圈的概念，對有所訴求的群眾而言，其所呼籲的泛亞主義卻沒有大幅消退的跡象。

殖民主義與其伴隨而來的剝削曾經協助亞洲從過去的泥沼中抽身而出。但是到了世紀交替之時，已經完成了歷史性的角色，殖民主義本身也受到民族主義興起的挑戰。在第一次世界大戰後，伍德羅·威爾遜的理想主義提出民族自決的要求，不但能適用於歐洲人之上，也可供亞洲人使用。但是所應許的民主制度從來就不曾來到東方，在那裡，殖民地依然是殖民地；西方人有兩種自由的標準，其中一種是給自己人使用的，而另外一套則用在蘇伊士運河（Suez Canal）以東的地區。隨著西方主人們，特別是那些英國人，也只是提出些東拼西湊的改革方案，東方和西方的隔閡則年復一年地愈來愈深。

革命時機應該已經成熟的一片大陸卻還在沉睡之中，但中國是例外，各國的判亂分子都在等待其他人首先舉事起義。他們已經不再期望民主領袖，理想人物反而是像希特勒這樣的獨裁者，能夠對英國和法國取得大幅度的外交和軍事勝利。在整個亞洲，法西斯式的敬禮模式以及工人緊握著的拳頭圖樣正相互在爭奪人心的向背。

英國試圖爭取亞洲人支持他們去對抗軸心國的戰爭，卻遭到了譏笑。一九四〇年，在劍橋大學受過教育，後來成為緬甸首任總理的巴莫博士（Ba Mao）就告誡他的議會，要記得英國在第一次世界大戰中「理想主義」的戰爭目標。「英國用著同樣的道德狂熱，宣稱對德國的奮戰是在保護弱小國家，是為了世界民主安全存在而戰……而且絕對沒有領土野心……但是結果又是如何？當戰爭也打完了，口號也喊完了，而勝利者也獲取了勝利，又發生了什麼事？因為戰爭的結果，大英帝國本身大約又增加了一百五十萬平方英里的新領地。那些個民族自決的信條又如何了？當我和過去一樣輕率地在要制定緬甸憲法的聯合選拔委員會（Joint Select Committee）上提到自決時，英國代表們卻覺得好笑。」但是，英國人這回對這番煽動性的言論卻不覺得好笑了，而把巴莫關進監獄之內。

隔年，邱吉爾和羅斯福簽署了《大西洋憲章》，再度為部分的亞洲政治領袖們帶來一絲期望，認為西方終於拋棄了對自由的雙重標準。那份憲章不是宣稱「所有的人民都有權去選擇在他們將要生活的地區的政府形式」？不過邱吉爾很快又明確表示，該份憲章只適用於英國殖民地——換言之，只適用於白種人國家。

因此，廣泛接受日本人對泛亞體系號召的時機已經完全成熟。自十九世紀中期以來，日本在國際上的自主性一直都是喚起亞洲人能夠獲取自由的渴望。一九〇五年，東鄉將軍擊潰俄國艦隊，這標示出亞洲人從西方的宰制下崛起，並且給予所有的東方人一種驕傲感。一九四二年，新加坡的陷落則更是白種人並非牢不可破的重要明證。對於眼見到英軍全面的棄守，亞洲人是陶醉其中的，而該大陸的許多地區對於要和勝利者的積極結盟也是準備就緒了。

當然，中國戰場是最突出的例外，數十萬的日軍還深陷在一場令人沮喪又永無止境的戰役中。大多數的日本人都不理解蔣介石繼續戰鬥的原因。難道他被邱吉爾和羅斯福當成工具還夠不明顯嗎？[6]不過，也有部分的日本自由派人士一直以來都是反對佔領中國的。其中之一就是駐節南京傀儡政府的大使重光葵。他當時主張，共榮圈的成功之處有賴於公共地解決中國問題。日本怎麼能夠一面號召要終結殖民主義，卻又同時把中國大部分的地區當成是殖民地來對待？應該廢除和南京政府之間的不平等條約，並毫無限制地提供經濟援助。

東條曾經以軍國主義者的身分全力支持對中國的戰事，但是身為首相後，用了不同的觀點來看待這個議題，並且對重光的提議表示歡迎。不過陸軍領袖們還是頑固地進行抗拒，到了一九四三年初，東條說服他們，要從中國取得原物料最好的方式就是採行重光的計畫。日本安排把位於蘇州、漢口和天津的租借地都歸還給南京政府，並且協議簽訂新的條約。東京方面召回重光去擔任新外相，他在國會中再三不斷地力促要把「整個」東亞地區都從軍事佔領中解放出來，並給予政治自由。他表示：「對於日本而言，這意味著建立『睦鄰』（good neighbors）政策，同時要改善我方的國際關係。」

是重光發想出這場戰鬥的新階段，不過卻是東條來領路。他在國會內宣布，在年底之前緬甸就會是個獨立的國家。三月時，緬甸代表團應邀前往東京。團長巴莫在英國撤離緬甸之前才從監獄中逃脫。緬甸人受到熱情的招待。巴莫被周遭愛國之情的浪潮淹沒了。日本「正是整個亞洲衝突的旋渦」。東條、杉山上將、嶋田海軍上將以及重光等人都讓巴莫感到，他們都是「亞洲爆炸性世紀」的真正產物，「朝氣蓬勃、行動果敢，充滿著構成大東亞共榮圈概念的新亞洲意識」。而且東條還展現出「驚人的遠見」，他在決心給予被佔領國家獨力這方面，「確實擁有政治願景」。

三

在美國，幾乎所有的人都嘲弄共榮圈這一詞，將它視為極其粗糙的宣傳口號，可是作家賽珍珠卻試著警醒她的同胞們，泛亞洲主義（Pan-Asianism）確實是深植人心。在珍珠港事件後的幾天，她寫信給羅斯福總統夫人，信中她說：「在所有東方人的內心中，白種人是，或是說可能是他們共同的敵人，歸結而言，即使現在中國人和日本人彼此為敵，但這些人會重新團結一致，以有色人種來對抗白種人，這樣的可能性依舊是存在的。他們現在還沒到達那樣的程度，但是此種可能性都一直存在於他們的心中。近來一名中國教授所說的話很清楚地說明了這點：『雖然日本人現在是我們的敵人，但是如果要做出最終選擇的話，我們寧可成為日本的附庸國，而不是美國的，因為至少日本人並沒有把我們當成劣等民族來對待。』真實的狀況是，這些東方人，就算是現在和我同盟的那些人們，都會私下很注意我們將他們視為不同種族的行為，如果他們有所害怕的話，那就是我們終究不會以完全平等的方式對待他們，他們和我們結盟，只端靠他們暫時性的目標能夠走到多遠而已，然後就會反過來把我們當成歷史上侵略以及剝削他們的白人種族來加以抵抗，至少是以他們的觀點來看是如此的。」

她警告著，「除非我們極明智和謹慎地處理，當這些政治覺醒的亞洲人們能夠認知到他們自己時」，檯面下有色種族的團結「在全世界逐漸增長，而這種覺醒的結果對我們而言是極具災難性的……我們白種人大多數都無視於此，或是忘卻有這樣的事實，那就可能會把這樣的抗爭擴大成為只是依據種族或是膚色的全新種族聯盟，不過亞洲人永遠不會忘記這種可能性，而且他們所要做的一切都是為那個新聯盟做出必要性的保留。讓我感到懼怕的是，在許多美國的有色人種心中也存有這樣的保留態度，認為他們與生俱來也冀望會忠於我國，但是因為冥頑不靈的種族偏見，還有他們自身的經歷以及日本人的宣傳，都在在讓他們相信不需要對白種人的公平對待有所期待，有色人種必須要團結一致並且征服白種人，這才有可能消除種族偏見的桎梏。」[7]

就在中途島之戰前的一週，賽珍珠在《紐約時報雜誌》上刊登一篇文章公開表示了她的憂慮。

> ……第二次世界大戰主要是因為日本採行了一種新形態而又危險的形式。雖然我們或許不想了解這點，但是很可能我們已經步上這場人類戰爭中最嚴峻且最耗時的道路之上，這場東西方之間的戰爭，也意味著白種人和白種人世界與有色人種和有色人種世界之間的戰爭……
>
> 在印度，種族問題是燃眉之急，其火焰每個小時不斷在升高；在緬甸，這已經是一片大火；在爪哇也是如此；在菲律賓和中國亦然。
>
> 現今，東方和西方之間的主要障礙是白種人不願意放棄他們的優越感，而有色人種再也不願意忍

受這種劣勢……白種人落後有色人種有一個世紀之久。白種人還在以殖民地和殖民地政府的角度來思考。有色人種知道殖民地和殖民主義思維都是過時的。不論白種人是否了解，但殖民生活方式已經結束了，所剩下來的只是要剔除掉這些繭殼而已。今日的亞洲人不是殖民地的人民，而他們已經下定決心永遠再也不會成為被殖民者。

……總之，如果白種人現在還沒發現到所有的人類都生而自由平等，進而藉此拯救自己，那麼很可能就完全無法自救了。因為，有色人種正堅持著人類平等和自由……

不幸的是，賽珍珠有如先知般的文章對華盛頓當局並沒有引起多大的作用。對於亞洲人對美國有色人種偏見的指控，美國當局並沒有進行反制措施。相反的，政府變本加厲地虐待日裔美國公民，更加重了這些指控。就在珍珠港事件後，美國西岸一片驚恐，要求將不論具有公民身分與否的日本人都撤離到內地。

「西方防衛司令部」（Western Defense Command）指揮官約翰・德威特（John DeWitt）將軍在電話中告訴憲兵司令：「我認為這是不明智的作法。美國公民終究是美國公民。儘管他們並非都是忠誠的，我想我們能夠除去那些不忠於國家的人，若有必要，再把他們關起來。」

陸軍部長亨利・史汀生也同意這樣的看法，但是隨著每次日本的戰勝，就會激怒起整個西海岸。加州的檢察官厄爾・華倫（Earl Warren）警告，除非迅速撤離日裔美國人，否則就可能會重演一次珍珠港事件。奧勒岡州州長查爾斯・史普拉格（Charles Sprague）發電報給司法部長，要求「更全面的行動來保護可能對抗的敵僑行動，特別是定居在西海岸的日本人」。西雅圖市長厄爾・米利金（Earl Millikin）

甚至宣稱，該城市中約有八千名日本人，「大約七千九百人是沒有問題的，但是其他的一百人會燒掉這個城市，還會把日本戰機引進來，並造成讓珍珠港相形見絀的事件」。

絕對不是只有西岸才有高漲的反日情緒。在一份全國的調查報告當中，百分之四十一的人相信「日本人總是想要發動戰爭，以使自己盡可能強大」；二十一個百分點的人認為，德國人是天生的軍國主義分子。因此，可以理解到像羅斯福那樣圓通的政治人物會聽到這些聲音的——那年還是總統選舉年——而他抗拒了埃德加·胡佛（Edgar Hoover）的建議，下令陸軍部執行大規模的第二代日裔美國人的撤離行動。最高法院支持這項行動的合法性。起初，是要將這些日裔美國人遷移到內地定居，但是該地區的居民強烈地抗議，因此認為較為明智的方式是安置這些「囚徒」在政府的營區。

還有類似要把德裔和義大利裔的僑民遷移的計畫引起抗議，政府只好宣布取消，解釋這將會影響經濟結構，並且降低這些民族的公民的士氣。但是，卻沒有人站出來為這些「二世」說話，他們也是公民，不過通常被稱為「外國人」——因為他們的膚色不同。幾乎有十一萬忠誠的美國人被迫變賣家財掃地出門，而他們唯一的罪過只是因為祖先是日本人。他們被拘留在延著海岸而建的、有著鐵絲網圍繞的、情況只比集中營好一些的「疏散中心」，許多人甚至被剝奪了銀行儲蓄。[8]

「戰爭資訊局」（Office of War Information）局長艾爾莫·戴維斯（Elmer Davis）正式向總統提出抗議：

……日本在菲律賓、緬甸以及其他地區宣傳，稱這是場種族戰爭。只有容許我們說出事實時，才能有效地以反宣傳回敬對手。況且身為公民，我們深信自己為何而戰，只要我們一致公開對「二世」的誤解，就不會感到困惑了。有關當局，包括海軍情報部門的人員，都表示百分之八十五的「二世」

是效忠美國的，並且認為「是」可以甄別出綿羊和山羊的。

可是戴維斯的警告一如賽珍珠的警語，並不受重視。華盛頓當局依舊無視於疏散「二世」可能會對亞洲人民所產生的影響。他們對於戰後的問題也沒做過多的思量。亞洲不過就是個戰場而已，儘管英國人持續不斷地抵制，其重要性在參謀長聯席會議中卻是與日俱增。一九四三年五月八日，邱吉爾致電史達林：

> 我在前往華盛頓的大西洋半途上，為了解決西西里島戰役後在歐洲進一步推進的問題，還有處理印度洋以及在那對日本發動攻勢的問題。

邱吉爾正要前往另外一場會議，是場只有美國人與會的會議，而他本人稱之為「三叉戟」。三天後，他的座艦抵達了史坦頓島。隔天下午兩點三十分，他在白宮和羅斯福總統以及兩國的軍方將領會面。他表示英國人「擁護卡薩布蘭卡會議的決定」，而來參加這場「三叉戟」會議。非洲的戰役即將結束，入侵西西里島迫在眼前。而下一步該如何走？他的意見是，第一個目標應該是擊敗義大利。這「將會造成德國人民的孤單落寞感，並且也將會是他們黎明的開端」。況且，這將會大幅度地改變了巴爾幹半島的局勢，並促使英國能將眾多的主力艦和航空母艦調往孟加拉灣或太平洋地區。

他說，「研究擊敗日本的長遠計畫」的時機已經到臨。假定能夠在一九四四年擊潰德國，英國人誓言在一九四五年「集中力量對日本發動大型戰役」。無論如何，遠東戰爭的最佳解決方案是把俄國拉進來。

羅斯福回說，日本已經有一百萬噸的船艦葬身海底，如果能夠持續這樣的戰況，那麼敵軍作戰範圍將會嚴重限縮。但是美國如果要維持這樣毀滅性的海上攻勢，那麼就必須在中國境內建造空軍基地，可是他也警告，除非立刻送出更多的援助物資到中國，否則中國或許就會垮掉。

經過與會者九天的辛勞，努力達成了一份工作協議。雙方軍事參謀人員一天至少要開四次會議，對於有羅斯福和邱吉爾參加決定主要戰事議題的全體會議就有六次之多。

不過，沒什麼耐心的布魯克，對從容不迫的金恩上將不斷「要找出他能夠把軍力調派往太平洋地區的任何細微機會」，感到愈來愈惱火了。在五月二十一日的「同盟國參謀首長聯席會議」上，當金恩堅持不僅要對日本維持「持續不懈的施壓」，還要加以擴大時，兩人竟公開地吵了起來。他想要在一年內，從中國的空軍基地發動空中攻勢，以及在緬甸進行作戰，攻佔馬紹爾群島和吉伯特群島（Gilbert）、新幾內亞以及所羅門俾斯麥群島。

英國人抓狂了。他們拒絕對橫渡英吉利海峽入侵歐洲訂出一個日期。不過，美方的論述佔了優勢，在最後一場會議中，羅斯福和邱吉爾兩人都批准在一九四四年五月一日橫渡海峽以及對日本「持續施壓」，不過為了保留點顏面，加上但書規定，「在採取行動之前」參謀首長聯席會議應該要檢視作戰行動。

不過，對於戰場優先順序的差異又是難以平息的。不到三個月，羅斯福和邱吉爾再度於魁北克的馮德納克旅館會晤。美國人再次要求在緬甸發動攻勢，不過邱吉爾反而提出對蘇門答臘進行輔助性攻擊的提議，試著迴避這個問題。羅斯福是不會被帶離主題的。這種攻擊行動只會「遠離」日本。他們應該集中所有的資源打通通往東京的捷徑——滇緬公路（Burma Road）。

沒能解決爭議，參謀首長聯席會的人員回到他們自己的會議廳內，依然是接二連三地在爭論。在外面走廊上等候的人被屋內的手槍聲嚇了一跳。

某人大喊：「天啊，他們竟然還開槍了！」

這不過是蒙巴頓勛爵（Mountbatten）誇張的實驗而已，他強力支持使用某種新式「派克瑞特」（Pykrete）[9]材料來建立浮動機場，先朝著一塊冰塊開了一槍，把它打個粉碎，然後又對著「派克瑞特」開槍。子彈撞開後，打穿了金恩上將的長褲。

蒙巴頓未能說服參會人員使用「派克瑞特」，不過他的軍事能力是被認可的，他被任命為包括緬甸在內東南亞指揮部的指揮官。

四

那個現在歸屬蒙巴頓責任區的國家緬甸，即將獲得日本方面授與的獨立權。倉促地擬定了一部揉合了民主和集權理論的憲法。該憲法宣稱緬甸會是一個完全獨立的主權國家，所有的權力都來自人民，同時主張該國由「享有最高身分和權力的國家元首（Naingandaw Adipadi）來統治」。這個新國家的官方口號也是汲取於希特勒的說法：「一個血統、一種聲音、一位領袖」。

七月初，元首明顯的當選人巴莫博士在新加坡和東條會晤。首相帶來他認為會讓巴莫感到高興的消息：日本將會把撣邦（Shan States）大部分的地區——位於緬甸東方邊界——交還給這個新國家。不過，其中有兩個區域會交給泰國。

巴莫悲喜交集，表示：「把撣邦土地和人民肢解開來，不論是緬甸人還是撣邦人都不會感到開心的。」東條感到歉意，但是日本承諾這兩個區域要交給泰國，作為結盟的代價。

巴莫說：「不過我們也是你們的盟邦，我們也有我們的要求。」

東條試著置之不理，並且開玩笑地承諾「會以其他方式補償緬甸」。巴莫態度趨向逼迫，並指控在緬甸的日本士兵態度傲慢以及經常性的蠻橫行徑。

東條是為了其他原因才來到新加坡的：要和印度的不服從運動領袖蘇巴斯・錢德拉・鮑斯（Subhas Chandra Bose）會晤，他與甘地（Gandhi）以及尼赫魯（Nehru）有所不同，認為只有武力能讓印度獲取自由。鮑斯身材高大——可以俯瞰東條和巴莫——還是個激昂的革命分子，具有迷人的性格和雄辯的口才。他來新加坡的目的是要召集在馬來亞戰役中投降的數千民印度兵。他們已經願意加入鮑斯的壯舉——加入從大不列顛手中獲取自由之役——並且接受他為東亞印度獨立聯盟（Indian Independence League）的領袖。

他在一場群眾大會上，熱情地對著這些新兵說：「當法國在一九三九年對德國宣戰時，隨著戰役的開打，德國士兵口中只有一個口號——『打到巴黎，打到巴黎！』當英勇的日本將士在一九四一年十二月開始遠征時，他們的口號也只有一個——『打到新加坡，打到新加坡！』同志們，你們的戰鬥口號就是『打到德里，打到德里！』」

東條承諾的緬甸獨立在八月一日落實了。上午十點，河邊正三上將下令日軍行政單位撤出緬甸。當天陽光明亮，偶而有些陣雨，仰光沉浸在節日的氣氛之中。過了一小時二十分後，緬甸在政府大廈被宣布為獨立的主權國家，巴莫擔任國家元首；當天下午，他宣讀一份以緬甸文寫成的宣言，對美國和英國宣戰。不過他也警醒人民，自由不是只有歡呼和慶祝而已。他說：「許多人對於他們能夠在有生之年看到解放的這一天，都已經感到絕望了，而今痛哭流涕。但是我們知道這不僅僅是夢想而已，也是現實……現今因為這場戰爭，獨立已經來到我們面前，我們就必須在戰爭中捍衛這份獨立……在現今的戰爭中，緬甸肯定是站在前線的……顯而易見的，我們必須採取前線政策。」

—

十月十四日，菲律賓宣布獨立；一週後，鮑斯也建立了自由印度臨時政府，由鮑斯出任國家元首。西方國家未能看出這些事件的重要性。這些新政府都是日本的傀儡，但是數以百萬計的亞洲人透過他們，首度看到從白種人手中獲取了自由。十一月初，中國、泰國、滿洲國、菲律賓和緬甸都派出代表到東京參加大東亞會議（Greater East Asia Conference），激情也就達到了頂峰。[10]鮑斯以觀察員的身分出席會議。

巴莫寫道：「我們歡聚一處，與其說是有區別的民族，還不如說是單一歷史性大家庭包含所有民族的成員。」那名受到奎松總統密令要與日本人進行合作的菲律賓總統何塞．勞威爾，現在發覺泛亞洲主義是無從抗拒的。在最初會議前夕的正式歡迎會上，他雙眼閃亮地宣布：「十億的東方人，十億的大東亞的人們，他們怎麼能被統治呢，特別是其中大多數還是被英國和美國所統治？」

國會大廈議事廳內莊嚴的布置方式，辜負了十一月五日與會者的熱情。會議桌上覆蓋著羊毛布料，成馬蹄形狀的排列，兩旁各擺設了三盆盆栽。東條身為主席與日本代表團一起坐在馬蹄形座位的頂端。他的右手方有緬甸、滿洲國和中國，泰國、菲律賓和印度在左方。

東條精簡地發表談話：「大東亞各國因為不可分割的關係而全方面地連結在一起，這點是毫無疑義的。本人堅定相信，在這樣的情況下，他們的共同使命就是確保大東亞的穩定以及建構共榮共存的新秩序。」

南京政府首長汪精衛——傀儡中的第一號人物——宣稱：「在大東亞的戰爭中，我們想要勝利，還有在建設大東亞方面，我們想要共榮。所有的東亞國家都應該熱愛自己的國家，熱愛他們的鄰邦，還有熱愛東亞。中國的座右銘就是，再興中國與捍衛東亞。」

泰國的旺．威太耶康親王接著發言，然後是滿洲國首相張景惠。之後是勞威爾，這名菲律賓人的情緒溢於言表，他說：「團結一致，並且緊密而堅實地組成團體，那就再也沒有什麼強權可以阻擋或延遲十億東方人獲取自由與不受限的權力以及形塑他們自己命運的機會。擁有無限智慧的上帝將不會拋棄日本，也不會將大東亞人民棄之於不顧。祂將會降臨，從天而降，與我們一起流淚並且讚美我們人民的勇氣和英勇，讓我們能夠解放自我，讓我們的子孫自由、幸福和繁榮。」

巴莫很適合當最後一名發言者。他熱烈地說著：「在這樣的時刻，表達出再多的情感都不算是誇大。多年來，我在緬甸都在做著我的亞洲夢。我亞洲人的血液一直都在呼喚其他的亞洲人。不論我是睡著做的夢，還是醒著時候的夢想，我都聽到亞洲在呼喚它子民的聲音。」

「今天……我再度聽到亞洲呼喚的聲音了，但是這一次並不是在夢中……我聽到了圍繞著這張會議桌以極豐富的情感所發表的演講。所有的演說都讓人銘記在心，撼動人心，並且——或許我稍有誇大其詞，如果確實如此，也請見諒——似乎我從他們言談中也聽到呼喚亞洲要將它的孩子們團聚在一起的聲音。這是我們亞洲血液的呼喚。此時不是用我們的心智去思考的時刻，而是用熱血去思考，才能夠一路把我從緬甸帶到了日本……」

「僅僅在數年之前，亞洲人民似乎還活在另外一個世界之中，甚至是活在幾個不同、分割、疏離而且彼此互不認識的世界，甚至也不想認識。幾年前，作為一個祖國的亞洲是不存在的。亞洲還不是單一個亞洲，而是有很多個亞洲，多到敵人可以把它瓜分的一樣多，而大部分的地區就像其中一個強權或是其他強國的影子一樣在跟隨它的腳步。」

「在過去，現在看起來似乎是很久遠以前的事，亞洲人民像今日我們這樣在一起聚會，是無可想像的事。然而，不可能發生的事已經發生了。而它卻以超越我們這些夢想者中最大膽的夢想或是幻想的方式發生了……」

「我認為今日的聚首是個偉大的象徵性行動。就如主席閣下所言，我們基於公義、平等和互惠的基礎，以及在自我存活也讓他人存活的偉大原則的基礎上，正在建立一個新世界。無論從何觀點而言，東亞本身就是一個世界……我們亞洲人幾個世紀以來已經忘記了這樣的事實，而且為此付出沉重的代價，亞洲人也因此失去了亞洲。感謝日本，我們現今能夠再度重拾這項真理，並且以其為圭臬而行，亞洲人將會收復亞洲。整個亞洲的命運就繫於這份簡單的真理……」

「我們再次發現到我們自己是亞洲人，發現到我們流著亞洲人的血液，就是這份熱血能夠救贖我們，並把亞洲歸還給我們。因此，讓我們朝向大道的終點邁開步伐，十億東亞人將會邁向東亞人將會永遠自由、繁榮，並且終究會找到他們自己歸宿的新世界。」

這就是喚醒亞洲的聲音，對東條而言，這幾個小時是他生涯中最滿意的時刻。他機巧地掌控過程，像是慈父般地注視著代表們。他不只把這場會議當做軍事同盟，自己也被泛亞洲主義感染了——而他的軍方同志卻深受其擾。

隔天下午，錢德拉·鮑斯的演講足以匹敵巴莫情感豐沛的語調，並把最後一場會議帶到了高潮。「……我不認為在『日出之國』（Land of the Rising Sun）舉行這樣的會議是偶然的。這個世界也不是首度轉向東方來尋求光明和指引。之前就有人試圖要建立起新世界，然而是在其他地區，不過他們已經失敗了……

「就印度而言，除了對英國帝國主義做出絕不妥協的抗爭之外，別無他途。即使其他國家有可能會想到要和英國妥協，但是對於印度人民來說，至少這是不可能的事。和英國人妥協就意味著被奴役，因此我們決心不再和奴役制度妥協。」

鮑斯被他自己的雄辯言辭感動了，無法再講下去。在這名印度領袖能夠回神過來之前，聽眾都呆若木雞地等著。「但是，我們必須為自由付出代價……在即將來到的戰爭中，我不知道我們的軍隊中有多少人還能夠活下來，但是這對我們來說並不重要。不論我們個人的死活，不論我們是否在戰爭中倖免於難，以及是否能活著看到印度獲取自由，重要的是，印度終將獲取自由的事實。」

《日本時報》記者吳俊彥稱這場會議為「骨肉兄弟撼動靈魂的聚會」，是世界歷史最重大的一場會議。

在這裡，我感受到大家都是我的兄弟，不僅僅是象徵性的，確實都是亞洲母親的兒子們。日本人、中國人、泰國人、滿洲國人、菲律賓人、緬甸人、印度人——所有的亞洲人都是我的兄弟手足。

他和巴莫一樣相信，不論一個西方人對他本人是如何以禮相待，他們永遠都無法理解身為亞洲人的感受。

我也覺得只有亞洲人才能真正了解，並且有效地為亞洲人謀求福利，同時我也企盼有這麼一天的到臨，所有的亞洲人都能夠把西方入侵者在我們之間所設立的那道人為障礙推到一旁，並且攜手為了亞洲的共同福祉一起努力。週六當我看到那場大會時，我就感到那一天終究會到臨，而這份血緣關係終將普及，當長久失散的兄弟又再次聚首時，我們就要重振單一亞洲家庭的家運。

當我注意到所有的發言者那份明顯的真誠和熱情，強調著要實現彼此一體，他們也都明顯地以壓倒性的力量認知到這點，而這份團結永不可破的信念也就深植我心。不論這場戰爭的命運會如何，不論未來的問題會產生何種壓力，不論未來世界組織的型態最終將會如何，這場大會所凝聚的骨肉兄弟之情永遠都不會溶解。亞洲一體是根本的事實，如此基本，這麼自然，而且一旦了解到其無可避免，將再也不會消失。

與會者一致通過《共同宣言》，呼籲在公義，以及尊重相互的獨立性、主權和傳統的基礎上建立共榮和共存的秩序，在互惠的基礎上致力於加速經濟發展，並且終結所有的種族歧視。[11]

這算是《大西洋憲章》的太平洋版，承諾了亞洲人所長期抱持的夢想。來到東京的人或許曾經是傀儡，但是他們出生時就是處於奴役制度中，現在他們可以感受到自由，並且首次聯合在一起宣布為亞洲建立個「美麗新世界」(Brave New World)。

五

兩週後，亞洲最大國的領袖蔣介石在開羅會晤了羅斯福和邱吉爾，決定要建立一個全然不同的新大陸。邱吉爾並不歡迎蔣介石的與會，這當然肯定會增加羅斯福對遠東的興趣。

果然如此，中國問題列入議程的第一項目——而不是像邱吉爾和布魯克所期望的那樣排在最後的順位。邱吉爾之前並未和蔣介石見過面，不過卻對這名委員長的「沉靜、含蓄和幹練的性格」留下深刻的印象。可是英國首相並未認真把中國當做是強權來對待，對於羅斯福給予蔣介石相當的關切感到不悅。邱吉爾的醫師莫蘭勳爵（Moran）在日記中寫道：「對於總統而言，中國意味著明日世界中很重要的四億人民，可是邱吉爾只考慮到他們的膚色問題；當在討論印度或是中國時，你就會記起來他還是維多利亞時代的人物。」

中國代表團高高興興地離開了開羅，因為儘管邱吉爾反對，羅斯福還是承諾在幾個月之內要橫渡孟加拉灣發起兩棲登陸作戰，此外，他還給委員長留下他將大力支持中國的印象。

三個同盟國不僅僅是對於中國在軍事上的重要性有著不同意見，而且對於亞洲未來的政治，看法也不相同。他們各自為了不同的原因而各自戰鬥。邱吉爾根本沒想過大英帝國解體的問題；蔣介石主要的利害之處，在於消滅共產黨並把自己設立為國內唯一的領袖；然而羅斯福則是一心想要實現日本的早日投降。

羅斯福確實了解到戰後的亞洲無法在不發生變化的情形下嶄露頭角，不過在某種限度條件下，他也無法體會出如賽珍珠和溫德爾・威爾基（Wendell Willkie）這樣的美國人所提出的警告，那就是亞洲決心要從西方的宰制中解放。

——

十一月二十七日，因為對於遠東的爭論依舊是個問題，邱吉爾和羅斯福分別離開了開羅，飛往德黑蘭去和史達林會面。當首相座車緩慢穿過伊朗首都的街道，群眾開始湧向座車時，這使他感到極度驚恐。他認為帶著手槍或炸彈的殺手可以輕易下手，當他終於進入英國公使館後，這才感到大大鬆了一口氣。公使館是棟陳舊的建築物，與豪華的蘇聯大使館十分接近。

歷經開羅的酷熱之後，位於裏海（Caspian Sea）南濱的德黑蘭就顯得相當涼爽。農村是無比荒涼且塵土飛揚，雜夾著千年未曾變過的泥牆茅屋。德黑蘭雖說是無垠沙漠中的綠洲，卻讓許多與會者認為是個人工雕琢、現代化而又無趣的城市。

翌日上午是星期天，蘇聯人警告羅斯福市內可能會有軸心國特務要暗殺他，並且提出將他們的總部移轉到蘇聯大使館內的一座建物之內。與會者在那裡就無須冒險來來回回穿梭於街道之上。哈利・霍普金斯和埃夫里爾・哈里曼以及邱吉爾的參謀長海斯丁斯・伊斯梅將軍（Hastings Ismay）討論此事，雖然他們都一致認為這或許是俄國人的詭計，還是建議羅斯福要遷移。[12] 警衛嚴密的車隊從美國公使館駛離，不久之後，單獨有輛車載著羅斯福、霍普金斯和威廉·萊希上將駛離了公使館。司機是名祕勤局幹員，駕車繞道而行，車行速度之快，比做誘餌的總統車隊還早抵達蘇聯大使館。羅斯福很喜歡這樣的變換座車方式，十五分鐘之後，史達林拜會了十分興奮的羅斯福。羅斯福透過翻譯查爾斯·波倫（Charles Bohlen）說：「我很高興能見到你，很久以來就期待這次的會晤。」

史達林透過自己的翻譯帕夫洛夫（Pavlov），為無法與總統早日會面而道歉，表示都是他一己之過，可是他一直以來軍務煩重。他個頭矮小，走路步伐緩慢，因為穿著寬大的上衣看起來比實際上更為矮胖些；牙齒發黃，臉上有麻斑，黃色的雙眼，這使喬治·坎南想到「年老而滿身戰鬥傷痕的老虎」。

他們談到蔣介石和緬甸攻勢。史達林不怎麼關心中國軍隊或是他們的領導人；羅斯福說，十分需要開導印度支那、緬甸、馬來亞和東印度群島的人民能夠了解自治。他吹噓了美國在協助菲律賓人做好獲取自由準備的良好記錄，還向史達林透露，印度是邱吉爾的痛處——提醒他不要提起這點。

幾分鐘之後，三巨頭首度在全體出席會上見面。羅斯福向史達林提議「說幾句開場白」。

翻譯帕夫洛夫說：「不，他寧願傾聽。」

羅斯福歡迎俄國人成為「家族的新成員」，三巨頭會議會是友善並且坦白的，三國之間的合作將會持續到戰後，一代代傳接下去。邱吉爾的翻譯博爾思（Birse）回憶：「他環顧了會議桌一圈，看起來就像仁慈而富有的叔父在訪視窮親戚一般」。

首相當時患著感冒在發高燒，喉嚨很痛幾乎無法開口說話，不過這無損他的口才。他說，坐在桌子周圍的人「或許代表著人類歷史上從未有過的世界級強權的最大結合」，而且還握有「或許能縮短戰爭，幾乎確定能夠獲勝，以及毫無疑問掌握人類幸福和命運的大權」。

羅斯福再度轉向史達林向他建議，身為東道主，毫無疑問地應該說幾句話。史達林簡短地對帕夫洛夫說了幾句話，他起身看著筆記本說：「我很榮幸歡迎各位的到臨。我認為歷史將會顯示我們能夠運用所掌握的機會，以及我們人民所投注在我們身上的權力，在我們潛在的合作框架範圍內充分發揮。」帕夫洛夫遲疑了一下，接著有點尷尬地又說：「史達林元帥說：『現在，我們進入正題吧！』」

羅斯福檢視了太平洋戰爭，最後為了討好史達林，像是表演般地宣布：一九四五年五月一日要大舉進兵諾曼地（Normandy），發動「大君主作戰」（Operation Overload）。

史達林回答：「我們蘇聯人很高興你們在太平洋地區所取得的成功。不幸的是，因為我方在東線戰場需要投入太多的部隊，而無從協助，我們此刻無法對日本發動任何作戰。」不過，一旦擊敗德國之後，他會立刻對西伯利亞（Siberia）東部進行增援。他說：「到那個時候，通過共同作戰，我們將會戰勝。」這是蘇聯首度承諾會加入對日戰爭。

會議在七點二十分結束——他們已經在大圓桌上進行了三小時又二十分的會談——俄國人供應了茶點。史達林沉靜而謙虛的態度讓美國人感到安心，但是英國人不以為然。曾經把史達林看成土匪頭子的萊希上將也承認他看錯了，史達林顯然是個聰明人，為人直率、可親且細心周到，只是有時會坦率到近乎粗魯。不過，伊斯梅將軍依然認為他「極為殘忍，並且毫無人情味」，幸好他「並非敵人，也不仰賴他的友誼」。

布魯克告訴莫蘭勳爵：「這場會議才剛要開始就已經結束了。史達林已經把總統掌握在鼓掌之間。」邱吉爾也感到悶悶不樂，並且當莫蘭問他是否發生什麼問題時，他只是簡短地回說：「很多事都有問題了。」

三巨頭在當天晚宴上談了許多事——談到了法國、波蘭、德國和希特勒——以及無條件投降。對於在卡薩布蘭卡所做出的模糊聲明是否為明智之舉，史達林提出了質疑，不去澄清內容，反而會使德國人民團結一致。「不過在我看來，提出明確的條件，不管條件是如何嚴苛，都會加速德國的投降。」

隔天午餐後，史達林再次與羅斯福會晤，羅斯福交給他數份備忘錄。其中一份就是要求在西伯利亞建立能為一千架美國重型轟炸機所使用的基地，而另一份則建議對日作戰要更進一步的合作。史達林承諾會研究這些請求，就草草結束這個話題。

在當日下午的全體會議上，焦點都集中在「大君主作戰」。邱吉爾槓上了史達林，羅斯福居中調停，用牙咬著煙嘴硬要插些無關緊要的話。布魯克自始至終都認為這場會議很糟。他在聽完兩天的爭論之後，他感覺「像是進了瘋人院或是療養院」。

史達林坐在大桌的另外一頭盯著邱吉爾，並說他想直接了當地問首相一個問題。「你是真心相信『大君主作戰』，還是以此為緩兵之計，讓我們好過一些？」

回答則是很純粹的邱吉爾風格。「假使先前為『大君主作戰』所設定的條件都已經確立，當時機來臨時，傾盡全力橫渡海峽和德軍作戰就會是我方堅定的責任。」會議也以他這段撼動人心的話語隨之收場。

晚宴由史達林做東，他不留情面地取笑邱吉爾。一開始，首相還沒意識到自己被嘲笑。史達林嚴肅地說：「必須要宰掉五萬名德國人。」邱吉爾推開椅背站起身。「我不會參與任何冷血屠戮。戰場作戰，又是另外一回事了。」

史達林重複說出：「要槍斃五萬人！」

邱吉爾漲紅了臉。「我寧可此刻就被拉到外面的花園，然後開槍自我了結，也不願因為這樣的醜事來玷汙自己以及我國的榮譽。」

羅斯福試著勸說邱吉爾。他開玩笑說：「我有個折衷方案。不是五萬人，只是槍斃四萬九千人而已。」

邱吉爾跺腳走了出去，史達林追了上他，說這不過是個玩笑。邱吉爾被勸回屋內重新入席，但仍心有懷疑。史達林露齒笑著又開始捉弄他。他說：「你是親德的，撒旦是共產黨員，不過我的朋友上帝是保守黨的。」這回邱吉爾心平氣和地接受這個玩笑，晚宴還沒結束之前，史達林就已經把一隻手臂搭在首相的肩膀上，好像他們是革命夥伴一樣。

當天深夜，莫蘭勛爵走進邱吉爾的臥室，看看首相有何需要，卻看到首相和安東尼．艾登在討論戰後的世界。他閉著雙眼以疲憊的語調說：「可能還會有場更為血腥的戰爭要打。屆時我將不在人世，我將長眠。我想要長眠億萬年。」他點上根雪茄，說他已經告訴史達林，英國不會想要新的領土。「他對這點緊咬著不放。你看看，如果我們要是拿了點什麼，俄國就更能予取予求了。當我問起，俄國想要什麼時，史達林卻說：『時間到了，我們就會說出來。』」

邱吉爾的脈搏每分鐘跳一百下，莫蘭警告他，這全都是因為他喝的「那個東西」。邱吉爾開心地說：「很快就會降下來的。」不過幾分鐘之後，他變得更為憂鬱不樂，凸著雙眼看著莫蘭。「我相信人類可能會摧毀自己，把文明毀滅掉。歐洲將會一片荒蕪，而我可能得承擔責任。」他這樣持續說了好幾分鐘，接著突然問起：「你認為我的體力能夠撐到戰後嗎？我有時會猜想，我已經快用光了吧。」

三巨頭經過一晚的休息之後，關係回到了第一天的平靜狀態。午餐時，對於羅斯福主動建議俄國人可以使用滿洲的不凍港大連，史達林相當高興。晚餐時，邱吉爾表現得好像前一晚什麼事都沒發生過一樣。不過，史達林卻感到不自在。起初他狐疑地嗅了嗅雞尾酒，然後問翻譯博爾思，他左邊是坐誰，雞尾酒是用什麼調配的。博爾思的解釋「並未能消除他的疑慮」。他只喝威士忌。他說威士忌挺好的，但是尋常的伏特加更棒。他不自在地坐在椅子邊上，面前成排的刀叉讓他感到侷促不安。他私下告訴博爾思：「該用哪把刀叉還真是個問題。你到時要告訴我，而且還要告訴我何時開始吃。我不熟悉你們的習慣。」

邱吉爾感傷地宣布，這是他六十九歲的生日宴會，依照俄國人的習俗，每個人隨時都可以向他舉杯祝賀。他本人先為英王舉杯，然後以誇大的修辭頌揚了另外兩名同志。他讚揚羅斯福致力於扶貧濟弱，同時防止了一九三三年的革命，並且宣稱元帥（史達林）應該得到「偉人史達林」（Stalin the Great）的稱號。

史達林的回答分散了服務生的注意力，他們正端上「波斯燈籠」（Persian Lantern）——放在冰塊上面的超大型冰淇淋布丁，裡頭還點上一根蠟燭。服務生心不在焉地把大淺盤傾斜了，布丁就從冰塊上滑到帕夫洛夫頭上。冰淇淋順著他的頭髮和臉流下，一直流到他的鞋內，這名沉著的翻譯還是一字不漏地翻譯著：「史達林先生說，紅軍是無愧於蘇維埃人民的……」

史達林突然將諷刺的話鋒轉向英國的參謀總長。他雙眼直視著他說：「布魯克將軍一直以來對紅軍都不是很友善，同時還批評過我們。請他到莫斯科一趟，我會讓他看到俄國人並非孬種。是值得交的朋友。」

布魯克站了起來，盯著史達林的雙眼。「我很驚訝，你竟然認為有必要對我提出完全毫無根據的指控。你定然記得，今天早上當我們在討論掩護計畫時，邱吉爾先生說『在戰時，真理必須由謊言來掩護。』你也一定還記得，你本人也曾經告訴我們，在你所有偉大的攻勢裡，你總是隱藏住你真正的意圖，不讓外界獲悉。你告訴我們，你把假坦克和假戰機都集中在那些具有直接利害的戰線上，用絕對隱密的幌子來掩飾你真正的意圖。那麼，元帥，你被假坦克和假戰機誤導了，因而你未能觀察出我對紅軍所付出的真實友情，也未能看出我對紅軍所有成員真摯的同袍情誼。」

史達林臉上的表情始終難以捉摸。他轉身向邱吉爾說：「我喜歡這個人，他說的是實話。以後我必須和他談談。」

這又是一次緊張的時刻，不過很快就結束了，接下來就是一連串的舉杯敬酒。萊希上將覺得無趣，但是金恩上將看到史達林從椅子上站起身，並繞著桌子去和每個人碰酒杯，他覺得相當有意思。晚宴之後，史達林徘徊不去，好像不想就此結束。邱吉爾走向他，開心地對他說：「英國正在變成淡粉紅色。」[13]

史達林回答著：「那是健康的象徵。我想稱呼邱吉爾先生為我的朋友。」

「叫我溫斯頓。你不在場的時候，我會稱你為喬。」

「不，我要稱你為我的朋友。我請你讓我稱呼你為我的摯友。」

邱吉爾說：「為無產階級大眾乾杯！」

史達林說：「我為保守黨乾杯。」

對於俄國人而言，德黑蘭會議大體上說來是成功的，因為他們已經獲取他們所最想要得到的東西，那就是開闢第二戰場的確定日期。羅斯福和史達林的頭一次會晤似乎也指明了將來會有更緊密的合作。雖然羅斯福發現這名元帥比他所想像的還要更為固執，不過他還是「能應付得來」。當這兩人話別時，羅斯福說了：「我們是帶著希望和決心來到這裡的。離開時，不論是實際上、精神上還是目標上，我們都是朋友了。」[14]

對於德黑蘭會議所達成的軍事解決方案，邱吉爾是「相當滿意的」，不過布魯克並非如此。他在日記中寫道：「有一點倒是很清楚的，有愈多的政治人物與會去解決戰爭問題時，就會把結論延遲得更久！」

會議還有後續。美國人和英國人回到了開羅，要來解決他們自己的主要問題——是否要集中全力在「大君主作戰」上，還是要去落實羅斯福承諾蔣介石的強力攻勢。

金恩和萊希力主不應該對中國人失信。要是中國退出戰場怎麼辦？如此一來，將會釋出數十萬日軍來對付麥克阿瑟和尼米茲。英國人反駁表示，德黑蘭會議已經改變了一切。史達林承諾，一旦擊敗德國之後，就會攻擊日本，這又使中國取得最終的勝利就不那麼重要了。

十二月五日下午，歷經了兩天毫無成果的討論之後，僵局戲劇性地被打破了。羅斯福發給邱吉爾一封簡短的私人電報：「取消海盜行動。」這是指雙方爭論的焦點，孟加拉灣行動。邱吉爾十分欣喜，打電話給伊斯梅，並用暗語對他說：「一個能夠掌控精神的人要比奪取一座城市的人更顯偉大。」

羅斯福和霍普金斯一同擬好一份電報，並在徵得邱吉爾的同意後發送給蔣介石：

和史達林開會之後，我們需要在春末時對歐洲大陸發動大規模作戰，足以期待在一九四四年夏季結束之前就終結對德作戰。這些作戰需要大量的重型登陸載具，因此無從在孟加拉灣投入充足的兵力進行兩棲作戰，而又要同時發動「泰山作戰」（緬甸作戰）來確保此作戰的成功……

當一九四三年就快要結束時，這場會議也差不多要隨之告終。戰場上的軍士將會做出下一步的決定，而不是交給那些談判桌上的人了。

第十九章
前進馬里亞納群島

一

在瓜達爾卡納爾島戰役後，全世界的注意力都集中到了歐洲，軍事行動也正在那加速進行。隨著西西里島的陷落，北上進攻靴子形的義大利以及皮耶特羅·巴多利奧元帥（Pietro Badoglio）率領該國投降，盟國則掌控了地中海。德國本土正遭受空襲，夜間由「英國轟炸機司令部」（British Bomber Command）執行，白天交付美國第八航空隊（U. S. Eighth Air Force）轟炸。幾乎摧毀了魯爾區（Ruhr），而漢堡則被一場火風暴夷為平地。

在俄國，希特勒的第六集團軍在軍事史上最為慘重的一場挫敗中，於史達林格勒被殲滅，在美國《租借法案》的協助和英國的增援下，紅軍已經開始朝西方發動猛攻。到了一九四三年十月，已經收復包括卡爾可夫（Kharkov）、斯摩稜斯克（Smolensk）和奧廖爾（Orel）在內的三十萬平方公里的土地，接近了基輔（Kiev）有歷史性的城門口。

而在世界的另一端，「車輪作戰」——麥克阿瑟和哈爾西對拉包爾發動的鉗形攻勢——正在緩慢而穩固地持續進行中。這些都是消耗戰，雖然日軍每個階段都能反抗，但他們的補給相當有限，而且船運和空中支援都很薄弱，因此無法阻擋盟軍如潮水般的攻勢。

到了八月中旬，哈爾西的兩棲部隊已經肅清新喬治亞島。為了防禦該島，日軍耗費了許多戰機、船艦和軍隊，帝國大本營終於採行佐藤賢了等人力陳數月之久的措施——下令停止再進一步對所羅門群島進行增援；各島嶼上的駐防軍必須用全力，盡可能抵擋美軍的進攻，然後再登上駁船和驅逐艦撤退。為了對抗這種因絕望而生成的戰術，哈爾西冷血地繼續沿著「狹縫」而上——直到維拉拉維拉島（Vella Lavella），再往舒瓦瑟爾島（Choiseul），最後是布干維爾島，而在十一月一日，一萬四千名海軍陸戰隊士兵登陸該島。那是前往拉包爾的最後一站。

麥克阿瑟在新幾內亞的進度更為緩慢。沿著東海岸而上，受阻於沙拉毛爾與萊城的駐軍，日軍僅僅派出七百五十名士兵的增援部隊，並且下令要「死守」該處；麥克阿瑟從陸海空三個方面發動攻擊。當澳洲和美國步兵向沙拉毛爾發動猛攻時，一支兩棲部隊在萊城的東海岸登陸，還有一千七百名傘兵在麥克阿瑟本人親自督察下，在西邊進行空降。傘兵和兩棲部隊匯結一處，十一天內攻下萊城，並讓沙拉毛爾孤立無援。麥克阿瑟終於能夠橫渡丹皮爾海峽（Dampier Strait），發動對新不列顛和拉包爾的攻擊。

「車輪作戰」持續推進，但所耗費的時間卻比預期的長，而這也使得原本在十一月底於開羅，當時由於英美之間對於優先順序的看法不同而不被重視的問題重新獲得關注：攻向日本的主力應該穿越太平洋中部的小島。通過吉伯特群島和馬紹爾群島，到加羅林群島，然後北上直達日本本土——交由尼米茲上將指揮。

麥克阿瑟收到通知，孤立拉包爾但不奪取，但他——經由新幾內亞和菲律賓的路線——進兵東京的路線會按計畫進行，不過會改變其優先順序。他不願退居成為次要角色。麥克阿瑟抗議：「『中間路線』（Central Route）既費時又消耗大量海軍戰力和運補能力」，而「他的」路線有「陸基戰機的支援，並且能立刻切斷日本和它所佔領的南方領地之間的航線」。

美國參謀長聯席會議的決定不會變動。穿越太平洋中部的這條路線不但較短，而且更容易把日本從其南方領地孤立起來。將能避免掉在新幾內亞和菲律賓需要大量部隊進行曠日費時的地面戰鬥。主要戰役則會在一些環礁或小島上進行，而日軍只能投入很有限的陸空軍力。另一方面，美國海軍在航空母艦的戰力上又擁有優勢，能夠輕鬆地支援登陸作戰。

——

尼米茲在珍珠港西南方兩千英里遠的吉伯特群島的兩處地點，同時進行登陸而開啟了作戰序幕。十一月二十日上午，也就是羅斯福和邱吉爾與蔣介石在開羅會晤的前兩天，第二十七師的士兵在海軍猛烈的火砲轟擊後，涉水踏上了馬金環礁（Makin Atoll）的海灘。守軍少於八百人，大部分都是工兵部隊，但是這些由超齡軍官以第一次世界大戰戰鬥模式訓練出來的美軍攻擊部隊，卻用了四天時間才肅清環礁。美軍也有六十六人陣亡。

就在同一時刻的南方一百零五英里外，海軍陸戰隊第二師的官兵在塔拉瓦環礁（Tarawa Atoll）外的海面上，開始登上登陸艇和兩棲履帶登陸車。海軍陸戰隊員們彼此開玩笑和吹噓來提振勇氣。其中有個人說：「我本來應該是加入童子軍的。我只是想要朝死掉的日本鬼子臉上吐口水。」一個幾乎還不到高中畢業年紀的小伙子說：「掰開他的嘴，讓他把口水給吃進去。」

他們得面對比進攻馬金環礁的陸軍士兵還要更為艱困的任務。塔拉瓦環礁的防禦工事嚴密，島上有近五千名士兵駐守，其中半數以上是訓練精良的戰鬥人員：菅井武男中校指揮的一千四百九十七名士兵的「佐世保第七特別登陸部隊」，還有隸屬於海軍登陸單位「第三特別基地部隊」的一千一百二十二名士兵。環礁的指揮官柴崎惠次海軍少將聲稱，一百萬人用一百年也攻不下塔拉瓦環礁，下令「所有的重要區域都要戰到最後一兵一卒，要在海邊摧毀敵軍。」

防禦的中心點位於環礁西南角的比休島（Betio），那是個小島，比摩納哥（Monaco）還小幾英畝。外形像隻鳥，長長的防波堤就像鳥腳一樣，並有很寬的珊瑚礁架保護著。美軍登陸地點就選在防波堤的兩側，海軍陸戰隊員會強衝上由綠色椰子樹木樁和珊瑚礁所組成的四英尺高的防波堤，後面就是建構精良的砲台和戰壕。

黎明時，比休島上的日軍砲台朝著靠近中的美國艦隊開火射擊。美軍回擊了三千噸的砲彈。兩個半小時之後，整座島嶼陷入火海之中，看起來似乎沒有人能在這場砲擊之後還能倖免於難。《時代》雜誌的記者羅伯特·謝洛德（Robert Sherrod）在一艘運輸艦上，看到一枚砲彈在戰車登陸艦（LST）附近炸了開來。另外一發砲彈則在他自己的船尾旁炸起了一道水柱。謝洛德大叫：「我的天啊，這也射得太偏了！」他還以為這些砲彈是美軍驅逐艦發射的。「這些小伙子需要多加練習。」一名海軍陸戰隊少校反駁：「你不會認為那是我們自己的火砲打出來的吧？」

等到首波三批攻擊部隊開始登陸上岸時，日軍也衝出他們布署在防波堤後方的掩體。他們平穩地用步槍和機槍把海軍陸戰隊隊員擊斃，海灘上躺著眾多的死傷美軍，在猛烈火砲下又無法撤離傷者。一名中型坦克的排長拒絕從死傷的美軍身體上輾過，下令退回到海中，繞道而行。四輛坦克沉沒，消失在視線外，組員都困在裡面；其他兩輛坦克則成為日軍四十毫米火砲的標靶。

正午後不久，有五千名陸戰隊隊員登陸上岸，但是因傷亡慘重編隊大亂，而且無法抗擊夜襲。但到了落日時，柴崎已經損失了半數的部隊，美國海軍的火砲切斷了他的對外通訊。因此，在夜間只有幾個日本人試圖滲透過美軍防線。隔天下午，又有美軍兩個營登上了岸，海軍陸戰隊控制了該島大部分的區域。柴崎少將在鋼筋水泥的指揮所內被擊斃，接替他職務的人在十一月二十二日對東京發出電報：我軍武器已被摧毀，從此刻起，全軍將發動最後一次衝鋒……大日本帝國長存萬年！

美軍花了四天時間，才肅清整座環礁。五千名守軍幾乎全數陣亡，只有十七名日軍和二十九名朝鮮勞工被俘。在這只有幾英畝大的珊瑚礁島上犧牲超過了一千名美軍。不過，攻下塔拉瓦和馬金卻標示著尼米茲攻向東京邁出的第一大步。

——

前方是馬紹爾群島，由三十二座島群和八百六十七個暗礁組成，面積達到四十萬平方公里。原計畫是同時佔領三個具有戰略意義的環礁，但是霍蘭德．史密斯將軍（Holland Smith）在經歷塔拉瓦的抵抗後，認為這麼做太危險了。攻擊總指揮官史普魯恩斯將軍也同意這個看法。不過尼米茲反而提出個讓史密斯和史普魯恩斯都感到相當詫異的激進想法：用蛙跳戰術（leapfrog）跳過前面兩個環礁，然後攻擊第三個，也就是馬紹爾群島的心臟地帶瓜加林環礁。這是全世界最大的珊瑚環礁島，大約由一百個小島形成一個六十六英里長和二十英里寬的巨型環礁瀉湖。

史普魯恩斯和史密斯擔心直接攻擊瓜加林，會遭到來自鄰近日軍基地的空襲，不過尼米茲卻不為所動。一九四四年二月一日，瓜加林島經歷了太平洋戰爭以來最為集中的火砲射擊。海軍船艦上的火砲和配置在某個外圍島嶼上的野戰砲，對該島轟擊了三萬六千發砲彈。在這些砲彈軌跡的上方，「解放者式」轟炸機編隊轟隆飛過，為這場屠戮投下了大量炸彈。戰果幾乎是毀滅性的，有個觀察員報告：「整座島嶼看起來就像是被掀起到兩萬英尺的高空，又跌了下來。」

美軍直接跳到馬紹爾群島的中心點，對日軍而言完全就是個突襲。環礁上有八千五百名守軍，大多數都是後方梯隊人員。只有兩千兩百人受過戰鬥訓練，而且沒有抵抗美軍裝甲的防禦力量。意志消沉的軍官用軍刀敲擊著坦克車的砲塔，在手榴彈爆炸之前，士兵們手握著它們站在坦克旁。他們相信美軍有個祕密武器，能夠在暗夜中偵測到金屬，只要有人離開了掩體，就會被擊斃。因此下令入夜後，要脫去鋼盔和取下刺刀。但他們依然得戰死，「祕密武器」就是集中而持續的火砲射擊。對於日軍而言，這是場毫無希望的戰役，不過他們就像在塔拉瓦一樣，幾乎是戰到最後一兵一卒。美軍又用了一週的時間和三百七十三名士兵的生命，才肅清整座島嶼。

尼米茲不理會手下指揮官的意見，瓜加林島的勝利激勵他在攻下馬紹爾群島之後，又提出另一個大膽的作戰計畫：一口氣跳躍一千兩百英里，越過加羅林群島直達馬里亞納群島。他要以馬里亞納群島，作為轟炸日本的新式B-29「超級空中堡壘」轟炸機的基地。

一月間在珍珠港舉行的海陸軍聯席會議上，他的提議遭到各方的攻擊。麥克阿瑟認為這將會進一步削弱他攻擊日本的戰力，代表他出席的理查．薩瑟蘭少將強烈要求，所有的資源都要集中在西南太平洋地區。喬治．肯尼中將支持薩瑟蘭的要求，認為「超級空中堡壘」以馬里亞納群島為基地去轟炸日本的想法「只是虛晃一招」。甚至連海軍代表都表示反對。湯瑪士．金凱德少將宣稱，「任何關於要把馬里亞納群島當作基地的談話都讓我感到洩氣」。

尼米茲的意見遭到駁回，重點再度移轉到麥克阿瑟進軍東京的路線之上。不過在華盛頓，珍珠港會議的結論使得恩斯特．金恩海軍上將感到「憤怒驚訝」。他在給尼米茲的信中寫道：「排除了清掃太平洋中央通往菲律賓的通道，卻要把日軍沿著新幾內亞海岸，穿過哈馬黑拉（Halmahera）和民答那峨，然後北上通過菲律賓到呂宋一路推回去，作為我方主要戰略概念的想法，這實在是太荒謬了。而且，這並不符合參謀長聯席會議的決定。」

到了二月初，薩瑟蘭少將來到了華盛頓鼓吹麥克阿瑟的提案。他在沒有任何事實根據下就在參謀長聯席會議中說，尼米茲的計畫「相當薄弱，而且進展緩慢」。如果補給能夠到位，麥克阿瑟到了十二月就能打到民答那峨。

金恩無意把更多的海軍戰力投入到西南太平洋戰區之內。他語帶些許諷刺說，麥克阿瑟「顯然沒有接受」開羅會議中的決議，「並且想獲取大家對他沿著單一軸心推進的承諾。我認為現在去更動既定戰略是不吉利的」。

為了避免戰略爭論淪為個人意氣之爭，馬歇爾將軍建議「聯合戰略考察委員會」（Joint Strategic Survey Committee）重新研究此議案，並就哪條進攻日本的路線較為合適提出報告。該委員會幾乎是立刻就回覆：應該優先考慮「中間路線」，「西南太平洋的各項作戰應協同並支援」。

要不是他的老對頭馬歇爾也不滿意該委員會的結論，麥克阿瑟的角色就會從此消失殆盡；經過一個月的討論之後，參謀長聯席會議提出在太平洋中路和西南太平洋戰略中的妥協方案。三月十二日，他們對尼米茲和麥克阿瑟下達了一項指令，命令尼米茲在六月十五日之前要攻下馬里亞納群島，而麥克阿瑟在太平洋艦隊的支援下，要在五個月後入侵民答那峨。

二

美軍的新攻勢已經迫使帝國大本營重新調整防禦體系。陸軍和海軍對於經費、戰略物資和工廠的拚命爭奪集中在戰機生產上，因為兩個軍種看法一致，戰勝之道取決於空中。他們同意平均分配隔年四萬五千架戰機的產出數額。但是一個月之後，也就是一九四四年一月初，海軍要求的數額，增加到二萬六千架。

海軍的情況是很有說服力的，而東條也默許了。他的朋友兼顧問佐藤賢了抗議：「這是個大問題，不該如此迅速做出決定。」最高統帥部直到此刻還在依賴海軍能在海上與美軍進行「決戰」而一舉獲勝，但是現在夢想已經破滅。此後，陸軍就要扮演起重要角色，而那些小島，就變成了美軍和日本的「不會沉沒的航空母艦」，將來進行陸戰的基地。因此，大多數的戰機都要撥給負責作戰的軍種——陸軍。

東條知道他一開始迅速做出的決定，只是出自於想要與海軍保持良好關係。佐藤的看法顯然是對的，因此東條要他去通知海軍已經改變了優先順序。而海軍拒絕接受修改過的決定。二月十日，在皇居內舉行的參謀長和其顧問連袂出席的會議上，雙方公開吵了起來。海軍永野上將依然認為，和敵軍進行重大的戰役會是在海上的作戰。被晉升為元帥的陸軍參謀長杉山則反駁：「如果把你們所要求的戰機數量如數交給你們，是否就能改變戰爭的形勢？」

永野氣到毛髮直豎。「我當然無法做出這樣的保證！如果我們如數給你所有的戰機，『你』就能保證扭轉戰局嗎？」

岡田海軍上將建議大家都去喝口茶休息片刻，緩和一下情緒，對立的雙方也就冷靜下來；不過問題依然無解，佐藤突然提出個十分聰明，但卻相當令人懷疑的解決方案：集中全力生產戰鬥機，而非轟炸機。如此一來，可以多產出五千架戰機，總數就會達到五萬架，雙方就可以均分，這樣只比海軍要求的兩萬六千架少一千架。為了補上這個缺口，佐藤提議撥出三千五百噸的鋁。海軍接受了。

風暴總算是過去了，但是它所加深的軍事問題卻依然存在，依然是無法擋住美軍在太平洋中路的挺進。二月十七日，尼米茲的兩棲部隊從瓜加林島蛙跳到馬紹爾群島最西端的埃內韋塔克環礁（Eniwetak Atoll），一次越過四個設有日本空軍基地的環礁。就在同一天以及隔天，美軍航空母艦的戰機攻擊了聯合艦隊位於加羅林群島中的特魯克島母港基地，摧毀了地面上的七十架戰機，同時擊沉了兩艘輔助巡洋艦、一艘驅逐艦、戰機渡輪、兩艘潛水艇補給船還有二十三艘商船——總數達到二十萬噸。

這一連串的災難促使佐藤主動向東條提出建議：「我們應該撤到菲律賓去，在那裡進行最終的決戰。」

東條陰沉地問他：「這是參謀本部的意見？」

「不，是我個人的看法。」

「你有和參謀本部商量過嗎？」

「這就是問題所在：參謀本部肯定會反對這樣的提案。我深信，我們就是應該壓制軍方。」首要之務就是放棄加羅林群島和馬里亞納群島，並撤退到菲律賓。

東條漲紅了臉。「去年在一場御前會議上，我們才做出加羅林群島和馬里亞納群島是我方最後一道防線的決議！你是說要在六個月之後，我們連打都不打就放棄它們？」

佐藤堅持他的建議。在那個地區只有七個機場，美軍在發動入侵行動之前，就能很輕易地把它們打得無法發揮效用。但在菲律賓，有數百個足以為基地的島嶼。「這將是這場戰爭中最後一個戰場，如果我們輸了這一戰，就無以為繼。這也就是為何我們該集中全力在最後一場決戰的原因——然後我展開和平攻勢。」他所謂的「和平」是指讓日本在保有尊嚴的條件下來解決問題。

東條打斷他。「永遠都別提『和平攻勢』這話。一旦你或是我說出這個『和』或是『和平』這樣的字眼，我方軍隊的士氣就會下降。」

佐藤離去了，首相同情性的反應鼓舞了他，不過他的建議促成了一個意外的結果。當天晚上，東條建議參謀本部長杉山辭職。東條解釋，在此「關鍵局勢」下，最好是由他本人兼任陸相和參謀本部長的職務。

杉山抗議：「這有違我們長期的傳統。」不該由一人同時負責政治和軍事決定。他指出，史達林格勒的災禍就是起因於希特勒集權力於一身的結果。

東條說：「希特勒是兵卒出身，而我是將軍。」他向元帥保證，他會把政治和軍事等量齊觀，不會偏廢。「這點你就不用擔心了。」

「說起來容易，但是人一旦得處理兩份工作，而在這期間又被兩者的利害衝突所折磨時，那麼，哪個才會是更為重要的呢？」況且，這會為將來樹立起一個危險的例子。

「在這樣一場史無前例的戰爭中，我們得用盡所有的辦法，即使是打破先例都得如此。」

杉山快按耐不住了。「如果你這麼做，就無法維持陸軍內的秩序。」

但他得到的答覆是：「不可能的。如果有人抱怨，我們就會撤換他。不允許有反對意見。」

二月二十一日，東條解除杉山陸軍參謀本部長的職務，自己兼任該職，他也以海相嶋田繁太郎接替海軍軍令部長永野修身。這個國家內四個最重要的軍事職務現在就集中在兩個人的手上。

佐藤衝進東條的辦公室，大叫著：「首相先生，你幹得太漂亮了！」東條已經帶上參謀本部長的肩章。當他就任首相以來，就發現到最高統帥部的獨立性是日本軍事挫敗的一項「重大因素」。佐藤的反應顯然讓東條感到很高興，微笑了片刻。他說：「如果某些少壯派軍官為此製造事端，我不會讓他們得逞的。」絕對不容許發生「下克上」。「要好好注意他們。」

佐藤在接下來的幾個小時中，全神貫注地擬定要在菲律賓進行最後決戰的計畫。東條打電話過來，中斷了他的工作；他以新任參謀本部長的角色，簡短地說：「我要捍衛加羅林群島和馬里亞納群島。」

東條不斷地鞏固權力，在他自己和佐藤看來是要約束軍方的獨裁掌控，但是卻被他人解讀為邁向軍事獨裁危險的一步。天皇三個弟弟中最年長的秩父宮雍仁親王並不相信得由同一人擔任首相、陸相和參謀本部長。一如杉山，他向東條提出這樣的疑問：「當參謀本部和陸軍省在戰事上意見相左時，你該如何處理？」東條憤怒地以書面回覆：「現階段在我們面前最重要的事，是以全國的力量去取得勝利。因此，我在戰後會感謝你與我討論此個人進退之事……至於目前的作為，既然這項措施是史無前例，那麼許多的批評和反對誠屬自然之事。此事留給後世的史家來斷定功過。事實上，最高統帥部和政府間的合作一直都非常良好，完全沒有紛爭。我的良心絕對不會允許我違反日本的基本原則。如果你對於這點有任何疑義，我會很樂於解惑。如果我感到自己不再忠於天皇，我將致上誠摯的歉意，並在御前切腹。」[1]

重臣（前任的首相）們和秩父宮雍仁親王同樣感到憂心。他們認為，日本的困境得歸咎於東條的領導。他們都希望解除東條的首相職務，其中近衛公爵和岡田上將想得更遠——認為接替人選必須是能夠立刻與盟軍和平交涉的人。近衛試圖爭取木戶侯爵加入和平的志業。這名宮內大臣雖表認同，但卻拒絕協助；他私下認為利用他對天皇的影響力是危險的。

甚至軍方也有人在謀求和平，但是原因卻不相同。最重要的人物是出色的學術研究專家高木惣吉海軍少將，嶋田海軍上將曾經命令他徹底研究戰爭中所犯下的錯誤，呈現在最高機密的檔案中。他分析海空軍損失之後，得出一份日本將注定無法贏得這場戰爭的結論。太平洋上的崩潰讓他驚恐，他認為唯一的解決方案就是解除東條職務，以及不計任何後果立刻謀求和平。

高木擔心如果他把這份報告交給嶋田，就會危及自己的性命——而這份報告也會束之高閣。他私下祕密去見了兩名主和派——前海相米內光政上將以及井上成美中將，並且把他研究出的事實告訴他們。兩人鼓勵他將報告交給岡田上將，以及其他更有身分地位能夠採取行動的人士。不過幾個星期過去了，東條依然在任。高木急不可耐，聚集了十幾名他信得過的海軍軍官——都是上校和中校——並且說服他們，如果不把東條除掉，國家就無以為繼。但是該怎麼實行呢？他們鬼鬼祟祟地向右翼組織（暗殺專家的團體）討教方法。根據他們的建議以及對東條日常活動的觀察，高木對於這樣顯眼的目標，得出製造一場「車禍」必定能夠成功的結論。暗殺者將分乘三輛車去截住東條的車隊。其中一輛衝撞東條的座車，迫使它停下來；其他兩輛車停在一旁，用自動左輪槍射殺首相。這些暗殺者全都穿上軍服。之後其他人都會搭上海軍的飛機逃往台灣，只留下高木一人承擔所有的責任。[2]

諷刺的是，東條本人已經開始謀求和平。在攻下新加坡之前，就有人試圖要與同盟國進行談判，他也參與其中。一九四二年二月，他被召到皇居，天皇指示他（在木戶的提醒下）「不要錯失結束戰爭的任何機會」。東條召來德國大使歐伊根．奧特將軍，並要他承諾除了里賓特洛甫和希特勒以外，不對任何人透露談話內容。東條建議德國和日本提出一份和平協議，祕密與同盟國接觸；如果希特勒願意派出一架長程轟炸機的話，他本人會代表日本帝國飛往柏林。柏林方面的回覆頗為委婉，也相當冷淡。希特勒不願意讓東條冒著搭乘德國飛機，而發生墜機的風險。

德國對於謀求和平缺乏熱誠，使東條感到相當沮喪，不過他並沒有因此放棄朝和平方向繼續努力，即使是他對取得和平的方法是相當天真的。當來栖大使在該年夏天從美國回來以後（是以格魯和其屬下人員換回日本駐華盛頓的外交人員），在一場接風的宴會中東條把他拉到一旁，當著杉山的面說：「請安排早日結束這場戰爭。」首相的「心智簡單」讓來栖大為驚訝，他說：「發動戰爭要比結束戰爭來得容易。」

日本艦隊和商船的損失就如高木的機密報告中所呈現出來的一樣慘烈。美國潛水艇四出襲擊，造成大多數的船隻損失，而帝國海軍對這一對日本補給線最嚴重的威脅，卻鮮有反制措施。

海軍方面缺乏準備是因為其固有傳統，加上不願進行防禦性戰事所結合而成的結果。日本海軍是由英國海軍軍官協助建立的，照搬了英國海軍的模式，江田島的海軍官校就是英國達特茅斯（Dartmouth）海軍學校的複製品。建學校的磚塊是從英國運來的，紀念館內甚至還供奉著納爾遜勳爵的一綹頭髮。這樣的模仿甚至延伸到船上的伙房，全體海軍每天至少有一頓西餐，要完全使用刀叉和湯匙。在戰鬥中，日本艦長也依循英國的傳統，與艦共存亡。更為重要的是，日本人承襲了英軍厭惡對商船發動攻擊的傳統，潛水艇是以支援艦隊以及對敵艦發動攻擊而設計的，並非用來追擊無防禦能力的商船。不過只有當敵軍也採行相同的策略時，這才有可能會成功。德國人並沒有這麼做，第一次世界大戰德軍潛水艇對英國商船發動毀滅性的突襲時，才迫使英國人建造出有效的反潛作戰部隊，進行同樣的報復行動。

不過日本人卻沒有這麼做。他們依舊採用過時的特大潛水艇，而且幾乎是只攻擊敵軍戰船，並且也差不多算是忽略了反潛作戰；而潛艦對於那些初入仕途，一心想要擔任時髦職務的年輕軍官，也沒有什麼吸引力。到了一九四一年秋天，海軍參謀本部只指派兩名全職的軍官負責「後方防務」——這包含了布雷、防空和反潛作戰。在作戰時，這被當成不重要的任務，而且也沒有人想幹。

僅僅一位軍官，就得負責保護本州六百英里沿岸所有船運的安全，再加上東京灣到硫磺島之間的大片海域，而且還被冠上有點貶抑意味的「訓練參謀」的職稱。況且，當戰事爆發時，並沒有準備把商船編成船團航行。大多數的船東都想獨自航行，總之，美軍潛水艇在六個月內用魚雷擊沉了許多獨自航行的商船；因此日本才以台灣為總部建立起「第一運輸護航艦隊」。這個緊急設置的單位的組成人員大多數是年長的退役預備軍官，而且只有八艘驅逐艦，卻要護航大範圍的海域。因為同情這些驅逐艦的艦長們都厭惡執行保護運輸艦的單調任務，聯合艦隊不願意派出更多的船艦。

到了珍珠港事件後的頭一年年底，美軍潛水艇已經擊沉一百三十九艘貨輪，總噸位數達五十六萬噸；帝國大本營終於了解到，因為一個疏忽就要輸掉這場戰爭了。國內都在要求提供更多的汽油、鋁氧石和其他重要原物料。而在前線，指揮官們則在乞求食物、彈藥和增援部隊。不過卻沒有足夠的商船來滿足任何人的需求，而且每週的沉船數都在增加中。直到一九四三年三月，才組成「第二運輸護航艦隊」，總部設在塞班島。兩支護航艦隊的船艦依然是少得可憐——十六艘驅逐艦、五艘海岸護衛艦和五艘魚雷艇。

無論如何，這些權宜措施都不會有任何效果，而且美軍還大幅提升了潛艇的質量。建造了數十艘改良型潛水艇，配置了訓練精良的人員，徹底重新設計過的魚雷取代了早期經常發生故障，偶爾還會以弧線前進且經常無法引爆的魚雷。因此，九月時日本創下損失十七萬兩千零八十二噸船舶的紀錄。日軍早就該採取激烈的手段，直到建立了「護航指揮總部」才有所作為。指揮官是川古志郎海軍上將（兩年前東條政府上台時，曾經出任海相），配有四艘護衛航空母艦和海軍第九十一航空大隊。不幸的是，這四艘護衛航空母艦都需要大修不說，飛行員也都沒有受過反潛戰術訓練。運輸船團還是任意航行著，每艘護航艦艦長也都自作主張，自行其事。到了十一月，損失攀升到二十六萬五千零六十八噸，而政府依然不願意採取訓練有素的船團系統。前線的指揮官迫切需要補給物資，兩、三艘船隻組成的小型船隊能夠更快抵達前線。不過，這些小型船隊依舊是敵軍的獵物，重大損失持續到一九四四年的頭兩個月。

毫無其他解決辦法。到了三月初，終於採用「大型」船團系統（二十艘商船，盟軍在大西洋的船團中有七十艘商船）。一開始，似乎是奇蹟般地成功了，損失大幅地減少。但是帝國大本營的開心得意並不持久。美國海軍很快也採行新的作戰系統，並召回無數的潛水艇加以訓練。很快就再度發動「狼群戰術」進行突襲。

三

東鄉將軍在對馬海峽戰役中取得了史詩般的勝利，卻留給日本海軍將領一份不值得羨慕的遺物：進行「決戰」的概念，認為只要在此一戰就能解決所有的問題。聯合艦隊的新任指揮官古賀峰一和其前任有所不同，冷靜而保守——是名按照邏輯行事，高效率又孜孜不倦做事的軍官。不過，他也一心夢想著要進行一場能夠改變戰爭格局的戰役。身為一名現實主義者，他也認知到成功的機會是相當微小的，不過卻是日本最後的希望所在。三月八日，他發布了作戰計畫，定名為「Z作戰」計畫。一旦推進中的美軍艦隊經由馬里亞納群島或帛琉群島，亦或新幾內亞穿過菲律賓海，聯合艦隊將傾全力出擊。他以高效而有條理的方式，將大多數的日本海面軍力集中起來，接近月底時，他下令將指揮部從停泊在帛琉的主力艦「武藏號」上遷移到菲律賓。

在搭機南飛之前，古賀對參謀長福留繁中將說：「讓我們一起出擊，一同捐軀吧！」他還說，山本死得「正是時候」，而他「很羨慕他那樣的死法」。三月三十一日晚上九點，他們分別搭乘兩架川西公司製造的四引擎水上飛機，預計三個小時的航程後抵達民答那峨。不過在抵達菲律賓之前，他們遇上了暴風雨，而古賀的座機就此消失無蹤。

一如愛蜜莉亞．厄爾哈特[3]，古賀將軍的行蹤迄今依然成謎。[4]聯合艦隊在一年之內就失去了兩名指揮官，而兩人都是在飛往前線的空中喪命的。

福留的座機緊急向右翻轉，以躲避風暴，並且轉變航向朝北飛往馬尼拉，但是強勁的逆風還是阻擋了水上飛機的推進，到了凌晨兩點，燃料幾乎耗盡。飛行員通知福留準備緊急迫降。在月色下，福留能夠看到左方有個狹長的島嶼，看起來像是宿霧。在他們下降時，月亮突然消失了，下方的大海一片漆黑。飛行員迷失了航向，也無法控制飛機。福留本人就是個飛行高手，他摸索向前，同時緊緊抓住裝有「Z作戰」詳盡計畫的複本和密碼表的公事包。他伸手挨著飛行員的肩膀，把飛行桿往回拉，試圖阻止這架笨重的水上飛機往下俯衝。不過他拉過頭了。導致這架川西公司的飛機失速。它側著一邊機翼跌入海中，橫翻了很多次觔斗跌入海中。

福留感覺海水把他淹沒了。他接受了死亡——反正戰爭已經輸了——但他又浮出了水面，本能地抓著那個公事包。火焰把海面都照亮了。他和其他十幾個人從殘骸中脫困逃了出來，不過這名將軍因公事包的重量而不斷下沉，無法浮在水面上。他抓到一塊坐墊，並開始朝著隱隱約約的宿霧海岸踢水游去。他和強勁的逆流搏鬥了數個小時。黎明時分，只剩他一個人了，其他人肯定遠遠地游在他前方。福留看到遠方有根高聳煙囪的輪廓。他認出那是淺野水泥廠，離日本在菲律賓中區總部的宿霧市只有六英里遠。雖然該島上經常有游擊隊出沒，不過算是相當安全的領地。

他在水中游了一小時，疲憊不堪，在幾乎接近體力的極限之前，看到不遠處有幾艘小漁舟。他遲疑了一下，那是游擊隊嗎？他冒著被俘虜的風險游向漁舟，但是公事包就得扔掉了。當他被拉上第一艘小漁舟時，其中一名漁夫——他們曾經看到火焰——看到緩緩下沉的公事包，就在公事包沉入海底之前把它撈了上來。

中將連同其他八名袍澤都被帶往巴魯德（Balud），另外兩人逃到宿霧市的日軍總部。俘虜被帶往最近的一個游擊隊組織，他們告訴曾經在日本東京帝國大學讀過一年書的馬賽里諾·艾里迪亞諾上尉（Marcelino Erediano），他們是日軍位階不高的參謀，到這個地區進行例行性的視察。不過艾里迪亞諾注意到其中一人（福留）受到其他軍官相當的敬重。或許他是一名高階軍官？況且，公事包中的文件還印有紅色的「最高機密」字樣，這顯然是很重要的文件。他派人通知整個宿霧地區的游擊隊指揮官詹姆士·庫興中校（James Cushing），他是名美國礦業工程師，雙親來自愛爾蘭和墨西哥。庫興曾是名前拳擊手——嗜好酗酒，又是個頑皮的個人主義者。他原本可以帶著菲律賓籍的老婆和小孩到山裡享樂，坐視戰爭結束的，但是宿霧的人說服他，只有他才能團結島上相互爭執的游擊隊群體。

庫興立刻用他的小型發報機電告麥克阿瑟，說他捕獲十個日本人，其中有一名高階軍官，還有「整包」的重要文件，有些看起來像是密碼表。溫德爾·費蒂格上校（Wendell Fertig）收到此封電報。他原先是名工兵軍官，現在成為民答那峨島上所有游擊隊的指揮官；他將電報轉發至澳洲。這封電報在澳洲引起了「巨大的騷動」，海軍甚至提議要趕緊取消一艘正在執行作戰任務的潛水艇，改調往宿霧島西方的內格羅斯島，去接回俘虜和文件。

墜機時，福留傷到了腿部，必須用擔架抬著。用了整整一個星期的時間，才把他送到距離宿霧市西方有十英里遠的圖帕斯（Tupas）庫興的山中藏身處；在艾里迪亞諾連番的審訊下，福留「承認」他是古賀上將，並且能說一點英語。

福留被帶往庫興藏身處不久之後，逃脫的兩人通知了日軍，日軍對圖帕斯發動了攻擊。他們的指揮官大西正登陸軍中校威脅，除非迅速將戰俘交還給他，否則他就要焚毀村莊和槍殺平民作為報復。庫興撤退到深山之內，電告麥克阿瑟，他能把文件送到內格羅斯島，但不能肯定把古賀上將和其他戰俘送過去。

麥克阿瑟回覆：「不計任何代價拘留敵軍俘虜。」

這是無法執行的命令。庫興只有二十五人，而大西的部隊正在逼近。他派兩個人把文件送到內格羅斯島，通知了麥克阿瑟他不得不釋放「古賀」，以避免日軍持續的報復行動。麥克阿瑟暴怒，解除了庫興指揮官的職務，並把他降為士兵。

不過庫興「士兵」仍然在行使指揮官的職務，而且得立刻與大西進行談判。他要求「古賀」寫封信，請求大西中校不再進行報復性行動，以交換他本人和其他戰俘。福留以古賀的名義簽了字。由一個平民把這封信交給了大西，並帶回中校親書承諾將會遵守協議。福留再次被抬上擔架。庫興親切地握著他的手，此時他們已經是朋友了，甚至庫興那隻會朝所有的日本人作勢要咬的凶狠獒犬，都能讓福留拍撫牠。在這場殘忍無情的戰爭中，這樣的時光很短暫，也是相當罕見的。一排未帶武器的士兵在佩德羅．比里亞雷亞爾（Pedro Villareal）上尉的率領下，護送這群俘虜走下山中小徑，釋放了他們。

透過潛水艇運送的方式，把福留的公事包交到了麥克阿瑟的手上。裡面的文件是在這場戰爭中所獲取的最為重要的敵軍文件，不過吉姆·庫興卻覺得委屈，當麥克阿瑟重返菲律賓時，對他給予了更嚴厲的懲罰。但他原本認為能獲得公正對待。

——

橫須賀海軍基地指揮官豐田副武上將接替了古賀的職務。他才華橫溢，以一絲不苟和言語刻薄著稱，好幾名下屬因此感到精神衰弱。從開戰以來，他一直都待在陸上，因此為他挑選出一名海上作戰經驗豐富而軍階又高的參謀長，就成了迫切之務。合適的人選就是南雲的前任參謀長草鹿龍之介，目前正在拉包爾，於他堂弟草鹿任一手下任職。在離開拉包爾之前，為他舉辦了惜別會——這是一場有著兩罐鰻魚罐頭、兩條青豆燉醬茄子、海帶湯還有摻著大麥米粥的宴會。今村將軍貢獻出六瓶清酒。

離開拉包爾只有一個辦法——搭飛機離開——這就是得冒著和山本與古賀一樣的風險。美軍戰鬥機幾乎不間斷地在空中巡邏。為了安全，草鹿的座機在暗夜中起飛，與會者向草鹿舉起最後一杯酒——這回是「約翰走路」的威士忌。凌晨四點，轟炸機低空掠過了港口，排放長長的煙霧以遮掩住火光。黎明後，他們還是被美軍戰鬥機發現了。讓人無法理解，美軍維持原來航向飛去——並沒有朝豐田的新任參謀長的座機射擊。

草鹿一行在特魯克島重新加油後，繼續飛往塞班島。他在這和南雲晤談一番，中途島和瓜達爾卡納爾島兩場戰役後，南雲被降職，現在指揮一支小型的區域艦隊。歷經在拉包爾極嚴苛的管制之後，草鹿對於這樣一個戰略島嶼的薄弱防務感到十分驚恐，因而建議要好好增強防務。隔天早上，草鹿飛往了硫磺島，趁著飛機在加油時，他視察了這個火山小島。防禦工事做得很好，但是缺乏機槍和火砲。他答應島上的指揮官——就是在珍珠港事件前於墨西哥城擔任海軍副武官的和智恆藏中校——會送來更多的武器，並且祝他打好這一仗。

當草鹿抵達聯合艦隊位於東京郊外的陸上總部時，眼前第一個難題就是再次對下回大戰的位置和時間做出決定。他一如前面幾任參謀長，也是滿腦子的「決戰」思維，因而不可避免他的作戰計畫和古賀的大同小異。三月時，海軍經過大幅改組，此時的主力艦隊停泊在新加坡外海林加群島（Lingga Roads），由小澤治三郎中將指揮的「第一機動艦隊」，雖然接近燃料補給點，可是卻遠離菲律賓這個關鍵區域。草鹿想起一句中國諺語：「強弩之末，矢不能穿魯縞。」勢必得把機動艦隊來個「三級跳」推進。第一下跳到菲律賓最南端的一個島嶼塔維塔維（Tawi Tawi），然後再跳到菲律賓群島的中部，最後下一跳到帛琉或是塞班。草鹿把計畫交到人還在橫須賀的豐田手上。豐田批准了這項被稱為「阿號作戰」的計畫。

草鹿想起塞班島上被輕忽的防禦工事，既然這座島嶼的戰力對於此作戰是絕對必要的，他緊咬著要揪出陸軍內該責成的軍官不放。東條對於草鹿這樣的堅持感到惱怒，寫信給他：「我個人敢用『關防』向你保證塞班島的防務！」送信的陸軍上校還表示，陸軍「希望」美軍登陸塞班島，這樣陸軍就能殲滅他們。

到了四月底，已經解決了「阿號作戰」的技術性細節；幾天後，豐田上將就要發布總命令。「決戰」地區是帛琉，假使美軍直接向馬里亞納群島前進，必須「誘使」他們往南前進（目地是節省機動艦隊的燃油，同時更為接近陸航機基地），在那裡「於有利的時機點，全力展開決戰」。「在白晝發動突襲，攻擊並且摧毀主力」敵軍。但是，第一航空隊的四百五十架陸基戰機「至少要殲滅敵軍特遣艦隊內三分之一的航空母艦」。

五月十日，草鹿開始「三級跳」，小澤的機動艦隊從林佳洛群島開拔前往塔維塔維。

四

美國下一個目標是馬里亞納群島中最具有戰略價值的塞班島，將交由尼米茲來指揮這次作戰。與此同時，麥克阿瑟已經朝著「他的」目標菲律賓群島跨出很大一步，從新幾內亞的東端一口氣直跳至荷蘭迪亞（Hollandia），對一萬一千名守軍發動一場突襲兩棲作戰。盟軍海軍的火砲把大部分的日軍炸飛了起來——百分之九十屬於後勤單位——而盟軍五萬兩千名入侵官兵沒花什麼力氣就肅清了該區域。麥克阿瑟以極小的代價就取得了一個絕佳的海空與後勤基地。一週後，日軍機動艦隊離開了林加群島，他又朝東京邁出一大步——這回是再往西直插入薩爾米（Sarmi）地區，那裡有兩座極佳的機場和另外一座還在建造中的機場。該區有一萬四千名日軍，不過戰鬥部隊還不到一半，就如在荷蘭迪亞的同袍一樣被打個出其不意。他們沒有進行什麼抵抗——美軍在第一天只有兩人陣亡——而麥克阿瑟又多了一個寶貴的基地。

他的下個目標是座面朝西方的小島比亞克（Biak），它極具戰略意義，位於新幾內亞最大海灣的出口處。長四十五英里，寬有二十英里，島上有三條可用的機場跑道，日軍認定其重要到派出一萬人來防衛。五月二十日，美軍開始了為期一週的轟炸，但這並未讓日軍指揮官意識到即將到來的攻擊；因此美軍第四十一師登陸該島時，幾乎沒有遇到抵抗。第一波登陸的美軍在錯誤的地點登陸，可是到了中午時分，就已經建立起強大的灘頭堡。

在聯合艦隊的新旗艦巡洋艦「大淀號」上，對於美軍「突如其來」登陸比亞克島，豐田的參謀人員感到相當震驚；當天剛好是對馬海峽戰役三十九週年。不過，草鹿卻認為這是個機會。他說：「如果我們把它奪回來，就能把太平洋艦隊引到夠近的距離，因此就能在帛琉附近進行『決戰』。」他的推理說服了每個人，只有情報參謀中島親孝中校不表贊同，中島認為麥克阿瑟登陸比亞克島是次要行動，而太平洋艦隊全力支援的作戰主攻目標則是塞班島。不過草鹿的意見勝出了，而且幾乎在一夜之間就倉促完成增援比亞克島的計畫，定為「渾作戰」。

中島的想法當然是正確的。在十九天後——六月十五日——會有歷經艱苦訓練，並且已在夏威夷進行過協同登陸演習的三個師兵力在塞班島登陸，已經集結了一百一十艘海軍運輸艦組成的艦隊，以及一整個師的「自由輪」（Liberty ship）[6]運輸船來載運七千名士兵的特種部隊與衛戍部隊，全都送到三千兩百英里外的登陸點。

——

馬里亞納群島是由一連串的熱帶火山島嶼所組成，麥哲倫於一五二一年發現它。他對土著的船隻和船索留下深刻的印象，將這個群島命名為「大三角帆島」（Lateen Sails），不過他底下那批沒有詩意的水手則稱之為「盜賊群島」（Islands of the Thieves）。在十七世紀時，為了紀念西班牙國王費利佩四世（Philip

IV）的遺孀「奧地利的馬里亞納」（Mariana of Austria），而改名為馬里亞納群島，但是隨著西班牙勢力的消退，在「美西戰爭」（Spanish-American War）後，美國人佔領了這個群島中最大的島嶼——關島。又過了幾個月後到了一八九九年，備感困擾的西班牙把加羅林群島、馬紹爾群島以及馬里亞納群島以約四百萬美元的價格賣給了德國人。美國人本來可以購得這些島嶼的，但是當時的麥金萊（William McKinley）政府認為這些島嶼不值那麼多錢。

第一次世界大戰期間，日本人佔據了所有的島嶼。因為日本隸屬於戰勝國，「國際聯盟」把這些島嶼交給了日本託管。一九三五年，日本在塞班島南端建造了亞斯里托機場（Aslito Airfield），沒多久又在西海岸建構了水上飛機基地，以及在北方修建一條戰鬥機飛行跑道。有些美國人指控日本違反了「國際聯盟公約」，將該島嶼作為軍事基地；不過，當時該島只有少量的駐軍。[7]

所有的土著孩童——都是查莫洛人（Chamorro）——都必須至少接受六年的日本學校教育，那些最聰明的小孩都被鼓勵去讀農業專門訓練學校。甘蔗是當地的主要作物，而且在南洋拓殖株式會社的管理下產量大增。到了珍珠港事件之時，塞班島已經成為小東京了；島上超過三萬人，查莫洛人不到四千。該島的長度大約和曼哈頓相同，但是寬度卻有兩倍。塔帕丘山（Mount Tapotchau）標高一千五百五十四英尺位於島的中央，而島的北方有馬皮山（Mount Marpi），兩山之間丘陵起伏滿布著數以千計的山洞，還有無數的山峰和峭壁。這些崎嶇的地區，以及整座島有八十五平方英里大小的百分之七十的面積的甘蔗田，正是進行防禦戰事的理想地點。

在戰爭的前兩年期間，塞班島不過就是一個補給點和中繼區域。在塔拉瓦環礁和瓜加林島相繼陷落之後，駐防軍力依然是象徵性好那麼一點，除了零星的碉堡建物之外，對於這個尼米茲的下一個目標，日軍幾乎沒有進行任何工事來強化防衛該島。

一九四四年二月二十三日上午，尼米茲從航空母艦派出轟炸機對該島的機場進行攻擊。平民聽到高射砲的聲響，但是日本軍機到哪去了？它們每天都飛得很低，而且架次極多，學校甚至無法上課。從塞班、天寧島（Tinian）和關島的機場確實起飛了七十四架日軍戰機，不過它們無法阻止敵軍摧毀停在地面上的一百零一架戰機。日機設法擊落了六架美軍飛機，但是七十四架戰機中只有七架能夠平安返回基地。

塞班島就此告別了寧靜的生活。關閉了學校和工廠，好讓平民建造避難所和協助建造另外一條跑道。大家的情緒高漲，並且重拾了信心。但是卻下達命令要將老弱婦孺撤回日本。三月三日，「米國丸」載著一千七百名乘客離開了，大多數是南洋拓殖株式會社幹部的家屬或是民間有聲望的人士。這艘船並未抵達日本本土。三天後，魚雷把它送到海底。開往馬里亞納群島的運兵船也被魚雷命中，倖存者情緒低落地來到塞班島，身上沒有任何武器，而只有恐懼。

為了阻擋美軍在太平洋中部取得連串的勝利，帝國大本營重組了該區的整個指揮架構，派出南雲中將前往塞班島，指揮新成立的「中部太平洋艦隊」。理論上，南雲是該區域內所有部隊的指揮官，包括了海陸兩軍，但是東京方面的指示卻是模糊不清，因此他不過是個有名無實的指揮官而已。

五月底時，中心任務是去防衛塞班島的第四十三師，分兩梯次從日本啟程。首批安然抵達該島，但是第二批——載有超過七千名士兵的運輸船團——遭受到一系列的潛水艇攻擊，七艘運輸艦中的五艘被擊沉。另外兩艘的甲板上擠滿了生還者繼續航行。最後大約有五千五百人抵達了塞班島，其中許多人被嚴重燒傷或身負重傷。只有少數人還帶著裝備或是武器。這個師簡直形同解體，該師的平櫛孝少校參謀甚至回報，需要六個月的時間休整這支部隊才能執行戰鬥任務。

防禦陣地也沒有布置完畢。在塞班島指揮所，馬里亞納群島地面部隊第三十一軍軍長小畑英良中將，對此正式向南雲發出警告。他寫道：「具體說來，除非能對那些無法取得水泥、鋼筋、帶刺鐵絲網、木材等等的島嶼供應這些物資。不然無論擁有多少兵士，對於防禦工事他們都是束手無策，只能拱手坐等，而這種情況是難以忍受的。」局勢此時將無法改善，數以千噸的建築物料在運輸的過程中都被擊沉，再也沒有能夠送過來的物資了。

島上的三萬一千六百二十九名守軍的時間也不夠用了（兩萬五千四百六十九名陸軍，六千一百六十名海軍）。一支龐大的美軍艦隊——五百三十五艘——正直撲塞班島而來。它們載運十二萬七千五百七十一名官兵，其中三分之二是海軍陸戰隊。六月七日，當他們還在海上時，聽聞發動了另外一波強力的突擊。其中一艘滿載海軍陸戰隊的運輸船上的喇叭傳出：「已經入侵法國了。報告完畢。」一片靜默無聲。最後，有人終於說了：「感謝上帝！」

諾曼第登陸日就這麼在日本無聲無息地過去了。聯合艦隊正忙於「渾作戰」計畫。首次試圖增援比亞克島的計畫失敗了，受制於連續不斷的空襲，驅逐艦和運輸艦只得返航。由六艘驅逐艦組成的第二次嘗試已經上路了。六月八日快中午時，其中有艘驅逐艦被炸彈擊沉，其餘的五艘趕緊往北返回，半夜時又遇上一艘美軍驅逐艦。

機動艦隊指揮官小澤中將可是沒那麼容易就被嚇跑。他電告聯合艦隊，比亞克島上的機場極為重要不能丟失，並且提醒他的長官，要是再度嘗試奪回該島「或許會吸引美國艦隊進入決戰的預期區域，並且能夠發動『阿號作戰』」。草鹿無須敦促——畢竟那就是他的策略——他說服了豐田讓小澤以更多的兵力進行最後一次嘗試。這回以一艘輕型巡洋艦、六艘驅逐艦和兩艘大型主力艦「武藏號」和「大和號」來強化「渾作戰」兵力。六月十日下午，這支強大的艦隊離開了塔維塔維，朝南駛去。

當日軍的注意力都集中在比亞克島時，美軍正朝著還有一千三百多海哩遠的主要目標塞班島靠近。六月十一日中午，他們以兩百零八架戰鬥機和八架魚雷轟炸機對天寧島和塞班島發動空襲。美軍根本不理會命中率很低的高射砲，朝著只有個狹窄海峽之隔的兩個島進行掃射和轟炸。塞班島上，一百多架戰機中彈起火，火焰沿著島上最大城市加拉班（Garapan）上方的山坡上四英尺高的野草燃燒著。

整個「渾作戰」突然之間就被否定了。馬里亞納群島才是美軍的主要目標。聯合艦隊中止了「渾作戰」，並且下令指揮官和小澤在塞班島西部海域會師。

在日軍兩支部隊會合之前，七艘美軍主力艦和十一艘驅逐艦就已經開始砲轟塞班島和天寧島。那時是六月十三日，也就是登陸的前兩天。當天，他們共打出一萬五千發十六英吋和五英吋的砲彈，不過由於砲擊海岸上的特定目標需要緩慢而有耐心的調整，艦上砲手對此經驗有限，對軍事要地鮮有損害。在黎明前，有支具有更多練習經驗的火力支援部隊加入——八艘主力艦、六艘重巡洋艦和五艘輕巡洋艦。此回慎重瞄準，並且精準命中目標。

在加拉班市內，一位名叫三浦靜子的年輕志願護士——性格溫和，有張快樂的圓臉——當第一波砲彈打來時，就嚇壞了。在微暗的光線下，她從急救站的窗戶偷偷望出去。美軍又再度砲擊市區。當爆炸聲愈來愈近時，她幫忙搬移那些之前受傷的病患到防空洞內。天亮後，敵軍戰機來襲，戰艦上的火砲更為猛烈了。當時是六月十四日，靜子默默地沉思。我活了十八年，死亡之期已經到臨。有枚砲彈擊中防空洞，把防空洞震得像是發生了地震一般，她也被震得跌倒在地。她搖搖晃晃走到外面，看見急救站被炸成平地。她看到一塊紅色鐵片——那是砲彈碎片——好奇地用手指碰了一下，燙傷了她的手。上方的戰機嗡嗡作響，但是並沒有開火射擊。加拉班陷入一片火海，高溫熱到讓她幾乎無法呼吸。她沿著滿是屍體和瓦礫碎石的街道走著。

海岸附近，有兩支九十六人組成的水下爆破隊正大膽地探索著加拉班南面的珊瑚礁群。他們發現那裡毫無阻礙，不過看到他們的現身卻使得第四十三師師長齋藤義次中將相信，美軍入侵在即，而且會在西岸登陸。他把部隊集中起來對付敵軍入侵，移轉了砲兵陣地，並且在西岸設立起新的指揮部。以性格和所受的訓練來看，齋藤都極為不適宜出任戰鬥部隊的指揮官。他身材矮胖，臉色蒼白，出身於騎兵，之前指揮採購軍馬的單位。而挑選他的師部成為塞班島防衛的核心，就足以證明東京方面有多麼不重視該島了。

塞班島上有許多部隊是將海難中救起的人員隨機編湊而成的。一盤散沙，缺乏領導，而且還沒有武器裝備。南雲中將是這群雜牌防衛部隊的有名無實的指揮官，但是他總是聽從第三十一軍軍長小畑中將的意見——小畑到帛琉去視察，他的參謀長井桁敬治少將的軍階又比齋藤低。

就這樣，島上的戰鬥指揮權落到了倒楣的齋藤身上。當時，他根深蒂固的想法就是掌控並耗盡所有的防衛軍力，以對付每次的入侵攻擊。東京一如往常已經下令，必須在海灘上殲敵，而不是靠縱深禦敵。

載運海軍陸戰隊第二師和第四師的運輸艦和登陸艇正朝著塞班島西岸靠近，並預計在隔天也就是六月十五日的上午抵達下船的地點。在島上，他們不只會遇到一種敵軍。就如某支部隊的軍醫警告他們：在海浪中面對鯊魚、梭魚、海蛇、如刀般鋒利的珊瑚礁、有毒的魚和大型蚌類之後，在岸上還會有更糟糕的危險之物——痲瘋、斑疹傷寒、絲蟲病、傷寒和痢疾，以及毒蛇和大蜥蜴。

一名大兵大膽地問道：「醫官，那幹嘛不讓日本人困在這個島上？」

一名來自加大洛杉磯分校的畢業生說出個更不祥的警告。她是名日本後裔，當戰爭爆發時，她正在日本探視她生病的伯母。美國人給她取了個外號叫做「東京玫瑰」（Tokyo Rose），她一開始當廣播播音員時給自己取了個名字「安」，這是英文「播音員」（announcer）這個字的簡寫字，而現在她自稱為「孤兒安妮，你們最愛的敵人」。

她廣播說：「我幫你們準備了一些好唱片，是剛從美國來的。趁你們還能聽到的時候，好好欣賞一番，因為明天凌晨六點整，你們就得打塞班島了……我已經準備要為你們播歌了。因此，當你們都還活著的時候，讓我們來聽歌吧……」

深色的船艦緩慢地接近塞班島，燃燒中的建築物、草地和森林把頭頂上的天空襯得火紅。透過晨曦，甲板上的海軍陸戰隊員勉強可以看出塔帕丘山的巨大輪廓。天亮後，這座島——一坨模糊的紫色陸塊——看起來就像「從海中冒起的巨大怪物」。查蘭卡諾瓦鎮（Charan Kanoa）愈來愈清晰地浮現出來；這兩個師就要以這個小鎮為中心的四英里寬的海岸進行登陸。它的北面五英里遠就是加拉班市，也漸漸可以看到外觀了。有支佯攻部隊會假裝在那裡進行搶灘。

早上五點三十分，主力艦、巡洋艦和驅逐艦開始進行最後的砲擊。沿著海灘躲起來和蜷縮在山坡上的守軍準備戰死為止。一名士兵在他的日記中寫下最後一段話：「我們拿著『汽油彈』和手榴彈在等著命令下來，要不顧一切地手握著軍刀衝進敵軍。而我最擔心的是，我死後的日本未來命運會是如何。」

十二分鐘後，這支聯合特遣軍的指揮官里奇蒙．凱力．特納中將下達命令：「登陸部隊進行登陸。」喇叭裡傳來牧師們最後的祈禱和祝福。在《時代》雜誌記者羅伯特．謝洛德所搭乘的船艦上，坎寧罕（Cunningham）牧師正說著：「……你們中大多數都能回來的，不過其中有人得去見造物主。」一位名叫湯姆金斯（Tompkins）的中校轉身對謝洛德說：「思想部門去死吧！」

絞盤把登陸艇放下，清空了船艙。七點，停止了砲擊，三十四艘登陸艇開到了離海岸約兩英里多的出發線上。這些笨重的船艦船頭門大開，滿載著海軍陸戰隊員的兩棲履帶登陸車爬出登陸艇，開始像是大水蟲一樣在水中上下晃蕩。戰機——首批的一百五十五架——已經在轟炸查蘭卡諾瓦地區，把灘頭守軍打得抬不起頭來；過了半個小時，它們飛走後，煙塵遮蔽了整個海岸。謝洛德認為轟炸景象是「驚悚的」，他因而在筆記本上寫下：「我深恐這樣的煙霧和響聲並不意味著已經殺死了日本鬼子。」

剛過上午八點，在砲艇和水陸兩用坦克車的前導下，載著八營海軍陸戰隊員的七百一十九輛兩棲履帶登陸車開始向岸上前進。軍官們分送口香糖，並且告誡著士兵們，如果他們得游泳才能上岸，就把沉重的彈夾丟掉。

當這支長達四英里寬的艦隊群聚至離岸只有八百碼的距離之前，迫擊砲和大砲的砲彈早就如雨下般落向這些入侵部隊。十八輛水陸兩用坦克車像是螃蟹一樣爬過珊瑚礁障礙。它們後面有好幾輛兩棲履帶登陸車被擊沉了，但是其他的則跟了上來，爬過礁岩進入藍綠色的淺潟湖中。當戰船用五英吋艦砲進行最後一波砲擊時，幾十架戰機正對著海灘進行低空掃射。場面真是壯觀，像是組織良好的精神病院。

登陸計畫是有獨創性的。坦克先爬上海灘，並且掩護後面載運部隊的兩棲履帶登陸車，然後一路把部隊送上高地。首波對海灘的攻擊是在八點四十分，在二十分鐘內，已經有超過八千名海軍陸戰隊員登上了岸。不過很快就可以看出，攻擊前密集的火砲射擊並沒有把日軍打矇。海灘和山坡之間無數的機槍掩體和迫擊砲陣地還在開火，不過火力愈來愈弱，但是在他們被打成碎片之前，都還在進行射擊。日軍的攻擊十分精準，因此大多數的兩棲履帶登陸車必須要陸戰隊員在岸邊下車。那些穿越過火網的兩棲履帶登陸車也遇上另外一道障礙：它們都陷入沙中或砲彈坑內，並失去動力而無法爬出。

海軍陸戰隊員緩慢地朝查蘭卡諾瓦推進。防禦工事並非是他們想的那樣都是竹子構成或是紙糊的，而是一層或是兩層的鋼筋水泥建築物，外面滿布著盛開的九重葛。每個建築物都是個小型碉堡。在市中心，他們穿越過一個棒球場的看臺，旁邊有個不相稱的佛寺。

在加拉班後方的山坡有個三十英尺高但不牢固的觀測台，南雲在那裡看著入侵攻擊。看到敵軍壓倒性的船艦數量，束手無策地站在那裡，短暫地轉身向著野田文書士官（在山本生前一直都在山本手下擔任此職務），要他記下至少有四艘他在珍珠港所擊沉的主力艦，已經回到作戰的行列。他的聲調聽起來既欽佩又憂慮。

就在不遠處，齋藤將軍和參謀正在臨時作為指揮所的山洞外開會，有枚流彈筆直落下打中他們。當煙霧都散去之後，齋藤直挺挺地默默坐在原地，並未受傷，軍刀還插在八字型雙腿中間的地上。他身旁躺著許多人，半數的幕僚被炸死。

不過，他對於戰役本身還是很樂觀的（儘管美國海軍陸戰隊持續在登陸——白天有兩萬人已經登陸——死傷已達兩千人，而且只能保住半數的灘頭堡），他因而電告東京：

入夜後，我師將發動強力夜襲，以期一舉殲滅敵軍。

謀畫夜襲的人員卻沒那麼有信心。該師兵力四散，並且傷亡也在增加中，僅僅有三十六輛坦克以及一千名步兵可用於「一舉殲滅敵軍」。

夜襲一開始就出錯了。齋藤原本是要到查蘭卡諾瓦上方的山丘和這支攻擊部隊會和，並且親自送行，不過部隊向集結點移動時吸引了美軍的注意力，美軍精準發射的砲火將齋藤的幕僚給打散了。齋藤在混亂和暗夜中與幕僚們走散了，而坦克車則一個小時又一個小時地在等著他。午夜過後，有消息傳來，他在甘蔗園中被大火燒死。從新聞發布官調任步兵指揮官的平櫛少校又被解除職務，並被派去搜尋齋藤的屍體，因而由另外一名軍官接手攻擊任務。他登上第一輛坦克，但還沒走到半英里，就被一枚砲彈擊中而動彈不得。剩下的坦克根本不等步兵跟上來，就轟隆隆地衝下山。在山腳下，他們跌跌撞撞地衝進城鎮東方一片沼澤中，大都深陷其中。氣喘吁吁的步兵終於追上這些想盡辦法從沼澤脫困出來的坦克。軍官高舉著軍刀，在前面率隊衝鋒。日軍衝進美國海軍陸戰隊的陣地，力道之猛讓海軍陸戰隊得用五吋砲砲擊，並以密集的機槍與步槍掃射，才能擋住他們。日軍又重新集結，一再地發動衝鋒攻擊。日軍大約陣亡了七百人，而美軍陣地依然完好無缺。

為了找到齋藤的屍體，平櫛少校幾乎喪命。當他要通過甘蔗園時，燒夷彈幾乎把甘蔗園燒成一片火海，他只依靠軍刀自救，把軍刀當成鐮刀砍出一條路，才安然度過。在黎明前的一個小時，他筋疲力竭地走到師部指揮所。有個孤獨的身影坐在山洞外面，低垂著頭。那就是齋藤將軍。平櫛問他：「師長，你還好嗎？」齋藤抬起頭，卻不發一語。

三浦靜子護士前天逃出陷入大火的城鎮，和其他市民一起躲在能夠俯瞰加拉班的山洞內。一名士兵探頭進來說，又有更多的美軍開始在加拉班的下方登陸了，聚集在城鎮周遭的坦克部隊正前去阻擋美軍。靜子用力擠到外面去。她的哥哥會在其中一輛坦克內。山下的加拉班還在火海中，穿過煙霧繚繞的晨曦，她看到一艘船（應該是登陸艇）正朝著城鎮南面的礁岩開過來。士兵大喊：「開始了！」船隻——兩棲履帶登陸車——正離開母艦。她就像被催眠一樣看到這奇怪的機器急速地越過礁石。從沿岸的樹林中噴出一道道憤怒的火舌。坦克衝出了加拉班，開始朝著海灘而去。

靜子驚喊：「哥哥！」

一名士兵警告她：「小姐，回到安全的山洞內吧。」她沒理會那個士兵，推開人群要看得更清楚些。坦克到了碼頭上，它們的火砲已經開火，從樹林中射出機槍和步槍火網。有些美軍船艦調頭回去。兩艘醫療船艦開到礁岩附近，突然之間，其中一艘著火了。

那些遠離礁岩的軍艦冒出火光。接著遠方有一連串隱約的砲聲，不過被加拉班傳來的讓人震撼的爆炸聲給淹沒了。爆炸使得周圍的空氣都為之震動。敵機掃射著海灘。樹林中的火砲停止了射擊。又

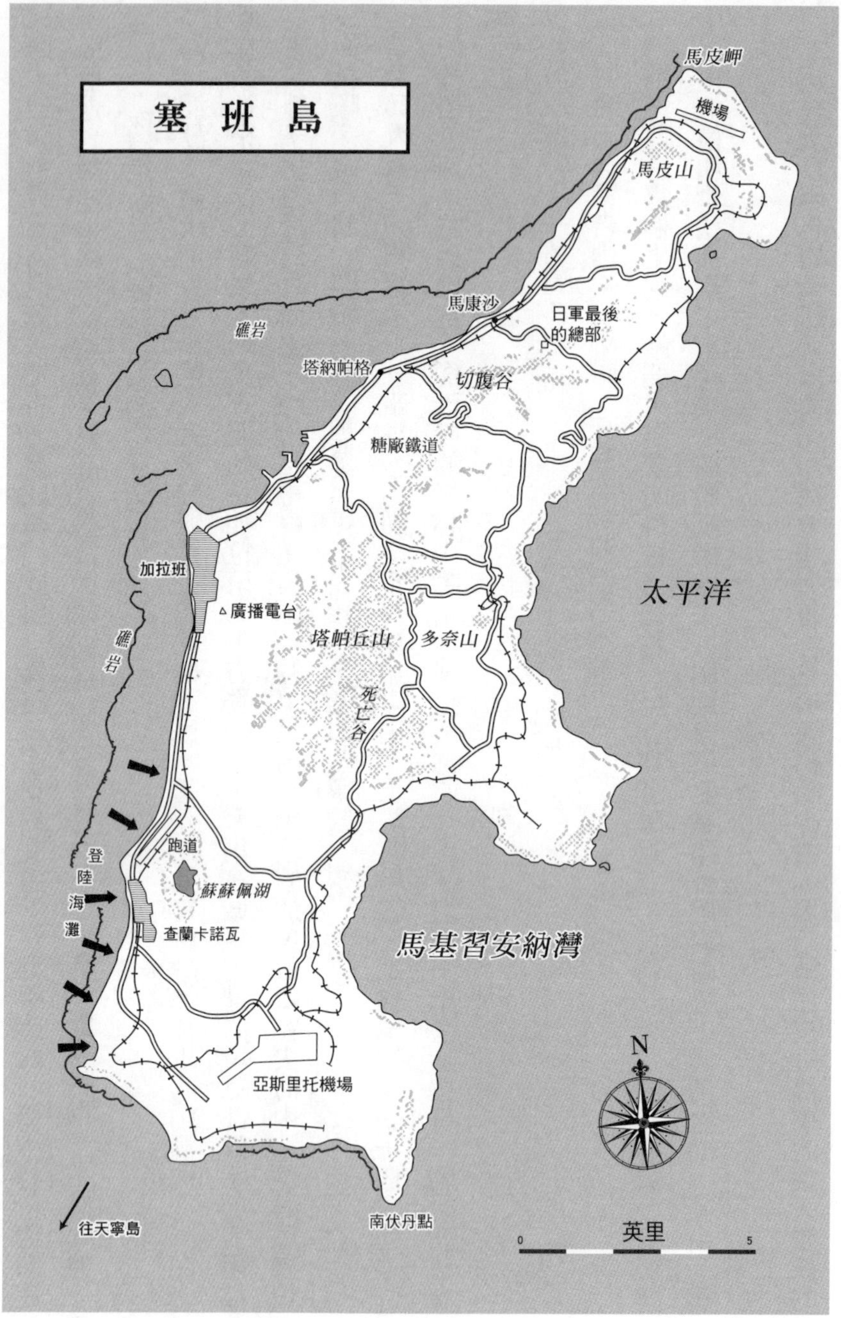
塞班島
馬皮岬
機場
馬皮山
馬康沙
日軍最後的總部
礁岩
塔納帕格
切腹谷
糖廠鐵道
加拉班
廣播電台
太平洋
礁岩
塔帕丘山
多奈山
死亡谷
跑道
登陸海灘
蘇蘇佩湖
查蘭卡諾瓦
馬基習安納灣
N
亞斯里托機場
往天寧島
南伏丹點
英里
0
5

有更多的登陸艇朝著礁岩蜂擁而上。它們停在那裡，細微的人影從裡面跳了出來，把槍高舉過頭頂，朝著碼頭要涉水穿過寬廣的潟湖地區。十五分鐘之後，他們正在爬上碼頭，他們的臉好像都被曬黑了。坦克還沒有任何動靜。靜子的哥哥和其他坦克兵應該是陣亡了。

往南看去，隔著海她可以看到天寧島的輪廓，上次還是在那和爸媽妹妹見面的。美軍是否也入侵了該島？她和姊姊在一週前就撤離加拉班，她們兩人是否是家族內僅存的人呢？她無法讓自己又回到安全的山洞內，一臉茫然地凝視著下方的死者和廢墟。突然蹦出個決定，讓她醒了過來：她要到靠近島上另一側的多奈山（Mount Donnay）旁的主要野戰醫院，去當志願護士。

她看了還在冒煙中的加拉班最後一眼。小船群集在碼頭周遭，美軍已經向內陸推進。她說：「哥，永別了。」然後毅然決然地往山上走去。

洞口一名士兵對她喊著：「喂，女人家，你想去哪啊？」他用槍往上指了指說：「有敵機！」不過她反而快步離去，根本不理會俯衝而下的戰鬥機。

一旦翻過了山頭，戰爭似乎是很遙遠的事。她看到許多民眾排著長長的隊伍在等待領取硬餅乾。有個女人從人群中衝了出來並抱住她——那是她的姊姊。靜子告訴了她哥哥的死訊，而她正要去多奈山。

她姊夫憤怒地罵著：「混蛋！妳不能一個人去那只有男人的地方。妳爸媽把妳交給我照顧，如果妳有個三長兩短，我怎麼對得起他們？」

她大叫：「家中其他人都死了！你想要一個人苟活嗎？」這些傻子還沒看到毀滅的加拉班，街上屍橫處處，他們還在幻想著軍方會保護他們。

日落時分，她走到了多奈山山坡上的醫院。那邊一片空曠，一排排的傷兵一個個緊挨著躺在地上，因此她無法從他們身旁走過。因為滿溢著惡臭，她並未注意到一名中年的上尉軍醫走到她的面前，透過深厚的鏡片在打量她。他責備著：「女人在這毫無用處，而且這是陸軍，我們不允許平民待在這裡。趁天還沒黑，趕快回去吧。」

她告訴他，她的雙親和妹妹們都死了，她也目睹了兄長在加拉班的戰鬥中陣亡。上尉走開，但是她追上去請求他。他停下來對另外一名年輕中尉醫官說話，還是沒理她。最後，他向她做了個手勢，並且嚴肅地說：「好吧，此刻起，妳就是個護士。」他給她一個紅十字的臂章，中尉給她戴上一頂鋼盔。上尉說：「這是陸軍，絕對不能有自私的行為。我們只有十一個人照料所有的傷患——三名軍醫、七名醫務兵再加上她。永遠服從長官的命令。還會有很多痛苦而悲傷的事。別放棄，並且盡力而為。」她驕傲地低頭看了一下臂章，那名中尉也回以一個淺笑。「她還很年輕，我擔心她會太情緒化。」

她的首個任務，就是為這支得迅速為大量病患治療的醫療小隊伍舉著手電筒打光。有個醫務兵猛力拉出一名傷兵背上破裂的彈片。那名傷兵呻吟著，昏過去了。醫務兵告訴她：「他們暈過去，事情就會好辦些。」並且又猛力一拔，不過卻沒成功。上尉是主治外科醫師，走過來用手術刀把肉切開。助手想要嘗試拔第三次。靜子的手顫抖起來，光線也隨之晃動。軍醫說：「穩著點！」接著他拉出一塊拳頭般大小又紅又黑的砲彈碎片。當醫生對這名傷兵注射時，靜子感到腋下冒著冷汗。醫務兵含了一口水，朝著傷兵的臉上噴去。

另外一名傷兵是左腳受傷。醫生給她一把剪刀，說：「把褲子剪開。」

她發現褲子下是鮮血浸透的繃帶，緊黏在傷口上。她輕拔著，擔心拔得過於用力，那人會尖叫出來。

醫生尖銳地說：「護士，別猶豫。如果你害怕看到傷口，或是擔心不能傷到病患，你在這裡就毫無用處。」傷兵緊咬著牙齒。醫生持續拉扯著繃帶，她看到裂開的碎骨，血從傷口冒出。

醫生檢視著傷口。「這隻腿現在沒用了。我必須切除。」他用剪刀戳了一下傷兵的那隻腿。「有感覺嗎？」

「沒有。」

他說：「應該是如此。」轉向靜子說：「護士，把肉剪開——不可以遲疑。」

靜子感到作嘔，開始把鬆開的肉剪開。每剪一下，傷兵都會全身顫抖，前額冒出油膩的汗水。她終於完成任務。醫師一直不耐煩地在旁邊看著，轉身對同事說：「我們動手術吧？」他遲疑了一下並問醫務兵，還剩下多少麻醉劑。只有三盒了。醫生決定：「等等再治療他。護士，把傷口包上。還是用那塊繃帶。」她用原先那塊滿是血汙的繃帶包紮好，這名傷兵被抬到一旁。

醫生說：「護士，這回全都由妳自己來做。」她僅存的信心全然消失了。她希望只處理一些輕傷患。送進來一名新的傷兵，擔架兵還對她笑了笑。她咬著牙，設法把繃帶解開，好讓醫生檢查。每做一回，她就覺得容易一些。她很擔心剛才那名腳傷的年輕傷兵，於是鼓起勇氣去提醒醫師，他還需要開刀治療。

他說：「我全忘了。」並下令把病患抬到「手術台」上——這幾個字眼讓靜子的心跳加快。擔架被放在兩個木盒上，醫務兵端來一盤器具。先在傷兵的背上扎了一針。當麻藥開始發揮效力的時候，醫生很熟練地操作在燈光下閃爍的手術刀，把骨頭附近的肉給割開。醫務兵開始用小鋸子鋸骨頭，還鋸下一些粉狀的物質，傷兵痛苦地呻吟著。

握著手電筒的醫務兵激勵他：「振作點！一下子就搞定了。」

過了一會兒——對於靜子來說，有如一小時之久——骨頭鋸斷了，醫生開始修整泥狀的厚肉塊。殘肢的部位噴出一道血。醫生抓住止血鉗要夾住血管，但是卻鬆脫了，在模糊的燈光下又無法找到血管。靜子清楚地看到血管，焦急地上前說著：「醫生，我能夾住它。」

醫生二話不說把止血鉗交給了她。她迅速地把還在噴血的血管夾好。

醫生接過止血鉗，她用亞麻紗線緊緊把血管綁住。

醫生說：「好了。」他像是熟練的女裁縫師一樣，很快地縫了幾針，用紗布和繃帶把傷口包好，然後又給傷兵打了一針。

傷兵以極其微弱的耳語說著：「非常謝謝你們。」

——

美國海軍陸戰隊那天除了強化防線準備攻擊該島之外，沒有做什麼其他的事。大部分的火砲已經上岸，第二十七師的士兵正在登陸。齋藤將軍還期望靠著坦克和海軍特種陸戰隊的協助，把美軍趕回海中。他的第一個目標是那些集結於加拉班市郊的塞班廣播電台附近的敵軍。決定要在黃昏時發動攻擊，不過因為命令混亂不明，通訊狀況又差，加上複雜的地形因素，直到過了十小時之後，二十五輛坦克以及五百名士兵才穿過深谷的狹縫地帶，開往電台方向。

美國海軍陸戰隊聽到裝甲車發出的隆隆響聲而有所警覺，要求發射照明彈。軍艦朝著上空發射了許多照明彈，把進攻的敵軍照得一清二楚，接著大砲、迫擊砲、火箭筒、步槍和機槍一起發射。中彈起火的坦克照出其他在旁的坦克。一小時之內，大部分的坦克不是被擊毀，就是被丟棄，不過步兵們倒是持續戰鬥到天亮，但是沒什麼作用。美軍還是在陣地之內，他們從來也沒被趕到海中。

東京方面完全不顧這回反攻的失敗。陸軍參謀本部還以天皇的名義電告第三十一軍：

由於大日本帝國的命運有賴於貴軍作戰之結果，務必激勵軍官和士兵的士氣，奮戰到底，持續英勇摧毀敵軍，以消天皇之憂。

井桁少將回電：

領受天皇諭令，皇恩浩蕩，無限感恩。萬死不辭成為太平洋上的堡壘，以報皇恩。

日軍再度承諾要進行一場毫無益處、打到至死方休的戰鬥。

——

到了天亮時，靜子才看到醫院區域是被許多岩石的小山峰包圍著。就像是個沒有防空設施的體育場。至少有一千名傷兵躺在地上，小山谷內迴響著他們不斷傳來的壓抑痛苦的呻吟聲。她想，如果真有地獄的話，這就是了。

有兩個助手抬著一個大桶，她依序一排排地把水分送給這些傷兵。她倒了一杯水，放到一名動彈不得的下士嘴邊。他好像已經死了。「吉田，水來了！你一直想喝水的啊。吉田看啊，這是日本來的護士！」下士緩慢地睜開雙眼，把手伸向她。她緊緊握住他衰弱的手，並說：「阿兵哥，我給你帶杯水來了。喝吧！」他咕噥說著什麼。他朋友解釋：「他在想家。」一提到「家」這個字，她喉頭一緊，她又想起曾被告誡不要過於激動。

她朝向另外一名傷兵彎下了身。他身上只剩下一塊腰布，用雙手摀著臉。他的左眼發黑，「腫得像顆乒乓球那麼大」，上面爬滿了蛆。右眼球也被蟲咬了出來。她雙手顫抖著說：「阿兵哥，讓我治療一下。」當她用鉗子把蛆一隻一隻地夾出來放到罐內時，他沉默著一聲不響。她說：「我哥哥也在陸軍服役，是名坦克兵。六月四日從滿洲調到塞班島來，十六日在加拉班附近戰死了。這就是為何我看到陸軍士兵，想都不想地就當成是我哥哥的原因。」

他用極為單調的聲音說：「這就是你來到這裡的原因嗎？」她向他解釋自己當護士的經過。淚水從他那可怕的左眼中流了出來。「謝謝妳。」

她開始談起自己的家庭，而他痛苦地從腰布底下摸出個東西。那是張滿布血漬的照片，照片中的女人穿著和服。

「這是你的妻子嗎？」那人——篠田少尉——點了點頭。「她還很年輕。」

他告訴她，自己結婚後才三天就從軍了。「當我受傷時，想到的只有妻子，要為了她活下去。可是我快死了……」

靜子說不出話來。她繼續夾著蛆，除了那些緊黏在眼球中間的蛆無法夾出以外，全都清理乾淨了。為了把眼球中間的蛆殺死，她浸了兩片紅藥水紗布，敷貼在他的眼睛上。她裹上一條繃帶並且告訴他，她還會回來照顧他的。「援軍一定會來的。你要堅持到那個時候，因為你的妻子還在等著你。」

隔天——六月十八日，美國海軍陸戰隊就在多奈山下把塞班島一切為二——靜子想辦法幫他找到一套軍裝。她幫他換了繃帶，但是發現紅藥水並沒有效用。紗布上面沾滿著蛆。他希望死後，她能夠把那張照片寄給他的妻子。

她說：「你不會死的，我會把你治好的。我們聽說援軍要來了，那樣你就可以回國了。振作起你的精神！」為了改變話題，她談起自己的兄長和四個姊妹。只有她比較中性，母親常對她說：「靜子，要像個女孩子。」她告訴篠田，他其實很幸運，家中還有人在等著他，醫生和醫務兵為了拯救像他這樣的傷兵，工作得多辛苦。

傳來個充滿活力的聲音說：「護士，妳真偉大。」她抬頭看到是個有張娃娃臉的少尉，右手臂還有塊夾板，身上其他地方還有傷，但是精神卻很好。他對這些心情沮喪的同袍說：「振作起來！你們這樣還算是軍人嗎？怎麼能這樣垂頭喪氣的？援軍會及時趕到的！」他的雙眼突然之間綻放出光芒，像是在說夢話一樣：「我有個妹妹在北海道，大概和妳差不多年紀。這兩天，我一直都在佩服妳，讓我想到現在妹妹在做什麼呢？」

第二十章 「七生報國」

一

美軍登陸塞班島的消息讓豐田副武上將立刻做出反應。他電令小澤中將要「攻擊馬里亞納區域內的敵軍，並且殲滅該艦隊」。五分鐘之後，豐田發出第二封電報，重複了一戰時東鄉在對馬海峽所說的名言：

帝國興亡在此一戰，各位應更進一步奮力。

當機動艦隊愈來愈靠近馬里亞納群島時，小澤與幕僚們也完成了作戰計畫。中將身材高大結實，是個冷靜、沉默寡言的人，行事謀定而後動。受過魚雷戰訓練，曾努力學習航空母艦戰術，深信自己雖然航空母艦數量上只有敵軍的一半，還是有信心擊敗他們。他的戰機作戰航程較長，可以從三百英里之外起飛發動攻擊，這幾乎比美軍戰機還要多出一百英里。他也能夠善用關島作為補給燃料和彈藥的基地，還能回頭再行攻擊。如此一來，他可以待在美軍戰機的攻擊航程之外，而且他還有以馬里亞納群島為基地的五百架戰機的支援。加上他自己的四百七十三架戰機，就和史普魯恩斯擁有同樣數量的戰機。

不過，只有當所依據的資訊是正確時，計畫才能確切有效；可是小澤所不知道的是，大部分的陸基戰機已經被美軍航空母艦上的飛行員所駕駛的新型「地獄貓式」戰鬥機摧毀了。[1]「地獄貓式」在爬升和俯衝的性能方面都超越了「零式」，而且武器裝備更多。飛行員後方有著厚重的裝甲保護，前方有很厚的防彈玻璃。一名海軍飛行員說：「我好愛這款飛機，如果它能做飯，我就娶回家。」

飛行員也比之前受過更多的訓練。每人至少經歷兩年的訓練時間，還有超過三百小時的飛行經驗，而他們的對手卻是那些曾在珍珠港和中途島作戰過的飛行員的脆弱翻版。他們最多只受過六個月的訓練，其中許多人只在空中飛過幾個小時。卻徵召他們去飛那些自從珍珠港事件後只經過稍微改良，現在已經過時的「零式」戰鬥機。

六月十八日下午，小澤有架偵察機在塞班島西方發現到「敵軍部隊，包含數量不明的航空母艦」，離首次發現到美軍艦隊行蹤四十英里遠之外，另一架偵察機回報「航空母艦數量不明，超過十艘其他船艦」。

這是史普魯恩斯的攻擊部隊「第五十八特遣艦隊」，由馬克·密茲契中將指揮；在杜立德襲擊東京和「中途島戰役」時，他擔任「大黃蜂號」的艦長。他個頭矮小，沉默寡言，性格頑強。他通常坐在一張擺在旗艦艦橋後半部面朝著船尾的鋼製扶手椅上，光禿的腦袋上戴著一頂捕龍蝦漁夫的鴨舌帽。

他的艦隊由超強的戰力組成，幾乎是機動艦隊的兩倍大：七艘大型航空母艦、八艘輕型航空母艦、七艘主力艦、八艘重巡洋艦、十三艘輕巡洋艦和六十九艘驅逐艦。

最靠近密茲契艦隊的是由大林末雄少將指揮的三艘航空母艦艦隊，他急著要立刻發動攻擊。空戰的基本原則就是先發制人。在通知小澤後，他下令立刻出擊。

在收到小澤下令所有的船艦退回，準備明天上午發動大規模空襲之前，大林部分的戰機已經起飛。他下令召回戰機，告訴參謀：「我們明天大幹一場。」但是卻又私自擔心這樣「千載難逢的良機」不會再來。

密茲契還不知道「機動艦隊」正向他靠近。史普魯恩斯曾經告誡他，不要主動出擊去搜尋敵軍──「第五十八特遣艦隊」的主要任務是「掩護」塞班島──但是當方向偵測儀器在該區域內尋獲小澤時，他告訴參謀長阿萊・柏克（Arleigh Burke）上校：「很可能暫時會有一場血戰，不過我想我方能獲勝。」並且在午夜之前透過無線電話要求批准出擊，「一點三十分朝西航行，五點整開始料理敵軍」。

史普魯恩斯就和密茲契一樣，想要摧毀小澤的航空母艦，不過被「奪取、佔領和防禦塞班島、天寧島、關島」這道明確的命令給綁死。因此允許密茲契被誘離馬里亞納群島，將會是一場大型「豪賭」；況且他還想起東鄉元帥是如何在對馬海峽等待「帝俄艦隊」前來一戰的情況（「我們的局勢多少有點相同」），因而他回答：「變更航向似乎並不明智……存在著其他（敵軍）航空母艦群迂迴欺敵的可能性，不能忽略此點。」

六月十九日四點四十五分，小澤再度派出偵查機，但是當天上午風大多雲，最後直到七點三十分才在塞班島的西南方發現「第五十八特遣艦隊」。在旗艦——那是新服役有八百英尺長、三萬三千噸級的「大鳳號」——艦橋上的人們毫不懷疑，這又將會是帝國海軍歷史性的一日，或許是另一次的對馬海戰。在首波的七十一架戰機出發之前，各飛行隊長向艦橋回報，誓言要報中途島之仇。

二十六分鐘後，第二波——一百二十八架戰機——從甲板起飛。一名俯衝轟炸機飛行員小松昭男士官長看到一枚魚雷——美國海軍潛水艇「青花魚號」（Albacore）所發射——直朝「大鳳號」而來。他毫不猶豫地把飛行桿朝一旁猛壓並往前推，戰機以弧形方向朝著疾馳中的魚雷做自殺性的俯衝。在離航空母艦不到一百碼的距離，他的戰機攔截到魚雷。小澤和參謀們在艦橋上目睹了戰機和魚雷同時爆炸所激起轟天巨響的水柱。接著看到另外一條「魚」的航跡。這艘巨型航空母艦開始轉彎躲避，不過第二枚魚雷擊中右舷。所造成的損傷似乎是很輕微。單單一枚魚雷能對一艘「不沉」的軍艦造成什麼樣的損傷呢？

在停泊於橫須賀港內的「聯合艦隊」旗艦「大淀號」上，草鹿中將可沒像小澤那樣對該日戰事那麼有信心。他對「機動艦隊」發動長程攻擊是有所保留的，這就像拳擊手在太遠的地方就揮拳攻擊。不過他被周遭的樂觀氣氛感染了——參謀人員認為小澤有八成的機會能夠取勝。他讓服務生準備清酒慶祝，不過又決定不要去碰運氣；還是等到首波攻擊和敵軍交戰之後再說。兩個小時過去了，毫無音訊。不安的情緒取代了艦橋上原先的信心，接著而來的就是懷疑。

終於有封電報傳來：「大鳳號」遭受「些許損傷」。豐田沉默不語，參謀們交換著憂慮的神情；草鹿則有著益發不安的預感，更壞的消息就要來了。

十點，美軍雷達發現小澤的第一波戰機群。密茲契親自透過無線電發出「嘿，鄉巴佬！」的警報——這是要所有的「地獄貓式」戰機都返回各自的航空母艦，並且準備作戰的信號。當時這批突襲者離他那艘新的「列星頓號」旗艦七十二海哩的距離內，戰鬥機開始從飛行甲板上升空。首先看到敵機的是布魯爾少校（Brewer）。他衝了出去，手下十一人緊跟著後面，直朝著敵軍而去。他把一架日軍轟炸機炸開了花，又擊斷另外一架敵機的機翼，然後甩掉一架「零式」並且把它打到起火——沒多久，又擊落一架「零式」。

此時，從另外三艘航空母艦起飛而來的「地獄貓式」也加入了戰鬥。它們猛力衝入來襲的日軍編隊中，至少把二十五架敵機打翻跌入海中。其餘日本戰機都衝向航空母艦而去——不過遭遇到第二波的「地獄貓式」，又被擊落了十六架。有架日軍戰機穿過了防線去攻擊主力艦「南達科塔號」。

當第二波日軍戰機離目標還有六十海哩時，從「艾塞克斯號」（Essex）起飛的十二架「地獄貓式」朝它們衝了過去。其他航空母艦上的戰鬥機也迅速圍上來，幾分鐘之內就幾乎擊落這七十架戰機。小澤的第三波四十七架戰機因為收到錯誤的座標，只有十二架能夠轉變航向及時趕到戰鬥區域，不過其中七架被擊落了。第四波的八十四架也被導引到錯誤的方向。有六架終於能夠飛抵美軍航空母艦，但完全沒有擊中任何目標。主力機群搜尋美軍航空母艦一無所獲後，拋棄了炸彈朝著關島飛去。當它們就要接近奧羅特機場（Orote Field）時，徘徊等待的二十七架「地獄貓式」猛力衝下，並摧毀了三十架戰機——那些能夠著陸的戰機也被嚴重擊傷，無法修復。幾小時內，小澤就損失了三百四十六架戰機，只擊落了十五架美軍戰機。日本海軍的航空戰力被打殘了，而且永久性地從此一蹶不振。

雖然美軍並未對「機動艦隊」投下一顆炸彈，或是發射一枚魚雷，而它卻遭受到毀滅性的一擊。

就在中午之前，潛水艇「竹莢魚號」（Cavalla）的艦長赫曼．凱斯勒中校（Herman Kessler）升起了潛望鏡，看到一幅「美到難以置信的」景致——那艘經歷過珍珠港、珊瑚海和聖克魯斯群島等諸多戰役的老兵——「翔鶴號」正在回收戰機。不過凱斯勒無法看清楚它懸掛的旗幟，搞不好是艘美軍航空母艦。他再度仔細觀察：「他媽的！有面『太陽旗』，真他媽的大。」他把潛水艇開到距離「翔鶴號」只有一千碼的距離，一次就送出六枚魚雷。命中三枚，引起一連串爆炸。大火掩蓋了整個航空母艦。當它的艦首下沉時，海水從一號升降機湧入了機庫。它重重地翻轉過來，在三點一過就沉入海中。

「大鳳號」在戰鬥一開始時就被「青花魚號」的魚雷擊中，不慎變成一顆漂浮的炸彈；一名戰損管控軍官下令打開所有的通風管，理論上如此能清除油氣。這樣的舉措反倒是造成油氣回滲到艦內。在「翔鶴號」沉沒半個小時之後，一陣猛烈的爆炸毀了「大鳳號」。高級參謀大前敏一上校站在艦橋上，看到鋼鐵甲板突然之間「像是富士山的鮮花一樣地綻開」。機庫上方的船殼發生爆炸，這艘航空母艦開始迅速地往下沉。

小澤原想與船共沉，完全聽不進勸說，直到追隨他多年的親信大前說：「戰事還在進行中，你應該繼續指揮，直到獲取最後的勝利。」小澤默默地跟著他的高級參謀上了小艇。在他們轉乘到一艘巡洋艦上十五分鐘後，又響起一聲如雷般爆炸的巨響。「大鳳號」向左舷劇烈地傾斜，接著艦尾先沉入海中。

位於「大淀號」上的「聯合艦隊」總部，再也沒有人懷疑「阿號作戰」已經失敗。參謀們還在爭論著是否該立刻下令把「機動艦隊」撤回。草鹿認為不該把這個決定權交給小澤。從他個人在中途島戰役的親身經歷來看，他深知對於一個指揮官要從一場敗局中下令撤退，是何等困難之事。在獲得豐田的批准後，他發出撤退的命令。

在夜色的掩護下，小澤已經往西北方向退卻，重新補給燃料，準備明天上午重新回到戰場。他的對手密茲契已經回收所有的戰機，並在史普魯恩斯的同意下，從他四個航空母艦群中派出三群去追擊日本艦隊。不過，他是往錯誤的西南方向前進；直到隔天下午三點四十分，有架偵察機終於發現小澤大約是在兩百七十五英里外。雖然幾個小時後就要天黑了，密茲契決定放手一搏：目標勉強在戰機攻擊航程之內，他們必須在黃昏中進行攻擊，最後得摸黑返航。他把「第五十八特遣艦隊」航向轉為逆風，並且讓兩百一十六架戰機出擊。當這些戰機看到六艘油輪時，已經是落日低垂，有幾架戰機脫隊擊沉了其中兩艘油輪，而其餘戰機則奉命要集中力量攻擊航空母艦，朝西北方飛去。

「機動艦隊」上方的雲層在落日餘暉的映照下顯得炫麗亮眼。小澤設法讓七十五架戰機起飛迎敵，並在防空砲火的協助下擊落了二十架美軍戰機，但是其他的戰機還是穿過了日軍防護網。轟炸機炸中小澤的新旗艦「瑞鶴號」（「翔鶴號」的姊妹艦）、輕巡洋艦「千代田號」和一艘主力艦與巡洋艦，不過沒有造成嚴重損害。

從「貝勒森林號」（Belleau Wood）航空母艦起飛的四架魚雷機從雲層中鑽出，低飛掠過另一艘航空母艦「飛鷹號」。這四架戰機是由喬治．布朗中尉（George Brown）所率領，在起飛時，布朗發誓，無論如何一定要擊中一艘航空母艦。他的戰機中彈起火，但他還是奮不顧身地投下魚雷。

押田光國士官長在「飛鷹號」艦尾的機槍位置內聽到有人大喊：「魚雷來襲！」他開始倒數。數到十二時，他知道魚雷並沒有命中艦身，鬆了一口氣。一聲爆炸震動了「飛鷹號」。押田數得太快了。

第二枚魚雷又擊中這艘航空母艦。大火在甲板上蔓延開來，船上動力全失，死寂地停在海上，開始往左舷傾斜，棄船的命令也已經下達了。在艦尾末端的押田和其他十二人完全沒聽到，並且拒絕在沒有明確命令下離艦。海水淹沒了押田的機槍位置，他和其他袍澤開始走向欄杆。

他們的指揮官，一名年輕的少尉抽出軍刀威脅道：「等一下！要唱〈到大海去〉（海ゆかば）。」他們匆忙唱完這首傳統歌曲，但是少尉還是用軍刀阻擋著他們。他下令：「現在要唱〈海軍進行曲〉。」士兵們無奈地一直唱到海水淹到膝蓋時，才越過少尉縱身跳入海中。

押田回頭看，大火從航空母艦中噴發出來。在紅色火光照映下，看到那名少尉抓著艦尾的欄杆，手中還揮舞著軍刀，依然在唱著軍歌。當艦首高高翹起時，他也隨之消失了，而押田必須拚命游離，避免被沉船的漩渦吸走。有人大喊：「船沉了！」押田轉身回看。「飛鷹號」像是根巨人的手指一樣直矗著。它發出一聲「可怕的嘆息」沉沒了，就如同押田所想的一樣，它似乎在說：「就此結束了。」

對於密茲契的飛行員而言，漫長的返航之途才是個夢魘。一個個飛行員都回報燃料即將用完，其中有人呼叫：「趁我還有點動力的時候，我要走了。別了！」無線電中傳來第二個聲音：「有人在嗎？我迷航了。」把這些人派出去是個大膽的決定，而密茲契現在得做出另一個大膽的決定。他下令所有的航空母艦都把燈打開，如此一來會使它們成為伏擊在那的潛水艇發動攻擊的明顯目標。羅伯特・溫斯頓少校（Robert Winston）回憶：「這效應對於落在後方的飛行員就像磁鐵一樣。他們全然大膽地在那張開大嘴，叫著要日本鬼子來攻擊我們。接著爆發出自發性的歡呼聲，我們周圍的日本鬼子去死吧！我們的飛行員可不是犧牲品。」好運站在美國人這邊，該區域內並沒有日軍潛水艇，返航的飛行員中除了三十八人外，全數獲救。

戰鬥就此結束了。官方稱這次戰鬥為「菲律賓海海戰」，但是身歷其境的美軍稱它為「馬里亞納獵火雞大賽」（The Great Marianas Turkey Shoot），這是「列星頓號」上的保羅・布伊中校（Paul Buie）所取的。他們擊沉了三艘航空母艦，摧毀了小澤百分之九十二的航空母艦戰機以及百分之七十二的水上飛機，還有五十架以關島為基地的戰機，總數約四百七十五架——代價是兩艘油輪和一百三十架戰機，包括了八十架在航空母艦附近落海或是墜毀在航空母艦上的戰機。不過，策畫此次戰鬥的人卻對這場勝利提出尖酸刻薄的批評，苛責沒有更積極地追捕小澤。

在此戰役中指揮四艘航空母艦的約瑟夫・克拉克（Joseph "Jocko" Clark）少將，指責雷蒙・史普魯恩斯錯失了「世紀難逢的機會」，另外率領四艘航空母艦的蒙哥馬利（Alfred Montgomery）少將則正式報告此戰鬥結果「對全員而言，是極端令人失望的」。在珍珠港的海軍航空兵總部內，普遍的抱怨是：「這就是讓非飛行員出身的人擔任航空母艦群指揮官的結局。」

史普魯恩斯並沒有找藉口反駁。如果去追擊小澤的航空母艦，戰果就會「更為出色，更令人滿意」，但是他完成了尼米茲所要求的任務——保護塞班——因此，才永遠改變了太平洋戰爭的過程。[2]

戰鬥結束後的隔天晚上，小澤口述了一封要呈交給豐田的辭職信，不過這名「聯合艦隊」指揮官拒看。他說：「對於此次戰敗，我比小澤還該擔負起更多的責任，我不會接受他的辭呈。」

宇垣中將寫了首俳句來紀念此刻：

戰已畢
但雨季陰霾的天空
依舊繚繞上方

二

海上的慘敗注定了塞班島守軍的命運。就在「翔鶴號」和「大鳳號」沉沒那天，塞班島上全體美軍部隊的指揮官霍蘭德·史密斯中將要他的部隊做好攻佔全島的最後準備。他的人員死傷慘重，特別來自夜間的迫擊砲攻擊。海軍陸戰隊約翰·馬格魯德上尉（John Magruder）看到醫務兵小心翼翼地把屍體放到一輛卡車上，便走上前去看看是否有他認識的熟人。他認出一名金髮的年輕補充兵，還記得他剛抵達前線時有多麼高興。有本黃色平裝書還在他褲子後面的口袋內——《我們年輕而快活的心靈》（*Our Hearts Were Young and Gay*）。

六月二十二日，兩個師的海軍陸戰隊開始向北發動攻擊，陸軍第二十七師則掃蕩被切割留在南部的日軍部隊。不過，海軍陸戰隊的戰線拉得過長，因此史密斯下令第二十七師接手中部區域；隔天上午，陸軍開始沿著塔帕丘山東部叢林密布的山谷，朝北推進。這是條不足一千碼寬的狹窄山谷，齋藤師中第一三六團的殘餘部隊，能從峭壁和滿布蜂巢狀山洞的險峻山丘上俯視著他們。拉爾夫·史密斯少將（Ralph Smith）率領著陸軍部隊用一整天謹慎地朝前推進，讓霍蘭德·史密斯中將相當惱火——他的綽號是「咆哮的瘋子」。他向島上的陸軍資深將領桑德福特·賈曼少將（Sanderford Jarman）抱怨，「要不是那個師是陸軍的，而且還多少會引起些政治性叫囂」，不然他當場就會把另一個史密斯撤換掉。他認為第二十七師的領導階層大部分都來自「一個被稱為『第七團』的男士俱樂部，穿著紐約樣式的華服，就其本身而言，像是個以舉辦年度舞會、晚宴和整潔的夏令營且有著極高聲譽的有錢人團體」。

拉爾夫·史密斯承認他的師「尚未盡其本分」，他本人「對於他的團長們在白天的所作所為，也極不滿意」。他向賈曼承諾「會親自督師率眾前進」。縱使隔天上午史密斯親臨前線，該部隊也沒有推進太遠，而此山谷已經被稱為「死亡谷」。

「咆哮的瘋子」和里奇蒙・特納（恐怖的特納）會商後，兩人前往「印第安納波利斯號」（Indianapolis）見史普魯恩斯。史密斯說：「拉爾夫・史密斯已經顯現欠缺進取精神，他的師正在拖慢我們的推進速度。應該解除他的職務。」他建議在派任新的師長之前，由賈曼接手指揮，史普魯恩斯同意了。[3]

但是，更換師長並沒有顯著的效果，沿著死亡谷推進的速度依然極度緩慢。右翼的海軍陸戰隊也停滯不前，但是左翼的海軍陸戰隊第二師卻一路攻上了塔帕丘山，塞班島上其餘的山丘有如沉靜的怪獸一般，向北延伸而去。

橫亙在美軍和勝利之間的就只剩下崎嶇的地形了。六月二十五日的傍晚，所有的日軍前線部隊中尚能作戰的人數不足一千兩百人，還有三輛坦克；第三十一軍軍長井桁少將被迫用無線電電告關島上的指揮官，無法守住塞班島。

目前塞班島上的戰鬥只有單方面在進行，因為敵軍擁有強大的艦砲轟擊，並掌控海、空。在白晝，布署部隊都困難重重；入夜，敵軍用照明彈就能輕易發現我軍動向。此外，我方通訊逐漸被切斷，聯繫變得愈來愈困難。由於嚴重缺乏武器和裝備，行動和指揮嚴重受阻。況且，受到無視一切的低飛戰機威脅，敵軍以海陸交叉火網從各個方向朝我方開火射擊。因此，即使是將部隊從前線撤退並送至後方，他們的戰力也是日復一日在減弱中。而且敵軍用極為密集的空投炸彈和火砲轟擊，一步步逼近我方，當我方後退時，集中火力猛擊；至此，不論我方轉進何處，都迅速被火砲團團困住。

但是，決不投降。

……會堅守陣地血戰到底，除非另有他令，每名軍人必須死守崗位。

齋藤將軍發給東京的報告更為讓人動容：

……請容向天皇致上深深的歉意，吾等已經無能為力……在我方沒有制空權的地方毫無勝利希望，而我們依然期望得到空中增援……祈求天皇身體康健，吾等全體三呼「萬歲！」

三

對於東條而言，塞班的陷落不僅是政治上的反轉，軍事上也是——直接威脅到他的首相職務。隨著戰局的惡化，他的支持度也隨之減弱。各方都提出批評——大部分都是私下提出。秩父宮親王稱他為「東條天皇」。在某些海軍單位還掛著牌子寫道：「殺死東條和鳩田！我帝國聯合艦隊現已無戰力。立刻準備改組內閣，才能謀求和平。」陸軍中的知識分子稱東條為「一等兵」（位階比二等兵略高），而他的政府被貼上「二等兵內閣」的標籤。

由陸軍參謀本部所屬的戰爭指導班進行的調查結果，給予了這些謾罵的實質證據。松谷誠上校科長報告，在經過他本人和種村佐孝以及一名橋本少校徹底地研究之後，「日本現在已毫無希望能夠扭轉這不利的戰局。德國今日的局勢也是相同的，而且日益惡化。結束戰爭的時間點已到。」

松谷將報告交給參謀本部內兩名有影響力的人物。第一個人承認結論的正確性，但是禁止松谷將它發布出來。第二個人也對此報告感到震撼，但是不允許上校把這份文件呈交給首相。不過松谷並未膽怯，把這份調查結果交給了東條。松谷預期東條會反應激烈，但東條倒是平靜且不動聲色地聽著。但是，東條那張「乏味的」臉掩蓋了他的態度，不到一週之內，坦言的松谷就被調往中國了。[4]

——

在塞班島上，齋藤將軍遵從第三十一軍的命令再度遷移總部，這回是遷往塔帕丘山以北一英里的一個小山洞內。六月二十八日，所有的軍事領導人——南雲、齋藤和井桁——舉行了一次聯合參謀會議，由井桁主持。除了前任新聞發布官平櫛少校外，齋藤手下其他參謀都沒提出什麼建議。他們無精打采地坐著，其中一兩人甚至要睡著了。而當井桁概要陳述如何在島上三分之一的地區建立最後一道抵抗防線時，齋藤和南雲靜靜地坐著。他們要從西面的塔納帕格（Tanapag）一路到東海岸來奮力抵抗。沒什麼反應。疲憊的齋藤說，這份提案在他聽來「可行」，一名海軍中校代表南雲發言：「我們讓陸軍作主。」問題在於如何執行。部隊四散在塞班島的北半部，而且也沒有幾條電話線是通暢的。只有挑選出還有體力的士兵去聯繫所有的單位。平櫛少校前往多奈山，去集結第一三六團的殘餘部眾。而他在這個地區還能找到的士兵都在野戰醫院中。他呼叫該團的士兵歸隊，但是無人站出來。他回報齋藤，無法徵集部隊建構最後防線的東段。

井桁不發一語。

靜子已經失去了時間感。她每天都去探視篠田少尉。某天，躺在他旁邊的戰友開始責備她：「昨晚怎麼沒來看他？可憐的篠田少尉整晚都在呼喚妳，他一個小時前死了。」

她蹲在篠田的屍身旁。他的臉上一條蛆也沒有，看起來「蒼白而俊秀」。她撿起了他那張圓臉妻子的照片。

另一名士兵以責備的口吻說：「沒聽見他在喊妳嗎？」她無法回答。她整晚都不斷地聽到喊著「護士」的叫聲，但是聽起來就像是「聽到蟬鳴」一樣。她不可能隨叫隨到。

不過──她應該能夠辨聽出篠田急促的呼喊聲。她把他的死訊報告給一名醫務兵，而他說：「可憐人，他身上有很多蛆，其他傷兵都把他踢開，他最後自己找到這個角落。」

她的日常工作已經混雜著各種恐懼景象：爬滿蛆的野外茅坑，早已腐敗且在夜間還會散發出鬼火般磷光的死屍，傷兵們可憐的呻吟和呼喊，空襲以及頭頂上呼嘯而過的砲彈。在這些一絲不掛的男人面前，她必須忘記自己還是個女人；當她用手術鋸子去對手臂或大腿進行截肢，然後還得縫合這些參差不齊的肉塊時，她不得不忘記自己還是個人。手術用的麻醉藥已經用完了，傷兵只能大喊著痛，直到昏厥為止。運氣好的人能夠在完成手術前，還維持昏迷狀態。

在過去幾個月內，近衛公爵儼然成為數十名被戰爭的進程和東條的領導方式深深困擾著的軍方和文官領袖——其中有參謀本部的酒井鎬次中將和岡田海軍上將——的同謀。酒井中將在近衛位於郊區的寓所祕密拜訪了他。「為了安全起見」，將軍穿上了便服。他警告：「如果東條獲悉我將要告訴你的事，我肯定會遭到他的報復。」他想告訴近衛的是，應該盡速終止戰爭。「德國還有防衛能力，當敵方還得同時在東西兩面作戰時，我們該好好利用這樣的局勢並開始和談。等到德國戰敗後，就對我們不利了。」東條不可能去進行和談，必須重新組閣。

中將是陸軍中少數的自由派人士之一，而近衛懷疑陸軍將領「能否被說服去遵循這樣的政策」。酒井回答：「他們現在不會公開講出來，但是他們的想法是和我一樣的。」大家私下都在傳閱松谷的那份報告，而且許多陸軍將領想要讓天皇也知道這些情況。

就算如此，又能怎樣呢？近衛想知道，天皇要怎樣才能讓東條去面對這個狀況？

「天皇應該說：『儘管陸海兩軍耗盡所有的努力，敵軍還是成功登陸塞班島。東條，你認為將來該如何來作戰？』然後，天皇該接著問，關於彈藥、戰機、船艦和石油等陸海軍的需求，又該如何達成？還有保護民眾免於遭受空襲，以及擊退敵軍攻勢的方法。」酒井中將承認，東條能夠以好幾種方式來回答這些問題——不過，希望這些問題能夠迫使他「立刻辭職」。

四

六月三十日，美國陸軍終於突破死亡谷——海軍陸戰隊第四師師長哈利・施密特少將（Harry

Schmidt）觀察後說：「沒有人打過比這更嚴酷的仗了。」——全部三個師的戰線連成一體。

多奈山的野戰醫院內收到一份「垂死遊戲」的命令。醫務兵分發手榴彈，每八個傷兵得到一枚手榴彈。主治醫師——上校——爬上一個土堆並大喊，「來自最高指揮部的命令」，野戰醫院要搬移到西海岸位於塔納帕格上方一英里半，離塞班島北端四英里的一個村莊內。一片靜默。「所有非臥床的傷兵將跟著我走。萬分遺憾的是，我必須留下不能行動的袍澤。各位，以日本軍人的方式光榮戰死吧。」

靜子告訴上校：「我要留下來，和傷兵們一同自盡。」

上校說：「妳得跟我們走。這是命令。」

所有的士兵都想向她道別，把她團團圍住。甚至那些無法行走的傷兵都爬到她身邊。毫無必要去問他們想說什麼，他們只有一個話題——那就是家，每個人都想告訴她一些有關家裡的情形。她一再應允，如果回到日本，會把今天的事告訴他們的家人。

她注意到一名下顎被打掉的傷兵。他流著口水，虛弱地在地上畫著「千葉」和「武田」的字樣。她說：「我懂了。你來自千葉縣，你的姓氏是武田。」

一名穿著滿身血汗軍服的年輕軍官，很用力地擠出幾個痛苦的字眼。「你知道……〈九段坂〉……這首歌嗎？」

「我知道，我很喜歡。」這是首讓人縈繞心頭的歌曲，敘述著年邁的老母親帶著她兒子的金鵄勳章[5]來到位於九段坂的「靖國神社」。她唱道：

從上野車站到九段這段路

因路況不明而心很焦急
靠著拐杖走了一整天
兒子啊，我來了，我來看你呀。
神社的牌坊大得可達天空
在這華麗的神社內
和神明一起被人祭拜真受抬舉了
身為母親的我會喜極而泣啊。
兩手合掌跪了下來
叩拜念佛經時聲音激動起來
突然想到時而尷尬萬分
兒子啊，原諒我這鄉下人吧。

好像小鷹生了大鷹
如今獲得無上的福報
總想讓人看到這金鵄勳章
我來到九段坡看你呀兒子。

她停了下來。除了壓抑的啜泣聲外，全都沉默不語。年輕的軍官大喊：「我們也會到靖國神社去！」

其他人也一同喊起：「讓我們全都一起到靖國神社去吧！」

上校開始帶領著靜子和其他三百名傷兵一同離去。眾多的聲音從後面傳來：「護士，謝謝你。」「再見了，護士。」「院長……士官……護士……謝謝你們的照料。」

當他們走到空地的另外一端時。靜子聽到有人大喊：「媽，再見了！」接著是刺耳的爆炸聲——是一枚手榴彈。當手榴彈迅速地一枚接著一枚爆炸時，她蹲伏到地，上全身縮在一起。

——

美軍推進到島的北部了，一開始進軍時非常艱辛，而此時幾乎沒遇到任何反抗。就如一名海軍陸戰隊員所說，行軍推進就像「在獵兔子」一樣。持續不斷的壓力使得日軍無法組成最後一道橫跨該島的防線，到了七月五日，他們已經被驅趕到塞班島北部的最後一隅之地。

此時日軍的總部設在一座西海岸的山脊上，離新的野戰醫院只有幾百碼的距離。總部在山洞裡，可以俯瞰這個已經被稱為「地獄谷」的山谷。那天下午，平櫛少校離開了山洞去視察前線狀況。根本就不存在著任何前線。在美軍發動攻擊前，士兵們就已經自行撤退了。迎接平櫛的是一片充滿懷疑的肅靜。平櫛彙報了前線情況，井桁少將最後說：「明天上午，我們要集結這個區域內所有剩餘的部隊，發動最後的攻擊。讓我們結束這場戰役。」

當晚，總部人員吃掉最後一點食物——一罐蟹肉罐頭和一個小飯糰。平櫛還保留著當他要離開時，賀陽親王送給他的兩根作為紀念的香菸。在香菸短到無法再拿住之前，他們一人一口輪流抽著。平櫛問井桁和齋藤是否要加入明天最後的攻擊。在一路這麼長的撤退中，幾乎都沒有開口說話的南雲中將替他們兩人回答：「我們三人會自殺。」

平櫛想知道怎麼處置這些和海陸軍士兵一同擠在山洞裡的數千平民。齋藤回答：「軍隊和平民之間已經沒有任何區別了。他們拿起竹茅參加戰鬥，結果都會比被俘好些。」[6]按此意思發出命令。油印了三百份齋藤的命令，但在發送這些命令之前，北面幾英里之外的海軍通訊山洞派來一名通訊兵。東京方面下令守軍持續作戰，「以爭取時間」，並且承諾會有援軍。

海軍參謀人員接受了這份軍令，但是陸軍不願意放棄最後一次的攻擊。一名陸軍說：「箭已離弦。」另外一人責難海軍的懦弱膽怯。海軍說，沒有時間再謾罵了；陸軍違反了「帝國大本營」的直接命令。

南雲、井桁和齋藤並沒有加入這場持續了一整晚的爭論。七月六日黎明，美軍又重新開始了轟炸，洞口一名哨兵回報，敵軍坦克正在上面的山崖上「窺看著」。

一直靜靜地和南雲、井桁會商的齋藤向平櫛示意了一下。他說他們三人決定在上午十點赴死。「請原諒我們先走一步。」

「你們計劃要在這裡自殺？」

「是的，就在這。」

平櫛說，在附近無人的小山洞內自殺會比較適當。他隨即離開去找新的山洞，而齋藤大聲朗讀致全體陸軍部隊的訣別書：

……袍澤們相繼殞命。盡嚐戰敗的苦果，我們誓言「七生報國」[7]。

不論是進攻還是堅守此地者，唯有一死。不過，死中有生。我們必須利用此機會來發揚真實的日本男兒精神。我將和那些留下來要給美國鬼畜再次痛擊的人一起推進，並將我的屍骨留在塞班島上作為太平洋的碉堡。

就如同《戰陣訓》書中所言：「吾決不蒙受生俘之羞辱。」以及「吾將拿出魂魄的勇氣，以及依據永生的原則寧靜赴義。」

在此我和大家一起祈禱天皇聖壽以及國運昌隆，我將出去搜尋敵軍。

跟隨我吧。

平櫛把三名指揮官領到新的山洞內。他問：「你們要用什麼方法自裁？」

齋藤說：「我們將先行『切腹』。但這樣耗時太久，所以每人後面都要站著一名軍官，然後朝著我們的腦後開槍。」齋藤選了平櫛。南雲請求海軍軍官協助，而井桁沒有什麼表示。

平櫛回到原來那個大山洞內，詢問海軍中是否有人願意「協助南雲中將自殺」。無人應答。最後一名陸軍軍官說：「讓我來吧。」另外一名陸軍副官志願協助井桁自殺。三人一同回到那個自殺的山洞內。

三名指揮官全都穿著卡其軍裝，盤腿坐在洞口附近，個頭矮小的南雲坐在中間。平櫛轉身出去找水給他們洗臉，當他聽到一名海軍軍官大喊著，他的部隊要獨自朝北前進時。平櫛轉身要去阻止他們。身後傳來三聲槍響。他轉過頭來，三名指揮官躺在地上。屍體後面站著兩名年輕的副官，手上的槍口還在冒著煙。指揮官們已經等不及，在他回來之前就自殺了。

現在平櫛只好燒掉他們的屍首和軍旗。他叫了些人來幫忙，但是其他軍官阻止他——煙霧會引來敵軍。平櫛同意等到過了午夜之後，在發動最後一次攻擊之前再燒。過去幾天以來的磨難最後還是以此代價結束了。他倒在指揮所洞穴內的地上，沉睡了起來。

當他醒過來時，已是一片漆黑。步兵和水兵穿著破爛到無法形容的軍裝，手上拿著步槍、軍刀和竹茅群聚在洞外。他們任意地分成許多小隊，在月光下軍官開始將他們朝著海岸驅趕。

所有的人都沿著山脊慢慢朝著狹窄的海岸平原走去。零時整，他們會各自向塔納帕格周遭的美軍陣地發動突擊。在平櫛看來，這群人看起來就像是「被屠夫趕著的無精打采的羊群」，而軍官則是「地獄門的嚮導」。他在突擊前下令兩名士兵把軍旗和三名指揮官的遺體都燒掉，然後默默地率領大約十二人的隊伍，走下陡峭的山坡。

超過三千名日本人——包括了像是靜子姊夫那樣的平民——湧到海岸邊的平原。他們把成千上萬的空清酒瓶和啤酒瓶給丟在後方的山坡上。8

平櫛和他的手下在七月六日清晨四點來到了海邊。他脫下衣服，走入那微溫的海水中去洗澡。他全神貫注地盯著礁岩，在月光下露出鬼影般的輪廓。頭上有著濃密的雲層，讓他想起身著和服背著孩童的日本婦女。當雲層散開後，在這明亮的天空中似乎浮現出他的母親、妻子、朋友的影像。他抖了抖身體，甩掉這些幻想，然後回到岸邊穿上衣服。把身體洗乾淨真好。他做好赴死的準備了。

遠處傳來「哇！哇！」的喊聲——這是日軍衝鋒的叫喊聲。山上傳來一陣步槍射擊聲。這是攻擊的信號！士兵們沒有等待他的命令，沿著海灘朝著塔納帕格衝去。他一手握著手槍（一把六發子彈的大正十四年式手槍），另一手拿著軍刀，也跟了上去。他被一陣爆炸的濃煙團團困住，感到自己好像被大火燒到。在他眼睛一片黑之前，他這麼想著，我死了。

霍蘭德．史密斯中將已經警告位於塔納帕格的美軍第二十七師，要注意黎明前沿著海岸會有「全面高喊著『萬歲』的攻擊」。[9] 日軍蜂擁衝向塔納帕格。帶隊的前面六個人高舉著一面紅色大旗，像是巨大盛典中走在前面的先鋒隊伍那樣。在後面押陣的是戰鬥隊伍，然後是——最令人難以置信的景象——數百名頭裹著繃帶或拄著拐杖，身上幾乎沒有武器的傷兵，一跛一拐地前進。

他們沿著運送蔗糖的狹窄鐵軌前進，人群組成的隊伍像是潮水一般朝著美軍第一〇五步兵團的第一和第二營衝了過來。這讓第二營營長愛德華．麥卡錫少校（Edward McCarthy）想起「老式西部電影中人馬雜沓的景象」。這些日軍「不停地湧過來。你一旦撂倒一個，就有五個又補上來」。他們要從美軍身上「踏過去」。

第一營營長威廉．歐布萊恩中校（William O'Brien）是愛爾蘭人，雙手握著手槍堅守陣地，為下屬樹立起榜樣。他身負重傷，但一直開槍把子彈打完，在戰死之前一直以一挺五零機槍進行掃射。日軍衝過這兩個奮戰抵抗的陸軍營（就是同樣被指控在「死亡谷」推進緩慢的部隊），造成美軍超過六百五十人的死傷。

在他們的右方，另外一群突襲者沿著一條蜿蜒的山谷推進——不久之後就被稱為「切腹谷」——向第三營發動攻擊；不過美軍佔據著山谷的高處，日軍無法將他們趕出陣地。

一直擔任山本和南雲文書士官的野田，也在襲擊海灘上的美軍的部隊當中。他們抓狂般地吼叫，簡直不成隊伍。突然之間，野田感覺好像被根球棒打中屁股——但沒感到疼痛。他蹣跚地跑著想要往前攻擊，可是跌倒了——他被機槍的掃射打中了。四周滿布美軍的屍體。野田撿起個美軍水壺，把水喝光。他試著掙扎爬起身來，但是他右腳上的鞋子像是鉛塊一樣的沉重。

他無法彎身去解鞋帶，找到一把美軍刺刀並從一名死掉的日本人手中拿過一根棍子。他把刺刀綁在棍子上，很費力地把鞋帶割斷，這才把鞋子脫掉。他還是站不起來，於是認定是褲腿把他拉住了。他又把褲腿割掉，還是一樣無法起身。

他重坐回沙灘上，認命了。他告訴自己，此時大限已到。在晨曦中，他看到沙灘上有灘血。他大吃一驚——那是自己的血。幾碼之外，躺著四個日本士兵，靜靜地在抽菸，像是躺在日本的海灘上一樣。

其中一人像是若無其事地說著：「我們就快要死了。」還把香菸丟給野田。野田攤開身體躺在沙灘上抽著菸，腦海一片空白。他被那名給他香菸的陸軍士兵喚醒，回過神來。士兵說：「喂，水手，我們要去死了。你要加入我們嗎？」

野田舉起一枚手榴彈說：「我有一個。」

「請原諒我們先走一步了。」

野田蜷縮成一團，閉上雙眼，避免被手榴彈的碎片擊中。一聲爆炸，他抬起頭，看到四具攤在那裡的屍體。他想著，用手榴彈自殺真可怕，他再次注意到身上流出來的血。他考慮到要止血，但是又改變了主意。流血至死會好些。

他愈來愈虛弱。「我只有二十七歲，而我為何要死在這裡？我的死生都不會帶給日本勝利。」他開始回憶往事——學校時光、抓泥鰍等等。

他昏了過去。再聽到聲音時是鳥的啁啾。地貌已經被摧毀殆盡，連株椰子樹或一叢灌木都看不到。只有死屍和醜陋的彈坑。如果沒有了樹木，又怎麼會有鳥呢？發生了什麼事？

耳邊傳來奇怪的語言聲。他感覺身體被踢了一腳。他呻吟了一下，兩名美國海軍陸戰隊看護兵把他抬上擔架。他看到醫務兵在踢著屍體，也踢著美軍的屍體；在他再度昏厥之前，他向自己祝賀：「要不是被那隻鳥吵醒，我已經死了。」

在前方的塔納帕格，麥卡錫少校和其他生還官兵設法在村內組成一條防線。整個上午，在一排中型坦克開進村裡之前，他們被迫從一間屋接著一間屋緩慢地退卻並進行戰鬥。其他的增援部隊趕來後，到黃昏時，只有一小股日軍還活著。最後的一波攻擊就此結束。

岸邊不遠處停泊著一艘軍醫船，平櫛少校睜開左眼。他只能看到一面白色乾淨的牆面。「我還活著！我得到重生了！」他全身赤裸，蓋著一張毯子。過了好一陣子，他才意識到左手被銬在床邊，頭與肩膀都受了傷。他已精疲力竭，因而無法想到身為軍官的他居然在最後一次攻擊中活了下來，這是個恥辱。而他所能夠想到的是：「我還活著！我還活著！」

——

在「地獄谷」內新的野戰醫院中，靜子整晚都蜷縮在散兵坑內。天快亮時，她看到上方高地有動靜。林中露出了黑色的臉孔，他們是美軍黑人大兵。她嚇壞了，認為是黑猩猩從山上下來了。所以那荒誕的傳言是真的！美國人用黑猩猩來打仗。

她身旁的傷兵都從掩體中爬了出來，然後面朝北方皇居的方向深深低頭鞠躬。突然之間擴大機傳來奇怪而刺耳的聲音——她之前從來沒有聽過這樣的噪音。這狂野而喧囂的節奏迴盪在整個山谷間（那是美國爵士樂）。這種不現實的景象讓她失去決心要自殺的念頭。

主治醫師命令她揮舞白色手帕表示投降。她猶疑了，美軍會強姦她。上校的助手，那名中尉催促著她：「保命要緊！」當她站在散兵坑邊緣一動不動時，黑人大兵們朝前衝著，邊丟手榴彈邊大喊著。靜子只看得到他們的牙齒和眼睛。主治醫師舉起手槍對準喉嚨，並且扣下扳機。中尉用刀在自己的脖子上連砍了三刀，倒在靜子的身旁。熱血噴在她的腿上。她撿起一枚手榴彈，感到全身發涼。「我現在要死了！」她試著哭喊「媽媽」，但是喊不出來。

她把安全插銷拔開，把那顆手榴彈砸向一塊岩石，想使它爆炸，然後撲在手榴彈上。

靜子聽到人聲，不過聽不懂。謹慎地睜開雙眼，她發現自己在屋子內。她試著起身，但一名年輕的美國軍官用日文對她說：「你受傷了——別動。」

靜子簡直不敢相信會從敵軍口中聽到日語。她怎麼沒死呢？她想喝點水，不過年輕的上尉說，她不能喝水。他從一個罐頭中倒了些東西出來，她喝了一點，不過又吐了出來。那是番茄汁，她無法忍受那味道。他命令她喝完，她也確實喝了。讓她感到恐懼的不是死亡，而是美國人。她問起「地獄谷」那些人的狀況。

這名翻譯官說：「除了你以外，全都死了。」他告訴她，自己曾經在一所日本大學讀過書，並且還想要幫助她的同胞。他說：「我們相信人道精神，哪怕在戰爭中也是。」還向她保證，許多日本平民都活了下來，待在查蘭卡諾瓦鎮附近的一處拘留營內。她並不相信他的話，所有的人都知道美國鬼畜用坦克把日本俘虜給壓碎。她脫口而出，她害怕美國人，特別是黑人。

他笑說：「就是那些黑人救了你。」

她請求這名上尉讓她和同胞們一起就死，而他獲准用卡車把靜子載到查蘭卡諾瓦鎮。當他們在明亮的星光下沿著海岸公路前進時，上尉告訴她海中有許多平民的屍體，問她是否想去看看。他下令停車。兩名黑人攙扶她，他們到了懸崖邊。下面的浮屍群集在岸邊，一名婦女還把兩名孩童綑綁在身上。

這名軍官幾乎是自言自語地說：「日本人為何要這樣子自殺呢？」淚水流過他的雙頰。

午夜剛過，他們進入查蘭卡諾瓦鎮。讓靜子感到訝異的是，那裡有明亮的電燈。四處都立著帳篷。一個全然不同的世界。上尉告訴她，這就是日本人的拘留營，不過她知道這是個詭計，她在這裡會被拖去槍斃。接著她看到一些日本孩童趴在圍著這一大群帳篷的鐵絲網上。她堅持下車，不過上尉說她該回到醫院。「妳在這裡有認識的人嗎？是嗎？」

她謊稱：「我媽在裡面！」

她被用擔架抬下了卡車。她堅持自己走，蹣跚地穿過大門後就跌倒了。許多友誼的手伸出把她扶了起來。她回到自己人那裡。

——

七月九日下午四點十五分，特納少將宣布正式肅清塞班島，將焦點轉往鄰近的天寧島和關島。那些個曾經悲觀地預言「一九四八年重回金門大橋」的海軍陸戰隊隊員，現在改口說「一九四五年活著回家」。塞班島上的戰役已經終結了，不過還留下繁重而危險的任務，要掃蕩好幾千名躲在山洞內的散兵游勇。一名陸戰隊員譏諷地說：「這就意味著，你如果現在被開槍打到，那就是從你後面的地方打來的。」

美軍在島的北端還面臨著另一項同樣艱鉅的任務。那裡聚集了好幾千名平民，正準備集體自殺，不願投降。翻譯和日本俘虜用廣播喊話，懇求那些在馬皮岬（Marpi Point）的群眾，不要從那離多岩淺灘還有一百多英尺的懸崖往下跳。廣播喊著戰鬥已經結束，安全和食物在等著他們，還播放已經投降的日本人的姓名。還是有人把他們的孩童推下懸崖，然後自己也往下跳；背著孩子的母親們則跳入翻騰的海浪中。

過多的浮屍漂在海面上，使得「海軍的小艇不從屍體上駛過就無法前進」。「酋長號」掃雷艇艇長艾莫里・克里福斯上尉（Emery Cleaves）看到一具女裸屍，是在分娩中淹死的。「嬰兒的頭已經來到了這世上，但是這就是他的一切。」在附近，「有個四、五歲大的男孩，淹死時雙手緊緊抱著一名士兵的脖子；這兩具屍體隨著海浪飄來飄去」。

在島上其他地方，許多家庭依然日復一日地在躲避著這些新征服者。奧山一家——父母和四名孩兒——找到一個洞穴。七月十七日上午，他們在一塊能俯瞰東北角海岸的突出山岩上曬著太陽；當附近山洞的一名士兵突然喊了聲：「敵軍！」並用手指著他們頭頂上方的懸崖時，十四歲大的長女奧山良子抬頭看到四、五名穿著迷彩服的紅臉美軍。他們和個頭矮小的日軍完全不同。

日本人開槍射擊，美軍開始丟擲手榴彈。奧山一家人躲在一個山凹內，把手榴彈踢到外面突出的岩塊上，但是當手榴彈持續地落下時，奧山先生——是名裁縫師——把家人都趕到懸崖邊下方的另一個山洞內。他們在洞內遇到一名士官，一名筋疲力盡的《朝日新聞》記者，還有一名剛出生不久的棄嬰；在奧山太太抱起他之前，不斷地哭著。當美軍的聲音愈來愈近時，槍聲也愈來愈密集，嬰兒開始嚎啕大哭。士官小聲說：「無論如何都別讓小孩哭！」

奧山太太三十四歲，有一張好看的臉，她試著給嬰兒哺乳，但孩子還是哭個不停。她在絕望中捲起外套的邊緣摀住嬰兒的嘴，終於掩蓋住哭聲。嬰兒也死了。機槍聲在洞內劇烈地迴響著。美國人的聲音就在洞外。士官給奧山一顆手榴彈，自己也握著另外一顆。

良子望著父親道別。奧山臉色蒼白，緊張地輕輕點了點頭。士官拔掉手上那枚手榴彈的安全插銷，奧山也拔掉了。

奧山太太對著四歲大的么兒義忠說：「我們一起去個好地方。」他笑了，以為是去玩遊戲。兩人同時把手榴彈朝著腳下的岩石敲下去。當引線發出嘶嘶響聲時，良子迅速地想著一連串的問題：我會成佛嗎？人類真的有靈魂嗎？死後是不是還有另外一個世界？她感覺山洞在晃動——震波把她推到岩壁上。她暈乎乎地聽到弟弟微弱的呻吟，接著她就昏厥過去。

她不知道失去知覺有多久時間，睜開眼首先看到的是個紅色模糊發亮的物體，等到她能看清楚時，才知道那是坐在她面前的士官被炸開的腹部，他雙腿盤坐像是睡著了。傷口很大很整齊，讓她想起上生物課時的人體模型。所有的器官都在原有的位置，而且「很漂亮」。

她自己滿身都是血和人肉，嚇到毛骨悚然。她移動了手腳——沒感到疼痛，扭了扭身體，也沒什麼痛處。九歲弟弟的衣服被炸開了，許多炸彈碎片插在他的胸膛上，留下焦黑的傷口。他已經死了。她父親、幼弟義忠和六歲的妹妹都死了。她身上的屍塊是妹妹頭上炸開來的，露出頭蓋骨有如透明蠟燭般的紋路和顏色。良子感到恐怖又孤寂，她是唯一的存活者。她感到有個東西碰了她的左肩一下。

「媽，你還活著！」

奧山太太鎮靜地回答：「我快死了。」她的雙腿被炸裂了，良子撕了塊布條要做成綁帶。

奧山太太說平淡地說：「沒用的，我就要死了。用那東西是止不住血的。」

「但是已經沒有在流血了！」

奧山太太說：「都流光了。」她凝視著家人的屍體，對良子說：「我很高興大家都死得很乾脆。只有你還活著！」

《朝日新聞》的記者在喊著：「太太，太太，太太。」痛苦的聲音小到幾乎聽不見。母女兩人發現還有人活著感到很驚訝。「太太，殺了我，拜託。」

奧山太太說：「我自己就快死了，我的腿也沒了，甚至沒法移動，幫不了你。」

他緩緩地抬起頭，接著痛楚地扭著身軀，把自己的腦袋向一塊尖銳突出的岩石撞去。他呻吟著撞了好幾下，終於死了。

奧山太太告訴女兒說：「我死後，你不能待在這裡。」她要趁著黑夜離開。「妳要好好活下去，要帶著堅強的意志走正道。」當良子進入中學讀書時，她就曾經寫給良子相同的話。

奧山太太痛苦地從腰間解下一條風呂敷——裡面裝著錢——緊緊地綁在女兒身上。

「我很快就要死了，視線愈來愈模糊不清了，我想躺下，幫我好嗎？」她的臉上一直都露著柔和的微笑。良子第一次知道母親有多慈祥。她以前怎麼會怕她呢？

「我快要聽不到了，把你的手給我。」她緊緊握住良子的手，極為虛弱地說：「我無法再說話了。」

「媽，別死！」

奧山太太微笑著點了點頭，她的嘴唇動了一下，可是沒有發出聲音。她死了。

——

幾乎兩萬兩千個日本平民——三分之二——毫無必要地死去。幾乎所有的駐防部隊——至少三萬人——戰死。

對於勝利者而言，到當時為止這場戰鬥是太平洋戰區中傷亡最慘重的。七萬一千名登陸塞班島的美軍中，陣亡、受傷或是在戰鬥中失蹤者共一萬四千一百一十一人——這比瓜達爾卡納爾島之役的損失還大上一倍——但是攻下了這個防衛日本本土的主要堡壘，而且也打殘了敵軍航空母艦的空中打擊戰力。更為重要的是，要對日本帝國的心臟東京發動大規模的「超級空中堡壘」轟炸機空襲，塞班島南部的平地提供了美軍第一個基地。

第六部
決戰

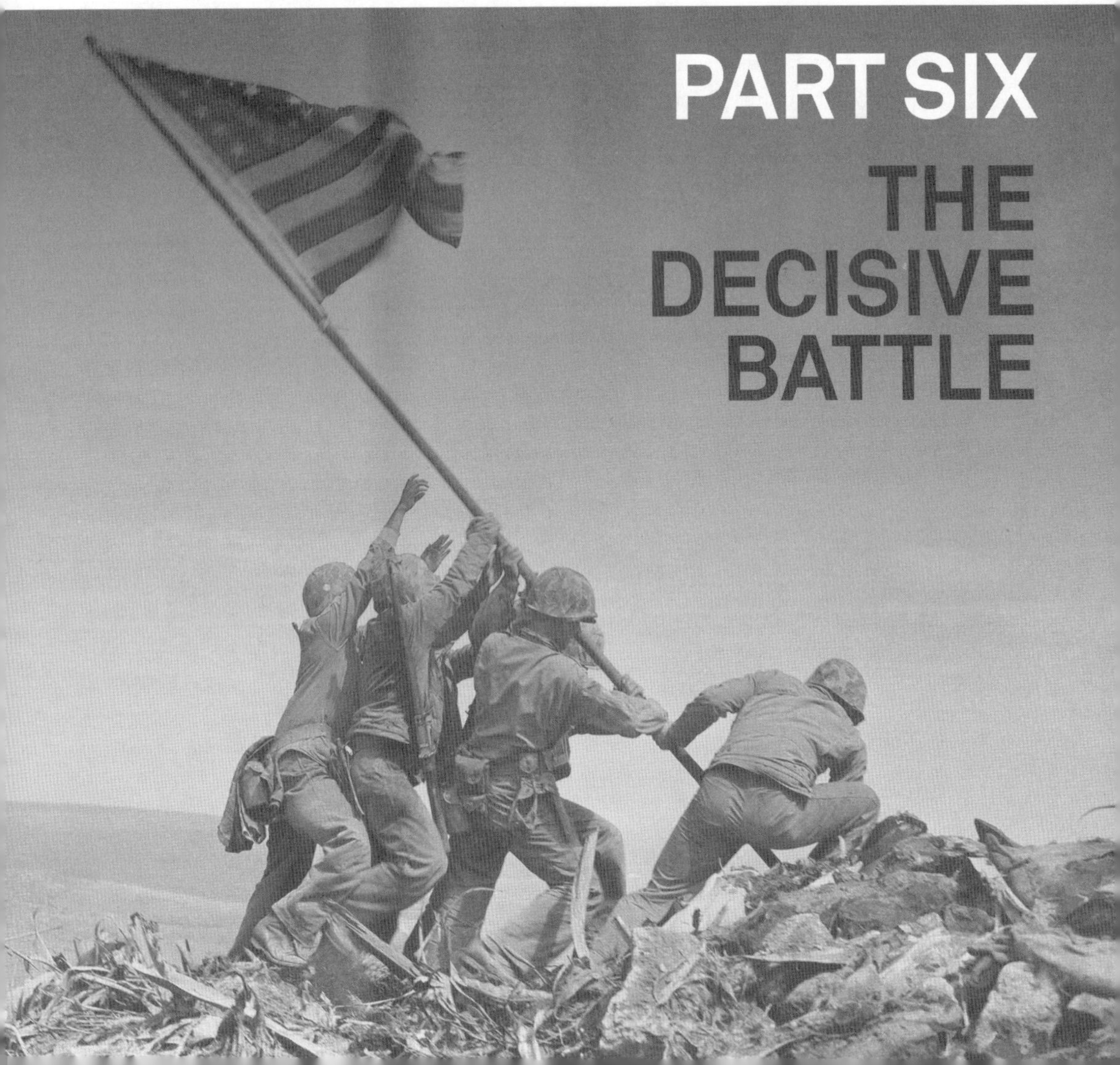

PART SIX
THE DECISIVE BATTLE

第二十一章「絕不心軟」

一

現代日本從來沒有一個領導人能聚集這麼大的權力於一身。對世人而言，東條的地位似乎無法動搖，實際上，他的統治卻處於崩潰的邊緣。自中途島戰役以來，帝國大本營對於美國持續增長的實力[1]和日本的日益消退，都是拒絕承認的。由於美軍密集的潛水艇打擊，船運的減損持續攀升。北面，已經放棄阿留申群島的前哨基地；在南方，所羅門群島和新幾內亞也被佔領；中部太平洋防線——馬紹爾群島、吉伯特群島和馬里亞納群島——都陷落了。

在國內，雖然還能維持著生產水平，不過卻是以人民絕對的犧牲為代價。不僅是許多民間企業已經轉為戰時生產，有更多的婦女投入工業製造，甚至連十多歲的青少年都加入到勞動力之中。上課時間被壓縮到極限，而且學校也被轉為軍需庫。

採行一週七天工作制，日本人很珍惜的星期天也「被廢除了」。火車擁擠到了會把有些嬰兒悶死的程度，超過一百公里的旅程需要有警方的許可證，取消了餐車和臥舖。當火車誤點，人們拿火車出氣已經是家常便飯的事；他們會偷取坐墊和打破窗戶好方便進出。各種日常用品都大幅短缺。食物採行配給制，衣料價格變得很昂貴，棺材都要一用再用，取暖用的煤和木炭相當匱乏。報紙的版面縮小，並取消晚報，約有一萬個娛樂場所——包括藝妓館——被關閉。簡而言之，日本人民的生活已經變得單調而繁重。喜劇演員古川綠波感嘆著在日記中寫道：「東京已經變成什麼樣子了！唉，這樣活下去已經沒什麼意思了！」

這些極端嚴厲的措施——還結合了對棄守領土的懷疑（這點在塞班島陷落時達到頂點），比官方公報所顯示出的更為嚴重——助長了不安情緒，集中在作為戰爭與和平象徵的東條身上。

人們接收了那些最為無恥的謠言，並且四處傳播：東條正用那些從南方佔領區掠奪而來的菸草、威士忌和其他戰利品，賄賂宮內省的官員、內廷大臣、重臣和樞密院顧問等等；他甚至向天皇的兄弟——秩父宮和高松宮——送汽車行賄。[2]

大家嘲笑他——當然是背地裡——允許妻子公開發表演說和廣播談話，而且還積極從事其他支持戰爭的活動。她被戲稱為「東美齡」，這是蔣介石夫人「宋美齡」的日本版。在塞班島慘敗之後，東條夫人接到數不清的匿名電話，問她的丈夫自殺了沒有。

有些人是不願意見到這種最後的行動發生在首相本人身上。除了高木惣吉海軍中將的小組正計劃以機槍來伏擊東條，陸軍內部的叛亂者也想暗殺他。最近剛從中國調回到帝國大本營的角田少校——與「東亞聯盟」東京分會會長牛島辰熊一起——正密謀著，當東條座車在祝田橋附近的皇居前廣場轉彎放慢速度時，丟擲特製的氰酸炸彈。並設定好時間：七月的第三個星期。不過陰謀者的一個朋友無意間向天皇的幼弟三笠宮親王透露了這個計畫，而親王出賣了這個陰謀行動。三笠宮不但不給予祝福（「這樣的行動就是謀逆天皇。」），他還通知了帝國大本營的某名成員。憲兵隊逮捕了牛島和角田，並判處死刑，不過就如之前經常發生的情形一般，他們獲得緩刑。

東條面對這樣大範圍的不滿，只好求助於當初提名他擔任首相一職，並且在過去幾個月的危機以來也都一直給予他公開支持的宮內大臣。東條得到的忠告令他深感意外，還讓他不悅。因為塞班島的陷落，木戶終於覺醒過來，批評東條近來集大權於一身：自己兼任了內閣中最重要的兩個職務，而鳩田海軍上將也是身兼二職（海相兼軍令部長，被其他海軍軍官稱為「幫東條提皮包的」）。木戶說：「大家都很關切此事，而天皇本人也是極為惱怒。」

東條深感不安，未發一語地離開，但當天稍晚又回頭拜訪他。東條願意改組內閣，但不願交出自己的職位。木戶以極冷淡的態度面對此妥協方案，這讓東條覺得是對他存有敵意。他突然起身大喊：「今日和你談話毫無意義！」

他用力甩了門，跨著大步離開了木戶的辦公室，但是當他回到官邸時，已經清醒過來。他告訴佐藤賢了：「如果木戶是那樣的態度，也就表示天皇對我失去了信心。因此我放棄改組內閣的想法。我要總辭。」

佐藤大喊道：「在戰爭進行到最關鍵的時刻，總辭是不可能的事！」他應該採取的措施是，任命米內海軍上將接替鳩田，可以安撫海軍還有像是近衛這樣的自由派人士。

對於解除過去一直堅定支持他的鳩田的職務，這讓東條感到非常不快。佐藤引用了一句中國成語

「大義滅親」。不論有多痛苦，你都得「滅」掉鳩田。你對鳩田的感情屬於私交。你發起了戰爭，就不能中途撒手不理。

這也是東條自己的信念。他把鳩田召來，並通知他必須辭去海相一職。上將倒是很善體人意，他說：「我辭職反倒是無官一身輕，你卻必須繼續承擔重責大任。」他祝福東條在即將到來的戰爭中都能「戰果豐碩」；當他們兩人握手道別時，自律甚嚴的東條甚至崩潰了。

隔天七月十七日，鳩田提出辭呈，不過和佐藤所預測的並不相同，那些開明派分子並不滿意。木戶同樣不滿，並在受到近衛的鼓動激勵後，雖然重大政治難題不屬於他的職權範圍，但還是承諾會把重臣們對於東條的一致意見提報給天皇。

近衛很興奮，驅車前往平沼男爵的居所，在那還有另外兩名重臣岡田海軍上將和若槻禮次郎男爵。他把木戶出人意外的提議告訴了他們。岡田上將說：「我現在了解木戶之前一直在忙些什麼了。」六點三十分，所有的重臣全都到場。空氣中充斥著陰謀，經過幾個月毫無成效的私下埋怨後，他們帶著某種目的聚在一起。若槻提出警告：「我想請各位注意到這個事實，縱使東條內閣改組了，民眾還是不會支持它。」

米內上將透露了一個訊息，他剛接到「熱誠的」邀約，請他加入內閣，接替鳩田的職務。他已經回絕了，但是料想東條將會親自來請求他出任，未果的話，東條會請求天皇支持他。「即使是他用最後一招，我已經決心不會接受入閣邀請。」

並非所有的重臣都要東條辭職。阿部信行上將指責：「僅僅討論倒閣是不負責任的。我們怎麼確信就能建立起更好的內閣？」

平沼插話：「推翻內閣與否，或下任內閣的強或弱，都不是重點。國家已經面臨存亡之秋，得更換內閣——而且得快。」

在「二二六事件」之後擔任過首相的廣田說：「如果徵詢到我，我是不會入閣的。」

大家最後達成一個除了阿部之外，每個人都很滿意的解決方案：

如果帝國意欲度過面前的巨大難關，必須把新生命灌注至國民的心智之內，全體國民必須同心協力。而內閣的部分改組是毫無作用的。必須重組一個能堅定大步向前邁進、強而有力的新內閣。

阿部想知道會議的結果是否會轉達給東條。答案是一致性的——不會。有人專程將這份決議送到木戶的宅邸。這名宮內大臣答應在隔天上午呈遞給天皇。

東條首相和佐藤賢了正在辦公室內商議著米內的拒絕入閣。佐藤認為問題出在代表東條的中間人身上，他說：「他並沒有把你真實的想法傳達給米內。讓我直接對他說吧。」

佐藤換上了便服，在米內住宅內從採訪的記者身旁走過時，他都沒被認出來。當女僕告訴他主人並不在家，佐藤把她推開，並且在客廳裡睡了起來。一個小時後，米內開完重臣會議回來，他也醒過來了。

佐藤試著讓米內了解到，在戰爭打到一半時，拯救內閣是極其重要的事；而他接受了職務，就能成就此事。東條唯一的要求就是改變戰爭的頹勢。「我能夠明白你拒絕入閣的原因，但是那僅僅是個人意見。在此危急時刻，我求你和東條內閣一起合作，以克服我們的問題。」

米內冷笑著說：「我不是政治行家，你看看我當初的內閣就知道了。我只是個海軍將領，不是政客，我寧可以這個身分死去。如果你們還想用我，就讓我當海相的顧問吧。」

從米內的語氣可以聽出來他不為所動。佐藤回到東條的辦公室。他也努力過了，但也一樣失敗了，但他最後的建議卻是否定他先前所提的議案。凌晨兩點，東條還穿著短袖襯衫在辦公，習慣抽菸的他抬頭看著煙霧裊裊上升，繞過了他頭頂的燈罩。

佐藤說：「請辭職吧。」

東條長嘆了一口氣。他說：「我上午會去面見天皇。請你寫下我辭職的理由。」

當佐藤坐下，並且開始動筆時，他心裡很清楚地知道，這場戰爭已經結束了。他的淚水落在紙上。

七月十八日上午，東條——臉色慘澹，雙眼無神——以虛弱的聲音告訴閣員，因為喪失了塞班島，他已經決心要辭職。由於在日本也有「巴多利奧」[3]分子，所以他才遲疑了這麼久。他還推諉責任，又說，日本戰敗的責任將由重臣和那些逼迫他辭職的人來承擔。他雙肩下垂。那天是當年最熱的一天。他說：「我必須要求你們總辭。」

當每個人都在寫辭呈時，氣氛是相當尷尬的。諷刺的是，東條就在四年前的這一天當上了陸相。

東條鐵青著臉把所有的辭呈交給木戶。而這名宮內大臣徵詢他繼任人選時，東條說：「我不會告訴你我的人選。我想重臣們已經決定好了。」接著他沿著長長的走廊朝天皇的辦公室走了過去，最後一次以首相的身分覲見天皇。

重臣們還沒選好繼任人，但是呼之欲出了。他們在下午——木戶也出席——於皇居的西廂廳內舉行會議。在場的還有侍從武官長和樞密院議長原嘉道。

一向支持東條的阿部上將希望海軍——米內為代表——出面籌組內閣。米內說：「我確實曾經一度參政過。我或許可以再度試著當海相，但是我不能當首相。」軍人「所受的教育是片面的」，而這又使他們不宜擔當此角色。「政治還是留給政治家。」

近衛欣賞米內的理想主義，但是他們必須從實際情況出發來考量問題。「當今的政治環境不能沒有陸軍的參與，否則無法為繼。」

木戶和近衛私底下早就商議好，在皇族介入之前必須要有一個臨時內閣。木戶駁斥說：「鞏固本土的防禦，增強陸軍在國內的戰力還有憲兵的軍力，都迫使我們得從陸軍中找出人選。」若槻對此默認了，米內也是。剛剛米內才對挑選軍人的危險提出警告；現在他卻建議由前年被晉升為元帥的寺內壽一伯爵出任。

近衛願意接受寺內，但他強調了兩點：「首先，為何東條得下台？當然，部分原因是人們對他說了許多不利的評論，可也是因為陸軍，他們和海軍不同，介入政治和經濟的每個方面。」必須停止這種狀況。「其次，現今國家似乎正朝著左派革命在飄移，所有的一切都朝向那個方向。打輸了這場仗是很恐怖的事，但是革命就更令人畏懼了。一旦戰敗，我們在某個時期內還能復原，可是左翼的革命就是國體的浩劫。」他懷疑寺內能否控制住這些異議分子。

木戶說：「他能的，不過他遠在前線，要把他調回來還很困難。我們最好還是再找別的人選吧。」

米內再度提名了一名陸軍人士，關東軍的指揮官梅津美治郎上將，剛剛才被召回來接替東條的參謀部長職務。

木戶表示反對：「剛任新職就把他調走，這麼做不好。」木戶私下認為這是個差勁的人選。

近衛建議一名海軍人選，就是在「二二六事件」中險些遇害喪命的年邁的鈴木貫太郎上將。原開口說：「我和他同在樞密院，而且知之甚深。他絕不會接受的。」平沼提到中國派遣軍指揮官畑俊六上將，大家反應冷淡。

米內又提出一名陸軍將領——小磯國昭。「他是個好人，幹練勇敢。當他在我內閣時期任職時，我很了解他。」

木戶問：「他和陸軍處得來嗎？」

阿部上將回答：「我相信是還不錯。他和東條大不相同。」

平沼評論：「他是個一流人物，而且信仰堅定。」

若槻說：「我不反對，雖然我並不了解他。」

岡田認為他們太急於挑選人選，近衛也支持這樣的看法。

如此一來，爭論變得冗長而無法有結論，最後只得請天皇從三名陸軍將領——寺內、畑和小磯——中選取。過了晚上八點。他們已爭論四小時以上，因把責任丟給了天皇都鬆了一口氣。

木戶侯爵立刻呈報給天皇，建議天皇做出人選之前先詢問陸軍是否能將寺內調回。東條正好在皇居內安排繼任人梅津上將的事宜，於是做了回覆。東條反對在這樣的時點上解除寺內的職務。如此一來只剩下畑和小磯兩名人選，而天皇考慮到木戶的陳述、介紹後，選取了後者。

當晚，近衛開始擔心小磯。他能夠控制住左翼人士，並且獨立於陸軍之外嗎？或許應該採用聯合總理制，一人是陸軍，一人是海軍。比方說聯合小磯和米內。既然米內本人也推薦小磯，顯然這兩人是處得來的。

翌日，他和平沼男爵討論此事，平沼認為這是個絕妙的想法。而且更為重要的是，木戶也這麼想。不過米內依然無意願，既然他回絕了東條邀他入閣的請求，現在卻接受更為顯要的職位，這就會「相當不宜」。那麼為何可以接任海相？「我有信心能夠處理好該職責。我甚至大言不慚地說，我可以證明我是最好的海相人選。」

近衛非常高興，好像是米內已經同意擔任聯合首相的職務一樣。既然米內入閣，還有天皇和木戶的大力支持，這幾乎就是聯合首相制了。

小磯上將隔天下午從朝鮮返回日本。沒有任何解釋，他直接被帶往候見廳。他外號為「朝鮮之虎」，之所以有這外號主要是長相更甚於軍事幹才；他有著像貓一樣斜著的雙眼，扁平的鼻子以及薄薄的嘴唇。他喜愛飲酒，對於他人以另外一個綽號——「日本禿頭冠軍」——取笑他，也不以為意。他知道自己很有機會被任命為首相，在他的口袋內已經有一份朝鮮親信同僚的名單，讓他們來擔任內閣職務；但是當米內上將走進候見廳時，他這樣的期待感就迅速地降低了。在他開口向米內詢問之前，木戶領著兩人去覲見天皇。小磯問，誰該走在前面？木戶回答：「小磯。」不過天皇對他們卻是一視同仁。天皇說，你們要協力籌組新內閣。並且警告他們不能與俄國對立。

米內和小磯一樣同感困惑，當覲見結束後，米內問了木戶伯爵，誰才是首相。宮內大臣說：「當然是小磯。」

小磯想著，多奇怪的對話！他轉問米內：「你要擔任什麼職務？海相？」海軍上將回說：「那是我唯一所能勝任的職務。」

東條被迫辭職讓他的太太鬆了一口氣，至少現在天天擔心他被刺殺的危險是結束了。（巧合的是，東條的盟友阿道夫．希特勒才剛剛從一次爆炸中倖免於難。）她的推論是對的。比方說，高木將軍取消了槍殺東條的計畫，而東條現在則加入到那尊貴但是僅僅是諮詢性質的「重臣」圈中。

二

雖然規定了麥克阿瑟將軍入侵菲律賓的目標和時辰——初步要在民答那峨登陸，方能建立機場，三週後再於雷伊泰（Leyte）發動大規模登陸——但參謀長聯席會議卻建議在六月中旬時，繞過菲律賓和其他島嶼，包括了呂宋島在內，一路從雷伊泰直接跳到台灣。事實上，這將使麥克阿瑟放棄一直都很重視的「菲律賓解放者」的角色，因此他的回覆還是帶有一貫的憤怒：

……菲律賓是美國的領地，我軍孤立無援在那被敵軍打敗了。實際上，所有的一千七百萬菲律賓人還是效忠於美國的，因為我方無法給予支援和救濟，他們正處於貧困交迫之中。我方得負起巨大的責任去解救他們。此外，如果美國刻意繞過菲律賓，任由戰俘、國民和忠誠的菲律賓人留於敵人之手，而不盡快努力解救，將會招致最嚴重的心理反應。我方將得承認日方宣傳我們已經放棄菲律賓，而我們不願流血犧牲去拯救他們，這些都是事實；我方將毫無疑問地遭受到該民族的敵意；我方的威信或許會在遠東地區所有的民族間喪失，這將在今後的多年對美國產生不利影響……

馬歇爾強硬又帶著規勸回覆，「不要讓個人情感和菲律賓政治」遮掩住他的主要目標——獲取戰爭的勝利。他聲稱「繞道而過」絕不是放棄的「同義詞」。但麥克阿瑟提出要求，直接和總統重新檢視這個議題。五週後，羅斯福、麥克阿瑟和尼米茲三人在夏威夷參與的史無前例的會議上，麥克阿瑟等到了這個機會。馬歇爾、阿諾德和金恩並未受邀，金恩認為這是總統正當民主黨在芝加哥舉行全國競選大會之際，「強調其作為海陸軍總司令的角色。」

羅斯福在第四次被提名競選總統後，便和隨行人員在聖地牙哥登上了巡洋艦「巴爾的摩號」（Baltimore）。六月二十六日中午剛過不久，這艘主桅上懸掛著總統旗幟的巡洋艦駛過了鑽石角。麥克阿瑟的座機從澳洲的布里斯班（Brisbane）長途跋涉後剛剛降落，就來到碼頭上迎接總統。這名上將還穿著冬季軍裝。

麥克阿瑟超過四十年交情的老友萊希上將還責怪他說：「道格拉斯，你要來這裡和我們碰頭，怎麼不穿件合適的衣服呢？」

「是啊，你還沒去過我待的地方，那裡可冷得很。」

總統一行人穿越一長排的士兵和歡迎的群眾來到了會場，一座有如宮殿般座落在威基基海灘上的私人宅邸。關於人員和物資的優先順序等問題已經無須再爭辯了，不論情況為何，戰勝也不再是個疑問。在晚宴之後，羅斯福指著太平洋地圖上的民答那峨島說道：「道格拉斯，我們要從這裡再攻向何處？」

「總統先生，先是雷伊泰，然後才是呂宋！」麥克阿瑟詳細地解釋了在入侵台灣之前，佔領呂宋的重要性。當時尼米茲沒發表意見。

隔天上午，正式會談在間牆面掛滿作戰地圖的大型客廳內舉行。麥克阿瑟用了根長竹竿，再次力陳要佔領呂宋。這回尼米茲反擊了，並且也帶了根長棍指著地圖，提出他要直接攻打台灣的計畫。羅斯福靠在輪椅上，像是很有興趣地在聽著地理課。他極為技巧性地縮小了歧異處。但是他的調停是毫無必要的。尼米茲善於聽取他人意見，終於接受了麥克阿瑟論點的正確之處，在向台灣進軍之前，國家榮譽和戰略眼光使得解放全菲律賓變成不可或缺之事。

午餐後，麥克阿瑟向羅斯福保證，他和尼米茲之間毫無摩擦，並說：「總統先生，我們的觀點一致。我們完全了解彼此。」之後，當他的飛機準備起飛回到布里斯本時，他轉身洋洋得意地對一名副官說：「我們成功了！」

當美軍正在籌劃那複雜的入侵雷伊泰的戰略時——明定的日期是十二月二十日——東京的帝國大本營內則正在臆測美軍的意圖。有份「陸海軍爾後之作戰指導大綱」設想著美軍會朝四個區域發動攻擊：菲律賓群島、台灣與琉球、日本本土以及北方的千島群島。雖然被賦予了樂觀的名稱「捷號作戰」，不過它卻是個絕望的產物，一系列死守最後防線的行動而已。很顯然的，菲律賓群島是美軍下一個目標——「捷一號」[4]——大家都同意把這個戰場變成陸上和海上的「最後決戰」之地。

然而，問題是何時與何處迎擊敵軍，並迫使此次對抗成為一場真正具決定性的戰鬥？這就是地理問題了。菲律賓群島擁有約七千一百座島嶼，位於亞洲大陸外海約五百英里遠，離台灣南方兩百三十英里。南從民答那峨起向北延伸，通過了維薩亞斯群島——包含了宿霧和雷伊泰等島嶼的中部地帶——到北面最大也最為重要的呂宋島。這些島嶼中面積大於一百平方英里的只有十一座，而民答那峨和呂宋就超過了陸地總面積的三分之二。不過，就戰略上而言，雷伊泰——只有民答那峨的面積十三分之一大——也是同等重要，它位於整個群島的心臟地帶，其寬闊的海灣更是吸引著美軍從海上入侵攻擊。

南方軍作戰參謀的想法是，不論美軍先在哪裡進行登陸，在他們建立起基地之前——應該會是在南方的某地——都要加以迎擊。不過陸軍參謀本部否決了他的想法。因為不可能正確預測出敵軍首先發動攻擊的地點。與其把部隊散開分布在南方的島嶼上，還不如集結大部分的軍力在呂宋島上，因為島上道路狀況最好，而且最易於防守。

征服菲律賓所需要的海陸軍聯合作戰是美軍從未嘗試過的方式。麥克阿瑟將會領導這次攻擊，但是他必須要有尼米茲的全力支援。海軍的任務是抵銷日本的航空兵戰力。首波打擊任務將在九月六日由馬克．密茲契中將所率領的「第三十八特遣艦隊」執行。他部下的轟炸機對位於民答那峨東方五百五十英里的帛琉群島連續轟炸了三天。而後於九月九日和十日才轉向攻擊民答那峨本島。

這些空襲促使日本為了防衛菲律賓而做好準備。在馬尼拉，寺內元帥所指揮的南方軍就是負責從新幾內亞到緬甸這大片區域，而他和東京方面一致相信在敵軍登岸之前，陸基戰機就能夠擊沉大多數的敵軍船團。不過當地的地面部隊指揮官，即第十四方面軍指揮官黑田重德中將卻主張，這樣的概念是對的，不過並非「只靠概念就能打仗」。言語是無法擊沉美軍船艦的，當你拿我們的戰機和對方的相比時，那就更顯而易見了」。日軍的航空戰力幾乎可以忽略，只能靠陸上作戰才能贏得這場戰爭。

甚至該如何在陸上作戰都產生分歧。「殲敵於灘頭」一直以來都是應對所有的入侵攻擊的標準作戰程序。但反對此計畫的人也在不斷增加中。灘頭防禦已經被證實了，無助於抵抗海上船艦的砲擊以及隨後而來的登陸攻擊。帝國大本營下令寺內在縱深處進行抵抗。

這道軍令傳送給負責防衛民答那峨和維薩亞斯群島的軍官——鈴木宗作中將，就是曾經在馬來亞被憤怒的辻上校[5]從床上粗魯地叫醒的那名將軍。他現在是「第三十五軍」的軍長，總部設在宿霧市。將軍的同僚們都說他「心地善良」而且是名「竹君子」。

鈴木不僅害怕美軍入侵會來得比他在東京與馬尼拉的上級所預計得還要更早，（他告訴他的參謀長，他預計登陸會在十月一日）而且還正確預言到，美軍會集中全力攻擊雷伊泰。他把「第三十師」布署在民答那峨的北邊，如此才能迅速調往雷伊泰。但是當前的局勢又讓他懷疑起自己的預測。九月十日，某個海軍觀察單位傳來一份電報，上面說敵軍正在民答那峨南部海岸的達沃附近登陸。兩個小時後，另外一份電報又到了：

美國海軍陸戰隊使用兩棲坦克，已經在達沃對岸的某個小島南端登陸了。

鈴木把第三十師調回到民答那峨的南部，並向馬尼拉通報。「第四航空軍」開始將飛機從新幾內亞送往菲律賓，而聯合艦隊也通知部隊發動「捷一號」作戰。不過敵軍並沒有任何登陸行動。在山丘上俯瞰海灣的觀察哨兵將波濤起伏的海浪誤判為登陸艇。

鈴木告訴他的幕僚：「就把這次失誤當作是場教訓吧。」他相信下回他們就不會如此魯莽了。兩天後，密茲契中將再次展開攻擊行動，橫掃整個菲律賓，最後到達沖繩。在四十八小時內，對維薩亞斯群島發動了兩千四百架次的空襲。所造成的破壞是全面的，美軍傷亡率又極低，甚至指揮「第三艦隊」的哈爾西將軍（現在包含了史普魯恩斯原先的「第五艦隊」的大多數船艦）也反問自己，為何不把入侵雷伊泰的日期提前。他坐在旗艦「紐澤西號」艦橋的角落裡，「反覆思考這個問題」。決策確實不在他的職責範圍內，而且「會弄翻一大堆事情，可能影響到羅斯福先生和邱吉爾先生」，但也有可能「把戰爭縮短幾個月的時間」。

哈爾西把參謀長羅伯特．卡尼（Robert Carney）和他的祕書哈洛德．史塔生（Harold Stassen）找來，並告訴他們：「我想冒險一下。發送一份急電給太平洋司令部總司令。」建議取消對雅浦（Yap）、莫洛泰（Morotai）和民答那峨的初期作戰，以及把攻佔雷伊泰的「日期盡可能提前」。尼米茲把這份電報轉到再次於魁北克開會的羅斯福和邱吉爾兩人。哈爾西的大膽建議激起了他們的興趣，不過他們需要麥克阿瑟的同意。

麥克阿瑟將軍正搭乘「納許維爾號」前往莫洛泰，這是位於新幾內亞和民答那峨之間的香料群島（Spice Islands）中的一座島嶼，也是他進軍菲律賓路線上的倒數第二個跳板。「納許維爾號」得保持無線電靜默，而決定權就交給還留滯在新幾內亞島的參謀長薩瑟蘭少將手上。薩瑟蘭知道他的上級會歡迎早日解放菲律賓的建議，因此以麥克阿瑟的名義發電報至魁北克，表示可以在十月二十日入侵雷伊泰，這比原定計畫提前了兩個月。

九月十五日，麥克阿瑟的部隊登陸莫洛泰時未遇到任何抵抗，但哈爾西卻在帛琉群島中的貝里琉島（Peleliu）上遭遇頑強抵抗。[6] 六天後，密茲契持續猛攻菲律賓。他大膽地把航母帶到離呂宋島東方只有四十海哩的海域範圍內，對馬尼拉地區發動了四次空襲。克拉克與尼可斯（Nichols）的機場跑道都日軍戰機能穿透「第三十八特遣艦隊」的防線。

被摧毀，也炸毀了超過兩百架戰機，還打壞了馬尼拉灣內的船艦。美軍只損失了十架戰機，沒有任何

三

此時，即使是東京方面也可以清楚看出美軍入侵菲律賓已是迫在眼前。然而黑田中將——曾經正確預言日軍陸基戰機無法挫敗美軍海上戰力——卻被解除了方面軍的指揮權，檯面上的理由是「投入在高爾夫球、閱讀和個人事務上的時間要比執行公務更多」。

取代黑田成為菲律賓群島所有地面部隊指揮官的是戰爭初期的英雄人物之一，也是新加坡的征服者——山下奉文將軍。在打下新加坡之後，他被派往滿洲訓練部隊。不過當時他奉命不得在東京停留。而帝國大本營的解釋卻是，避免被俄國人探知他的新職務；不過多年來與東條不和的山下深信，這不過是不讓他公開亮相的藉口。

在南下途中，山下告訴他的作戰參謀，和他的長官一樣急於要投入作戰的朝枝繁春說，他深懼菲律賓戰役又「將會是場『湊川之戰』」——一場指揮官從一開始就知道毫無獲勝機會的戰役。但他對新參謀卻隱藏起這份悲觀情緒，並在十月六日一抵達「第十四方面軍」位於馬尼拉附近的麥金萊堡（Fort McKinley）總部時，告訴參謀們，日本的命運就決定於這場戰鬥的結局了。所有的軍官都得擔負堅決奮戰以獲取勝利的「重責大任」。「如果我們大家都能記住這點，日本陸軍必定可以贏得最後勝利。」

在麥克阿瑟的目標雷伊泰島上，駐防軍——第十六師——人數還不足兩萬人。這支部隊於一九四

一年聖誕節前夕在呂宋島的東岸登陸，在佔領馬尼拉之後，也曾在巴丹半島上作戰。不過此時的主力部隊，包括師長牧野四郎中將，都是沒有戰鬥經驗的補充兵員。在日本陸軍中，這個師的名聲不佳；他們大多數是從京都、大阪地區徵召而來的，「比較像是商人，而非戰士。」

雷伊泰島——被卡在兩座大島之間，東北方直接面對薩馬島（Samar），南面就是民答那峨島——外形像是顆臼齒，牙根指向民答那峨。在東海岸，有片沿著雷伊泰灣且長達三十五英里長的富庶平原區。沒有礁岩，是片完全空曠的沙灘，一個絕佳的登陸作戰地點。不過再往內陸走幾英里之後，麥克阿瑟的部下將得穿 溪流與水稻田交匯而成的複雜區域。在雨季期間除非走在道路上，否則幾乎無法穿越，而此時雨季已經開始了。島上其餘地區多是山地和密林，攻守同樣困難。還有許多小型游擊隊，他們不僅和日本人交戰，相互之間還常有衝突。這些游擊隊對麥克阿瑟的主要價值是，他們能夠利用無線電向他提供牧野將軍防禦狀況的可靠訊息。

島上約有百萬人口，而他們全數——除了三千零七十六名華人和零星的歐洲人、美國人和日本人之外——都是在此務農和漁獵的維薩亞斯人。他們主要的農作物是稻米、蔗糖、玉米和椰子。

——

在荷蘭迪亞，以及位於新幾內亞北方兩百英里遠的阿德默勒爾蒂群島（Admiralty Islands）中的一座島嶼馬努斯（Manus）上，有支巨型艦隊——包含了主力艦、巡洋艦、小型航空母艦、驅逐艦、運輸艦、油輪、兩棲登陸艇、掃雷艦、救助拖輪和浮動船塢——正準備向雷伊泰島進發。這支艦隊共有五萬名水兵，運輸艦和兩棲登陸艇則載運著麥克阿瑟「第六集團軍」的十六萬五千名官兵。入侵雷伊泰將是目前為止太平洋地區規模最大的作戰行動。麥克阿瑟和尼米茲所有的部隊，以及海外的轟炸機指揮部是首度聯合作戰。

船團的平安航行才是密茲契所擔心的事，為了完成此次任務，他必須在菲律賓海和（中國）東海之間來回巡弋。幾乎已經消滅日本在菲律賓航空戰力的第三十八特遣艦隊，將首先向北航行一千英里到日本人視為本土一部分的沖繩島。密茲契在十月十日出動了一千三百九十六架次戰機，摧毀了日軍一百架戰機和為數眾多的船隻，包含了四艘貨輪、一艘潛水艇補給船以及十二艘魚雷艇。

翌日，這名將軍揮師南下，轟炸了呂宋島的北部。然後又反轉航向，在十月十二日日出之前，從麾下的四個航空母艦作戰群派出戰鬥機攻擊台灣。他在台灣首次遇到強烈的反擊。「第六基地航空隊」指揮官福留繁海軍中將派出二百三十架戰機伏擊美軍。他部下眾多的年輕飛行員僅僅是從電影中學會戰鬥技巧，[7]但他們或許在數量上至少是三比二的優勢。

福留在指揮所內遠遠就看到敵機正要俯衝攻擊機場；高空的小斑點——「零式」攔截機——開始朝著美軍俯衝。他看到閃爍的爆炸和一條條弓弧狀的煙霧。福留興奮地邊鼓掌邊說道：「幹得好！幹得好！非常成功！」但美軍還是持續以完美的編隊前仆後繼而來。原來被擊落的是他自己的戰機。而當他的戰鬥機「面對不屈不撓的敵軍機群時，簡直是以卵擊石」。

福留在第一次攔截作戰中，損失了三分之一的戰機，剩餘的戰機在第二次空戰中消失殆盡。第三次已經派不出任何戰機了。隔天上午，美軍再度來襲，在毫無抵抗的情況下，對台灣島上的航空設施造成比昨天更為慘烈的破壞。日落時分，日軍報復回擊。三十多架專門設計進行夜戰的轟炸機撲向美軍「第三十八特遣艦隊」，貼著海面低飛以躲避雷達偵測。三架俯衝轟炸機躲過了美軍的攔截，並朝航空母艦「富蘭克林號」（Franklin）投下炸彈。兩枚炸彈離目標很遠，第三枚擊中了甲板邊緣的升降機。左舷區域燃起大火，旋即被撲滅了。重巡洋艦「坎培拉號」（為了紀念在「薩伏島海戰」中被擊沉的澳洲巡洋艦而命名）就沒那麼幸運了。一枚魚雷命中艦身，打穿了個大洞。海水湧入了艦體，在離台灣九十英里處動彈不得。

在旗艦「紐澤西號」上的哈爾西面臨著一個困難決定。他該放棄「坎培拉號」，還是要冒險再派一艘船艦以四英里的航速，將它拖到遠在一千兩百英里外加羅林群島中的烏利西環礁（Ulithi Atoll）？哈爾西還是一如繼往想要冒個險，於是下令巡洋艦拉回「坎培拉號」。為了引開日本人的注意，他下令對台灣進行非預定計畫內的第三次空襲。上午，密茲契派出三波戰機攻擊台灣島上的各個機場；而美國陸軍航空兵從中國派出一百零九架「超級空中堡壘」轟炸機去攻擊打狗（今高雄）地區。到了黃昏時，在三天之內摧毀了超過五百多架日軍戰機。

不過，那些看東寶電影片廠的湖中模型憧憬空戰的倖存飛行員，卻回報這是日本海軍史上最大的勝利。豐田海軍上將——當時正好在台灣視察——也認定這次作戰造成美軍的災難。他下令福留把剩下所有的轟炸機都派去追擊美國「第三艦隊」的「殘眾」。隔天，十月十五日，福留發動了三波攻擊。僅有一組機群發現到美軍蹤跡，但是卻被打退了。下午，福留派出一百零七架戰機去追擊退卻中的美軍。只有三架戰機衝過戰鬥機屏護網，其中一架用魚雷擊中了輕巡洋艦「休士頓號」。超過六千五百噸的海水湧入艦體，看起來它的命運會和第一艘在爪哇海被摧毀的「休士頓號」一樣；不過它的戰損管控小組卻把缺口給堵住，並和「坎培拉號」一樣被拖走了。

哈爾西在從沖繩一路橫掃到呂宋的遼闊海域上，完全沒有喪失任何軍艦。他以開玩笑的口吻發了封電報給尼米茲：「第三艦隊被擊沉和受損的船艦都已經被打撈起來，並且以高速朝敵方撤退中。」他正朝航向南方，支援即將到來的雷伊泰之戰。

在日本，不論是聯合艦隊還是帝國大本營，都毫無理由懷疑返航的飛行員所回報的重大勝利。在十月十六日發布的正式公報中，宣稱在台灣戰役中擊沉了十一艘航空母艦、兩艘主力艦、三艘巡洋艦和一艘驅逐艦或是輕型巡洋艦，並且幾乎擊傷了同樣數目的船艦。此外，還擊落了一百一十二架戰機。不過也承認有三百一十二名飛行員未能「返航」，但和打殘了第三艦隊相比，這個代價是相當小的。天皇還在日比谷公園召開了一場慶祝會。

——

在南方，颱風橫掃了整個菲律賓，但是到了十月十七日，風勢緩和了下來。一支美國攻擊艦隊——兩艘輕巡洋艦、四艘驅逐艦和八艘驅逐運輸艦——在三艘掃雷艇的前導下穿過強風襲擊的海域，進入了雷伊泰灣。其中一艘巡洋艦「丹佛號」朝著彎口的一座小島蘇魯安（Suluan）砲擊了二十分鐘。接著「第六突擊步兵營」在大雨中下船，登陸時並未遭遇到抵抗。突擊隊在一座燈塔內找布雷圖，但卻一無所獲。不過在他們處理掉島上的三十二名日本駐軍之前，還是一名日本哨兵用無線電發出警報。不過他誇大了攻擊船隊的規模（他報告有「兩艘主力艦、兩艘改良型航空母艦和六艘驅逐艦」在島外），日軍如臨大敵。還在台灣的豐田上將發電報給栗田健男將軍，要他率領強大的「第一特遣艦隊」從新加坡北上，然後又命令小澤的「機動艦隊」（該艦隊在菲律賓海遭受嚴重挫敗後已經重新編組）駛出瀨戶內海前往菲律賓。他同時還指示潛水艇開往雷伊泰海域，攻擊美軍艦隊。接著他飛回日本，以便在「決戰」開始時能夠抵達聯合艦隊總部。

但負責防衛維薩亞斯群島的人卻將蘇魯安傳來的警報當成另一次誤報。在宿霧，鈴木宗作將軍想起民答那峨的白浪被哨兵當成登陸艇所引起的驚恐。敵軍怎麼可能在遭受到比珍珠港還嚴重的慘敗之後，再次發動攻擊呢？人在馬尼拉的上級們也是抱著同樣的遲疑態度，偵察機飛行員已經回報，透過雲層和大雨在雷伊泰並未發現任何情況。

在雷伊泰島上，只有牧野將軍一人擔心這確實是個入侵攻擊，於是不理會參謀們的建議，下令發出警報。他們認為雷伊泰灣口的美國船艦是台灣戰役後的殘餘部隊，是被颱風吹到南方的。

十月十八日黎明晴空一片，美軍突擊兵毫不費力登上了蘇魯安島旁的霍蒙洪島（Homonhon）。（此時牧野的一名參謀飛到雷伊泰灣上方，但是因為大霧沒能發現敵情。）這裡既沒有日軍，也沒有防禦工事。在沒有任何抵抗的情況下（「我們他媽的帶滿了彈葯，卻沒有日本鬼子」），突擊兵完成了任務：豎立起導航燈塔導引船團。南方十五英里，其他的突擊隊員正要湧上這座護衛著海灣下方水道的迪納加特島（Dinagat）。這座島上也是毫無人蹤，在島的頂端「荒涼岬」建起第二座導航燈塔，因此船團就能在兩座島嶼之間進入雷伊泰灣。

到了中午，已經攻下雷伊泰灣入口處。兩個小時後，主力艦「賓夕法尼亞號」和兩艘巡洋艦和數艘驅逐艦開始沿著海灣砲轟雷伊泰島。接著登陸部隊搭乘著登陸艇進入灣內，探測海灘的情況。日軍在海岸道路旁一排排整齊的棕梠樹後方挖了壕溝，朝著登陸艇開火射擊並擊沉一艘。其他隊員冒著槍林彈雨繼續探查，很快就帶回了令人開心的報告：灘頭全無地雷，也無其他障礙物。

牧野的通訊狀況——一開始就不完善——現在幾乎完全被颱風刮壞，因而他對此一無所知。剛剛才飛臨海灣上空的軍官的回報也讓他感到安心，看來沒什麼大事；他向鈴木將軍報告，之前在灣內被發現的美軍船艦很可能是來躲避颱風的。

在日本國內，聯合艦隊卻無法和他們一樣安心。就在正午之前，豐田上將下令執行「捷一號」行動，他的參謀們也是首次在陸海兩軍聯席會議中向陸軍方面透露：海軍要進行一場決戰的詳盡計畫；海軍會動員所有可用的船艦攻擊雷伊泰灣內的敵軍登陸部隊。這種「孤注一擲」的態度讓佐藤賢了將軍非常擔憂。如果海軍戰敗了，那麼陸軍在這場「海軍的決戰」中又會有多少機會取勝呢？佐藤指出：「聯合艦隊不僅僅屬於海軍，也屬於國家。」它的毀滅——佐藤用「自我毀滅」一辭——會讓本土對敵軍入侵形成門戶洞開的狀況。他以哽咽的聲音說：「只有艦隊的存在才能讓敵軍謹慎行事。因此，諸位，請慎重。」

海軍參謀本部作戰部長中澤少將說：「非常感謝，陸軍人士能夠如此重視聯合艦隊。」他是真心這麼說的。他請求「死得其所」。菲律賓是最後的機會。他以顫抖的聲音說：「請給予聯合艦隊一次開出死亡之花的機會。這是海軍最誠摯的請求。」

佐藤禁不住流下淚來，無法再爭論下去。他謙和地表示同意。當天下午，天皇同意發動「捷一號」行動。

美軍入侵船團——四百二十艘運輸艦和一百五十七艘戰艦——散布在幾千平方英里寬的菲律賓南方海面上，正朝著雷伊泰灣前進。前鋒部隊是進行支援和砲轟的主力艦、巡洋艦和驅逐艦；十月十九日清晨，他們進入了雷伊泰灣並開始砲擊登陸海灘。航空母艦上的戰機也同時對維薩亞斯群島中每一個航空基地進行攻擊。它們幾乎摧毀了這個區域內日軍殘餘的航空兵力。

龐大的入侵船團的出場舞台終於定位。當晚十一點，它們在雷伊泰灣東方十七英里處的海上匯合，靠著迪納加特島和霍蒙洪島兩座導航燈塔的指引下，緩緩地向灣口處航行。廣播擴音器裡傳來了新教和天主教的禱告聲，不只一人深深陷入冥想，彷彿是在聽著他們自己葬禮上的禱告。上方還能聽到驅逐艦朝著登陸點發射的沉悶砲擊聲。

在十一個小時內，陸軍士兵就要衝上那些海灘，他們試著要在悶熱的艙內休息一下。那些無法入睡的大兵就躺在吊床上慢慢計算著時間，或是到甲板上去呼吸新鮮空氣。當船艦被導引通過彎口時，航速似乎非常緩慢。他們沒有什麼人在聊天說話，每個人都陷入沉思和恐懼中。左方是迪納加特島幽暗的身影，除了「荒涼岬」上持續閃爍的光線外，一片漆黑。

一名士兵落水。廣播報告了此事：「後方船艦幫助尋找。」在閃著波光的湍急海面上，救援行動似乎是毫無指望的，但在二十分鐘後，有艘小艇在艦隊尾端發現了士兵，把他救上了船。

十月二十日天剛亮時——麥克阿瑟把這天定為他的「A日」，因為既然「D日」對於大眾而言是指一九四四年六月六日諾曼地登陸——雷伊泰島朦朧的輪廓已經依稀可見。旭日在船團的後方升起，照亮了上方的天空。幾分鐘之內，氣溫就異常炙熱。當三艘主力艦開始砲擊時，也打破這片寧靜。杜拉格（Dulag）附近的「紫灘」和「黃灘」上冒起陣陣灰色濃煙。十二分鐘後，出現了一架日本偵察機。

高射砲火在四周冒出，不過這架小飛機卻安然離去。

大約上午七點，又有三艘主力艦加入砲擊行列，它們的目標是首府獨魯萬（Taclonban）下方的「白灘」和「紅灘」。一個小時之內，運輸艦開始靜靜地駛過這平如鏡面般的水域，到達離海岸七英里的位置。所有的主力艦停止射擊，好讓巡洋艦、驅逐艦和砲艇能夠更接近海岸並接手砲擊任務。當這些砲艇上數以千計的火箭同時發射時，驚人的「嗖嗖聲」突然之間掩蓋住了那持續不斷的隆隆砲聲。幾秒鐘後，響起轟然巨響。整個海岸線變成「一片刺眼和爆炸火海」。當濃煙散去後，運輸艦上的人們難以置信地盯著看——原先的茂密叢林現在已經是「一片荒蕪、亂成一團、煙霧迷漫、滿布塵土的廢墟」。

九點四十五分——「H時」前的十五分鐘——登陸艇已經像雙輪單座馬車競賽一樣就位，形成十二英里寬的正面陣式衝向海灘。在北面是「第一騎兵師」搶攻「白灘」。狙擊兵用卡賓槍或加蘭德M1步槍射擊躲在椰子樹上的日軍狙擊手，用炸藥炸毀鋼筋水泥的碉堡，騎兵師部隊則衝上了海岸公路。在他們的左翼是「第二十四步兵師」，也輕鬆成功登陸——其中兩名士兵，有一人是菲律賓人，把美國國旗和菲律賓國旗插上了「紅灘」——但該師遇到躲在掩體內的日軍堅決抵抗，耗費了好幾個小時才抵達公路。往南一點是「第九十六步兵師」，安全地登上了「橘灘」和「藍灘」。幸運的是，布署在卡蒙丘（Catmon Hill）上能夠掌控該地區的日軍大砲都被海軍的砲擊摧毀了。他們往內陸推進一英里後，就被沼澤和零星的日軍拖慢了推進速度。在左方最南端——「紫灘」和「黃灘」——是參與過阿圖島和瓜加林環礁戰役的「第七步兵師」，他們遇到了最頑強的抵抗，但在中午之前還是攻下了杜拉格。

直到吃午餐前，麥克阿瑟都在巡洋艦「納許維爾號」的艦橋上看著登陸情形。接近下午兩點，他穿上一套嶄新的卡其軍裝，帶著太陽眼鏡和上將帽，再度現身於甲板上。他爬上了一艘擠滿軍官和新聞記者的駁船。這艘駁船航向運輸艦「約翰．藍登號」(John Land)，上面載著在等他去接上船的菲律賓總統塞吉奧．奧斯麥尼亞(Sergio Osmeña)(奎松已經於三個月前過世)和卡洛斯．羅慕洛將軍(Carlos Romulo)。羅慕洛已經有兩年沒見到麥克阿瑟了，他急切地爬下纜繩梯。

麥克阿瑟大喊道：「卡洛斯，我的小老弟！我們——到家了！」

面對麥克阿瑟的友善態度，奧斯麥尼亞掩蓋了自己真實的感受。羅斯福總統曾經親自勸說他，要在這名將軍的身影下回到菲律賓。但是興奮的心情壓住了兩人之間的歧異。他們立刻就交談了起來。不斷重複地說著：「我們到了。」麥克阿瑟拍了拍薩瑟蘭的膝蓋。他說：「信不信由你，我們回來了。」

駁船在獨魯萬南方約五英里的「紅灘」坐灘。船頭斜坡一放下，麥克阿瑟踏入了水深及膝的灘頭。後面跟著奧斯麥尼亞、喬治．肯尼將軍及其他人。穿著新鞋、個頭矮小的羅慕洛很難跟上麥克阿瑟的大步伐。

海岸上停著四艘受損的登陸艇，其中一艘在燃燒著，這一行人偶而還可以聽到機槍和步槍的射擊聲。麥克阿瑟嘴上叼著玉米軸的菸斗——他父親的老式左輪手槍掛在屁股的口袋上——在椰子樹林中找著「第二十四師」師長弗雷德里克．厄文(Frederick Irving)少將。羅慕洛聽到他自言自語地說著：「這就是我夢寐以求的。」

臥倒在地的士兵集中火力朝著前方某個目標開火。其中有人喊道：「喂，那是麥克阿瑟將軍。」他的夥伴甚至連頭都沒抬就說：「喔，是嗎？我想他大概把羅斯福夫人也帶來了吧。」

和厄文將軍短暫交談後，麥克阿瑟又回到那一行人中。他揮手請奧斯麥尼亞過來，一隻手搭在他的肩膀上，並問道：「總統先生，到家了，感覺如何？」他們坐在一棵倒下的樹上。「只要一攻下獨魯萬，我就把行政權交給你。這可能會比我們計劃的來得要快，事情進行得很順利。」「將軍，你準備好了，我也就準備好了。」

一名通信兵軍官把麥克風遞到了他們面前，打斷了談話。「自由之聲」（Voice of Freedom）電台恢復了廣播。當麥克阿瑟開始說話時，語調充滿情感，雙手顫抖著，此時天上下了幾滴雨。「菲律賓的人民，我已經回來了。靠著上帝的恩惠，我們的部隊再度站在菲律賓的土地之上……在我身旁的是你們的總統塞吉奧．奧斯麥尼亞，他是偉大的愛國者曼努埃爾．奎松當之無愧的繼任者，還有他的內閣閣員。」

背景聲中有卡車開過海灘的嘈雜聲以及飛機在頭頂上呼嘯而過的響聲。偶而還有遠方船艦對內陸陣地進行砲擊的爆炸聲。將軍提高了聲音，號召人民要以巴丹和科雷希多島的精神團結在他的周圍。「隨著戰線向前推進，將把你們捲入戰區，你們要起身奮戰……為了你們的家園，攻擊！為了你們世世代代的子孫，攻擊！以你們神聖的死者之名，攻擊！絕不心軟。讓你的臂膀有如鋼鐵般強壯。神聖的上帝會指引著道路。以上帝之名，取得正義的勝利！」

奧斯麥尼亞接過了麥克風。解放菲律賓群島是美國人和菲律賓人共同的志業，他促請人民要協力合作。「美國已經保證會重建和恢復我們這被戰爭蹂躪的國家。為此目的，已經採取了某些措施。回歸正軌後，將會完整重建法律和秩序，也會恢復憲政體制政府的民主程序。」

羅慕洛也頌揚了美國人。「你們必須繼續相信他們。你們不能讓他們失望。」

心滿意足的麥克阿瑟在潮濕的樹叢中來回走動，和士兵們閒話家常；一名軍官緊張地說：「長官，附近有日本狙擊手。」並指了指附近的樹叢。麥克阿瑟像是沒聽到一樣，坐在了一根木頭上，凝視著遠方，凝視著這片他曾經誓言要解放的土地。

在北方幾英里遠，「第一騎兵師」已經抵達獨魯萬的外圍。他們挖掘工事、架設迫擊砲和機槍陣地，以防日軍夜襲。菲律賓人被這些解放者征服了。他們成群結隊地穿過崗哨，有老有小，還有帶著孩童的母親；《紐約客》雜誌的記者羅伯特・沙普倫（Robert Shaplen）看到一名年邁且滿臉皺紋的老太太，站在那裡對著美軍大兵張開雙臂，臉上露出歡樂的微笑。看起來她好像是在夢中一般，驚訝到無法相信自己是清醒著的。

美軍在菲律賓中部建起堅實的橋頭堡，還儲存超過十萬噸的物資，而代價是極小的——四十九名美軍陣亡。羅斯福總統發電給麥克阿瑟致賀：「全國都感激你，並都在為你和你的屬下反攻祈禱勝利。」

——

入侵者的損失微乎其微，是因為防禦系統被三天的砲擊打得四分五裂。摧毀了日軍的前緣陣地，砲擊和掃射也把日軍隊伍打散，通常是無人指揮地往後撤退。少數部隊還能與師部維持通訊聯繫。當晚，第二十二砲兵團團長近藤嘉明上校，指責第一營營長未得到撤退命令即自行退卻。近藤拒絕接受營長說出幾乎整個營都陣亡或負傷，武器也被摧毀的藉口。他大怒道：「那你怎麼沒死？」並下令殘餘部隊得在原地奮戰到底。

牧野將軍對於戰鬥的細節毫無所悉。在美軍入侵前夕，他還匆匆忙忙地撤離設在獨魯萬的指揮部，當美軍登陸時，他們正往內陸遷移。他還無法向上級呈報他所能獲悉的些許訊息。

在麥金萊堡，山下正試著評估來自雷伊泰極其貧乏的資訊。剛過十點，他的新任參謀長武藤章中將從蘇門答臘趕到，他是被東條「放逐」到那裡去的。他沒帶行李，只穿了一身汗穢的軍裝就來了——他在機場時遇到空襲，跳進泥溝內才保住性命。山下告訴他美軍入侵的事。他卻說：「很有趣，但是雷伊泰在哪啊？」剛從東京飛來的杉田一次上校加入了他們的對談（山下在新加坡的翻譯），並帶來讓他們兩人同感憂愁的訊息：帝國大本營命令「第十四方面軍」在雷伊泰進行「決戰」。

隔天十月二十一日，麥克阿瑟的四個師沒遇到什麼抵抗，繼續向前推進。已經佔領了杜拉格機場，解放了獨魯萬大部分的區域。該城決定舉行一場全城特別大會，以在隔天上午歡迎這批勝利者，並為菲律賓民政事務單位招募當地勞工。菲律賓人不顧郊區偶而還會傳來的爆炸聲，都群聚在廣場上。省議會議員薩圖利諾・岡薩雷斯（Saturino Gonzales）說：「我們為了活命，得聽命於日本人。」他雖然是對著群眾發言，不過卻是要說給美國人聽的——而且是用英語。「就如你們所知道的一樣，我們從來不曾懷疑過我們內心的情感。我請你們想一想，在日本人來之前美國政府所採取的是什麼政策，與日本的統治做個比較如何。現在，你就會了解到美國那極具盛名的民主制度！」

下一個發言者舉起一罐寫著K字母的美軍罐頭。群眾明白意思了，用英語呼道：「美國萬歲！可愛的美國！」

一名美軍上校告訴群眾，菲律賓是屬於菲律賓人的：「你們的共和政府將在你們的總統——奧斯麥尼亞總統——籌劃下建立起來。我們將會留意你們所需要的食物和衣服。我們希望你們有點耐心。

我們需要勞動者。我們會以菲律賓貨幣給付你們的工作酬勞，而有了這些錢，你們就能夠購買稻米和我們即將帶來的其他產品。但是，以上帝之名，你們會以自由人的身分工作。」

《紐約客》記者沙普倫懷疑聽眾是否了解上校所說的一切，但他們的熱誠卻是高亢的，以至於下一名發言者——雷伊泰的前省長——誓言會為美國人「一年工作三百六十五天，而且不取酬勞。」上校的聲明被群眾「可愛的美國人！我們會工作，我們會工作！」的呼喊聲淹沒了。

—

在西北方三百四十英里外的馬尼拉，山下正試著說服寺內元帥，要對東京方面將雷伊泰當成菲律賓陸上戰場最後決戰點的命令提出抗議。援軍怎麼可能突破美軍空中和潛水艇的封鎖？此外，在充足的增援部隊和物資抵達雷伊泰之前，戰事早就結束了。而雷伊泰會是麥克阿瑟的主要目標嗎？或許這僅僅是大規模入侵呂宋之前的一次佯攻？

不過，他的論點毫無作用，寺內堅定相信，即將發動的海空反攻是能在雷伊泰灣擊沉敵軍艦隊的。這名元帥（武藤把他說成「情緒極為高昂、樂觀」）下令第十四方面軍要「在雷伊泰全面殲敵」。山下不情願地把這道軍令轉給鈴木，並承諾會向雷伊泰調動大量步兵增援。海軍支援部隊預計會在「十月二十四日與二十五日」抵達該島。

在雷伊泰，牧野被迫將「第十六師」分成南北兩股防衛部隊。其軍令的措詞是相當積極、樂觀的，但私下卻希望他的部隊能夠在援軍抵達之前不致於崩解。

翌日，美軍幾乎肅清獨魯萬地區，盟軍的領袖們已經可以公開露面。中午剛過，有支菲律賓銅管樂隊搭乘著武器運輸車在獨魯萬的街道上穿梭，喇叭不斷廣播著，麥克阿瑟和奧斯麥尼亞就要到臨，而且會舉行慶祝儀式。在樂隊的導引下，組成了臨時拼湊的遊行隊伍；下午三點，群眾聚集在省議會大廈的台階上。

麥克阿瑟一行人分乘兩艘魚雷艇，在舊碼頭下船上岸，他率隊步向省議會。麥克阿瑟站在大廈的台階上，正式宣布在奧斯麥尼亞領導下成立「菲律賓國民政府」（Philippine Civil Government），同時還承諾解放其他島嶼。這次講話簡短不帶激情，不過每講一句，前來歡慶的群眾都報以熱烈的歡呼。

當軍號聲響起時，同步升起了美國國旗和菲律賓國旗。麥克阿瑟分別和奧斯麥尼亞、羅慕洛握手，他說：「現在，我和我的參謀們就要告辭了。」說完便轉身走向碼頭。

第二十二章
雷伊泰灣之戰

一

機動艦隊和第一特遣艦隊——聯合艦隊的殘餘艦隻——正從北面和西面駛近菲律賓。小澤治三郎中將指揮機動艦隊，其航空軍力已在馬里亞納群島被擊潰，而殘存的戰機在歷時三天的台灣空戰中也被證明並無戰力。不過它依然是支強大的艦隊，有大型航空母艦「瑞鶴號」、輕型航空母艦「瑞鳳號」、「千歲號」和「千代田號」，以及由主力艦改建為航空戰艦的「伊勢號」和「日向號」。不過這是個空殼的特遣艦隊，只有一百一十六架戰機分散在六艘航空母艦上。

第一特遣艦隊從新加坡出發，由栗田健男中將指揮。他出身於學者家庭——父親曾經編過一本著名的日本史書——不過他卻是名行動派。他曾經擔任過五艘驅逐艦的艦長，兩度指揮魚雷師，也指揮過巡洋艦師。他曾經為登陸中途島的部隊護航過，在參加過瓜達爾卡納爾島周遭的戰役後（包括「金剛號」和「榛名號」砲轟韓德森機場），接任第二艦隊司令參與了「菲律賓海海戰」。他的新艦隊完全是個水面艦隊，但火力強大到令人畏懼，包含了兩艘全世界排水量最大且火力也最強的主力艦，包括「武藏號」和「大和號」，以及五艘老舊但是還可服役的主力艦——其中包括了時常被敵軍誤報擊沉的「榛名號」和它的姊妹艦「金剛號」——十一艘重巡洋艦、兩艘輕巡洋艦和十九艘驅逐艦。如果以艦砲而言，第一特遣艦隊能比任何水面艦隊投射出更多噸數的彈砲。

十月二十日美軍正在登陸雷伊泰時，這支艦隊航抵婆羅洲的汶萊（Brunei）。隔天上午，栗田收到命令，要在十月二十五日黎明時進入雷伊泰灣，並摧毀敵軍的兩棲登陸船艦。聯合艦隊建議採取鉗形攻勢：一隊穿越維薩亞斯群島狹窄的水域，經由聖貝納迪諾海峽（San Bernadino Strait）進入太平洋，然後向南經過薩馬島由東面進入雷伊泰灣；另一隊穿過民答那峨和雷伊泰之間狹窄的蘇里高海峽（Surigao Strait），從南方進入雷伊泰灣。

在駛入戰鬥區域的漫長路途中，敵軍很容易就會發現這兩支船隊，並會出動潛水艇和水面艦，還有戰機加以伏擊。栗田和部下參謀們都願意面對這些危險。他們反對的是這次任務本身。他們都很急切希望在航空母艦的戰鬥中殞命，但是為何要為了那些已經卸下兵員的運輸艦，拿著天皇陛下最大的主力艦去冒險呢？聯合艦隊雖然同情這些抗議，但還是不為所動。任何替代方案都為時已晚。不過當敵軍航空母艦在作戰範圍內時，還是允許栗田可以接戰。

為了盡可能地躲過敵軍偵察機的搜索，栗田決定讓大部分的艦隊從聖貝納迪諾海峽通過。西村祥治率領由兩艘老主力艦和四艘驅逐艦組成的分遣隊，走航程短了許多的南方路線。兩支船隊會在十月二十五日黎明時進入雷伊泰灣，並會合一同攻擊敵軍的運輸艦和護航船艦。

栗田準備損失至少半數的船艦，但有許多少壯派軍官公開反對這種事先權衡過的冒險，因此他打破不愛發言的習性，在旗艦重巡洋艦「愛宕號」的甲板上召來各師的指揮官和參謀們進行一番講話。他告訴他們，戰爭的局勢遠比他們所知道的更為嚴峻。「如果國家都亡了，而我們卻保持艦隊完整無損，這難道不可恥嗎？我相信帝國大本營提供我們一個光榮的機會。你們要記住，世上還是有奇蹟這種事的。誰能說我們的艦隊不能在這場『決戰』中挽回局面？」

栗田的話語沉著而有力度，引發了一片「萬歲！」的歡呼聲。

十月二十二日上午八點，第一特遣艦隊的主力部隊從汶萊出航，朝北前進；西村的分遣隊隨行在後，在過了婆羅洲頂點後轉向東方，然後朝著雷伊泰灣南入口蘇里高海峽方向航行。暗夜中，主力部隊維持著十八節的航速並以之字形的航線，朝東北方而去；要穿過只有二十五英里寬，在海圖上並未標示出的礁岩〔確切名稱是「危險淺灘」（Dangerous Ground）〕和巴拉望島（Palawan）之間的水道，並繞過狹長的巴拉望島西海岸。在靠近這些礁岩附近的湍急海面上，兩艘負責警戒任務的美國潛水艇「飛魚號」(Darter)和「鰷魚號」(Dace)在水面上並排巡邏。午夜零點十六分，「飛魚號」的潛望塔回報：「雷達接觸，方位一三一，距離三萬碼——目標不明——可能是雨雲。」

在指揮塔上的艦長大衛．麥克林塔克中校（David McClintock）想著：「雨雲個鬼！」那是日本艦隊。雷達員的回報確認了他的猜想，他用擴音話筒把這訊息傳給「鰷魚號」艦長布萊登．克拉傑特中校（Bladen Clagett）。克拉傑特回傳說：「我們去幹掉它們。」於是兩艘潛水艇由「飛魚號」領航全速去追趕日本艦隊。

清晨四點五十分，他們接近了日軍，「飛魚號」上所有的人都已進入戰鬥崗位。五點十分，它轉變航向並下潛。在黎明昏暗的光線下，麥克林塔克透過潛望鏡看到遠方有塊巨大的灰色物體。日本艦隊正筆直地朝他而來！他看了一下西南方，發現在幾海哩之外有另外一支主力艦、巡洋艦和驅逐艦組成的艦隊。

朝他而來的灰色船艦顯得愈來愈大了。五點二十五分，麥克林塔克辨別出為首的船艦是艘重巡洋艦，艦首激起了巨浪。這真是幅美麗的景色，麥克林塔克希望那是旗艦。所有的魚雷發射管都已就緒，就在射程不到一千碼時，縱列艦隊突然轉向西，露出個絕佳的攻擊角度。麥克林塔克下令：「發射！」這艘巡洋艦上有個探照燈在發送信號。是否會偵測到他所發射的六枚魚雷呢？沒有，它還是維持原來航向。麥克林塔克瞄準了第二艘巡洋艦。

第一波魚雷直朝旗艦「愛宕號」而去。艦橋上的栗田和參謀長小柳富次少將突然感覺到艦身連續四次震動。巡洋艦開始下沉。發了信號給一艘驅逐艦，隨後栗田和參謀們游上該艘驅逐艦。

克拉傑特在「鰷魚號」上透過潛望鏡觀察到這一切景象。他大叫：「老天爺！那看起來像是七月四日國慶焰火！有艘戰艦正在下沉，另一艘在燃燒中。日本鬼子在那亂打一氣。真好看！準備好——它們來了！」他研究了一下朝他而來的兩艘軍艦，說：「讓它們過去——只是巡洋艦而已。」後面是個更大的目標，他誤認那是「金剛級」主力艦。他下令：「發射一號，發射二號，發射三號，發射四號，發射五號，發射六號。」接著又說：「厄爾，快潛航，趕快離開這個鬼地方！」

他們聽見魚雷命中目標的響聲，「好像在耳邊揉著玻璃紙的聲音」。重巡洋艦「摩耶號」解體沉沒了。

栗田還沒抵達菲律賓中部的危險海域之前，已損失了兩艘重巡洋艦，第三艘「打狗號」的狀況也很差，只好掉頭返回婆羅洲。此外，他的航向也已經被發現了；他除了繼續前進之外，也別無他途

雷伊泰灣之戰
四支日本部隊前進路線
一九四四年十月二十三日
至二十四日
志摩第二
特遣艦隊
仁牙因灣
呂宋
阿帕里
小澤部隊
克拉克機場
菲律賓海
馬尼拉
尼可斯機場
南海
民都洛
聖貝納迪諾海峽
栗田第一特遣艦隊
武藏號
沉沒處
薩馬
馬斯巴特
班乃
獨魯萬
奧爾默克
霍蒙洪
宿霧
雷伊泰
雷伊泰灣
宿霧市
迪納加特
內格羅斯
保和
摩耶號
沉沒處
愛宕號
沉沒處
巴拉望
危險淺灘
蘇祿海
蘇里高海峽
西村
巴拉巴克海峽
民答那峨
達沃
北婆羅洲
0
英里
200
N

了。中午時，他收到聯合艦隊的電報，但不過是告訴他原本就比他人都還要清楚的事：

敵軍很有可能獲悉了我方集中軍力一事……敵方將可能會以下列方式採取行動：（一）在聖貝納迪諾海峽和蘇里高海峽一帶集中大量的潛水艇。（二）在明日上午後，運用大型戰機和特遣艦隊攻擊我方艦隊。（三）在聖貝納迪諾海峽和獨魯萬以東敵軍運輸船團所在區域內，集中其水面艦隊，計劃決戰……關於我方的作戰：（一）執行原定計畫……

二

十月二十四日黎明，栗田登上他的新旗艦——戰力強大的「大和號」。他的船艦以兩個圓形編隊航行，間距七英里。「大和號」和它的姊妹艦「武藏號」都在第一群的中央位置，「金剛號」在第二群的中心。「大和號」的甲板上像是矗立起一個巨型寶塔。在旗艦艦橋的頂端附近就是栗田的指揮部。在下方的作戰室內，他的參謀們正試著分析那些來得遲緩的零碎資訊。第一特遣艦隊繞過了民答那峨的南端，持續航行進入錫布延海（Sibuyan Sea）。航程中最危險的一段——白天得按照既定的航道在無數小島之間穿梭而行——不僅限制了機動性，而且也是潛水艇偷襲絕佳的場所。但是要進入菲律賓，也無它途可以穿過聖貝納迪諾海峽。栗田開始懷疑那份在台灣外海空戰中，打殘了美軍航空母艦戰力報告的真實性，他並不知道日軍在菲律賓的航空兵力幾乎都被哈爾西殲滅了；就算能提供任何支援，也是相當微弱。

剛過上午八點，栗田再度被發現——這回是一架美軍偵察機。他電告馬尼拉，要求戰鬥機護航。派出的「零式」戰鬥機不過十來架，沒有一架有辦法飛到第一特遣艦隊的上空。所有可以調動的陸基戰機——共一百八十架——都派出去攻擊哈爾西布署在從呂宋島中部到雷伊泰島之間菲律賓海域內的第三艦隊了。密茲契第三十八特遣艦隊的「地獄貓式」戰機幾乎擊落了所有的敵軍戰機，只有一架轟炸機穿透過屏護網，投射一枚五百五十磅炸彈並擊中輕型航空母艦「普林斯頓號」。著火的機庫爆炸了，引起魚雷連鎖爆炸。船員們用了幾個小時忙於救火，但仍舊無法控制火勢，最後「普林斯頓號」也沉沒了。

在錫布延海發現栗田的船隊後，哈爾西將軍一如往常地親自指揮作戰。八點三十七分，他繞過了密茲契，透過「艦船通話系統」（Talk Between Ships）直接向他的三名打擊隊指揮官下令：「攻擊！重複一次：攻擊！祝好運！」兩個小時內，此波攻擊的前鋒部隊——從「無畏號」（Intrepid）和「卡伯特號」（Cabot）上起飛的十二架戰鬥機和同樣數量的俯衝轟炸機、魚雷轟炸機——發現了栗田。

在「武藏號」上，細谷四郎二等士官在第二艦橋一個開闊的信號台上瞭望著。他是信號兵的長官，在戰鬥中除了觀察之外，幾乎無事可做。他帶著焦慮和畏懼的心情，目睹美軍戰機穿過了艦隊所有的船艦所構成的防空火網——每艘主力艦至少有一百二十門二十五毫米的防空砲，巡洋艦有九十門防空砲。敵軍戰機開始直撲他和「大和號」而來——這就像是在看一場表演秀。就在他面前和左前方，「大和號」周遭炸起了六根大水柱。無法看清楚這艘巨艦的身影，接著傳來的報告它正在下沉中。細谷不願相信，它和「武藏號」一樣都是不會沉沒的。他很擔憂地從正在落下的水柱看過去，再度看到它的船身，就像演習一樣在獨自航行著。

突然之間，超過兩百英尺高的水柱在細谷的正前方升起，把甲板上的士兵都淋濕透了。當「武藏號」抖動了兩次時——一次是一顆炸彈，另一次是一枚魚雷——細谷的信號台晃動得讓他感到噁心。但就和它的姊妹艦一樣，它仍然沉靜地、若無其事般地航行著，證明它的確是堅不可摧。基本上，它和「大和號」是一樣的設計，但結構更好一些，軍官艙也更高級，符合其「宮殿」的外號。它曾經是山本、古賀的旗艦，艦上組員有點不滿意又懷疑的是，為何在日本海軍最後一役中，栗田不選擇此艦作為旗艦？

中午時，美軍發動第二波攻擊，二十四架魚雷機朝這兩艘超級主力艦而來。又有三枚魚雷擊中「武藏號」，但它還能持續航行，控制住所有戰損的部分。

栗田在還沒被擊中的「大和號」上，於下午一點十五分再度發電請求空中支援，除了發給馬尼拉方面外，也發給他的上級小澤中將。

我方正遭受到敵軍航空母艦艦載機反復的攻擊。建議貴軍立即與敵方接觸並攻擊。

十五分鐘後，天空中又出現了二十九架戰機（是從「列星頓號」和「艾塞克斯號」上起飛的）。栗田感覺攻擊「武藏號」的戰機看似比實際的數目還要多上一倍。

在「武藏號」第二艦橋上，火砲長越野透過傳聲筒向艦長豬口敏平少將請求，讓他用十八點一英吋的主砲開火射擊。這個世界上最大的艦砲會發射出一種被稱為「三式彈」的特製散彈。豬口回覆：「不准使用。」發射十幾發這種「三式彈」，就會造成砲膛的嚴重磨損；他想用這些主砲攻擊雷伊泰灣的水面艦。

這波攻擊戰機比之前更為積極地投入戰鬥。俯衝轟炸機急降投彈，還有戰鬥機掃射甲板。「武藏號」被那些貼近艦身、但未命中的炸彈所激起的水柱團團包圍。接著連續被四顆炸彈命中。碎片「像是鋼鐵爆米花」一般往各個艦橋四散彈跳。空氣中滿是煙硝味。又有一枚魚雷鑽進艦身。

「武藏號」終於負傷，而且還很嚴重。它落後「大和號」好幾海哩遠，但負責戰損管控的副艦長加藤憲吉中校還是很有信心，不認為情勢已嚴重到需要親自向艦長報告此事。不過這艘受損的「武藏號」卻影響了第一特遣艦隊的航速。栗田下令將航速降到二十二節，好讓「武藏號」能夠跟上隊伍，接著再度發出求援電報：

> 第一特遣艦隊在錫布延海域和敵軍激戰。預計敵軍會增加空中攻擊。請求陸基空中軍力和機動部隊對預估在拉蒙灣的敵軍航空母艦部隊進行攻擊。

負傷的「武藏號」火砲長越野再度請求用主砲發射「三式彈」。豬口將軍稱艦身正在傾斜中，主砲開火並不安全，但副艦長支持越野，豬口只好讓步。

當這些巨砲緩慢地瞄準東方時——「武藏號」的價值之所在——興奮之情在艦上蔓延開來。「勇往號」和「富蘭克林號」的六十五架戰機出現在遠方。九門大砲齊聲怒吼，這是它們首度對敵軍開火。甲板上，砲聲震耳欲聾；艦身被抬起，就像是被幾枚魚雷同時擊中一樣。越野期待地看著那些愈來愈近的戰機，一架也沒有擊中；機隊只是散開而已，並繼續飛來。

現在只有六門主砲在射擊了。前部的砲塔已經沉靜下來。其中一個砲管卡彈，造成另外兩個砲管無法拉升仰角到四十五度以上。轟炸機和魚雷機朝著「武藏號」蜂擁而來。細谷在信號台上恐懼地看著三枚魚雷先後撞進左舷，一顆炸彈在寶塔般的結構體中引爆。細谷被震到跪倒在地，上方指揮塔內所有的人幾乎都被炸死了（碰巧豬口當時在主桅頂上的觀察台內）。又有七枚魚雷像海豚在起伏的浪濤上跳躍一般，先後擊中原本就受到重創的左舷艦身。

在傳聲筒終於傳出一道命令之前，這艘船像是無人指揮一樣：「第一艦橋，全數陣亡。艦長會在第二艦橋上指揮全艦。」這是豬口下達的命令，他當時還在觀察台上，沒有受傷。迅速又傳來五聲爆炸聲，其中一聲來自頭頂。從觀察塔上傳來虛弱的聲音：「艦長負傷，副艦長接手指揮。」

「武藏號」明顯向左傾斜，第二艦橋上的副艦長加藤下令壓載水艙注水以保持艦身平衡。接著他跳到信號台上，交給細谷一份電報，要他轉發到正在快速拉開距離的「大和號」。

失去了電力系統，細谷只能用旗語：「『武藏號』只能用十五節航速巡航。左舷傾斜約十五度。第一艦橋被枚炸彈擊中，全員陣亡。五枚炸彈、十二枚魚雷直接命中。艦長尚存。」

然而，「武藏號」的磨難並未就此結束。下午三點二十分，在「富蘭克林號」和「勇往號」的戰機還沒離去之前，從「無畏號」、「卡伯特號」和「艾塞克斯號」起飛的戰機也加入了攻擊的行列。栗田的船艦持續發射高射砲火網屏護，但對於美軍撲殺「武藏號」卻也束手無策。當戰機群攻擊完畢後，「武藏號」也已回天乏術，甲板已經浸水。此時，甲板上傳來的一聲「萬歲！」打破了這片可怕的沉寂。

加藤從第二艦橋上向下喊道：「為何要喊『萬歲』？」

一名水兵回喊：「摧毀了敵軍艦隊！」

「是誰告訴你的?」

「火砲長越野。」

加藤回到艦橋上。看起來越野是想要維持住高昂士氣。這消息傳遍了全艦,儘管中了十七顆炸彈及十九枚魚雷,全體船員的戰鬥精神還是高亢的。不過加藤本人卻是悶悶不樂。他告知從觀察台下來、左臂吊著繃帶的豬口,這艘軍艦「絕對無法再承受任何攻擊」。細谷再度用旗語發送訊息給逐漸離去的栗田:「航速六節,尚能作戰。重創。該如何?」

「武藏號」奉命在兩艘驅逐艦的護衛下撤離戰區。第一打擊艦隊自從離開婆羅洲之後,已經損失了一艘主力艦、四艘重巡洋艦(「妙高號」因兩根承軸受損而返航),還有兩艘驅逐艦。但栗田艦隊的其餘船隻則持續航向通往聖貝納迪諾海峽的狹窄海域。下午四點之前,他再三思考。天色這麼亮,還能夠發動好幾次空襲;在前方的海峽內是無法躲避空擊的。他們會成為甕中之鱉。栗田反轉了航向,並發給聯合艦隊一封長電解釋:

……在此情況下,如果我方按計畫推進,將會使自己淪為敵軍的盤中飧,幾乎沒有成功的機會。因此,在友機(陸基戰機)能夠對敵軍部隊痛擊之前,推論出最佳航道便是暫時退到敵軍戰機航程之外。

栗田向西航行一個小時後,沒有看到任何美軍戰機。這又鼓舞了他,儘管對於請求陸基戰機的協助並未獲得任何回音,還是決定冒險穿越聖貝納迪諾海峽。五點十五分,第一特遣艦隊又再度反轉航向，謹慎地排成縱列在馬斯巴特島（Masbate）和布里亞斯島（Burias）之間的水域航行著。

在「武藏號」上，嘗試用緊急注水來平衡艦身的做法已經宣告失敗。艦首已經沒入水中，以只有幾節的航速在海中慢慢航行著。艦上人員把所有搬得動的東西都移到右舷後段區域，但左舷的傾斜狀況仍是愈來愈糟。細谷用緊急電池信號燈通知栗田，「武藏號」已經進水過多。得到的回覆是：

「武藏號」以最高速前進或後退，在最近的島嶼旁坐灘並成為陸地砲台。

豬口試圖遵從軍令，但既傾斜又下沉的船身只是打轉而已。他告訴細谷，發信號給兩艘護衛驅逐艦，要將傷兵撤離，但兩艘軍艦都沒收到電報。

副艦長加藤又愁又怒地拍了一下細谷的頭頂，說：「它們怎麼不過來？再發一次。」細谷一再發送這份電報，但就是沒有回應。艦身傾斜超過二十度，而天色也漸漸暗了下來；豬口下令所有的人員在甲板上集合。負責無線電通訊的下山福次郎少尉，帶領著他的三十名組員穿著乾淨的軍裝從甲板下方爬了出來。他們被這屠戮的景象嚇壞了：被炸裂或是斷手斷腳殘缺的屍體滿布在甲板上。下山的部下把幾百本厚厚的密碼表澆上了汽油，點火焚燒。不過燒得太慢，下山把燒焦的密碼表連同機槍一起塞進帆布袋，然後拋入大海。

日光愈來愈黯淡，豬口在記事簿上寫下了自己的遺囑。他寫道，他個人的過失是堅定地相信巨艦和巨砲，並請求天皇和國民能夠原諒他的過錯。他把高級軍官和幾名下級軍官召集到第二艦橋上，然後將記事簿交給加藤。他說：「把它交給聯合艦隊的指揮官。」

加藤要求允許他和船艦共存亡。豬口喃喃地說：「該死的笨蛋！我的責任這麼大，死都不能彌補了，我必須同艦共亡，但副艦長的責任是把船員帶到安全的地方，讓他們登上第二艘和第三艘『武藏艦』，為今日的失敗報仇雪恨。」他把軍刀交給一名少尉。「信號兵！謝謝你的付出。」細谷走上前去，心想著是要再發一份電報；但是，艦長交給他一個公事包，裡面裝了點錢和七塊虎屋羊羹。「謝謝你的付出。盡全力堅持到底。」

他給加藤最後的命令是取下天皇的照片，降下國旗並召集所有的人到艦尾點名。大約在七點十五分，一名水兵用小號吹奏國歌的同時，細谷從主桅降下國旗。這面大國旗——橘色的太陽散發著各十六道白色和紅色光芒——畢恭畢敬地繫在一名擅長游泳的水兵腰上。

當細谷和他的小組人員加入艦尾的隊伍時，「武藏號」大幅度傾斜，彈藥箱和空砲殼相互撞擊紛紛滾入海中。

加藤喊道：「全體棄船，各自逃生！」

當在右舷的下山少尉把最後一包密碼表丟進海中後，他抓住了一根纜繩。艦身突然向左舷傾斜，他身旁的人趕緊抓住他，接著另一人也抱住第二人，一個抓著一個，最後有十人連成一串。繩子在所有人的重量往下拉時突然斷裂，他們全都跌到一個艙口上。第二串人群又跌在他們身上，下山感到一陣昏眩，放棄了求生的念頭。他大喊道：「天皇陛下萬歲！」然後就把一切都交給了命運之神。當他有意識時，人已在海中，但未穿救生衣。

軍需助理高橋清是名年輕的少尉，他一隻手抓著繩索，另一隻手還在綁鞋帶和綁腿。他看到水中有人，但猶豫著是否要跳下去。艦身開始翻轉。他聽到轟隆響聲，看到一大堆木材朝他而來。他把鞋子和綁腿整整齊齊地放在甲板上，彷彿等下還會回來拿一樣；然後他跳過了纜繩，沿著翻過來露出水面的船底朝著龍骨處跑。「武藏號」還在翻滾著，他快步奔跑以保持平衡，就像在踩著水車一般。他終於跑到龍骨上了，並往下看。離海面很遠，他是名游泳好手，縱身跳離了船身，當他跌入海中時，失去了知覺。

細谷光著腳沿著艦底在跑，上面滿是如刀鋒般銳利的藤壺，他試著追上船身翻轉的速度，光著的腳正流著血，但他卻不覺得痛。他看見了一個大黑洞，翻著泡沫的海水正猛灌進去，把那些游泳的人又吸回艦艙內。他大喊：「魚雷洞！跟著我！」然後爬下那陡峭的斜坡，往艦首方向爬去。他踩在藤壺上，不顧手腳上的傷口，拚命爬向已經浸入海中的艦首頂端。實際上他又進入水中。

安全落水的下山在放棄求生希望之後，又奮力要讓頭浮出水面。在理想的條件下泳技都不佳的下山，在他聽到戰艦被吸入海底的可怕響聲後，嚇得驚慌失措。他拍打海水，看見船身朝他壓過來。他被拉到水面下的逆流之中，又過了一會兒，被彈出了海面。他嗆個半死，吐出一大口海水，但又吸了一大口汽油。他正漂在一大片布滿著油的海水上。他拚命抓住一塊木頭，嘔吐起來。

那名泳技甚佳的軍需助理高橋清在縱身跳離船身後，在深水中恢復了知覺。他上方有道光線——不過太遠了，根本就碰不到。突然之間，有股強勁的旋渦把他推了上去。他拚命吸入空氣，並用力要游開逆流。他游了一段距離後，轉身看了下。「武藏號」的船頭已經下沉了，船尾朝天。他暈乎乎地想著，這艘船站立起來了！他感到水下有爆炸的震波。這艘主力艦消失在視線之中。突然之間，什麼都沒了，在這片靜得出奇的水面上，一個人影也沒有。「我是唯一的倖存者。」他在黏稠的油汙中掙扎著，四處抓著漂浮物。接著，他感覺像是在夢境一般，聽到了遠方的歌聲，而他急切地往歌聲方向游去。

細谷也看到「武藏號」豎立起來，一道黑色船影襯在落日餘暉下。約有四、五個人聚集在高豎出水面的船尾上。隨著這艘巨艦的下沉，他們似乎彼此愈抱愈緊。他感覺自己好像被吸了回去。一聲砰然巨響，他飛到空中。當他往下看時，只看到下方水面上有個大洞，感到生命似乎要停止了——如果發生在他人身上，幾乎也會這樣想。他被大洞吞噬進去，又被吐了出來。在他落回海中前，他本能地將身子像球一樣縮了起來。他又被海水吞沒，捲入亂流中。他像胎兒般的縮成一團，幾乎是無所謂地任由海水翻騰，也沒想到要呼吸。幸好還意識到所發生的一切，便不顧一切地往上游。游出水面後，他用力吸著美妙的空氣。

月光照耀著大海，聽不到一點聲音。他也以為自己是唯一的生還者。有人從後面抓住他。細谷並非游泳好手，於是故意往下沉。那隻抓住他的手也放開了，細谷再次浮出水面時，他又是孤獨一人。接著一個個人頭從四面八方開始出現了。他加入了一群人——其中有副艦長加藤——並開始尋找漂浮的東西。他們都被幾乎有一英尺厚的熱油包裹著，除了又白又浮腫的嘴和發亮的眼睛外，滿臉黑油漬。細谷和加藤兩人合抱著一個木箱游了一個小時。副艦長開始打瞌睡，細谷就用拳頭把他捶醒。他們唱著國歌、海軍進行曲，最後還唱起如《上海的賣花姑娘》等流行歌曲。大約過了四個小時，有探照燈照著這片海域，護衛驅逐艦開始搭救生還者。不過其中一人拒絕救援，火砲長越野游離他們，消失在海水之中。

三

在北方三百多英里遠呂宋島外的菲律賓海，小澤的機動艦隊正朝南航行著。這名將軍得加入栗田和西村聯合攻擊雷伊泰灣行動，但在他開赴戰場的途中，想到了一個更能有效發揮他旗下四艘航空母艦和兩艘航空戰艦戰力的辦法。他懷疑靠著僅剩的一百一十六架戰機重創敵軍。不過，機動艦隊的表面戰力還是相當驚人，或許能夠利用這點把哈爾西的強大航空母艦軍力誘離雷伊泰海域，便能給栗田的船艦安然溜過聖貝納迪諾海峽的機會。小澤將這想法電告了聯合艦隊。

問題在於，如何讓哈爾西知道他的到來，而又不起疑心。當栗田要進入錫布延海時，也就是「武藏號」遭受第一波襲擊前不久，他派出七十六架戰機對「普林斯頓號」、「列星頓號」和「艾塞克斯號」發動攻擊。這幾乎是所有機種的大雜燴，當它們起飛時，又升起了在戰役中曾經兩度升起的Z字旗——頭一回是在珍珠港，另一次是在中途島。這些攻擊者擊中兩艘航空母艦，並飛到呂宋。他們雖然沒有任何損傷，但也沒能完成他們的主要任務。哈爾西認為這些攻擊「普林斯頓號」的戰機都是陸基戰機，沒有上鉤。因此小澤被迫派出兩艘航空戰艦「伊勢號」和「日向號」，還有另外五艘軍艦繼續南下做誘餌。

美軍的偵查機終於看到這支艦隊，正是小澤所願，這讓美軍在四點三十分「發現到」他的主力部隊。他電告栗田，敵軍航空母艦戰力很可能會被誘往北方和他交戰，如此聖貝納迪諾海峽就會毫無設防。不知什麼原因，栗田始終沒有收到這份電報。

一如小澤所料，哈爾西這回中計了。哈爾西知道栗田艦隊正朝著菲律賓海的門戶而來，可是他認為既然栗田艦隊已經受到重創，栗田「也只能連打帶跑而已」。而且無論如何，聚集在雷伊泰灣金凱德的「第七艦隊」擁有足夠的戰力打敗栗田。因此，何必像貓蹲在老鼠洞口一樣滯留在聖貝納迪諾海峽外，等著敵軍先出手攻擊呢？哈爾西的主要目標是小澤的航空母艦。如果他能將其摧毀，那麼爾後的作戰「就不需要擔心來自海上的威脅」。此外，他也無意像史普魯恩斯在菲律賓海戰役中那樣，讓日軍最後一批航空母艦部隊逃之夭夭；「他」不願被指責為不夠積極搶攻。[1]

晚上八點之前，哈爾西指著地圖上小澤的方位，就在三百海哩外，並告訴他的參謀長羅伯特·卡尼：「這就是我們要去的地方。簡單得很，向北航行。」那一整天哈爾西既指揮了第三十八特遣艦隊，同時又調度整個第三艦隊。馬克·密茲契幾乎無事可做。

卡尼少將寫好電報，下令密茲契調用部下的三個航空母艦群北上。（還有召回前去烏利西環礁重新補給的第四艦群，但遠在東方幾百英里外。）有兩名航空母艦群的指揮官對這突如其來的命令感到頗為惱怒。傑拉德·柏根少將（Gerald Bogan）——接獲報告，聖貝納迪諾海峽內熄滅已久的導航燈又亮了起來而有所警覺——親自將這令人不安的情資轉給哈爾西的一名參謀，而他卻不耐煩地回說：「是的，是的，我們知道這消息。」柏根被回絕了，因而決定不再建議由他和威利斯·李少將（Willis Lee）帶著艦隊群留在後方把守海峽。

李少將本人很懷疑小澤的意圖，也提醒哈爾西要小心日軍航空母艦部隊或許是個誘餌，以誘使他北上。但回覆卻是簡短的「收到」二字。又過了一陣子，柏根也警告第三艦隊，他很肯定栗田正在穿越海峽，而他所收到的答覆也是一樣的內容。

在「列星頓號」上，密茲契把哈爾西剛剛才到的軍令發給他的三個航空母艦群，這也就意味著他實質上是被解除了第三十八特遣艦隊指揮官的職務。他告訴他的參謀長阿萊．柏克說：「現在由哈爾西將軍來指揮了。」於是就睡覺去了。

柏克准將不願意讓事態就此發展下去。他說：「我們最好知道這艦隊現在在哪。」沒多久就收到消息，栗田「艦隊依然龐大，而持續朝著聖貝納迪諾海峽移動」。這很重要，得把密茲契叫醒，建議他要力促哈爾西留下兩個航空母艦群來阻擋栗田。密茲契問道：「哈爾西將軍收得到那個報告嗎？」在確認答案後，密茲契說道：「如果他想問我意見，請他來找我。」隨後翻身繼續睡覺。

哈爾西並沒有忽視這份栗田當晚可能正在穿越聖貝納迪諾海峽的警告。他已發出一封電報給四艘主力艦和二十艘巡洋艦與驅逐艦，「將組成『第三十四特遣艦隊』」，交由李少將指揮，一旦發現栗田，便進行交戰。哈爾西發出這封電報僅是當成「警告」，但金凱德少將卻偶然截收到這份電報——他在雷伊泰灣內的旗艦「瓦沙契號」（Wasatch）上——卻把它解讀成一道命令。金凱德確信哈爾西「已經為防護聖貝納迪諾海峽做好計畫」，不再擔心栗田的艦隊。他關切著另一個方向。有支小型日本水面艦隊——西村艦隊——正從南方朝他而來，可能試圖趁著夜色溜過蘇里高海峽，對群集在雷伊泰灣內的船艦加以攻擊。

儘管栗田事前就已經被發現蹤跡並蒙受重大損失，但這份用來打亂麥克阿瑟入侵雷伊泰灣的計畫，卻進展得比聯合艦隊所預估的還要順利。小澤成功地把哈爾西誘往北方，讓海峽毫無守兵，又使雷伊泰灣內的美軍船艦指揮官放鬆警戒。栗田的水面艦火力依舊是比現存的任何艦隊都強大，在南方，西村率領七艘軍艦正按照計畫且完整無傷地接近蘇里高海峽。

不過，栗田卻無法準時準時會合點，數次空襲已經延誤他一天的時程。他電告在旗艦「山城號」

上的西村，按照計畫繼續前進，但他本人要到上午十一點才能趕到雷伊泰灣。西村泰然收下這封電報。他和栗田一樣沉默寡言，一生都待在海上，從未在海軍部內任職過。他決心要不計代價穿越蘇里高海峽，並轟轟烈烈地戰死。（他的獨子禎治以班上第一名的成績畢業於江田島，已在菲律賓戰死。）

在前方偵測開路的是重巡洋艦「最上號」以及三艘驅逐艦，跟在後方的是兩艘老式主力艦「扶桑號」和「山城號」及一艘驅逐艦「時雨號」。約晚上十一點，「時雨號」發現三艘魚雷艇。西村下令「時雨號」開砲射擊，並擊中兩艘。

西村電告栗田：「按照計畫前進，擊毀敵軍魚雷艇。」西村的艦隊並不是開往蘇里高海峽進行「決戰」的唯一日軍艦隊。在他身後三十海哩，還有志摩清英中將所率領的「第二特遣艦隊」。雖然擁有讓人敬畏的名稱，但實際上是支孤軍，只有兩艘重巡洋艦、一艘輕巡洋艦和四艘驅逐艦。這支艦隊原本是訓練來當作小澤艦隊的前鋒部隊，之後被任意地劃歸總部設在馬尼拉的「西南方面軍」，擔任護航任務。志摩曾經抗拒這道命令——不加入戰鬥，留下來是很可恥的，這回他將加入栗田艦隊去攻擊雷伊泰灣。當他從北方通過中國南海時，他都還不知道自己在這場戰役中扮演什麼角色。到了林加延灣外時，他收到西南方面軍指揮官極為簡短的命令，要他「衝進雷伊泰灣」；但還是沒有具體指示。過沒多久，栗田發來電報，簡要地說出聯合攻擊的計畫。志摩自作主張，決定跟隨西村的艦隊航進蘇里高海峽：兩支戰力有限的部隊聯合在一起會更有戰力。

志摩告知了西村他的決定，但西村所知也僅於此。這兩名將軍將要各自率領部隊一同作戰，但兩人又未曾相互聯繫過。西村艦隊實施無線電靜默。因此他們各自獨立作戰，得依靠運氣才能聯合艦隊一同作戰。當西村接近海峽時，美軍魚雷艇再次朝它發動襲擊，但所有的魚雷都沒能命中。這名將軍終於發出電報，說他會在凌晨一點三十分，穿過民答那峨和一座小島帕納翁（Panaon）之間的狹窄航道——這是蘇里高海峽西南方入口。

發現數艘魚雷艇，其餘敵軍情勢不詳。

西村依然能按照既定計畫完整無缺地穿過十英里寬的入口處，進入蘇里高海峽。而他的目標就在五十海哩外——那群集結在一起的敵軍運輸艦。

領航的是兩艘驅逐艦，一海哩後方的就是旗艦「山城號」，左右護衛著的是「時雨號」和另一艘驅逐艦。艦後六百碼殿後的是「扶桑號」和「最上號」。又有三艘美軍魚雷艇從暗處衝出來，朝著驅逐艦發射魚雷，不過西村的運氣不錯。所有的魚雷全都沒命中，日軍只擊中一艘魚雷艇。

月亮已落下，完全無風；海峽「像墓園一樣幽靜」。甲板上暖洋洋的，但下方卻很悶熱。一五二一年三月十六日，麥哲倫（Ferdinand Magellan）曾經從另一個方向而來，航行過這片表面有如鏡面般平靜，實則變化莫測的水域。天空偶而還有閃電，像是發出不祥的警告一般。

正前方，金凱德的強大第七艦隊被夜色遮掩住了，混雜著期待和恐懼的心情在等待著它們的到來；沒有任何人清楚到底這匯集而來的日軍艦隊會有多強大。麥克阿瑟將軍正在巡洋艦「納許維爾號」上，他回絕了艦長要求他離艦的請求。「我從來沒能目睹海戰，這是我一生的機會。你想接戰時，就開戰吧。」金凱德邀請麥克阿瑟到他的旗艦（一艘運輸艦）上去，但麥克阿瑟卻無可轉圜地回答：「從戰鬥艦轉到非戰鬥艦上？絕不！」金凱德被迫把「納許維爾號」調離到戰區之外。

作戰的戰術命令交給傑西・奧爾登多夫少將（Jesse Oldendorf）下達，為了阻擋西村和志摩的小規模整合攻擊，他集結了六艘主力艦、四艘重巡洋艦、四艘輕巡洋艦和二十八艘驅逐艦。奧爾登多夫性格開朗，儘管回報魚雷艇完全沒有命中任何目標，他也沒有動怒。它們的主要功能就是觀察。不久後，日軍就得面對驅逐艦、然後是巡洋艦和主力艦的火砲轟擊了。十月二十五日凌晨兩點四十分，有艘擔任警戒任務的驅逐艦發出電報：「黃鼠狼，一百八十四度，十八英里。」

西村艦隊以單一作戰縱隊的方式前進。前方是四艘驅逐艦，然後才是主力艦「山城號」和「扶桑號」，殿後的是「最上號」重巡洋艦。十五分鐘後，驅逐艦「時雨號」上的一名哨兵看到前方四海哩外有三艘敵艦。旗艦發射了照明彈，照出七艘敵軍驅逐艦。它們迅速地圍了過來，就在清晨三點剛過，發射了二十七枚魚雷。「扶桑號」被其中一枚擊中，急忙轉向右舷。五英吋的艦砲砲彈紛紛落在驅逐艦周圍，但接著又來了一隊美艦，發動了另一波攻擊。

三點二十分，「時雨號」艦長西野繁看到頭頂正上方有數道亮光的尾跡，「明亮得有如白晝」。「時雨號」和其他三艘驅逐艦猛然右轉，但已經太遲。西野聽到一連串急速的爆炸聲。前方那艘驅逐艦發出像是「把熱紅紅的鐵塊丟到水中一樣」的嘶嘶聲後，就沉沒了；另一艘則任意漂流著；第三艘受重創駛離。

有枚魚雷擊中了更重要的目標主力艦「山城號」。西野聽到旗艦上有人用沉靜地口氣清楚地說：「我艦被魚雷擊中。全軍攻擊！」西野所能看到的「山城號」大約在一海哩外，看起來似乎沒事。他退回去準備加入其他船艦組成攻擊隊形，但什麼軍艦都沒看到。大家都怎麼了？

西村將軍還不知道艦隊的受損狀況，他從旗艦上發電向栗田和志摩報告：

二號緊急戰報。敵軍魚雷艇和驅逐艦出現在蘇里高海峽北端入口處兩側。兩艘驅逐艦被魚雷命中後正在漂流。一枚魚雷命中山城號，但是無礙於作戰巡航。

八分鐘後，上午三點三十八分，後方出現一道閃光，接著是一陣轟然巨響。九英里外受損的「扶桑號」被炸成兩截。兩段艦身還浮在海面上，船上的大火正熊熊燒著。二十分鐘後，又傳來一聲巨響，那艘漂流中的「滿潮號」也解體了。

然而，西村卻不願放棄。帶著殘餘的三艘船艦「山城號」、「最上號」和「時雨號」，繼續朝北航向雷伊泰灣——並進入第七艦隊的水平砲擊射程範圍之內。奧爾登多夫逮住這迎頭而來的敵軍。採取了納爾遜在特拉法加以及東鄉在對馬海峽所用的「T型戰術」，不過當時他們兩人和對手的戰力可是旗鼓相當。三點五十一分，巡洋艦率先開火，接著才是主力艦——除一艘外，其餘都在珍珠港事件中受到重創或擊沉。這種火砲齊射真是美軍護航驅逐艦指揮官所目睹過「最美麗的景色」。頭頂上方曳光彈那讓人無法張眼的弓弧狀尾跡，看起來就像是「持續不斷一列列的鐵道車廂疾駛過山丘」。

儘管「最上號」和「山城號」雙雙中彈而搖搖晃晃，但還是不斷開火還擊。清晨四點零一分，重巡洋艦「最上號」發射了魚雷，但旋即被圍困它的驅逐艦砲彈覆蓋住。艦身燒著大火，失去了戰鬥力，只好向南逃離。「山城號」也是整艦著火。四點零九分，猛烈的砲擊不知何故停止了。（奧爾登多夫收到訊息，他正朝著自己的驅逐艦開火射擊。）趁著這個空檔，「山城號」也反轉航向，隨著「最上號」往南逃逸，但這艘旗艦還是毀了。十分鐘內，它就傾覆沉入海中，把西村和幾乎所有的船員一起帶入海底。

船殼很薄的「時雨號」依舊完好。只有艦尾被一枚砲彈擊中，但它卻躲過好幾百發砲彈，在艦身兩側激起一座幾乎不曾停過的水牆。震耳欲聾的戰鬥聲和幾乎要命中它們的砲彈爆炸震波，使西野失去了感覺，也震壞了所有的精密儀器，他看到左方有艘冒著大火的巨型軍艦，看起來很像是塊燒得火紅的鐵塊，想必是「扶桑號」。他下令向右轉舵，但毫無回應。他讓這艘驅逐艦停了下來，並進行修復。

——

在南方，正當美軍朝著西村發射第一波魚雷攻擊時，志摩的第二特遣艦隊已經以二十八節航速高速進入蘇里高海峽。幾乎就在同時，美軍魚雷艇正朝它們衝來，狠狠重擊了輕巡洋艦「阿武隈號」，它必須脫隊行駛，剩餘六艘軍艦繼續向北航行。突如其來的風暴吞沒了它們，但它們還是持續盲目地以同樣航速穿越水道。暴風雨在清晨三點二十五分停止了，但志摩一直沒收到西村那份關於旗艦和兩艘驅逐艦被魚雷命中的「二號緊急戰報」，於是下令第二特遣艦隊進入戰鬥隊形，由旗艦「那智號」領軍，後方跟著另一艘重巡洋艦「足柄號」，然後是四艘驅逐艦。大雨斷斷續續地下著，因而能見度極差，但志摩卻反而要求加速。「那智號」艦橋上所有的人都睜大眼睛注視著前方。突然之間，看到一團亮到讓人睜不開眼的火光，幾乎照亮整個海峽。一定是某艘大型軍艦爆炸了，志摩希望那是一艘美艦。

那是「扶桑號」。

為了鼓舞西村，志摩透過無線電說對他說：「我們已經進入戰區。」他的縱隊還在以全速前進。在前方出現了兩艘軍艦（它們是「扶桑號」斷成兩截的艦體）正冒著熊熊大火，像是「鋼鐵廠鍋爐的火焰」，而志摩推測西村的艦隊已全軍覆沒。第二特遣艦隊從燃燒中的艦身左方經過，貼著海岸避開大火高溫。志摩透過固定式單筒望遠鏡，看到驅逐艦在煙霧中來回穿梭進出。他的船艦靠近了另一艘停在水中不動的驅逐艦右舷——主桅上還掛著日本國旗。它發出一個藍色信號：「本驅逐艦『時雨號』。船舵受損，修復中。」

「那智號」衝進濃煙中。遠方傳來低沉而緩慢的大砲聲，西村的殘餘部隊必定就在前方，而且還在戰鬥中。縱隊從煙霧中穿了出來，卻又撞上另一道煙霧。在右方，有艘大型軍艦在燃燒，但志摩無法辨別那是美艦還是日艦。那是「最上號」。志摩的雷達偵測出在北方約六英里處有支敵軍艦隊。他透過無線電話下令：「全艦出擊！」

魚雷官森幸吉中校建議兩艘重巡洋艦也從左舷發射魚雷。志摩批准了，於是「那智號」、「足柄號」兩艦先後緊急向右轉，而那些直到看清楚敵艦才能開火射擊的驅逐艦直奔前方。在左邊的就是「最上號」，看起來就好像已死在水中。「那智號」朝它發射了八枚魚雷，然後駛開躲到「最上號」後方。不過當「那智號」接近時，志摩驚訝地看到「最上號」的艦首還有水波。它幾乎是以八節的航速撞來。他大喊：「右滿舵！」但著火的「最上號」還是直朝著「那智號」撞過來，接著便傳來震耳的撞擊聲。有人透過艦橋上的擴音器喊道：「這是『最上號』！正副艦長陣亡。由火砲長指揮。方向舵已毀。靠引擎操作方向。對不起。」

兩艘軍艦像是被鎖住一般緩慢地飄移著，接著「那智號」謹慎地向左轉，這兩艘船艦於是分開。

「最上號」繼續朝南。「那智號」艦首的左舷處已經被撞掉，輪機手回報最高航速必須降至二十節。志摩還是想要追上自己的驅逐艦，然後攻擊敵方。森中校表示反對說：「敵軍一定在前方張開雙臂等著我們。西村的部隊幾乎全數被消滅。第二特遣艦隊必然掉入陷阱。我們隨時都會戰死。」此外，他們還不知道栗田在做些什麼。「總而言之，繼續前進是件蠢事。」

能遮掩撤退的夜幕還能維持兩個小時。志摩最迫切的任務是收容西村和自己的殘眾部隊。而在海峽南方入口處附近，這些逃跑的船艦再度受到魚雷艇的騷擾。這些頑強的小艇雖然被擊退，但由兩艘輕巡洋艦和三艘驅逐艦所組成的艦隊卻在後方追擊，並擊中負傷的驅逐艦「朝雲號」。水面艦的追逐就此結束，但志摩尚未逃離美軍戰機的攻擊範圍。一群「復仇者式」戰機發現了掉隊的「最上號」，有枚炸彈擊中引擎室，迫使日軍棄艦。（西村艦隊現在只殘存「時雨號」了。）不到一個小時，志摩在水平線上方看到第二波「復仇者式」戰機。在艦上無線電室內，出生於檀香山的龜田中尉調至敵軍的頻率，然後用英語播報：「哈囉，查理，哈囉，查理。日本鬼子航空母艦正在攻擊我方。放棄目前任務，立刻返航。」志摩在艦橋上看到這些來襲的敵機突然轉向，調頭北飛而去。[2]

四

幾乎就在西村準備突破進入蘇里高海峽時，栗田艦隊徐徐地移動進入兩百英里外的聖貝納迪諾海峽。這條水道比蘇里高海峽更窄，因為洋流的速度高達八節，即使是白天，單一船艦也很難在此航行。栗田必須把二十二艘軍艦排成長達十英里的縱隊，並帶領他們在黑暗中穿過這片水域，還得熄掉所有的導航燈。

當栗田進入菲律賓海時，他原先以為會遭遇到潛水艇和規模龐大的水面艦隊攻擊。眼前卻是一艘船艦也沒有。為了預防隨時會被發現，栗田將船艦排成夜間偵查隊形，繞著薩馬島的東岸航行，南下前往雷伊泰灣。

上午六點二十七分，太陽從陰暗的天空中升起，他發出命令要重新把隊形改為以「大和號」為中心的圓形編隊。雲層很低，偶而還有陣雨打到船艦上，海浪在翻騰著。在巡洋艦「熊野號」的觀察塔上，平山繁夫上尉在他的戰鬥崗位上打盹。他和第一特遣艦隊中所有的人一樣，幾乎長達七十二小時沒有闔眼。他用力地揉了揉眼，搜尋遠方的海平面。有架敵機正從東方飛來。看起來像是架艦載魚雷機。它正朝著什麼目標直飛而來？

這架戰機的飛行員是詹森少尉（Jensen），他正在執行反潛巡邏任務，他和平山一樣驚訝。他開始以下滑轟炸（glide-bomb）的方式直朝這艘巡洋艦沖來。

「大和號」上的哨兵們同時也發現到海平面上浮現出四根「主桅」，他們很快就發現那是航空母艦的艦島結構（island structure）。小柳想著：「真是天助我也！」這是值得他們用主砲轟擊的目標。年輕的軍官們歡呼了起來，臉頰上還有淚光在閃爍著。

這必定是密茲契四支強大的航空母艦群的其中之一。除了攻擊之外，別無他途；栗田也不做他想。他唯一的希望就是美軍這支特遣艦隊是孤立無援的。他圍了上去，稍微將航向轉往一百一十度，同時給聯合艦隊發出電報：

天賜良機，我們正要衝鋒攻擊敵軍航空母艦。我軍首要目標就是摧毀飛行甲板，然後才是打擊艦隊本身。

密茲契的巨型航空母艦此時在遙遠的北方——由哈爾西指揮——正在追擊誘餌小澤；而日軍所看到的是第七艦隊的一支輔助部隊「塔菲三號」（Taffy 3），其作用是對雷伊泰的兩棲運輸船隊提供空中掩護。艦隊指揮官是克里夫頓．史普拉格少將（Clifton Sprague），下轄三艘驅逐艦、四艘驅逐護衛艦和六艘護衛航空母艦（因大量生產而被暱稱為「嬰兒航空母艦」或「吉普船艦」）；每艘戰艦至多可搭載二十八架戰機，最高航速只有十九節。史普拉格受到意外襲擊，他的雷達剛剛偵測到敵軍。

上午六點五十八分，「大和號」的主砲怒吼了。這是首次用七十英尺長的砲管朝著敵軍的水面艦射出重達三千兩百二十磅的巨型砲彈。其他軍艦也加入砲擊行列，水兵們很是興奮，終於能夠發動攻擊了，火砲齊射，砲聲震耳欲聾。敵軍驅逐艦試圖以煙霧掩護航空母艦群，但依然可以見到細微的飛機身影「像是蜜蜂般地」從甲板上起飛。栗田下令「全軍攻擊」。各艦打破了編隊隊形，各自以全速圍上前去，這場追擊成為一場混亂的爭奪戰。

史普拉格的航空母艦群緩慢地朝東航去，並倉促地讓戰鬥機和「復仇者式」攜掛著炸彈起飛。逼近的敵艦齊射砲火愈來愈近，激起了粉紅色、綠色、紅色、黃色和紫色的水柱——為了便於識別，砲彈內裝有各種不同顏色的染料。史普拉格覺得這些爆炸帶有某種「恐怖美感」。上午七點零一分，他發明電求援。在南方，有兩支類似的護衛航空母艦艦隊，分別是「塔菲一號」和「塔菲二號」。離他只有三十英里的「塔菲二號」指揮官喊道：「別慌。記住，我們就在你後面。別太激動！別輕舉妄動！」

然而，這些安慰的話語毫無意義。史普拉格知道他的船艦「無法頂住這些重砲再射擊五分鐘」。剛好「塔菲三號」被一陣暴雨吞噬。這是個短暫的喘息機會，但史普拉格可沒有充裕的時間做出重大決定：他不會把軍力分散，而是「把敵軍拉引到其他人能夠狠狠修理他們的地方」。他轉南朝著「塔菲二號」和其戰機群航行而去，接著在上午七點十六分，他下令三艘驅逐艦──「霍爾號」（Heol）、「西爾曼號」（Heermann）和「強斯頓號」（Johnston）──進行反擊。犧牲它們或許能爭取時間。「強斯頓號」〔艦長是北美印地安人，恩斯特·伊凡斯（Ernest Evans）〕開近到離「熊野號」一萬碼以內的距離，一口氣發射了十枚魚雷。其中一枚擊中了這艘重巡洋艦，讓它的航速降到只有二十節並退出戰場。但「強斯頓號」也為其大膽行動付出了代價，日艦十四英吋和六英吋的火砲齊射，射穿艦身。一名生還的高級軍官回憶道，當時「就像條小狗被台卡車輾過一樣」。它支撐著還能浮在海面上，但甲板和艦橋上已滿布屍體。

「霍爾號」也進入敵軍兩個縱列艦隊的射程範圍之內，左方是主力艦，巡洋艦在右方。艦長里昂·金柏格中校（Leon Kintberger）開始尋找大目標。「霍爾號」艦旁激起了綠色水柱。有枚砲彈擊中了艦橋。但這艘驅逐艦還是持續前進著，到了九千碼的距離時，它朝著領航的主力艦射出一堆魚雷。金柏格把軍艦朝著巡洋艦方向開了過去，但砲彈把主引擎打壞了，方向舵發生故障很難朝右轉。他只能靠單一引擎操作船艦，朝著巡洋艦縱隊的舷側衝去。上午七點三十五分，他把剩餘的五枚魚雷射向航在最前端的「雨黑號」。

在濃煙中，第三艘驅逐艦「西爾曼號」幾乎就要撞上一艘友軍驅逐護衛艦，還險些沒躲過「霍爾號」。「西爾曼號」調轉向北，當它朝「雨黑號」發射七枚魚雷時，發現左舷有艘主力艦。那是「金剛號」，已開始集中火力攻擊「西爾曼號」。當「雨黑號」閃躲魚雷攻擊後，立刻也朝著「西爾曼號」發射砲擊；不過「西爾曼號」超越了「大衛」[3]，朝著另一名敵手「榛名號」主力艦發動攻擊。「西爾曼號」用五英吋艦砲轟擊「榛名號」，在朝著它發射完最後三枚魚雷後，於八點零三分逃脫——奇蹟似的，除了被一些砲彈碎片擊中外，完全沒被任何砲彈擊中。

不過，受損的「霍爾號」卻被「金剛號」和數艘重巡洋艦困住。它至少中彈四十枚，在殘存的一架引擎被擊毀之前，「霍爾號」持續對敵軍打了約五百發砲彈。上午八點零三分，它停了下來，有個彈藥庫起火燃燒向左舷傾斜。

直到此時，金柏格才下令棄船。

——

史普拉格的六艘航空母艦以圓形編隊從暴雨中現身了。日本主力艦就在北方十英里遠，在東北方稍近一點的距離內是四艘巡洋艦。它們朝著「甘比爾灣號」（Gambier Bay）和「加里寧灣號」（Kalinin Bay）發動猛烈砲擊，但這些笨拙的小型航空母艦卻設法避開了這次主砲齊射。不過，「加里寧灣號」還是無法躲開主力艦的主砲，中了十五發。戰損控管小組在齊腰的油和水中努力讓它保持住編隊隊形。「甘比爾灣號」一面用五吋砲回擊，一面迂迴行進。想盡辦法迴避砲擊三十分鐘後，飛行甲板終於還是被一枚砲彈擊中。然後，有枚砲彈擊中吃水線以下的船身，海水湧進了前輪機室。「甘比爾灣號」降速到十一節，脫離了編隊。

上午八點三十分，已受到重創的驅逐艦「強斯頓號」的艦長伊凡斯中校，看到重巡洋艦「筑摩號」直朝它撲殺過來。他告訴火砲長：「哈根，朝巡洋艦開火，引它離開『甘比爾灣號』。」

「強斯頓號」費力地以十七節的速度開到離「筑摩號」六千碼距離之內，還打中它五枚砲彈；但「筑摩號」根本不理會這艘驅逐艦。依舊安然無事的「西爾曼號」加入了戰鬥，並迫使「筑摩號」抽離了部分朝著「甘比爾灣號」攻擊的火砲。可惜為時已晚。「甘比爾灣號」在八點四十五分開始沉沒。

伊凡斯現在把「強斯頓號」轉向，朝著那些正要一同撲擊剩餘的美軍航空母艦的輕巡洋艦「矢矧號」和四艘驅逐艦沖去。伊凡斯朝著正準備發射魚雷攻擊其中一艘航空母艦的「矢矧號」而去。他用「強斯頓號」的五吋艦砲朝「矢矧號」進行騷擾式砲擊——命中十二發砲彈——迫使這艘輕巡洋艦不得不提前發射魚雷。和「矢矧號」一起作戰的驅逐艦也隨之發射魚雷。沒有任何一艘航空母艦被擊中，但日軍卻歡欣鼓舞地回報「三艘航空母艦和一艘巡洋艦陷入黑煙之中，並觀察到它們將依序下沉」。

伊凡斯迫使敵軍提前發動攻擊，在艦橋上得意地來回踱步，還大喊道：「我現在可看清楚所有的東西了！」但日軍自有其報復手段。巡洋艦和驅逐艦團住了「強斯頓號」。在該艦動彈不得之前，船員們還在奮力還擊。伊凡斯心不甘情不願地下令棄船。全艦三百二十七人中只救起了一百四十一人。這名印第安艦長並非其中之一。

當史普拉格的驅逐艦在同樣積極參戰的驅逐護衛艦的協助下，減緩了栗田水面艦攻擊的力道時，從「塔菲二號」和「塔菲三號」起飛的戰鬥機不斷在攻擊第一打擊艦隊。三艘重巡洋艦「鈴谷號」、「筑摩號」和「鳥海號」都遭到重擊，被迫退出戰場。

栗田不知道他的前鋒部隊已經受挫，「大和號」上最後兩架偵察機已被擊落，艦上無線電話也發生故障。更糟的是，從遠方透著煙霧看過去，前鋒部隊似乎失去了敵蹤。小柳建議道：「不要再追擊了，還是去攻擊雷伊泰灣吧。」栗田同意了，於是在上午九點十一分，發出一份電報：「會合，航向北，航速二十節。」

九點二十五分，在「芬沙灣號」（Fanshaw Bay）艦橋上，史普拉格聽到一名信號兵喊道：「他媽的，弟兄們，他們跑了！」這次水面戰鬥——第二次世界大戰中的最後一次——就此結束。「塔菲三號」不但扛住了最大艦砲的轟擊，還有大量的魚雷攻擊，甚至還能重創佔優勢的敵軍。平靜地過了一個多小時。接著在十點五十分，剩餘的五艘護衛航空母艦上再度響起「就戰鬥崗位」的警報。九架敵軍戰機正從低空飛來，因為飛得極低，雷達未能偵測到。當美軍戰機試圖進行攔截時，它們爬升到好幾千英尺的上空。五架掛載著炸彈的「零式」戰鬥機從混戰中高速衝出，朝著航空母艦俯衝而來。率領它們的是新婚燕爾的關行夫上尉。其中一架直朝著「基昆灣號」（Kitkun Bay）的艦橋而去，其機槍還不斷開火射擊。觀察哨預期它會拉高機頭，但它卻反而衝進左舷的狹小通道，爆炸後墜入海中。其他兩架戰機直朝著「芬沙灣號」衝去，顯然也是要朝它撞擊，直到最後一刻才被砲火打到解體。最後兩架戰機因「懷特平原號」發射密集的高射砲火飛離。其中一架戰機拖著濃煙俯身右轉朝著「聖羅號」（St. Lo）而去，好像要準備降落一樣，但飛行員把飛機一翻，轟隆一聲重擊到甲板上。停機甲板一片大火，引起一連串巨烈爆炸。「聖羅號」參加過多次戰鬥都毫髮無傷地存活下來，這次卻就這麼沉沒了。

「聖羅號」的生還者把這名日軍飛行員起了個綽號叫「魔鬼俯衝者」（devil diver）。他是名「神風」隊員。這種自殺性攻擊的想法是近來陸海軍飛行員自己發明的，而且在那天之前就曾經有幾人單獨嘗試過。[4]但是，直到大西瀧志郎海軍中將抵達呂宋——就在美軍登陸雷伊泰灣之前——接手指揮「第五基地航空兵」，獲知能投入作戰的飛機不達百架時，「神風特攻隊」才正式宣告成立。

他告訴部下指揮官：「我認為，將我方微薄的戰力導向最大效用只有一條路，那就是把『零式』戰機掛上兩百五十公斤的炸彈，組成自殺攻擊部隊，然後每架都去俯衝攻擊敵軍航空母艦。」

飛行員們了解了大西的提議。有位名為玉井的指揮官回報：「在燈光昏暗的房間內，他們的眼睛都綻放出熾熱的光芒。每個人一定在想著這是為不久前在馬里亞納、帛琉和雅浦等地激烈戰鬥中所犧牲的袍澤報仇的機會。這些是年輕人內心中自然燃起的火焰。」

大西的「神風」隊是專門為了支援栗田空襲雷伊泰灣而成立的，首波攻擊就在當天上午稍早的時候。上午六點三十分，六架自殺戰機還有四架護航戰機，從民答那峨島起飛往北航行。當「塔菲三號」正在力抗栗田的同時，「特攻隊」戰鬥機撞上了「塔菲一號」。有架「零式」戰機撞進了「桑提號」（Santee），另外一架則撞上「蘇萬尼號」（Suwanee），不過這兩艘護衛航空母艦很快就重新回到戰鬥行列。儘管如此，那些曾經目睹日軍抱著這種宿命想法直衝而下的人，依舊被這種行動嚇壞了。這預告了將來的局勢發展。

五

栗田幾乎用了兩個小時才把分散的部隊——三天內，三十二艘軍艦減少到十五艘——集結完畢，再度以圓形編隊朝南航行，前往雷伊泰灣。自從離開汶萊之後，這名海軍將領和大多數參謀都未曾闔眼，完全是靠堅定的意志力在支撐。在前一天的戰鬥中，砲彈的碎片擊中了小柳的大腿，即使拄著拐杖，他還是難以在艦橋上行動。

栗田比之前更加確信，他剛遭遇到的是哈爾西的航空母艦群之一（第一特遣艦隊始終都沒收到小澤已經把哈爾西的部隊誘往北方的電訊）。此外，截獲的一份電報——可能是來自陸基戰機——又說，離雷伊泰灣口北方一百一十三英里處有支敵軍航空母艦艦隊。這會不會是哈爾西殘餘的特遣艦隊？無論如何，栗田都不可能得到本應從南方入侵雷伊泰灣的西村分遣隊的支援；在驅逐艦「時雨號」上的西村發來電報說，這艘座艦是他僅存的戰艦了。

上午十一點四十分，一名哨兵回報，在水平線上發現一艘敵軍主力艦以及數艘驅逐艦。栗田命令追擊，卻什麼也沒找到，或許是那名哨兵的幻覺。接著截收到一份電報，大意是金凱德的部分船艦正從雷伊泰灣出擊。顯然大部分的運輸艦都已躲開，還留在那裡的，卸完物資也要耗時五天。

如果栗田衝進灣內的狹窄海域去擊沉這些運輸艦，他自己的船艦也可能任由敵軍陸基戰機和艦載機的擺布了。第一特遣艦隊很可能會被殲滅——可是這又為了什麼呢？少數幾艘實際上已經是空無一物的運輸艦。栗田判斷，這樣一來就太荒謬了。他決定反其道而行——小柳與其他參謀們也都同意——往北航行，並在陸基戰機的支援下，對離不到一百英里遠的敵軍特遣艦隊發動襲擊。[5]艦橋上的人都因此決定而激動起來。忘卻了過去幾日以來痛徹心扉、讓人沮喪的磨難，他們像是生平首次參戰一樣興奮。

午間十二點三十五分，栗田下令全艦隊反轉航向，「要和目前方位五度、離蘇魯安燈塔一百一十三英里遠的敵軍特遣艦隊進行決戰」。

各艦都是以「萬歲！」歡呼聲來迎接這道命令。第一特遣艦隊往北航行，準備決一死戰。

六

他的獵物——第三十八特遣艦隊——此時遠在北方追擊小澤。當天稍早，三架美國偵察機就已發現機動艦隊，到了八點整，一百八十架俯衝轟炸機、戰鬥機和魚雷機都在圍攻「千歲號」和「瑞鳳號」。只有幾架日軍戰機能夠升空迎擊。小澤艦隊的其餘戰機都已被派往菲律賓，目的是要將它們保存起來。數枚炸彈命中了這兩艘輕型航空母艦，「千歲號」開始下沉。之後，一顆炸彈在驅逐艦「秋月號」的前輪機室內爆炸，旗艦「瑞鶴號」也被一枚魚雷擊中。

日軍沒有戰機能夠再次迎擊美軍的第二波空襲。三十六架戰機穿過了密集的防空砲火網，群起攻向第四艘航空母艦「千代田號」。甲板上中了好幾顆炸彈，船身燃起大火，嚴重傾斜。小澤的旗艦還能以二十節的航速前進，但方向舵卻已受損，通訊也已中斷。小澤在菲律賓海戰中被人從「大鳳號」上拖走，這回並不反對放棄「瑞鳳號」，這和榮譽問題無關。他已經完成他的作戰目標，為栗田創造了催毀雷伊泰灣內運輸艦的機會。

哈爾西前一天的專斷作為讓金凱德將軍在海灣內感到相當懊惱。他試圖確認他所知道的緊急戰線範圍——剛成立並由威利斯．李少將所指揮的「第三十四特遣艦隊」——是設立在聖貝納迪諾海峽的前緣，但過了兩個半小時，毫無回應。而當他終於收到哈爾西的回覆時，他大吃一驚——第三十四特遣艦隊正帶著航空母艦在和小澤交戰！

到此時，栗田的艦隊已經重創「塔菲三號」，於是金凱德回覆尋求支援：「雷伊泰灣急需主力艦，即刻趕來」。哈爾西的反應是讓人惱怒的。保護第七艦隊並非他的職責，他正在執行另一項更重要的任務，即攻擊敵軍的主要航空母艦部隊。而他所能做得到的是，命令當時還在東方幾百英里外的密茲契下轄的第四支特遣艦隊群，開往雷伊泰。

就在同時，金凱德（他曾說過：「我一生都必須和我的脾氣奮戰」）又給哈爾西發了一份電報，報告了這支看來肯定會擊毀「塔菲三號」的強大艦隊：「……請求李速來保護雷伊泰。請求速派航空母艦即刻出擊。」

這兩個要求激怒了哈爾西。他已盡力調度，自身又正身處戰鬥之中。三十二分鐘後，哈爾西又收到金凱德的一份電報：

……請求立刻空中攻擊。請求重型軍艦的支援。我方主力艦（曾經砲擊西村的舊式主力艦）彈藥不足。

這是個「讓人十分吃驚的新因素」，因此哈爾西認為難以接受。金凱德怎麼不早點把這情形通知他呢？哈爾西回覆他「還在和敵軍航空母艦交戰中」，而且已經派出擁有五艘航空母艦以及四艘巡洋艦的第四支特遣艦隊，前去支援金凱德。

又過了半個多小時之後，金凱德發出一份絕望的明碼電報：

李在何處？速派李前來支援。

在珍珠港，尼米茲正追蹤著「塔菲三號」的軌跡。他和金凱德一樣認為「第三十四特遣艦隊」在前一晚就已被派去守衛聖貝納迪諾海峽。現在他詢問哈爾西，這支鬼魅般的特遣艦隊到底在哪？一名通訊少尉為了迷惑敵軍破譯人員，還在電報的開頭與結尾都加上了一些無意義的廢話：

火雞走進水中。GG。太平洋司令部總司令……第三十四特遣艦隊在哪（重複）在哪。RR。全世界都想知道。

哈爾西在旗艦「紐澤西號」上收到金凱德的明碼電報不久後，就收到這份電報。打字員柏頓・哥德斯坦（Burton Goldstein）明白「火雞走進水中」是句廢話，便將它刪去。但在末尾的「全世界都想知道」，儘管句前有RR兩字加以斷開，但讀起來還是能通，因此認為這是電文的一部分。他的長官——一名上尉——也是這麼想，因此便把這份電文轉到艦橋上。

當哈爾西看到「全世界都想知道」這幾個字眼時大發雷霆，把軍帽甩到甲板上。卡尼抓住他的手臂，並說：「冷靜點！你這是怎麼了？回過神來！」

哈爾西怒氣衝衝地把電報遞給他看。契斯特・尼米茲怎麼能發「這樣汙辱人」的電報？他下令要密茲契的其中一個航空母艦群向南航行，另外兩組繼續追擊小澤。

下午一點十分發動第三波攻擊，超過兩百架戰機，把「瑞鶴號」和「瑞鳳號」都打到起火燃燒。

後者全速逃離了戰場，但「瑞鶴號」的船身逐漸往前傾斜，直到飛行甲板浸在水中。兩點零七分，這艘經歷過多次戰役的巨艦終於沉沒了。密茲契的第四波攻擊和第二波一樣是較小規模的，全力集中攻擊「伊勢號」和「瑞鳳號」。「伊勢號」這艘受創的航空戰艦僥倖逃脫，但「瑞鳳號」卻因受創過重而沉入大海。

這是小澤航空母艦群的末日。三艘沉入海底，第四艘「千代田」也已葬身海底。小澤把哈爾西引誘到北方來，但雷伊泰灣內的運輸船艦依舊完整無損。他的犧牲只是徒勞無功。

—

在栗田決定離開雷伊泰灣之後十分鐘，他遭受到「塔菲三號」派出的七十架戰鬥機和「復仇者式」轟炸機的空襲。「利根號」和「長門號」都被美軍炸彈擊中，但艦隊還是繼續在搜索美軍航空母艦。接著又來了兩波空襲（密茲契還在遠方的第四特遣艦隊群派出了一百四十七架次的戰機）卻沒有造成任何損傷，因而栗田更確信目標就在附近。他整個下午都在進行搜索，但一無所獲，而且也沒收到小澤的訊息。到了下午六點，他一路退回到聖貝納迪諾海峽。他在那一帶巡弋，因為接到聯合艦隊的指示，如有可能，就在此進行夜戰。

不過，第一特遣艦隊的燃料所剩無幾，加上未得到關於敵軍航空母艦的報告，栗田只好下令撤退了。晚上九點二十五分，這支一度不可一世的艦隊的殘餘部隊，在暗夜中摸索著穿過聖貝納迪諾海峽這道危險的水域。

這份為了殲滅雷伊泰灣內運輸艦的冒險計畫，以慘重損失告終：損失了四艘航空母艦、三艘主力艦、六艘重巡洋艦、三艘輕巡洋艦和十艘驅逐艦。大約有三十萬噸的軍艦被擊沉，從珍珠港事件以來，這佔了日本損失總數的四分之一以上。帝國海軍實際上已經全滅，之後除了扮演防衛本土這種次要角色外，再也無法承擔起重要的角色。

第二十三章
斷頸嶺之戰

一

栗田將軍在十月二十五日的敗戰意味著菲律賓實質上已被孤立，不過負責菲律賓中部諸島防務的鈴木宗作將軍卻比以往更有信心。那天，沒有任何美軍戰機飛臨他的總部所在島嶼，宿霧——這確認了敵軍空中戰力在台灣外海已被殲滅。約莫中午時分，開始傳來有關栗田在薩馬島外戰鬥情況的樂觀報告：擊沉了數艘美軍航空母艦，「大和號」和其他主力艦正在砲轟雷伊泰灣。

栗田對他的參謀長說：「友近將軍，我們就快要步入舞台的中心點。這是無上的榮耀和恩典。我們甚至不需要他們正要派來的援軍。」有兩支部隊正從呂宋而來，第一師會登陸雷伊泰島西岸的奧爾默克（Ormoc），第二十六師會在北方的卡里加拉港（Carigara）下船。這兩支部隊會合後，要在十天內奪回獨魯萬。

鈴木對於這點毫不懷疑，他所擔憂的是麥克阿瑟或許只會交出部分部隊，就像溫萊特在科雷希多島陷落時的作法一樣。他說：「我們必須要求麥克阿瑟的部隊全數投降，還有新幾內亞，以及其他地區的部隊一起投降。」

鈴木的「空中優勢」將維時不長。當晚，雷伊泰島上的機場跑道要用的鋪路鋼絲墊已經從運輸艦上卸下，不過隔天要進行的鋪設工程被空襲和大雨耽擱了。到了黃昏時，每個機場都成了一片爛泥地。工兵們堅持二十七日整晚都要趕工，並在黎明前及時鋪設好獨魯萬機場跑道的最後一段，才能迎接「第五航空隊」的「閃電式」戰鬥機。三十四架戰鬥機中只有一架墜毀，其餘都安全著地。

在美軍第七師的不斷攻擊下，日軍撤出沿海平原，一路退到達嘎米（Dagami）。牧野將軍下令第十六師的後衛部隊要守住城鎮，主力則退到貫穿整座島嶼山脈的山腳下。

在北面，美軍第二十四師正穩定地朝西推進。該師的目標是加羅（Jaro）——和達嘎米一樣位於山腳下。由於日軍頑強的堅守，加上河流的阻隔，首批美軍大兵一直到二十九日才突破進城，然後出現在通往卡里加拉的二號公路附近——那是條用碎石和砂礫鋪成的十二英尺寬的道路。

部隊的殘壞通訊狀況困擾著鈴木。關於美軍向北推進的情形，只有零星片段的資訊。而且，他對於海上的慘敗還一無所知。當天下午，山下將軍的作戰參謀朝枝繁春從馬尼拉飛到宿霧，帶來了不少好消息：第一師將比原計畫提前幾天登陸奧爾默克，第二十六師的一個營也同時登陸。

對於鈴木眼前所要面對的局勢，朝枝並沒有把情況給說個明白。鈴木相當能幹，但是過於正直和天真；如果他認為自己能夠戰勝，他就會發揮得更好。因此朝枝承諾持續增援部隊，但他知道永遠都不會派出援軍；就算能派出援軍，由於美軍全面壓倒性的空優，根本就無法在毫不受損的情況下抵達。鈴木毫無獲勝的機會，那又何必把真相這個重擔丟給他呢？有句俗諺說：「盲人不怕蛇。」

十一月一日上午，第一師的一萬一千名將士在大雨中搭上了四艘大型運輸艦，在六艘驅逐艦和四艘海岸防衛艦的護航下離開了馬尼拉。第一師又稱為「玉師」，是在一八七四年建立的一支精銳部隊，參加過中日甲午戰爭和日俄戰爭。當年夏天從關東軍中抽調出來，待命抵抗美軍。他們先搭火車從滿洲北部到達上海，並在那接受緊急增援部隊的訓練。

在前往雷伊泰的路途中，連長向部下兵士解釋未來會遭遇的狀況。在「高津丸」上，八尋峰俊中尉告訴他的排長們，大批美軍已經登陸雷伊泰島，其中一個師正攻向卡里加拉。「玉師」的任務就是要去阻止他們。「我們為了這天備戰許久。在這時機到來時，我們必須發揮所有我們所受的訓練和技能。」

落日之後，引擎陣陣作響的噪音停止了。當下錨時，一層層擠在吊床上的士兵聽到鐵鍊撞擊的噹啷聲。他們已經抵達奧爾默克。遵從軍官們的命令，穿著爬滿虱子的骯髒軍服的士兵們爬下了吊床，沿著陡直的鐵梯爬往上方甲板，離開這滿是汗臭的船艙。

八尋部下的一個班長神子清猛力吸了一大口新鮮空氣。上方繁星點點，大海一片寧靜。珍珠港事件後，他被徵召入伍，以前曾是名小學老師。他的性格堅定，而且是位理想派，他很喜歡那幾年在滿洲受訓的日子，也能把士官的種種殘酷無情當成必要的訓練。他喜歡陸軍中那種袍澤之情，那份休戚與共的情誼。他和「玉師」中其他人一樣，都急切地想在戰場上證明自我，為日本和天皇效力。

海上遠遠傳來那令人害怕卻也讓人感到興奮的艦砲聲。為了記住此刻，神子在星光下看了看手錶。當時是七點三十分。運輸艦已經在兩側放下了繩梯，身上背負著九十磅重裝備的士兵們笨拙地爬過船沿欄杆。下方手電筒信號一閃，神子沉重地往下跳到一艘小船，船身輕微晃動。他仰面跌倒在船上，這時才明白為何要他們卸下沉重的彈藥帶。

友近美晴少將在岸上觀察登陸情形。他比鈴木還要早就抵達雷伊泰，到達後馬上就收到讓他氣餒的報告：牧野的第十六師近乎全軍覆沒。他走上前迎接「玉師」師長片岡董中將及其參謀們。他對他們說：「第一師將以全速沿著奧爾默克─里蒙（Limon）─卡里加拉道路（二號公路）前進，在卡里加拉的東南方區域集和，準備發動攻擊。」

片岡出身於騎兵軍官，預期到會有意外狀況。如果抵達卡里加拉「之前」在里蒙的山區一帶就遭受到攻擊，那該如何？

友近回答：「持續推進卡里加拉。」這種可能性是相當荒謬的。「沒有什麼好擔心的。」

片岡說：「是這樣嗎？」不過他毫無譏諷之意。再沒有提問。

八尋的連在一座椰子林中休息，等待第五十七團的其他人員上岸。他們開始挖掘四點五英尺深的「章魚穴」。這種掩體的底部是橫向勺狀，遇到砲擊時可讓人蜷縮在裡面。從剖面看，「章魚穴」看起來就像是一隻聖誕襪。

汗水刺痛了眼睛，軍服緊貼在背上，但是這裡的溫暖空氣要比滿洲那凜冽的北風要好受些了。東方的天空冒出一道粉紅色的光芒，有如異國情調的旅遊海報般，呈現出不真實的景色。戰爭似乎是很遙遠的事。遠處傳來了嗡嗡雜聲。有人大喊：「躲進掩體！」於是大家紛紛跳進自己的洞內。嗡嗡聲逐漸變成怒吼聲。轟炸機成編隊隊形飛了過來，即使是被高射砲黑色砲火的爆炸煙霧團團圍著，看起來還是不屈不撓。

轟炸機開始朝著──應該是從莫洛泰起飛的「解放者式」──正在卸下人員和物資的運輸艦投下

炸彈。「零式」戰鬥機突然現身在轟炸機的上方，它們還是沉穩地維持著同樣航道。三架「零式」同時冒出火焰，像彗星一樣朝地面墜落。沒多久，第二波轟炸機緊接而來，銀色的機翼在陽光下閃閃發亮。

一長串炸彈形成一條拋物線朝運輸艦「能登丸」落下。有一枚炸彈消失在煙囪內，而後有聲悶響，接著就是一連串沉悶的爆炸聲。艦上的汽笛開始不停地悲鳴。第五十七營營長宮內良夫上校無助地看著這艘船，他和他的部下剛離艦登岸。他跪在沙灘上祈禱，然後漫無目地走向碼頭。他的卡車、馬匹，還有大多數的彈藥都還在那艘大火正在燃燒的船上。友近少將告訴這名昏了頭的上校，要他把部下集合上路盡快前往卡里加拉。他得追上幾個小時之前就出發的一小股前鋒部隊。師長片岡中將已經帶著兩個排的部隊前往二號公路；宮內在副官的陪同下開始徒步往北走，並讓自己重新冷靜下來。

不過，他的部隊一直到了半夜才動身離開奧爾默克。部隊在狹窄的公路上夜行軍，綿延了好幾英里長——他們和團長不太一樣，急於趕赴戰場戰鬥。他們無法理解「能登丸」沉沒的重要性。

拂曉時——當天是十一月三日——今田義男少校率領的前鋒部隊朝著卡里加拉靠近。他們意外地遭遇到反向而來的美軍第二十四師。雙方短兵相接後，今田撤退到二號公路南邊的山裡。

當片岡中將及其兩個排的部隊抵達里蒙北方的高地時，得悉了這場小規模戰鬥；里蒙是個有幾十間棕櫚樹屋的小村莊，二號公路陡峭地爬升過這片崎嶇的山地，然後轉向右方繞過那個居高臨下的山脊，再往下延伸到海岸和卡里加拉。片岡將軍命令今田少校攻擊推進中的美軍部隊，今井原本預期會有反坦克營的增援部隊。之後，這名將軍又回頭命令宮內上校全速把一門小型野戰砲送上去。

對宮內而言，這道軍令毫無意義，但他還是把砲裝上卡車並登上卡車親自指揮。當卡車在這條泥濘的道路上搖搖晃晃地前進時，他想著，這樣一門小砲能有什麼作用。到了里蒙，他恭敬地聽著片岡解釋他如何阻擋卡里加拉附近的敵軍前鋒部隊。這門小砲是要用來封鎖那繞過山脊急轉彎的道路。

宮內的第五十七團沿著這條向北通往里蒙狹窄的道路走了一整天，不時遭到美軍的空襲轟炸和掃射的騷擾。陣亡了兩百多人，還有幾十人中暑。當黑夜降臨時，也並不輕鬆。大約九點，所有的人都累癱在路旁休息。這時蚊子會攻擊他們，那些沒有蓋好臉就入睡的人，早上醒來時眼睛幾乎腫到睜不開，但是當他們重新行軍時——此時天空烏雲低垂——積極求戰的勇氣並沒有消退。神子所在的營是首批抵達里蒙的部隊，宮內命令佐藤上尉要在村北靠近野戰砲砲位的地方進入陣地。

—

在山脈的那一邊，第六軍軍長沃爾特・克魯格中將（Walter Krueger）認為，他的前鋒師第二十四師正面臨被包圍和殲滅的危險。他從空中觀察中得知，有大批日軍部隊正朝里蒙進軍；他還擔憂，敵軍或許也會在第二十四師的後方卡里加拉進行大規模兩棲登陸。克魯格謹慎應對。他下令第二十四師停止推進，也不要穿越還沒有什麼防衛布署的山嶺障礙去佔領戰略山脊，而是要暫停下來，準備和緊跟在後的「第一騎兵師」協同阻擋可能的海上入侵。

黃昏時，宮內的團開始步上這條蜿蜒到山脊頂端的公路。有個可怕的白色人影走過來。那是第十六師的生還者，全身裹著繃帶，從雷伊泰灣被驅趕回來。他靜靜地走過去。後面還跟著許多相互扶持或是拄著拐杖的傷兵。牧野的師被殲滅的消息在部隊中傳了開來。

前方就是二號公路的最高點，過了那裡，公路就急轉朝東。右邊鋸齒狀的山丘上長滿與肩齊高的白茅。這是個天然的堡壘。無數懸崖凸出在東北方的海岸和西南方的雷伊泰河谷之上。在這些懸崖峭壁之間有濃密的樹林。

行軍至此為止。士兵們小聲地把指示傳達下去，丟棄所有不必要的物品。士兵們把硬餅乾都塞到小型的戰鬥乾糧袋內，每個糧袋還裝有五顆手榴彈，並且把背包放在路旁。神子的連奉命當領隊，而他的班又是全連中走在最前面的——因此他自豪地認為，這使他成為「玉師」的先鋒。

天空突然一片光亮。陽光出來後，就是難以忍受的高溫。空氣中滿是煙硝味。戰場肯定不遠，但山脊上卻肅然無聲。一聲槍響，接著又是一片寧靜。神子此時聽見了鳥鳴。這名前小學老師的心臟跳得更快了。他感覺胸口喘不過氣來。他轉身看看戰友們，只見他們眼中散發著光芒。三年來，他們一直在為作戰受訓，就和他自己一樣期待著戰鬥。一道命令傳來，要他們離開道路爬上山脊。

在另一邊，美軍也正往山頂靠近。克魯格下令第二十四師進行偵蒐。兩天後將對南面發動全面攻擊。

神子撥開樹林，往山頂攀登而去。身後有人喊道：「神子班長！方向錯了！」那是排副的喊叫聲。接著飛來一枚手榴彈，在爆炸聲中，排副倒了下去，一手抓著大腿。碎石塊如雨下般打在神子身上。一名士兵呻吟著：「我中彈了！」神子茫然無視，跌倒在那人身上。他逼著自己要鎮定下來，視力漸漸恢復。泥沙從四面八方噴發出來。美軍的手榴彈從山頂飛來，像是打翻一桶蘋果般沿著山坡滾下。神子扭著身驅向排副爬了過去，摸了摸排副。他感到手上滿是黏稠的溫血。

正當他不知道該如何是好時，聽見迫擊砲砲彈的沉悶爆炸聲，接著是機槍的達達聲。子彈呼嘯穿越矮樹叢，穿進人體帶來陣陣痛苦和恐懼的呼喊聲。眼見第一班一槍未發就要被殲滅了！他驚恐到全身軟癱，最後終於強迫自己喊出「開火！」步槍響了。神子看了看錶。當時是昭和十九年十一月五日十點整。這也許是他人生的最後時刻。

神子盲目地開槍。他停下來裝填子彈，並把頭伸出樹叢上方探尋。一聲如雷巨響，耀眼刺目的火光一閃，然後就是一片漆黑。沙土紛紛落在他身上，但他卻沒有受傷。根據教戰手冊的說法，一門大砲的砲彈絕對不會落在同一個地方，所以他跳進到剛剛炸出來的彈坑內。

馬上有兩名袍澤也跳了進來，他們是輕機槍小組的。他們架好機槍，就在迫擊砲砲彈開始在附近爆炸時，他們準備開火射擊，射手小倉喊道：「班長，這裡危險！」說完就拖著機槍爬出彈坑。整個班都側身移動，並奮力地在腐爛的棕櫚樹根間挖著「章魚穴」。迫擊砲的砲擊停止了。神子用刺刀把鋼盔舉高，如雨落般的子彈擊中鋼盔，把它打得像是「風鈴」一樣叮叮作響。他又趴下身子，但山頂上的射擊卻停了下來。他狐疑著，為何美軍在壓制他們之後又撤退了。

神子命令部下，抓緊機會吃飯。他們只有壓縮餅乾，但無水可喝。他命令一名腿上受到輕傷的士兵去向連長八尋中尉回報情況，然後他爬下斜坡親自進行偵查。另外兩個班被迫擊砲和機槍圍困住，只有三人生還。要不是小倉的話，他自己那個班也是會被殲滅的。

黃昏時，神子把殘餘的五人聚集起來，並告訴他們，守在山頭的只剩他們這幾人了。他命令他們從死去的袍澤身上收集彈藥、武器和補給品。午夜時，對於美軍確定明天黎明要發動的攻擊，他們已經準備就緒，但卻都感到饑渴難耐。神子還記得在山頂附近某個地方看到過椰子樹，於是便脫掉所有的衣物，只圍著一條腰布，用條毛巾包在頭上，偷偷摸摸地爬到山頂。藉著月光，他看到了一顆椰子樹，於是爬了上去。

「班長！」有個聲音很小地喊道，嚇他了一跳，他的手差點就要鬆開。「快點下來，不然會被槍打到！」原來小倉也跟著過來了。但神子繼續往上爬，直到摸到一串椰子。他摘下一顆，然後重重往下一扔。他以為會聽到一陣槍響，但沒有槍聲。在下來之前，他拋下十幾顆椰子。他們一同把椰子搬回去。神子切開椰子，喝著椰子汁。這讓他想起曾喝過的清涼飲料。

到了晚上，排長箱田准尉率領了第四班和他們匯集到了一處。他比神子還要小一歲，看起來像個學生。他為遲到感到抱歉。天亮前，神子把自己的班兵叫醒。他很驚訝地發現到，儘管損失慘重，他們還是像前天一樣急於求戰。他調查過這片區域。那條蜿蜒的二號公路就在下方一百英尺處。他們上方就是山頂，他猜想從那應該可以看到卡里加拉灣。此時，在這座從山脈凸向東南方具有戰略價值的小圓丘上，一共只有十九人。

神子在大約九點聽到遠方傳來以英語發出命令的聲音。子彈沿著這些「章魚穴」打進地面。小倉的雙眼「瞪得像盤子一樣大」，像是發瘋般地在用機槍掃射。射擊中斷了一陣子，神子大喊道隊員的名子：「青木！清水！大塚！石井！」每大喊一聲，掩體內就傳出「有！」的一聲。神子指示他們：「等到他們靠近時，就丟手榴彈！」

敵軍再度恢復射擊，這回重機槍的火力更加強大。隔壁洞穴內的青木喊道：「班長！灌木叢著火了！」濃煙捲過了山坡，燃燒中的白茅草劈啪作響蓋過了槍聲。青木又喊道：「班長！敵軍來襲！」

部分美軍（第二十四師中第二十一步兵團的第三營的第一連）躲在濃煙後衝過山脊圍攻過來。神子大喊：「第三班，上刺刀，準備好手榴彈！」在上自己的刺刀同時，他也聽見其他人上刺刀的喀喀

雷伊泰之戰
萊特
比利蘭島
N
薩馬
聖伊西德羅
拉巴斯
卡里加拉灣
卡里加拉
里蒙
斷頭嶺
獨魯萬
二號公路
康圭坡山
加羅
死亡谷
保羅
塔瑙安
二號公路
雷伊泰
達嘎米
巴隆朋
奧爾默克
雷伊泰灣
布勞
杜拉格
馬拉邦河
奧爾默克灣
卡摩提斯海
阿布憂格
卑卑
英里
0
20

聲，並準備好自己的手榴彈。

娃娃臉的箱田放聲大叫：「衝啊！」

神子正要下令他自己的班兵也跟著中尉的命令衝出去，但又覺得沒有意義。衝鋒之前應該要先有掩護火力。他奮力地大喊道：「第三班，守住！」那些燃燒的樹叢擋住了敵軍。神子喊道：「目標，右前方！射擊！」小倉把機槍口轉向右邊。

箱田再次大喊：「衝啊！」催促著第四班衝進那危險的大火內。箱田倒下去了，他的新士官長也中彈了。他對神子大喊道：「你來接手指揮。」美軍幾乎衝到他們眼前。眼看一切就要玩完了。神子絕望地大喊：「有什麼能打的就打吧！」

瞬間，從頭頂上的天空傳出一聲長嘯，然後突然在山坡前爆了開來。雙方士兵都愣住了，停止了射擊。另外一枚砲彈落在神子前方還在挺進的美軍中間。第三顆又呼嘯而來，打進敵軍的重機槍陣地。這三發砲彈都是由剛剛才拉進日軍陣地的唯一一尊大砲發射的。

神子跳了起來並喊道：「那是我方的大砲！」

好幾挺美軍機槍又恢復射擊。第四枚砲彈炸開了。前頭靜了下來，這回敵軍機槍鴉雀無聲。左方「章魚穴」內的槍聲停了，神子爬過去檢查。石井彎著身軀，縮著頭。神子問：「怎麼了？」並拿起他的鋼盔。石井的雙眼是睜開的，但前額中心有個碗豆大的洞，後腦勺像是個爆開的石榴。

神子氣得咬牙切齒。石井是他的摯友——一個大學生，充滿朝氣和熱情。他感到背上發熱，看了看四周。風驅趕著大火從山坡上往下燒來。受傷的箱田在哪？神子開始四下搜尋，要把他從火中救出來，但是，只找到一條軍官的皮帶、一柄軍刀和一把手槍。已經被美軍俘擄了嗎？機槍聲再次響起，他抓起這名排長的物品，翻身躲回洞內。

青木對他喊道：「敵軍接近中！」青木正準備要丟出手榴彈，但神子阻止了他，美軍還太遠。神子帶著手榴彈往前爬了過去，後面跟著小倉。他伏在地上，準備要站起來投手榴彈——並且赴死。有顆砲彈——這次是剛剛就位的四門砲所發射的——在頭頂上呼嘯而來，在山坡上爆開。

有人興奮地大喊：「中了！直接命中！炸死了五、六個人。」

接著他又聽到另一個聲音——那是連長八旬中尉！主力到了。神子跳了起來。用手背抹去了眼淚，他拿起手榴彈往自己的鋼盔敲上去，用盡全力朝往山上扔過去。他的部下也跟著他這麼做。很快響起五聲爆炸。

神子大喊：「衝啊！」當他拿起上了刺刀的槍越過煙硝繚繞的戰場，衝向美軍重機槍陣地時，覺得什麼都阻擋不了他的前進。他的班也跟著他攻擊。到處都是美軍死屍，有的已經被燒焦，有的腫脹起來，其中有具屍體看起來好像在流著黃油。神子和身後八人衝近了機槍陣地。機槍手都被炸得七零八落，皮帶上的彈夾有如爆竹一樣炸開。這些爆炸又引爆其他手榴彈。神子直挺挺地站在那裡。在這場大屠殺中，他發現只有自己還活著，猶如從夢境中走出一般。現實再次把他給帶回來，他再度往山上攻去。當他衝到山頂時，看到了卡里加拉灣攝人心弦的全景在眼前展開。美軍拚命往山下逃跑，不時被從山頂上射下的子彈給打翻倒地。

僅僅一個排的兵力，靠著十幾發砲彈的協助，就能挫敗敵軍的猛烈攻擊，並為疲憊不堪的團部推進到前線爭取了時間，同時把山脊變成一座滿是「章魚穴」、壕溝和槍砲陣地的碉堡。

神子想起了戰國時期的武士取下敵軍首級的方法，於是他拾起一名美軍軍官的頭盔。內襯滿是鮮血，他猶疑了一下——一個現代人拿著戰利品，這樣合適嗎？不過當他向連長報告時，鋼盔還是拿在手上。八尋中尉的臉上滿是黑色煙塵和火藥粉，手臂上還掛著吊帶。他孩子氣地笑著，並對神子說：「非常感謝你們承受這樣的難苦。」

營長佐藤上尉拿出功勞簿，並在第一頁上記下。對於一名步兵而言，這是個難以想像的榮耀，這是「夢想之花」。通常只有飛行員和水手才能得到正式表彰。佐藤對那頂美軍鋼盔感到好奇。神子為鋼盔內還有血表示道歉，但營長卻把它戴上，頭還搖了好幾下。「很輕，感覺不錯。」有沒有一頂是上面沒有彈孔的？

神子答道：「我肯定能找到一頂。」

「如果你找得到，我就會戴。」

八尋舉起一支美軍卡賓槍，笑著說：「這也很輕。也許此後我就用這把槍。」

神子當天晚上就被指派接替箱田的排長職務。他無法入睡，同袍的屍體還留在前線無人料理，讓他無法釋懷。在暗夜中，他聽到有人說：「為何美軍士兵死的時候臉都朝上？」另一人回說：「日本人有禮貌，就算要死，還是會把私處遮住。」這兩人都笑了出來。

黎明前，神子和另外兩名排長前往連長的掩體匯報狀況。八尋告訴他們，營部其餘兵力在開赴前線的半路遇上伏擊，幾乎被殲滅。因此他們佔領的小圓丘（佐藤為了對該連表示敬意，而改稱此山丘為「「八尋嶺」」）就再次成為前鋒部隊——而且孤立無援。「肯定會派援軍過來。當師部主力抵達時，就能輕易殲滅敵軍。但在這之前，我們必須死守這個陣地。我希望每個排長都能竭盡全力，不管部下的狀況為何，都要有此決心。」

被打退的美軍在第一騎兵師的協助下又朝這個陡崖——被暱稱為「斷頸嶺」——發動攻擊。這回他們把戰線拉寬從正面攻擊，但仍集中攻擊神子這個只有八十名軍士的連所駐守的山頭，而日軍收到命令不得開火攻擊。當美國大兵到達七十五碼的距離時，八尋中尉才大喊：「開火！」

步槍和機槍同時發射，把美軍打得「像是保齡球瓶」一樣倒成一片。不過這個突擊只是暫時受阻。神子不怎麼甘願地讚賞美軍能夠踏過同袍的屍體推進，以及像是扔棒球一樣投擲手榴彈的本事。防線一帶的屠戮比前天還要慘烈，而神子也懷疑「一八尋嶺」在敵軍如此猛烈的火力下，是否還能守住。他對自己的「三八式」步槍開始感到不耐煩，它是很精準，但每發射一顆子彈就得把五發子彈的彈夾內的下一發推上來。他向小倉大喊，要他把機槍火力集中朝向右翼那些推進速度正在減緩的美軍。他們或許會因此被嚇倒。小倉身後的隊員扔出手榴彈，飛過他的頭頂落在敵軍陣地。美軍動搖了。有一、兩人掉頭往回跑，其他人也倉皇地跟著跑下山。

八尋這個連又頂住一輪攻擊，但只有二十五人還活著。這些倖存者輪流撤退到二號公路旁的一條小溪邊。他們用微涼的河水洗臉，裝滿水壺並吃著乾糧。神子心想，這就是「虛無」之樂吧。

——

美軍攻佔「斷頸嶺」的失敗立刻引起反應。下轄第二十四步兵師和第一騎兵師的「第十軍」軍長富蘭克林・賽伯特少將（Franklin Sibert）在中午時來到前線，不經通報就立刻解除一名團長職務，由自己的情報官威廉・佛貝克上校（William Verbeck）接替。

佛貝克很快就證明自己是比一般前線指揮官還更積極投入作戰的參謀官。他上任沒有多久，就派出一個連的兵力從側翼攻擊山脊。但也被擊退。不過佛貝克並未氣餒，下令第二營帶上L連，隔天上午要大舉攻擊。

十一月八日拂曉時分天空灰濛濛的。接著天空很快暗了下來，颱風夾帶著大雨襲擊山脊。棕櫚樹被吹得像是一把彎弓，有些折斷了，有些連根拔起。白茅草被吹得像是波濤洶湧的大海。即使如此，佛貝克還是按照計畫發動攻擊。開頭就是用重砲轟擊，大砲的隆隆聲和雷吼風嘯足以匹敵。步兵在暴雨中出發，在泥濘的山坡上掙扎地前進。由於地圖不準確，有些部隊用了幾個小時才進入陣地。

迫擊砲彈對準山頂轟擊，極具摧毀性，八尋只好命令中隊撤回到公路附近原來的掩體裡，在那裡進行最後抵抗。他們連滑帶滾，爬進積水極深的洞裡，使他們得以躲避飛越頭頂的迫擊砲彈。

大霧籠罩著山坡，十碼外就什麼也看不清了。神子全身濕透，淒涼地在山洞待著。他一邊等待，一邊思忖著敵軍。首先，敵軍並非懦夫；其次，他們扔出的手榴彈比日軍丟出的還多一倍；第三，也是最重要的一點，敵軍似乎總能獲得時間休息。神子的部隊總是疲憊萬分，這可能是因為連續的戰鬥得不到喘息，也有可能是因為糧食不足。

由於沒有迫擊砲朝山那一邊正在前進的美軍發射砲彈，八尋命令部下集中火力，朝布滿濃霧的山頂射擊。這一招果然奏效，強大的火力使得美軍不敢越過山頂。守軍重拾信心，但好景不長。背後傳來令人畏懼的嘎嘎聲和咚咚聲。一輛美國坦克已在二號公路上轉彎，濺起陣陣泥漿，坦克上的砲管射出一枚砲彈。守軍被包圍了！

兩名士兵扛著沉重的炸藥包下山朝公路奔去。在掩體內的日軍則轉身看著他們，彷彿在圓形劇場內看一場戲，直到聽見山頂附近有英語喊叫聲才紛紛回頭。「用手榴彈！」神子一邊喊，一邊爬上山頂，後面跟著剩下沒幾個人的分隊。他們把手榴彈拋過山頂，又跑回來取手榴彈，來回跑了三趟。敵人消失之後，他們又再度躲回掩體。

但就和經常所發生的那樣，美軍又來了！神子聽見他的掩體旁邊有個東西在嘶嘶作響。有一顆敵軍的手榴彈從山上滾了下來，然後掛在帳篷的柱子上。他看了看小倉，兩人都聳了聳肩膀。完蛋了！但是，那顆手榴彈「嘶」了一陣之後就沒動靜了。其他手榴彈跳過地洞，滾開以後才炸開。

山頂上，有位美國士兵舉槍對準神子。神子急忙縮進掩體，然後突然站起身開槍射擊。那名美國士兵應聲倒地。但神子由於興奮過度，又朝他開了三槍。此時又冒出一枝步槍，接著像潛望鏡那樣消失了，這是另一名美國士兵試圖搶救他的戰友。神子奔上山頂，把這位士兵擊倒，然後快速跑回自己的洞內。

在隔壁掩體的一等兵佐藤才二仿效神子也向前跳出去。他也在山頂上開了槍。然而，他沒有退回來，反而消失在山的另一側。佐藤為什麼要做此無謂的犧牲呢？神子百思不得其解。這時，佐籐突然像個玩偶盒那樣又重新出現了。他跳進神子的洞內，並氣喘吁吁地咒罵著：「我恨死他了，我非把他的頭踢下來不可！」佐藤——性格溫和，不抽菸不喝酒的年輕人——剛剛是瘋了嗎？這難道是神子在書上看到過的「戰場瘋」嗎？而且，自己不是也做出幾乎一樣的事？

在後方的那輛美軍坦克——一輛中型坦克——仍在公路上任意行駛，用機槍和火砲從後方射擊這些「章魚穴」。那兩名帶著炸藥包的士兵從壕溝中跳了出來，把炸藥丟在坦克的履帶下面。當他們安全跳離時，響起沉悶的爆炸聲，坦克抖動著，它吃力地掉轉方向，從轉彎處撤離了。

美軍失去坦克之後，停止攻擊，再度放棄了「八尋嶺」。日軍毫不遲疑地爬上泥坡，重新佔領山頂上的陣地。神子這回完全沒有獲勝的感覺。敵軍只是做了戰術性撤退，必然會一而再、再而三地反攻。八尋連的殘兵還剩下多少戰力去阻擋他們呢？

神子右方幾百碼外的另一個山丘上，野口義夫士官長的那個排，在山頂上受到迫擊砲砲擊，和神子的排一樣傷亡慘重。他還有兩挺七點七毫米的機槍——他自己一挺，另外一挺在隔壁的「章魚穴」內——但彈藥卻不多了。

野口站在齊腰的水中，全身冷到發麻，他聽到痛苦的呼喊聲，第二挺機槍手吃力地朝他爬了過來。野口把他拉了進來。他的右腿「像是蜂窩一樣」，還在流著血。他臉色蒼白，體力耗竭。這個爬過來的人把敵軍的機槍火力不斷吸引過來。野口的「章魚穴」附近的白芒草都被打平了。他謹慎地觀察了四周。沒有任何動靜。顯然他是這個排的最後一人。他是個吃苦耐勞且經驗豐富的軍人，出身農家，在一九三八年志願入伍服役。投降是絕無可能的事。他把手槍對準自己的太陽穴，扣動扳機，不過因為槍裡灌進了泥漿未能打響。

不到二十五碼遠處，穿著草綠色軍裝的美軍正沿著「章魚穴」的防線而來。他們每到一個掩體，就會拿起槍做好準備，有兩人則拿機槍掃射死者或傷兵。槍聲愈來愈近，野口再度開槍自殺。還是卡住。幾碼之外，響起連續的槍聲，野口知道下一個就輪到他了。迫擊砲打了過來，一片棕櫚葉被打落在洞口邊上。他用一根棍子迅速地把棕櫚葉拉過來蓋住「章魚穴」口。他緊緊貼著洞的後方，水淹過了他的下顎，他劈開雙腳，把那名機槍手的屍體拉到他的身前。

人聲在頭頂上傳來。一根閃亮亮的槍管穿過樹葉插了進來。他想著，他們的武器保養得真好。他用中指摀住耳朵，祈禱子彈不要打到他。一連串震耳欲聾的爆炸聲。有好幾十發子彈打進他雙腿之間的水裡。洞的另一面被打坍了。當泥漿把野口脖子下面的身體埋進去時，他閉上了雙眼。棕櫚樹被打成兩段，掉到他的頭上。

敵人走遠了，下一個洞又傳來一陣槍聲。他被嚇到什麼事都無法想，也沒感覺到任何疼痛。他仔細地抹去臉上的泥水，睜開雙眼。洞內的水已經染紅一片，這是人肉盾牌的鮮血。

槍聲終於停了下來。美軍現在在做些什麼？他極其謹慎地把袍澤的屍身挪開，四處探尋。他預期美軍是在挖散兵坑，但他們卻正在蓋著他從未見過的工事——淺的長方形岩石堡壘，上面還蓋有帆布。

野口蜷縮在血水內好幾個小時，在天黑之前，他都不敢再動一下。最後，他痛苦地站起身來。四周都是這些奇怪的掩體，每個都透出昏暗不明的燈光。他還能聽到美軍吃東西和嬉鬧的聲音。誘人的香菸煙霧從那舒適的小工事內繚繞而出。到底是什麼樣的士兵可以在戰場的中心點著燈呢？

燈火逐一熄滅，接近午夜時又開始下起大雨。野口爬出洞口，避開了一名值夜哨的士兵。他爬到似乎是圍繞著美軍營區的鐵網下。會不會有警報裝置？他從下方爬了過去，沒有碰觸到鐵網，然後沿著一個斜坡走下去。他雙腿無力，不聽使喚，必須抓住藤蔓才不致於跌倒。走到底，他發現有條小溪。他像狗一樣趴著喝水。除了雨水之外，這是他這幾天來第一次喝到水。昏暗中，他隱約看到幾十具屍體——都是自己的戰友，手上還握著水壺，是在尋找水源時被打死的。在夜色和大雨中，他無法判斷身處何處。營部應該在兩百碼之外，但他來來回回爬了一英里，卻沒能找到。他已精疲力竭，於是捲起身軀躲在樹叢後方，睡了起來。

他被人聲給吵醒。透過木叢他看見美軍在吃著早餐。他夜裡繞著小丘東爬西爬，結果還是爬回了原點。兩名美軍朝他走來。他把頭一縮，希望他們沒看到他躲在樹叢中。接著他感到一連串的液體潑濺在鋼盔上面。其中一名美軍對著他撒尿。當他抬頭往上看時，這名美軍正拉著長褲，追趕那已經走遠的同袍。

——

然而，斷頸嶺大部分的區域還是在日軍手中。當天上午，在預先用重砲轟擊之後，第二十四師的其中兩個營冒著滂沱大雨，重新發動了攻擊。他們向前推進，被日軍剛到的一個營打退。大雨給日美雙方造成同樣的難題。他們的補給路線二號公路已經變成沼澤區，工兵運來許多砂石鋪路，好讓車輛通行。美軍已經開始患有「足浸病」（immersion foot）——類似歐洲的「壕溝足」（trench foot）：皮膚會剝離，疼痛至極。

日軍也深受這場無窮盡的大雨之苦。他們用戰壕鏟把水鏟出掩體之外，但毫無效果。神子想起美軍的背包是防水的，便決定找一個來當水桶。他爬到山脊那邊的敵軍陣地，找到一名美軍屍體——一樣是臉朝上，嘴巴張開——拿走了他的背包。他和小倉兩人把自己洞內的水舀出去，然後把背包丟給下一個「章魚穴」。由於全身濕透，冷得發抖，他們切下防毒面具的塑膠管生火取暖。氣味令人作嘔，但起碼有些熱氣。

神子隔天一早醒來，看到天空依舊陰沉——這天是十一月十日。此時決定自己的忌日是哪一天，已經毫無意義，但他還是這麼做了。他毫無恐懼之心，大喊：「沒法子！」——這是句中文俗語，意思是「這就是命。」（和法文Que sera sera類似）除了享受生命直到最後一刻，沒有其他事可做。

當美軍砲彈落在他們上方的山頂防線時，雨勢更大了。由於地面不斷震動，掩體開始坍塌。這讓神子想起了一九二三年那場讓他終生難忘的大地震。砲擊停止了。

神子大喊：「第一排，進入山頂防線的陣地內！」並往山上衝。山頂滿是彈坑，無法辨識出哪是哪了。他從山頂往下看，成群的美軍已從另一側爬到半山腰，人數似乎多到數不盡（他們是第一騎兵師的兩個完整的營），而八尋的連只剩下很少的人去阻擊他們。他發狂地打手勢，命令部下回到下方相對安全的掩體內。當他跑過八尋的掩體時，還對大家發出警告。在他跳進自己的洞穴後，子彈馬上就沿著山坡掃射而來。接著是手榴彈滾進到他們的陣地。右手方有人用英文喊道：「第二排的陣地被佔領了嗎？」

佐藤喊道：「沒有彈藥了！」另一人也喊：「我也沒了！」有人向他們丟了幾個彈藥夾，要把剩餘的彈藥分給他們，但毫無用處。由於憤怒和挫敗，神子衝出了「章魚穴」，後面還有三人跟著衝出來；幾乎就在他衝到山頂之前，朝山頂扔出了一顆手榴彈。出於一時衝動——或許是要嚇唬敵軍——他用英語大喊：「衝啊！衝啊！」

效果是很驚人的。一名美軍拿著刺刀衝過山頭，和神子迎面撞上。兩人張著大口瞪著對方。誰也沒開槍。接著這名美軍突然發覺到，衝鋒的命令是來自對方，馬上從山頂退了回去。

八尋的助手喊道：「全連，鄧興（Tenshin）！」「鄧興」的字面意義是「轉進」，也就是「撤退」的婉轉說法。八尋本人又重複了幾遍命令，接著像是在道歉一樣大喊道：「我們之後再推進！」

神子身旁的第二排的士兵從來沒有聽過這種說法——這是近來為了應付不斷變化的戰爭局勢創造出來的用語——不過，命令的緊急性迫使他們離開掩體，準備發動最後攻擊。

八尋拿著卡賓槍，跑出他的「章魚穴」大喊道：「鄧興！鄧興！」並把他們趕回來。

神子知道這個字的意思，但從來沒想到會在戰場上親耳聽到。他兩腿癱軟，看著美軍集中火力朝著已暴露出位置的第二排開火射擊。八尋用卡賓槍亂射一通。只有一名美軍倒下。八尋又射倒另一名美軍，之後他自己被打翻在地。神子把他拖進一個彈坑內。血都從他的喉嚨噴出。神子悲痛地喊道：「連長！」他把水壺拿到八尋嘴邊。八尋喝了一口，然後頭往旁邊無助地一斜，死了。

現在八尋這排所剩無幾的士兵的命運就掌握在神子的手上了。撤退，那是奇恥大辱，在多年的訓練中，後退是一再被禁止的。他們終究得戰死，但應該盡可能地多找一些敵軍陪葬。他大喊：「把你們手上的手榴彈都投出去！」說完就往山頭衝去，後面緊跟著五個人。這個意外的反擊讓美軍一時不知所措。他們在如雨點般的手榴彈攻擊中後退了。神子想，只要有一挺機槍就能打贏了！但這個無法實現的希望把他拉回到現實之中。他正率領著他的部下在做毫無意義的犧牲。他大叫：「跟著我！」便帶著第二排極少數的生還者和他自己的排兵，下山往二號公路撤退。他跳進路旁溝內，回頭張望。頭戴鋼盔的美軍正在山頂上往下探尋著。

溝內共有十一個人。神子領著他們一路——就是他之前領著整個「玉師」前進的那條原路——往下朝著奧爾默克走去。但是，撤退的恥辱仍在折磨著他。八尋曾經下令要他們撤退，但這一次的撤退卻是他下的命令——而且還丟下了長官的遺體。他把自己的性命看得比榮譽還重要？他每往回走一步，這樣的想法就折磨他一次。後來他覺得自己毫不在乎：為何要無謂地赴死？這對國家毫無幫助。

他感覺「心情輕鬆」極了。但這樣的愉快心情卻被一顆手榴彈的爆炸打碎了。那顆手榴彈是從二號公路的西面或是從山谷內扔過來的。沒有人受傷。他們開始奔跑。敵軍怎麼能在如此崎嶇的地形，這麼快就包抄他們？他們或許不可能再和主力部隊會合了。

沿著路往回走了幾百碼，他們來到一個涵洞，下面有條小溪。神子提醒自己：「沒法子！」唯一的辦法是盡全力，而不要擔心未來的事。他們都還活著。他們褪去骯髒的軍裝。卸下了綁腿，光著的雙腿看起來蒼白得不正常，就像豆腐一樣。當他們在溪水裡洗衣服時，開始相互嘲笑，你推我擠，就像又回到了滿洲，然後，只圍上一塊腰布，無憂無慮地躺下，一會兒就都睡著了。

一陣時斷時續的不祥之聲把他們驚醒。神子跳起身來。他看到山頂上的美軍正在用機槍朝他們射擊。他拿起步槍，其他人抓起衣服拔腿就跑。神子把彈夾的子彈打光之後也跟了上去。有幾枚迫擊砲的砲彈追著他們，一接觸到頭頂上方的樹葉就爆炸了。他們跑進密林內，穿上好不容易才搶回的衣服，然後繞道回到公路上。

當神子向團部的補給室報到時，主管該室的年輕軍官祝賀他們為營部取得了「重大勝利」。神子盯著他看。在山脊上，當第三營就要被殲滅時，他們可是一天天地在等待大量援軍到來。難道團部裡沒有人知道前線的狀況嗎？

二

在馬尼拉，山下將軍已知道鈴木的部隊在山脊上遭遇到頑強抵抗。他下令主力部隊從卡里加拉轉向，而鈴木應改在里蒙的下方朝東離開二號公路，從陸路直接穿過該島攻擊獨魯萬。這是道草率的軍令。山下將軍仍在懷疑在雷伊泰進行「決戰」是否合適。把呂宋戰役所迫切需要的人力和物資消耗掉，是有勇無謀的行為。此外，他有理由相信，鈴木在雷伊泰的戰事不會進行得太順利。而美軍的海空軍戰力「真的」在台灣和雷伊泰灣被打殘了嗎？

然而，寺內元帥還是一樣忽略這些意見。他說：「我們已經聽了第十四方面軍的意見，所以雷伊泰作戰還是要繼續進行。」

山下回答：「我完全了解你的用意。我將會執行，務求勝利。」

寺內的自信部分來自輕易地就在奧爾默克登陸了一萬三千人（其中一萬兩千人是屬第二十六師）。此外，一支載送著一萬名官兵的船團，在四艘驅逐艦、一艘掃雷艇和一艘潛水艇和另外三艘驅逐艦的掩護下，正在接近雷伊泰。

隔天十一月十一日清晨，運輸船團轉入奧爾默克彎。但就在此時，山下懷疑美軍海空戰力未被摧毀這個想法，立刻得到證實。第三十八特遣艦隊的約莫兩百架艦載機，在這支偷偷摸摸的船團抵達港口之前，就逮到它了。首波攻擊集中在這六艘運輸艦身上，它們傷痕累累。第二波攻擊對準驅逐艦，第三波攻擊則轟炸燃燒中的戰船和掃射落水逃生的官兵。這場屠殺非常可怕。美軍損失了九架戰機，炸沉了所有的運輸艦和四艘驅逐艦。一萬名官兵——幾乎是一整個師的兵力——只有少數幾人游過血染的大海，生還登岸。

這場災難並沒有改變寺內的看法，至少表面上是如此，但卻強化了山下對於雷伊泰敗局已定的想法。就在同時，他收到寺內的命令，要他繼續奮力作戰。他的態度則反應在十一月十五日他發送給鈴木的一封電報中，而這封電報幾乎就是預言要放棄雷伊泰：

第三十五軍將盡力完成摧毀雷伊泰島上敵軍的任務，將最低目標設定為阻止敵軍使用空軍基地……假使無法進一步運送部隊，呂宋將成為菲律賓諸島今後各戰役的主戰場。

可以理解，鈴木一定感到相當困惑。這是不是說，要他穿越群山朝獨魯萬發起主攻的命令作廢了呢？他知道必須守住山脊，不然美軍會傾巢而出沿著二號公路攻向奧爾默克。因此他下令片岡反攻。這樣不僅能守住山脊防線，而且還能分散美軍對他越過山區攻擊的注意力。

美軍坦克在這條曲折的道路上任意呼嘯而過。步兵從三面包抄，在經歷艱辛的肉搏戰後，除了東南角還有少數幾個懸崖被「玉師」的第五十七團的後衛部隊所掌握外，美軍佔領了整個山脊。該團的其餘部眾在夜間向南撤退，疲憊的士卒得靠前面人背上的螢火蟲閃光引領，才不致走散。這些人在鈴木的軍令下，又折返奪回剛棄守的陣地。

神子發現自己回到了山脊上——這次是在南端。他和青木是作為補充員兵被派到田中連上，這個連正固守在一座大小和「八尋嶺」差不多的山頭。安田達英中尉性格溫和。他幾乎是抿著嘴唇說：「我很高興你能夠平安抵達這裡。這個連的人數已經不及原有的四分之一，所以增加你們兩人，讓我們感到好像多了一百萬人。」神子被指派為第三班班長。「我們剛剛挖好掩體，他們還未攻擊我方。但他們很快就會打來。很高興你們要與我們一同戰死。」

還不到黎明，神子就被鳥叫聲吵醒。有一度他還以為自己又回到了千葉縣的山裡。透過濃密的樹葉，他看到有個紅色的東西。那是某個美麗的熱帶花朵嗎？不，那是隻可以養在動物園供人觀賞的羽翼豐滿的大鳥。但牠也是食物。他爬到中尉的掩體裡，小聲說，他要打下那隻鳥來吃。安田搖了搖頭，開槍就會暴露出他們的陣地。敵軍很可能也會開槍。那隻鳥拍打著難看的大翅膀，像是架滿載的運輸機一樣吵鬧著飛了起來，立刻吸引了迫擊砲的攻擊。

安田的連一整天都靜靜地窩在洞穴內，他們八個人分食一個飯糰。天黑之後，安田和三名班長爬上了山頂。在山那頭的半山腰上，一群美軍在空地上吃著東西，像是在郊遊野餐。中尉建議派兩個人下去找些食物回來。飢餓比恐懼更能折磨他們，三名班長也點頭表示同意。

兩名士兵被派去執行這項可能會送命的任務，全連整個晚上都在焦急地等待著。有一次他們聽見手榴彈的爆炸聲，還有機槍的噠噠射擊聲，他們都認定這兩名袍澤已經陣亡了。但天亮時，他們回來了，帶著一大包戰利品，像小學生一樣興奮地跳進了安田的掩體內。他們在黑夜中突襲了美軍一個機槍陣地，搜刮了所有能找得到的物品。這些掠奪品有幾罐香菸，還有幾盒他們的武器也用不上的彈藥。

青木點上一根美國香煙。他深吸一口之後說：「啊，我已經忘記菸草的味道了。我頭都暈了。」

那天神子在挖大「章魚穴」時，抓到一隻蜥蜴。剝了皮，肉是淡粉紅色的，這讓他想起過去他在家鄉的海中經常捕獲到的牛鰍。青木用匕首把牠切成好幾段，放在便當盒內煮到發白為止。神子覺得牠的味道嘗起來介於雞肉和魚肉之間。吃完後，他覺得精神來了，就像是注射了腎上腺素一樣。

中午時，安田下令神子的班爬上右方一百碼外一處具有戰略價值的圓丘，接替原先駐防在那裡的班兵。這個圓丘控制著這個區域，不斷遭到砲火攻擊。一旦陷落，會危及整個團部陣地。整個下午，第三班把敵軍打得無法靠近，但到隔天上午，美軍已經推進到足以扔擲手榴彈的距離。在戰鬥激烈時，敵軍的大量手榴彈攻擊不知為何停了下來。

周圍非常安靜，神子甚至能聽到鳥鳴——突然傳來一個像是噴燈的怪聲。一團黑色濃煙在他面前冒起。他大喊：「火焰發射器！」開始飛快地把手榴彈扔到最遠的地方。火焰最後終於熄了。他筋疲力盡地爬了回來，對於美軍的撤退感到困惑。有顆炸彈就在他面前幾碼的地方落了下來，不過沒有爆炸，它鑽到地底下去了。神子正慶幸這是枚啞彈時，地面就在他眼前像是火山爆發一樣炸了開來。這可是他有生以來所歷經過的最恐怖的事，像是一九二三年的大地震一樣撼動了他。他臉色發白地轉向青木說：「他們用了某種新武器。」（事實上是延發引信。）大地的轟隆聲不停，掀起了成噸的塵土。左邊已被夷為平地，他們兩人一直躲在「章魚穴」內。神子感覺手臂上陣陣刺痛，腿上也是，都是輕傷，是他在這整整七天的頑強戰鬥中所受的傷。雖然他抗議不願離開火線，但還是被送到了後方。

他的團部兵員少到不足四百人，在美軍無情的攻擊下解體了。十一月二十三日，第三十二師的第一二八部兵團的士兵突破了群山的險障，進入里蒙。「斷頸嶺之役」就此結束。只剩下些零星抵抗。兩天後，片岡將軍下令「玉師」的殘餘部隊在里蒙南方的二號公路附近重新集結。

神子和青木沿著公路蹣跚而行。他們來到一處滿是屍臭的山谷。幾千具腫脹且殘缺不全的屍體四散在道路上和兩旁的水溝中。乍看之下，這些屍體好像是被蛇咬死的——那些實際上是防毒面具的橡膠管。這就是「死亡谷」。在這裡，美軍以其精準火砲，攻擊了正要開往前線的日軍部隊。

他們離開道路，進入東面的叢林。每經過一條小溪，他們就看到成群的傷兵像是屍體一樣躺在那裡，他們已全無求生慾望。神子和青木繼續前進，自殺的念頭盤旋在腦海之中。他們遇到平野中士所帶領的七名掉隊的士兵，獲知美軍在斷頸嶺下方形成一個楔形包圍圈，幾乎直通二號公路。他們必須突破敵軍防線，才能回到自己的師部。飢餓驅使他們突襲了遇上的第一個美軍陣地。他們搶了美軍的口糧就跑，美軍發射密集的子彈打向他們。當神子吃完一片巧克力之後，他想著，才一點點食物就能有這麼大的不同！他們能夠忍受傷痛，但缺乏食物卻是大傷士氣。他心想著，如果我們和美軍有著一樣多的糧食，我們就還能在山脊上作戰。日本怎麼打得贏這樣富足和強大的敵手呢？

他們發現了一箱美軍空投的補給品，但也差點被一隊扛著箱子的黑人士兵發現。當神子舉起槍時，平野搖了搖頭制止了他。有一隊黑人士兵走了過來。

神子耳語著：「他們好黑啊！」他之前從來沒見過黑人。

「我們都是人，但我不懂他們怎麼會如此不同？」

「我懷疑他們的想法是不是和美國人一樣？」

平野說：「他們也是美國人。」

他們努力翻過一座山頭，在寒雨中強行軍了一整夜；到了天亮時，他們來到敵軍後方的二號公路。神子要小隊停下來。他向大家保證，他們一定能突圍；他們已經有了糧食，而在肉搏戰中，日本士兵是難以打敗的。「如果運氣不好中彈了，要像個男子漢那樣自殺。」

他們開始朝著公路前進。

第二十四章
潰敗

一

雷伊泰島上有組織的抵抗已瀕臨崩潰邊緣，但人在馬尼拉的山下直接下令，要鈴木宗作將軍集中殘餘的兵力，不顧一切地朝著美軍機場發動攻擊（ＷＡ作戰）。這些新建的機場不僅威脅整個菲律賓，也威脅著日本和南方——爪哇、馬來亞、蘇門答臘和婆羅洲——之間的補給線。

雷伊泰島上有三支主要部隊。「玉師」已經喪失了四分之三的兵員，最多只能拖延美軍沿二號公路推進南下。牧野的第十六師在沿海被追擊之後支離破碎。有些部隊還在達嘎米西部的山區堅守著，但其餘部眾則四散在內陸，主要是搜尋食物；他們一直靠著吃野生的昆蟲、蝸牛、青蛙、蜥蜴、蜈蚣、樹根、野草——以及浸透汗水的皮帶維生。

第三支部隊是第二十六師，將擔任「ＷＡ作戰」的主力部隊。該師除了分出一營兵力去保護奧爾默克外，已穿越里蒙下方的山脈朝著雷伊泰灣發動總攻擊。鈴木下令他們繼續朝東南方前進，並與來自呂宋的傘兵部隊和第十六師的殘眾會合，於十二月六日黎明，進攻布勞恩（Burauen）——一座位於杜拉格以西十英里、具戰略性的村落——附近的三座機場。

這個倉促而成的計畫一開始就受到破壞。首先，第二十六師的人員發現難以按照馬尼拉方面所預定的時間行動；鈴木要求延緩兩天，但遭到拒絕。其次，通訊失聯也損害到作戰行動本身。

十二月三日，氣象人員預測前線將有狂風暴雨，於是下令鈴木把攻擊時間延後一天。不過，這份訊息始終未能送達第十六師的殘餘部隊。他們按照既定計畫在十二月六日黎明之後，進攻布勞恩北方一英里的機場。此時他們總共只有三百人，這支薄弱的兵力因為逃亡更顯虛弱。他們遇上一群露宿的美國工兵。這些工兵大多數都從未朝日軍開過槍，除了一名炊事兵殺了五名試圖要在廚房內偷食物的日軍之外，其他工兵拔腿就跑。這些突襲者佔領了部分機場數個小時，但因為缺乏支援，又被擊退到北方的樹林內；他們在那挖掘工事，咒罵著沒有前來支援的傘兵部隊。

七百名傘兵——由白井恆春中校所指揮的第三傘兵團——此時還在呂宋島上，準備登上雙引擎運輸機。第一批將有二十六架運輸機載運著三百六十五名傘兵，於下午三、四點起飛。在戰鬥機的護航下，他們成群地朝南飛去。為了避免被偵測到，他們繼續朝著雷伊泰的西方飛去，繞過雷伊泰南方然後開始往雷伊泰灣方向飛行。太陽西沉時，他們在杜拉格的下方急轉朝西，沿著馬拉邦河（Marabang River）朝內陸的布勞恩飛去。

運輸機撞上了密集的高射砲砲火網，四架被擊落。其餘的運輸機下降到七百五十英尺的高度。六點四十分，傘兵部隊開始跳傘。他們原定集中降落在機場北部，但因為天黑的緣故，只有白井中校和六十名傘兵在目標區著陸。主力部隊則在布勞恩東方一英里半的聖巴勃羅（San Pablo）的簡易機場著陸。他們一面衝，一面著魔似地用英語喊道：「喂，你們的機槍跑到哪去了？」還有「投降吧！什麼都擋不住攻擊的！」美軍嚇傻了，眼睜睜看著這些日軍燒掉停著的戰機，並放火燒汽油與彈藥庫。

在北邊的機場，白井的人手太少，根本沒有戰力可言。他與還躲在樹林中的第十六師會合，等待第二批的傘兵。不過，卻沒有第二批了，因為惡劣的氣候再度封閉了雷伊泰。第二十六師也無法前來支援。只有一個營的兵力能夠抵達攻擊布勞恩的範圍內，而這批疲憊不堪的士兵又被美軍「第十一空降師」的一個營攔截到並擊退。

在聖巴勃羅的傘兵已經發現他們弄錯機場，但在摧毀該機場後，又於黎明時攻向西北方和白井會師。此時白井已擁有一支幾乎有五百人的可觀軍力，他重新作了編組。上午九點左右，他們已佔領了整個機場，頑強的部眾抵抗美軍四個營的進攻，堅守了三天。最後終因寡不敵眾，為數不多的官兵逃進山中。

——

正當白井要對布勞恩機場發動拂曉攻擊時，一支驅逐運輸艦組成的艦隊載運著整個美軍「第七十七師」，突然出現在奧爾默克灣。「WA作戰」不僅失敗了，還把鈴木最精銳的部隊第二十六師從麥克阿瑟下一個攻擊目標地區調離。

約莫在六點四十分，十二艘驅逐艦開始砲擊奧爾默克下方四英里遠的海灘區域。登陸艇從驅逐運輸艦中駛出，剛過七點，第一波士兵從「紐約專用號」（New York's Own）下船登陸，並未遭遇到任何抵抗。當天是「七一的幸運日──在南方，「第七師」已經穿越過該島被認為是無法穿越的山區道路腰部地帶，正沿著海岸北上，朝著奧爾默克推進。這些步兵只遇到從第二十六師抽調來守城的一個營兵力的抵抗。

鈴木沒有在海灘設立障礙物──他認為隔著狹窄的卡摩提斯海（Camotes Sea）位於宿霧的日本海軍基地能保護西海岸──因此現在被包圍了。日軍根本沒有什麼軍力能應付這個局勢。鈴木指示第二十六師及第十六師的殘餘部隊反轉回來，與他在奧爾默克會合。山下派出原定要開往雷伊泰的船隊，還下令把五百人的「第四傘兵團」送到奧爾默克北方八英里靠近二號公路的機場。不過，他們一直要到十二月八日黎明才到達，但又降落在幾乎是離目標區北方五英里遠的叢林中。

神子下士剛剛率領部眾穿越美軍防線抵達二號公路，遇上了六名傘兵，他們都很年輕，裝備精良且渴望作戰。神子警告他們，他們將會遇上人數十倍於己的敵軍，但其中一人大喊：「我的目標是在死前能殺死十個敵軍士兵！」說完便不好意思地臉紅了起來。

他的天真讓神子感到驚訝。帝國大本營憑什麼把這些孩子送來赴死？過去幾週以來的挫敗和懷疑，使他做出了一個在「八尋嶺」時似乎是叛國的決定：他要逃到另一個島上。為何要無謂地犧牲？他想起了日本，那美麗的山川。他要帶著少數幾名可信賴的同袍想方設法到西海岸，然後偷走一艘當地人的船。他們或許可以逃到婆羅洲。從奧爾默克方向傳來沉悶的隆隆砲響。聽起來像是敵軍的砲擊。美軍怎麼能如此迅速地到達那裡？

安德魯・布魯斯（Andrew Bruce）的第七十七師正沿著海岸往奧爾默克逼近，遇上了由運輸官三井上校指揮的一支裝備簡陋的雜牌部隊。這支部隊布署在市區南方幾英里遠的高地上，他希望能一直撐到第二十六師返回。其他增援部隊也從海路趕過來。十二月九日，第三十師的一個營在構成奧爾默克彎的小半島西岸的港口巴隆朋（Palompon）登陸。那裡離奧爾默克的距離只有十五英里遠，如果走曲折的山路有三十五英里長，等走到時布魯斯的部隊已經抵達市郊了。

隔天上午，美軍突破三井的防線進入奧爾默克，市內布滿著成堆的礫石和還在燃燒的建築物。濃濃的黑煙籠罩著這個地區。當天下午，布魯斯將軍把勝利的消息匯報給軍長約翰・霍奇（John Hodge），提醒他「第五航空隊」指揮官的承諾：

……懷海德將軍曾經承諾過，攻下奧爾默克就會有一箱威士忌，現在這箱威士忌在哪。我是不喝酒的，但我的副師長和團長都要喝……

幾個小時之後，布魯斯發出另一封電報，提到正沿西海岸道路北上的第七十七師。

兩個「七」已經攻入奧爾默克。七日來，十一日到。

還有兩支日本船團正在前往奧爾默克灣。其中一支載有第八師的三千兵員以及九百噸的彈藥和補給品。隔天上午，當這五艘運輸艦、三艘驅逐艦和兩艘潛水艇，在三十架戰機的護航下接近雷伊泰島的西海岸時，遭遇到海軍陸戰隊「海盜式」（Corsair）戰機的攻擊，三艘運輸艦被擊沉。其餘艦船救起部分落水者，轉向巴隆朋，但有七百人淹死。在船隊抵達港口之前，海軍陸戰隊和陸軍的戰機又擊沉了一艘運輸艦。

最後一支船團——兩艘驅逐艦和兩艘運輸艦——載著伊藤少校所指揮的四百名海軍特遣隊員以及九輛兩棲坦克和二十門迫擊砲。它們並沒被美軍偵測到，過了子夜幾個小時後，完整無損地接近奧爾默克。就在此時，有艘美軍驅逐艦「卡格倫號」（Coghlan）發現到它們的蹤跡，並朝它們開火，擊沉了一艘驅逐艦。運輸艦繼續航行，其中一艘停在一座被美軍佔領的城鎮附近，並試圖讓士兵下船登岸。岸上打來的砲彈幾乎要淹沒了第一艘駁船。日軍大喊道：「別開火！」他們不知道這座城鎮已經落入敵軍之手。

其他運輸艦幸運地抵達海灣的對岸，在那卸下了提供給鈴木的最後一批援軍和補給品。考慮到開往雷伊泰島的船艦高達百分之八十都被擊沉，這次總數達四萬五千名官兵能夠安然登岸，這是相當傑出的表現。不過，運上岸的補給品卻低於一萬噸，大幅削弱了這些部隊的戰力。

二

雖然還沒丟失掉雷伊泰島，為了最後的決一死戰也已強化了呂宋的防務，但帝國大本營卻下令把盟軍戰俘撤離到日本本土。如此，這些戰俘可以被當作勞工，或是作為人質。

日本長期以來公開詆毀盟軍對待戰俘的方式，但又宣揚自己優待戰俘。三名杜立德手下的飛行員

〔迪恩・霍爾瑪克中尉（Dean Hallmark）、威廉・法洛中尉（William Farrow），和哈洛德・史帕茲中士（Harold Spatz）〕被處決的幾個星期之後——他們曾經受到虐待，然後立即宣判——《日本時報》譴責英軍以非人道方式對待德國戰俘。

……不用說，日本政府一直以來都是基於人道考量，尊重指導戰爭行為的國際法原則，並且已經竭盡所能善待日本所拘押的英國戰俘。

據稱，美軍「在不同的戰俘營內都能愉快地生活著」。

從「巴丹死亡行軍」（Bataan Death March）的數名生還者，在呂宋的卡巴納端（Cabanatuan）所保有的祕密筆記本中，就能約略揭露出是如何執行死刑的。詹姆士・吉萊斯比上校（James Cillespie）是名軍醫，描述了一隊剛進入戰俘營的戰俘：

……一路緩慢走著的戰俘，衣衫襤褸、蓬頭垢面、半裸身軀、蒼白浮腫、毫無生氣。他們步伐蹣跚，有些拖著腳步，有些還站立不穩而跌倒在地，還被押送人員驅趕繼續前行；而這些押送的人中大多數也只是比這些戰俘的狀況稍微好一些而已。他們四肢腫脹大到原來的一倍大，面無表情——不成人形或毫無血色。比實際年齡衰老到不可置信的地步。光著腳走在石子路上，用破爛的粗麻布袋蔽體，有些人一絲不掛。他們就這樣來到了……「路的盡頭」。他們原本是年輕、機靈又身強力壯的美軍第三十一步兵師——航空部隊和防砲部隊的士兵。這確實是最悲慘的景象，但願我永遠不要再看到了。

這些戰俘被迫吃貓、狗、小老鼠和垃圾維生；現在，他們平均體重都少掉五十五磅。在卡巴納端的頭一年，總數約六千五百人中約有兩千六百四十四人死於瘧疾、痢疾、白喉和其他疾病。根據上尉薩謬爾・布魯姆博士（Samuel Bloom）的說法，這些人死亡的原因完全是「由於日本的忽略不理，刻意地任其飢餓，而不提供醫療補給品的政策所造成的結果。」

另一本日記是由牙醫羅伊・包丁少校（Roy Bodine）所記載，他曾參加過巴丹戰役，從麥克阿瑟登陸雷伊泰的前一天起，他就開始祕密寫日記。他永遠也不會忘記那天，他們一組人搭乘卡車被送往馬尼拉的比利比德（Bilibid）監獄，在那聽說要只是暫時待在那裡，之後都會被送到日本去。他們對於在敵軍本土可能會受到的待遇感到害怕，但轟炸馬尼拉地區以及企盼已久的麥克阿瑟登陸的消息鼓舞了他們。[1]包丁醫生在十月二十八日的日記中寫道：

登陸的消息加上轟炸，讓我們燃起希望，日本鬼子無法把我們送離這裡。每天，他們都在散布謠言，說我們兩、三天內就要離開，但總是持續拖延。我們希望並不斷地祈禱他們辦不到。真是「提心吊膽」。

包丁的希望並沒有實現。十二月十二日，日軍隨便地檢查了所有的病患。伙食有所改善，還發了肥皂和衛生紙——這是即將要出發的明確信號。包丁寫道：「如果麥克阿瑟就在附近，卻要我們離開這裡，那我們真的是要瘋了。」

隔天上午，他和另外一千六百一十八名戰俘排列成隊沿著奎松大道，走出有城牆的市區。菲律賓人站在兩側人行道上看著這讓人傷心的隊伍，許多人偷偷地用手做出V字型。盧內塔公園擠滿著倉促搭建的軍營，但包丁小時候住過的格蘭盧納區（他的父親曾經是名陸軍牙醫）卻沒有任何變化。當他們接近碼頭時，他看到了美軍近來轟炸後的成果，在海灣內那裡至少有四十艘炸壞的船體。

戰俘們在七號碼頭登上了一萬五千噸的「鴨綠丸」，這是艘在戰爭爆發前夕為了發展觀光貿易所建造的豪華郵輪。[2] 曾在巴丹幾十場叢林戰役中出生入死的阿德里亞努斯・范烏斯坦少校（Adrianus van Oosten），憂鬱又饒有趣味地看著麥克阿瑟那輛閃閃發亮的帕卡德牌（Packard）汽車，裝在貨網裡被吊上船，歪斜地靠在船艙板上，並撞壞了汽車的擋泥板。海軍陸戰隊柯蒂斯・畢其中校（Curtis Beecher）想起他一九二九年結束中國的任期回國時，船就曾停在同一個碼頭，而此時卻與七百名戰俘被驅趕到有如地牢般的前艙內——這艘船的前一次航程是運送馬匹。幾分鐘之後，艙內就變得悶熱不堪，制服也被汗水浸透了。

包丁那群人——三百名陸海軍醫護人員和平民——都擠在三層甲板下方的中段船艙內。天黑後，從上方降下了八桶米和幾盤魚。郵輪開動了。繞過了巴丹半島進入蘇比克灣，然後持續往北前進。突然之間，收到前方有危險的警報，於是掉頭並停泊在奧隆阿波（Olongapo）下方的防護水域內。戰俘在黑暗中彎腰坐著，心情起伏不定。包丁想著，要麼就是在日本多待個幾年，要麼是被潛水艇或戰機葬送海底。

擠在前艙內的七百人的狀況早就令人無法忍受。只有一個小小的船艙通風口在換氣。供他們大小便的幾個尿盆尿桶，也很快就裝滿了，甲板上散發著尿臭味，排泄物也四散在甲板上。黑暗中有人驚叫道：「喔，我的天啊！」有人尿在他的水壺中，而那人又喝了它。畢其上校想起《加爾各答的黑洞》（*Black Hole of Calcutta*）這本書，當初讀的時候沒有留下什麼印象，他現在才體會到那有多可怕。有聲慘叫蓋過了呻吟聲和嘆息聲，范烏斯坦少校聽起來覺得像是火雞在咯咯叫。突然，又是這個聲音，就在身旁；他旁邊的人開始囈語。透過從通風口射進來的星光，范烏斯坦可以看到身旁那人正逐漸失去意識。他口吐白沫，舌頭不斷舔著雙唇。雙眼直視，卻看不見東西。他身體歪了過去。死了。

在後段船艙，其他六百名戰俘正經歷著同樣的地獄般慘狀。他們只有極少量的米飯和魚，但沒有水喝。他們多數人在走過酷熱的大街時，沒有多加考慮就把水壺內的水喝光了。他們用餐盤當扇子扇，但無濟於事。在這如火爐般的高熱下，人們開始脫光衣服。他們在黑暗中叫囂著要喝水。但衛兵根本不予理會，因為他們的袍澤也是在同樣的船艙內來到菲律賓的，只是沒那麼擁擠而已。戰俘的叫嚷慢慢地耗盡了空氣中的氧氣。有個人忍受著窒息的痛苦，以難以置信的克制力搖搖晃晃無聲地倒了下去；其他人則拚命張口呼吸，在倒下之前還瘋狂地東揮西舞。有十幾個人渴得要死，抓狂地割砍同伴的喉嚨和手腕，吸吮他們的血。驚恐使船艙變成了精神病院。巴丹半島上的老兵維吉爾・麥柯倫少校（Virgil McCollum）認為這是「所能想像出最為恐怖的經歷，在人類文明史的紀錄中並無前例可尋」。當晨曦的光線從通風口照射進來時，已有幾十具屍體躺在那裡——有些是窒息而死，有些則是被殺死的。

上方傳來了幾聲緊張的喊叫聲。高射砲的射擊聲，玻璃碎片從通風口如雨般打了進來。好幾枚炸彈擊中船身，機槍子彈也嘩啦啦地打在甲板上。後艙的戰俘害怕被困在下面，紛紛爬上階梯，守衛朝著他們開槍，又被逼了回來。轟炸機每隔半個小時就回來轟炸一次。

包丁和兩個朋友——約翰・赫金斯上尉（John Hudgins）與鮑伯・納爾遜少校（Bob Nelson）都在中段船艙內，為了躲避從通風口飛來的流彈，躲進了一個小儲藏室內。雖然裡面很悶，但卻是個安全的避難所——也就是說，除非是魚雷或炸彈直接命中，否則是安全的。包丁是個天主教徒，隨著死亡逼近，他開始不斷禱告。他數著念珠，不斷重複著他所知道的經文。在砲彈和子彈打到鐵板撞出震耳欲聾的聲音中，他聽見赫金斯反覆說著：「耶穌拯救我們！」擠在這樣一個小房間裡，他們發覺在空襲的空檔中，是無法保持清醒的。每當空襲再度來臨時，他們就驚醒過來，昏昏欲睡地祈禱。

前艙的戰俘又再度面臨恐怖的夜晚。有人大喊：「安靜！」「不要緊張！」但是當溫度攀升到華氏一百一十度時，再度爆發了騷動。這是畢其上校一生中「最糟糕也最野蠻的時刻」。在他周圍的人都發狂了，在黑暗中互相撞來撞去，滑倒並跌落在糞堆上；病號被踩踏著；人們拳打腳踢，瘋狂鬥毆。有些人像是動物一樣跪在地上，捧起汙水就喝。

在後段船艙內，麥柯倫少校硬擠到船殼邊，用舌頭去舔鋼板上凝結的一些水珠。這晚的大混亂甚至比前晚的還要糟。一名上校在他的正式報告中寫道：「許多人都瘋了，拿著刀子在黑暗中爬來爬去，想要殺人然後喝他們的血，或是在黑暗中亂揮舞著裝滿尿的水壺。船艙內擁擠不堪，每個人都彼此緊挨著，要移動就只能從別人的頭頂或身上跨過。」

約在清晨四點，一名翻譯向中艙的戰俘們宣布，黎明時他們就能上岸，可以帶著褲子、襯衫、水壺和餐具——如果他們想帶著鞋子，就必須用手拿著。戰俘們盡可能地把東西塞在口袋中，在黑暗中把手伸進背包把最珍貴的東西掏出來。包丁把妻子的念珠和自己的念珠一起套在脖子上，並把鞋子搭在肩膀上。在最後一刻，他想起自己的筆記本，便把它塞在襯衫中。他最感到遺憾的是，他把那些牙醫器具都丟了。在巴丹半島上的多次戰役中，在「死亡行軍」甚至好幾個戰俘營中，他都一直帶著這些器具。

黎明過後沒多久，第一批的二十五人，包括五名傷患，開始爬上階梯。翻譯幾分鐘之後回來又叫了二十五人。當他們開始爬階梯時，翻譯瘋狂地揮手要他們回來：「很多戰機！很多戰機！」

有枚炸彈擊中了「鴨綠丸」的艦尾，彈殼碎片射進後船艙內。船體上層結構坍塌倒下堵住艙口，把那些喊叫的人壓在底下。大火開始橫掃整個船體。超過百名戰俘因受困而亡，有一百五十人瀕臨死亡。

前艙中，體力最好的人才爬得上四十英尺高的階梯，並打開艙門。在附近，他們發現好幾包蔗糖，於是扔了幾包給下面的人。范烏斯坦狼吞虎嚥地吃了一把糖。奇蹟似的，他感覺自己有了一股力氣，爬上了階梯，不久之前他還十分確信自己是爬不上來的。在甲板上，被機槍掃射或是炸彈炸死的日軍屍體被裝在草織的米袋內，五個一堆排成長長一排。范烏斯坦跳過船沿。微涼的海水讓他精神大振，他開始往岸上游去。在蜷縮身體兩天兩夜之後，這樣的動作突然讓他拉了一褲子的屎。

一名守衛往下對著包丁這群人大喊道：「都滾回去，快點！」包丁在甲板上看到四分之一英里外的海灘——奧隆阿波。好幾百人，有日本人也有美國人已經在海中，掙扎著想要游上岸。有些人向那些站在船舷邊游移不決的人喊道，船要沉了。包丁把一塊四英尺平方大的木板丟進水中，跟著就跳了下去。游到一半，他回頭看過去。那艘豪華郵輪看起來就像是廢物堆。四架戰機低飛而來。其中有架俯衝而下，似乎就要掃射，但海中的人拚命地揮手，機翼擺動了一下，急遽上升飛走了。包丁決定游回去幫助其他人。他看到一條掛在船邊的繩梯，於是衝動地開始往上爬，要去取回他放在甲板上的衣服。當他開始攀爬時，才知道自己有多虛弱。他在甲板上把襯衫、一頂老舊的菲律賓帽和一雙鞋捆在一起，綁在一個三英吋長的彈殼上，丟到海中，自己又跳了下去。

一千三百名生還的戰俘被趕到一個有圍欄的網球場內，在烈日下蹲在水泥地上。

三

十二月十五日上午，麥克阿瑟朝著呂宋島邁出了一大步。七點三十分，兩個團的戰鬥部隊在呂宋島南方幾英里外的民都洛島（Mindoro）登陸，未遭遇到抵抗；到了傍晚時分，已經往內陸推進了七英里。

山下將軍完全不想浪費兵力去防守民都洛——該島駐軍只有一千人——也不想再派增援部隊到雷伊泰島。十二月二十二日，他把這項決定電告給總部設在宿霧市的鈴木：

請重新布署部隊，以能在你選定的地區進行持久堅守作戰。請選擇如內格羅斯島上的巴科洛德（Bacalod）這樣極適合自我維持作戰的地區。本電報解除原先指定給你的任務。

三天後，這份電報才送到鈴木手上；但他已經下令第三十五軍的殘眾要在巴隆朋附近集結。

對於棄守雷伊泰島最感心煩意亂的人除了鈴木之外，大概就是小磯國昭首相了。他在十一月八日曾經公開承諾，日本軍隊將在雷伊泰取得勝利。在一篇對全國的廣播講話中，他把雷伊泰之戰比做是一八五二年那場決定日本歸屬的「天王山之戰」。小磯事實上已經保證如果日本贏得雷伊泰之戰，就將贏得這場戰爭。而他又在一個十分尷尬的時間點上——在他前去晉見天皇的路上——獲知放棄雷伊泰島的決定。天皇立刻詢問首相，在將雷伊泰之戰比擬為「天王山之戰」後，又要怎麼向人民解釋雷伊泰的敗戰。惶恐不安的小磯喃喃地說，他會盡全力挽救局勢，但他知道，只有出現奇蹟才能拯救他的內閣。

布魯斯將軍的部隊在聖誕節當天上午發動突襲，這徹底打亂了鈴木下令要在巴隆朋附近集結的布局，迫使鈴木和他的參謀人員沿著雷伊泰西海岸，朝著聖伊西德羅（San Isidro）附近的山區逃逸。在美軍第七十七師的一個加強營，搭著水陸履帶運兵車和機械登陸艇（LCM）從海上接近港口之前，他們就已經從巴隆朋撤離。在登陸之前，美軍用架設在內地十二英里遠的一五五毫米大砲和砲艇轟擊該區域。七點二十分，第一波部隊在未遭到抵抗的情況下上了岸，並在中午前後佔領了這座城鎮。布魯斯將軍發電給軍長：

> 在雷伊泰戰役中，第七十七步兵師於聖誕節所能提供的禮物就是佔領敵軍最後一個主要港口巴隆朋。在上帝之子的誕生日這天以及光明節之際，我們全體對主致上感恩。

麥克阿瑟在下午宣布，雷伊泰島上的戰事「除了一些次要的掃蕩性作戰外」，已經結束了。他將掃尾的任務交給「第八軍」，如此一來克魯格的「第六軍」才能為入侵呂宋島做準備。

神子和三名夥伴在聖誕夜抵達了一個離鈴木臨時總部只有幾英里遠的海灘。當巴隆朋的戰火之聲平息下去之後，他們聽到的是極不協調的「和平降臨，人人善意」的聖歌。美軍大兵在上方山丘唱著聖歌。

神子和同袍們一路上對抗成群的游擊隊，穿越那幾乎難以克服的地形——流沙、沼澤甚至是峭壁——這才抵達了海邊（青木和平野中士脫離了隊伍，此隊伍有時多達五十人）。他們要逃離這個島的決心動搖了不只一回。就在幾個小時之前，他們一想到逃亡就良心不安，還曾遺棄隊伍中的一名傷兵，沿著海灘往南走向巴隆朋，要去協助防衛這個城鎮。途中被一名正在撤退的軍官攔住，命令他們轉回頭去跟著他的隊伍。當神子他們幾人來到遺棄那名傷兵爐端的椰林時，他們幾人放慢了速度，決心再度逃跑。

他們在黑暗中找到一艘螃蟹船（banca boat），用帳篷做了一張帆。他們把槍、水壺和椰子都放在舷外浮材上，然後爬上船。

有人小聲問道：「那爐端怎麼辦？」

中村——漁民出身，這次航行就得靠他——警告，五個人就太多了，但神子反對拋棄傷兵。有個人打斷了他們低聲爭論：「班長，我留在這裡。我最適合了。」而爐端就坐在幾碼之外的沙灘上。

中村說著：「班長，我也要留下來。」就跳出船外。另一人也跟著跳出去。

神子費力地把船尾拖到沙灘上，和其他人一起靜靜地坐在爐端的身邊。最後爐端說他感到很抱歉，為大家造成這麼多的麻煩，說完便一拐一拐地離開了。

中村低聲地說：「這艘船連我們四個人坐都太小了。不可能搭這東西就到別的島上去。」

神子喊道：「你一開始就知道的！你說你想要死在陸地上，你『不要』死在海上！你死在哪都無所謂。問題是，哪種辦法才能有最大機會活下去。」

其他人依舊圍成圓圈坐在沙灘上，盯著那艘隨著海浪起伏的螃蟹船。

傳來了一聲槍響。有人說：「真可憐。」而另一人說：「這總比淹死要好。」這使神子做出了決定。他從背包中拿出一枚手榴彈。他大喊：「讓我們跟隨爐端吧！我們活不過明天的。所以，就如你所願，讓我們死在陸上吧！我們一起活過，就讓我們同死吧！每個人都靠近一點！」他拉開手榴彈。四秒之內就會爆炸。

中村向後倒下。大喊說：「我走！」

神子把手榴彈向肩後一扔，接著就爆炸了。他跳起身來。「好吧，走了！」

螃蟹船在月光中慢慢地駛出小港。在岸上還不願離開的中村，當他熟練地駕著船朝宿霧島方向前進時，他完全變成了另一個人。月光突然消失了，有個冷冷的東西打在他的臉上。下雨了。烏雲不祥地捲了上來。中村抬頭看了看，然後說：「回頭吧。」

神子說：「中村，我們已經在海上了，而且決心要死。還是繼續前進吧。」

這脆弱的舷外浮材飄忽不定地翻騰著。中村扳著臉抓緊著舵柄，其他人用水壺把積水舀出去。有個黑影伴隨著吼聲在他們面前出現——這必定是載著第三十五軍總部人員遷往宿霧的快艇。他們揮手大喊道，但那艘快艇卻開了過去。那是艘美軍魚雷艇。

雨在黎明前停了下來，太陽從靜靜的海面上升起。他們四周都是光禿禿的小岩島。南面，在陽光下隱約冒出一個大島的輪廓。這必定是他們第一個目的地宿霧島。中村改變航道，順著風勢，這艘小螃蟹船切過水面，像是以高速騎著一台腳踏車般前進。

神子開始唱起他最鍾愛的歌曲，一首他曾教他的學生唱過的曲子：

從遙遠的一個不知名的小島，漂來一顆椰子。
遠離你故鄉的海岸，你在海浪上漂盪了多少時光？
我想念遠方的潮汐，不知何時方能回到故土。

四

鈴木將軍已經選了位於西海岸上介於巴隆朋和聖伊西德羅之間的康圭坡山（Mount Canguipo），作為集中殘部的地區。這座山約一千兩百英尺高，地形崎嶇，叢林茂密，東面和西面陡坡都是岩塊，是個天然堡壘。每天都有第一師和第六十八旅的脫隊士兵筋疲力竭地來到康圭坡山，但第十六師和第二十六師的殘眾則在二號公路附近被牽制住而無法動彈。

許多人就算是能逃離，也無意去找鈴木的陣地。就像神子一樣，他們免不了都會想著，在這樣的情況下死在雷伊泰島，實在毫無意義。福榮真平中將在奧爾默克北方位於二號公路和西海之間的山中，自作主張地率領著幾乎耗盡的第一〇二師——這個師在這場戰鬥中也沒有發揮多大作用——逃離這座島。實際上，他部下已經有五十人搭船逃離了。

十二月二十九日晚上，鈴木收到了福榮這一週以來發出的第一封電報：「第一〇二師正朝著海岸前進，將從那裡搭小船前往宿霧。」這樣的行為是鈴木從來不曾見過的，幕僚們好不容易才勸服他不要立刻把福榮送到軍事法庭。他下令第一〇二師待在原地；福榮本人則帶著參謀長立刻向軍總部報到。

不過，這樣的直接命令還是被置之不理。福榮的答覆——由他的參謀長和田上校所擬定——和之前決定要逃亡的電報同樣讓人氣憤：「我們重視軍本部的努力，但此刻我們正忙於準備撤離。因此，師長和參謀長都無法向軍指揮部報到。」

就在年底最後一天的晚上，福榮厚顏無恥地要求鈴木對他的抗命給予方便：「美軍戰機在十二月三十日晚間已經催毀了所有用來撤退的船隻，如此一來就延宕了我們離開的時間。你能否派出一艘裝甲船協助師長出發？」福榮和其參謀就與神子一樣，設法搭著「螃蟹船」渡過卡摩提斯海。到了宿霧市，福榮被鈴木解除師長職務。他接受了鈴木要他留在宿霧島上的指示，而他也沒有其他地方可去。

在雷伊泰島上，日軍正在康圭坡山為長期被圍困作準備。他們向當地農夫收購了大量糧食，還加上了蕨類、野草和皇宮菜。鹽是從海水分離出來的。就雷伊泰島而言，鈴木的計畫是要盡可能地牽制住大量美軍部隊，但他也開始懷疑這樣的犧牲是否有效。現實而言，康圭坡山又能堅守多久呢？只要一次猛攻就能將之攻克。幾乎每天都有一百名人員餓死。這樣對帝國有所助益嗎？而且山下早就批准他撤離了。

對於一名日本武士而言，這是個極其痛苦的決定；僅僅在一週之前，他從來沒想過他會做出這樣的決定。「玉師」會是首先開拔的部隊。片岡將軍和他的師部在一九四五年一月十二日的晚上，分乘三艘船離開了，在黎明後就到了宿霧島。隨後在一週內，七百四十三人——精銳的「玉師」所有殘存的人數——帶著四挺重機槍、十一挺輕機槍和五個榴彈發射器抵達了宿霧。但隨著羅伯特·艾克爾伯格中將的第八軍收攏對鈴木的包圍，繼續撤離是幾乎不可能的事了。

除了那十六週冗長而乏味的掃蕩行動外，這場戰事已經結束。日軍派出了七萬名官兵來防衛雷伊泰島，對抗二十五萬名裝備精良的美軍，已經打得極為出色。美軍有一萬兩千名傷兵，陣亡三千五百人；但日軍只有五千人——十三分之一的比例——能夠生還回到日本。對於美國人而言，這是場決戰。美軍摧毀了日軍整整一個軍的兵力，也使日本殘餘的空中戰力和艦隊自此萎靡不振。現在，除了硫磺島和沖繩島兩個島嶼作為堡壘之外，日本本土已暴露在敵人面前。

第七部
苦盡甘來

PART SEVEN
BEYOND THE BITTER END

第二十五章　「千載難逢的機會」

一

在中國和緬甸戰場的戰事還在進行著，相對其他戰區新聞報導較少，但對於參戰的雙方——不僅是雙方——還有陷入這場戰亂之中的億萬生民而言，他們都備感痛苦、沮喪，處境悲慘。在廣袤無垠的地域作戰，無論是在人的意識上還是地理上，都是場夢魘。

英軍在一九四二年初就被屈辱地掃出了緬甸，他們幾次試圖重新奪回，都鮮有成效；美國人和中國人對日本佔領區的突襲，同樣也不具有決定性作用。但到了一九四四年底，貪得無厭的野心，卻使日軍在緬甸陷入災難之中。他們的夢想是要在錢德拉．鮑斯的「印度國民軍」（India National Army）的協助下，顛覆大英帝國基礎不穩的印度。而第一個踏腳石就是離緬甸西方邊界只有五十英里的具有戰略意義的城市因帕爾（Imphal）。這不僅是通往印度的大門，而且佔領該市還具有不可估量的宣傳價值，能夠激勵所有的反大英帝國主義者。

奉命在緬甸維持守勢的日本軍事將領，幾個月以來都一直要求對印度發動攻擊。這些請求，連同錢德拉・鮑斯的呼籲，終於受到關注：一九四四年初，帝國大本營下令「第十五軍」圍攻「因帕爾附近的印度東北部重要地區」。軍長牟田口廉也中將認為，佔領因帕爾是深入攻擊印度的一系列戰略的第一步。他之所以會有這種想法，是因為他的敵手奧德・查爾斯・溫蓋特准將（Orde Charles Wingate）造成的。溫蓋特有著救世主般的形象，其率領的「欽迪特遠征軍」（Chindit）[1]以許多非正統的作戰方式，在防線後方持續騷擾著緬甸的日軍指揮官。雖然牟田口先前曾反對入侵印度的計畫，但溫蓋特的突襲讓他的想法有所改變。如果一個英國人能夠把部隊帶進濃密的叢林和深山之內，那他也能辦到，而且還能帶上更多部隊。不過，帶領一群針對這種地形而特別訓練過的游擊隊是一回事，率領一個軍的部隊又是另一回事。

牟田口的作戰參謀片倉衷上校深知這些障礙對部隊造成的困難：得穿越深河與峻嶺，而第十五軍目前還缺乏糧食、彈藥和醫療補給，無法執行這樣長期又艱辛的戰役。片倉力陳其疑慮——自從「二二六事件」因為反對叛軍而在脖子上挨了一槍之後，他一直都是坦率直言——但未能說服牟田口改變計畫。

日軍三個加強師還有鮑斯的「印度國民軍」的其中一個師——總數達十五萬五千人——在一九四四年三月八日渡過了欽敦江（Chindwin River），還翻過了分隔兩國的山嶺。抵達印度後，鮑斯的士兵紛紛跪了下來親吻祖國的土地。他們大喊道：「印度勝利！印度勝利！」他們朝著因帕爾北方八十英里橫跨在英軍補給路線上的科希馬（Kohima）前進。他們會從那裡南下，攻向因帕爾，而「第三十一師」在奪下科希馬之後也會緊跟上來。另外兩個日軍師則直朝因帕爾而去。

英印「第十四軍」軍長、英軍在遠東地區最熟悉地面作戰的指揮官威廉・斯利姆中將（William Slim），曾經推測到牟田口會攻擊因帕爾——也許還會派一個旅轉移到科希馬——他以「輕鬆的心情」在等著這場戰役。他的計畫是讓日軍推進到因帕爾平原的邊緣地帶，在日軍「對我方嚴陣以待的陣地發動攻擊」時，全力反擊，並一舉殲滅。

當他獲知敵軍——兩個師的兵力——正在攻擊科希馬時，於事後寫道：「我的心為之一沉。」這不僅危及一個軍事要地，還威脅到己方軍隊唯一的補給基地，以及離科希馬西北方三十英里的迪馬普爾（Dimapur）的鐵路卸貨分發站。他立刻下令進行增援。「當我奮力修正我的錯誤，以及用鐵路和飛機來加速運送援軍時，我知道這一切都取決於遭受到第一波攻擊的部隊是否能堅守。如果他們能夠撐到援軍到來，一切都會安好；否則我們就要大禍臨頭。」最令斯利姆感到害怕的是，日軍可能會繞過科希馬，沿著鐵路前進。於是，他在科希馬山建立起一道緊急防線，以阻擋通往迪馬普爾的道路。他從當地行政部隊中「湊」了一些人馬，五百名還在復原期的病號也發給武器送往前線。

然而，第三十一師師長佐藤幸德卻指揮全軍攻擊科希馬，守軍頑強抵抗——他們被逼到一座山上——只有「印度國民軍」的部隊南下前往因帕爾。該市的西方和南方的陡坡上，另外兩個日軍師已經在構築土木混用的強大碉堡系統，準備發動聯合攻擊。

印度部隊的指揮官在四月十八日回報了令人難以置信的消息，南下通往因帕爾的道路只有少數守軍，他的前鋒部隊離城市「只有一箭之遙」。勝利就在眼前，鮑斯已帶著大量準備發行的新鈔票。不過，當佐藤發現他在科希馬得付出更多代價時，他拒絕向進前去因帕爾，鮑斯的夢想也就隨之破滅。他反而武斷地命令部下準備退回緬甸，他曾經得到口頭批准（這並不是讓他真的執行），如果在四月中句前沒能得到糧食和彈藥，就可以撤退。

鮑斯氣極了——佐藤若是不支援他的前鋒部隊，「印度國民軍」的部隊就永遠無法突破因帕爾。他確信這是第十五軍的詭計，並指責日本人刻意不讓印度人在自己的國家內贏取第一場意義重大的勝利。牟田口也對佐藤氣憤不已（並解除了他的師長職務），但不管怎麼解釋，鮑斯還是深感不滿。

在因帕爾的日軍已準備攻城，並要求鮑斯在天皇誕辰當天發表一篇廣播演說，把因帕爾當作是天皇的壽禮。鮑斯備受侮辱。他現在堅決地反對任何非由「印度國民軍」所領導的入侵印度行動。他主張印度部隊現身可以引起印度全國人民的響應、起義，但日軍入侵只會把成千上萬的印度人推往英國人那一邊。

這場爭論帶給了斯利姆將軍雙重優勢：不僅敵軍產生分裂，同時也為鐵路和空運援軍到因帕爾地區爭取到時間。日軍從六條道路湧向這個城市，但守軍得到強大的空中支援，守住了每一個據點。消耗戰一週一週地持續下去。日軍兩個師長逐漸相信，要強攻下因帕爾已經是不可能的事，而其中一個師長甚至在沒得到命令之前就開始撤退。

陸軍參謀次長秦彥三郎在杉田上校和其他參謀人員的陪同下抵達前線來視察，他們回到東京後，告訴東條令人沮喪的結論：「因帕爾作戰成功的機會微乎其微。」

東條指責秦散布失敗的謠言。首相曾經指望「U作戰」（Operation U）的成功，來轉移民眾對於太平洋馬紹爾群島巨大損失的注意力。他極度失望，以至於他譏諷性的言論似乎也把御弟三笠宮親王帶了進去，親王就坐在秦的對面；室內的氣氛頓時僵硬起來。秦依然靜默無語。種村上校在自己的日記中寫下：「我真想摘下我的臂章，然後痛揍他一頓。」

牟田口在六月五日會見了他的上級，緬甸方面軍指揮官河邊正三中將。牟田口不得不解除他部下所有三名師長的職務——這在日本陸軍史上聞所未聞（其中一人不適任，另一人是因為患病，第三人則是因為拒絕奉命）。此時他正要宣布停止「U作戰」的時間點到了，但卻開不了口。牟田口事後回憶說：「我那時希望，河邊將軍會在沉默中讀出我的心聲。」

河邊並沒有那樣的觀察力。他在回憶錄中寫道：「錢德拉・鮑斯的命運和我休戚與共。因此我無論如何都必須盡全力去協助牟田口。我不斷對自己這麼說。」

會晤後第一天，在歷經了這場大戰以來可以算是最慘烈的六十四天戰鬥後，英軍奪回了柯西馬。一支混合日本人和印度人的軍隊仍佔領著通往因帕爾的道路，但在兩週之內，英軍就衝破了防線，並開始支援受困在因帕爾的弟兄。

雨季的來臨使牟田口的處境更加惡化。未曾停歇的大雨傾盆而下，把他們返回緬甸的叢林小徑都給沖刷殆盡。三個師中只有一個帶足了糧食，另外兩個師必須吃野草、馬鈴薯、蝸牛、蜥蜴、蛇——任何他們能逮到的東西都吃，甚至包括了猴子。

牟田口依舊無法開口要求河邊允許他撤軍，但藉由推論他幾乎把這話給說了出來。他寫道：「如果停止作戰，我方將採取守勢的話，建議將部隊通過茂叻（Mawlaik）西北方的高地到迪登（Tiddim）區域，撤退到欽敦江右岸的高地。」

河邊的答覆似乎是不妥協的：他期望第十五軍能夠「熱切地」執行任務，奮勇作戰。不過他的高級參謀已經在前往馬尼拉的路上，欲請求寺內元帥停止這項作戰行動。寺內批准了，但是軍令一直到七月九日才送到牟田口的手上。四天後，他的部隊開始向欽敦江撤退。在滂沱大雨中翻山越嶺長途行軍，士兵們為了食物互毆。數以千計的傷兵和病號脫隊後，用手榴彈自盡。小路滿是泥漿，一旦有人摔倒下去，就會半身埋入爛泥之中；就算那些能虛弱地掙扎著爬出來的人，鞋子也掉了。輕機槍、步槍、鋼盔、防毒面具——無用的東西——都被沿路丟棄。只有求生的力量才能驅動著他們走下去；他們拄著臨時做拐杖的樹棒一跛一拐地前進，經過一整天行軍之後，他們都靠在一起睡覺，但因為持續的大雨幾乎無法入睡。在搶渡欽敦江時，許多人因為過於衰弱，連頭都無法伸出不斷上漲的水面而溺斃，又被奪走了幾百條性命。

總共有六萬五千人喪命——這比瓜達爾卡納爾島上喪命的人數還要多出二倍半，和雷伊泰島上死亡的人數差不多。牟田口、他的參謀長和高級參謀們通通都被解職，河邊和其參謀長也遭到撤換。指揮部的大改組和第十五軍的覆滅衝擊到緬甸所有的部隊，到了該年年底，日軍的統治到了崩潰的邊緣。

二

在多方參與而又亂成一團的中國戰事中，除了共產黨之外，所有相關的人都感到失望與不滿。在華東地區，雖然日軍征服了遼闊的土地，但在這個謎一樣的國家內進行的這場令他們痛苦不堪的漫長戰爭，卻沒有任何最終解決方案。儘管他們佔領了一個又一個的重要城市，但就像在沙地上挖隧道一樣，毫無助益；南京汪精衛的傀儡政府在日軍開拔後，便無法鞏固既有的勝利。日本人掌控了沿海、河流、鐵道和公路，但在其他遼闊的區域內，中國人自己卻在進行著另一場戰爭。蔣介石為了控制中國正和毛澤東的軍隊打仗，而軍閥們則牆頭草般地選邊站在勝利的一方。

中國問題帶來了爭論。綽號「酸醋喬」（Vinegar Joe）的約瑟夫・史迪威（Joseph Stilwell）是駐華美軍的指揮官，不斷與在「美籍志願大隊」（飛虎隊）基礎上成立的「第十四航空隊」指揮官「老皮臉」（Old Leatherface）陳納德發生爭執。他們的爭執的焦點大多集中在史迪威譏諷為「花生」的那個人——蔣介石——所採行的政策上。在史迪威發送給華府的一連串謾罵性的電報中，指控美國對中國的援助都被國民黨非法地浪費掉了；更有甚者，蔣的軍隊盡可能地不去動用這些物資來對抗日軍，因為「花生」決心要節省人力和物力在戰後與毛澤東對抗。

這個說法大致上是真實的。自從第二次開羅會議以來，由於蔣感覺到在邱吉爾的影響下，自己的重大利益被羅斯福出賣了，因此國民黨的軍隊一直在消極地和日軍作戰。在某些地區，國民黨和日軍實際上停戰已經超過兩年。例如在湖北省的某個空軍基地內，一名中國軍官在為他拒絕對飛過的日軍戰機開火射擊而辯解說，如果他的部下開火了，「日本鬼子就會發火，必然會進行報復，然後回頭來轟炸這座城市，造成巨大損傷。」另一名蔣的軍官認為，中國人無須「對日軍發動攻擊，因為美國很快就要包圍日本，那時日本鬼子就會不戰而退，所以不理他們比較好，盡可能地不和日軍對抗。」

雖然史迪威的憤怒能解釋得通，但他卻無法理解，國民黨軍隊牽制住了幾乎達到百萬人數的日軍，否則這些部隊會用來對抗尼米茲和麥克阿瑟，他們所付出的代價會遠超過來自「租借法案」的援助。也因此，蔣不僅厭惡史迪威的態度，而且還覺得他被美國共產黨的宣傳給矇騙住；他們把蔣委員長貼上法西斯主義者的標籤，稱毛為農村改革者，而非真正的共產黨員。蔣寫道：「史迪威誤認為如果讓他來指揮共產黨部隊，他們就會聽從他的軍令並全心全意和日軍作戰，他向我保證，政府可以放心地按照政府軍的標準來重新武裝他們，並把他們從圍堵區放出去和日本人作戰。此外他還指出，政府也能夠把執行剿匪任務而無法抽調的部隊重新布署以對抗共同敵人……史迪威此後與我的意見分歧，完全是共產黨和其同路人的陰謀所致。這幾乎造成中美兩國在緬甸戰區的軍事合作瓦解。」

陳納德同意蔣介石這樣的評論，同時責備史迪威耗費太多時間在緬甸硬充好漢；在那裡拿支步槍，然後消失在叢林中好幾週的時間。此刻，兩名美軍指揮官幾乎到了彼此互不說話的程度。「酸醋喬」是地面作戰的堅決擁護者，認為陳納德要在中國上空作戰的想法是荒謬的。要靠陸戰才能贏取戰爭。兩人為了第十四航空隊的補給問題爭吵了好幾個月。陳納德無奈，給羅斯福寫了私函抱怨他拿不到曾經承諾要給他的物資；儘管如此，他部下的「解放者式」轟炸機和戰鬥機還是對日軍船運和陸上運輸線進行有效空襲，是中國戰場上唯一的亮點。

羅斯福和史迪威一樣，對國民黨人也開始不耐煩起來，只是程度較輕；和史迪威一樣，他主要關心的也是緬甸。他在一九四四年初力促蔣和史迪威發動大規模進攻，渡過薩爾溫江（Salween River），攻入緬甸。蔣質疑這樣一場戰役的重要性，他更擔心的是中國戰場上的日軍。他不情願的態度驅使羅斯福更加強烈地要求發動攻擊——但毫無結果。就羅斯福而言，牟田口穿越印緬邊界攻向因帕爾的突然一擊，結束了這些爭論。他在四月三日致電蔣介石，暗示性地威脅，除非國民黨軍隊短期內會沿著滇緬公路攻進緬甸，否則就要停止「租借法案」允諾的對華援助。

……據我觀察，貴方第七十一軍團火速進軍並攻佔騰衝、龍陵一帶的時機已經成熟。在薩爾溫江抵抗你的只是日軍一個師的空殼部隊。貴軍朝西推進必然成功。為了能善用這樣的時機，去年一整年我們已經將你的精銳部隊加以整裝並訓練（雲南各師）。倘若在共同志業中不能善用他們，那麼費盡千辛萬苦空運裝備並訓練人員也就無法合理解釋了……

蔣介石並沒有正式回覆這封電報，但在兩週之內，國防部長兼參謀總長何應欽將軍就批准了橫渡薩爾溫江，攻入緬甸。陳納德身兼中國空軍的參謀長，看到中國本土還有著更大的威脅。他對蔣介石提出警告，日軍會對位於國民政府首都重慶東南方的美國空軍基地發動攻擊。他寫道：「因此，在此情況下，有必要通知閣下，除了ＶＬＲ（超級空中堡壘）計畫之外，中國境內的聯合空軍戰力或許無法抵抗預期的日軍空襲，而且確信將無法在規定地區，依照期望的規模向中國地面部隊提供空中支援。為了讓空軍達成這些任務，必須採取重大措施以提供他們充足的物資和戰力。因為日軍的威脅似乎迫在眉睫，應該毫不遲疑地採取這些措施。」

他也發給史迪威類似警告，但史迪威卻回覆表示，必須先處理中印緬戰場上的因帕爾威脅，因此，陳納德的第十四航空隊必須接受物資供應量的減低；它「只需要縮減」其作戰。陳納德怒不可遏。一週之前他還寫信給史迪威，表示他相信作為將來對抗日軍作戰基地的中國正處於危急之中：

……既然日軍再也無多餘的人力和物力來搶奪稻米和進行訓練演習，就我看來，他們現在必定有所企圖。分析他們的整體情勢可以得出這樣的結論。為了能守住內部防線，他們對於最終得放棄過長的戰線也必須做好準備。為了達到此目的，他們或多或少就得使那些位於他們側翼的盟軍在中國的基地失去作戰能力，並保衛他們內部防線的關鍵點台灣。「超級空中堡壘」轟炸機轟炸台灣和日本諸島的可能性又大大地增加了。日軍得快速採取此作法，而單單這樣的可能性就足以激起劇烈反應……

他同時還向羅斯福提出，日軍對華東的攻擊已是迫在眼前，他很懷疑是否能夠守住。

我想對您說的是，我並不害怕戰事的結局。我預期中國部隊會盡力做出頑強抵抗。我方也將盡力以空中戰力支援他們，以戰勝日軍。但由於我方將資源集中在緬甸作戰上，用來強化中國軍隊的裝備就很少了，也因為同樣理由，第十四航空隊的作戰仍然是小規模的。哪怕是如果戰力能夠稍微再強大一些，我將完全不會擔心。由於人員、裝備和補給品還是非常短缺，我能向閣下報告的是，我們將會打得很辛苦。

而我更關切的是，既然那些與我會商過、最會盤算的中方領導人都相信，日本在中國境內的任何勝利都會觸發新一波物價的飛漲，可能造成政治上的動盪，而這將無法避免地影響中國的抗戰力量。在那些有影響力的中國人中，我注意到他們有股沮喪的情緒。

對於日軍的意圖，陳納德的評估是準確的。東京方面已經下令「中國派遣軍」指揮官佔領華東地區的機場以及該區域內的三條重要鐵道路線。這個代碼為「伊號作戰」（大陸打通作戰）的行動分兩階段實施。第一階段將驅散位於黃河與長江之間的中國部隊，「特別是國民黨的軍隊」，並確保「平漢鐵路」暢通。之後，發動十一個師以及數個預備師的兵力渡過長江，持續朝西南方向推進，首先要攻下湖南省的長沙和衡陽，然後再佔領廣西省的桂林、柳州和南寧。佔領了南寧，第十四航空隊的兩座重要機場就無從發揮戰力。

在進行「伊號作戰」之前，日軍先發動了密集宣傳，目的是分化中國和西方盟國，同時打壓國民黨軍隊的士氣。成包的宣傳小冊上宣稱：日軍的敵人是英美部隊，並非蔣的軍隊，而日本的目標是要建立一個新中國。如果中國人不再抵抗，他們就會被當成朋友來對待。此外，日軍還會嚴令部隊停止燒殺、擄掠和奸淫；他們應該「以親切且尊重的態度善待當地居民」。他們還被教唱了一首新創作的進行曲：

要好好愛護樹木和綠草
皇軍部隊穿越湖南省
他們的心地是如此和善！
看啊，雲在那而水在這，
就像祖國的雲和水。
這些景緻讓士兵為之動容。
鞋底都磨穿了還是向前邁進，
鮮血都流到大地上，
讓我們用鮮血來捍衛這片森林和那座高山。
我們的敵人是英軍和美軍，那些白臉惡魔。

「伊號作戰」在四月十七日夜晚開始。當牟田口的部下正在進攻科希馬的同時，「第三十七師」橫渡了黃河。但奇怪的是，這兩個作戰並沒有協調或合作。史迪威也在同一天告訴陳納德，他的首要任務就是防衛好成都的「超級空中堡壘」轟炸機基地，「甚至不惜犧牲船運攻擊和中國地面部隊的支援」。陳納德想要把所有的戰機都投入抵抗來犯的日軍。他發電給史迪威說，防衛成都眼前都還不成問題，因為它在重慶的西方。面對華東地區即將陷落，史迪威批准了陳納德動用原先作為防衛成都機場的P-47「雷霆式」戰鬥機，並下令「第三八〇轟炸大隊」的「解放者式」轟炸機替第十四航空隊運送燃油。

不過，這些額外的空中支援幾乎未能減緩日軍的推進速度。該區內的中國軍隊在近四年內都不曾打過仗，已無抵抗能力。陳納德認為他的失敗是史迪威的決策導致的結果。他向史迪威報告，「因為嚴重缺乏航空補給和普遍不相信日軍的攻擊計畫」，他的作戰極其不順。

史迪威懷疑陳納德準備要投訴他，於是寫了一份刻薄的長篇報告，分析他們之間長久以來的對立：[2]

陳納德向蔣委員長保證空中戰力能解決問題。他曾經告訴委員長，如果第十四航空隊得到支援，他就能有效阻止日軍入侵。現在他明白了，這是不可能的。他正試圖讓自己脫困，宣稱只要「些許」物資——而那是我們不能給他的——他還是能辦到。他試著逃避他先前矇騙大家的結果，反而把責任歸咎給那些老早就點出危險並試著修補的人身上。

他未能破壞日軍的補給線，也沒能造成任何日軍的撤退。相反的，我們的準備工作正如我所預言的結果一樣，也就是吸引日本做出反應，而他現在也承認，即使是得到了他所要求的全數空中支援，地面部隊還是無法應付日軍的進攻。

七萬兩千名國民黨官兵在五月中旬攻入了緬甸，但史迪威並沒有改變看法，還是持續在抱怨蔣介石。他終於在一封給馬歇爾的電報中表態了：

> 蔣介石將從我們身上搾取一切能得到的東西，使我們得為經由中國攻取日本付出代價。除非強迫他幫助我們，否則他會袖手旁觀。不論我們怎麼苛責中國政府的阻撓，最終的責任還是直接了當地落在委員長的肩膀上。如果他行事真如他所宣稱的那樣，他就得接受這樣的責任……
>
> 因此，對付這些中國人，選擇似乎是得務實些，並堅持要有所交換的對價關係，否則就是將我方在中國的努力只限縮在維持美軍航空兵力所能達成的範圍，而這能讓蔣介石規避他在協議中的承諾。這樣也將攻擊日軍最後的重擔丟給了美國。我認為日軍最終將會在亞洲大陸上交戰。如果你不相信此點，並認為可以用其他方式打敗日本，那麼，合宜的方式將是把我方的責任交給「空運指揮部」(A.T.C.)並維持你認為適合於中國的空中力量……
>
> 請你裁決。是改變我的任務，或是我可以如往常那樣繼續下去？

華盛頓的答覆震撼了史迪威，同時還把醞釀已久的想法形成正式政策。馬歇爾回覆，已經做出決定，在中國和東南亞的作戰將取決於太平洋中央區和西南區對戰役所做出的貢獻度而定。

……如果能夠採取不在亞洲大陸發動大規模戰役的方式擊敗日本的話，那麼就會以此方式來完成。後續的對日作戰中，亞洲的地面部隊屆時會是掃蕩戰性質……

自此以後，中國將是以「超級空中堡壘」對日本進行轟炸的主要空軍基地。建造「超級空中堡壘」的想法起自一九三九年。那時，美國擔心英國將會被佔領，屆時在歐洲將無空軍基地可以攻擊德國。「超級空中堡壘」是架巨型飛機，「空中堡壘」和其相比簡直就是小巫見大巫。它有九十九英尺長，高約二十八英尺，翼展超過一百四十一英尺。機身光滑，機殼採用對接鉚釘方式連接，能以每小時三百五十英里的時速，在三萬八千英尺的高空攜帶著四噸炸彈飛行三千五百英里。從一開始，建造者就為發動機的問題大傷腦筋。一架實驗機在空中起火墜毀，全體機組人員喪命。直到一九四三年夏天，第一架量產型實驗機才起飛升空——但即使是這架飛機，事實上也存在許多「問題」。

馬里亞納群島被選定為以「超級空中堡壘」對日本發動空襲的最終基地，但由於這些群島當時還在日軍手中，儘管面對著十分嚴峻的後勤問題，空軍的規劃人員還是決定從中國發動首次空襲。所有的補給和燃油都必須從印度空運越過「駝峰」——喜馬拉雅山脈——到達位於成都的四個還未完工的機場。此外，因為從成都到東京要往返四千英里，而減低了炸彈的裝載量。

在離開印度之前，「超級空中堡壘」進行了第一次的實戰測試。這是段相當短的航程，不過卻清楚地呈現出困擾這款新式轟炸機操作的難題。一九四四年六月五日，九十八架「超級空中堡壘」前去轟炸曼谷。其中一架剛起飛就墜毀，十四架中途發生故障、放棄任務，還有好幾架未能飛抵目標。剩餘的戰機接近曼谷時，已經不成隊型。兩架在回程途中墜毀，兩架墜入孟加拉灣內，四十二架降落在錯的機場。但這次任務卻被視為「作戰性上的成功」；「超級空中堡壘」已經做好了攻擊日本的準備。

九十二架「超級空中堡壘」在六月十五日從印度起飛前往成都，在那裡補充燃油後，將進行最後一段飛往日本的漫長航程。七十九架飛機抵達了中繼點，但在當天下午只有六十八架能夠再度升空。其中一架在起飛後就墜毀，另外四架因為機械故障返航。第一架轟炸機在中國時間午夜前飛抵目標——九州島上的八幡鋼鐵廠。防空砲火相當猛烈，還有數架戰鬥機升空攔截，但飛抵八幡的轟炸機中只有六架受到輕傷。轟炸本身是失敗的——只有一枚炸彈命中鋼鐵廠——但對日本人所產生的影響是難以磨滅的。戰爭終於打到日本本土了。

在華東地區，日軍部隊已經兵臨長沙城下。三天後，這座大城陷落，重慶一片驚恐；中國國防部下令處決了數名戰場指揮官。日軍第一一六師和六十八師已經往南朝一百英里遠的衡陽推進。他們在六月二十六日攻下臨近一座機場，兩天後開始攻擊這座城市。日軍期待中國軍隊投降的希望很快就落空了，第十軍軍長方先覺少將堅守該城，打得日軍措手不及，也讓美國人大吃一驚。他的部隊——在陳納德的戰鬥機和轟炸機的支援下，冒險在夜間騷擾攻擊敵軍的補給輜重車隊——日復一日地擊退日軍。

日軍因缺乏糧食和彈藥，在兩週內就自行退兵。桂林——這個日軍進軍路線上的下一個目標——慶祝勝利的活動持續了一整個星期，鞭炮響聲不絕於耳，街道滿是煙硝味。商人們帶著象牙、玉石、絲綢和漆器湧向桂林機場內的美軍飛行員。

不過，日軍很快又集結了四萬名官兵捲土重來。方少將再次死守衡陽城，但蔣介石卻不再支持他，因為某種因素使他不再信任方的長官薛岳上將。委員長下令所有的中國人和美國人都停止向這座被圍困的城市輸送補給品。

陳納德只能向他的宿敵求援。他電告史迪威，請求允許輸送槍砲和彈藥給方少將。史迪威的總部含糊地回覆，對於他的提議給予了「最良好的對待」，但卻沒有採取任何行動。陳納德再度請求五百噸的物資。這回的答覆卻是極為明確：

有鑒於薛岳部隊的所在位置、任務、迅速變遷的局勢發展、中方濫用既有的裝備以及不當的軍隊布署，你提出運送五百噸的小型武器和彈藥之提議將是浪費戰力。美軍將持續從空中投入戰力。

衡陽城在幾週後陷落。但陳納德的第十四航空隊還是持續攻擊日軍的補給線，迫使敵軍延後攻擊桂林長達一個月之久。

如果中國——其在整體戰爭中的作用已經縮小——崩解了，這將會釋放出八十二萬名日軍部隊。羅斯福因此派了個私人代表銜命來到重慶，希望藉由團結所有的武裝力量，包括共產黨的部隊，繼續一起對抗日軍。他挑中一個民間人士帕特里克．赫爾利（Patrick J. Hurley），授予他少將銜。他是名成功的企業律師，曾在胡佛總統任內擔任過陸軍部部長。他精力充沛且平易近人，因在俄國和中東地區執行戰時外交任務有所表現而贏得羅斯福的信任。

赫爾利取道莫斯科前往中國。在莫斯科，蘇聯外交人民委員莫洛托夫告訴他，俄羅斯想和國民黨中國交個朋友。張學良少帥在一九三六年劫持蔣介石時，不就是莫洛托夫本人出面才使蔣獲釋的嗎？中國怎麼能因為自己國內的紛爭而怪罪於俄國呢？蘇聯對中國共產黨不感興趣——他們只是徒有共產黨的名號而已。美國人應該幫助中國人民改善其經濟狀態，把毛和蔣兩人的軍隊團結起來。赫爾利把國際事務想得過於簡單，幾乎對莫洛托夫所說的每件事都信以為真。他在重慶告訴委員長，他無須擔心中國共產黨會受俄國控制——他們並非真的共產黨，這還不夠明顯嗎？

蔣根本不相信；他讀過毛的文章和演講。赫爾利無法說服蔣介石讓史迪威來指揮全數中國軍隊，而這又是馬歇爾長期以來一直所要求的。委員長在九月二十五日交給赫爾利一份備忘錄，表示從近期史迪威的行為已讓他清楚看出，史迪威將軍「並不適宜出任這個新的司令職務，因為這個新指揮部必須承擔起龐大、複雜而又細微的職責。幾乎自從他抵達中國的那刻起，就表現出輕忽盟軍要能成功合作必不可少的互信和尊重……去年十月，本人原想要求將他調回，但當時史迪威將軍向我嚴正保證，他將毫無保留地服從我的軍令，不會再令我失望，我才撤回了請求。不幸的是，史迪威將軍的嚴正承諾從未被履行過……」蔣保證會支持任何合格的替換人選。

史迪威電告馬歇爾，這份備忘錄完全是一派胡言，認為蔣「無意落實任何民主改革，也無意與共產黨團結抗戰。」

馬歇爾將史迪威的二度答辯轉呈給羅斯福。在羅斯福十月五日發至重慶的電文中，可以明顯看出他對委員長已不抱期待：

……自從我當初提出建議以來，中國的地面作戰局勢已經嚴重惡化，因此我現在傾向認為，在涉及指派一名美國軍官指揮貴國在整個境內的地面部隊一事，美國政府不應該承擔此責任……

蔣則反過來把華東的陷落歸咎給史迪威——間接地也是責怪羅斯福。在另一份遞給赫爾利的備忘錄中，他指控這場大災禍之所以發生，是由於史迪威堅持要在緬甸北部發動攻勢所造成的：

……如本人先前所擔憂的那樣，日軍充分利用這個時機點，在中國境內發動攻勢，先從河南開始，然後進入湖南。由於緬甸戰役，我們沒有經過充分訓練和完善裝備的增援部隊可以調動至這些戰區……日軍在華東攻勢中所動用的部隊比史迪威將軍在緬甸北部所遭遇到的日軍多五倍，而這敗戰的結果對於中國的影響，肯定比緬甸北部戰役所有的勝利結果都來得更為深遠。然而，史迪威將軍完全顯露出對於華東戰局所造成的後果的漠視，在華東作戰最關鍵的幾天中，他甚至拒絕給出那些《租借法案》承諾的已經運抵雲南的軍需品，供華東戰場之用……

簡言之，我們攻下了緬甸的密支那（Myitkyina），但我們卻幾乎喪失整個華東地區，在此情況下，史迪威將軍是無法免除其重大責任的……

對於羅斯福總統拒絕指派一名美軍軍官來指揮中國部隊一事，他也提出了異議：

如果總統指派一名合格的美國軍官來接替史迪威將軍，我很有信心能與他共事以扭轉目前的趨勢，並能對最終勝利做出重大貢獻。

赫爾利一直都希望能在史迪威和蔣之間進行調解，但他此時已十分肯定這是不可能的事，史迪威必須離開中國。他電告羅斯福：

……我的意見是，在這場紛爭中，如果你支持史迪威，你就會失去蔣介石，還可能連中國也一起丟失。

由於史迪威和赫爾利對華府投以相互衝突的意見，中緬印戰場的命運整整一週都處於懸而未決的狀態。羅斯福終於在十月十八日（麥克阿瑟在雷伊泰島登陸的前兩天）發電給蔣，說他將召回史迪威，但並不會指派美國軍官來指揮中國軍隊。他承諾要派出阿爾・魏德邁少將（Albert Wedemeyer）擔任委員長的新任參謀長，指揮所有的駐華美軍。

隨著史迪威的離任，平易近人的赫爾利就把全部心力都投注到團結毛和蔣的獨特問題上。十一月七日，他不顧蔣的建議（他稱蔣為「石先生」），飛往共產黨的首府延安，而他的理念在那早就被大肆宣揚，共產黨發言人向每個美國官員和來訪記者保證，中國所需要的是以民主原則為基礎的聯合政府。留著小鬍子的赫爾利胸前掛滿勛章抵達了延安，他滑順的濃密白髮以及筆直的身型都讓觀者留下深刻印象。他以低沉的嗓音，對毛澤東（他發音成「毛史東」）、周恩來和其他助手們解說國民黨提出的五點可能性協議。他的行為舉止讓共產黨人感到訝異，但他們都以點頭和微笑作為回應。在當晚的豐盛晚宴上，他讓這些平靜的東道主們大吃一驚。在為史達林、羅斯福和邱吉爾舉杯祝福後，他站起身並發出印地安人的戰吼聲。約翰・艾默生（John Emmerson）和其他外交官連忙解釋，這是個古老而奇特的美國習俗，意味著祝大家都能有好運氣。

不論共產黨做何想法，他們接受了赫爾利的聲明並只做了細微的修改。這五點聲明，要求團結所有的中國武裝部隊，「立即擊敗日本，重建中國。」重慶政府「必須改組成為一個包含所有的抗日政黨和無黨無派政治團體的代表在內的全國聯合政府。公布和施行軍事、政治、經濟和文化改革的新民主政策。」聯合政府將擁護孫中山的主張，建立「民有、民治和民享的政府」，該政府將確保「正義、思想自由、出版自由、言論自由、集會與結社自由、向政府訴願補救不平的權力、人身不受侵犯以及居住的權力」。凡是頌揚《獨立宣言》者都會同意這份文件上的每一點論述，包括從羅斯福總統那借用的話——免於恐懼和免於匱乏。

赫爾利——中國共產黨人士現在稱他為「小鬍子」（Little Whiskers）——和周恩來一起飛回重慶，滿心幻想著他已達成任務。怎麼會有人反對這樣「無害」而又高尚的情操呢？莫洛托夫是對的。「中國紅色分子」只是共產黨的替代品，實施獨裁的俄國人永遠也不會甘心就範於如此自由開明的政策。

重慶以嘲諷的態度看待這份文件，並對其倡議者起了個新綽號「第二號空談家」。宋子文告訴赫爾利：「你上了共產黨的大當了。國民政府永遠不會同意共產黨的要求。」宋了解他的妹婿蔣介石；蔣告訴赫爾利，協議將導致共產黨控制聯合政府。他無法接受赫爾利對於美國政府將擔保他擔任總統和委員長職位的保證。中國人會把聯合政府看作是國民黨的全面失敗。

赫爾利堅信，通過善意能使最為分歧的觀點達成一致，因此他說服了重慶的領導人提出一個反提案。這個提案規定，把共產黨部隊納入國軍中，將共產黨合法化；但毛得把軍隊的控制權交給軍事委員會。這份提案也同意孫中山的主張，保證各種自由和公民權力，「惟得服從有效執行抗日的特殊安全需求。」

赫爾利把這份提案交給了延安，希望延安能夠接受。但並不如其所願。周恩來覺得被出賣了，並回覆說共產黨在蔣的提議中找不到共同的基礎；在真正的聯合政府中，延安政府必須被平等對待。

——

魏德邁將軍在十月三十一日到任，接替引起紛擾爭論的史迪威。隨著美軍在雷伊泰外海上一連串壓倒性的勝利，並在擊敗德國三個月之後，史達林可能會派出六十個師的兵力來對抗日軍，太平洋上的戰略局勢已經幡然改變。不過，繼續讓蔣的軍隊參戰還是很重要，如此一來才能持續牽制大量日軍。魏德邁電告馬歇爾，戰爭局勢正在持續惡化中；桂林和其機場很快就會陷落，雲南省會昆明毫無疑問地會是下一個目標。

日軍指揮部也有了一些變動。岡村寧次上將接任了中國派遣軍指揮官的職務，雖然他的指揮範圍相當大，他還是在「伊號作戰」中親自指揮了「第六方面軍」的作戰。然而，他的目標絕不像魏德邁所擔憂的那樣野心勃勃，東京方面無意驅軍西進重慶。佔領更多的中國領土已經引不起日軍的興趣，但華東地區的機場則不然。佔領這些機場就能阻止轟炸機對太平洋中的前哨基地和本土的長程轟炸空襲。

桂林和柳州已相繼落入日軍之手。陳納德幾乎是孤軍一人在用「密茲契式」轟炸機和戰鬥機進行抵抗。為了要完成任務，他想盡辦法把「超級空中堡壘」計畫的物資移轉過來。陳納德嘲諷這個計畫是「轟炸機激進派分子」放手一搏，要來證明杜黑（Douhet）那高空無護航機轟炸的理論。「超級空中堡壘」空襲的結果似乎證明了陳納德的信念，亦即那是種「浮誇而愚蠢的觀念」。在首度令人失望地攻擊日本之後，這些巨型轟炸機又對九州發動了四次轟炸，還轟炸了滿洲和蘇門答臘的巨港（Palembang）。每一次空襲都和第一波任務一樣無效。

克蒂斯・李梅少將（Curtis LeMay）——一位積極進取又足智多謀的將領，他率領的「第三轟炸師」在轟炸德國的任務中表現非常卓越——接替了中國「超級空中堡壘」指揮官的職務，情況也沒有多大改變。他發現他在中國接手了一個「爛攤子」（utterly impossible situation）和「有生以來所見過毛病最多的飛機」。他建立起新的維修體系，設法教會機組人員像「空中堡壘式」在歐洲執行任務那樣去執行編隊轟炸。儘管他付出極大的心血，但對滿洲、台灣、仰光、新加坡和九州一系列的轟炸，卻都成效甚微，他本人因而不得不承認他旗下的「超級空中堡壘」尚未能「在戰爭中引起轟動」。[3]

三

馬里亞納群島的「超級空中堡壘」轟炸計畫也歷經了許多磨難。熱帶暴雨使得塞班島上的道路難以通行，當綽號「負鼠」（Possum）的海伍德・漢塞爾准將（Heywood Hansell）駕駛著叫做「太平洋先驅者驚人的蕎希號」（Joltin' Josie the Pacific Pioneer）的第一架「超級空中堡壘」在塞班島降落時，工兵單位還沒建完依斯利機場（Isley）（之前稱為亞斯里托機場）的第一條長八千五百英尺的跑道。

當這架大飛機滑行停止後，有個現場目睹的人回報說：「我們身上剛剛的抖動就像被電流電到一樣。」根據美國陸軍航空軍雜誌在太平洋地區人員的報導：「在『驚人的蕎希號』抵達跑道那天，戰事即將告終……它造成了大轟動。」

幾天後，代號「羅西」（Rosie）的艾米特．歐唐奈爾准將（Emmett O'Donnell）——在菲律賓戰事最初那段令人失望的歲月中，他是「空中堡壘」的飛行員——抵達了塞班島，要來建立「第七十三轟炸聯隊」總部，對部隊進行密集訓練。對特魯克島和硫磺島——一座火山小島，幾乎就在飛往東京的半途——進行了幾次轟炸之後，歐唐奈爾的飛行員已經準備好要轟炸日本的首都。

這個計畫是項公開的祕密。十一月七日上午，幾百輛汽車聚在依斯利機場。在場的有二十四名隨軍記者和許多攝影師與新聞紀錄片攝影師。當歐唐奈爾爬上他的「超級空中堡壘」座機時，幾十盞閃光燈接連閃爍起來。但因連續幾天的大雨，不得不將出擊時間延後到十一月二十四日的上午。

歐唐奈爾駕駛著第一架「無畏的多蒂號」（Dauntless Dotty），在六點十五分轟隆隆地滑向長長跑道。銀色機身收起機輪，直到機輪黑色上部都收至後方為止。「無畏的多蒂號」在最後一刻拉起機頭，滑出水面，緩緩地轉向飛往東京。它身後還跟著一百一十架「超級空中堡壘」，有十七架在半途被迫返航。高空陰雲幾乎讓目標區——位於皇居西北方十英里武藏野的中島飛機引擎工廠——一片模糊。當這些沒有護航的轟炸機在時速一百二十節的順風推動下，以時速約四百四十五英里掠過目標上空時，它們從兩萬七千英尺到三萬兩千英尺的高空向下投彈。只有四十八顆炸彈，包括三枚啞彈，擊中這個廠區，造成輕微損傷；其餘炸彈則在碼頭和市內人口密集區爆炸。一百多架各式戰鬥機升空攔截這些「超級空中堡壘」；其中一架被擊落，那是一架被擊傷的「零式」戰鬥機，因故意撞進其機尾而墜落。

三天後，第七十三轟炸聯隊再度發動攻擊。這一次，這座引擎工廠完全被雲霧給遮蔽，六十二架轟炸機只好前去攻擊第二目標。這兩次攻擊雖然不成功，但卻震懾了帝國大本營與日本大眾。不可能一直都有烏雲來保護這些重要的工廠，而且似乎也沒有什麼具體有效的方法來對付這些轟炸機。美軍持續不斷對船運發動潛水艇和空中攻擊，這已經破壞了日本基礎工業的基石。煉油廠沒有多少原油可以提煉，鋼鐵廠缺乏焦炭與礦砂，軍需廠也短少鋼材和鋁塊。整個國家的經濟狀況是無法承受這些轟炸機的攻擊的。總得想個辦法遏制他們。

直到這個時候，才不得不採取緊急措施來保護那艘已經成為整個國家驕傲的根源，以及希望與象徵的船艦。聯合艦隊下令超級主力艦「大和號」和「武藏號」的姊妹艦「信濃號」，逃離東京灣前往相對安全的瀨戶內海。日本已經把「信濃號」改建為世界最大的航空母艦。在這艘甫下水的六萬八千噸船艦上還有許多造船工在船上施工。在二十萬匹馬力渦輪引擎的推動下，它於十一月二十八日下午匆忙離港，在三艘驅逐艦的護航下，載著未經訓練的組員向南航行。

用鋼板製造的飛行甲板、司令塔、機庫和倉庫這些基本結構都已經建造完成。「信濃號」是艘用於遠洋航行的船艦，吃水線周圍的船體是厚達八英吋的鋼板，吃水線下還凸出極厚鋼板，能減低任何魚雷爆炸的破壞。如同「大鳳號」，致命的濃煙也不會被排風系統吸進來。不採用木質架構，而是使用特殊防火油漆以及安裝新型的泡沫滅火系統，這些都進一步降低了火災的危險性。為了防禦空襲，艦上裝有十六門五英吋高角度砲、一百四十挺二十四毫米的高射機槍砲以及十二個多管火箭發射器。

理論上來說，「信濃號」是一艘最難以被擊沉的航空母艦，但某些海軍工程師私下把它當成一艘設計拙劣且倉促建造的大怪物，既不是主力艦，也非航空母艦。

東京南方一百英里外的美軍潛水艇「射水魚號」（Archerfish）正在尋找攻擊目標。它的主要任務是搜救被迫落海的「超級空中堡壘」的機組人員，但由於已經取消了當天的空襲，「射水魚號」可以離開指定的位置，任意行駛。艦長約瑟夫・恩萊特（Joseph Enright）認為最佳的獵殺海域就在東京灣外。晚上八點四十八分，雷達發現到北方有個目標。在月光下，恩萊特用雙筒望遠鏡看到九英里外有艘很長很矮的船身。看起來像是一艘油輪。「射水魚號」朝著目標航去，準備從右舷發動水面攻擊。當雙方愈來愈靠近時，恩萊特才辨認出它是一艘航空母艦，帶著三艘驅逐艦。他決定趕到這艘航空母艦的前方，潛沒入水再攻擊。他下令反轉航向，並以四具大型十六汽缸引擎所能產生的極速前進。

「信濃號」的航速是十八節，與「射水魚號」的航速相同，但由於它採取之字形航行，降低了航速，使得那偷偷摸摸跟蹤的潛水艇得以逐漸追上。不過，到了午夜時，「信濃號」加速航行，「射水魚號」逐漸落在後方。三小時後，這艘航空母艦突然轉向，直朝著「射水魚號」而來。恩萊特等了幾分鐘，發現這艘航空母艦在變更基本航向。於是下令全體人員離開帆罩，響起下潛警鈴。「射水魚號」隱身到浪濤之下。

恩萊特下令：「升起潛望鏡。」他抓著潛望鏡的兩隻把手，緊盯著前方。他終於說：「我看見它了。」他詢問了目標的距離。

副艦長巴布辛斯基（Bobczynski）幾乎是在他詢問的同時就回答道：「五百五十碼。」

恩萊特：「左滿舵。向左航向〇九〇。」又問還要多久時間。

「兩分鐘內。」

恩萊特轉動潛望鏡，觀測周遭區域。他喊道：「收起潛望鏡！」「護航艦剛剛駛過上方！」潛望鏡收得及時，避免了被上方駛過的驅逐艦撞上。恩萊特依照射擊調整計算機所算出的方位，再度升起潛望鏡。完美的時間點——正對目標。凌晨三點十七分，恩萊特下令：「發射！」射程距離一千四百碼，對準了航空母艦的橫樑。六枚魚雷以八秒的間隔直朝目標「猛烈、筆直且正常」地奔馳而去。

恩萊特看著頭兩條「魚」擊中目標後，轉動潛望鏡搜尋驅逐艦。只見它們撲向「射水魚號」。他下令：「快潛航！」

「信濃號」的哨兵無助地盯著這兩枚魚雷，接著又是兩枚，鑽進這艘大型航空母艦。阿部俊雄艦長一點也不擔心。被擊中四枚不算甚麼，設計基本上相同的「武藏號」中了十九枚魚雷和許多炸彈後才沉沒的。他下令繼續以十八節的航速行駛。

「武藏號」的確遭到更巨大的傷害，但艦上經驗老道的船員延續了它的生命。然而，阿部的部下毫無經驗的戰損小組卻無法阻擋進水，而且風浪又大。此外，有些船艙甚至沒有密封門。阿部原本可以讓這艘船艦擱淺或是駛進港口，但他卻整夜都以同樣航速行駛。拂曉時，就算是那些盲目信任「信濃號」的人，也很清楚看出它已受到致命傷。阿部下令減速，但為時已晚。十一月二十九日上午十點十八分，這艘巨型航空母艦嚴重傾斜，阿部下令棄船。半個小時後，未發一砲也無任何戰機起飛的「信濃號」，隨著一聲震耳欲聾的巨響，帶著阿部和五百名船員一同沉入大海。

隔週，日本最常見的自然災害地震侵襲了本州島上的名古屋地區。強烈的震動把一長段鐵路震毀了，許多軍需廠房和一座位於豐橋市生產精密儀器的工廠也毀於一旦。就在同時，空襲所造成的破壞效力也與日俱增。從塞班島起飛的「超級空中堡壘」，在十二月份轟炸了名古屋的三菱飛機引擎工廠三次，其命中率之高，迫使日本人開始把設備轉入地下。

四

一九四五年一月九日——正是「超級空中堡壘」第六次轟炸東京，同時也是第六次無效的這一天——克魯格中將的第六師入侵呂宋島。他們在林加延灣登陸，也就是本間於三年多以前登陸呂宋島時的同一片海灘。日軍事前知道美軍會攻來，但幾乎沒有抵抗，到了入夜時，山下將軍也無意與登陸部隊一戰。美軍情報與作戰參謀們本有些擔心會落入敵軍陷阱，但卻發現自己竟如此輕鬆度過了一月十日，到了黃昏時，先頭部隊已經往內陸地帶推進了八英里。右翼的第十四軍在一日之內推進了三十英里，只損失了三十人。左翼第一軍的推進也同樣順利，傷亡只有二百二十人。

山下當晚終於發動反擊，用一個師的兵力為他爭取撤退物資和人員到北方的時間。他將放棄整個中部平原——馬尼拉灣區，在呂宋島北部崎嶇不平的山區內堅守，那裡的地形有利於守軍。這會是場消耗戰，而非之前所宣稱的「決戰」。

但是，日本民眾卻被告知，已經將敵軍誘入呂宋島以進行決戰。然而，畢竟不可能完全忽略局勢的真相，故小磯首相在一月二十一日不得不罕見地在國會承認說：「太平洋戰場的軍事發展處於不樂觀的狀態。不過，敵軍在各個戰線上的補給線都延伸過長，全都暴露在我方的攻擊之下；基於此事實，我相信，我方有獲取勝利的千載難逢的機會。」

「現在，的確是我國一億人民激情燃燒的時刻，也是追隨『特別攻擊隊』（即神風特攻隊）勇士們的足跡，在生產領域展現必勝精神的時刻。」

儘管被擊沉了兩艘戰俘船，帝國大本營還是鐵了心，要從菲律賓運送戰俘回到日本。包丁醫師、麥柯倫少校及其他「鴨綠丸」上的生還者又再次出海前往日本。他們在聖誕節過後分成兩批離開林加延灣——一千人在較大的貨輪「江之浦丸」，包括包丁在內的兩百三十六人則搭乘另一艘較小的「巴西丸」。

麥柯倫少校乘坐在較大的貨船上，前往台灣打狗（今高雄）——到日本去的第一站——途中，有十六名戰俘因船艙過於擁擠而死。這兩艘船停在港內好幾天。天氣愈來愈冷。戰俘們從沉沒的「鴨綠丸」游泳逃命時所穿的都是破破爛爛的夏季軍裝，有些人游上岸幾乎是赤裸，日軍只發給薄棉衣褲，無法禦寒。經過一個星期似乎是永無止境的磨難後，「巴西丸」上的戰俘都被送到「江之浦丸」上。

麥柯倫少校和包丁與其他七百人都擠在後艙內。船艙有七十英尺寬，九十英尺長。在船艙一側的半中間還伸出去一個露台。病患都被隔離在這。排泄物就從露臺上往下滴到下方的人四周。食物很少，而且幾乎沒有水。死亡上升到一天十多人。

一月九日——即克魯格的部隊登陸林加延灣那天——戰俘聽見美軍轟炸機低飛掃過的引擎聲。一道震耳欲聾的爆炸聲使得船身為之一震。當碎片爆飛到船艙內時，包丁感覺眼前一片金星。他的左手臂發燙，知道自己被碎片打中了。他盡可能地蹲低身體。這次爆炸至少炸死了十五人，數十人受傷。

在前艙內，當金屬片呼嘯飛過畢其中校身旁時，他正要把一湯匙的米飯送進嘴裡，碎片都射進附近的一根支柱上。厚實的船艙蓋和鋼樑紛紛塌落在戰俘身上。船壁上奇蹟似地出現許多孔洞——「簡直就是個篩子」。畢其量了一下，晃著身體。他覺得沒事，接著想起第一次世界大戰中的經歷，人在受傷的瞬間是不會感到疼痛的。但是他怎麼會沒被打中呢？四周都是死人。每一個角落都多了好幾具屍體，橫七豎八，血淋林地堆在那裡。

這場大屠殺是難以形容的。船艙內的五百人中，過半數的人當場被炸死。傷者痛苦地尖叫著，既沒有醫藥也沒有繃帶可包紮。他們向上方甲板請求援助，但無人回應。在黑暗中，驚慌和歇斯底里緊緊咬住這些倖存者不放。有根船樑打了下來，砸死了八名軍官中的三人。一名軍官對范烏斯坦少校說：「馮，你我都不值得再活下去。不過鮑伯．羅勃茲（Bob Robert）已經死了，他有很多活下去的理由，還有很多事得去做。」

在接下來的兩天中，只有些許的食物和飲水，完全沒有醫療服務，這些倖存者活在一個終生難忘的地獄之內。在黑暗又惡臭難聞的船艙內，看到鬼魂般的影像在成堆的屍體間茫然地四處徘徊著，全然就像但丁《神曲》的〈地獄篇〉中所描述的景象。時常可以見到有人就坐在屍體上吃著少得可憐的食物。終於有個小型日本醫療小組下到船艙內。他們只治療輕傷患，根本不理會那些重傷者，讓他們「就像蒼蠅一樣慢慢死去」。死者都被抬走了——大概有五百人——用駁船送到岸上火化。

一月十三日下午，戰俘們都被轉移到「巴西丸」上。它在黎明時出海，接下來的兩個星期對於麥柯倫少校而言簡直就是「永恆的恐懼」。一天一頓的食物只能讓這些戰俘們勉強活下來；如果他們運氣不錯，四個人可以分到一餐盤的米飯，六個人共分一水壺的水。當他們往北航行時，冬天的寒冷讓他們更加淒慘。他們試著像把湯匙一般，躺在墊子上保暖，「緊緊相互抱在一起取暖，只是為了保命。」當這個姿勢讓人太酸麻時，有人就會喊：「翻身！」於是大家都會同時翻身朝向另一側。有時候身旁的人沒有翻身——因為他已經死了。

雪花從艙口飄了進來，好幾十名歷經了受傷、痢疾與飢餓都能活下來的人，卻被活活凍死。有時還可以和衛兵買到性命——西點軍校的畢業班戒指可以換來一個空米袋，用來當作毯子——不過死亡還是天天發生。在早上，一聽到「把死人抬出去！」的喊聲，通常都能有三、四十具屍體被抬走。這些罹難者的樣貌看起來全都相似：齜牙裂嘴、肋骨突出、雙眼深陷且骨瘦如柴。

人們因為原始的求生欲望，會把身體過於虛弱或是患病的人身上的衣物搶走；他們會像狗一樣，為了一點食物碎屑鬥毆。少數幾名軍官和三名軍中神職人員——一名路德教派牧師、一名叫內格爾的新教牧師以及天主教神父康明斯（Cummings）——為他們樹立起了道德典範，才把他們從混亂中解救出來。這三人耗盡了精神力氣，最後為了他人犧牲了自己的性命。

最難熬的是水的供應愈來愈少，有時候一天只有一湯匙，有時是一滴都沒有。包丁在一月二十四日的日記中寫道，他和另外幾個人在半夜偷偷逃離船艙，去偷甲板上引擎汽缸內的水：

……終於拿到了半壺水並喝了一杯，不過卻被槍托揍了三下。一片漆黑，幾乎看不見東西。衛兵縮在小棚內。如果只有我一個人的話，那還沒問題，但其他人不斷地把衛兵的注意力引到我身上。挨上一槍倒是挺好的，而且值得。上午想要用手銬從甲板上弄點雪來，卻被踢了一頓……昨天晚上死人並不多。從星期五以來，第一次能夠通便。我們失去了許多脂肪，括約肌不聽使喚，即使是結成塊的糞便也都不受控制。衣服內外髒到無法形容。上午雪下得很大，氣溫接近零度。不斷祈禱著這是生命中的最後一天。我們真的需要保暖、水、食物和盥洗……

三天後，他寫道：

……我們歷經了最寒冷的夜晚。上午沒有食物，也沒有水；不過下午有了一點東西可吃。整晚深受折磨。因為喪失脂肪，不怎麼嚴重地拉了兩次肚子。康明斯神父過世了。科瓦斯基（Kawalski）走了；這群和我銬著一條腳鍊的人當中，只有我還活著。昨晚大概死了四十人，沒有掩埋。希望早日結束苦難……

包丁不斷夢見瀑布、噴泉和檸檬水，不時被嚴寒凍醒，心中想著要住在船屋上還是拖車內，或是一棟平房，然後養幾隻火雞和鴨。

一月二十九日晚上，船在日本九州島的門司港停靠。戰俘們進行了身體檢查——在肛門內塞入體溫計就完事。黎明時，他們在冷冽寒風與凍雨中站在甲板上，領取新的衣物——鞋、羊毛褲、襪子、有內裡的外套和長袖棉內衣。那些排在前頭的人能夠取得整套的衣物，但卻得付出代價。他們被迫在寒風中脫光衣服，站在浸過腳面的冰水中，笨拙地穿著衣服。衛兵們還用棍棒毆打他們，要他們動作加快。

包丁排在隊伍的尾端，什麼都沒領到——而且他們還沒收了他的鞋。當他攙扶著一個虛弱的袍澤下船時，兩人都被噴了一身的「來沙爾消毒藥水」（Lysol）。他們走過濕答答的雪地，來到碼頭附近一間空蕩蕩沒有暖氣的倉庫內；包丁在那用他那破舊的餐刀換來一雙舊鞋，並從窗外的一個桶中裝了一壺冰冷的水。他領到兩年半以來算是豐盛的一餐：一杯蒸飯、幾匙鹹魚、一隻小龍蝦、幾片醃蘿蔔、一片像是辣椒的東西，還有吃起來像是鳳梨的水果。

在這寒冷的倉庫中又死了六個人。一千六百一十九人搭乘「鴨綠丸」離開馬尼拉，現在只剩下四百五十人，而其中至少又有一百人很快就會死去。倖存者喝到水了，也吃了一頓飽飯，不過還是有個問題壓在他們身上：下一步是什麼？

五

即將在克里米亞半島的海邊療養地雅爾達提出來的也是這個問題，只不過是從更大的角度提出。「三巨頭」不僅將會在雅爾達決定歐洲今後的命運，而且還要決定遠東今後的局勢。一月二十三日，就在羅斯福離開華府之前，美國參謀長聯席會議正式向他建議，俄軍加入對日作戰對於美國的利益而言是極其重要的。馬歇爾和麥克阿瑟都認為，若是沒有蘇聯的協助而要征服滿洲的七十萬精銳的關東軍，美軍勢必要犧牲數十萬人。[4]少數幾名海軍情報專家——艾利斯．札卡里亞斯上校（Ellis Zacharias）和他的參謀人員——精明地猜測到，這支關東軍已是名存實亡，因為其最精銳的部隊早就被送往雷伊泰和其他受威脅的區域。但他們的意見並未引起關注。

英國外相安東尼．艾登三天後從莫斯科發給邱吉爾一封電報，警告他要小心俄國人可能會提出政治性要求，作為進攻滿洲的條件：

……關於俄國宣稱要收回一九〇五年《樸資茅斯條約》中割讓給日本的南庫頁島（Sakhalin），這點爭議不會太大。對於要取得千島群島這點，美國人可能會密切注意。不過，最困難的問題很可能是由滿洲和朝鮮因素所引起。我們還不知道俄國人可能會提出什麼要求，但中國人、美國人和其他國家的人，都會仔細盯著我方是否會遵守《開羅宣言》中承擔責任的部分；因此要滿足這些要求，很可能只得以不斷和中國人發生磨擦為代價了，而中國人或許能接收到美援，而且也希望得到我方的援助。

總之，這裡有一堆潛在的國際糾紛。因此，在目前階段得謹慎行事，避免對俄國人做出類似承諾或暗示的話，這才是明智之舉。

這場會議於二月四日召開，首要議題是戰後的歐洲。會議的氣氛熱烈，還經常出現激烈討論，而羅斯福再度扮演起邱吉爾和史達林之間調停人的角色。英國人對於羅斯福自封為仲裁者的角色似乎有點不滿，有少數幾個人甚至認為羅斯福對於東歐歷史的無知，已到了令人驚訝的地步。艾登覺得羅斯福希望「對史達林開誠布公，美國並沒有和英國『合夥』對抗俄國人」，導致「英美關係出現某種有利於俄國人的混亂」。羅斯福顯然是名圓通的政治人物，能夠清楚看出眼前的目標，但「他的長遠規劃似乎就不甚明確了」。邱吉爾的翻譯博思認為，羅斯福看起來氣力耗盡。「在德黑蘭會議上，可以明顯看到昔日的自信和語調的堅定，而如今似乎消失了。他的聲調令人感覺他已心力交瘁……從眼前這名慈祥、宅心仁厚的大叔身上，只能看到他過去身形的殘影。」

羅斯福和邱吉爾的情誼依舊緊密，宛如親兄弟一般，然而也帶著兄弟之間的複雜情感。羅斯福冒著丟失個人政治前途的風險，在一九四〇年英國處於危難之際，向邱吉爾提出了《租借法案》援助他，但還是持續向他的英國老大哥說教殖民主義的不道德。有回邱吉爾私下對羅斯福說：「我相信你正試圖要瓦解大英帝國。」這點是毫無疑問的。羅斯福曾私下對他的兒子艾利奧特說：「殖民制度就意味著戰爭。從印度、緬甸、爪哇等處搶奪資源，拿走這些國家的財富，但從來不送還任何東西，比方說是教育、基本生活水平、最低幅度的健康需求——你的一切作為就是否定了在和平開始之前，為和平提供某種組織性架構的價值。」

美國的參謀長們在二月八日終於能就他們所關切的議題加以討論——太平洋戰爭。他們在尤蘇波夫親王（Prince Yusupov）的豪宅內——那也正是拉斯普丁[5]被暗殺之處——和蘇聯的參謀長們舉行會議，解決遠東地區的軍事問題，特別是要決定一旦俄羅斯對日本宣戰的話，該採取什麼步驟。

羅斯福的總部設在六英里外的利瓦迪亞宮（Livadia Palace），總統正謹慎地和史達林討論同一問題，在場的還有蘇聯外交人民委員莫洛托夫、美國駐蘇大使艾夫里爾．哈里曼以及兩名翻譯。利瓦迪亞宮是座氣勢宏偉的建築物，在沙皇尼古拉時期按義大利文藝復興時期的風格而建，塗著蜂蜜色灰泥還點綴著白色大理石。它高出黑海海面一百五十英尺，可以兩面俯瞰海面和陡峭山岩。

羅斯福表示，他支持對日本用「超級空中堡壘」施以密集攻擊，如此可以免於部隊入侵日本本土。史達林打斷了他的話，直言不諱地說：「我倒是想討論蘇聯加入對日戰爭的政治條件。」

羅斯福早有定見。關於俄國取回庫頁島和千島群島作為報酬的問題，他表示這毫無問題。至於蘇聯在遠東地區取得不凍港（大連）的問題，即是否向中國人租借大連，或是把大連改為自由港？史達林不滿足於此，反而提出了更多要求——使用滿洲的鐵路。羅斯福認為這個要求沒有什麼傷害性，並建議租借給俄國人並由其管理，或是交由一個俄中聯合委員會管理。

這說法讓史達林感到滿意，但他卻以威脅的口吻說：「如果無法滿足這些條件，我和莫洛托夫就很難向蘇聯人民解釋，蘇聯為何要參加對日作戰了，那是個和蘇聯沒有太多糾紛的國家。」

羅斯福說：「我還沒有機會同蔣介石委員長進行會談。和中國人友好交往的難處之一是，不論你對他們說了什麼，在二十四小時之內全世界就都會知道。」

史達林同意，暫時還無須和中國會談此事。「關於不凍港的問題，我們是很好商量的；我不反對把它變成國際化自由港。」

他們開始直率地討論中國的內部問題。羅斯福表示，美國過去一直試圖讓中國存活下去。史達林帶著淡笑答道：「中國會存活下去的。」但他覺得奇怪的是，國民黨和共產黨為何無法在對日抗戰上維持統一陣線。

羅斯福回答表示，在聯合重慶和延安的工作中，魏德邁和赫爾利的進展要比前任來得順利。對於這樣的裂痕，重慶的國民黨比所謂的共產黨應承擔更多責任。

會談移轉到朝鮮問題。羅斯福神秘地評論道，雖然他個人認為不需要邀請英國人來參與討論朝鮮的託管問題，但他們可能會因為沒被邀請而心生不滿。

史達林獰笑著說：「他們肯定會覺得被冒犯。事實上，首相可能會殺了我們。」接著他出乎大家意料之外地說：「我認為應該邀請英國人。」

同盟國參謀首長聯席會議在隔天上午十一點討論了最終軍事報告，一致同意把擊敗德國的最早時間定在一九四五年七月一日，最晚時間是同年的十二月三十一日。日本的陷落時間則設定在德國崩解後的十八個月內。

當天下午，羅斯福、史達林和邱吉爾還有他們各自的主要幕僚們群聚在利瓦迪亞宮的庭院拍照。

他們一回到舞廳，即全體會議的議場，新任國務卿小愛德華．斯特蒂紐斯（Edward Stettinius, Jr.）就開始宣讀三國外長在當天上午所草擬的聯合國領地託管計畫。在他還沒讀完之前，邱吉爾便暴躁地大吼道，他完全沒有同意過此計畫中的任何一個字。「在此之前，從來都沒有人徵詢過我的意見，我也沒聽過這個議題。」他非常激動，角框眼鏡都滑到了鼻尖上。「在任何情況下，我都不會同意讓四、五十個國家笨手笨腳地染指大英帝國的生存！只要我還是首相，我永遠都不會把大英帝國的分毫遺產交出來！」

次日下午，二月十日，哈里曼大使和莫洛托夫在尤蘇波夫的豪宅內會晤。美國大使收到蘇聯對日參戰政治條件的英文譯本：外蒙古的現狀必須維持不變，日軍在一九〇四到一九〇五年之後所佔領的土地——主要是庫頁島南部、旅順和大連——必須歸還。史達林還要求控制滿洲的鐵路及千島群島。俄國的回報除了對日宣戰之外，還將和蔣締結一份友好同盟條約。

哈里曼認為，總統「希望在接受之前，就三點內容做些修正」。大連和旅順將會成為自由港，滿洲地區的鐵路交由中蘇聯合委員會管理。「此外，我很肯定總統在還沒有徵得蔣介石委員長同意之前，並不會處理這兩項和中國利益相關的議題。」

哈里曼在利瓦迪亞宮把史達林的提議草稿，連同他自己修改的部分都呈交給羅斯福。羅斯福自認為是按照美國的最高利益行事之後，批准了修正內容，並要駐蘇大使把它們交給莫洛托夫。

史達林和羅斯福之間那份始於德黑蘭會議期間的熱切關係還一直維持著，直到那天下午，邱吉爾宣布他的政府已經「事實上銜命」不得提及賠款金額，而羅斯福也表示他害怕提出具體數字（史達林提出的數字是二百億美元，其中半數歸於俄國），這將使得許多美國人僅僅以金額的角度來思考賠償問題。

就史達林看來，這是羅斯福夥同邱吉爾要反對他，而他也難掩怒氣。雖然這件事很快就平息下去，但史達林顯然對於自己的敵意怒火感到不安，因此在休會期間，他把哈里曼拉到一旁告訴他，他準備向總統抽出蘇聯對日作戰所提出的條件做出妥協。他說：「我完全願意把大連改為國際控管的自由港。但旅順並不一樣。那會是蘇聯的海軍基地，因此需要租借。」

哈里曼建議：「閣下怎麼不立即與總統討論此事呢？」不久後，史達林和羅斯福就湊到一塊低聲談論，他們之間短暫的裂痕終於癒合。他們取得完全一致的看法。現在唯一的問題是告訴蔣這份協議的時機點和方式。總統問史達林是否願意和宋子文在莫斯科討論這些議題，還是讓他直接和委員長討論。

史達林說，我是涉及利益的一方。如果由總統去談，這會是較佳方式。羅斯福問道，何時與委員長談呢？他對保密問題相當介意。史達林說，我準備好之後就會通知你的。其實史達林是想在遠東布署超過二十五個師的兵力後再通知蔣介石。此時，邱吉爾走過來找他們，他們也就不再繼續討論此話題。

直到隔天早上，首相才知道此協議。他準備要簽署時，外相艾登對於他所讀到的協議大吃一驚，立即阻止了他。外相當著史達林和羅斯福的面，汙衊這份協議為「可恥的會議副產品」。邱吉爾不理會艾登的意見，如果他採納了艾登的意見，英國在遠東的威望就會降低。他以蔑視的態度在協議上簽了字。

雅爾達會議在幾個小時後就結束了。在最後一場午宴上，大家對於一切事務都能進展順利鬆了一口氣。羅斯福情緒相當激昂。他所重視的《解放歐州宣言》，也就是承諾這些國家能夠自決的條件已經被接受了；史達林白紙黑字同意了在德國垮台後的兩、三個月內就會加入對日作戰。[6]

美國人感到了一股悄悄的自我滿足。對於哈里曼大使而言，這是一次結結實實的外交成就。史達林已經同意支援蔣介石，承認中國國民政府對滿洲擁有主權。哈利・霍普金斯確信，對所有的人而言，這是新日子的一道曙光。和俄國人一起贏得了和平的首場勝利，證明了他們也是明理且具有遠見的。

不過，有些英國人則採取了慎重的保留態度，特別是針對波蘭的命運；羅斯福的健康也是這場會談的不利因素，使他犯下嚴重錯誤。但也正是他——面對著不甚情願的史達林和半信半疑的邱吉爾——促成了這場會議持續最久的成就，也就是組織了「聯合國」。

只有很少數人知道史達林同意對日作戰所提出的條件。如果羅斯福和邱吉爾承諾「將在日本戰敗之後，毫無疑義地履行」蘇聯對遠東領土的要求這一訊息一旦被傳播出去，毫無疑問會遭到反對聲浪。事實上，俄國簡直就是受賄，做了一件它一直以來都很想做的事。在打敗德國後，俄國幾乎不冒任何風險、無須流血和浪費物資地攻打已經坐困愁城的日本，而戰利品——特別是佔領滿洲——要比從西方國家獲取祕密承諾更具有強大的吸引力，這讓它加入了攻擊的行列。

第二十六章
「有如熄火的地獄」

一

在登陸雷伊泰島之前的幾週，美國參謀長聯席會議——應雷蒙・史普魯恩斯和三名陸軍將領的急切請求——接受了意見，決定經由硫磺島進攻日本，而非取道台灣。此決策的直接受益者是空軍。硫磺島位於塞班島北方六百二十五英里遠，離東京六百六十英里，是超長程轟炸計畫的理想中繼點。被擊傷的「超級空中堡壘」可以此地為緊急降落地點，而航程較短的P-51「野馬式」戰鬥機，便能從這裡當作基地，護航「超級空中堡壘」到日本。

因為日軍在雷伊泰島的抵抗，不得不延後入侵硫磺島的時日；先是延到二月三日，之後又推遲到十九日。歷經中途島和馬里亞納群島作戰、說話溫和的史普魯恩斯被任命為總指揮官，而從「瓜達爾卡納爾島戰役」中獲益良多的里奇蒙・凱力・特納擔任「聯合遠征軍」（Joint Expeditionary Force）指揮官。這次戰役全由海軍陸戰隊承擔，由「咆哮的瘋子」史密斯將軍擔任「遠征部隊」（Expeditionary Troops）

指揮官。史密斯則選定哈利・施密特少將來指揮三個師的登陸部隊。「第四師」和「第五師」被指派為攻擊日首先登陸的部隊，在夏威夷進行艱辛的兩棲演習；「第三師」則擔任預備師，在關島接受訓練。

硫磺島從海上望去像條半浮半沉的鯨魚，但從空中鳥瞰則像是塊肥厚的豬排。其最大特徵就是在狹窄的南端有座死火山，山高只有五百五十六英尺高，從海邊直直矗立上去，看起來格外高聳宏偉。這就是摺鉢山——意思是「錐狀的碗」。

這座島長近乎五英里，寬達兩英里半——大約是三分之一個曼哈頓島。雖然是個死火山，但整個島滿布蒸氣，到處是硫磺坑。沿海的懸崖和崎嶇的摺鉢山結合在一起，看起來就像是另一個「直布羅陀巨岩」。但當地的居民卻有一種不安的感覺，認為這個島隨時都可能消失在汪洋之內。

這座三角型的島嶼，北部寬闊，是個三百五十英尺高的高原地區，海邊是無法通行的岩岸；但靠近南方摺鉢山的海岸地帶，卻適合兩棲登陸。海軍陸戰隊選擇了面朝東的海岸為登陸點，但黑色的沙灘卻是火山灰和溶渣，相當鬆軟，身體較重的人甚至會直接下沉到膝蓋部分。即使有著肥沃的土壤，但島上飽受狂風侵襲的海灘和高原卻鮮少天然植被，環繞高原的小山丘和山谷內則滿覆著濃密叢林。

硫磺島是一群島鏈中的其中一座島嶼，像是一串鬆散的項鍊從東京灣口開始延伸至不到三百英里的馬里亞納群島：首先是伊豆群島，然後是小笠原群島，最後是火山群島——三個小島由北而南排成一線，硫磺島居中。

一八三〇年首度有人定居在小笠原群島，那時有兩個新英格蘭人、一個熱那亞人以及二十五個夏威夷人在硫磺島北方的父島（Chichi Jima）登陸。二十三年後，培理准將到了父島，並將其佔領成為美國領土，意圖將它變成美國海軍船艦和郵船的補給站。但富蘭克林・皮爾斯總統（Franklin Pierce）否絕了這項行動。到了一八六一年，日本宣稱小笠原群島是小笠原公在一五九三年發現的，並將其全數併吞。

有個姓高爾（Gore）的英國人在一六七三年來到了火山群島，並將其命名為硫磺島（Sulphur Island）。一八〇五年，又有一名俄國探險家來到此島，但他們都不認為這個島值得開拓為殖民地。直到八十年後，才有首批定居者——他們都是日本人——在硫磺島上岸。就像所有其他島鏈上的島嶼一樣，司法管轄權都隸屬於「東京都」，成為日本本土的一部分。

到了一九三〇年代中期，島上幾乎多達一千一百人，住在只有一層樓高的破舊日式平房裡。主要的村落元山位於島上正中央稍微偏北之處，靠近硫磺坑。島上種植蔬菜、香蕉、鳳梨、木瓜、蔗糖和穀類以供當地消費，但主要經濟卻是倚賴蔗糖工廠和硫磺加工廠。糖廠營運不善，因而改為草藥加工廠。島上有兩個學校，七名教師，一家名為太平軒的小旅社和一間有著三名女服務生的酒吧。一年會從日本開來六班船，運來補給品、旅客和新聞。

在整個島鏈中，只有硫磺島一座島嶼適合建造機場，但帝國海軍多年以來除了架設無線電站和氣象站外，幾乎不怎麼關注這座島嶼。一九四〇年，馬淵建設株式會社開始在摺鉢山山腳地帶修建一個有兩條長約一英里長跑道的機場。隔年春天，一名海軍上尉帶著九十三人來到島上建立砲台陣地。島上湧入了兩千名工人。

直到一九四四年初美軍入侵了馬紹爾群島，這座島和台灣才受到帝國大本營的關注。第一任指揮官就是曾經在墨西哥擔任海軍副武官（同時還兼特務）的和智恆藏，他帶了五千多名海員登陸駐守。接著就開始在中央高地上動工修建第二座機場。到了五月底時，陸軍也派出五千一百七十人駐紮在該島，有十三門火砲和超過兩百多挺的機槍；海軍擁有十四門海岸防衛砲、十二門重砲和一百五十挺二十五毫米的高射機槍砲。但兩個軍種彼此憎惡，當栗林忠道中將在六月抵達該島，要建立第一〇九師的師部並擔任全島指揮官時，他發現駐軍已經分裂。

在美國人還沒有登陸之前，日本人早就猜出他們的意圖。東條對五十三歲的栗林說：「整個陸軍部和國家都仰賴你們來防守這個關鍵性島嶼了。」日本人預估美軍即將登陸在栗林抵達該島的兩個星期後，似乎就得到證實。五十一架艦載機——僅僅是要摧毀島上的空中戰力——擊落了六十六架前來攔截的日機，然後幾乎是隨心所欲地轟炸硫磺島。

這次空襲讓栗林清醒過來。儘管如此，他還是在屬下面前擺出很有信心的樣子。他邊喝著威士忌邊告訴初來乍到的堀江芳孝少校：「當敵軍來襲時，我們能夠牽制住他們，然後我方的聯合艦隊將會打他們一巴掌。也就是說，我們的角色是大規模的牽制行動。」

堀江比海軍中任何人都更了解海軍的狀況，他投入了整整一年時間試著改善運輸船團的狀況。他說：「將軍，早就已經沒有什麼聯合艦隊了。海軍還剩下一些零星戰力，但他們毫無打擊能力。你還不知道『阿號作戰』的結果嗎？」他描述了十天前在馬里亞納群島外海上的慘敗。

將軍指責他喝醉了，並說：「這座島嶼隸屬於東京都的管轄範圍內！」

堀江回說：「當我今天從空中俯瞰這座島時，我想最好的辦法就是把它擊沉到海底。」只要有足夠的炸藥就行。

栗林重申：「你醉了。」但已經沒有之前那麼自信。隔天上午，他帶著堀江來到摺鉢山腳下的海灘。他趴在這片黑色的沙灘上，就像剛被風暴沖上岸似的。他一面指著附近的機場一面說：「是的，敵軍必定是在此登陸。也沒其他選擇了。」接下來兩個小時，這名曾在中國負過傷的將軍強拉著堀江在整個機場上走來走去，還時常用手杖「射擊」堀江。堀江認為以栗林的才智只能當班長，他聽到關於這名將軍總是執著於瑣碎細節的一些貶抑性說法，看來真是如此。

但栗林必定是對堀江留下深刻印象——或者至少是堀江所擁有的資訊讓他如此認為。栗林堅持要再請堀江來吃晚餐。他們再次共飲，突然，堀江發覺到自己居然在談論著中途島的慘敗以及護航船團作戰的可憐狀況。栗林心中翻騰著，說他的話不可信，並諷刺堀江是本「活百科全書」。這種抗拒態度反而使得堀江更加要說服栗林。當少校揭露出聯合艦隊從特魯克島撤退到帛琉，然後再退到菲律賓時，將軍的臉色轉為慘白。

少校眼中泛著淚光說：「六月十九日（馬里亞納獵火雞大賽）標出了聯合艦隊和日本的死亡之期。」他清了一下喉嚨又說：「如果我們每個人在死前能夠殺死十名敵人，這個世界將會了解，是我們打贏了這場戰爭！」

栗林嘆了口氣說：「啊，這些事我全然不知。」

堀江說：「我個人是甘願赴死。」並拿出一包氰化鉀。兩人神情凝重地坐在那靜默不語。

栗林下令要疏散平民，並加速完成在這些多孔的火山岩中建構地下防禦工事。他決定在縱深地區防衛這座島嶼，而非將軍力集中用於殲敵於灘頭；到仲夏之際，硫磺島已是滿布隧道和洞穴。援軍將島上的陸軍人數增加到七千三百五十人，海軍增至兩千三百人，還來了一名新指揮官市丸利之助少將。他是名經驗老道的飛行員，在一九二六年一場試飛時墜機，成了瘸子。他的新戰鬥指揮激發了栗林寫了首詩：

就讓我像花瓣般凋落。
讓敵軍炸彈直朝我而來，讓敵軍
鎖定我為目標。
我去了，永不回頭。
側頸而看，望到壯麗山頭（富士山）。
願天皇長存。

駐防在父島的堀江於八月十日回到了硫磺島，以建立緊急補給運輸系統。他帶來兩瓶水——因為島上沒有泉水——還有一些蔬菜，算是給第一〇九師師部的禮物。雖然二十八輛坦克在運送途中已經有部分沉入海中，栗林還是一副心情輕鬆地的樣子坐在門廊上。第一四五步兵團大多數都能安全抵達，而他們又經過精良的訓練，這點讓他感到高興。但晚餐時喝了幾杯威士忌後，他抱怨起自己的參謀人員不能信賴，而愈來愈多人反抗他那激進的防禦計畫。「他們什麼事都慢半拍，我可耐不住性子。父島的局勢如何？」

父島有很多超齡的軍官。一名年過六十的中校就曾問過堀江：「幹麼要挖這麼多洞？反正我們很快就得死了。」

栗林思忖著說：「日本已經窮途末路了。」又給堀江少校倒了杯威士忌。

隔天上午，在師部前舉行傳統升旗儀式時，將軍對參謀人員大發雷霆，使得堀江相當難堪。在每個人都朝皇居方向鞠躬後，副官開始宣讀公報。但栗林打斷了儀式，批評他的參謀長堀靜一上校四處亂翹的鬍鬚。當天上午稍晚之後，堀江少校拜訪了第一〇九師最大部隊的總部，擁有五千名兵員的第二混成旅，見到了大須賀應少將和那名留著引起紛爭鬍子的上校。他們兩人用了二十分鐘的時間抱怨栗林專斷地堅持不對海灘進行防守。這就意味著得放棄一號機場，而只有它的跑道長度能夠讓轟炸機起降。

堀江了解到，造成意見分歧的主要責任在自己。這些軍官對於六月十九日的海上大敗仗一無所悉，他們還對聯合艦隊抱持著信心，認為一旦戰事開打，聯合艦隊就會趕來支援。但他什麼也沒說，因為把真相告訴所有的人是不安全的。

市丸將軍同樣反對栗林的計畫。當天下午，他和另外三名海軍軍官當著堀江的面和栗林爭鋒相對。第三航空隊的指揮官浦部聖明確表示，他是傳達海軍參謀本部的意見，而不是他個人的看法。「海軍要在千島機場（一號機場）四周建造碉堡，並準備送來三百挺二十五毫米的機槍及必要的工事用料。敵軍只能在千島機場附近登陸。因此，如果我方用縱深碉堡進行防衛，硫磺島是堅不可摧的。」

但做出回應的是從父島來的堀江，而非栗林。「在塞班島和關島的海灘上，我們的槍砲撐了多久？請你告訴我，塔拉瓦環礁海灘上的碉堡發揮了多大作用？面對著數百門海軍火砲和戰機，正面防守是徒勞無功的。從塞班島、關島和天寧島所學到的教訓毫無疑問地教會了我們，最佳的防衛就是從山洞內狙擊敵軍。我們必須了解到，海灘不是我們能守住的。」少校接著說：「此外，敵艦上的巨砲能夠摧毀任何碉堡。在這種情形下，我們又能守住硫磺島多久呢？」他建議利用海軍的槍砲和物資來強化摺缽山和元山區域的防衛。

栗林簡單明瞭地表示：「我同意堀江的說法。」

浦部要求栗林將軍重新考慮，然後轉身面對堀江，帶著不自然的笑臉說：「一直被認為對海軍友善的堀江少校竟然反對我，我感到相當驚訝。」

「如果我不曾讀過關於瓜達爾卡納爾島、塞班島和關島的作戰報告，我或許會毫不遲疑地同意海軍的看法。現在我的良知不允許我這麼做了。」

雖然栗林強力反對防守海灘區域，但他需要海軍的合作，還有他們的補給品和武器，特別是炸藥、水泥和機槍。他在翌日上午提出一份妥協方案：海軍可以使用半數的物資進行海灘碉堡工事，剩下的部分就交給陸軍。浦部中校對這樣的方案大表歡迎，並說：「我昨天已經承諾要給足修建三百座碉堡的用料。我一回到日本，會盡全力取得足夠建三百五十座碉堡的用料。」

栗林召來所有的指揮官，並正式宣布他的作戰計畫：未得到命令之前，不得對登陸艇開火，也不得阻止敵軍進行登陸。一旦敵軍向內陸推進到五百碼的距離時，機場附近的自動武器以及摺缽山和元山地區的火砲就開火攻擊。大須賀將軍和堀上校仍反對栗林的作法，但被栗林回絕。他說：「敵軍一旦入侵本島，所有的人員都必須抵抗到底，把陣地當成自己的墳墓。每名士兵都要盡力殺敵十人。」

兩萬一千名守軍——一萬四千名陸軍部隊，七千名海軍——分守五個區域，摺缽山駐有一千八百六十人，他們都必須各自獨立作戰，要盡全力拖延敵軍。面對海灘的山坡上早已挖滿無數洞穴，洞口角度可以抵擋火焰噴射器。在山裡，一個巨大的多層坑道網——裡面蒸汽、飲水、電力和抹過灰泥的牆無所不備——幾乎就要完工。

島上其餘地方到處都是厚壁的碉堡。許多碉堡還有額外的防護：堆著五十英尺高的沙袋。將大型海軍海岸砲架設在能夠打擊海灘的位置，防空砲安置在除非被直接命中才會被摧毀的位置上。

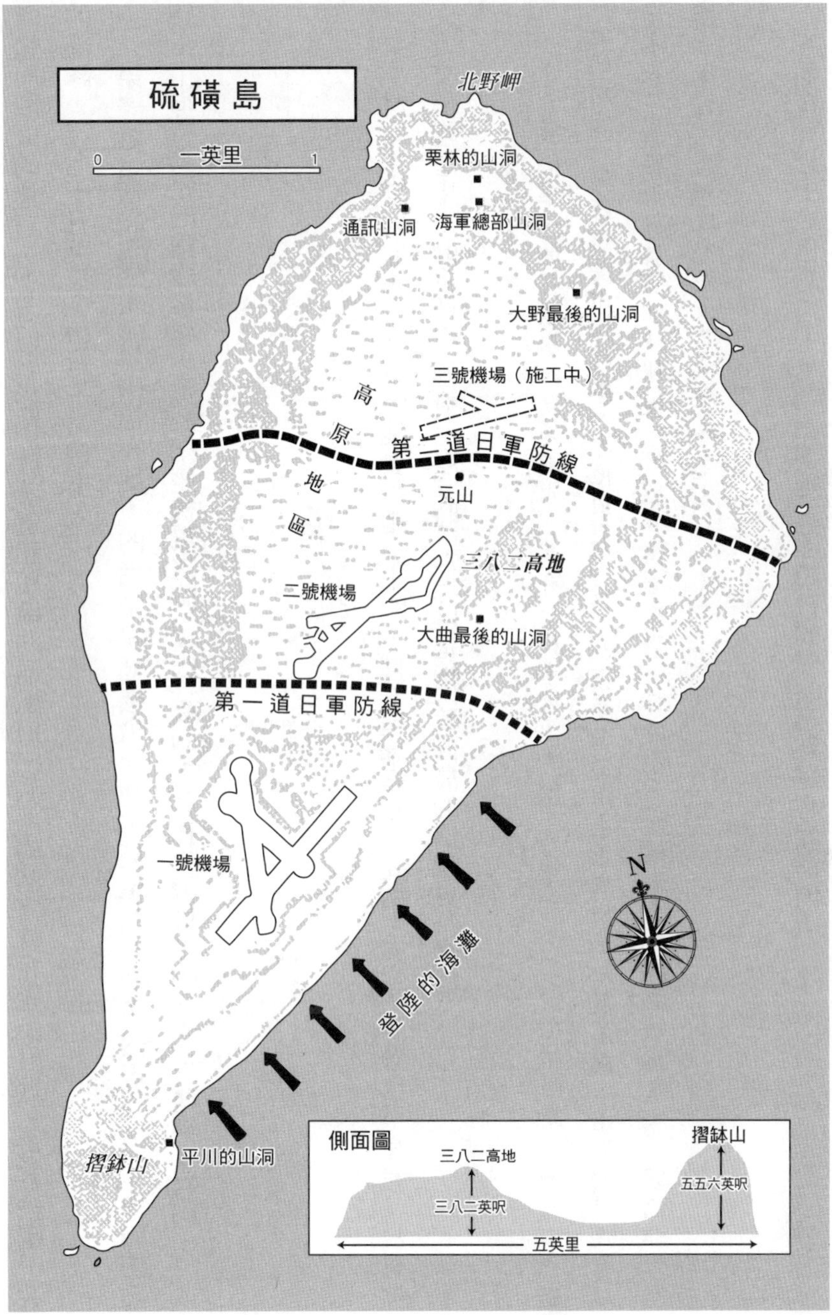
硫磺島
北野岬
0 一英里 1
栗林的山洞
通訊山洞
海軍總部山洞
大野最後的山洞
三號機場（施工中）
高原地區
第二道日軍防線
元山
三八二高地
二號機場
大曲最後的山洞
第一道日軍防線
一號機場
N
登陸的海灘
摺鉢山
平川的山洞
側面圖
三八二高地
三八二英呎
摺鉢山
五五六英呎
五英里

島的北部就像養兔場一樣，到處都是天然洞穴和人工洞穴；他們像是由許多小房間和彼此相通的隧道而組成的迷宮，上方還有能排放蒸氣和硫礦的通風口。旅部的洞穴就在元山附近，可容納兩千人的部隊，深七十五英尺，還有十二個出入口。

第一條主要防線——是由挖在地下的大砲和輕機槍陣地，甚至埋在地下的坦克所組成的防護網——沿著高原的南緣修建，位於兩座機場之間。第二條防線就在二號機場的北方，穿過了元山。

——

栗林會定期寫家書。他責怪他妻子常去串門，長女洋子有著太多別字，字寫得也不好看。當栗林夫人來信抱怨東京的生活愈發難以忍受時，他回信指出硫磺島的情況更為糟糕。

……我們唯一的補給水源就是雨水。我有一杯水可以洗臉——事實上只能擦拭眼睛，而藤田中尉（他的副官）接著還要用這杯水。在他用過之後，我還要留著用來上廁所。一般來說，士兵們還沒有這麼多水。我每天視察防區陣地後，只能癡想著要喝一杯冰水。蒼蠅太多，蟑螂四處亂爬。它們非常骯髒。還好，這裡沒有蛇或其他爬蟲……

他在九月十二日的信中，開始讓她對即將會發生的事做好心理準備：

……敵軍很快就會登陸此島。一旦上岸，我們必定會追隨阿圖島和塞班島的命運。我方的將士們都很清楚「死」的意涵。我很遺憾，得和美國作戰，而於此結束我的生命，但是我想要盡可能地堅守這座島嶼，以延遲敵軍對東京的空襲。

啊！你長期以來都是我的賢妻和三個小孩的良母。你的生活將會更形艱困，而且更不穩定。保重身體吧。孩子們的未來也不會輕鬆的。在我死後，請照顧好他們。

他也告誡洋子和他的獨子太郎，他們都將面對一個黯淡無光的未來。

……敵軍登陸我島不過是時間問題。如果未能守住此島，那麼東京將會遭到日以繼夜的空襲。無法以筆墨來形容空襲時的混亂、恐懼、嚴重破壞和驚慌。那些還悠閒地活在東京的人是無法想像那樣的景象的。因此，在遇到空襲時，最重要的是不要和家人逃散。和家人失散的人就會死在路邊。在一九二三年的關東大地震時，這樣的情形確實發生過。你們要以母親為核心，為你的家人努力。

不要理會學校的規定，你們首先要保護家人。你們無須謹小慎微地去遵守校規，因為局勢過於危急，已經顧不得校舍的安全。假使你們為了救學校，自己的家卻被摧毀，你們的母親被炸死，你們屆時該怎麼辦？你們必須和母親休戚與共。

首先，一旦東京發生空襲，也就意味著硫磺島已經落入敵人之手，也就是你們的父親已經死去。換言之，你們——失怙的姊弟們——必須依靠著你們的母親。失去父親的孩童已經夠悽慘的了，要是再失去母親的話，那將如何？因此，從今以後，你們必須過著沒有父親的生活。

他之後又單獨寫了封信給太郎，強調他作為獨子的責任。

……你父親的生命猶如風中的燭光。顯然你父親的命運就會和塞班島、天寧島和關島上的指揮官一樣，沒有苟活下去的可能。因此，你必須扮演起家庭的中心角色，協助你的母親。你一直以來都是在溫室內長大的孩子。當我還在東京時，曾經試著讓你經歷斯巴達式的訓練，或許你還無法理解，那是出自於真正的父愛。將來你就會理解了。

他規勸太郎要努力用功讀書，並戒掉香菸和避免喝酒，在家要說說笑笑讓大家保持好心情，還有以後寫信時，信紙兩面都要寫滿，不要有空格或空行。

——

到了十一月底，地下工事和砲台陣地——總數大約有八百門砲——已經準備就緒了。二號機場已經啟用，而且北方一英里外的三號機場也開始動工興建。栗林和參謀們也不再意見不合。他解除那名有話直說的參謀長——也就是鬍鬚亂翹的堀上校，還有第二混成旅旅長大須賀將軍的職務，將兩人都送到島上的地下醫院內「去恢復健康」。

栗林在一九四五年一月二十一日的家書中，告訴他的妻子不用再祈禱他能返家。他已經注定要死在硫磺島上。

……我不介意我的墳地在哪，我的骨灰也不會被送回家，我的靈魂將與你和孩子們同在一起。盡可能地活下去，請好好照顧他們吧。

他也告誡自己的兄弟，不要把他的事拿去宣揚。

……請在我的墓碑上簡單地刻上幾個字：「栗林忠道中將之墓」。不要讓任何新聞記者或雜誌寫手在他們的報導中強調我的事……即使是死後，我也想保留清白的名聲。

二

接連六週，「解放者式」轟炸機每天都從馬里亞納群島起飛，偶而還有「超級空中堡壘」的協力，對硫磺島進行轟炸。但最為密集的攻擊還是來自海上，到二月十五日，軍艦已經對這座小島射出了兩萬一千九百二十六發砲彈。值得注意的是，幾乎沒有造成多少日軍傷亡，守軍已經轉至地下。翌日拂曉時，六艘主力艦、四艘重巡洋艦和一艘輕巡洋艦抵達了摺缽山的外海。驅逐艦和驅逐護衛艦衝在四艘重巡洋艦前方，在該島南面十五英里外海上的十二艘吉普航空母艦（「嬰兒航空母艦」）則派出戰鬥機和反潛機在四周巡邏。

記者兼作家約翰．馬昆德（John Marquand，曾經以《波士頓故事》（*The Late George Apley*）一書贏得普立茲獎，還創造出一個著名的東方偵探『元先生』（Mr. Moto））寫道，很難不去誤解硫磺島，「因為它只是個日本人的小島，一幅精緻彩繪的卷軸絲畫。」

主力艦和巡洋艦開始了最初的砲擊。這波砲擊「進行得很緩慢，謹慎地在刺探那些幾乎看不見的目標，砲擊的間隔也拉得很長」。這使得馬昆德想起「拳擊手在第一回合開始時，採取迂迴閃躲和佯攻以觀察對手空隙。換言之，我方的特遣艦隊就像是一群尋找大獵物的狩獵者，包圍著一隻受到輕傷但很危險的野獸。他們緩慢地逼近，探尋牠的氣力，同時要誘使牠採取行動」。

除了少數未經授權的砲彈還擊之外，日軍一直都沒有開火射擊。不久，島的上空烏雲密布，就像穿上了護身的斗篷。雖然砲擊還是斷斷續續直至傍晚，但造成的損害卻是輕微的。

在北面，日本本土也遭受到來自海上的襲擊。密茲契的第五十八特遣艦隊大膽地接近到離日本本土不到六十英里的海面上，派出戰機去襲擊東京近郊生產飛機機身和引擎的工廠。隔天二月十七日上午，密茲契的轟炸機攻擊了已經是「超擊空中堡壘」轟炸目標的武藏野區工廠。但就在正午天色變暗轉陰之前，密茲契調頭回到硫磺島支援登陸部隊，突襲的成果讓大家歡欣鼓舞，特別是打擊日本空中防衛的力量：據報擊落三百四十一架戰機，摧毀地面上的戰機一百九十架，自身損失了四十九架。

硫磺島上天氣已經轉好，能見度相當良好。離岸七百五十碼的掃雷艇引來島上零星的砲火攻擊，重巡洋艦「彭薩科拉號」（Pensacola）前來助陣。這個目標對於一個砲陣的指揮官而言，實在是過於誘人。他的火砲命中這艘巡洋艦六發砲彈，造成十七人陣亡以及傷兵一百二十人。驅逐艦圍了上來掩護離岸只有一千碼的砲艇。載有蛙人的快艇衝過了這條防線。

美軍的冷靜和火力展現深深震撼了日軍。從海上飄過來的流行歌曲，感覺好像是一群人在郊遊，他們甚至能看見美國水兵脖子上還圍著毛巾，像是觀光客一樣在眺望著這座島。栗林早就不懷疑敵軍要登陸。上午十點三十五分，他下令幾個砲台向砲艇開火射擊，砲艇則以火箭回擊。這一回擊就引來隱藏在摺缽山山腳下和島北端的大砲齊射。好幾艘砲艇被擊中，戰機施放煙霧掩護，驅逐艦也發射白磷彈。快艇未遭阻擋地繼續朝著島前進，在海岸線附近時做了急轉彎，大約有百名蛙人跳入了海浪中。他們發現不論是水下還是海灘上都沒有障礙物，只發現一顆地雷已將其引爆。

在二號機場內，有兩架尚可飛行的「零式」戰鬥機掛著六十公斤的炸彈停在水泥掩體內。飛行員得到命令要去撞擊他們航程所及的最大軍艦，但其中一人臨時退卻。他的友人和他說：「反正你總是得死的。」這名飛行員堅持說他頭痛。他的指揮官叫來一批飛行員，並詢問有誰志願前往。有一人爬上了這架戰機。剝掉了飛機的偽裝物件，兩架「零式」戰機迅速滑出掩體到跑道上。它們設法升空了，但在掠過摺缽山的時候，雙雙都被砲火擊中並墜入海中。

第二天砲轟結束後，栗林認為他已經把登陸的美軍擊退了，便將此訊息電告東京。聯合艦隊指揮官豐田上將向栗林將軍發了賀電：

> 儘管面對著敵軍的猛烈砲擊和轟炸，硫磺島上的你冷靜地研判敵軍意圖，並挫敗了敵軍首波登陸企圖，冷靜地等待敵軍下波攻擊，決心不計任何代價堅守硫磺島。獲知此勝甚感欣慰，期望你等繼續維持高昂士氣，不論敵軍的攻擊如何猛烈，都能擊退敵軍，保衛本土的外圍防線。

兩天的砲擊造成的日軍傷亡人數甚少，但卻暴露出栗林所隱藏的火砲陣地及防守範圍，使得美軍能在最後一天有效地修正轟炸方向。砲火擊中東南方海軍那片陸戰隊要登陸的海灘周遭區域。

早晨的天空滿是烏雲，還時有陣雨。火力掩護部隊的指揮官在上午七點四十五分下令：「準備對海灘射擊。」首次砲擊極具破壞性，照片顯示出海灘上半數的碉堡和掩體都被徹底摧毀。

海軍陸戰隊第四師和第五師在二月十五日與十六日搭乘登陸艇和運輸艦離開了塞班島，並在當天晚上排隊領取糧食，檢查了裝備、背包和武器。沒有明顯的緊張或焦躁不安。每個人看起來就和前天一模一樣。

「咆哮的瘋子」史密斯將軍正在指揮艦「黃金城號」（El Dorado）的船艙中讀著《聖經》。他的部隊幾個小時之內就要襲擊海灘，將會遭遇嚴重傷亡。他是名衛理公會教徒，但卻配帶著教宗授予的「聖克里斯多夫」勛章。幾個星期之前，他曾寫信給亞歷山大．范德格里夫特中將（此時是海軍陸戰隊總司令），認為要奪取像硫磺島這樣的堡壘不值得他過多的弟兄犧牲生命。

……我曾經在兩個不同的會議中，抗議海軍砲火不足，雖然砲火有所增加，但就我看來，還是不夠。我言盡於此。

為戰鬥做好準備，我們已經盡了全力……我相信將會成功，但一想到可能的傷亡人數，就讓我非常不安……祈求上帝讓某事發生而能取消整個作戰。

攻擊日——二月十九日——凌晨三點三十分，海軍陸戰隊員早餐吃了牛排。當他們爬上甲板時，天已經亮了，透過晨霧，他們覺得硫磺島看起來孤零零的，荒蕪人跡。摺缽山不祥地消失在低矮的雲霧之中。約翰．馬昆德站在船上的對空觀測台上。硫磺島「從美學角度來看醜到不能再醜……或是說再也沒有那麼像日本風格了。它的外形就像是海上巨獸，那個小小的死火山是頭，海灘是脖子，其他部分加上矮小的樹叢和棕色的海邊懸崖則是軀幹。它也有日式小花園的精巧、簡潔。島上的岩塊與石頭久經風吹雨淋，就像日本人喜歡用來當做庭院裝飾的卵石。」

運輸艦和登陸艇駛過了這片寧靜的水域，朝登岸位置前進。七艘主力艦、四艘重巡洋艦和四艘輕巡洋艦在上午六點四十分開始登陸前的砲擊。這是這場戰爭中火力最為猛烈的一次砲擊。五分鐘後，九艘砲艇用火箭朝著元山高原猛射，其他砲艇則用迫擊砲轟炸摺缽山的山坡地帶。上午八點零三分，砲擊停止。一百二十架艦載機用火箭、汽油彈和炸彈對著東南面的海灘、一號機場以及摺缽山進行地毯式轟炸。戰機來時突然，去也突然。飛機一走，又開始砲擊。這回還加入了十艘驅逐艦。這座島煙硝瀰漫，烈焰沖天。更多的戰機俯衝而下，朝著黑色的沙灘射出一排排的子彈。這是記者羅伯特·謝洛德有生以來所目睹過的「最可怕的」一次砲擊。他在記事本中寫著：「雖然我已看過太多次砲擊，但我不禁想起了『誰也活不了』這幾個字，不過，我才不信。」

躲在碉堡、掩體和山洞內的日軍忍受著砲彈的衝擊波，用手指堵住耳朵。栗林傳來的最後指示是相當明確的：

首先，我們將要犧牲自己，盡全力防衛本島。
我們要抓起手榴彈衝向敵軍坦克，擊毀它們。
我們要衝入敵軍陣地中，殲滅他們。
我們要彈無虛發，殺光敵軍。

所有的人都以在死前殺死十名敵軍為己任。

我們要以游擊隊戰術來騷擾敵軍，戰到最後一兵一卒。

一等兵平川清實從他躲在擂鉢山的洞口看出去——他之前是名政府文官——看見敵軍龐大的艦隊搖搖擺擺地就位。他想著，多麼壯觀且有條不紊啊！讓他感到敬畏的並非敵軍，而是敵軍的大規模武器。他從宣傳單和小冊上已了解到美軍戰鬥人員的一切情形。有本標題為《美國人的心理》的宣傳小冊上寫道，「他們自稱為勇敢的軍人，但他們卻不想光宗耀祖，也不會為了後代子孫或家族爭取榮耀。作為個人，他們都想以勇敢出名，並廣為人知。他們是喜好冒險的民族。曾有報導說，美國人試圖乘坐大桶從尼加拉瓜瀑布而下……他們害怕死亡，但因為個人主義，他們又不大會考慮後果。相反的，當他們要冒險時，又會變得不怕死。他們是謊言專家。他們被宣傳和諂媚所欺。他們是相當物質化的。他們作戰時完全沒有精神上的激勵，都是仰賴物質上的優勢。」

載滿頭五波攻擊部隊的登陸艇進入離岸五千五百碼的位置。像是「後悔莫及」這樣的標語都亂七八糟地貼在船頭斜板上。斜板笨重地放下後，水陸履帶運兵車開始接續蹦入海中（馬昆德對一名士官說：「這就像世上所有的母貓在生小貓一樣。」）掠過水面朝硫磺島而去。首波的六十九輛水陸履帶運兵車，每輛上面載著約莫二十人，在預計登陸時間「H時」的兩個小時之後於上午九點零二分登岸，同時開始向前爬行。在往內陸推進二十碼之後，這些牽引車遇到一個十五英尺高的陡峭臺地。它們在像是砂糖一樣鬆軟的黑色火山灰中奮力前進，但只有少數幾輛能爬到臺地前。其他牽引車就地讓陸戰隊員下車，背著沉重裝備的士兵足踝馬上就陷入黑沙之內。他們掙扎向前推進，只有稀疏的步槍和不連貫的迫擊砲火聲。或許敵軍戰力被誇大，抑或大規模的轟炸已經把日軍趕到地下去？

不過，在陸戰隊員氣喘吁吁地爬過這個正在塌陷的臺地後，他們就遇上了藏身在碉堡和山洞內的士兵用機槍與步槍的攻擊。迫擊砲彈飛過他們的頭頂，在衝向海灘的水陸履帶運兵車四周爆開。被炸到海中的陸戰隊員試著游上岸，但他們沉重的背包卻把他們拖往水下。

首度投入戰場的第五師湧上了左邊的海灘。一個團級單位的第二十八戰鬥隊頑強地朝著摺缽山移動。它的任務就是要穿過七百碼寬的沙灘缺口，然後衝到島的另一側，把摺缽山孤立起來後對它發動猛攻；而第二十七戰鬥隊則攻擊一號機場的南端區域。

第四師的兩個團在右翼包抄，協助奪取一號機場，然後再攻奪護衛元山高地的山脊。這是戰地記者二兵艾倫．馬修斯（Allen Matthews）的生平第一場戰鬥。當他在水陸履帶運兵車上時還覺得自己不會戰死，不會被摧毀。他還能想像自己會對朋友的死感到悲傷——絕不是朋友為他感到悲傷。不過當他機械性地嚼著口香糖勉強爬上海灘時，他的內心一片混亂，他告訴自己，快跑，快跑，快跑，離開海灘，除非絕對必要，否則別躲在海灘上，因為日軍正瞄準著海灘，他們一定想要打死我……逃離海灘並且快跑。但卻辦不到。身上裝備的重量讓他蹣跚而行，而且還陷入沙中。他完全聽不見戰鬥的轟隆聲，不知道什麼緣故逼著他老回頭瞧。炸起的沙子就像黑色的水柱一樣。他口很渴，口香糖都黏在牙齒和舌頭上。他東倒西歪地向前進，試著要把口香糖吐掉，但卻黏在嘴唇和下顎上。這完全不像他所讀過的攻擊報導。士兵們在四周奔跑，跌跌撞撞。他們看起來像是沒有武器，沒穿軍服，沒有臉孔。他突然之間聽到一陣喊聲：「醫—護—兵！」有人痛苦、恐懼地喊道：「醫—護—兵！」海軍陸戰隊員不該這樣大喊。這聲音是一個坐在臺地淺凹處的人所發出來的，他像座雕像般神情呆滯。在他的左邊，三名士兵奇怪地堆疊在一起。他們應該是死了。

馬修斯發狂了，竭力拖著雙腿，在陡峭臺地鬆軟的火山灰中像泵浦一樣移動，笨拙地把槍舉高以免沙子滲入槍管中。終於，他爬了上去。他想跳入一個彈坑，但又無助地深陷沙中。他想著，我成了一個好標靶！他又跌倒在地，然後虛弱地滾到旁邊的洞內。他嚥了嚥口水，但他腫脹的舌頭也只能乾巴巴地刮了一下上顎。他用力嘔了一陣，口水終於流了出來。他觀察了周遭情況。他現在可是名老兵了，知道自己也可能被打死。

團急救站來了第一名自己走來的傷兵。他的下顎幾乎是只有皮肉還吊在上面，忍受疼痛接受包紮，但卻拒絕被送回。他想說話，卻只能發出點聲音，於是他在沙上寫幾個字。沙子馬上就填進字裡面。他厭煩地把沙子一攪，只好讓人把他帶走。

第一批坦克在九點三十分上岸。它們在鬆軟的火山灰中前進。有幾輛試圖爬上那塊臺地，但大多數還是陷落在沙中，被日軍的反坦克砲一一擊毀。第四師特別仰賴這些坦克的支援，因此他們向機場的推進變得艱苦而緩慢。美軍深陷在由無數的碉堡和掩體所形成的致命性交叉火網中，只能用炸藥和火焰噴射器來逐一制服。

小班傑明·羅賽爾少尉（Benjamin Rosell, Jr.）到了下午一點才和海軍艦砲射擊聯絡隊登陸。他們背著無線電裝備，在戰線的最右邊費力地爬上臺地。羅賽爾的左腳幾乎要被一顆迫擊砲彈炸飛。他的士兵幫他綁上止血帶，他還講著笑話。又有顆迫擊砲打向他們，炸死了兩名士兵，而他原本沒事的右腿現在上面滿布砲彈碎片。他還剩下一名士兵，第三顆砲彈就在他們頭頂上爆開之前，他們兩個人都趴在地上。他又中彈了，這回傷到了肩膀。士兵的右腿被炸斷了，他默默地拖著斷腿爬下臺地。羅賽爾現在孤身一人，只想到人在密西根州羅亞爾奧克（Royal Oak）的雙親。又一陣迫擊砲砲擊，一路從海岸線往臺地上炸過來。羅賽爾感覺身體好像被拋了起來——然後又掉了下去。他並不在意。他瞄了一下手錶，正在此時，砲彈碎片打穿了手腕。手錶不見了，取代它的是一個鮮紅的洞。他想，被釘上十字架大概就是這種感覺吧。

對於海灘上的美軍而言，砲火似乎是相當密集的，但栗林的砲手們還是相當節制地開火射擊，島上有許多砲臺還沒開火。必須節省彈藥，每發砲彈都很重要。在第一封發往東京的電報中，栗林表揚了一名反坦克排排長，他在戰死前擊毀了二十多輛敵軍坦克，請求追授他為上尉。他還讚揚了另外兩名反坦克指揮官、一名步兵軍官和全體第一四五步兵團。他報告，部隊基金共十二萬日圓都「捐獻給國庫」——這筆錢都燒毀了。

到了黃昏時，有三萬名美軍已經上岸。五百五十六人陣亡或因傷而亡。其他人全都擠在一個長四千四百碼、縱深最深處只有一千一百碼的灘頭堡內。他們還沒能達到這一天的目標，此時正在挖掘工事，預防日軍反攻。但是，栗林對於部下和彈藥都是同樣地謹慎調度著。他和塞班島上的指揮官不同，不想浪費部隊做無謂的衝鋒攻擊。他的方式更有效率：下令用大砲和迫擊砲進行騷擾。

一整晚，美軍的彈藥堆積點一個接一個爆炸，日軍砲火的精準性令人百思不解，好像美軍防線內有敵軍觀察哨一般。最後，一名陸戰隊員從擱淺在海灘上的日軍運輸艦上聽到一陣滴答的聲音。他和幾名袍澤爬上這艘廢船，看到裡面有個鬼影般的人——一名身上背著無線電發報器的日本兵。雖然打死了這名日本兵，也顯著降低了日軍火砲的精準度，但是海灘上的美軍還是十分壅擠，因而造成嚴重傷亡。美軍也無力阻止那些劃破暗夜而來的火箭所造成的大混亂。這些並非一般火箭。日本海軍航空軍械人員以某種方法，將六十到兩百五十公斤的炸彈改裝成火箭，放在木架上用電力發射。這些「火箭」以四十五度角飛行，弧線投射到兩千碼外的敵軍陣地內，觸地即爆。

謝洛德寫道：「在硫磺島上第一個夜晚只能稱為一場地獄般的夢魘。」黎明時，黑色沙灘上遍地屍體。他在太平洋其他戰場上從未見過這樣七零八落的屍殍，軀幹和四肢散裂在五十英尺外。下起了小雨。氣溫很低。海軍砲擊在七點四十分開始，比「D日」那天的砲擊晚了一小時。五十分鐘後，海軍陸戰隊發動進攻。在左翼摺缽山山腳下，推進是十分艱辛的，即使是在火砲、半履帶牽引車以及離岸兩百五十碼的驅逐艦火砲等協助下，第二十八戰鬥隊到了天黑時也才推進了兩百多碼。

第四師在右翼突破了一號機場，然後轉向北面，遭遇到栗林的第一道主防線。歷經整個白天的戰鬥，海軍陸戰隊員攜帶上岸的軍犬在海灘上四處亂跑。其中一隻名為喬治的軍犬，已經是歷經兩次登陸的老兵。另一隻活潑好動的狐梗，完全不理會四周讓人心驚膽跳的爆炸聲，玩著一顆手榴彈，把它滾來滾去地玩耍，有時還把它拋向空中。牠叼著那顆手榴彈跑進一個散兵坑內，把所有的人都嚇跑了。牠卻還叼著手榴彈跟在他們後面，要牠放下也不聽。最後牠聽話了。但是，當一名隊員去拿那顆手榴彈時，牠又叼起來玩弄。他們試著用食物吸引牠，但牠就是想嬉鬧。有人把木棍丟向牠，要讓牠分心，可牠就是不肯放棄這個新玩具。終於有人想到說不要理牠。幾分鐘之後，這隻狐梗就放棄那枚手榴彈，他們趕緊把手榴彈撿回來，繼續和日軍的戰鬥。

入夜後，「炸彈火箭」再度攻進美軍那擁擠的陣地內。在砲彈間歇時，一名蜷縮在謝洛德掩體內的士兵覺得下方的地面在震動，接著傳來一陣怪聲，聽起來像是「有人在樓下敲打暖氣片」。這也許是一次輕微地震，但一名士官說：「我的天啊，日本人正在我們下方挖地道。」誰也沒再說話。

三

第三天，二月二十一日，海軍砲擊再度於七點四十分開始，五十分鐘後在艦載機的密集支援下陸戰隊發動攻擊。剛過中午時，第二十八戰鬥隊已炸毀堅固的石頭和水泥防禦工事，幾乎推進到摺缽山腳下。北面的總攻也打得很順利，特別是在最左翼，因為在那裡能夠運用坦克戰力。第五師在這推進了一千碼。第四師在右翼遇到崎嶇難行的地形和猛烈砲火，只推進了五百碼。

黃昏時，日軍首度從空中反擊。五架基地在東京附近的「神風」戰機衝過美軍戰鬥機屏護網，飛到離硫磺島三十五英里遠的航空母艦「薩拉托加號」上空。頭兩架自殺戰機已經被擊中起火，但仍繼續衝過來。它們掠過海面，撞上了航空母艦。其餘三架直接撞上「薩拉托加號」後爆炸。在控制住艦上的火勢之前，又來了五架戰機。其中四架被擊落，但第五架投下一枚炸彈，把飛行甲板撕開一個二十五英尺長的大洞。嚴重受損的「薩拉托加號」不得不返航回到美國進行大修。幾英里外有架「神風」戰機隊撞上了「吉普航空母艦——俾斯麥海號」，大火從艦首延燒到艦尾。過了午夜幾分鐘之後，就沉進了海底。

當晚，東京廣播節目《家庭與帝國》提到敵軍士兵在硫磺島登陸，並不同以往地用讚揚的口吻談到敵軍的將領：

特納這個人在美國海軍中被稱為『短吻鱷』[1]。他之所以會被如此稱呼，是因為他的工作非常類似短吻鱷，短吻鱷能夠生活在陸上和水中。還有，短吻鱷的天性是一旦咬中東西，就絕不會鬆口。而特納的性格也是如此。

史普魯恩斯有著強烈的攻擊精神，而特納具有優異的決斷力，他們已率領部下抵達了接近日本本土的地方，但他們卻陷入兩難的困境中，進退不得。

特納得為我軍眾多寶貴戰士的死負起責任，別想活著回去——絕不能也一定不會讓他活著回去。為了讓做出最大犧牲的眾多英靈得以安息，不讓他活著就是我們必須做的要務之一。

二月二十二日整天雨下個不停，氣溫依然很低。這天，海軍陸戰隊收緊他們對「熱岩」（摺缽山的代號）的包圍網，除了西海岸一條四百碼寬的地帶外，這座火山被團團圍住。日軍指揮官厚地兼彥上校用無線電通知栗林，他的部下傷亡極其慘烈：

敵軍現在正用火焰發射器焚燒我部。如果我方堅守陣地，定被敵人殲滅。我部想衝出去進行最後攻擊。

自「瓜達爾卡納爾島戰役」以來，自殺攻擊就主宰了日本軍事思想，但結果卻對敵軍有利。栗林簡短地回覆：

我認定千島（機場）很快就會被敵軍佔領，但是，究竟發生了什麼事讓摺缽山在三天內陷落？

海軍陸戰隊在隔天上午重新對已被轟得面目全非的火山發動攻擊，不顧敵人的集中火力，沿著陡峭的山坡往上攻擊。守軍的彈藥已經用罄，他們把岩塊從山上推了下去。海軍陸戰隊員攻佔了碉堡和地下工事，嘴上咬著刺刀擠進狹小的山洞內，與敵軍短兵相接。哈洛德．施里爾上尉（Harold Schrier）和四十名部下已接近山頂。他帶了一面美國國旗，並奉錢德勒．約翰遜中校營長（Chandler Johnson）的命令，要把國旗「插在山頂上」。約在上午十點十五分，他們來到滿是日軍屍體的火山口邊緣。在另一邊的一小股日軍朝他們開槍，暫時把他們壓制住了。在這場小型遭遇戰中，有人找到一根長管子，他們把國旗——五十四英吋寬二十八英吋高——綁在管子一端；十點二十分，施里爾上尉和其他五名士兵，其中還包括了一名叫做路易斯．查羅（Louis Charlo）的印第安士兵一起把「星條旗」豎了起來。《海軍陸戰隊》（*Leatherneck*）雜誌攝影記者開始拍照，但年僅十六歲的一等兵詹姆士．羅伯森（James Robeson）卻拒絕要他擺出姿勢的要求，嗤之以鼻說：「這是好萊塢的海軍陸戰隊！」有兩名日軍從山洞中衝了出來，一人拿著手榴彈，另一人抽出軍刀。羅伯森開槍射殺了後面那人。前面的那名日軍把手榴彈扔向攝影記者，記者帶著相機跳入火山口，往下滾了五十英尺遠。相機摔爛了，但底片安然無恙。

從下面的海灘望上去，肉眼幾乎是看不到這面小小的國旗。掩體內的士兵們歡呼了起來，相互地捶來捶去，臉上滿是淚水。船艦的汽笛與警笛齊鳴。在法蘭克．諾克斯過世後接任海軍部長的詹姆士．福萊斯特正好與「咆哮的瘋子」史密斯一起上岸。福萊斯特嚴肅地說：「霍蘭德，在摺缽山頂升起了那面旗，就意味著海軍陸戰隊要揚名五百年。」

派人送上這面國旗的強森上校轉身對副官說：「有個狗娘養的想要那面國旗，但他拿不到手。」

他下令把那面旗幟取下來，換上另一面。中午時，他們從一艘登陸艇上拿來一面大上許多的國旗，並懸掛上去。曾經為美聯社拍過登陸貝里琉（Peleliu）和關島照片的喬．羅森塔爾（Joe Rosenthal）來得太晚，而未能趕上首次豎立國旗。第二次豎立國旗時，因為他慌慌張張地要堆好石塊以取得較好的角度，差點就又錯過了。當這名胖攝影師在他堆疊的石塊上要使身體平衡時，六名士兵開始豎起旗桿。羅森塔爾好不容易拍到了這張照片，其他的攝影師開始建議要擺不同的姿勢。一名陸戰隊員站在這面飄揚的國旗下，然後是三名陸戰隊員。最後說服了二十名陸戰隊員一面歡呼並一面揮舞著步槍。羅森塔爾認為只有這張照片值得有線電傳真回去，他把膠卷都送回關島沖洗加工。

攻擊北面的陸戰隊員從灘頭指揮官那裡得知此訊息。灘頭指揮官透過要用來指揮登陸作戰的擴音器宣布：「摺缽山是我們的了！海軍陸戰隊第五師已經將國旗插在摺缽山上。弟兄們，幹得好！」這些筋疲力竭的戰士們轉身看著國旗在火山頂上飄揚著。擴音器持續說著：「我們只要再推進兩千六百三十碼，就能肅清整座島了。」

有人嘟囔著：「只要……說得輕鬆……」

哈利．施密特將軍當天下午登岸上島，準備指揮三個師的登陸部隊，這是海軍陸戰隊由單一指揮官指揮的最大的作戰部隊。他和第四師與第五師的師長們會晤，大家都同意由已經登岸的預備師第三師朝著二號機場直接攻上去，第五師和第四師分別在左、右方向推進。謝洛德問施密特將軍，這場戰役還會持續多久。施密特回答：「今天不算，還要五天。我上週說過，這場仗得打十天，我沒改變這個看法。」

雖然日軍的第一道防線已經潰敗，但卻有二十五支滲透部隊違反了栗林的軍令，自殺性地衝進海軍陸戰隊的陣地內，一個不剩地被全部殲滅。但就在後方的二號機場卻戒備森嚴，以數百個碉堡和隱藏砲台進行嚴密防禦。兩天下來，它頂住了船艦、戰機、大砲和坦克幾乎是不曾停歇的攻擊。現在得面對預備師的步兵了——第二十一團的兩個營。二月二十四日星期六，第三營營長告訴他的士兵：「我們今天就得把機場拿下來。」上午九點三十分，在一陣轟隆作響的火砲齊射後，這兩個營開始朝這個看似無法攻破的陣地衝去。這是自從皮克特（Pickett）在蓋茨堡（Gettysburg）[2]衝鋒攻擊以來，最為堅決的衝鋒之一。海軍陸戰隊員帶著手榴彈和刺刀直衝碉堡而去。當火山灰塞住武器無法使用時，他們就用槍托、十字鎬——甚至挖掘戰壕的工具——與敵軍進行肉搏戰。

日軍——第一四五團的殘部——拒絕撤退，雙方在這場大屠戮中的損失令人不寒而慄。海軍陸戰隊有個連在幾分鐘內就損失了四名軍官，但這兩個營還是攻進了二號機場。穿過了機場，地形為之丕變，由原先的火山沙丘轉成「荒蕪、光禿禿四處延伸的多岩山脊，被切成險崖、裂口和隘谷」。這讓隨軍記者阿爾文·喬瑟菲中士（Alvin Josephy）想起「美國西部的窮山惡水——或是像某人所說的有如熄火的地獄」。一群瘋狂的日軍從其中一座山脊傾巢而出衝了下來，把海軍陸戰隊打退，但陸戰隊員們重整旗鼓後，又再度衝上山脊。雙方用刺刀和手榴彈激戰了一個半小時。戰鬥結束後，美軍佔領了全島的三分之一。

到星期日傍晚，海軍陸戰隊從日軍手中奪取了機場大部分的區域，並一碼一碼地逼進元山村。栗林發電給東京，表示經過一週的戰鬥後，前線部隊平均傷亡一半，大部分的機槍和百分之六十的火砲也已經被摧毀。

羅森塔爾所拍攝的第一張照片——也就是當那面大型國旗被豎立在摺缽山時倉促拍攝的那張——成

為戰時最著名的照片。照片及時傳到了美國，登在星期天的報紙上，成為包括了《紐約時報》在內眾多新聞報紙的首頁照片。這張照片戲劇性的構圖是讓人無法忘懷的，它既象徵著英雄主義，同時也象徵著苦難與功績。[3]

星期一，自從在這座島上登陸作戰以來，海軍陸戰隊首次在晴空下作戰。但到了中午，大雨又開始下了起來，在第四師的前鋒部隊抵達元山右方的「三八二高地」之前，三個師的推進速度都極為緩慢，但第四師在那裡遭到火箭和迫擊砲的襲擊而被驅散。他們在隔天上午以五個營的兵力齊頭進發。還是激烈的肉搏戰，造成死傷人數多達七百九十二人。

海軍陸戰隊在整條防線上傷亡慘重，但士氣還是相當高昂。幽默的標語在洞穴或散兵坑內到處可見：

摺缽山不動產公司——
海景秀麗
涼爽宜人
免費看夜晚煙火！
徵求廚師
市本客棧——
由新管理團隊所打造

旋即開張招待美軍（我們如是希望）

注意：此散兵坑為私人產業，並非聯邦住屋署資助興建，也並非為了舒適而建，只求迅速建成。

持續攀升的死傷人數又激化了陸軍和海軍陸戰隊之間的爭端，而這原本是在塞班島戰役期間首度在媒體上出現的。赫斯特旗下的舊金山《考察家報》（*The Examiner*）在二月二十七日的頭版社論中宣稱，「有確切的證據顯示，進攻中的美軍部隊為了該島付出了沉重代價」，而美軍「在真正抵達關鍵性的日本地區之前，就瀕臨消耗殆盡的危險」。這篇社論還稱讚麥克阿瑟為美國最優秀、最成功的戰略家。

他實現了所有的目標。

在智能和機動性上都勝過日本人，他料敵如神，思考問題顧及長遠。

他拯救了部下的性命，不僅僅為了那些在打敗日本之前還需進行的關鍵性作戰，還為了在贏得和平之後，讓他們安然返回美國家園，與所愛之人團聚。

在太平洋戰爭中，能夠擁有像麥克阿瑟將軍這樣的戰略家，真是三生有幸。

我們為何不更加重用他，說實在的，我們為何不將太平洋戰爭的最高指揮權交給他，充分利用他那能夠贏取重要戰役而又不會大量損失美國人寶貴性命的罕見軍事天份呢？

另一份舊金山的報紙《紀事報》隔天就為海軍陸戰隊的策略進行辯護：

奪回菲律賓仍然是件稱職、積極和激勵美國民眾的事。我們對於這份辛勞很感激。

為一次作戰所採取的方式就要詆毀美國海軍陸戰隊，將他們的方式和麥克阿瑟將軍所指揮的作戰方式進行令人作嘔的比較，這是引起惡意的幻想。暗指陸戰隊員在硫磺島上死得快，又推進得慢，是因為海軍和海軍陸戰隊在攻擊上領導無方，這是試圖欺騙美國民眾。

本報並不提議針對在本次大戰中不同戰區的我方戰鬥部隊之相關功過，進行辯論。但是，當美國海軍陸戰隊，或是在世界戰線上的其他任何部隊在國內被人幸災樂禍時地攻擊時，本報也不想保持沉默。

陸戰隊本身也在設法減低所有戰線上的傷亡人數。馬歇爾將軍辦公室對尼米茲海軍上將所提的議案引起了極大爭論，而馬歇爾之前也對歐洲戰場做出類似提案：使用毒氣。美國當時擁有大量庫存。尼米茲曾經衡量是否要在硫磺島上使用，但最後認定「美國不應該首先違反《日內瓦公約》」。[4]

——

施密特將軍預言要在十天內結束這場戰役，顯然是過於樂觀。日軍還堅守著島上超過半數的區域。到了第十天的下午，第三師穿透了栗林的第二道防線，像潮水般湧進了那已經是一片瓦礫之地的元山村。第四師在右翼幾乎團團困住三八二高地，但又花了兩天的時間才攻下。

三月一日，星期五上午，第一架美軍戰機在一號機場的泥巴跑道上著陸，在戰鬥還在進行期間，海軍工兵已將跑道修復並延長至三千英尺。那是架海軍「C-47空中列車式」醫療運輸機，從馬里亞納群島起飛，載滿醫用補給品和郵件。路透社（Reuters）女記者芭芭拉・芬奇（Barbara Finch）在砲彈爆炸聲中步出機艙。一名海軍陸戰隊員喊道：「你怎麼能夠跑到這來？」並把她推到一座帳篷內，然後又推到一輛吉普車下。接著又把她急推上了飛機，飛機搖搖晃晃地滑出跑道飛回塞班島。第二架降落的軍機是柯蒂斯「C-46突擊隊員」運輸機，載著兩噸半的迫擊砲彈藥而來。

當戰鬥還在激烈進行時，主要的目標之一就已實現。星期六那天，一架發生故障的「超級空中堡壘」在完成轟炸東京之後飛來。它的燃油幾乎耗盡，轉換副油箱的氣閥也失靈。佛雷德・馬洛中尉（Fred Malo）嘗試降落兩次都失敗，接著第三次才把這大傢伙給成功著陸。它激起了跑道上的大量塵土，有片機翼還拉倒了一根電話線桿，一直到跑道盡頭才停了下來。修好氣閥後，它又起飛返回塞班島，機上的十一名組員祝福著海軍陸戰隊員。（六個星期之後，除了一名組員外，馬洛和其他所有的人都犧牲了——有些人死在川崎上空，其餘的人則是從天寧島起飛時就墜機而亡。）史普魯恩斯將軍站在「印第安納波利斯號」的後甲板上滿意地看著這一切，這證明他迫切要求佔領該島是正確的。

栗林在那天上午透過父島的電台，發了一封語意混亂的電報給陸軍參謀次長。這封長電報默默地證明了這可能會是他的最後一封電報。

……我軍部隊正在盡全力殲滅敵軍。但我們已經損失了大多數的槍砲與坦克以及三分之二的軍官。在未來的戰鬥中，我軍或許會有些難題。既然我方總部和通訊中心現在已經暴露在敵軍的前線，我方擔心將會被切斷與東京方面的聯繫。當然，還是能夠堅守某些據點，拖延戰役若干時日。如果這些據點陷落，我方也希望倖存者能夠奮戰到底……對於未能成功守住本島，我們確實深表歉意。此刻，栗林我本人相信敵軍將從此島入侵日本……因為我能想像我方帝國的慘狀，而感到非常遺憾。但能聊以自慰的是，看到我部下的官兵在與配有眾多坦克的壓倒性敵軍對抗，以及暴露在無法形容的轟炸砲擊下進行寸土必爭的戰鬥後，能了無遺憾地戰死。

雖然本人死之將近，我沉著地祈求神明為我的祖國帶來美好前景。由於戰局可能會發生大變化，電訊或許會被切斷，我現在謹向我的長官和同僚將校們致歉，本人未能有強大力量阻止敵軍入侵。

他回憶起舊日光榮，追溯了如何在九州的海岸邊擊退了已經佔領壹歧和對馬的蒙古人。

……我相信我的祖國永遠都不會沉淪毀滅，我的靈魂將始終會攻擊那些可鄙的敵軍，並永遠防衛帝國領土。

請注意我方用電報所發送的報告和措詞。如果有利於修正未來的軍事戰術和訓練計畫，幸甚……最後，在此僅再度向我的長官和袍澤們對我的協助致上謝意。我想要補充的是，直到最後一刻，我們都和海軍通力合作。

再見　栗林忠道

雖然栗林的各部隊之間鮮有協調作戰，但日軍頑抗的程度遠比美軍所預期的還要強烈。為了阻擋美軍的噴火坦克（flamethrower tank），他們採取了不要命的手段：志願者把炸藥綑在背上，成為一個活動詭雷。接替大須賀擔任第二混成旅旅長的千田貞季少將認為這樣的局勢渺茫無望，因此他發電報給栗林，請求准許發動最後總攻。栗林憤怒地命令他要堅守陣地，離開洞穴只會加速硫磺島的陷落。但這名曾經在滿洲和俄軍作戰的千田可是比大須賀更加叛逆。他在三月八日的晚上，召集了部下軍官來到他悶熱的指揮部洞穴內，這是冒著硫磺味有如迷宮的深邃山洞。在溫度高達華氏一百二十度的酷熱山洞內，他大聲宣讀發動總攻的指示：榴彈砲、火箭和迫擊砲在隔天晚間六點開始齊射，然後朝南對著摺缽山發動大規模攻擊，海軍部隊會在兩翼進行支援。千田宣布：「我本人將永遠在部隊的最前端。」他們把一杯水彼此傳遞下去，以乾杯表示接受將令。千田向他們致謝說：「就讓我們在東京的靖國神社再會吧。」

他的命令以口信的方式傳遞到了一英里外的海軍總部，但發生口誤：將會在當晚發動攻擊——自從珍珠港事件以來，每個月的八日都成為具有特殊意義的日子。幾乎有一千五百名來自各個不同單位的海軍官兵，帶著竹茅、步槍、手榴彈和少數輕機槍開始偷偷摸摸地往出發線前進。

大曲覺海軍少尉——先前負責「噴射推進」的火箭部隊，在戰鬥初期造成美軍重大傷亡——帶著一百四十名部下離開了他們七十五英尺深的洞穴。他奉命要將部下帶到位於二號機場和三號機場之間的海軍公墓，與其他部隊會合。由於他們受到零星的迫擊砲和大砲火力的騷擾，加上對地形不熟悉，因此時常迷失方向，大曲覺抵達目的地時，只剩下十五人。在這個多砂的小山谷內，一片混亂，毫無組織又前景堪慮的一千多人在暗夜中成群亂晃。到了午夜，這群烏合之眾向南朝著美軍第四師的前線陣地衝鋒。他們本該謹慎地穿過這片滿是彈坑的地帶，但反而毫無紀律地亂喊道「萬歲」！讓敵軍有所驚覺。瞬時間照明彈照出這些攻擊者的方位。迫擊砲炸起一根根的塵土柱。至少有八百人被炸死。

美軍機槍火力壓制住了由大曲部隊所負責的區域。他們一個小時內都蜷著身體躲在彈坑或岩石後面，等待能夠逃回自己洞穴的時機點。但大曲並不願放棄。他連同好幾百人開始找陸軍軍官來帶領他們。他找到了第二十六坦克團的總部洞穴，但似乎沒人知道發動總攻的訊息。熱血沸騰的大曲指控他們臨陣脫逃，幾乎和一名上尉打了起來。這場爭執引來了團長副官。這名少校說，根本就沒有什麼攻擊行動。栗林已經撤回千田的命令。

團長西竹一中校本人也出面了。他是出身名門的男爵，是日本最廣為人知的騎師。在一九三二年的洛杉磯奧運中，他和他的坐騎「烏拉諾斯」（Uranus）在個人障礙賽中贏得了金牌。他請大曲和其他部隊人員留下來當補充兵員，但大曲還是拒絕相信已經取消這次攻擊。他設想著他的海軍同袍已重新奪回摺缽山，自己卻置身事外。疲於戰鬥的西中校忍住脾氣說：「如果有誰想去死，隨時都行。這裡離美軍陣地只有一百五十英尺。」

大曲抓狂般地離開了洞穴，但就在他把部下集結起來時，他了解到，現在去參加總攻擊已經太遲了。他垂頭喪氣地返回到山洞內，並把人手都交給西中校。但大曲自己卻拒絕進行山洞戰術。他志願去當人肉炸彈，投身於敵軍坦克的履帶之下。他們答應他，幾天之內就會輪到他。

海軍陸戰隊第三師在隔天下午派出一個巡邏隊，抵達了這座島嶼的東北角。他們用海水洗了臉，光著腳在海浪中嬉鬧。他們帶了一壺的海水，要來證明日軍部隊已經被一分為二；這壺水還被送到施密特將軍那裡，上面還標示著「僅供檢查，非供飲用」。但就施密特將軍而言，戰事是已經結束了，因此他通知海軍不再需要艦載機進行支援。特納已經在返回關島的路上。

雖然栗林已經下令阻止總攻，但想出這個計畫的千田卻不受控制。他當晚集合了臨近地區所有的部隊，雙手各拿一枚手榴彈。他在前額上綁著塗有「太陽旗」的白色布條，要親自率領部隊攻擊。這次攻擊一如栗林所預想的，毫無用處。包括千田在內，幾乎所有的人都陣亡了。

到了三月十一日，日軍已被打壓退到兩個很小的區域內，其中之一是該島的東北端，而另一個位於西北海岸，栗林和市丸將軍繼續堅守在極深的洞穴內，其他殘兵也持續這場自殺性的防衛作戰。在不遠處的坦克兵洞穴內，大曲等待著夜幕低垂以執行他最後一次任務。午夜過後，他背著一盒炸藥離開了巢穴。他在一個山谷附近發現了五具屍體——這是美軍坦克合理的推進路線——他努力爬進臭不可聞的屍堆中，用血塗滿臉和軍服，並用內臟蓋住自己。他不禁想著，明天會是誰來用我的肚腸呢？

他等著敵軍坦克整整一天，太陽曬得他全身是汗。屍臭難聞，大隻的綠頭蒼蠅像是禿鷹一樣在頭頂上盤旋。怎麼不乾淨俐落地立刻赴死？求學時期的場景和起起伏伏的思緒不時打斷他一心求死的希望。難道他所受的教育和訓練就是為了這樣一死嗎？他和他的同儕是為了戰爭而培養出來的，得去相信為天皇而死是光榮且美好的。躺在死者之間身上還蓋著臭氣熏天的內臟，這樣也算美好？他曾經崇敬四十七名浪人的事蹟，並認定他們是承繼了日本人特性的楷模。若果真如此，那又為什麼要不斷向他和他的袍澤宣傳要他們得在戰爭中尋死？

天黑後，他爬回了自己的山洞內。他想把自己洗乾淨，但屍臭卻怎麼也無法散去。他無法不重回戰場，又在屍塊中渡過了一天，痛苦地想著身為一名日本人的生命意義。但還是沒有坦克經過，入夜後他又回到了洞穴內，這才清除掉他大部分的幻想。他只確定了一件事：再也不要冒險去當人肉炸彈了。

在島上另一塊孤立區域，持續推進的美軍部隊四處在追擊著大野利彥海軍少尉和他的部下。大野指揮一座有五十四人的高射砲台，但現在只剩下五人。就某方面而言，六英尺高且身材修長的大野比較像是名剛剛才從後補軍官學校畢業的年輕美國軍官，而非典型的日本軍官。他剛從大學畢業，為人謙和，似乎不適合擔任指揮官的任務，但在戰火的鍛鍊下，他已日漸成熟。他和部下擠在一個大約十一英尺平方大的碉堡內。出入口已經被堵死，而他們是從砲眼爬進去的。他們隨意躺在水泥地上呼呼大睡，甚至沒有先飽餐一頓；他們找到了兩廂壓縮餅乾和糖果，三大包糖塊以及裝在十五加侖桶內的半桶淡水。

一陣噪音吵醒了大野，他透過砲眼看到了海軍陸戰隊隊員的鋼盔。當他拔出手槍時，那頂鋼盔就消失了。接著響起一陣嘶嘶聲，一枚手榴彈在水泥地上彈跳著。有人跳到大野的前面，並在手榴彈爆炸之前，及時用毯子蓋住它。它是向上爆炸的，沒有人受傷。大野感到昏沉沉的，一開始沒有發覺到有一束炸藥棍從砲眼塞了進來。他抓起那條著了火的毯子，並用它把炸藥朝著砲眼的尾端推去。他縱身往後一跳，貼在牆上大喊要大家注意。每個人都用拇指塞住了耳朵，中指堵住鼻孔，其餘兩根手指摀著嘴巴。他對自己說：「天皇陛下萬歲！」腦中浮現了妻子和母親的身影。「我準備好了……」碉堡似乎離地有三英尺高。他的身體好像被某種超自然力量給壓住。他聽到自己大喊了一聲：「啊！」

碉堡內滾起濃煙。他問部下們：「你們沒事吧？」只有一個姓北形的人應了一聲。從被炸開的通風口，有道光線正照在北形的身上。他的頭在流血，滿身都是沙土。他呻吟著。有個身影擋住了這道朦朧的光線，一名海軍陸戰隊員往下探頭察視。大野用手摀住北形的嘴。那道身影退了出去，外面有人喊道：「咱們走吧！」他們暫時安全了。

四

三月十四日，一小群海軍陸戰隊官兵圍著一座燒毀的日軍碉堡立正站著。一名上校代表尼米茲上將宣讀一份公告：

……本人所指揮的美國部隊已經佔領了這座島嶼以及火山群島中的另一座島嶼。日本帝國政府在這些被佔領的島嶼上所有的權力自就此停止了。本人以軍事總督身分被授予政府行政全權，從屬的指揮官依照本人指示執行所有的行政權。

三名士兵爬上了碉堡，把國旗掛在一根有八十英尺高的桿子上，當號兵吹起升旗曲時，國旗冉冉升起。儀式之後，幾乎沒有人在交談。「咆哮的瘋子」史密斯的眼中閃爍著淚光，轉身對著副官說：「這是目前為止最艱難的一仗。」在過去的二十四天中，七名海軍陸戰隊員為了拯救袍澤，而以身體撲在手榴彈上，因此獲得「榮譽勳章」。尼米茲在事後寫道：「在那些參與硫磺島作戰的美軍中，非比尋常的英勇成了常見的美德。」

在不遠的地底深處，還有另一場毀旗儀式。栗林將軍下令焚燒掉第一四五團團旗，以免落入敵軍之手。兩天後，該團不復存在，第二混成旅也已不再存在。下午五點三十五分，栗林電告東京，他再度認為這是封道別的電報：

戰役已到最後關頭。

自敵軍登陸以來，即使神明都會為我指揮下的官兵之英勇作戰而感動哭泣。

卑職特感欣慰的是，我軍赤手空拳，與擁有絕對優勢物資的敵軍屢次展開奮不顧身的戰鬥。

不過，我部官兵一一戰死，竟讓敵軍佔領日本一塊領土，對此卑職深感遺憾。

如今彈盡水涸。尚存的全體官兵將發動總攻。

想起虧欠國家的恩情，我粉身碎骨，死而無憾。

除非奪回本島，否則我相信日本將永無寧日。

卑職誠摯地企盼，皇軍捲土重來之日，我的魂魄能夠擔任前鋒。

向上蒼祈求最終的勝利以及祖國的安泰。「別了，」不朽……

他用三首詩結束了這封電報：

彈藥已絕，

我將就此悲傷離世了，

未能為國家達成重要使命。

除非我的靈魂返回復仇，

否則永遠都不要爛在土中，

讓我拿起武器，讓我七生報國。

擔憂日本的未來，

這座島嶼上何時才會長滿野草。

栗林終於對最後的總攻做好了準備。他最後的軍令是相當簡單的：

一，戰局正接近最後階段。

二，我駐防部隊將在今晚發動全面攻擊。出發時間是一九四五年三月十八日零點一分。

三，……人人奮戰至死方休。無人擔憂自身性命。

四，我將領軍出戰。

白天在海軍總部的山洞內，已經燒掉所有的密碼本和其他機密文件。市丸將軍在落日之前召來所有還能作戰的部眾——最多不過六十人——來到一個位於地底六十五碼深的大地洞中。他說：「時至今日，諸位克服了種種困境，服從命令，同時還英勇地與具有壓倒性優勢的敵軍作戰。喪失本島意味著美國佬的軍靴很快就會踏上祖國。不過，身為日本戰士的你們，不要急切地去求死，要以昂然的精神盡可能地斬殺敵軍，為七生報國而戰鬥。謝謝。」

他的高級參謀間瀨武次中校向前走了幾步，並大聲朗讀市丸將軍寫給羅斯福總統的信。信中指責羅斯福汙衊日本人為「黃禍、嗜血的民族以及軍閥派系的原生質」。美國才該為發動戰爭負責，而不是日本。「從你的所作所為來看，白種人——特別是你們盎格魯—薩克遜人——正是以犧牲有色人種為代價，獨佔世界的產物……為何你們這樣一個業已昌盛的國家，要把東方受壓迫的民族還在萌芽階段的爭取自由的運動，就此扼殺？我們所想要的不過就是你們把原屬於東方的東西，歸還給東方而已。」這名將軍也無法理解羅斯福為何一面抨擊希特勒，一面卻和那主要目標是把世界社會主義化的蘇聯合作。「如果用粗暴的力量來決定世界誰屬，戰爭會永無止境地持續下去，也就不會有世界和平與幸福。當你野蠻地實現獨佔世界的目標時，記住你的前任者威爾遜總統，他是在其權力顛峰時失敗的。」

這封信放在通訊官的腰帶內，其英文版本交給了赤田邦男少校。[5]

市丸將軍在子夜前的半個小時帶著六十名部下離開了洞穴，把幾乎近百名的傷兵留在洞內。一出洞口，就立刻受到美軍大砲、迫擊砲和機槍火力的猛烈攻擊。

栗林幾乎就在同時也帶領著五百名部隊離開了山洞。但他們大多數手無寸鐵，栗林也無意帶領他們去做最後的攻擊。他只是要把他們移往北方不遠處一個比較安全的山洞內。在黎明前，有十幾名進行無謂衝鋒的海軍生還者加入了他們的行列。市丸將軍也在內。

西中校一直沒收到全面攻擊的命令，他也不知道這次攻擊一事無成。就他而言，這場仗還沒打完，隔天晚上，他北上攻擊美國海軍陸戰隊位於一塊能夠俯瞰海灘的大岩石附近的陣地。他手上拿著奧運賽場上用過的那條皮鞭，胸前的口袋內還有一綹「烏拉諾斯」的鬃毛。西中校和部下的兩百名士兵，包括大曲在內，被美軍猛烈的火砲壓制在岩石底下。天亮後，狂雨般的手榴彈朝他們打來。在火砲的轟隆聲中，大曲聽到西中校在喊：「集合！」於是和其他四十名士兵爬向他的陣地。西中校說，他們現在處於「馬蜂窩」內，得沿著海邊去找尋避難的山洞。

栗林那晚轉移到新山洞後，在父島上的堀江少校就無法和硫磺島取得無線電聯繫。五天後，也就是在三月二十三日上午，大量的電報流入打破了無線電的靜默。硫磺島上的報務員令人不解地再度發了電報，把積壓已久的大批電報毫無間斷地傳了進來。堀江情緒激動且哽咽地讀著這些電報。栗林描述了戰鬥情況，已經嘲諷地回絕了敵軍的勸降（透過喇叭）；儘管他們已經斷糧缺水五天了，但還是持續抵抗和作戰。

……不過我們的戰鬥精神還是很高昂。我們決心要戰鬥到底。

電報沉寂了下來。那是栗林的最後一封電報，但在經歷了二十分鐘的靜默後，在日落之前，無線電又滴滴答答地響起。這是報務員最後一次發報。這次他是以明碼發送。

父島上的全體官兵，永別了。

除了三天後，一群約三百五十名陸海軍軍人，包括四十名「大刀隊」成員，進行了最後一次的「萬歲」衝鋒之外，整場戰役算是結束了。他們像是穴居人一樣半裸著身軀，從島上西北端的岩石峽谷中衝出來，一路上瘋狂地胡亂攻擊。他們的瘋狂攻擊讓陸軍航空軍和海軍工兵營地的士兵們嚇了一大跳。有個被倉促召集而來的海軍陸戰隊輕工兵營加入了這場混戰，歷經了一整天的肉搏戰後，殺掉了三分之二的日軍，其餘的都被驅散。

翌日上午，也就是三月二十七日，在移轉避難陣地時負傷的栗林將軍，帶著中根兼次上校參謀來到了自己的山洞洞口。栗林面朝北對著皇居的方向跪下，莊嚴地叩拜了三次。他一刀戳進自己的腹部，頭垂了下來。中根舉起軍刀，向下朝著將軍的脖子砍了下去。在一名士官的協助下，中根把將軍的屍體埋好，爬回到洞內，並把這一切的經過通知了栗林的參謀長高石正上校還有市丸將軍；接著他和高石一起回到栗林的切腹地點。這兩人都開槍自盡了。

當晚十一點之前，市丸走出洞外來到空曠處，後面還跟著十個人。一陣機槍射擊撂倒了這名海軍將領還有他身後的兩名軍官。

——

美國海軍陸戰隊在「硫磺島戰役」中損失了四千五百五十人，海軍陣亡三百六十三人；依照戰役的時間長度以及投入的人數來計算，這是美軍在第二次世界大戰中最大的死亡數。兩萬一千名日本守軍中，有三千多人存活了下來，其中只有兩百一十六人當了戰俘。其他人則像被獵捕的野獸一樣，蜷縮在悶熱又滿是硫磺氣味的山洞內，伴隨他們的是飢餓、口渴、絕望和驚恐。除了極少數的人外，他們只有死亡一途。

第二十七章 江戶之花

一

約在珍珠港事件前一年，日本政府為了控制糧食配給和空防計畫，下令要民眾組織「里鄰會」。由十幾戶家庭組成一個單位，這樣的系統已大幅改變了日本的傳統家庭結構。生活上的艱困已經迫使很多家庭變得更為依賴鄰居，而非住在好幾英里之外的親族。所有的人不論出身高低貴賤都要參加社區的防空演習，傳遞水桶和抬送擔架、木頭、沙包。民主觀念已經延伸到糧食和其他配給物資必需品方面，例如衣服：女性穿著寬鬆的裙褲，所有的男性都穿褐色卡其「國民服」。孩童自然而然地知道要分享所有的一切，成人則必須學會唯有合作才能活下去。

當一九四四年底美軍開始密集轟炸時，「人人平等」的口號有了新的意義。夜襲通常都是瞄準了住宅區，這要比白天的空襲帶來更大的恐懼。三島澄惠女士甚至還敢停下腳步來觀看逐漸飛來的「蜜蜂」——日本民眾如此稱呼「超級空中堡壘」。她說：「在東方天際出現一排又一排的『超級空中堡壘』……其尾部拖著白色的濃煙，以完美的編隊飛過碧藍的天空……就像珍珠色的魚浮游過宇宙浩海一樣。」當這些外觀優雅的魚投下魚卵時，很快就打碎了這種美學幻想。「像是很有節奏感的大海浪濤聲，把燒夷彈有如下雨般地灑在大地上，接著投下重型炸彈，每次都重重地深入地底，每一群戰機都是重複著這樣的過程。對我們來說，幾乎每一次空襲，美軍戰機都會帶來新式炸彈，每次爆炸的聲音都和上次所使用的炸彈不同。不熟悉的聲音都增加了新的恐懼和緊張。」

那年冬天異常寒冷，有些家庭的水管破裂，幾個月得不到修理，痛苦不堪。小說家高見順在日記中寫道，某些家庭「樓上廁所的水管破裂，水漏到樓下，人們在家還得撐傘。當水在地板上結冰時，他們還能在那溜冰。」

恐懼產生了新的迷信：如果你吃包裹著蔥的飯糰，或是和紅豆一起煮來吃，就永遠都不會被炸彈擊中。還有更有趣的，如果你早餐只吃蔥，你肯定不會被炸彈擊中；但過不了太久，人們就開始穿鑿附會：你必須要讓其他人知道這個小伎倆——使用連鎖信的原理——否則就不會有效。有個迷信是來自某對夫妻。有一回他們奇蹟般地躲過極近的炸彈攻擊，並發現附近有兩條死掉的金魚。他們認為是這兩條魚替他們兩人死了，因此將這兩條魚放在家族的神龕上供奉著。這個故事一傳開，人們就很難買到活生生的金魚了。陶瓷金魚開始大量生產，還以高價出售。

——

雖然空襲給日本本土的民眾生活帶來了巨大變化，但空襲的首要目標——摧毀所有的生產工廠——卻未能達到。三月六日，克蒂斯・李梅少將向他的新聞官克萊爾・麥克爾威中校（Clair McKelway）抱怨：「這支部隊被宣傳得多了不起，但在轟炸上卻沒有什麼效果。」他在六週之前接任了馬里亞納群島「超級空中堡壘」的指揮任務。他很高興能夠離開中國，因為在那有著無法克服的補給問題，他們持續面對著作戰失利和戰果平平的困擾。戰略轟炸計畫主要是利用高爆炸藥，對德國密集的工業產區造成毀滅性破壞，但減緩日本的生產卻是成效不彰，因為日本的工業有三分之二散布在家庭式工廠，以及只有三十人或是不到三十人的小型工廠中。

李梅為他的戰機想出了一個激進的計畫：夜間低空空襲，把大部分的武器配備拆卸下來以增加載彈量，並對大片地區的易燃目標投下燒夷彈。兩天後，他未與華盛頓方面磋商，就對「超級空中堡壘」下達出擊令。在隔天（三月九日）上午的簡報中，告知機組人員當晚要以低空——五千到八千英尺——襲擊東京。除了機尾砲塔外，所有的槍砲都要拆除，宣布此命令時，全員一片肅然無聲。這簡直就是自殺。

首架轟炸機在下午五點三十六分飛離關島北機場的跑道，轟隆隆地飛進悶熱的天空。五十秒後另一架也騰空而起，接著一架接著一架起飛。有一架轟炸機無法達到足夠的起飛速度，煞車又咬住鬆不開。摩擦使得起落架溫度非常高，進而點燃了煞車油。當輪胎融化時，起落架也垮了。巨大的飛機以機腹滑行，火星四散，衝出了跑道撞上遠處的珊瑚礁，帶來一聲驚人的爆炸巨響。

從天寧島和塞班島起飛的轟炸機在晚上六點十五分加入了這龐大的空中隊伍。三百三十架轟炸機嗡嗡地往北飛行。在前方黑漆漆的海平線上，硫磺島出現了爆炸的火光，那是千田將軍將要率領第二混成旅以及海軍單位的殘兵部眾，發動徒勞無功的全面攻擊。這些巨型戰機在低空亂流中顛簸前進，當它們飛近東京時，天氣已經好轉。機組人員像身穿盔甲的騎士，拉上鼓脹的防空砲服，戴上沉重的鋼盔，然後凝視著前方，尋找導航機不時閃出的白熾光。

在關島，李梅將軍在房裡來回踱步。如果空襲能按照他所期望的發揮效果，就能夠縮短戰爭的時間。他會立刻對日本全國發動一系列類似的空襲。這樣屠戮平民是史無前例的，但必須摧毀日本的工業能力，否則就得入侵日本本土，方能結束這場戰爭，而這或許要犧牲五十萬甚至是百萬美軍的性命。

新月散發出黯淡的月光，但東京上空星光閃爍。午夜時，導航機標定了目標區，並準備以M-47燃燒彈標出東京的心臟地帶。這三英里長、四英里寬的鬧市地段原是整個東方最歡樂、最活躍之地，但現在街上人車稀少，大部分的商家和戲院都已經上了門板。儘管如此，還是有七十五萬收入微薄的工人住在這個擁擠不堪、永不入睡的城中之城。數以千計的家庭工廠還在不停地運作著。

東京市內有大量木造建築，打從它還名為江戶的時代起，歷來就是大火焚燒的受害者。祝融成為這座城市生活中不可分割的部分，有人還給這些火災起了個詩情畫意的名稱「江戶之花」。儘管最終實行了現代化的消防系統，對於大火災還是無法防範。一九二三年大地震之後所引起的大火，幾乎燒毀整座城市。兩年之後，東京再度被燒毀；第三次大火發生在一九三二年。

此時已有八千一百名受過訓練的消防人員和一千一百一十七件消防裝備，散布在整座城市，各地還供應救急的靜態儲水槽。但這支消防大軍還是不足以應付涵蓋兩百一十三平方英里的大都會區，特別在戰時更是如此。鬧市區域依舊是最脆弱的。櫛比鱗次的建築物間也鮮有防火巷，市政府官員曾經承諾過要在一、兩年內解決這個問題。

三月九日子夜前後，警報響起，接著幾十個警報器一起響了起來。因為之前對這座城市的空襲並沒有造成重大損傷，群眾也沒什麼警覺心；東京電台甚至還廣播說，敵軍轟炸機正在首都東北方五十英里外的銚子港上空盤旋，暫時沒有危險。

導航機以三百多英里的時速朝這座漫不經心的城市低飛時，甚至沒被發現。最前面的兩架戰機飛過了目標上空，在凌晨零點十五分一齊投下一串炸彈。M-47火箭在離地面一百英尺時炸裂開來，散射出兩英尺長的燃燒棒，一接觸到物體立刻爆炸，散播黏在一起的火種。東京鬧市區域瞬間就出現兩條交叉火線。十幾架導航機又飛了過來，朝著這些叉型火線投下汽油彈。接著而來的是機隊主力，三個轟炸機聯隊在四千九百到九千二百英尺的高度內，以亂中有序的編隊方式飛行著。探照燈瘋狂地對著這些突襲者照射，防空砲彈持續爆射開來，卻沒有效果。沒有戰鬥機升空反擊。

當這些銜接不間斷的轟炸機朝著住宅區呈扇形散開，投下數以千計的汽油彈時，大火在強風的推助之下，迅速地蔓延開來。大火越燒越旺，連成一大片火海。巨大的火球有如颱風般似的在一棟棟建築物間蔓延著，帶來的高溫熱浪超過了華氏一千八百多度。

鋪天蓋地而來的戰機像是巨龍——在探照燈投射下變成了綠色，地面上的大火又是赤紅色——這一驚人景象讓地面上的人們頓時都愣住了。十七歲的高橋進從文京住宅區俯瞰市中心的大火，看到成串的炸彈——不久之後被稱為「莫洛托夫麵包籃」（Molotov Breadbasket）——在東京帝國大學的上空爆炸開花。他是昭和醫大的學生，當警報響起時，他還留在家中讀書準備考試，家人都已跑到防空洞避難。從暗紅色的天空中，一塊塊著了火的碎片落在他家四周。有碎片落在他家的屋頂上，他還用「打火拍」——長棍的一端綁著許多破布條——拍打屋頂。鄰居的房屋像是瓦斯爐爆炸一般燃起大火。他跑到屋內拿起三本書——他明天還得考試——然後到神龕內去找祖先牌位。牌位都不在那裡，一定是母親先拿走了。他抓起一尊金銀佛像，仔細挑選了最精貴的古物——象牙雕像。出於習慣，他關上了門，把這些古物埋在家裡的防空洞內（洞內是空的，其他人都逃走了），然後才跑上街。右手邊所有的東西都著火了。他跑到左方的大街上，有輛消防車束手無策地停在那裡，四周建物都正冒著大火，但水管是扁的，因此沒有水。

唯一安全的地方是橫跨神田川的那座橋，但是得穿過一道火牆。一群人擠在街上，像被催眠般地盯著大火看。燒焦的樹木和電線杆像是火柴棒一樣倒在街上。消防人員大喊道要他們跑到橋上——不然就會被燒死。年輕的高橋率先衝了出去，跳過三根有如在巨大火爐中燃燒的樹幹。其他人也排成隊衝了上來。強烈的亮光讓他睜不開眼，只能張口呼吸。他實在撐不住，跌倒了。從滾滾濃煙中，他看見了那座水泥橋，橋上滿滿都是人。他安全了。

高橋是穿過大火的邊緣才脫身的。關村一家人住在離交叉火線中心點不到兩英里遠的地方。當他們看到東京車站附近起火時，他們趕緊給四個孩子包上防火斗篷，並跟著人群往隅田川的一個支流方向跑去。那些被大火燒過，變得很脆弱的瓦礫像是黑雪般地落下，關村太太走過時不由想起一九二三年東京大地震後的大火災，當時她才十二歲。頭頂上方炸彈爆開的景象「就像是成串的香蕉」，沒有嚇到她，反而讓她著迷。

他們不斷推擠著才穿過了橋，躲過了那追著他們「像是在追捕野獸」的熊熊烈焰。有個被大火燒燙的小礫石被強風捲起打向他們的臉。他們轉身避開，背對著大風，慢慢地離開這場大火；河邊電纜工廠內的油桶像是火箭似地穿透了屋頂，在一百英尺的高空爆炸，形成一個個火球，大家都看到出神了。

東京市中心燒得像是太陽一樣熾烈。巨浪般的煙雲衝天而起，被下方火焰印照成橙色。數以千計的人驚恐地躲在木製的防空洞內，他們將會被活活燒死，但大多數住在這個命定要毀滅的區域內的居民都試著逃出去──跑到淺草的大佛寺內，但那反而成為他們的墳場；或是像關村一家人那樣逃往橫跨在隅田川上的十一座鐵橋。暫時而言，這些橋樑還能算是逃跑路線，但大火很快就橫跨了河流，那些落在後方的人也就無路可逃。

三島澄惠女士說：「東南方水平線外的紅色火光迅速擴大，填滿了整個天空。我們身處在城市另一頭，甚至在這裡，可怕的粉紅色火光也照亮了地面，清楚地照出人們驚恐的臉上那深深的皺紋。大火好像燃燒了一整個夜晚。」

巨大的熱浪也襲擊了上方的轟炸機群，把一些飛機往上拋了好幾千英尺高。載著李梅的參謀長湯瑪士・鮑爾斯准將（Thomas Powers）的飛機，在更高的上空來來回回巡弋著。他拍下了這場大火，並回報李梅，表示東京已成了地獄。最後一波機組人員甚至還能聞到燒焦的屍體臭味，有些人還因此嘔吐。在歐州轟炸時，空氣似乎還有點防腐作用，在這裡卻是令人作嘔的實境。

黎明時，年輕的高橋從地勢較高的東京醫學院，俯瞰著仍在冒煙的東京市。除了石雕像、水泥柱和牆壁、鋼架，以及頂端還像小蠟燭般在燃燒的電線杆外，首都的中心區已經是一片廢墟。他心想，東京完了。

關村太太背著孩子，試圖回家去取她埋在地下的財物。橋上塞滿了因受困無法逃脫的人的屍體。就連河水也幾乎要蒸發乾了，浮滿著腫脹的屍體和家具。在河的對岸，地面上還在散發著熱氣，把和煦的三月天變得像是初夏。她一生中最為熟悉的地方全都消失無蹤。她還能夠辨識出來的地方就只剩下電纜工廠，但也已經扭曲變形像塊溶化的糖果。到處是屍首。有些一絲不掛赤裸著，全身焦黑；有些則奇形怪狀地站著，或似乎要起跑似地蹲著，還有些雙手合十在祈禱著，其他的屍體則坐在那裡，似乎正冥想些什麼。有一具屍體的頭已經縮小到只有葡萄柚般的大小。學校操場上堆積如山的屍體，上面蓋著草蓆。空氣中瀰漫著屍臭味。

她終於找到燒成灰燼的家園，但因為地面溫度太高無法挖掘。幾乎連一張紙或一雙筷子都買不到，她仔細地環顧四周，尋找家用物品，如果說失去了一只茶壺是場悲劇，那麼損失了所有的財物就意味著得回到原始動物的生活。她所能找到的是一只煮米的鍋，她用根木棍把它挑起來，以免燙傷她的手。奇怪的是，看到遍地屍體的景象，她卻無動於衷。她機械性地走過鄰居的屍身旁，一滴眼淚也流不出來。那是住在對街的一對母女，除了眼眶還是白的之外，全身燒到焦黑，而她們兩人生前都很愛乾淨。她昏沉沉地走過醫院和緊急蓄水池，上面浮著一層層四肢攤開的屍體。有個男人攔下她，並告訴她，他之前也在那堆人當中。他面無表情地說：「大家都死了。我卻奇蹟似地毫髮無傷。」

人們用長棍子翻開這些屍首，尋找自己的親人。一名老婦人的寬腰帶上露出了錢，緊緊黏在她濕答答的身上。沒人去碰那些錢。藝妓館坍塌的牆中露出了數以百件的絲綢和服。關村太太輕輕地把這些柔軟的衣服放在手中，它們可是價格很昂貴的。這些東西都被毀了，多麼可惜。不遠處，瓦礫堆中露出醜陋的人腿。她在各處所看到的屍體都是以痛苦的姿勢死去——母親試圖保護小孩而被燒焦，夫妻倆最後抱在一起被高溫熔在一起。其他倖免於難的人回來後，用焦炭在牆上或行人道上留下訊息，尋找親人。

十六平方英里的東京市被燒成平地，市政府官員稍後估計有十三萬人死亡，這幾乎和德勒斯登（Dresden）的屠戮人數一樣了。[1]

隔天晚上，李梅派出三百一十三架轟炸機，帶著燒夷彈飛往帝國第三大城市名古屋。很快地又大規模地對大阪和神戶使用燒夷彈進行空襲。四十五平方英里的工業重鎮在一週之內就被夷為平地。李梅的新戰術毫無疑義地很快就能粉碎日本發動有效戰事的能力。但他所摧毀的不僅僅是日本的軍事力量。在這個過程中，大量毫無防衛能力的平民百姓也遭到屠殺。

美國過去真誠地嫌惡在西班牙和中國城市任意屠殺平民，但現在對於轟炸的態度已經徹底翻轉。當歐戰爆發時，羅斯福發電給所有的交戰國，敦促他們不要做出轟炸平民這種「非人道的野蠻作為」，反映出他和國人的人道精神。即使是在珍珠港事件後，美國航空部隊的將領還是強調進行日間的精準轟炸，摧毀那些標定好的軍事目標。但這種轟炸計畫的效力逐漸降低，轟炸區域擴大到包含要摧毀敵軍能維繫戰事效能的一切事物，如有必要，甚至包括民眾本身。這樣的政策並沒有被宣揚和記載，但顯然的，敵方的全部人口，不分國內還是前線，在被迫投降前都得面臨殘酷野蠻的對待。

輿論已經接受了這種轉換，偶爾才會發出道德上的關切。到了一九四五年，幾乎所有的美國人都同意，投在日本和德國本土的每一枚炸彈，都是他們罪有應得的。例如，《時代》雜誌就描述了李梅用燃燒彈轟炸東京是「美夢成真」，證明了「那是該燒掉的，像燒掉秋天的落葉那樣把日本的城市燒掉」。

美國人尤其不同情敵人，因為他們偷襲了珍珠港，並做出了像是「巴丹死亡行軍」那樣的殘虐暴行。因此，很少有人以人道之名，為數以千計被炸到手斷腳殘或是燒成灰燼的平民發聲。耶穌會週刊《美國》就質疑，大規模的空襲「和上帝之法以及我們志業的崇高性」是不相稱的。在美國有人散發一本名為《死神屠殺》的英文宣傳小冊，在引言中有二十八名美國著名的教育家和神職人員，例如福斯迪克牧師（Harry Emerson Fosdick）和奧斯瓦德・加里森・維拉德（Oswald Garrison Villard）的簽署背書，呼籲讀者們對於他們所參與的「死亡的狂歡節慶」之作為，「檢視自己的良心」。美國，包括大多數的神職人員，拒絕了這樣的規勸。其中一名神職人員在《紐約時報》的讀者回函中寫道：「上帝給了我們武器，我們就用吧。」在考文垂（Coventry）、鹿特丹（Rotterdam）、華沙和倫敦還是罪惡的事，但到了漢堡、德勒斯登、大阪和東京，卻變成了英雄行為。

二

日本在菲律賓和緬甸兩處最重要的抵抗前哨站已經告急。在呂宋島，麥克阿瑟的部下已經奪回巴丹半島和科雷希多島。再也沒有其他地方比這個小小蝌蚪狀島嶼，更能深切劃出兩個仇敵之間在防禦上的差異了。當初，美軍在抵抗了十二小時之後，溫萊特就覺得已經沒有再繼續抵抗的意義。三年之後，五千名日本守軍面對攻勢積極、兵力上具有壓倒性優勢的傘兵和兩棲攻擊，抵抗了十一天之久。除了二十人外，全數陣亡。就戰略性而言，日軍打了十一天或是十一個小時，都沒有多大差異。

當麥克阿瑟搭乘魚雷快艇回到這座小島時，他相當感傷地說：「諸位，回來的路程真是漫長。」

在這個前哨站的殘破廢墟上，他下令升起美國國旗。「升起國旗！永遠別再讓敵軍把它給降下來。」升旗典禮之後，他視察了這個廢墟，並說：「這就是報應！」

和科雷希多島不同，馬尼拉完全沒有準備要進行防禦。除了留下一些治安部隊之外，山下已把所有的部隊移出城外；但山下他們前腳才離去，海軍岩淵三次少將又帶著一萬六千名水兵，再次佔領了馬尼拉。岩淵奉其上級大河內傳次郎海軍中將的命令，要摧毀所有港口的設施和倉庫。岩淵一進城就違反山下的軍令，強行徵調了陸軍三千七百五十名治安人員，並把市區變成一座戰場。當美軍於三月四日佔領該城時，首都已經是一片瓦礫廢墟，還有慘死的數千名平民，許多都是死於日軍的暴行。[2]

不過，肅清菲律賓群島上的行動還遠未結束。山下還有十七萬士兵且糧食充足、裝備精良的部隊。大部分的部隊都在他的直接指揮下固守著北部據點，但也有三股大型部隊守在馬尼拉東面和東北面的山區，以及靠近克拉克機場的三描禮士山（Zambales Mountains）內。他們要進行的並不是期待已久的「決戰」，而是一場消耗戰。山下的任務是拖延麥克阿瑟，並在這一過程中，盡量屠殺美軍。

聖托瑪斯監獄裡的美國平民和戰俘的悲慘處境激怒了美國大兵，他們決心要殲滅山下的部隊。海報激勵了他們不要對「黃色雜種」有所憐憫。就算沒有這樣的激勵，許多美國士兵對於日本人的態度也會導致他們做出超乎常人之舉。曾經遊歷太平洋地區的查爾斯．林白在《戰時日記》（*Wartime Diaries*）一書中寫道：「對於射殺日軍戰俘，或是一名試圖要投降的士兵，我們的官兵都認為那沒有什麼了不起。他們對待日本人比對待動物還不如，而且所有的人都會寬恕這樣的行為。我們宣稱為了文明而戰，但隨著我在太平洋戰爭中看到的愈多，我就愈難想像我們有權利自稱為文明人。事實上，我不確信我們在這方面的記錄會比日本人的好很多。」

種族性的暗示甚至延伸到那些日本人統治下的受害者——菲律賓的平民——時常被稱為「滑頭」或「菲仔」。

在緬甸卻沒有進行消耗戰。日軍在因帕爾的殘眾一撤離，英軍就加以追擊，跨過山區進入緬甸，渡過欽敦江。麥克阿瑟的部隊在林加延灣登陸的那天，也就是一月九日，英軍朝曼德勒和緬甸的心臟地帶發動攻勢。日軍尚未從因帕爾慘敗中得到喘息，無法抵擋英軍一路往南的橫掃。

巴莫知道敗局已定，並開始準備戰後的武裝鬥爭，以把英國人逐出緬甸。他必須想辦法讓自由的精神，還有對英國統治的仇恨都長存在緬甸人的心中。為了動員群眾抗爭，他設立了「最高國防委員會」。他對委員會的成員說：「這是我們與英帝國主義長期抗爭的最後一戰。我們已經和他們打過三次，都失敗了，因此我們世世代代成為臣民。現在，我們必須戰鬥，並在日本的協助下打贏這第四仗，也是最後一仗；如果我們再度敗北，我們就得長久被奴役。」

巴莫成功地種下了長期仇恨英國人的種子，但卻無法延緩他們的進軍。英軍在三月九日攻進了曼德勒，拿下了奧博火車站和曼德勒山，接著持續南進，直指首都仰光。

就如同菲律賓和緬甸一度被日本軍方領袖們看得非常重要，他們還是無法跳脫這種不可必免的邏輯，也就是成功守住帝國的最後希望，在於能否守住本土南方三百五十英里一個相對較小的島嶼——沖繩。例如，海軍少將富岡就相信，如果能在那裡傾全力擊敗敵軍，那麼這一勝利就能為日本贏得六個月的時間進行和談，保證天皇能夠繼續統治。

——

雷伊泰島和硫磺島的雙雙陷落，使小磯將軍的內閣瀕臨崩解邊緣。小磯是被刻意安排擔任臨時性的首相，因此從他就職的第一天起，他的路線就不明確。雖然具有職位所帶來的威望，但卻得不到任何派系的奧援，小磯對於戰爭進行的方式幾乎不具影響力，對於暗中進行謀求和平的努力也是毫無影響。和東條不同，他並不代表軍國主義分子，因此他們之中還有許多人對他頗有懷疑。而他對於主和派持續而複雜的計謀也是毫不知情。

天皇對於國家在這種領導狀況下的未來深感憂慮，於是召來了木戶侯爵，建議他有必要召集前首相們就日益惡化的局勢進行諮商。天皇召集重臣們討論新首相人選以外的議題，之前只發生過一次，也就是在戰爭前夕。

木戶把重臣們逐一請到宮內，以免引起軍方懷疑。這樣也能讓每個人暢所欲言。但除了近衛的建議，其他人的提議都相當模糊且思慮不周，或是過於情緒化地請求堅決作戰。近衛的評估雖然有其錯誤之處，但卻周密地論證了日本將陷入軍事和政治深淵，除非日本能夠在短期內實現和平。他把意見親自用毛筆寫成八頁的《建白書》，向天皇朗讀。除了近衛之外，是否還有其他臣下敢直接向天皇提出如此直白的評估，這點是相當值得懷疑的。與近衛其他的作為一樣，《建白書》也是充滿矛盾——既主觀又客觀，既可行又難以實踐。一開始是勇敢的表態（「雖然相當遺憾，但我相信日本已經輸了這場戰爭」），然後提出完全是依據自身對於共產主義愈來愈強烈的偏執態度所產生的抨擊。（「維持日本天皇制度最大的危險並非來自失敗本身，而是來自共產革命的威脅。」）接著，為了證明日本即將被國內的「紅色分子」給佔據，他精準地預測到馬克思主義在東歐和朝鮮的進程。但其僵化想法又再度誤導他接踵而來的歷史推論：滿洲事件、日華事變還有大東亞戰爭也都是陸軍中的激進派「刻意策劃的陰謀」，而這些激進派本身又是右翼平民極端分子的傀儡，這些極端分子「不過是批著國體外衣的共產主義分子，祕密策劃要引進共產主義革命」。

就像許多知識分子在年輕時期都相當左傾，隨著年紀增長愈來愈保守，近衛認為到處都是「紅色」威脅。他指責那些贊成「一億玉碎」口號的人受到「試圖使國家陷入混亂，並帶來革命的共產黨人」的煽動。此外，某些陸軍將領親蘇情感強烈，他們甚至「力促要不計代價與蘇俄結盟，還有些人呼籲要與毛澤東合作」。

然而，他從這些幻想性指控中所得出的結論，卻是無可辯駁地合於邏輯：如果不智取那些軍國主義者，(「雖然他們知道無法贏得戰爭，但我相信他們為了保留顏面將致死方休。」)就不可能和談。「如此一來，如果樹根斷了，樹葉和枝幹就會枯萎而亡。」他對付死硬派軍國主義者的方法，雖然相當可取，但卻是不切實際的：利用政變將他們一網打盡，然後直接和英美兩國進行和談。

儘管這份漫無章法的《建白書》前後矛盾，卻刺激了天皇及其首席顧問。近衛和其他重臣不同，他揭露出了問題的核心；雖然他的解決辦法並不可行，但最終還是被務實的木戶轉換成有效的計畫。

不論是主和派還是主戰派，雙方對小磯首相對都缺乏信心，但都未能約束他個人想在有利條件下終結戰爭的願望。他執拗地認為和蔣介石談和是與英美光榮談判的關鍵點。況且，他所選擇的中間人是整個遠東地區眾所周知的陰謀家繆斌。他是南京傀儡政權的一名官員，自稱和重慶政府有祕密無線電聯絡管道。小磯的外相、同時也是他最為通曉中國事務的顧問重光葵卻警告他，惡名昭彰的繆斌只是想實現他個人的野心。重光事後寫道：「若是相信他能擔任調停的角色，那就是幼稚天真，暴露出對中國政治的無知。」

小磯不聽勸告，說服了陸相杉山元帥用軍機把繆斌接來日本。在東京附近的機場上，繆斌不理會首相，堅持要直接與皇族成員東久邇宮會面，企圖討好天皇。但天皇和小磯內閣都覺得這樣的陰謀令人嫌惡。繆斌狼狽不堪地回到中國——之後被蔣介石處決——從而也使小磯繼續掌權的最後希望煙消雲散。

第二十八章 最後一擊

一

從日本向南彎彎曲曲地朝著台灣延伸而去，像條七百九十英里的長尾巴，這是一串由大約一百四十座島嶼組成的琉球群島。在這個群島的正中央就是護衛日本本土的最後一個重要堡壘——沖繩島。這座狹長的島嶼從北到南大約六十英里長，中部地帶只有兩英里寬，平坦的腰部地帶可建築機場，還有兩個適合作為海軍基地的深水海灣，是入侵日本本土的理想中繼點。該島屬亞熱帶氣候，深受黑潮（太平洋灣流）以及小笠原洋流的影響。空氣濕度終年都很高，雨量大且不規律，有時一天的雨量等於一個月的平均雨量。從五月到十一月，每個月會被颱風襲擊兩次。

沖繩是東方的十字路口，和日本、中國與台灣幾乎等距，它既受這三個地區的影響，也受南太平洋諸島的影響。一三七二年，明太祖曾經佔領該島，納入藩屬。兩個世紀之後，從九州而來的日本人控制了該島，但允許當地居民繼續向中國進貢。這種獨特的雙從屬關係，一直持續到裕仁的祖父在一八七五年派兵入侵琉球群島，並完全將其控制。四年之後，明治天皇正式併吞該群島，將日語定為官方語言，並以知事取代了沖繩國王。作為殖民地，沖繩的四十五萬居民——大多數都群聚在該島南部較適宜人居的區域——仍繼續過著幾世紀以來的生活模式，以務農為其主業，艱苦謀生。

儘管並不受到重視，但隨著與英美爆發戰爭，沖繩卻成了帝國不可分割的一部分，並和日本另外四十六個都道府縣行政區域一樣，在國會擁有席位。名義上來說，沖繩居民是一等公民，但大多數的本土人士並未平等對待。沖繩人的傳統是混雜的，自認是日本人，和東京居民一樣效忠天皇，但大多數的人卻像中國人一樣祭拜祖先，他們的獅子（以奇形怪狀的獅子當作門神）既是中式也是日式。只有在沖繩，會把大小不同、姿勢不一與各式顏色的陶土獅子放置在屋頂上，隨時準備攻擊不友善的闖入者。

太平洋戰爭爆發的前三年，在琉球群島的駐軍不到六百人，到一九四四年四月一日，才在沖繩建立起「第三十二軍」（三個師與一個旅）。該年底，精銳的第九師移防到台灣，戰力大幅削弱，但軍長牛島滿中將——一名沉著冷靜且行事幹練的軍官，不久前曾任陸軍士官學校校長——仍擁有規模不小的部隊：從滿洲調來一萬四千人的第二十四師，包括幾千名沖繩新兵；一萬兩千人的第六十二師，主力是有中國作戰經驗的步兵；第四十四獨立混成旅的五千人。他們還擁有由十四輛中型坦克和十三輛輕型坦克所組成的坦克團；各式砲兵部隊，擁有大量的二十毫米機砲、七十五毫米的大砲、一百五十毫米的榴彈砲以及二十四門三百二十毫米、能夠發射六百七十五磅砲彈的大口徑迫擊砲。

除此之外，牛島還有兩個船艦工兵團、各式各樣的勤務部隊，以及由兩萬名沖繩當地人組成的熱切要效忠天皇的「防衛隊」。

第九師的撤離迫使牛島重新規劃防禦計畫，以便充分利用現有的部隊。他幾乎肯定敵軍將在該島中下方西海岸，沿著寬闊的渡具知海灘登陸，因此他將人員集中到南部地區。他也開始盡量把海軍和後勤部隊改編為前線士兵。他從自殺攻擊艇的海上突擊營中，抽調出五千五百人當步兵。雖然他們裝備簡陋且訓練不足，但都急切地想在陸上作戰。為了釋出更多的戰鬥兵員，三千九百名沖繩人被指派為第三十二軍的臨時勞務部隊，六百名學生在各個不同的總部內擔任傳令兵、勤務兵和通訊兵助手。一群熱衷於當兵的高中生被訓練來參加戰鬥，其中七百五十人被編成一支特別的「鐵血勤皇隊」，訓練他們滲透敵軍防線並進行游擊戰。

在沖繩的兩大城市那霸和首里上方，有著理想的防禦地形。牛島就在這裡建構深度防線，包括一系列面朝北且橫跨全島的同心雕堡。在山脊和丘陵上有無數洞穴、碉堡和砲台，並用複雜的隧道加以連結。不顧沖繩老人們的反對，那些散布在鄉間的中式七弦琴狀的中式墳墓也被改為碉堡。如同在硫磺島，牛島的戰術是讓敵軍登陸，然後只在準備好的陣地內與其接戰。到了三月時，包括「防衛隊」在內的十萬名守軍已經就位。主要防線由兩個最有經驗的師防守，第三師和第四十四獨立混成旅則固守沖繩南部地帶，以防止敵軍在該處登陸。該島北半部就只有象徵性的防禦——布署了兩個營的兵力。

牛島正確地預測出美軍的計畫。他們會在渡具知海灘登陸，雖然南方也有一支佯攻部隊上岸。這個代號為「冰山」的戰役，是陸海兩軍聯合作戰，由曾經反對入侵台灣的史普魯恩斯將軍總指揮。所有的地面部隊則由陸軍將領——也反對入侵台灣——小西蒙・玻利瓦爾・巴克納（Simon Bolivar Buckner, Jr.）率領。他的父親曾是「邦聯」[1]最初的幾名將軍之一，曾從「聯邦」監獄中逃脫。小巴克納剽悍剛勇，好走極端。在阿留申群島戰役中，他睡在薄墊上只蓋著一條毯子，為了訓練自己不用戴眼鏡看書，他時常瞇著眼看東西。他的第十軍團是由六個具有作戰經驗的師所組成，一半陸軍一半海軍陸戰隊。陸軍曾在聖靈島和雷伊泰島進行訓練和演習，海軍陸戰隊則利用瓜達爾卡納爾島進行演練。將十八萬三千名攻擊部隊和七十四萬噸物資運到戰場是項艱鉅任務，必須動用四百三十艘攻擊運輸艦分別從西雅圖到雷伊泰的十一個港口完成裝載任務。

第一步，是要在三月二十四日拿下那霸以西十五英里外多山的小島群——慶良間列島。要應付的只有七百五十名守軍，但他們卻散布在丘陵和洞穴內。在落日前，這些島嶼顯然能夠成為美軍的水上飛機和船艦的停泊地。

同一天，開始對沖繩島發動有組織的海軍砲擊。一週後，蛙人部隊會公開沿著渡具知海灘掃除障礙和清除地雷，岸上的日軍既欽佩又無奈地看著他們，但奉命不得開火。砲擊在三月三十一日達到高峰。砲擊停止後，負責先導作戰的威廉・布蘭迪海軍少將（William Blandy）宣布，「準備工作足以保證登陸成功。」就在此時，兩萬七千二百二十六發五英吋或是更大口徑的砲彈已經落在沖繩島上。砲擊極具摧毀性，但主要防線仍幾乎完整無損。四月一日黎明之前——當天是復活節——海軍火砲的射擊再度喚醒了牛島的部隊。西海岸的守軍從掩蔽處探頭往外看去，看到了一幕驚人景象：有一千三百艘船艦群集在近海。

那天是「L日」（L代表「愛」）。滿載頭戴鋼盔的攻擊部隊的登陸艇在八點開始朝海灘推進，登陸艇放出水陸兩用裝甲車和水陸履帶運兵車。整個上午，兩個陸軍師和兩個海軍陸戰隊師在登岸的過程中，幾乎都沒有遇到抵抗。羅伯特・謝洛德寫道：「這實在是令人難以置信。」一名第七師的步兵在登上一座山頭時說：「我活得比我預期的還要久了。」他替大家說出了心中話。到了晚上，超過六萬名美軍登上一個不到三英里長一英里寬的灘頭陣地。除了在瓜達爾卡納爾島登陸未遭受到抵抗外，此次登陸是在任何重大入侵作戰中代價最輕微的——二十八人死亡，二十七人失蹤。美國大兵喜愛的記者厄尼·派爾（Ernie Pyle）報導說：「我們在規定登陸時間開始後一個半小時上岸，完全沒被敵人開槍射擊，甚至連腳跟都沒沾濕。」在沖繩登陸不過是小事一件。

第十軍團迅速推進，在機場附近遇到「防衛隊」的一些抵抗。到第二天結束之前，嘉手納機場不僅已被肅清並已經過修復，可供緊急著陸使用。第三天，向北推進的海軍陸戰隊已經橫跨該島，把沖繩一切為二。南進的陸軍師持續遇到零星抵抗。在日軍指揮部所在地島袋村，他們遇到兩位日本老人——不斷顫抖著身子向他們鞠躬。其中一人是村長，另一人是村議員喜納昌盛。喜納是名老師，曾經勸說一千三百名村民留在家中，不要跑到鄉間去冒餓死的危險。

喜納大喊：「美國先生們！我是沖繩島上的基督徒！」

美軍士兵警惕地拿著武器瞄準這兩個沖繩人。大家緊張地等了幾分鐘，直到來了一名日裔美國人湯馬士·比嘉前來擔任翻譯。他抓著喜納的手大喊：「老師！喜納老師，您不認得我啦？我的名字是比嘉太郎。我上小學時，是您的學生。」

當天，美軍分頭向南北縱深推進。敵軍都跑到哪去了？海軍陸戰隊第十二團的詹姆士·布朗中校寫了張字條給師部的軍需官：「上校，請送來一具日本人的屍體。我的部下很多人還沒看過日本人。我們會幫你把他給埋掉的。」

二

小磯首相的政權得不到各方支持，已注定垮台。縱然如此，他還是盡全力試圖要拯救他的內閣，但徒勞無功。他先向天皇表示要進行大改組，不久之後又提議總辭，讓天皇感到困惑不已；他也向木戶提出改組的建議，但木戶冷淡以對。他只好再次晉見天皇。小磯的倉皇失措之舉讓天皇感到困窘不安，於是只說了一句：「審慎研究此議題。」

天皇的話是婉轉地暗示要小磯下台，但小磯還委婉地向東久邇宮表示，如果他還能復出任事，可以指派他擔任陸相，他能「把這場戰爭打好」。他抱怨陸軍不斷拒絕撤換杉山陸相的提議，他準備直接向天皇提出此事。天皇依舊不置可否。

小磯已經用盡所有的辦法挽救自己的政府。他在四月四日下午賭氣地告訴木戶明天就會總辭。宮內大臣最重要的職務就是選取新任首相。根據傳統，木戶應該先和重臣們諮商，然後才向天皇提出人選。但他這回必須立刻進行初步訪查，以確保挑選出來的人願意為和平努力，還能被陸軍接受。

這是破例的作法，但卻得到天皇的全力讚許。當小磯在四月五日正式向天皇提出總辭時，木戶侯爵分別試探了四名軍方領袖人物。他說，現在或許是建立「帝國大本營內閣或戰爭指導內閣」的時候了。這個內閣的首相當然是名軍人，不僅要能掌控國務，還要能掌握最高統帥部。然而，陸軍參謀本部長梅津和陸相杉山都對這樣的內閣冷淡以對。梅津承認，沖繩戰役的情勢很不妙，但日本「必須準備奮戰到底」。杉山同表悲觀，但仍抱持著蘇聯擊敗德國之後，或許會向同盟國建議與日本謀求和平的希望。海軍軍令部長及川古治郎不太肯定戰事結局的方向——他甚至懷疑就算沖繩一戰如果能獲勝就能夠結束戰爭；敵軍只會再度發動攻擊。

這三人的意見都向木戶表明，最高統帥部已經私下了解到，這場戰爭是打不贏了。至於第四個人，即米內海相，他的祕密鼓吹和平，木戶侯爵是了然於胸的。此外，米內已物色到一名合適的首相人選：海軍上將鈴木貫太郎。木戶覺得這個推薦是相當理想的。這位前侍從武官長是名「重要人士」，天皇曾親切地稱他為「老爹」。

下午五點，重臣們——除了若槻男爵因火車誤點遲到之外——都群聚在皇居內，選取新首相。木戶和新任樞密院議長[2]也參加。新議長正巧就是新首相人選——鈴木上將。這是東條首度以重臣身分與會，他機警且強勢，從一開始就顯露出他反對任何主和派人選。重臣同儕們全都和他看法相左，但都未公開表態。由於擔心讓軍國主義者有所警覺，他們不能冒著公開衝突的風險。

東條開口表示：「小磯的辭呈說，無論是國務還是最高統帥部都需要改正。這是什麼意思？」這句話既是提問，也是挑戰。

木戶回答：「小磯首相並沒有給予特別解釋。」

東條以尋釁的口氣說：「戰爭期間政府頻繁更迭不是好事。下任內閣必須是最後一任！國內目前有兩個思路，一派人認為，為了確保國家未來的命運，我們應該奮戰到底；而另一派人則想迅速求和，即使無條件投降也在所不惜。我相信我們得先解決這個問題。」

岡田啟介海軍上將——和其私下同意的首相人選鈴木一樣，都在「二二六事件」中死裡逃生——說：「下任內閣必須考慮各式各樣的議題。這個內閣得一肩擔起我國命運到底，它將集結全國的力量。和與戰的問題不該在這裡做出決定。」

會場內一時沉默下來，氣氛怪異，兩名文官——平沼和廣田——試圖要安撫東條。兩人都惺惺作態地說，戰爭一定要打到底。重臣們開始爭論未來首相必須具備的條件，但完全沒有提出任何人選。一個小時過去，最後由樞密院議長建議，從重臣們中挑選一人來擔任此職務。「既然擔任首相的壓力極大，我想請最年輕的近衛公爵來出任。」

近衛拒絕了，他由於自己過去三任政府所犯的錯誤和施政不當而名譽受損。平沼認同近衛不願意出任的這些因素，並重申（因為東條的緣故）這場戰爭必須大力進行下去，然後他提出木戶和岡田所中意的人選——鈴木海軍上將。回應相當熱烈。

近衛說：「我同意。」

若槻說：「好主意。」他氣喘吁吁地趕到，並連聲致歉。「我們找不出更好的人選了。」

鈴木本人卻反對，他曾向家人承諾不會接受這個職務。「我想我曾經告訴過岡田上將，如果軍人掌政，必定會把國家帶往失敗之地。羅馬的傾覆、德皇的下台還有羅曼諾夫王朝的命運都證明了這點。我不能接受這種榮譽。此外，我的聽力也不好。」

平沼懇求他重新考慮。「大眾信任你誠實和忠誠的性格。」

就連東條都難以拒絕鈴木——他是名虔誠的道教徒，毫無政治野心；他來自軍人家庭，他的弟弟還是名備受敬重的將軍——但他還缺少一項重要條件。東條先是盛讚鈴木，但卻強烈質疑軍人應該避免參政這項原則。「敵軍是愈來愈沒有耐心。他們會大膽行事，可能試圖在日本本土某處登陸。屆時本土防禦將是生死存亡問題。政府和最高指揮部應該融為一體。因此，首相應該是名現役軍人。」他提議畑俊六元帥出任首相。

木戶壓抑情緒說：「廣田先生，你的看法呢？」

「我們必須從陸軍或海軍中挑選出能夠控制和領導他們的人選。」

「岡田上將，請說說你的看法。」

除了鈴木之外，岡田不願意為任何人背書，而東條又斷然拒絕鈴木。他說：「我不知道還有什麼人，所以我無話可說。」

木戶承認本土很快就會成為戰場，因此，新內閣必須得到全國的信任。但是，就在這點上，他與東條分道揚鑣。他說：「就我個人而言，我希望是鈴木閣下出任。」他把臉轉向東條。「我們必須用比你更寬廣的視野來看待局勢。」

東條盯著木戶。在此之前，他一直壓抑著他對這名宮內大臣的痛恨，並認為他的下台要歸咎於木戶。「要非常謹慎，否則我擔心陸軍會『掉頭就走』！如果真是如此，新內閣就會垮台。」

與其說這句話嚇到了木戶，還不如說是激怒了他。他說：「陸軍掉頭就走可是相當嚴重的事。你自己是否也是這樣認為？」

「我不能說我不這樣想。」

木戶立場堅定。「這場會議的氣氛確實是非常反軍國主義的。或許民眾想要對陸軍掉頭就走！」

東條脅迫性的姿態也激起了岡田要採取行動。他憤怒地大喊道：「在這樣危急的時刻，一個曾經擔任過首相的人怎麼膽趕說出陸軍會掉頭就走這樣的話！」

東條知道自己話說過頭了。他說：「對不起，我收回我剛剛說的話。我的意思是說，陸軍會認為這不是個合意的人選。」

東條已遭大家孤立。整場會議的趨勢都不利於他。

木戶總結說：「我會牢記這一切，向天皇呈報我的個人意見，並請他做出裁示。」幾分鐘之後，會議在八點休會，與會者到附近一間房內用餐。還沒用完餐，木戶要求鈴木和他一起回到會議室。木戶告訴他：「如果由你組閣，我們將要你承擔重責大任。」鈴木再度辭退，他不認為他適合擔任此職，也缺乏信心。

木戶堅持要他出任。時局過於危險，不容許他以軍人不應涉政為理由拒絕出任。「將軍，還不只是如此。我們必須向天皇舉薦陛下可絕對信賴的人選。」

鈴木投降了。他說：「如果陛下命令我組閣，我就接受。」他的聲音平靜，也沒有絲毫勉強。這名七十八歲因年邁而駝著背的海軍上將，在十點進入天皇的書房。除了侍從武官長藤田尚德之外，只有天皇一人。天皇僅僅說了一句：「我命令你組閣。」他沒有按傳統習慣發表訓示和組閣條件。

「受到陛下器重，我深感榮幸，但正如今天傍晚我在重臣會議時那樣，我懇辭這份指派。」在一個小時之內，他兩度改變心意。「我只是陛下麾下一名卑微的海軍軍官，毫無政治經歷。況且，我也沒有政見。我的座右銘是遵照明治天皇的格言，軍人永遠都不要介入政治。因此，懇求陛下的寬宥，我不能領受天皇的指派。」

天皇會心地笑著說：「鈴木，朕知道你所要說的，也理解你的立場，但在此關鍵時刻，除了你之外無人能擔此重任。這也是朕委以你重任的原因。」

鈴木緩緩退下，並說：「請求陛下的恩允，容我再做全盤的考量。」但天皇的誠意已經讓他決定再度改變心意。由於他擔任過七年的侍從武官長，他還能夠正確無誤地闡釋出天皇沒有說出的話：盡早結束這場戰爭。[3]

當晚在瀨戶內海，各個送行晚宴使得「第二艦隊」中的超級主力艦「大和號」和另外九艘軍艦生氣蓬勃。指揮官伊藤整一中將已經奉聯合艦隊指揮官豐田副武上將的命令，要他率領這些殘餘船艦去攻擊停泊在沖繩海面的敵艦。豐田將這項自殺性的出擊通知了聯合艦隊所有的指揮官：

帝國之命運確實在此一戰。我已經號召組織一支水面攻擊部隊，以無比的英勇突入作戰，以此舉振我帝國海軍聲威，發揚帝國海軍海面戰鬥的光輝傳統，榮光後世。各部隊，不論隸屬特攻隊與否，都要光榮死戰以徹底摧毀敵軍艦隊，為帝國奠定永恆基礎。[4]

三

古村起藏少將在他的旗艦輕巡洋艦「矢矧號」上舉行的宴會是非常喧鬧的。每艘軍艦都裝載只夠單趟航程的油料，軍官們都知道此去必死無疑，這反而讓他們無所掛懷。古村和「矢矧號」艦長原為一上校離開了那些正高唱著《櫻花之歌》的袍澤，隨意在軍艦上走著。在水兵船艙，他們發覺士兵們在吊床上睡得很安穩。輪機室內，一名輪機兵滿身大汗地在檢查發動機，他告訴原艦長：「我和喜歡喝酒的弟兄換了值班。」他想確保在到達沖繩之後不會發生斷電問題。

原艦長因深受感動加上飲酒的緣故，他爬上了甲板。當他靠著一根柱子站著時，他感到萬分高興。他一邊流淚，一邊大喊道：「日本萬歲！矢矧號萬歲！日本萬歲！」

——

豐田的參謀長，參與過珍珠港、中途島和瓜達爾卡納爾戰役的老兵草鹿龍之助中將，曾經極力反對第二艦隊這種自殺式攻擊；「大和號」本來可以在防衛本土方面發揮更大的作用。然而，被挑選去瀨戶內海親自解釋此次任務意義的卻又偏偏是他。草鹿得在四月六日上午飛往那裡（該艦隊於當晚就要出發）。伊藤了解這次任務的意義，只有一件事他需要問明：「如果我們在中途就受到重創，無法繼續前進，那我該怎麼辦？」

草鹿無法解答。「這你得自行決定。」於是，他們舉杯乾了最後一杯清酒。

伊藤說：「那我知道了。無需為我感到不安，我的心情很平靜。我也沒有什麼值得遺憾，我心甘情願出征。」他請草鹿代他向上級長官致意。草鹿告訴他，這是聯合艦隊的最後機會，也是國家的最後機會。他們必須突破沖繩外海的美國海軍部隊，讓自己的船艦擱淺。「大和號」的主砲——射程有二十五英里——能夠摧毀敵軍陣地。

大家私下是有懷疑的，但沒人開口。然而，「大和號」艦長——有賀幸作少將卻積極求戰。這個人永遠笑臉迎人，每當草鹿在發表意見時，他都會拍打他的肚子。原上校寫了封家書，告訴家人他即將出發執行海上攻擊任務：

……在這次出擊沖繩中能擔任艦長，既無上光榮又責任重大。我很高興能有此機會，也感到自豪。為我驕傲吧。永別了。

從船上卸下多餘的補給品。病號與見習軍官全都被迫下船。下午三點艦隊起錨時，陽光從雲霧中穿透進來。原上校的輕巡洋艦「矢矧號」帶路領航，後方跟著四艘驅逐艦，然後才是「大和號」，還有另外四艘驅逐艦殿後。

在十艘船艦排成縱列緩緩駛出瀨戶內海時，對群集在沖繩外海的美軍艦隊發動了十次空襲中的第一波攻擊。三百四十一架轟炸機對美軍進行了四個小時的常規轟炸，三百五十五架「神風」戰機撞擊了美艦。到了落日時分，三艘驅逐艦、一艘登陸艇與兩艘彈藥運輸艦被擊沉，另有十艘船艦嚴重受損。

在「大和號」上的伊藤中將，接到報告稱已經擊沉三十艘船艦，還有二十艘起火燃燒時，非常興奮。草鹿搭乘水上飛機跟在縱隊後方，飛到燃油不得不返航時才回頭，當這架小飛機轉彎回航時，他向艦隊揮手致意。當晚，「矢矧號」上的一千名船員在甲板上集合，聽取原上校宣讀豐田上將激勵他們奮戰至死的最後一封電報——帝國命運「在此一戰」。在「萬歲！」的呼喊聲停歇後，原又作了自己的訓示，這反而激怒了大多數的船員。他說：「我們的任務看起來是自殺性的，而且確實也是。但我想要強調，自殺並不是我們的目的。目的是勝利。你們並不是被驅趕到祭壇上的羊……一旦本艦受到重創或是被擊沉，你們要毫不猶豫地逃生，以便再戰。還有其他的戰役要打。你們切不可自殺。你們要去殺敵！」

這次，船上沒有響起「萬歲」的歡呼聲。一名心神不寧的上尉打破了這片靜默，並說：「在軍校時我曾被教導要與軍艦共存亡。」原了解他的顧忌。他說：「在封建時期，生命被輕易地虛耗，但我們身處在二十世紀。『武士道』的典範說，武士應隨時做好赴死的準備。」不過，這並不意味著，他們的生命就應該毫無意義地喪失。「我們要打贏這場戰爭，不要老想著死。」他呼籲大家扭轉戰爭的趨勢。這時大家自發地為天皇和「矢矧號」呼喊萬歲。

晚上八點，第二艦隊小心翼翼地駛過豐予海峽的水雷區，進入了太平洋。伊藤下令以二十節航速沿九州海岸南下。（他的縱隊已被兩艘美軍潛水艇發現。）黎明時，這十艘軍艦進入九州以南的公海。它們開始改為環狀編隊航行，以「大和號」為圓心，採用之字航線南下沖繩，航速二十四節。最後一批護航戰機調頭返航。在九州島海岸消逝後，海上就只剩下這支艦隊了。

上午八點，天空烏雲密布，大雨向日本艦隊撲近。一小時後，驅逐艦「朝霜號」脫離了環狀編隊。它發出信號表示，輪機出現故障，但會設法修復。不久，它就消失在視距之外。烏雲慢慢散去。上午十一點三十分，東方十英里外出現一架海上飛機。那是架美國軍機。之後，前方某個島上的觀察哨發來警報，有兩百五十架敵軍戰機正朝南飛去。

仍然擔任第五艦隊指揮的史普魯恩斯將軍，曾經告訴第五十八特遣艦隊的馬克．密茲契，要讓敵軍船艦持續南下，用水面艦上的火砲對付他們；但密茲契卻想利用這次機會一勞永逸地證明，他的飛行員能夠炸沉最巨大的水面船艦；海軍飛行員宣稱他們在菲律賓擊沉了「武藏號」，但也可能是潛水艇打沉的。「武藏號」的姊妹艦「大和號」的意外出現，「提供了證明戰機優越性的機會——如果這點還需要什麼證明的話。」

密茲契從第五十八特遣部隊的第一組和第二組派出戰機後，轉身告訴他的參謀長說：「請通知史普魯恩斯將軍，除非另有指令，不然我建議在十二點對『大和號』出擊艦群發動攻擊。」發給史普魯恩斯的電文如下：「是由你發動攻擊，還是我來？」史普魯恩斯在這份電報的空白處批上：「由你發動攻擊。」

中午才剛過，古村將軍在「矢矧號」的艦橋上首先看到敵機來襲。他對原上校大喊：「它們來了！」船艦迅速散開編隊，船員們跑向戰鬥位置。突然之間，一陣暴雨把艦隊都給遮蔽起來，但只下了十分鐘。「矢矧號」上的一名哨兵大喊道：「左舷艦首有敵機！」

原轉過身來。看到超過四十架戰機正穿過低厚的雲層俯衝而來。「大和號」上一百五十門高射砲和機槍遲疑了片刻，接著空中爆出許多黑煙，還夾雜著曳光彈。但美軍還是穿透了這道防空砲火網。兩枚炸彈在「大和號」主桅附近爆炸，一枚魚雷打進這艘主力艦的左舷。

為了閃躲敵軍這波猛攻，八千五百噸的「矢矧號」迅速衝進大雨區。十二點四十五分，「矢矧號」中了一枚炸彈，船身晃了一下。幾乎就在同時，船身大震；左舷吃水線下方鑽進來一枚魚雷。「矢矧號」只得停了下來，無可奈何動也不動地停在海面上。此時，第二群前來襲擊的敵機鑽出了雲層。有顆炸彈在前甲板上爆了開來，另一顆炸中船尾；一枚魚雷打進了右舷船首。「矢矧號」猛力地震動著，原艦長覺得這船就好似紙糊的一樣。

在晴空的雲塊間穿梭飛行的戰機似乎非常得意。四周突然之間變得異常寧靜。原觀察了他那受到重創的巡洋艦。古村少將想轉移到一艘驅逐艦上，繼續前往沖繩。於是，向驅逐艦「磯風號」發出信號，要它前來救援生還者。正當它緩緩靠近「矢矧號」時，第二波攻擊機群發現到這艘倒楣的驅逐艦，群起衝向它。「矢矧號」也遭到機槍掃射。古村拒絕逃到小船上。他寧可死在「矢矧號」上，也不願死在一艘無名小艇上。

幾海哩外，「大和號」被炸得變形的甲板上躺滿屍體，不是肚破腸流便是軀幹分離。鮮血順著排水口往外流。主力艦的兩側艦身已經變形，航速降到十八節。但有賀少將仍是朝著沖繩前進。下午一時三十五分，第三波敵機——看起來約有一百五十架——俯衝而來，集中攻擊已受損的左舷。「大和號」往後轉向，但又有兩枚魚雷——這是第五和第六枚——擊中左舷，中甲板上又有七顆以上的炸彈炸了開來。機槍子彈「有如雨下」地掃著艦身，殲滅掉半數的高射砲組員。方向舵已經受損，船身傾斜到十五度。

下午一時五十分，監督進水控制的軍官打電話到艦橋：「進水已經達到最高限度。為了避免進一步傾斜，必須向右舷輪機室灌水。」這就意味著必須要把航速降到九節，但防空指揮官已經請求半個小時，希望修正傾斜角度，才能對空開火射擊。副艦長野村次郎遲疑了片刻，最後下令：「向輪機室灌水。」

「大和號」慢慢被拉正了過來。接著有枚魚雷打中左舷，船身再度傾斜。下午兩點，「大和號」被第八枚魚雷擊中，這次是在右舷。緊急輪舵室傳來急電說：「這裡進水過多。無法再控制方向舵——」方向舵指揮官的聲音被切斷了。

有賀少將大喊道：「航向北方！」按照傳統，人死必須面朝北方，有賀也想要這艘垂死掙扎的「大和號」這麼做。但緊急輪舵室的人員已經淹死在崗位上，艦身開始失去控制，慢慢地向左舷打轉。這時，第四波攻擊戰機出現了。艦首上的臨時救援行動也被打散。船身又中了三發魚雷。傾斜增到十八度，航速降到七節。

「矢矧號」巡洋艦正在快速下沉，海水已經淹到甲板。它被十三枚炸彈再加上七枚魚雷擊中。原艦長雙目所及的驅逐艦不是在下沉，就是被大火吞噬。有兩艘似乎沒有受損，正在「大和號」周圍來回航行保護「大和號」。古村少將感覺海水已經淹到他的腿。他看著手錶——兩點零五分。就在這時他被吸近水中。他知道他的生命就要終結，但在漩渦中仍保持清醒；在他被拋到水面之前，他感覺好像歷經了永恆一般。當他在浮著燃油的海面上游動時，他看到一張黑色的臉，那是原上校。當原被推上一波浪頂時，他看到六海哩外的「大和號」。戰機就像煩人的小飛蟲圍繞著它。但它卻仍在航行，多美的景色啊！

副艦長野村在「大和號」的艦橋上注意到警示板上的紅燈正在閃爍。他急忙去看是哪個區域發生危險。六個燈同時亮了——一號砲塔和至少五個彈藥庫。是否會引起連環爆炸？一千一百七十發砲彈只打了三發出去。如果剩下的砲彈被引爆，這艘「永不沉沒」的「大和號」就會整個爆開。一個備用警報器不祥地響了起來，然後，一個接著一個響了。他聽見有賀像是用「撕裂著他的喉嚨」的聲音朝他大喊：「我們不能把水抽到彈藥庫內嗎？」已經不可能了。注水系統已被摧毀。野村靜靜等著會把他們全都消滅掉的爆炸。他帶著心滿意足的情緒這麼想著，這樣也好。這也算是武士的切腹。

剛過下午兩點十五分，第十二枚魚雷擊中左舷，野村覺得這就像是「給了我們『致命的一擊』」如果不立即下達棄船的命令，船員都會罹難。但有賀少將沒有下令棄船。野村沿著狹窄的螺旋扶梯爬上第二艦橋，那裡可以觀察到全艦。在正常情況下，最高甲板離水面是二十五英尺，此時左舷甲板已經浸水，他看到水兵們坐在艦首抽菸、吃著壓縮餅乾這樣不協調的景象，野村對如此漫不經心的態度感到惱火。

艦身兩側激起了沖天水柱。野村看了看上層結構。什麼東西消失不見了。國旗！他又看了一眼，桅杆沒了。天皇和皇后的照片還在嗎？在戰鬥中，他們的照片會掛在主砲指揮室中，那是全艦裝甲最厚的部位。野村打電話給槍砲長，砲長說他已經把照片和他自己一起鎖在船艙內，以免軍艦沉沒時，照片漂走。

「大和號」傾斜超過三十度時，野村打電話給有賀。他說：「就要結束了。」是該集和全體成員到甲板上的時候了。接著有賀透過傳聲筒通知伊藤少將，再也沒希望能夠修正傾斜的艦身了。

有賀說：「艦隊指揮官，您的身體貴重。請和船員一起離艦。我一人留下。」有賀下令要大家都集合在甲板上，然後打電話給野村。他用沙啞的嗓子說：「副艦長，請立刻離艦，並向聯合艦隊報告戰情。」野村連聲抗議，但有賀根本不理會，並說：「我要留在艦上，你一定要活著回去。」

野村堅持說：「艦長，我要和你一起留下。」

有賀說：「副艦長，這是軍令。」說完就掛上電話，並要一名水兵把他綁在羅盤儀上。水兵們開始相互把對方綁在艦橋的羅盤櫃上。有賀生氣地大罵道：「你們在搞什麼？你們年輕人要跳海游泳逃生啊！」

伊藤也拒絕離艦。他和森下參謀長握了握手。他的幕僚「萬般感慨地」看著伊藤在傾斜的甲板上平衡著身體走了過去，開啟了螺旋扶梯的門，然後消失了。他的副官動了動身體，準備跟上去，森下大喊道：「笨蛋！年輕人應該活下去為天皇效命！」

下午兩點二十五分，傾斜度迅速擴大，這艘巨艦終於橫倒。海水湧入船身的聲音淹沒了「萬歲！」

的喊聲。「大和號」側躺在海上，像隻擱淺的鯨魚。槍砲殘骸、彈藥、一具具屍體無奈地滑入海中，燈火也都隨之熄滅。船員們掙扎著爬到幾乎垂直的甲板上，踩著袍澤的鮮血滑倒。爬到頂端後，他們翻過右舷的船欄，群聚在船身的一側。

副艦長野村感覺自己好像被一股巨大的力量吸進海中。他在清澈的海水中看到其他人在漩渦中「手舞足蹈」。腳下是一片深不見底的暗藍，上方的亮光漸漸消失。接近死亡了，他突然覺得神智出乎意外地清醒。他在痛苦中愈沉愈深。明亮的紅光射透海水。一陣陣的震波像是重鎚一樣搥打著他。彈藥庫在水下爆炸了，這真像是「天崩地裂」。野村被沖上水面。一個個火球在波浪上面劃過。他翻身浮在水面上。他想著，「大和號」完了，帝國海軍也完了。

在驅逐艦「雪風號」上，艦長寺內正道中校絕望地看著「大和號」——「大和」二字意指「日本」——翻身消失在大海中。他給在驅逐艦「冬月號」上的新任最高級軍官吉田正義艦長發出信號：「建議繼續執行任務。」

對方的回覆是：「救起生還者後，再決定行動航向。」

「雪風號」的魚雷長想要降下小艇去救倖存者，但寺內阻止了他。他喊道：「這次任務非比尋常。這是一次自殺攻擊。就算『大和號』沒了，我們也應該繼續執行任務。」他又發信號給吉田，請求重新考慮，然後才下令部下搶救生還者，但只救那些還能作戰的人員。「不要管傷兵！」[5]

還在海水中的人面臨著雙重險境——被遺棄以及被美軍戰機掃射。美軍戰機的子彈在這片戰鬥海域上編織出了一幅死亡圖案。原上校好奇地看著一架水上飛機滑過海面，在附近減速滑行。它朝著一片染成綠色的海面衝去。一名美軍飛行員從救生筏中爬出來並登上飛機；當它像隻老鵝一樣飛離海面時，原感到很是羨慕。

幾個小時後，接近黃昏，原本人和古村少將以及其他「矢矧號」上的生還者終於被驅逐艦「初霜號」救起。古村不慌不忙地將滿臉油汙擦乾淨，穿上借來的軍服，然後給聯合艦隊發送一份電報：「我們目前正前往沖繩。」他的整個艦隊只剩下兩艘毫髮無傷的驅逐艦，還有兩艘雖未被擊沉，但卻正緩慢費力地要開回日本。在古村發送電報之前，聯合艦隊就取消了整個沖繩任務。「初霜號」調頭返航。當年正是古村派出第一批戰機出擊珍珠港——從「筑摩號」上派出偵查機——爾今他又經歷了日本海軍最後一次出擊並生還下來。他有始有終地目睹了一切。他喃喃自語地說著：「我算是活夠了。」

四

當晚在東京，下屆首相的獨子鈴木一無法入睡。他的父親奇蹟般地在「二二六事件」中死裡逃生（子彈穿過他的心臟，仍卡在背上）。毫無疑問，這次父親又得再度面對激進少壯派軍官帶來的危險。鈴木一已經不再是個小孩，覺得應該守護他的父親。隔天一大早，他對父親說，他要辭去農林省的工作，當父親的私人祕書。海軍上將說：「不要陪我送命。我已經走了這一大段人生，但你的日子還長得很。」他沒聽進勸告——在敗戰的日本，個人的志向是毫無意義的。

鈴木邀請了岡田啟介海軍上將到他家中，並請他出任新內閣的軍需部長。岡田對這提議感到很驚訝（他已經從海軍退役七年了，但仍是激進派的詛咒對象），對於鈴木家中亂糟糟的樣子也感訝異。鈴木周遭都是些良善但無法成事的人，甚至連電話都不太會使用，更別說幫他挑選內閣人選。岡田打電話給他的女婿迫水久常——一九三六年時，就是他把岡田從首相官邸營救出來的——說：「我現在在鈴木上將家中，你幫他組閣吧。」能夠機敏地同時抓準政界和軍方的迫水，是「唯一」能夠幫助鈴木避免犯下災難性大錯的人。在一個小時之內，迫水就辭去了大藏省的職務，成為內閣官房長官。

鈴木最大的力量在於深信自己是最有資格結束戰爭的人，但要如何達成，他卻還沒有定見。如果他宣布這樣的「失敗主義」政策，即使只是對內閣宣布，他都會被迫下台或是遭到暗殺。他暫時不得不玩弄一下「腹藝」，也就是說，在追尋和平的過程中假裝支持戰爭。也因為鈴木沒有保證「會為和平努力」，近衛拒絕在內閣任職。另一方面，他又匆匆向杉山元帥承諾，他會繼續奮戰到最後一刻。他還告訴記者說：「現在全體一億國民改變萎靡不振的狀態，成為護衛國體的光榮後盾的時刻到了。當然，我將處理國家政務，並準備成為你們的先鋒。我請求你們，國民們，以勇敢決然的意志，展現出新的戰鬥精神，跨過我的身軀，奮勇前進，以慰皇心。」

鈴木當時並沒有向任何人透露他的策略，但他的兒子鈴木一卻直覺地了解他父親的想法，並用書面的方式把他父親的真實意圖告知了親近好友。

新內閣在四月七日成立，不過最重要的職務外相還沒有人就任。其他閣員基本上是根據重臣們和迫水的意見選擇的。經過深思熟慮後，鈴木看中了必會推動和談的東鄉茂德。根據調查，在珍珠港事件期間擔任外相的東鄉曾反對開戰，之後又因為反對東條的「獨裁高壓政策」而辭職。

這時，東鄉還住在輕井澤的鄉間，這是外交人員最喜歡去的休閒勝地，幾乎就是日本的阿爾卑斯山；他接到了中間人——長野縣知事——打來的電話，轉達了鈴木的意圖。東鄉直率地回答：要和新首相討論並「取得一致看法」後才能決定。除非讓他放手去做，否則他不會再擔任公職。不過，到了東京後，他發現鈴木即使是在與他觀點相同的人進行密談時，也不願放棄「腹藝」。東鄉用很濃厚的九州口音告訴他：「我假定你任職時，心中是有些定見的，因為這場戰事已經到了垂死掙扎的階段，現在要處理國務絕對不是件易事。」

鈴木的答覆使東鄉不得不敬而遠之。他說：「我想我們還能打個兩三年。」

東鄉拒絕出任外相。「即使我自認能夠接受我國外交的重責大任，只要我們之間對於戰爭前景的看法是歧異的，那麼首相和我就將無法有效合作。」

然而，事情並未就此結束。許多人都認為東鄉是主和派，他們輪流對他施壓。不到二十四小時，就有六名領袖人物接連找上他要他出任，這包括了兩名前首相和天皇的首席顧問。例如，岡田上將就表示，鈴木的政策「並非僵硬不變的」，東鄉可以「協助修改」；岡田的女婿迫水也為鈴木緩頰解釋：初步會談就要談論早日謀和，對鈴木來說太過冒險。「如果從首相的口中說出這樣的話，而且又是在那樣的情況下說出，可能會帶來不良影響。」

東鄉無法理解這樣的迂迴。如果鈴木同意他對和平的看法，在私下會談中為何不讓他知道？如果鈴木連他屬意的外相人選都不信任，那麼他們怎麼可能在未來危急的日子中合作呢？

接下來的請求來自宮內大臣。木戶的祕書長松平透露，天皇本人希望結束戰爭。這樣一致性的努力促成東鄉和鈴木的第二次會晤。這次鈴木已經了解到他必須更為坦率。他告訴東鄉：「就戰爭的結局而言，你的觀點相當令人滿意。至於外交方面，你可以放手去做。」

東鄉還是不願意就任。他要求得到保證，如果調查研究顯示戰爭無法再持續三年，內閣就必須支持和談。鈴木拋開了一切矯飾偽裝，毫無保留地接受了東鄉的條件。但對於局外人，鈴木還是持續他的「腹藝」，假裝和東條一樣致力於艱苦奮戰到底。

五

美國兩個陸軍師登陸沖繩島一週後，向南推進時除了遇到敵軍前哨之外，其他什麼也沒遇上，遠遠超前了規劃進度。

特納將軍十分有信心，因此在四月八日中午時致電尼米茲表示：

我也許瘋了，但是，看來日本鬼子已經放棄戰爭，至少在這個區段是如此。

尼米茲諷刺地回覆：「把『瘋了』之後的字眼全都刪除。」

美軍即將在首里北方遇到強固的防禦體系。該處有四英里寬，石灰岩丘陵綿延起伏，上面滿是天然洞穴和墓穴，還有許多台地、陡坡和山谷。因為丘陵都是東西走向，美軍遇到了一道接一道的天然防線。

當天下午，持續不斷的敵軍砲火使得巴克納東翼的部隊完全無法推進，西翼的部隊則被一塊高地阻擋，這塊高地從海岸一路向東延伸到五號公路，該公路會穿越防衛體系的中線，一路直通首里。這個高地名為嘉數高地，兩座山丘連結形成一個馬鞍狀。因為既不高聳也不崎嶇，看起來並不像個難以跨越的障礙，上面不過是長滿了野草、灌木叢和小樹。

不過，就是這個矮胖的醜陋山丘成為防衛首里的關鍵，當美軍在四月九日上午蜂擁攻上山頂時，遭遇到猛烈的反擊。到了傍晚，因為彈藥用盡，加上死傷慘重，美軍只好撤退。接下來兩天，美軍兩翼不斷攻擊，但都敗下陣來，形成流血對峙的局面。

這就是牛島要的打法。但是採取守勢卻讓他耐不住性子的部下抱怨連連；儘管牛島的判斷較為高明，他們還是說服他批准在隔天晚上，也就是四月十二日夜間，用六個營的兵力發動夜襲，搭配大規模的「神風」戰機的突襲。第六十二師的第二十二團將攻擊左翼，十一日晚間，抵達沖繩還不到一個月的團長吉田勝中校，召集了部下軍官說明這次任務。他說：「你們得在破爛的路上和敵軍的猛烈砲火下夜行軍，我們的計畫一定要保密到底。採取『鰻魚』型的曲折方式前進。你們要去一個不熟悉的地方，抵達時不要發出聲音，選擇硬地挖好『章魚穴』，並在天亮前就把偽裝弄好。」

日軍在滂沱大雨中，背著一百一十磅重的背包踏上泥濘不堪的道路到前線去。

隔天上午，一百八十五架的「神風」戰機伴隨著一百五十架戰鬥機和四十五架魚雷機，開始攻擊沖繩周遭海域的美軍船艦。接著又來了八架雙引擎轟炸機，機腹下掛著一種新式武器「櫻花特攻機」。這種單程的滑翔機由三支火箭為動力，看上去像是裝著翅膀的小型魚雷，飛行員可帶著一噸的黃色炸藥（TNT）以超過五百節的航速俯衝而來。[6] 美軍將這種新炸彈取名為「巴卡」（baka，日語「笨蛋」之意），但這個綽號並沒能減低它立即在各船艦所散布的恐慌感。下午兩點四十五分，有枚「櫻花特攻機」離開母機的機腹，並射進剛剛才被一架「神風」戰機命中的驅逐艦「曼納特阿貝勒號」（Mannert L. Abele）。這艘軍艦被劈成兩半，幾乎立刻沉沒。另一個「櫻花特攻機」又在驅逐艦「史坦利號」（Stanly）上爆炸。與此同時，「神風」戰機和常規戰機擊沉了三十三號登陸艇，重創一艘主力艦、三艘驅逐艦和其他八艘船艦。

地面部隊的攻擊卻沒能這麼順利。以集中火力的大砲和迫擊砲進行齊射開始，於半夜結束。日本步兵開始滲透到美軍陣地，但美軍發射的照明彈暴露了他們的位置，在一個小時內，日軍的反攻就失敗了。父親是名神道教祭師、隸屬於第二十二團的今井要士官長首度聽到營長說出「撤退」兩字。營長重複了一次，但他的部下站在那裡，好像聽不懂命令一樣。今井一面喊道：「跟著我！」一面邁步急行，一副要發動攻擊的樣子。士兵們這才跟了上來，等其他幾個排也跟上後，他便轉身回頭在隊尾殿後。

—

在喬治亞，那天還是四月十二日。羅斯福總統用過午餐後，在離「溫泉基金會」（Warm Springs Foundation）兩英里被暱稱為「小白宮」的木造小屋中，坐著讓一名水彩畫家替他繪製肖像。下午一時十五分，他閉上眼睛低聲說：「我頭好痛。」說完就失去知覺倒了下去。

美國醫學協會前主席詹姆士．波林醫師（James Paullin）兩個小時後從小徑趕到，發現總統「直冒冷汗，臉色慘白且呼吸困難」。幾乎難以測量出他的脈搏，四分鐘之後心臟似乎完全停止跳動。波林醫師給他打了一劑強心針。總統的心臟又跳動了幾下，然後完全地停止跳動。這時是下午三點五十五分。

納粹指望羅斯福的死能使他們在最後一分鐘挽回敗局。戈培爾在電話中興奮地告訴希特勒說：「命運已經奪走你最大的敵人。上帝還沒有拋棄我們，他兩次把你從野蠻的暗殺中救了出來。在一九三九年和一九四四年曾瞄準你的死神，現在卻把我們最危險的敵人擊垮了。這真是奇蹟！」

日本的新領導人反而未感到歡欣鼓舞。鈴木首相透過廣播對美國人民發布弔唁，對於「使得美國取得現今有利地位」的人物的逝世，表達其「深切同情」。[7]不過，日本的宣傳者卻利用此時的局勢，杜撰羅斯福是在極度痛苦之中過世的——並把他生前所講的最後一句話「我頭好痛」改為「我犯了嚴重的過錯」。

除社論版發表了一篇評論之外，羅斯福的逝世並沒有太多人注意。《每日新聞》寫道：「這是天譴。作為美國帝國主義的化身，他對全人類產生了可恨的影響。」《朝日新聞》引用了曾經在華府為和平付出辛勞的野村上將的話語，「說來也許有點蠢，但我在四、五天前做了個夢。夢中我人在白宮，當我走進羅斯福的辦公室時，裡面放著一口棺材。副官指著那口棺材告訴我，裡面躺著羅斯福。這個夢現在成真了。但是，不管誰過世了，美國的戰爭趨勢還是不會改變，我們必須決心戰到最後」。

羅斯福的死訊在十三號的黎明傳到沖繩。美軍船艦的喇叭大聲放送：「注意！注意！全體人員注意！羅斯福總統逝世。重複，我們的最高指揮官，羅斯福總統已經逝世。」官兵大感震驚，難以置信；特納將軍不得不正式予以證實。哀痛之餘，又隱隱約約產生新的擔憂。他的過世是否會影響戰爭進程？他的繼任者哈利．杜魯門（Harry Truman）是否也一樣會要求日本無條件投降？

沖繩日軍中負責宣傳的工作人員，依據本土的指示，印了許多傳單，把羅斯福的過世和島上美軍的命運連在一起：

我們必須對羅斯福總統的過世表達深切遺憾。隨著他的過世，這齣「美國悲劇」現正在本島上演。

你們必定已看到，你們百分之七十的航空母艦和百分之七十三的主力艦不是被擊沉，就是被擊損，還造成十五萬人傷亡。不僅是已故總統，就算是任何其他人，都會因為聽到這樣毀滅性的損失，而在過度憂愁中過世。導致你們前領袖過世的可怕損失，將使你們成為島上的孤兒。日本特攻隊將會擊沉你們的船艦，連一艘驅逐艦也不會剩下。你們將會目睹這在不久的未來就會實現的一切。

在美軍船艦從中城灣發砲轟擊的砲聲中，一名美國大兵看完這份宣傳單。然後他抬起頭來，大喊道：「他們是從哪裡弄來這該死的東西的？」

只有少數日本人抱持著和戈培爾一樣的幻想，認為羅斯福的死是扭轉戰爭趨勢的預兆。然而日本在戰爭前幾個月所征服的領土，不是已經被美軍奪回，就是即將陷落。這一點，沒有一個地方能比菲律賓表現得更加明顯了。山下依然堅守著北部據點，但麥克阿瑟已經牢牢佔領了民答那峨西部，正準備要大規模地橫掃該島。

鈴木宗作將軍被迫放棄雷伊泰島，加入業已撤離到宿霧島的七百四十三人的行列。丟下的大約一萬兩千人，包括第十六師師長牧野將軍在內，全都只有死路一條——餓死、自殺或是任由敵軍宰割。當鈴木抵達宿霧的首府時，美軍已經登陸到宿霧島了。他決定冒險前往民答那峨，因為那裡還有幾乎兩個完整師的兵力和一萬兩千名日本平民。為何不能把這些人全都集中到達沃西北方的山裡？他們在那裡能夠和敵軍進行無限期的戰鬥，還可以和當地的原住民通婚，建立自給自足的社會，成為一個毫無種族歧視的天堂。他的參謀長友近少將也有同樣的想法。他們兩人草擬了一份憲法，並為這個「夢想之國」暫時定名為——「鈴木王國」。

四月十日，當他們就要登上五艘「螃蟹船」時，鈴木告訴友近說：「假使我半途而亡，你必須接替我成為第三十五軍軍長，完成我的計畫。」他寫了一首詩以紀念他們的苦難：

切勿餓死，
要奔赴戰場；
即使英勇戰死，
也不能停止前進。
身為指揮官，
幸而還能為國效力，
真是無上的光榮啊！

這支小「艦隊」用了六天時間，在不時有暴風侵襲的情況下，抵達了內格羅斯島的南部。天黑後，他們又踏上最後一段漫長的旅程，穿越遼闊的海域前往民答那峨。沒有遇上逆風，也沒有海潮阻擋他們，他們堅定地搖著船，終於趕上並被捲入了民答那峨主海流。但鈴木這艘船除外，到了晚上十點，那些船已經遠遠在他的前面，鈴木和同船的人筋疲力盡，無法再和海流對抗，他們這艘「螃蟹船」又漂回到內格羅斯島。到了早上，有架美軍戰機在一座燈塔附近發現他們。

將軍的副官綿野得定中尉喊道：「跳船！」接著便跳入水中。但鈴木仍待在船上。當子彈在這艘小船旁激起陣陣水花時，綿野看見將軍手握軍刀，彎著身軀，好像在切腹。這就是鈴木和其夢中王國的下場。[8]

第二十九章
鐵颱風

一

在羅斯福過世那天，鈴木貫太郎的內閣為了準備在本土進行決戰，授權組織「國民義勇隊」，由十五歲到五十五歲的男人以及十七歲到四十五歲的女人所組成。報界持續刊登對沖繩之戰深具信心的報導。沖繩一旦陷落，動用「國民義勇隊」就勢在必行。一位名為安藤的退役海軍將領說：「敵軍的行動正和我方當初在擬定對付他們的計畫細項時的估計完全一致，讓敵軍入侵沖繩等島的戰略與背水一戰的戰略有諸多相似之處。除非確信我方有猛攻敵軍要害、敵軍無法襲擊我方非要害的戰力，否則不該採取這種戰略。」

然而，牛島將軍的第三十二軍已經傷亡慘重。在兩週的交鋒中，雖然還能死守住首里防線，但其麾下的精銳部隊已經喪失了七千名官兵；除了本部半島外，美國海軍陸戰隊已經佔領該島北半部——那裡只有兩個營的兵力在防守。四月十六日，在經過三天激戰後，美軍攻克一千兩百英尺高且崎嶇不平的八重岳。站在山上可以俯瞰整個半島，攻下八重岳實際上結束了沖繩北半部的戰役。

在本部半島以西幾英里外有座名為伊江的小島。這座橄欖型的島嶼約五英里長，除了島中央有座六百英尺高的死火山拔地而起外，全島地勢平坦。該區域內的殘餘日軍也就在那駐守。佔領該島的任務指派給陸軍。同一天上午八點，經過一陣海軍船艦砲擊後，陸軍士兵翻過了高丘，衝向這次攻擊的主要目標——機場。接近火山時，他們遇上了有如迷宮般的隧道、碉堡、洞穴和掩蔽坑。在數以百計的平民志願協助下，人數遠不及美軍的日本守軍，讓第七十七師嚐盡了苦頭。

厄尼．派爾暫時離開了沖繩島上的海軍陸戰隊，跑去和他特別熟稔的陸軍一起。四月十八日，在他和某個團長搭乘吉普車前往前線途中，遭到機槍掃射，個頭矮小的派爾跳進了壕溝內。當他抬頭向上望時，太陽穴中彈，當場死亡。他被埋在了附近。[1]

當天晚上，海軍陸戰成員圍著圈坐在一起，紛紛背誦著派爾作品中他們最喜歡的某些段落。一名下士說：「真可惜，這樣的大人物竟然在這麼糟糕的小島遇上了死神。」他們看了看他的鋪蓋捲，裡面只有一項私人物品——一串彩色貝殼。他們把它包好，寄給派爾的遺孀，「那個女孩」。

在首里防線北方，美軍正準備對防禦體系發動全面攻擊。第二十四軍軍長約翰．霍奇中將說：「這仗勢必難打。在島的南端，大約有六萬五千到七萬名的日軍躲在洞內，我看，除了一碼接著一碼地把他們給轟出來外，沒什麼其他方法了。」

調動海軍前來支援。翌日清晨五點四十五分，六艘主力艦、六艘巡洋艦和八艘驅逐艦開始砲擊這條橫穿全島的五英里寬防線。二十分鐘後，二十七個砲兵營──總數三百二十四門火砲──同時射擊前線陣地，然後再砲擊前線後方五百碼的位置。六點三十分，火砲砲擊日軍前線十分鐘。這是太平洋戰爭中最猛烈的單一火砲集中攻擊──共射出砲彈一萬九千發。

火砲仰角再度拉高，由兩個師組成的攻擊隊向前衝擊，第七師在東面，第九十六師在中央。五十分鐘後，第二十七師從防線西端攻擊嘉數高地。

讓人難以置信的是，日軍在這波史無前例的砲擊下竟然沒有什麼損傷。這三支部隊積極搶攻，卻全都被打退。傷亡相當慘烈，特別是西段的第二十七師，在那裡，對嘉數高地發動衝鋒的二十二輛坦克全被擊毀。到了黃昏時，第二十四軍陣亡、負傷和失蹤的人數已經達到七百二十人。在接下來的四天，位於兩翼的兩個師，向前緩慢推進，戰果微不足道；雖然第九十六師設法推進了一千多碼，但也只是推進到首里防線的心臟地帶。那裡突出一塊崎嶇懸崖，猶如中國的萬里長城。這就是前田高地。由於受到陡峭懸崖的阻撓，使它實際形成了一座要塞。美軍迅速被擊退。第十軍團團長巴克納將軍反對在日軍防線後方進行兩棲登陸，理由是：南方的礁岩太過危險，海灘不適合裝卸補給品，即使建立了任何灘頭堡也會被此區內的大量日軍壓制。

巴克納的推理是合乎邏輯的，但並不正確。其實牛島正害怕美軍採取這樣的行動（「這會迅速結束這場戰役」）。但牛島不得不將後衛師調到北部，以增強首里防線。增援部隊在夜間行軍開拔至前線，至四月二十五日晚上，大多數的援軍都已經進入陣地，替換傷亡慘重的守軍。他們一趕到，即撞上美軍再度對前田高地發動攻擊。美軍再度失利。第九十六師的其中一個連在短短幾分鐘內死傷就達十八人，以極慘重的代價爬上山頂。另一個連組成一條人鍊攻向山頂，但最靠近山頂的三個關鍵人物卻被機槍射殺了。

在左方，也就是前田高地的東方，美軍佔領了兩座山頭，發現了五百多名日軍，就在此時，美軍的坦克和火焰噴射裝甲車出現在繞過高地一端的五號公路上。美軍形成交叉火網，殲滅了這些日軍。

牛島害怕敵軍會重兵衝破防線從峭壁後方包抄，便對第六十二師發了一道簡短軍令：「自十三點起，敵軍部隊會跟著坦克朝前田高地的南部和東部區段推進。第六十二師要派部隊至該處……攻擊推進到前田區段的敵軍，堅決地加以擊退。」牛島也對第二十四師下令無須理會師部防守界線，協助鄰軍部隊封住缺口，並於「今晚將主力部隊布防在首里的東北方」。不計任何代價都要守住前田高地。

四月二十七日上午，美軍步兵、坦克和火焰發射裝甲車，緊密配合，再度朝著前田高地東段的殘餘日軍陣地發動攻擊，在黃昏之前就佔領了兩座山頭。因為整個東部區段都落入敵軍之手，牛島下令第二十四師的一個團立刻肅清整個高地。奪取中部的任務就交給帝國陸軍中最年輕的上尉之一志村常雄營長。他部下六百多名士兵中大多數從未上過戰場。比方說，十九歲的外間守善，在幾週之前還在首里的師範學校讀書，但就和眾多的沖繩愛國民眾一樣，志願承擔起前線任務。

當晚，這個營緩緩地通過首里這座古都。在一間大天主堂的街上躺著百來具「像是布娃娃般」的屍體，士兵們都小心翼翼地走著——原來，剛好有枚海軍砲彈擊中一卡車的彈藥。外間看到許多屍塊還黏在牆上，鵝卵石的道路上滿布鮮血。出城時，士兵們排成兩列沿著泥濘的道路朝北前進，但因遇到砲擊，他們不得不分散到田間。休息時，每個士兵都分到一片罐頭鳳梨——這是戰死前「最後的饗宴」。

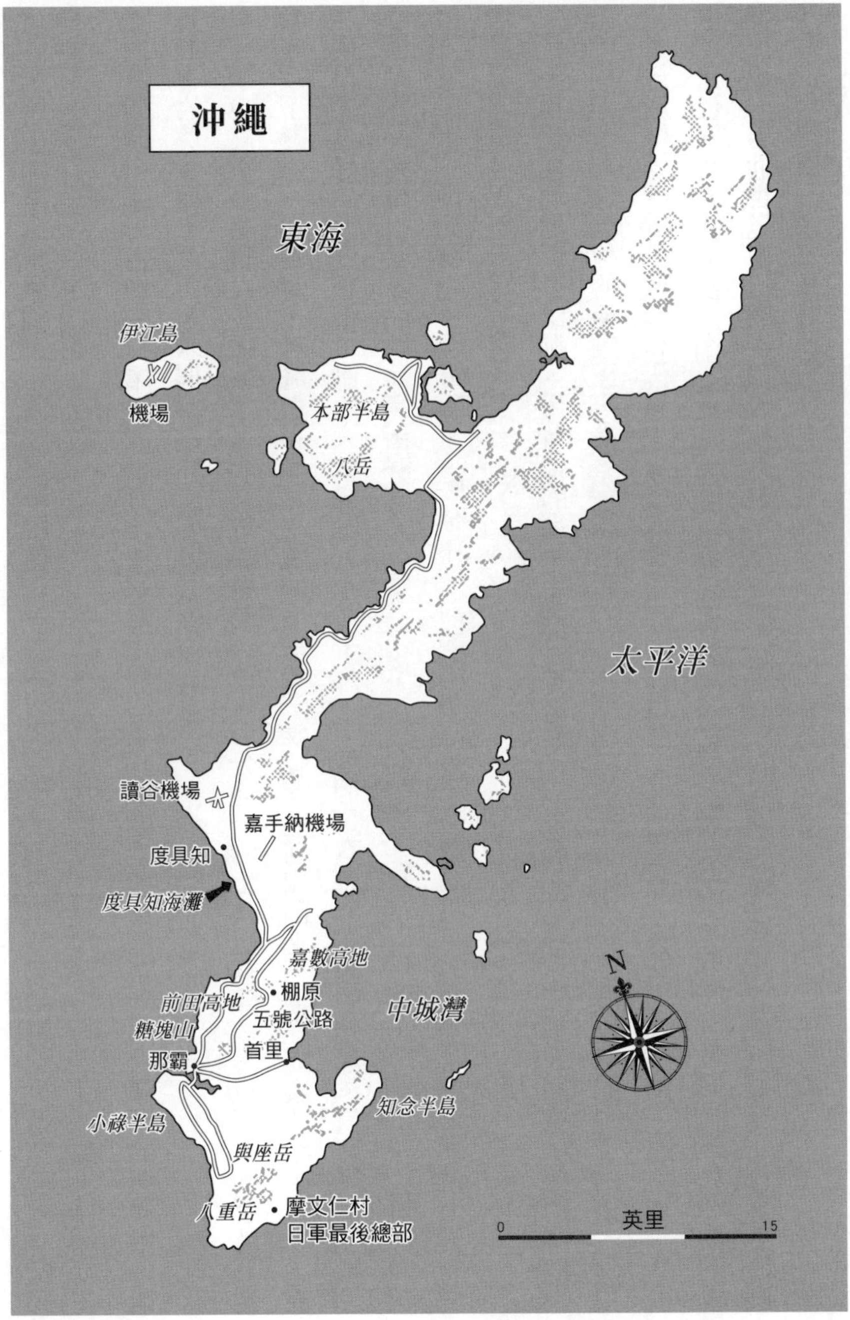
沖繩
東海
伊江島
機場
本部半島
八岳
太平洋
讀谷機場
嘉手納機場
度具知
度具知海灘
嘉數高地
棚原
前田高地
五號公路
中城灣
糖塊山
首里
那霸
知念半島
小祿半島
與座岳
八重岳
摩文仁村
日軍最後總部
英里
0
15
N

直到午夜過後他們才抵達攻擊線，到了快凌晨三點，志村上尉才用兩個連的兵力發動攻擊。幾乎就在同時，迫擊砲飛過山嶺，落在日軍隊伍之中。志村下令士兵們謹慎穿過迫擊砲火繼續前進。當第一道晨光亮起時，他們正爬上陡坡，美軍坦克像是獵食的猛虎一般從右方的五號公路出現。所有的坦克同時開砲。逾一百多名日軍瞬間被打死。躲過一劫的士兵躲進中國式的墓地內、簡陋的掩體中、或是躲在岩塊後面。志村和其他七人在一座墳中蹲了一整天。

坦克終於在落日之後撤離了。志村走出墳墓，發現三分之一的士兵已經陣亡，但團長卻堅持要他當晚攻下懸崖。他在背上綁著白布條，率領部下沿著一條乾涸的河床前進。他在陡坡的半山腰上，被一個偽裝良好的洞穴絆倒。洞中大概躲了五十名士兵——他們是賀谷分遣隊的殘部，只有幾支步槍，是從懸崖上被驅退下來的。他們用歡呼和淚水迎接志村的到來。賀谷上校鬆了口氣，與志村緊緊相擁，並說：「從此刻起，全靠你了。」他不想討論戰事，也不想談論敵軍的陣地狀況，卻遞上了一杯清酒給志村。志村上尉辭謝了。

志村忿忿地離開了山洞，帶著他的部下來到高地邊緣，一直躲在那裡，等到天亮後，他們突然投出手榴彈，在輕機槍的掩護下，端著耀眼的刺刀，大聲高喊道衝過山脊，一鼓作氣衝到了山頂。山頂只是一塊像是城堡塔樓的石灰岩——美軍戲稱它為「針岩」。他們殺死了幾名守在懸崖上的美軍，然後散開，躲在岩石後方或小山洞裡，形成一道兩百碼的防線。他們的成功取勝一方面是由於他們的銳氣，另一方面也是由於歷經四天拉鋸戰，以至他們所面對的美軍部隊已經耗損到僅剩百分之四十的戰鬥力，有些排的兵力甚至只剩五、六個人。

西海岸的戰鬥沒有懸崖這邊那麼猛烈，但雙方付出的代價卻是一樣的。隔天四月三十日，美國海軍陸戰隊第一師開始和第二十七步兵師進行換防，該步兵師在這兩週之內就傷亡達兩千六百六十一人。海軍陸戰隊的隊伍正無精打采地往前走，從前面傳來了訊息：「小狗們回來了。」隊員們立刻挺直了腰桿，把槍舉到肩膀上。但陸軍大兵（一名陸戰隊員說，他們看起來「骯髒又毫無精神，有如殭屍」）根本不理會這些二心「炫耀」的換防部隊。有個陸戰隊員說了些諷刺話，但被其他袍澤制止了；或許他們自己——還能活著回來的話——也和他們一樣狼狽。

新調來的陸軍部隊也上到了前田高地。背著炸藥包的士兵用繩索和抓鉤攀登山峰，但一次次被從連成一串的山洞裡衝出來的日軍打退。士村在「針岩」附近堅守陣地，擊退十幾次敵軍的攻擊；因為防禦仗打得非常好，團部下令要他發動攻擊，命令他在當晚拿下右方被日本人稱為「惡魔丘」的小山丘。他派出第五連去執行任務。午夜過後，他們抵達了這座山頂，發出信號彈，表示已經拿下山頭。但由於山頂盡是光禿禿的岩石，他們無法掘出「章魚穴」，天一亮他們就被火力包圍，全部被殲滅。

——

美軍在沖繩登陸已經一個月了，兵員數現在達到十七萬人。沖繩竟然變成了「小美國」。美軍拓寬並改善了道路，以方便已經湧上岸的數萬輛車輛通行，並設立了補給點，架設了防空砲陣地以及建立了聯繫所有海陸軍單位的電話系統。

日軍一直以來被灌輸要鄙視美軍，但對於美軍有條不紊的作戰方式留下了深刻印象。美軍的軍服相當實用，擁有源源不絕的糧食和彈藥，似乎把戰爭變成一種探險事業。甚至是美軍身上的刺青都讓日軍感到好奇。

在古老的首里城下方一百英尺的一個山洞內——在將近一個世紀前，沖繩國王曾經鄭重地在此接待培理准將——牛島的參謀長長勇中正吵鬧著要求發動全面反攻。他精力充沛，是個菸槍和酒鬼。他的軍旅生涯——和辻政信一樣——充滿「下克上」的行為。他曾經參與過一九三一年流產的「錦旗革命」。之後，他被調往滿洲，因為喜好玩弄陰謀，拖延了一九三八年在張鼓峰[2]與俄國人的邊界戰爭。他脾氣暴躁，對勤務兵、副官或下級軍官搧耳光，就成了稀鬆平常的事。現在，他正和牛島爭執，像是在揮舞武器一般地揮動著他的長煙嘴。

牛島毫不動氣地聽著。他還常常展現出欽佩的表情，這讓周遭的人感到不安——除了長勇以外。長勇之所以如此積極好戰，是因為他喝了整整一個小時的酒。只有作戰參謀八原博通上校一人支持牛島的保留態度，也只有他和不斷要求進行決戰的長勇辯論。上校——有張陰沉的臉，綽號是「老古板」——沒有被嚇倒。他說：「以劣勢兵力對抗具有壓倒優勢兵力的敵軍是魯莽的，只會導致提前戰敗。」他接著表示，如果是那樣，他們就得去攻擊佔有制高點的敵軍。比較明智的方式是，持續目前的作戰方式。他認為，最後被殲滅是無法避免的，但戰略性的堅守作戰卻能為帝國大本營爭取到寶貴的時間。反攻只能造成敵軍輕微的傷亡，但數以千計的皇軍卻得平白犧牲。不過，日軍被逼到角落無路可退時，本能性的攻擊反應是難以壓抑的。第六十二師師長跳了起來，強烈支持參謀長的意見，其他師長和旅長也都支持長勇，因為他們對強加給他們的防禦戰術感到失望。牛島對於他們的意見仍是感到不安，但仍下令在兩天內發動反攻。

反攻計畫既複雜又野心勃勃。按照這個計畫，他們要在「神風」戰機對美軍船艦再一次發動大規模攻擊的配合下，並在戰術轟炸機的支援下，深入北面五英里，像楔子一樣打進美軍陣線。以火砲齊射肅清前進的道路，然後用兩個團的兵力在五號公路東面發動攻擊，另一個團會衝下前田高地，在相當數量的坦克支援下，沿著公路衝向遠方的高地。第四十四獨立混成旅會跟隨衝鋒半英里後，轉向西海岸。為了誤導敵軍，也會在美軍防線後方的東西兩岸分別進行兩棲登陸作戰。

五月三日黃昏，大砲開始轟擊美軍前線陣地，「神風」戰機也同時攻擊美軍船艦，擊沉了驅逐艦「利托號」（Little）和ＬＳＭ一九五號登陸艇，同時還擊傷另外四艘船艦。午夜一過，六十架常規轟炸機開始轟炸第十軍團後方區域，與此同時，兩支兩棲登陸部隊則搭乘駁船沿東西海岸北上。西海岸的兩棲部隊誤在美國海軍陸戰隊一個連的附近登陸。日軍的「萬歲！」一聲驚動了他們，於是他們用密集的迫擊砲、機槍和步槍對日軍發動突襲，使日軍死傷慘重。少數幾人能夠逃過這波攻擊，後來被追得走投無路，也被消滅殆盡。唯一的俘虜是一隻信鴿。海軍陸戰隊員放走牠時，讓牠帶了一封嘲諷信：「我們把鴿子還給你們了。但很抱歉，無法把你們的爆破工兵還給你們。」有艘美軍巡邏船發現了沿東北海岸而上的兩棲部隊，對該區域發射了照明彈。大多數的駁船被摧毀，上岸的幾十人也被消滅。

黎明前一個小時，日軍的火砲齊射達到高峰，砲聲震耳欲聾，一直持續了半個小時。接著射出兩枚紅色信號彈——攻擊的信號。日軍步兵像潮水般地往前衝。美軍火砲很快就把右方的兩千名日軍消滅在一片空曠地區。倖免於難的還想往前衝，也被一個個打死在這片無遮蔽的平地上。

中段的攻擊是成功的，仰賴的是裝甲車輛的支援。然而，精準的敵軍火砲射擊，使得所有的中型坦克都被打到動彈不得，只有九輛輕型坦克能夠拉回到前鋒部隊後面。前鋒部隊是由伊東孝一上尉所率領的一個營，共六百人。他們在黎明前的昏暗中突破了美軍防線，但被自動武器的火力給壓制下去。九輛輕型坦克試圖包圍上去，被大砲一輛接著一輛擊中。在沒有坦克的支援下，伊東仍決定繼續衝鋒，於是率領他的營朝第一個目標攻去。這個目標就是棚原町附近的一個山頭，位於前田高地東北方一英里半。

在中午之前，零星的戰報就傳回到日本第三十二軍的總部，宣稱取得相當大的勝利，於是，首里城遺跡下方洞穴內的日軍歡慶了起來。不過，除了伊東以外，誰也沒能達成實質性的突破。伊東奉命在當晚進攻棚原北面的丘陵。他率領部下沿五號公路兩側推進，卻受阻於敵軍的火砲。因為伊東現在擁有裝甲支援——坦克在夜色的掩護下圍了上來——他便能夠繼續推進。美軍的砲火極為猛烈，擊毀了六輛坦克，但伊東和他的部下卻穿越了美軍防線。經過艱苦奮戰，伊東終於走完通向棚原的一英里路程。他們在穿過該區的路上埋設地雷，黎明前在山丘的斜坡上修築了一道弧形陣地。接著，他發出明電——密碼員已經戰死——說，他和其餘四百五十人已經抵達目的地。他奉命原地待命。

到五月五日中午，即使是那脾氣暴躁、主張反攻的長勇也明顯看出，反攻已經失敗。他現在已經知道，奪取沖繩已是毫無希望，戰敗是必然的。

伊東仍駐守在棚原北方的小丘上，但受到來自各方的壓力。白天，他率領的這批特遣隊中，有一百多人被火焰噴射器、迫擊砲和手榴彈燒死或炸死。隔天上午，美軍持續攻擊，伊東用不惜犧牲人命的方式擊退了這些攻擊。到此時，發動反攻時的六百人只剩下不到一百五十人。正當伊東本人也準備戰死沙場時，一塊包著電訊的石頭飛進他的「章魚穴」內。那是他的無線電發報員給他送來的剛收到的撤退命令。與傷兵告別時，他把手榴彈分發給他們。然後，在山腳下集合未受傷的部下。午夜時分，他們摸黑南下。但在通過敵軍一英里長的陣地時，又傷亡了不少人。只有伊東和其他十來人能夠突破陣線。

日軍用盡了所有能搜刮到的資源發動反擊，但霍奇的第二十四軍卻輕而易舉地就把他們打敗了。美國打贏這場勝仗的同一天，也取得了另一個更形重要的成就。五月八日正午，美國海陸軍所有的火砲都連發三砲——德國投降了。

在日軍徒然送死的衝鋒中擊敗他們是一回事，但把他們從深掘的洞穴中趕出來則是另一回事。戰鬥是相當艱苦的事。前田高地被鮮血染紅，雙方輪流攻佔山頭。美軍第三〇七步兵團的一個營在八天內過半兵員戰死，在三十六小時內損失了八名連長。

日軍的傷亡更加慘烈。年輕的志村上尉的那個營在山脊上的陣地曾經有六百人，現在只剩下不到一百五十人，而且大都身負重傷。他還拒絕依令撤退。他想死在大部分部下戰死的地方。團部堅持要他撤退，第二十四師中一個參謀還給他寫了一封親筆信，要他「死在更值得犧牲的戰場」。志村把命令告訴了部下，但他自己要留下來打游擊戰。「想留下來的人可以留下。我們要在這山頭上死守，直到戰死。」有些人轉到了地下，其他人撤退，前田高地落到了美軍手中。

——

攻下前田高地後，美軍緩慢地向全島發動攻擊。兩個完整的海軍陸戰隊師（第三兩棲軍）控制了西翼：第六師在歷經艱苦的戰鬥後，攻下了整個防線的西端支撐點、離首里不及一英里遠的糖塊山；從「瓜達爾卡納爾島戰役」起一直都在前線作戰的第一師，沿著和納山谷——能一路通往前古都中心區的一個多岩的狹窄隘口——推進。在最東側，第十四軍的三個師緩緩推進，攻下了首里東面的巧克力山、平頂山和其他山丘。到五月二十一日黃昏時，首里已被三面包圍，但黑夜和暴雨讓戰鬥停了下來。和納山谷成了沼澤。坦克和水陸履帶運兵車陷在泥地中無法動彈。在整個前線，泥坡上的散兵坑開始解體，低地上的洞則像是漏了水的船一樣，需要不斷往外舀水。大雨幾乎下了整整一週。能夠送上前線的食物少得可憐，要在不停的大雨中睡覺也是不可能的事；屍體無法掩埋，只能任其腐爛。

儘管大雨給了牛島喘息的時間，但他還是決定棄守首里。他在這座城市的浴血保衛戰中，已經損失了六萬人。敵軍無情的海軍艦砲、陸軍火砲和空軍轟炸，加上步兵與坦克的攻擊，已經把他麾下第三十二軍的核心部隊——第六十二師、二十四師及第四十四獨立混成旅打得潰不成軍。他的一些部下堅決反對撤退，即使只是局部性撤退也有人抗議。但牛島駁回了所有的抗議，理由是堅守首里必然加速沖繩的陷落。

二

在五月號的商業雜誌《實業的日本》中，栗原悅藏海軍少將寫道：

有些人贊成採取以我之皮取敵之肉、以我之肉取敵之骨的方式。我反對這樣的戰略。相反的，我倒贊成以我之骨取敵之骨的戰術。每個日本人都能做到這點。此種方式適合日本的民族性，也適合日本的國情。這個戰術就是我方的特攻隊戰術。

自雷伊泰戰役以來，日本人就一直嘗試對美軍發動「神風」戰術，在沖繩戰場上，這種戰術成為整體防禦的一部分。自復活節登陸以來，日本人對集聚在該島周圍的數百艘美軍船艦，發動了六次大規模的「神風」攻擊，動用戰機一千五百多架。數百架戰機飛越密集的防空砲火網，撞上目標爆炸，擊沉了近二十艘美軍船艦，並重創了另外二十五艘。這些數字固然可怕，卻都沒有清楚說明雙方的慘重死亡及表現出的恐懼和英雄主義。看著戰機不顧一切衝向你的船艦，飛行員決心要把你和他自己一起炸得粉碎，這真是令人毛骨悚然的景象。

為了配合牛島從首里撤退，日軍在五月二十五日發動了第七次「神風」突擊；在此突擊之前，一支敢死隊乘坐五架轟炸機衝向沖繩島中央的讀谷機場進行攻擊。四架雙引擎轟炸機被擊落，但第五架卻以機腹著陸的方式迫降機場。這些隊員從飛機中爬出，散開跑到飛行跑道上，對著停在那的飛機丟擲手榴彈和燒夷彈，美軍不敢置信地看著這一景象。在被擊斃之前，這些敢死隊員共擊毀了七架戰機，擊傷二十六架，燒掉儲有七萬加侖汽油的儲油槽。

在外海上，「神風」戰機已經朝運輸艦區域飛去，在接下來的十二個小時內，一百七十六架「特功」戰機衝進目標區，擊沉了ＬＳＭ一三五號登陸艇和驅逐護衛艦「貝茲號」（Bates），還有四艘船艦因受到重創被迫鑿沉、廢棄或是除役。

這些飛行員的瘋狂行徑徹底嚇壞了美國人。威爾森・布朗海軍中將（Wilson Brown）評論道：「這種與西方哲學如此不同的景象，就有如被催眠般著了迷。當我們抽離了恐懼感看著『神風』戰機俯衝而來時，我們忘記了自己是受害者，而是不由自主地思索這些從天而降的人的想法。」從這種病態式的著迷現象中產生了種種揣度和謠言：「神風」飛行員戰鬥時像僧侶一樣，身穿長袍，戴著頭巾；他們嗑了藥；他們被綁死在駕駛艙內；他們是自願被訓練要進行自殺攻擊的菁英部隊。事實上，他們只是自願參加特攻隊的普通日本青年。他們的目標是要死得有意義。他們深信，要克服日本和美國在物品生產量上相比的劣勢，「特攻」是最佳的可行辦法。只要一個人就可以重創或擊沉一艘航空母艦或是主力艦，並讓一千名敵軍與自己一起葬身海底。

東京出生的二十二歲少尉青木保憲，對他們的「一人、一機、一彈換一艦」的口號是深信不疑的。他熱愛大自然，因而去讀了設在台灣的「農林專科學校」。徵兵時，「因為海軍的魅力」而加入了帝國海軍，學會了駕駛飛機；到一九四五年初，他已經是四國島上「高知海軍航空隊」的教官。募集特攻隊的志願者時，包括教官和學員在內的每名飛行員都被要求在紙上簽名，志願的就在自己的名字上畫個圈，不願意的就畫個三角形。沒有強迫，有幾個人毫不遲疑地就畫了三角型，但青木覺得這樣太懦弱了。此外，既然誰也無法活到戰後，他寧可當個飛行員戰死，或許還有機會擊沉一艘船艦。

凡是志願參加特攻隊的人都會進行訓練：先是在離水面三十英尺的低空飛行，剛一爬升就對一座控制塔開火。他們用來訓練的飛機，是一種速度緩慢、機身笨種的雙座教練機。青木身為自己座機的指揮官，成為了領航員，儘管他認為沒有必要；但是，後座如果沒有上級坐著，飛行員或許就會掉頭飛走。

幾個星期很快過去了。訓練時，所有的人都全神貫注，而執行任務又是很久以後的事，似乎並沒有當真。然而一旦訓練結束，青木就了解到，他已經被判了死刑；隨著把飛機改裝成可以執行自殺性攻擊任務，注定要死的情緒也就愈來愈強烈。機身內安裝了副油箱，機翼兩側各掛上一枚重兩百五十公斤的炸彈。當青木檢查自己的座機時，不禁想到，就是這架戰機要把我帶上有去無回的旅途。

五月二十五日，青木的大隊被調往九州島上的鹿屋。那裡是最後一次飛往沖繩的中繼站。命運的定局讓他不知所措。其他袍澤外表的安靜又讓他感到自卑。黃昏時，青木看到一隊「神風」戰機飛往沖繩——他自己的大隊緊接在後。他鬱悶地回到設在一所小學內的軍營，驚訝地發現有六名他以為應該已經飛走的人。他們拒絕出擊，以緩和自己的羞辱感；原來他沒「那麼」膽小怯弱。

隔天下午，青木躺在草地上，眼睜睜地看著他的大隊的戰機被牽引到跑道，準備執行任務。突然之間，他周遭的地面爆炸了——美軍正在轟炸這個基地。青木一動也沒動。他告訴自己，就算是被炸死也沒什麼，只希望來世是一個更為和平的世界。不過，當他漫步回到軍營時，片刻前對他而言似乎一文不值的生命，此時卻變得比任何時刻都還珍貴。能夠多活一天，哪怕是多一小時、一分鐘，甚至是一秒鐘，都是無價的。他看到一隻蒼蠅，便停下腳步，並大聲說：「多幸運啊！你還能活著。」晚餐後，隊員們都聚到一起，聽取明天任務的簡報。每個機組可以各自選取高度和航向。大多數的飛行員都選擇往東或是往西的迂迴飛行路線。青木建議直飛沖繩。他那十七歲、姓氏為橫山的飛行員欣然同意。

他們早早就寢，青木在天亮之前就醒來了。他想著，我沒事的！五月二十七日，是他人生最後的一天，天氣晴朗，萬里無雲，他感到異常的清爽。他已經留下指甲屑和一綹頭髮給他的家人，分別給雙親、四個妹妹和弟弟各寫了一張明信片。他告訴他們：「我們神聖的國家是不會被摧毀的。」之後，他便祈禱日本在全面敗戰後還會存續下去。

當天傍晚，他的大隊舉行了隆重的晚宴。一位行政長官舉杯祝酒。青木一飲而盡後，這才發現他的朋友們都只啜飲了一小口。一名新聞紀錄片的攝影師要求這些年輕人站好，以便拍照。他們都帶著裝飾「太陽旗」圖案的皮製飛行頭盔，少數幾人在頭盔上還綁上「鉢卷」。他們手挽著手，齊聲高唱《同期之櫻》。

在進行最後一次檢查時，一名上校在青木面前停了下來，問他為何臉色這麼紅。「你身體不舒服嗎？」他解釋只是因為喝了清酒的緣故。上校熱心地問道：「如果你覺得不舒服，你可以留下來，然後加入下一個大隊。」

「長官，我很好。」

十五組人員搭上了卡車，後面還有一群送行的人。到機場後，他們穿上了裝飾著大「太陽旗」圖樣的救生衣，看上去極不協調。青木的口袋內空蕩蕩的，只有一張全家福的照片和兩個木製的「御守」——他希望這些御守能幫助他達成任務。

天黑之前，一名海軍少將主持了送別儀式。少將在講話時，青木聽到一群參謀在一旁聊天說笑。他對這些人在這樣的場合如此不嚴肅感到無比憤怒。他們的主任教官嚴正肅穆地祝他們成功。他說：「在沖繩有個觀察所，能夠確認你們任務的成果。今晚是滿月。它會照料著你們，所以你們並不孤單。我隨後就會加入你們的行列，請你們等待我。」三十人都留下淚來，自覺問心無愧。他們知道主任教官是想和他們一起同行的，也很感謝他的一席話，能讓他們在世上的最後一刻如此不凡。

十五架戰機滑行到起飛位置時，沿跑道站著的一小群人揮舞著手帕、帽子和旗幟。在飛機引擎的吼聲中，青木聽到有人喊道：「青木！青木！」他坐在位置上轉頭看。那是上次任務拒絕起飛的一名飛行員，邊揮著手邊哭著在戰機後方追了上來。青木覺得好難堪，就像是被一名女子追著似的。不過，他笑了笑並大喊道：「跟我們走吧！」語畢，這架老式教練機加速並離開了跑道。升上天空之後，能看到更長的落日餘暉。青木心想，多麼美的景象！

在三千英尺高空，年輕的飛行員幾乎朝著正南方的鳥島飛去，該島位於沖繩西方六十英里。他們在鳥島上方轉左，直飛美軍運輸艦停泊的海域。前面有架戰機按選定的迂迴路線，漸漸飛遠。下方閃爍著一道綠光，那是佐多岬。這是離開日本本土前所能見到的最後一道燈光，青木全神貫注地看著，直到完全消失。他又看到下方有個小島，島上白煙裊裊，是哪個家庭主婦在為家人煮晚餐？他不禁想到，妳還活著，而我就要赴死了。

雲層迫使橫山降低飛機高度到兩千兩百英尺，但由於亂流過於強烈，不得不再降至一千英尺高。他們單調地飛了一個又一個小時，預計抵達鳥島的時間已經過去了。青木對橫山做了個手勢，要他繼續往前飛並再度看了看時間。十一點三十分。按原計畫，攻擊排定在午夜，他們一定無法及時趕上。五分鐘後，青木命令橫山往東飛，開始下降。青木撒出錫箔片以干擾敵軍雷達，然後拉起能夠起動兩枚炸彈上推進器的開關。炸彈現在已經拆除保險，一旦接觸就會爆炸。上空的雲層已經散開，青木還能看到海中映月。突然一道閃電，接著又是一道。不，這是敵軍船艦在攻擊他們。橫山把飛機降至三百英尺，青木睜大了眼睛想找到船艦，但約一英里外防空砲火的閃光亮到無法睜眼。飛到那艘船還需要一分鐘，但防空砲火卻射擊得愈來愈精準了。

青木下令：「往右飛！」

數顆火砲朝他們射來。曳光彈！接著一聲轟隆巨響，一架像是「野貓式」的美國戰機飛過。他想著：「他媽的！連支手槍都沒有，怎麼打它？」如果橫山這時調頭回去，那就更容易成為敵軍的明顯目標。青木拉開了座艙罩，站起身來，環顧四周。「野貓式」飛走了。他命飛行員飛往沖繩。幾乎就在同時，他們看見一艘驅逐艦慢慢悠悠地往南航行。青木大喊：「俯衝！」橫山在訓練時，為避免撞上友機，學的是逆時鐘方向俯衝，但現在他卻必須以順時鐘方向俯衝，這是他從來沒有做過的事。

當他們從艦尾飛近驅逐艦時，艦上一彈未發。青木依然站在座位上，雙手交叉伏在座艙罩上，下巴貼著手臂，雙眼緊緊盯著驅逐艦。他平靜地等著使他粉身碎骨的爆炸。他們現在距離敵艦很近了，美軍就算開火也來不及了。他心滿意足，他的死是有意義的。

當這架老舊訓練機轟隆隆地衝向驅逐艦時，不論是他還是橫山都一語不發。他們撞進了海中。青木發現自己還在飛機中——因為雙重巧合他才得以活下來。橫山根本沒有攻擊過移動中的目標，該艦才會安然無恙。但這兩枚炸彈為什麼沒有爆炸呢？

橫山站在下沉的機身頂端喊道：「分隊長，快來這裡！」青木從駕駛艙中爬了出來，接著飛機便沉入海浪之中。青木把那原以為毫無用途的救生衣充了氣。四周一片漆黑，只有他們兩人——沒有船艦，也沒有飛機。

橫山問道：「我們該怎麼辦？」

早把生死置之度外的青木發覺很難回答這個問題。他覺得活著已是了無生趣。清晨，他們依稀看出遠方有陸地的影子。那必定是沖繩島。青木建議游往該島，卻被一艘敵軍驅逐艦攔住去路。他們一動不動像死了般地躺在海中，兩人手挽在一起。當驅逐艦駛到他們身邊時，他們閉上了眼張著嘴。有個爪鉤勾住了橫山的長褲。青木喊道：「踢開它！」但橫山就是甩不開，竟然像條魚一樣被拉了過去，此時青木還拉著橫山的手臂。青木沿著船側旁的軟繩梯爬了上去。現在，他被美軍俘虜了，但他日後可以逃跑或自殺。

橫山不敢置信地大喊道：「你在往上爬嗎？」

上了甲板後，他們拒絕了香菸和麵包。橫山憤恨地盯著青木。後來他們被轉移到另一艘更大的船艦上。顯然，要逃跑已經是不可能的了，青木向橫山示意如何咬舌自盡並因血噎住咽喉窒息而亡。青木把舌頭伸了出來，一再用拳重擊著下顎。儘管吃了不少苦頭，卻沒流出血來。接著他試著用一根粗繩勒死自己。當他昏厥時，一名衛兵衝了過來。於是，他得出結論，是命運要他活下去，並成了一名模範戰俘。[3]

三

在青木出發執行自殺任務的前夕，牛島中將帶著第六十二師和第二十七坦克團的殘餘部隊，將總部從首里撤離，只留下一個佯裝防禦的陣式。傾盆大雨掩護了撤退，但也使撤退成了嚴峻考驗，特別是對步行的傷兵來說更是如此。這些傷兵自前線撤離以後，既沒有醫護照料，也幾乎沒有食物和飲水。那些還能站著的傷兵在大雨中出發，在那些不久前還在師範學校就讀的沖繩護士照料下，摸黑拉著繩索前進。

他們在敵軍後方移動二十四小時後才被美軍發現。陸軍火砲和海軍艦砲開始砲擊道路和交叉路口。次日，即五月二十七日，巴克納將軍對第三軍和第十四軍發出新指令：

有跡象顯示敵軍可能會撤退到新防禦陣地，可能對威脅其側翼之我軍發動反攻。立刻對敵軍施加強大壓力，弄清其意圖，使其進退失據。絕不允許敵軍建立起新陣地。

美軍派出戰鬥巡邏隊穿入整個首里防線，但掩護撤退的敵軍砲火猛烈，巡邏隊回報說，沒有跡象顯示日軍已經撤退。第十軍團的情報部門也同意這一看法：「現在看起來，日軍認為堅守首里北方防線是最好的策略……我方很可能逐漸包圍首里陣地。」

陸軍認為要進行包圍，但海軍陸戰隊不願等待。五月二十九日，海軍陸戰隊第一師向首里高地發動攻擊，發現守軍陣勢薄弱。他們隨即衝向首里城。那裡有堅固的防禦。第十軍團情報官當晚重新評估了局勢，他現在確信「首里防線只是一具空殼，部隊大部分已移往別處」。

大雨不曾停歇。在大雨的掩護下，牛島帶著大部分的部隊逃脫，在離首里城正南方九英里遠的一個懸崖旁的山洞內設立了新總部。懸崖下方便是蜿蜒的海岸。牛島的撤退行動讓沖繩人付出慘痛的代價。成群結隊的當地民眾在驚慌失措中也跟著部隊往南逃逸，遭到砲彈和炸彈的屠戮。泥濘的道路上留下數以千具的屍體。

五月三十一日，陸軍和海軍陸戰隊謹慎地從兩旁進入這個古都。在迫擊砲、一千磅的炸彈和近兩百門大砲與海軍艦砲的摧殘下，首里已成一片廢墟。只殘存兩棟建築物——師範學校和衛理公會教堂。還冒著煙的亂石下埋著幾百具平民的屍體和四散的財物。腐爛屍塊的臭氣夾雜著刺鼻的焦煙味。

動用一萬名民工，花了八年才建成的首里城被海軍的火砲徹底摧毀。大塊的城牆殘壁就像積木般倒得歪七扭八。只有兩口被砲火轟擊後的大型銅鐘，還能辨認得出來。上面刻著：

……仔細看！什麼是鐘？鐘是能把聲音傳得很遠、很廣、很高的東西。那是佛教徒珍貴的法器，為和尚每天的例行生活帶來秩序……

它總是準時響起，宣告著黑夜的降臨或是黎明的時刻。它能提醒人一改好逸惡勞的習慣，積極工作。那麼，鐘聲又是如何呢？它就有如響雷般把聲音傳遞到遠處，而且至為純淨。那些罪孽深重的人們，聽到鐘聲將會得到救贖。

——

對於敵軍放棄這條堅固防線，巴克納將軍欣喜若狂。當晚他告訴參謀人員說：「牛島從首里防線撤退，可是打錯了算盤。現在除了肅清零星的抵抗外，戰事算是結束了。當然這並不表示自此不會再有仗可打，而是說日軍將無法再構築另一道防線了。」

不過，牛島卻在首里南方六英里處找到一道天然屏障。那是由與座岳和八重岳重合而構成的一座珊瑚懸崖，像面大牆一樣橫切南端大部分的地區。這座山比前田高地還高，山勢更險峻，背靠大海。日軍將在此進行最後抵抗。

六月一日，美軍開始圍攻。他們在深達腳踝的爛泥中步履艱困地緩慢推進。當兩翼部隊要從島的東西兩側進行包抄時，這道可怕的天然屏障南方窪地的上空被濃厚的雲層覆蓋著。東面的知念半島沒有重兵防禦，但那霸南方的小祿半島上有兩千名海軍據守。根據牛島的軍令，他們已經放棄半島上的設施，摧毀大部分的裝備和重武器，然後往南移動。但在那道新天然防線的下方，他們發現民眾已把原本打算作為工事的多數洞穴佔據了。他們並沒有像陸軍那樣把民眾驅趕出去，而是回到半島，拿起輕武器抵抗美國海軍陸戰隊的兩棲攻擊和陸軍的地面攻擊。

六月五日，大雨終於停了下來，但地上還是一片泥濘。通往與座—八重岳的道路已成了泥土鬆軟的沼澤地，美軍坦克無法通過。直到六月十日，第九十六師才對這個被美國大兵改稱為「大蘋果」的八重岳發動攻擊。美軍的一個團用了兩天時間，以集中的火砲攻擊和密集的近接戰鬥，才在大蘋果的北部山坡建立起牢固的陣地。

牛島幾乎沒有大型火砲可以阻擋敵軍。通訊狀況不佳，增援部隊也未能及時趕赴前線。在日軍能有效發動反擊之前，美軍已經鞏固了所佔領的每一個陣地；到六月十三日午夜，山脊上整個東部防線已經開始崩潰。

在小祿半島上頑強抵抗的海軍部隊也臣服於美國海軍陸戰隊第六師，但凶殘的戰鬥也讓美軍付出了傷亡一千六百零八人的代價。六月十五日，在一處地下總部中發現了太田實海軍少將以及五名參謀人員的遺體。他們的喉嚨都被割斷，展開四肢躺在一座平台上，墊在屍體下的草蓆都已浸滿血水。

當戰鬥發展到一系列殘酷的洞穴爭奪戰時，每天有近一千名日本人被殺。當天晚上，第七師第二十七團團長金山均上校把官兵集中在指揮所山洞內。他站在一個小小的高台上宣布，師部預定在拂曉發動全面攻擊。但他無法奉命行事。他的整個團已經不足百人，他認為其他部隊的士兵也所剩無幾，再也不可能進行有組織的戰鬥了。

金山把汽油澆在團旗上，劃了一根火柴點著。當軍旗燒起來時，他說：「過去三個月中，你們歷經了難以言喻的艱辛。對於你們如此奮戰，我深表謝意。我現在解散這個團，你們可以各自行事。想要回到故土的，可以試試。我要死在這裡，你們不應該承擔我的責任。」

這些話語讓他的屬下一時束手無策，他們反對自謀出路。金山抽出了匕首，凝視著部下，再度告誡他們不要「追隨」他。他按照切腹儀式，極有決心且一言不發地劃開肚子。當鮮血噴出時，他的頭也垂了下來。他的副官佐藤上尉舉起軍刀，用力一砍，金山便身首異處。佐藤接著開槍自盡。另一名姓氏為安達的中尉也抽出了手槍，在大喊了一聲「天皇陛下萬歲！」之後，扣下了扳機。

四

當美軍用手榴彈、炸藥包和火焰發射器去追捕那些躲在洞穴內的獵物時，這場戰鬥已經變成一場凶殘的屠殺。到了六月十七日，牛島的第三十二軍已經被打得暈頭轉向，軍紀蕩然無存。倖存者所做的事情在幾天之前是難以想像的：不服從軍官的命令，在山洞內像是野蠻人一樣為了食物和飲水打鬥，殘害平民與強姦婦女。

牛島的軍部設在靠近該島北端的一個陡峭懸崖裡。此時，他在等待最後一刻的到臨。這是個很長的山洞，靠近懸崖頂端，一面出口臨海，另一面出口可以俯瞰摩文仁村——還有不斷接近中的敵軍部隊。牛島剛剛讀完巴克納空投到防線後方的勸降書：

貴部作戰英勇頑強，而貴部的步兵戰術也已贏得對手的尊敬……閣下與我都一樣是陸軍將領，長期學習與運用步兵戰術……因此，我深信閣下和我一樣清楚，摧毀島上所有日軍的抵抗，只不過是時問問題了……

牛島對這份勸降書只是淡淡一笑，但長勇卻譏諷地狂笑起來——一名武士，怎麼會考慮這種提議呢？迅速惡化的局勢使得長勇更為狂亂不安。牛島若有所思地躺在行軍床上，不是讀詩就是寫詩，而長勇卻像一頭被困在牢籠內的野獸，在洞內走來走去，時常抓起軍刀，好像看到敵軍一般。

牛島一直保持著冷靜。他特別關心身旁那些擔任勤務兵的沖繩青年，他像父親那樣輕拍他們的頭，詢問他們家中的狀況。因為身處逆境，反而加深了他的幽默感。有回長勇突然大步走向通往摩文仁村的洞口，準備撒尿時，牛島大笑著說：「你最好快點。你的傢伙太大了，會成為敵軍的目標。」

六月十八日中午，他的對手巴克納外出視察一支新的海軍陸戰隊的參戰情形。他大概觀察了一個小時，當他走出觀測所時，一枚日軍砲彈直接在他頭頂上方爆炸。一塊珊瑚礁岩被炸碎，正巧一片鋸齒狀的礁岩飛了出來並刺進他的胸膛。十分鐘後，他死了。

牛島在山洞內寫下最後一道軍令，力促部下們「奮戰到底，為永恆的志業犧牲」，但不要進行自殺式衝鋒。他指示第三十二軍的倖存者換上平民的服裝，穿越敵軍防線，加入島上北方的游擊戰隊伍。天黑之後，首批部隊企圖穿越防線，但被美軍偵查到。照明彈把整個地區照得通亮，那些沒被當場炸死的人，被迫再次回到洞內。

次日中午，一聲巨響撼動了牛島所在山洞的北面入口。美軍坦克已經接近摩文仁村，朝著該村下方山坡上的洞口開砲。沖繩人比嘉仁——曾在新幾內亞服役，後來因病被迫返回那霸——正在幫牛島理髮。當比嘉正在收拾他的理髮用品時，長勇走到牛島面前說：「非常感謝你。」牛島反問原因。「當我認為你不會聽我的意見時，你卻聽進去了。你按照了我的方式發動反攻。」

牛島回答道：「我當時認為那樣子會容易點。我一向主張讓部屬自己做出決定。」

長勇粗聲粗氣地說：「我一度想過，如果你不批准我的計畫，我就要切腹。但你卻聽從了我的建議──而且還帶著微笑。你讓我感到很欣慰。因此，我想在今生你我分別之前，向你表達我的感謝。」

在沖繩南端密如蜂巢的幾百個洞穴內，無論是平民還是軍人都同樣面臨死亡。距離牛島總部西方兩英里遠的地方，一群擔任護士的學生──醫院關閉後，他們也離開了醫院──和幾十名平民一起躲在山洞內避難。山城信子只有十七歲，她拚命搶救她垂死的妹妹良子。良子也是一名護士。但山洞內既沒有食物，也沒有飲水，信子也不敢冒險跑到洞外。護士們從一個山洞被趕到另一個山洞。到十八日的晚上，士兵們又下令要她們搬移──到更南面的地方去找個「更安全的避難所」。

又恨又累的護士們只好爬上通往洞口的階梯。上面傳來喊聲：「敵軍來襲！」接著就被槍聲打斷了。藍色的火花像是雨點般落在階梯上。毒氣！刺鼻的氣味不斷湧入洞裡。裡面的人嗆得難受，又睜不開眼，在黑暗中摸索著跑向階梯。信子覺得好像有什麼東西卡住她的喉嚨。她痛苦地大喊道良子。她想，地獄應該就像這個樣子吧。手榴彈一個接一個雷鳴般地爆炸開來，接著就是一片寂靜。

一個男人鎮靜地說：「現在我們都快要死了，我們一起唱《海軍進行曲》吧。」當他們正準備唱這首他們最喜愛的愛國歌曲時，信子昏了過去。等她醒來時，覺得有種奇妙的幸福感，以前睡醒後，也不曾有過這樣神奇的幸福感。她掙扎著要站起來，但感覺身體太過沉重。這是怎麼回事？人們都在她周遭呻吟著，她一定也受傷了。她的左大腿和脖子開始流血，她發現自己被砲彈碎片擊傷了。

她試了好幾次要爬起身。妹妹在哪裡？她拚命抵抗著強烈的睡意，命令自己要保持清醒；她知道如果自己向睡意屈服，就會死去。她像嬰兒那般縮起雙腿，然後翻身跪在地上。她一面從躺臥在地面上的屍體中爬行，一面逐個辨認屍體。她從階梯的底部抬頭往上看，一名美軍的身影映在那藍得驚人的天空下。她壓制住咳嗽，沒咳出聲音，然後又爬回黑暗之中，繼續那痛苦的搜尋。當她在洞底附近找到妹妹時，妹妹已經死了。

從坦克車和在岸邊巡弋的艦艇那裡傳來勸降的喇叭聲，聲音比在塞班島和硫磺島時大得多。大批民眾和不少日軍放棄了藏身的洞穴。夜幕低垂前，已經有四千多沖繩民眾和八百多名日軍投降。日本士兵出來時，依照美軍要求全都光著上身。其中一人手中握著軍刀，來到第七步兵師的防線。他立正站著，敬了個禮，並把軍刀交給阿爾文．漢納上士（Alvin Hannah）。另一名士兵帶著兩本字典——一本英日字典，一本日英字典——查了一下之後高聲喊道：「我們被打敗了，悲慘，丟臉，墮落。」

六月二十一日晚上，當牛島在向帝國大本營發送訣別電報時，長勇也在寫訣別信，希望有人幫他送達。他寫道：「我們用盡所有的戰略、戰術和方法，英勇奮戰，但在這些擁有優勢物資的敵軍面前，卻沒能達成多大效果。」他又說，在即將離開人世時，他「並沒有遺憾、恐懼、愧疚或是虧欠」。

他們完成了最終任務，這兩名將軍已經準備好赴死。一向表情嚴肅的八原上校要求牛島允許他自殺。牛島溫和但堅定地拒絕了這份請求。「如果你死了，就沒有人知道沖繩戰役的真相了。暫時忍辱負重吧，這是你的軍長給你的軍令。」

六月二十二日太陽升起不久，牛島要比嘉幫他理最後一次髮。他的幽默感依舊。當理髮師傅正要轉動他的身體到另一邊時，牛島開玩笑說：「我是人體旋轉機。」到了正午時，美軍已經佔領了山洞的北半部。幾個小時之後，將軍打開了一罐鳳梨罐頭——洞中的最後餘糧——分給在場所有的人，不論軍民。

傍晚，牛島和長勇莊嚴地並肩跪下。長勇故意把頭深深低下，完全露出脖子。擁有「劍道」五段資格的坂口上尉舉刀砍了下去，但因為右手有傷，刀口砍得不夠深。藤田九州中士抓起那把刀，一刀砍斷頸骨。

牛島露出腹部，遺憾地說著：「沖繩人一定會恨我的。」他一聲不吭地切開了自己的腹部，他的頭也被砍了下來。然後，七名參謀拿起手槍，集體自殺。

同一天，嘉手納機場附近的美軍第十軍團總部中，樂隊奏起了《美國國歌》，第十軍團、兩個軍和各師的代表在一旁立正站好。旗手升起了「星條旗」，表明美軍已經佔領了沖繩島。

然而，對於數以千計還在躲避美軍的士兵和平民而言，這個苦難還遠未結束。十三歲的金城茂從家人所躲藏的洞穴中爬了出來，首次如此接近地看到敵人。他們赤裸著上半身，像動物一樣毛茸茸的。金城心想，這下完了。他不相信敵軍宣傳單上所宣稱的不會殘殺戰俘，他們一定會把戰俘的鼻子和耳朵割掉。他又躲回洞內，和家人緊緊地圍坐在一起。有人用手榴彈敲著岩塊，然後拉掉保險把它丟進洞中。金城只覺得天崩地裂。他聽見他的妹妹在喃喃低聲說些什麼，接著就是死前的囈語。

有個聲音說：「我沒死。」接著懇求地說：「再引爆一顆吧！」

第二顆手榴彈撼動了這小小的山洞。一塊塊人肉打在金城的身上。仍有幾個人活著，但沒人開口要求第三顆手榴彈了。有人提議切斷動脈自殺，但沒人這麼做。他們整晚就這麼無動於衷地待在洞內。早晨，有人用英語大喊了一聲：「出來！」幾乎就在同時，一個罐子滾進洞內，冒著白煙。又有兩個催淚瓦斯彈爆開了。感到窒息難受的金城爬到洞外，他雙腿大量出血。他感覺自己在一名士兵背上。到了真壁村，這名敵軍士兵（海軍陸戰隊隊員）把他放了下來，並給他開了一罐蛤蠣罐頭。雖然罐頭上面貼有日本標籤，他極其肯定罐頭被下了毒，於是拒絕吃下。士兵似乎說了些什麼，然後砍斷兩根竹子給他當拐杖；他一拐一拐地前往收容站時暗想，何時會開始屠殺呢？

在西北方一英里處，超過一週以來美軍不斷用煙霧彈肅清一個如迷宮般的多層洞穴。裡面至少有三百名士兵和八百名平民。在太田少將死後宮城嗣吉士官從小祿半島逃了出來，幸運地找到了他的妻子貝蒂——她是夏威夷人。此時濃煙把宮城——沖繩境內最著名的空手道專家——嗆得喘不過氣。他背著失去知覺的妻子，穿過淹到臀部的泥水，往山洞深處走去。

再往裡走，泥水已經變成了河流，水愈來愈深，很快就淹到宮城的肩膀。水流讓貝蒂醒了過來。當宮城無法再踩到底部時，他把燃燒中的蠟燭交給妻子，用嘴巴咬著她的衣領游泳前進。他每游幾碼就把雙腳停下休息一陣，但總是陷入爛泥中，他拚命地拍打著水好讓自己的頭露出水面。這場夢魘似乎永無止境。之後，他的雙腳終於能觸到堅實的地面，而放鬆他那疲憊不堪的肌肉了。宮城夫婦爬到高處後，感到有股涼風迎面而來——洞口一定就在附近了。他們看到前方有道亮光。原來那是燭光，有五、六個民眾圍坐在一起。

剛才的苦難讓他們產生了一個信念：與其在黑暗中死去，毋寧死在陽光普照的地面上。在出口處他們聽到了美軍的聲音。貝蒂大喊道：「哈囉！」並說她是夏威夷人，和她在一起的還有她的哥哥。

有人應聲回喊道：「我們要來救你們了！出來吧！」

他們爬出洞穴後，發現面前是一個二十英尺深的洞穴。沿著洞口架著一圈步槍。美軍扔下繩子，接著有十來名海軍陸戰隊隊員順著繩子爬了下來。宮城夫婦不但沒有被殺害，反倒是被迅速拉了上去。對於眼前所發生的事，他們根本不敢置信。美軍士兵們裂嘴笑著，把口糧、飲水、香菸塞給他們。一名中尉使勁握著宮城的手，陸戰隊員擁抱著他們，親吻他們的臉頰。之後，士兵開始把一桶桶汽油搬到洞口。宮城試圖阻止他們。他激動地比手畫腳，解釋燃燒汽油不僅會燒死在上層坑道裡的日本士兵，也會燒死在下層坑道裡的平民百姓。他自告奮勇要回到洞內去把平民都給帶出來。他穿上了全新的海軍陸戰隊軍服，重新回到洞內，穿過日軍衛兵，把八百名平民都帶了出來，並向美軍投降。

那天晚上，在沖繩島最南端靠近海岸線的一個荊棘叢中，師範學校教師仲宗根政善帶領十三名學生護士正準備集體自殺。有好幾千名平民，一方面因為想成為真正的日本人而應該死去，另一方面也因恐懼美軍而使用手榴彈自殺了。女孩們圍坐在一起高唱《訣別》，一首由他們年輕的音樂老師所譜寫出的讓人無法忘懷的曲子。仲宗根心情起伏不定，獨自離開那裡，想要釐清思緒。他心想，在無人知道此事的情況下就這麼死去，多麼沒有意義！樹葉上的露水在月光的映照下閃爍著，既美麗又神祕莫測。

黎明時，他看到穿著綠色軍裝的美軍正偷偷摸摸地朝他們走過來。這些盎格魯—撒克遜魔鬼！但他再也不怕他們了。他和這些女孩們為什麼要自殺呢？他趕緊跑回到他的學生身旁，發現她們緊緊地抱成一團。

有個手握著手榴彈的女孩問道：「仲宗根老師，現在就死行嗎？」她從一開始就主張要自殺。

仲宗根要她們再等一下——暗中希望能夠拖過去，即使不能也要等到美軍來了再說。兩名年輕最輕的女孩啜泣著喊道媽媽，於是大家允許讓她們離開了。那名拿著手榴彈的女孩再度詢問時間是否已到，仲宗根還是要她再等一下。他走到海邊，攔住了敵軍。一名美軍士兵在一張紙上寫著「食物——水」。仲宗根帶著這名美軍士兵回到了女孩們那裡，試圖要讓她們相信，那些圍過來的美軍士兵不會以任何方式傷害她們。她們還是很害怕這些「外國魔鬼」，直到看到一名士兵一手背著槍、一手抱著一名嬰兒並不斷輕聲地哄著「別哭，寶貝」時，才放了心。除了那個帶著手榴彈一心想死的女孩之外，其他女孩們一個接一個離開了圓圈。仲宗根從她手中搶走了手榴彈。她轉身飛奔到海邊，縱身跳進海中。士兵們把她拉了上來，她還在掙扎著，全身被珊瑚割得鮮血直流。仲宗根以為是他是唯一投降的沖繩男人，強忍著羞恥感，心裡暗想，至少他救了學生的命。

不過，投降的遠不止仲宗根一人。在接下來的一週內，至少有三千名士兵和工兵部隊，在宮城士官和其他日本人的勸說下，才向美軍投降。而那些身在洞穴裡拒絕出來的人，則被火焰噴射槍燒死或被炸彈炸死。在這段時間內，有九千名日軍就這樣死在洞裡。

七月二日，沖繩戰役正式宣告終結。在整整三個月內，陣亡或失蹤的美國陸軍、海軍陸戰隊和海軍人數共計一萬兩千五百二十人，是太平洋戰役中傷亡人數最高的一場戰役。

日軍一共喪失了十一萬人。此外，平民的傷亡也是空前的。在雙方交戰之下，約有七萬五千名無辜民眾死亡，無謂地犧牲了。日本輸掉了在本土之外所能進行的最大、也是最後的一場戰役。

第三十章 散兵游勇

一

即使本土深受威脅，數百萬日軍仍然盤據在這個瀕臨崩解的日本帝國的大片土地上。拉包爾這個早已被拋在後方的碉堡依然完整無損，在中國的大批日本士兵還控制著許多區域。不過，日本卻失去了在緬甸、菲律賓和太平洋中作為跳板的各個島嶼上的將士，很少人能夠回到故土。那些沒有切腹或在自殺性衝鋒下沒有死去的人，被遺棄在島上，饑病交加，只能靠著求生的意志力，一天天掙扎著。

曾當過老師的神子清下士就是其中一個。自從搭著「螃蟹船」逃離雷伊泰島後，他已歷經十多次的被俘和死裡逃生。到了四月，他抵達了宿霧島西端的大島內格羅斯島，但他還沒有來得及再次踏上自由之路前，就被日軍某個部隊收編，被迫參加防衛行動，抵抗新近登陸的美軍。不過，神子並沒有放棄在婆羅洲重獲新生的夢想，他說服了另外六人和他一起逃跑。他把自己擢升為士官長，並在四月三十日領頭穿過濃密叢林，往西南方海岸前進。他們翻過一個個崇山峻嶺，一個月來只吃過蝸牛和螃蟹。被毒蟲咬腫的地方，也只能用尿液塗抹消腫。入睡後，水蛭會爬到眼皮上吸血。牠們死死地叮在眼皮上，直到吸飽了血，身子滾圓像彈珠一樣大時才掉下來。他們會吃掉這些水蛭，在叢林內什麼都不能浪費。

覓食的想法纏繞在他們心頭。他們想起了一件事：有個廚師把處決的菲律賓人的肉做成湯給大家喝。其中有個人說：「一想到吃人肉就覺得噁心。不過，只要你不知道那是人肉，味道嚐起來還不壞。」

有個名叫矢吹的新兵說：「當一個人真的餓壞時，他是什麼都吃的。」有人問：「矢吹吃過人肉嗎？」「沒有，我沒吃過。我曾在北海道的一間火葬場工作過。人在那裡工作，很快就會對處理人體這件事失去感覺。如果你感覺噁心，你就無法在那裡工作。一天，有個人跑來找我，偷偷向我要燒過的人腦。」「他要了做什麼呢？」「聽說可治百病。」

這段談話讓神子相當反感。他擔憂矢吹或許會有吃掉間山的念頭。間山是名患有肺結核的新兵，骨瘦如柴。有天晚上，神子聽到矢吹輕聲地說：「反正他快死了。」驚醒之後，神子發現矢吹和間山兩人用樹葉鋪成的床位都空了。神子在溪邊找到他們。間山洗完澡在擦身體，矢吹彎著身軀躲在岩石後面，手中握著一把刀，像是獵人盯著獵物一樣地看著間山。神子大喊一聲發出警告，喊叫聲把其他人都引來了。矢吹的眼神露出怪異的光，把刀一丟並大喊：「請原諒我！」神子狠狠地揍了他一頓，直到雙手紅腫才罷手。矢吹乖乖地挨揍，最後滿臉是血地倒了下去。

在之後的路途上，矢吹還在為他的行為開脫。他辯解說，間山患有結核病，是個快死的人了，又無法自殺。「如果我殺了他，也不算是謀殺，只是讓他早一點死而已。」他還說：「讓他的身軀白白地腐爛掉，太可惜了！用自己的身體拯救他飢餓的袍澤，間山在天之靈也會高興的。」

當晚，神子做了個夢，夢見他在溫暖的春天參加了一場葬禮，雲雀在天空飛翔著。有個穿著日本禮服「紋付」的年輕人——那是臼井，一名臉色蒼白、有著詩人般氣質的新兵——問道：「你要將他土葬還是火化呢？」

一名穿著工作服的人——那是矢吹——說：「如果是火化，那就交給我吧。」

村長——這群人當中的中尾——警告：「如果火葬的話，敵軍會發現我們的。」身旁跟著幾名年輕女子的中年婦女說：「就把他交給我們去做飯吧。」她們做了一鍋湯，喝起來像是「薩摩汁」。那婦人說：「真是好喝。」

有個女孩說：「當然好喝！這是間山的肉嘛。」

另一個女孩問道：「是嗎？是間山的肉嗎？」並開心地笑了起來說：「真是新鮮！」

這個夢是如此歡愉、自然，以致神子次日早上醒來後還覺得，自從踏上內格羅斯島以來，他還沒這麼快樂過。他不知道原因為何，直到他模糊地想起他做過的這個歡樂的夢。即使是他後來領悟到他夢見吃了間山，那種幸福感還是持續存在。他不覺得噁心，也沒有一絲罪惡感，在爾後的行軍途中，他發現自己不由自主地喃喃說著：「我想吃間山。我想吃間山。」

他們爬過了另一座山，在山腳下渡過了一條深水河。虛弱的間山被河水沖走，用盡了最後的力氣才抓住一塊岩石，被其他人救上岸。他們遇到一名發瘋的日本士兵，埋伏在十具袍澤的屍身間探頭探腦。在遠處，有幾個空的美軍散兵坑，裡面滿是遺棄的裝備。他們穿上美軍軍服和鞋子，找到一箱軍用口糧，這是「上天的禮物」。他們也找到四個牌子的香煙——駱駝牌、幸運星、切斯特菲爾德及菲利浦．莫里斯——神子想著，這是他們已經「重回人間」的證據。

他們走了一英里後來到一個村莊，遭遇游擊隊的伏擊——自年初以來，薩爾瓦多．阿布塞德中校（Salvador Abcede）率領的一萬四千名菲律賓人已控制該島三分之二的土地。他們被趕到河邊，背水而戰。在退無可退的情況下，他們跳入湍急的河流中。間山疲弱地在急流中掙扎，最後消失無蹤。神子等人在下游處上了對岸，爬上一個陡坡。身後大約有三百名游擊隊員在追擊他們。快到山頂時，他們再度無路可走。菲律賓人騎著水牛從另一面圍了上來，邊大喊邊開槍射擊。三人應聲而倒，其中兩人拜託神子射死他們兩人——只有他有步槍，他們不想死在敵軍之手。

神子趴在一顆倒下的樹後說：「我會為你們報仇，然後再跟你們一起死！」他有三枚手榴彈，打算扔出兩顆，留下一顆給自己。其中一名傷兵中島再次請求神子射死他。神子大喊道，他可以幫忙，但因為中島躲在很高的草叢內，如果中島不現身，他就不知道中島人在哪。中島想盡辦法坐了起來，神子看到他用指頭指著自己的額頭。神子瞄準後，閉上眼睛，開了槍。

水牛部隊殺聲震天衝向山頂。神子想，我馬上就要死了。二十四歲……還沒有玩過女人……神子清就要消失了……媽媽，請原諒我。

「你沒打中！」神子幾乎不敢相信自己的耳朵——那是中島的聲音。中島說：「再發一槍！」神子還沒來得及扣下扳機，跳下牛背的游擊隊員已經湧向中島。

他們在神子上方的樹叢中搜捕神子。他們對著下方的戰友大喊，又發現一個。他們的隊長——一名身材高大，頭戴巴拿馬草帽的男子——左手握著上了刺刀的步槍衝了過來。

神子看見了他母親的臉龐。他猛然站了起來，用槍瞄準這個向他衝來的大個子。那人一驚，連忙把槍換到右手。神子遲疑了片刻——這個人離他這麼近，突然之間又變得不知如何是好——然後，他開槍了。這名隊長的襯衫立刻現出一個鮮紅的血痕。他身體搖晃了一下，倒了下去。

周遭立刻一片靜默。神子環看了四周，沒看到任何菲律賓人。（根據中尾的說法，那名高大的菲律賓人身後的三個人同時倒了下去，顯然神子一槍就打死了四個人。其他游擊隊員被這「不可思議的景象」嚇跑了。）神子從來沒想過在這場遭遇戰中還能死裡逃生，他匆忙撿起那三枚手榴彈以及放在草地上的子彈，跳過灌木叢。又響起一陣槍聲，子彈從身旁颼颼掠過。神子背著槍，安全地爬上了山頂。山頂上有條溝壑。他毫不遲疑地跳進溝壑的空隙中，身體像顆球一樣彈跳，但還是緊抓著槍不放。當他感到一陣昏眩，躲在倒下的樹後面時，有幾張好奇的面孔伸出溝壑的邊緣張望著。一名菲律賓人攀著粗藤想爬下來，但爬到一半就放棄了。

神子筋疲力竭而睡著了。當他醒來時，發現皎潔的月光照在他身上。他爬上溝壑，山坡上一片空蕩蕩的。他看到了一片洋蔥田，吃了十來顆洋蔥，之後又昏睡過去。

神子沿著一條像是通往海邊的公路走著，因為疲憊不堪加上瘧疾侵擾，他氣力耗盡倒了下去。卡車震耳欲聾的響聲將他吵醒——美軍車輛正往相反的方向開去。他現在知道，他正朝著海邊和婆羅州的方向前進，但他已經忘記到底走了幾天。身體疲弱不堪，甚至無法再向前跨出一步。他準備用最後一枚手榴彈突襲美軍卡車，以奪取口糧；他還演練了用大腳趾扣步槍扳機自殺。不過，沒有卡車經過，他睡著了。

他聽見遠方傳來說話的聲音，那人說：「是個日本兵，已經死了。」他想拿起步槍，卻動彈不得。他的頭一陣抽痛，感到愈來愈昏沉。他知道自己就快死了。他低聲喃喃地說著：「媽媽，再見了。」

過了一會（其實是好幾天之後），他看見閃爍的星星，並聽到嘰嘰喳喳的說話聲。有個穿著軍服的人正說著日語，但因為腦袋嗡嗡作響，所以神子聽不清楚他在說什麼。他逐漸意識到，那不是星光，而是從帳篷上面的洞照射進來的陽光。這是美軍的帳篷，所以那人也是美軍士兵。神子知道自己被俘了，去婆羅州的幻夢終究只是個幻夢。[1]

二

以每平方英里來看，硫磺島上的散兵游勇比太平洋中任何一個島都來得多。當三月中旬美軍正式宣布佔領硫磺島時，海軍陸戰隊估計還活在洞穴內的日軍不會超過三百人，實際上卻有接近三千人。那些入夜後終於敢爬出洞外尋找食物或更安全的洞穴的日軍發現，他們已經認不出眼前的景色。七千名海軍工兵已經鋪設了二十英里的道路，建立起無數房舍，修建了防波堤和碼頭，整平了元山附近的中央高地，修起一條一萬英尺的跑道——這是太平洋諸島中最長的跑道。這些日軍晚上彼此在路上交身而過時，誰都不發一語，但是，當明月高照（日本人情緒起伏的時刻）時，他們會不由地想起故鄉、家人和食物，最終也會想到他們該怎麼死：要切腹還是自殺式攻擊。

要逃出硫磺島是絕對不可能的，但還是有人大膽一試。年輕的海軍少尉大野就是其中一人，敵軍用炸彈攻擊碉堡時，他躲過一劫；他還夢想著要成為貿易商或是外交官。到了四月二日，他用電話聽筒內的磁鐵把一根挖耳垢的針給磁化，做成一個羅盤，並和其他四個人一起收集造竹筏的材料——十八英尺長的木板、空水桶、半塊美軍帳篷用來當帆，另外半塊撕成一條一條當成繩索——然後費力地把材料埋在沙灘中，好讓他們能夠在第一個無月色的夜晚迅速組裝。他們希望能夠以六節的時速向北航行，在十二個小時後趕上能把他們推回日本的「黑潮」。

在第一個沒有月色的夜晚，他們帶著食物和水來到了海邊，開始組裝船筏。他們估計需要兩個小時組裝，但到了半夜時，他們才把主帆豎好裝上帆布。北海道漁夫出身、負責掌舵的北潟表示太遲了，而且，浪也不夠高。直到大野抽出軍刀，威脅說不走就要殺了他，他才肯出發。

五人拚命踩水，才把這笨重的船筏推過一陣一陣打來的六英尺高的海浪中。離岸三十碼之後，有道大浪打上船筏。大野發現其他人都被打下水，他還是拚命地控制著船筏。又來個大浪打下來，他被打下水昏了過去，之後被沖到岸上。當他醒來時，北潟用責備的眼神盯著他。其中一人躺在破碎的船筏上，腦骨碎裂。生還者把他埋在沙灘上，然後淒涼地轉身回到洞穴。所有逃跑的希望都沒了。

——

在摺鉢山基地的那個洞穴內，還在戰鬥的最後二十名日軍士兵頂住了所有的攻擊。不論是火焰發射器還是燃燒汽油都沒法把他們趕到洞外。不過，當美軍通過軟管把海水灌進洞內時，他們只能被迫出洞。一等兵平川清實排在倒數第二人。他的上半身剛出洞口，出口就塌陷了。由於最後一個人緊抓著他的腳不放，他無法脫困。直到那些已經出來的人拚命把他拉出來，才得以脫險，但他卻無法把最後那個人挖出來，此時其他人都已跑向海灘不見蹤影。平川只好耐心等待。拂曉時，他們回來了，但只回來了五名袍澤。原來他們遇到了美軍的伏擊。四個人再次躲進地底下，但平川和另一人決定留在地面，然後用手榴彈終結他們有如惡夢般的苟活。

美麗的日出，湛藍的大海，草上的露珠閃耀不已。他們撿起了某個美國大兵扔掉的菸屁股——陸軍剛剛接手海軍陸戰隊駐防。他們用美國火柴點燃這根菸頭，蹲在一塊岩石後方輪流抽著。離他們不到二十碼之外，美軍走出帳篷要刷牙洗臉，看到岩石後方繚繞而起的煙霧，便示意要他們出來，但他們卻一動也不動。他們想把美軍引過來，哪怕只引來一個，然後用那枚手榴彈與他同歸於盡。

幾名美軍謹慎地走了過來，朝岩石旁丟了兩根已經點著的香菸。平川撿了一根菸——這是他一個月以來首度見到整根香菸。接著又有兩包香菸丟在他們腳邊。這兩名日本兵心想著立刻就會被殺死，於是瘋狂地一根接著一根抽了起來。兩顆蘋果滾到了岩石底部。已被菸熏到有點昏眩的平川，狼吞虎嚥地拿著蘋果咬了下去，但卻已嚐不出是什麼滋味。

一名美軍大兵拿著兩瓶啤酒慢慢地靠近他們。平川想，反正這是死前最後的款待，便伸手摸了摸手榴彈。那名美軍站在十五英尺遠處，放下瓶子，用手示意讓他們喝。他離得太遠了，無法用手榴彈炸死他。這兩名日軍爬了過去，那名美國大兵便往後退。平川把瓶子放到嘴邊。是水！和在洞內時喝的、支撐著他們活到現在的硫磺水相比，這就是瓊漿玉液！

正當這兩人左右為難地在品嘗瓊漿玉液時，有個穿著美軍制服的日本小伙子上氣不接下氣地跑過來。他告訴他們，日本已把硫磺島所有的駐防軍都列入陣亡名單。小伙子勸說：「我們何必要死兩次？這毫無意義。」

平川突然覺得自己想要活下去。我已經「死了」，他找到了活下去的理由，現在有了重獲新生的機會，幾乎就像投胎轉世一樣。

兩人投降了。他們洗了澡，換上乾淨的衣服。當他們看到一名美國軍醫在為一名日本傷兵治腿，不顧血和濃噴濺到自己的軍服上時，他們簡直不敢相信。平川想，日本軍醫絕對做不到這點。經過這一切經歷後，他怎麼還會怕美國人呢？他想，這幾個月在洞內過著糟糕的日子，實在是浪費生命。我們這麼多人為何要無謂地死去？

——

不幸仍然糾纏著大野少尉。有天晚上，他的兩名部下——山陰和松戶——出去尋找食物和彈藥，但一去不復返，洞裡只剩下他和北潟兩人。他們在洞內忍受這種幽禁不知過了多少時辰，偶而還能聽到巡邏的美軍隨意扔擲手榴彈的爆炸聲。這兩名逃犯離海軍工兵隊伍如此之近，以致連喇叭播放的爵士樂都能聽到；一次北潟放了個屁，美軍當時就在他們上方聊天，他們就深怕美軍會聽到屁聲，然後發現他們。

他們還懷著一個不切實際的希望：五月二十七日海軍節那天，日軍會從海上發動大規模反攻。那天早上，他們把偷來的食物——一罐火腿和雞蛋，還有水果酒——全部吃完，以示慶祝。他們滿懷信心地等待聯合艦隊的到來。但隨著天色漸黑，他們的希望也隨之消退。兩天後，兩人各帶上三顆手榴彈，毅然決然地離開了洞穴，決心要讓敵軍為他們的犧牲付出最大的代價。黑漆漆的島上看起來毫無人跡，他們攔截到兩名在遊晃的美國大兵。在大野還沒能拔出第一枚手榴彈之前，他們就逃跑了。這兩名「美軍大兵」原來就是他的部下——山陰和松戶。

他們失望地回到原先的洞穴內睡覺。大野被一陣嘶嘶聲驚醒過來。那是手榴彈！他抓住毯子往身上蓋，才蓋到一半時就爆炸了。他一開始以為自己沒被炸傷，接著發現他的衣服正在冒煙。那是一顆磷光彈，炸開之後，燃燒的火星像是雨點般落在他身上。他瘋狂地要拍掉它們，火星碎屑卻卡在他的指甲縫裡，他忍著疼痛把著火的手往地上蹭。有包炸藥從洞口滾了進來，巨大的震波把他們拋到地上。穿過逐漸消散的煙霧，他看到洞口被炸出一個大開口。大野一手拿著軍刀，一手拿著手榴彈，想要往前衝。北潟連忙抓住他，小聲說：「這沒用的！」

在馬達的低沉聲和機具的鏗鏘聲之後，一大堆土石傾瀉，接著一片漆黑。推土機把他們封死在裡面了。他們往回爬到一個緊急出口，到黃昏時，再度回到地面，還帶著六枚手榴彈。附近如演魔術般地湧現出一排排帳篷。北潟認為，要「真想」發動攻擊，六枚手榴彈是不夠的，最好是找到當初作戰時所埋下的地雷。但是，在過了五個小時後，他們還是雙手空空。北潟拒絕發動攻擊，但大野卻堅決要在當晚解決這一切。他說：「你想自殺，一顆手榴彈就夠了，其他兩個給我吧。」

北潟甚至連這樣的要求都拒絕了。大野在晨霧中蜷縮著，身體抹上了不少偷來的牙膏和香皂，這樣聞起來才像是名美軍。當他把三枚手榴彈像是項鍊般串在脖子上時，他說：「我們靖國神社見吧。」語畢，他便往圍著帳篷的鐵絲網爬去。接近門口時，他伸手摸刀，但它已經從刀鞘裡滑出去不見了；他咒罵著自己，沒有像電影中的突擊隊員那樣用牙齒咬著刀。

在昏暗的晨光下，他確信能夠用身上的「美國人氣味」騙過哨兵，但根本就沒有哨兵。他撿起一塊石頭，敲開手榴彈，走向一個用簾幕圍住的最大的帳篷。他往裡面一瞄——原來是間餐廳。他爬往另一個帳篷，謹慎地捲起帳篷邊往裡看。在幾英尺遠的吊床上，有個人打著赤膊在睡覺，還伸手在毛茸茸的胸口上搔癢。大野敲了手榴彈，等待引火線起火。然而，由於手榴彈擺在潮濕的洞內已經多月，引線無法起火。他又試了第二枚，引線嘶嘶地響了一下，很快就熄火了。

他把兩顆啞彈和第三顆手榴彈捆在一起，試圖引爆第三顆手榴彈，但還是和前兩顆手榴彈一樣，什麼動靜也沒有。他眼中充滿苦惱的淚水。帳篷內沒有武器，甚至連挖戰壕的工具都沒有。這些是什麼樣的士兵啊？現在天色愈來愈亮了，他連忙溜進另一個帳篷。四張吊床上只睡著兩個人——但還是沒有槍。有人吹著口哨走過來了。那人身材高壯，直朝著大野藏身的那個吊床而來，並開始鋪床。大野認定一定會被發現，於是突然站起身來——他蓬頭亂髮，看起來就像是一個骨瘦如柴的女妖怪。這名高壯的美軍吃驚地尖叫著衝出帳篷。在吊床上睡著的兩個人撲向大野，在那名吹哨的人帶著五、六名武裝士兵回來之前，緊緊按住大野不放。大野動彈不得，等著被槍斃，結結巴巴地用英語問著那名吹口哨人的名字——在天堂裡講這個故事挺有趣的。那個大個子臉上還是倉皇未定的表情，咕噥著說：「比爾。」另一名大兵放聲大笑。其中一個還說了聲「請」，便若無其事地提議要大野投降。大野不知怎地覺得他好像交到了新朋友，他轉身對比爾說：「賈利·古柏[2]好嗎？」[3]

——

在離大野享用熱咖啡和蛋糕的地方不遠處，兩天以來一直想捨身炸毀美軍坦克的大曲覺中尉又失敗了——這回他把手槍塞進口中，扣下扳機，結果是一聲空響。他早就下令部下投降，但只有少數人這麼做。投降就意味著他的家庭永遠受辱，而他本人也會成為「無籍者」（被放逐的人），連名字也會從村鎮的戶口簿上註銷。從法律上來說，他已不復存在，想要找個工作餬口，唯一的辦法就是化名遠走他鄉。

即使大曲覺允許自己考慮投降，他內心也很清楚，身為一名軍官，這樣的行為在戰後勢必得接受死刑的懲罰。由於美軍把他們從一個個洞穴中趕來趕去，他決定帶著部下回到海軍航空兵的洞穴內。洞口的衛哨不但要防堵美軍，也要阻擋日本人：一位上尉中隊長及其屬下，拒絕任何人進入洞內分享充足的食物和飲水。

儘管如此，大曲覺和部下在夜間還是趁著哨兵不注意時衝了進去。至少有一百五十名水兵在這洞穴內。他們圍住了這些闖入者，好奇地詢問地面上的情況——過去兩個月，幾乎沒有人見過陽光。中隊長對他們施行恐怖統治，時常計劃性地派士兵出去執行襲擊任務，而不准他們返回，以免「被敵軍發現此洞穴」。這些水兵要求大曲覺把中隊長解決掉，或許大曲能鼓動中隊長執行他曾考慮過的計畫——偷走美軍戰機，逃離這座島嶼。

中隊長急切地和這批新來的人討論著自己的計畫，大曲的鼓勵聽起來又是這麼真誠，因此中隊長帶著四名追隨者離開了洞穴去尋找飛機。他們幾人離去後，其他人就喝著清酒與威士忌，開始歡唱起來，但卻被後方洞口傳來的一陣喧囂聲打斷。原來中隊長一行人很快就發現，他們不可能接近機場跑道，因而回來了。但他們被一群憤怒的士兵阻擋在外。其中有個人大吼道：「規矩是你們自己定下的，一旦離開了，就不能回來了。」

大曲成為了新領導人。一如他曾對自己的部下說過的那樣，他對水兵們說，大家可以自行決定去留。軍紀頓時蕩然無存，洞內的氛圍變得相當放鬆。在悶熱的洞穴中，士兵們脫到全身精光，但軍官還是圍著腰布以維持一絲尊嚴。

幾天之內，美軍就發現了這個地洞。手榴彈和煙霧彈把洞內的人驅趕到最深處。當攻擊愈來愈密集時，一大群人決定搭船筏逃離該島。這些人剛一出洞，就馬上被美軍逮捕，但有幾個人被釋放回去說服其他同僚投降。他們的勸說無效，美軍再度開始攻擊。美軍用擴音器點名大曲：「我們想跟你談談。你可以出來嗎？」說話的是原本與他同行的一名軍官，但大曲置之不理。一個美國人接過麥克風，宣布隔天要往洞內灌水。

水兵們不相信島上有足夠的水能夠這麼做。有人吹噓道：「讓他們灌吧，我們會喝光它！」當海水被抽進洞內時，他們爭先恐後地爬到較高的橫向隧道內。忽然一聲爆響，美軍在水面上澆滿了汽油並點燃，大火跟著水流一起沖來。只有那些退到最高處的人才躲過一劫。

翌日，有道昏黃的光線往這滿是煙霧的洞內探照著。大曲急忙摸向他的輕機槍，然後才發現是一名日本士官拿著手電筒在探照著。他穿著美軍軍服，另外兩名日軍士兵也穿著美國陸軍軍裝，走了過來，手上都拿著香菸。他們說敵軍對他們還挺不錯的，並表示還有很多日軍戰俘，甚至包括一名少校。說完，他們走了出去，讓他們的同胞自己做出決定。沒人開口說話，直到一名水兵開口說出：「我想出去。」

大曲說：「如果你們想活，那就去投降。」士兵們一個接一個恭敬地向他行禮鞠躬，列隊走出了山洞。最後，洞裡只剩下他和另一名老友，也就是受了重傷的菊田少尉。

大曲問他：「我們該怎麼辦？」

菊田神智迷亂，像個瘋子般地胡言亂語。當大曲建議兩人一起自殺時，菊田突然神智清醒地回說：「我不想死。」

大曲也有同樣的想法。但他不能就這麼全身赤裸地投降，他找到一捆棉布遮擋，向菊田道別，拿著手槍緩緩地走出山洞。五、六名滿面笑容的美軍官兵走向他，一個長著娃娃臉的中尉伸出了手。

大曲用日語說：「等等，我是名軍官，在跟你握手之前我必須包好身軀。」他有禮地轉過身，從那捆棉布上撕下六英尺長的布料，熟練地裹在腰部。然後，他也伸出一隻手。

在洗完澡之前，大曲都還相當冷靜自持，洗完之後，他卻崩潰了，大哭起來。這是自戰爭以來他第一次哭泣。他不肯開口說話，也不進食。晚餐過後，其他戰俘唱著猥瑣下流的歌曲，放蕩地慶祝重生。他大聲譴責這樣的行為，同時他也落寞沮喪到不想再活下去。他發誓說，隔天回到洞內把菊田帶出來後，他就會自殺。

然而，他犯了個錯誤，把這個計畫告訴一名軍官袍澤，那名軍官又通知了美軍。大曲被拘禁起來。和那名「神風」飛行員青木保憲一樣，他想咬舌自盡，但他也失敗了。接著他又試著用雙手勒死自己，但每次嘗試的力道卻愈來愈弱。幾週後，他終於接受了投降的恥辱。

不過，硫磺島上還有好幾百名散兵游勇仍不願意投降，也不願意切腹。他們持續躲在這座小島底下，像是遙遠星球上的亡靈一般。這其中就有大野的兩名部下——山陰和松戶。六年之後，他們兩人才投降——硫磺島駐防軍最後的投降者。4

第八部
「一億玉碎」

PART EIGHT
"ONE HUNDRED MILLION DIE TOGETHER"

第三十一章
追求和平

一

美軍在沖繩登陸時，正好也是「第三帝國」的最後掙扎期。當福克・伯納多特伯爵（Folke Bernadotte）多次冒著生命危險進出德國，想要透過蓋世太保的頭子海因里希・希姆萊以安排歐洲和平時，有些瑞典人則努力透過各種管道——其中有些人是騙子——設法終結太平洋戰爭。

小磯內閣的外相重光葵接觸了瑞典駐日本公使維達・巴哲（Widar Bagge），建議由瑞典替日本向美國說情。這個建議因為重光的繼任者東鄉茂德的反對而不了了之。東鄉相信他能找到一個比瑞典更有影響力的中間國。

另一個伯納多特，即瑞典國王的姪孫卡爾親王以及和日本有生意往來的船舶掮客艾利克・艾瑞克森（Eric Erickson）也在暗中努力。這兩人主張日本駐斯德哥爾摩武官小野寺信少將，透過瑞典來謀和。卡爾親王請求國王寫封「友善的密信給日本天皇，建議盡早進行和談」。

卡爾親王也把這項計畫透露給了瑞典外長克理斯蒂安・京特（Christian Günther）。京特因為這事繞過了巴哲這個正常管道而感到非常不悅；因此他向日本駐斯德哥爾摩公使提出抗議。不久之後，小野將軍收到東京發來的一份命令式的電報：

日本的政策是奮戰到底，但我們獲悉有人正在北歐地區進行謀和行動。務必調查此事件，並回報結果。

在瑞士也有兩股力量在為和談奔走，而且更強更有力。雙方都和艾倫・杜勒斯[1]有所關聯。杜勒斯是戰略情報局負責德國、東南歐、法國以及部分義大利地區的代表，總部設在瑞士伯恩。第一股力量是德國人費里茲・哈克博士（Fritz Hack），他可以說是間諜小說中塑造出來的神祕角色。他是日本的友人，認為日本發動這場戰爭是件「蠢事」。他得到了日本駐伯恩的海軍武官藤村義朗中校的協助。藤村已經認知到，日本毫無獲勝的機會，而實現和平正是他的職責，不管個人付出多少代價都要完成。還有兩名日本人加入他們的行動——大阪航運的歐洲代表津山重美和《朝日新聞》的駐歐特派員笠信太郎。

這四位同謀者和杜勒斯的代表進行了一連串的祕密會晤，並讓戰情局的代表們相信他們的政治可靠性。此外，他們無須經由外交管道，運用「海軍九四式」密碼機就能直接和海軍總部連繫。杜勒斯的辦公室在五月三日這天通知了哈克博士，美國國務院同意直接和藤村等人開始進行和談。

這幾個自命為和平使者的人，煞費苦心地擬好一封致海相米內光政和新就任的海軍軍令部長豐田副武的電報，通知他們杜勒斯已經願意擔當調停人，並稱他是「一位美國政界要角，長期以來和李普曼（Lippmann）與斯特蒂紐斯有來往，尤其是他深獲羅斯福總統的信任，並和總統有直接連繫。」雖然他們把他和他哥哥約翰．杜勒斯[2]給搞混了，但卻精準地說出杜勒斯長期以來「以瑞士為基地，一直領導著美國在幾乎整個歐洲的政治作戰，特別值得注意的是，主要是透過他的努力，和義大利北部的單獨媾和才得以在五月初成功。」他們要求「立即回覆」。

五月八日的午夜前後，也就是德國投降當日，藤田和津山兩人謹慎地走進了黑漆漆的公使館大樓，靠著手電筒，爬上三樓的密碼室。津山首先把機器的日期和時間設定好，然後開始以羅馬字母拼寫的日文發報。機器自動把這封電報加密並發送出去。

在隨後的八天中，他們又祕密地發送了六封電報，報告德國投降和美英兩軍調動部隊到遠東的情況，並告誡要及早謀和，以免悔之莫及。海軍總部在沉默了十三天之後，因為美國正對他們「施壓」要求答覆，這些密謀者又發給米內和豐田一份急電，要求盡早回覆前電。一封由海軍軍務局局長署名的電報，在兩天後回傳過來：

……已經完全理解要與杜勒斯先生談判的要旨，但有幾個明確要點顯示出此為敵軍陰謀，因此我方建議你等謹慎行事。

藤村等人不相信這是陰謀，認為這份回覆是種託辭。他們要求拿出證明「敵軍陰謀詭計」的具體證據，並堅持杜勒斯的單位是個可靠、能和總統進行直接連繫的單位。

件的辦法嗎？

杜勒斯先生等人正期待日本做出誠摯答覆。縱使我方做出重大讓步，承認那是敵軍陰謀，但避免像德國一樣損失所有一切的慘況，豈非更為有利？對於日本目前的情勢而言，還有比這提出更好的條件的辦法嗎？

海軍總部並未回覆，也未確認是否收到請求進行後續行動的電報。海軍並沒有忽略這些瑞士傳來的大量電報。事實上，這些電報還造成了海軍高層之間的分歧。有三人強烈贊成接受杜勒斯的提案——作戰部部長、軍備局局長以及高木惣吉少將（之前曾企圖暗殺東條）。他們自願飛到瑞士去開啟會談，但軍令部長豐田以及其他參謀卻強烈反對，認為杜勒斯的提案「要麼是刺探日本作戰精神的風向球，要麼就是要降低士氣的陰謀。」

東京的沉默驅使藤田採取斷然措施。他志願飛回日本，親自解釋杜勒斯提案在兩個交戰國之間建立起可靠的高層接觸的重要性。但杜勒斯擔憂這趟行程會危及談判，因此建議日本方面派出一位全權代表前來瑞士。美方將保證飛行的安全性。藤村把這份大有可為的建議，以近乎汙辱的字眼，直接傳給了米內。

在這樣的敦促下，米內終於採取行動。他將這份提案交給了外相。東鄉——他對杜勒斯所知甚微——感到有點慌張不安，要求米內對這份提議進行更全面性的研究。於是，米內發送一封電報給伯恩，似乎是同意了這份提議：

完全理解你的用意。關於此事件的電報皆已轉交至外相，請你與外相和其他有關人員緊密合作，妥善處理。

儘管措辭含糊，並且還表明談判事宜現在應由外務省來處理，但這可是這些密謀者們頭一回從東京方面收到鼓勵。但隨著日子一天天過去，他們再也沒有收到東鄉或是米內對於下一步如何進行的指示，熱情也就慢慢消退下來。拖延也對美國人產生類似影響。態勢似乎愈來愈明顯，要麼是他們在瑞士與之打交道的那群人沒有什麼影響力，要麼就是東京對於透過杜勒斯進行談判沒有興趣。不過，東鄉的沉默卻是另有原因。海軍的保留態度實在過於強烈，豐田上將對於藤村（「只不過是一名海軍中校」）是美軍兩面手法操弄下的受害者一事，可是深信不疑。況且，日本的領導人們已經考慮以一個完全不同的途徑開啟談判。

——

當日本在尋求和平方面游移不決時，其境內城市卻是逐個化為灰燼。李梅用以摧毀日本本土工業中心的戰役已經達到如洪水般的境界。名古屋已經成為廢墟，東京在四輪毀滅性的空襲中，已經被燒毀了三十四點二平方英里的面積；自此之後，朋友之間碰面時的問候語都是：「還沒被燒到吧？」——其他的事似乎都已經無關緊要。五百六十二架的「超級空中堡壘」在五月二十三日下午再度來襲，將包括了住宅區和工業區在內的東京港兩側地帶炸成廢墟。飛行員曾得到指示，要避開「皇居」，「因為日本天皇目前還不算累贅，之後可能會有用。」當晚又摧毀了五平方英里。三十六個小時之後，五百零二架同型轟炸機又飛來轟炸東京的心臟地帶，投下了三千兩百六十二噸燒夷彈。

烈焰風暴再度把帝都燒成焦土。拂曉時，金融、商業和政府單位所在的區域，都成了一片廢墟，包括東京陸軍監獄的拘留所在內。在這些數以萬計被燒死的受難者中，有六十二人是盟軍的飛行員。無法控制的大火竟然也燒到了皇居。大火殘燼飛越了護城河，把灌木叢燒了起來，漫延至幾棟建築物，包含宮殿本身。宮中有二十八人喪生，而天皇和皇后都安然無恙地躲在避難所內。為了躲避轟炸，他們現在已經搬到「御文庫」（帝國圖書館），那是位於御花園內的一長列平房建築物，離宮殿有半英里遠，「御文庫」前有一排壯觀的柱子。有條長隧道連結著「御文庫」與其附屬地下結構。在皇宮圍牆之外，皇太后、皇太子和其他皇族的居所都被徹底摧毀，外務省、首相官邸以及海軍部和大東亞省的大樓也全部被毀。

這座佔地極廣的城市的半數地區已經柔腸寸斷，像名古屋一樣成為廢墟一片。東京廣播電台還時常播放著樂觀的小調歌曲，此刻聽來是如此的不合時宜：

我們為何要害怕這些空襲呢？
有著銅牆鐵壁在保護著日本。
這是老少都該站起身的時刻；
我們滿載著捍衛家園的榮譽。
敵機，來吧！再來更多次吧！

在空襲期間，因為高射砲早已停止射擊，「蜜蜂們」完全不受干擾地在東京的天空上嗡嗡地飛來飛去；「雷鳴般的爆炸聲」震耳欲聾。這一回，燒夷彈「發出嘶嘶響聲，成串成串地」掉下來，燒著了三島的房子。因為房中裝滿了書，所以燒得很慢。三島澄惠女士在戳灰燼時，發現「一層層不同顏色的灰燼。那些用柔軟紙漿和木雕板印刷的中國宋明兩朝的書，已經成了閃閃發亮的雪白灰燼……現代版的書則被燒成粗灰，呈現出深淺不一的暗灰色。」她把這些白色灰燼放到一個破瓦罐中，她的家人都說這是「最乾淨的潔牙粉」。

四天後，李梅把矛頭轉向了日本第五大城橫濱市；當五百一十七架前來空襲的飛機離去後，該市百分之八十五的區域都陷入火海之中。隨著東京—橫濱區域盡成廢墟，轟炸機的目標又集中至大阪和神戶，這兩個城市在兩週之內就被消滅。在這些主要城市中，超過了一百平方英里的面積被夷為平地；李梅完成了「都市區域計畫」的第一階段。兩百萬棟建築物——幾乎佔所有建築物的三分之一——被剷平，至少一千三百萬人無家可歸。

二

早在東京第二次災難性的大火之前，鈴木首相就指示內閣官房長官迫水對日本的資源進行調查，檢視國家是否有可能繼續作戰。於是，便成立了一個特別調查局，成員從內閣計畫局、外務省、大藏省、軍需省以及海陸兩軍部的文武官員調集而來。

調查結果顯示，局勢比任何人所能了解的都要險峻。日本人生活的各個層面，不論是民用還是軍用，都受到原物料不足的影響。鋼鐵的月產量已少於十萬噸，比官方所估計的少三分之二。同樣的，飛機產量也因為短缺鋁土和鐵鋁氧石，已經降低到配額的三分之一；煤礦的短少縮減了軍火產量的一半。船舶總噸位數低到只有一百萬噸，由於缺乏燃油以及處理貨物的人力，整個運輸系統形同癱瘓。迫水的報告預測，幾週之內城市間將不會再有鐵路運輸，鋼鐵船舶的製造將停止，化學工業也將崩解。

為了補充不斷減少的燃油庫存，日本從松樹上煉取航空用油替代品。[3]同時，因為民眾面臨飢餓的恐懼——稻米產量是一九〇五年以來最低——政府制定了把橡子製成糧食的計畫。「號召全體國民同心協力，特別交代學童和被疏散者要完成收集五百萬石（每石等於五點一蒲式耳）橡子的目標。」官方每天配給的食物定量——如果還能取得的話——已經低到不足一千五百大卡，而這是日本人最低標準的三分之二。城市居民最為辛苦，每個週日都有幾百萬人帶著和服、珠寶、家具以及任何值錢的東西，到鄉間換取蕃薯、蔬菜和水果。

這份迫水報告呈遞給了新成立的「核心內閣」，其正式名稱為「最高戰爭指導會議」，但因為它是由首相、外相和四名軍方首腦組成，所以通稱為「六巨頭」。這份報告的事實是無可辯駁的。在五月十二日所舉行的「六巨頭」會議中，米內提出一項建議，此建議如果是在一週前提出，可能會使他被內閣開除。他提議邀請蘇聯出面調停，結束這場戰爭。雖然東鄉比在座的其他五人都更急切地想要和談，但他厲聲說，如果米內認為蘇聯會幫助日本，那麼米內就是不了解蘇聯。不過，鈴木卻認為沒有什麼理由不能去打探蘇聯的態度。

和平這個禁忌話題，現在終於可以公開談論了，不過，一名軍人卻深感擔憂地建議，他們僅限在這間會議室內討論——以免「嚴重動搖」軍隊士氣。在這種密謀的氣氛下，他們坦然地討論著，由瑞士、瑞典、中國或是教廷出面調停的可能性。結論是，這些管道毫無疑問會導致盟軍要求日本無條件投降。陸軍參謀本部長梅津美治郎上將認為，以蘇聯的力量和聲望，它會是日本最有可能的中間人選。陸相阿南惟茂上將也同意此點，並表示：蘇聯希望日本能在戰後強盛興起，成為蘇聯亞洲領土和美國之間的緩衝國。

不拐彎抹角的東鄉抨擊他們不切實際。他說：「雅爾達會議中肯定討論過日本問題，所以，要把蘇聯拉到我們這邊來，很可能是毫無指望的。從蘇聯過去的作為判斷（他最近才告訴迫水說：『蘇聯不可信』），我認為，要讓它不參戰恐怕都很困難。我看，最好還是和美國人直接進行停火談判吧。」

不過，還在耍弄「腹藝」的鈴木卻支持軍方的意見。他說：「史達林有點像西鄉[4]，如果我方請他出面，相信他會代表日本全力以赴的。」出身九州的東鄉看不出兩人有何相似之處，但陸軍顯然是想單獨透過蘇聯進行談判，他同意針對此事草擬一份備忘錄。他在五月十四日把此份備忘錄提交給「六巨頭」：

應該向俄羅斯清楚表明，由於它和日本保持中立，所以它才能戰勝德國；協助日本維持其國際地位將有利於蘇聯，因為未來美國將成為其敵人。

這份備忘錄還警告，擊敗了德國的俄羅斯提出的代價可能「會超乎我方想像」；日本勢必得準備放棄旅順、大連、南滿鐵路和千島群島北半部。

對於很可能得放棄這麼大片土地，東鄉預期軍方是會反對的，但「六巨頭」竟然一致批准了這份草案，並指示他啟動交涉。東鄉認為，通往莫斯科最直接的途徑，就是透過前首相廣田弘毅，因為他過去和蘇聯外交官們有過許多聯繫。東鄉請他去試探人在箱根的蘇聯駐日大使雅科夫・馬利克（Yakov Malik）的口氣，從東京驅車前往需要兩個小時。

廣田的任務是要盡力說服馬利克，轉變蘇聯近來做出的不再延長「中立條約」的決定，[5]並請他協助結束戰爭。五月二十五日東京那場毀滅性的轟炸大火，延誤了廣田的行程，直到六月三日才抵達箱根地區的強羅。當天晚上，他和其他旅客一樣在這山間小村散步，並裝做不經意的樣子，在強羅飯店前停下腳步，與馬利克攀談了起來。

廣田友善地說：「慶幸的是，在這場戰爭中，日蘇之間並沒有開打。」對於蘇聯擊敗希特勒一事向馬利克表示祝賀。廣田向他保證，日本人民真誠希望和蘇聯、中國建立友善關係。馬利克卻有所戒備——他暗示，在日本有些人對蘇聯抱持相當大的敵意——但他還是邀請廣田次晚來飯店共進晚餐。

在用餐時，廣田把話題集中在日本期望恢復中立條約之上。他說：「甚至在條約還沒終止之前，日本就希望能夠提升與蘇聯之間的關係。因此我方正在設想該如何處理這個條約。」

馬利克答覆道，俄羅斯一貫奉行和平政策，但基於雙方過去的多次交戰行為以及日本國內的反蘇情緒，因此並不信任日本。

廣田指出，目前有「愈來愈多人開始了解蘇聯的態度……日本希望找出和蘇聯長期維持和平的方法」。馬利克詢問這是否是廣田的個人意見，廣田回答：「我想要告訴你的是，我剛才所言，不僅反映了帝國政府的態度，也反映了國民的態度。」

馬利克權衡片刻之後說，在回覆之前他必須考慮幾天。廣田大受鼓舞，他之前曾經和俄國人交手過，深知他們天生就相當謹慎。他向東鄉報告：「會談氣氛友好，俄國方面的回應令人滿意。這次會談看來很有希望。」

然而，在隔天早上，議和的希望便成了泡影。當天是六月六日，「六巨頭」再度開會。東鄉看到了一份由最高統帥部所擬定的《今後指導戰爭之基本大綱》的文件。文件正式要求再次確認把戰爭進行到底：

感於至死不渝的忠貞信念，我們將——多虧國土地形的優勢以及國民的團結性——為了維護國體、保護皇土以及達成征服的目標，不惜奮戰到底。

接著，該文件便羅列出一系列將要採取的步驟，包括全面準備防衛本土以及組織國民志願軍。東鄉一邊讀，一邊感到驚愕。之前完全沒人與他商量過這份文件中的內容。一旦文件被接受，日本就肯定被毀滅。諷刺的是，迫水那份報告也隨附在內，還被斷章取義地引用了幾條，目的顯然在於強化最高統帥部的見解之重要性。

東鄉痛苦地站起身來——這五年以來他一直深受惡性貧血所擾。他邊揮著迫水的報告邊說：「看完這些文件後，我看不出有什麼理由要繼續打下去。就我來看，你們的提議草案和詳盡的項目之間並無關聯性。」他訕笑最高統帥部所有的理論，包括所謂戰場愈接近日本，戰局就愈有利的說法。如果負擔沉重的人民不願意又該如何？

至此，豐田上將再也控制不住脾氣。「即使日本人民厭倦了戰爭，我們還是要戰到最後一兵一卒！」

阿南上將大怒。「如果我們不能盡輔佐天皇之責，那麼我們就該切腹自殺，真誠謝罪！」又過了一個小時。由於孤立無援，東鄉無法再延宕做出決定的時間，戰到最後的決定就此通過。在步出會議室時，東鄉走到米內面前。東鄉向他抱怨：「我原本期望你今天會支持我，但卻完全沒有人支持我。」

兩天後，即六月八日，召開了御前會議，要將最高統帥部的決議呈交天皇裁決。因為宮殿被大火波及，所以在宮內省召開會議。除了天皇之外，與會者還有「六巨頭」、樞密院議長平沼、軍需部長、農林大臣和包括迫水在內的四名書記官長。

天皇對於所聽聞之事毫無準備，「死沉著臉」靜坐在御座上。顯然是顧及到天皇在場，只有東鄉一人輕描淡寫地對此發表了保留意見；而在這場拘謹的討論結束時，即使鈴木要求他對此新政策提出簡短意見，東鄉也沒有做出回應。於是，鈴木首相說：「那麼，我就認定無人對此計畫有任何特別的反對意見。」

十三名與會者隨即起身，向天皇鞠躬，然後退出會議室。當天皇從會議室出來時，木戶伯爵不解天皇臉上的憂慮神情，並想知道原因為何。天皇把這份新政策的副本給了宮內大臣，並回答：「他們已經做出決定。」和東鄉看到這份文件時一樣，伯爵也感到相當驚訝，並失去了他對鈴木的信任。現在事態已經很明顯，即使有東鄉的支持，他也已經不能再信賴這名年邁的首相主動謀和了。身為天皇的心腹，傳統要求他不得過問政治。過去，他曾間接地逾越了這個限制；但現在，他卻不得不設法採取積極行動了。

看來，問題似乎是不可解的。整個下午直到深夜，木戶都在尋求解決之道。最理想的辦法是由陸軍採取主動，因為陸軍的力量足以壓抑其他謀和的行動。但有一個人是誰也無法反對的——天皇，所以這種解決方式是無法避免的：木戶決定對天皇開誠布公直陳利害。他認為，面對危機時，有必要採用史無前例的手段說服天皇出面干預以結束戰爭。想著想著，這名宮內大臣終於入睡了。

隔天一早，他把他的看法整理成冊，命名為《應付時局之試案》。他在下午一點三十分覲見天皇。他說：「在此情況下，我認為，所有的和平辦法都幾乎是不可行的，不過，如果陛下恩允，我將親自來解決這個問題。這就是我的想法。」

天皇讀了這份文件。開頭四段總結了時局：關於產能的報告指出，戰爭不可能支撐到年底，況且，轟炸所造成的嚴重毀壞，加上愈來愈嚴重的糧食短缺，將會造成全國上下惶恐不安。

五、基於以上所述，我認為日本必須終結戰爭，堅定地邁向和平之路。要如何達成此目標呢？這是個需要審慎研究的問題。

六、從敵軍在和平攻勢中所發布的公告、演講和文章看來，可以很肯定其主要目標是，推翻所謂的「軍閥」，也就是軍人集團。

七、雖然習慣上是由軍方提議啟動和平談判，政府才去進行後續談判，但以目前日本的局勢而言，這幾乎是不可能的事。況且，如果我方在等待有利的時機點，可能會為時已晚。那麼，日本就會淪落到與德國相同的命運，甚至日本的最低要求——皇族成員的安全和國體的存續——也可能難以達成。

八、必須採取例外且空前的手段——我等確實誠惶誠恐——但臣下認為，唯一的可行之道，就是籲請天皇陛下以蒼生為念出面干預，用以下方式終結敵對行為：

九、天皇陛下以私函請求某中介強權出面開啟談判……

十、該函應該引用（一九四一年十二月八日）的「宣戰詔敕」，並強調天皇對於和平的盼望以及以合理的條件終結戰爭的決定——鑒於我方在此場戰爭中承受的巨大損失，要忍其所不能忍。

和平的最低限度應為：

體面的和平（此點無可避免地會是最低條件）。

如果保證太平洋地區確實取得真正的和平……假使在日本所有佔領地區中的國家和人民取得了獨立，日本將放棄其所宣稱的佔領權與領導權。日本將會主動撤回上述佔領地區的武裝部隊……

十一、關於軍備限制問題，日本必須準備接受大量裁撤的要求。我方必須滿足國防的最低武力需求。

此為臣下個人坦率的意見。所談只是主要論點。

天皇顯然對於木戶所言「極為滿意」，木戶請求允許他和首相及其他要員討論此議案；在天皇公開介入此事之前，他必須取得內閣關鍵人物的支持。天皇批示：「立刻進行。」

不過，木戶認為再等幾天才是更為明智的作法。國會目前正處於議期，整個內閣都涉入了政治活動。六月十三日上午，國會議期最後一天，木戶在鈴木前往國會大廈的半路上把他攔住。他簡要地把這份和平計畫告訴了鈴木。鈴木答應國會一休會，馬上就會去找他。

與此同時，木戶去找米內上將談論此問題。在四名軍方首腦中，他是宮內大臣唯一確信不會出賣這份和平計畫的人。木戶請他看了看這份提案。米內的反應一如往常的謹慎，他抑制住自己的熱切心情說：「當然，這是非常棒的想法，但我不知道首相對於戰爭的真實看法為何？」

木戶也不清楚。

他們猜測的對象——鈴木——此時正從座位起身，對參眾兩院議員發表講話。鈴木對於和平的投入要遠遠多於他展現給木戶所看到的部分，他準備要公開證明這一點。他一開頭就提到，二十七年前他在舊金山指揮一支訓練艦隊時的一篇講稿。原本準備遷就這名老人回憶往事的聽眾，不禁被他所陳述的言論震懾住了：

「我整篇演講的要點是：『日本並非好戰之國，它是世上最愛好和平的國家。它沒有理由要和美國進行戰爭，不過，如果真的打起來，這場戰爭勢必相當漫長，並以悲劇收場。太平洋一如其名，應該是和平之洋，不該允許在其洋面上輸送部隊。然而，如果這樣不幸的事件確實發生，雙方則都會受到眾神的懲罰。』」[6]

整間大廳一片憤怒之聲。「和平」這個詞以及實現和平是可嚮往的想法，已經公開從政府首腦的口中說出來了；即使鈴木在結論中告誡道，國家應該奮戰到底，無條件投降意味著日本民族的毀滅，但這些話都沒有減緩這篇演講的效力。當他轉身走下講台時，敵意頓時爆發出來：輕蔑的噓聲、威脅的拳頭和「打倒鈴木內閣！」的叫囂聲充斥著會場。但是，有一名國會議員，一路用手推開眾人走到內閣官房長官迫水面前，雙眼含淚說：「現在，我總算了解首相的心中之言了。請繼續下去！」

鈴木對這些奚落嘲笑的話置之不理——如果真有聽到，他也只是心不在焉地對他們揮揮手。他推開擠上來的人群，依照慣例前去宮內省向天皇呈報。接著，他沿著走廊來到木戶的辦公室，讀了宮內大臣那份獨特計畫的全文。鈴木承諾會盡全力實踐其目標，但和米內上將一樣，他似乎有所保留：「我想知道米內上將對此有何看法？」

木戶告訴他說：「米內也對你說出同樣的話。」這重擊了鈴木一拳，但又讓他覺得相當滑稽。在戰爭如此危急的時刻，怎麼首相和海相還是不知道對方的「心事」呢？

鈴木保證協助木戶一事並沒有改變他的公開立場。在隔天上午的記者會中，他說起話來還是像個軍國主義者一樣。他說：「如果我國一億國民都抱持犧牲生命的決心奮戰到底，我相信要實現保留日本國體的偉大目標，並不是完全不可能的事……我國軍人無法理解，還保有著這樣強大軍隊的德國，怎麼會無法堅守到最後一刻。在軍火和補給品的數量上，我們或許無法和敵軍相匹敵，但我們在火線上堅守的決心卻是獨一無二的。我們要運用這樣強大的力量，萬眾一心，奮戰到底。」

木戶召請第三個閣員即外相東鄉前來，他的支持是至為關鍵的。宮內大臣並沒有把書面提議拿給他看，但卻向他透露，上一次御前會議中的決定使天皇深感不安。東鄉指出，在「六巨頭」會議中，他就已經反對過陸軍那份自殺性計畫。

木戶說：「我知道，對於和平，我有一些自己的看法，我也需要你的協助。」他指出，天皇有可能發表公開聲明，呼籲和平。

東鄉願盡一切努力，並表示「如果天皇現在說我們應該刻不容緩地去努力終結戰爭」，他會感到極為滿意，「因為沒有什麼能比天皇的話語，更能夠協助我達成目標了」。

木戶並無意讓其他三名軍方領袖參與，但有一天，因為一時衝動，卻把他的提議告訴了陸相阿南。事由是這樣的，當阿南離開宮內大臣的辦公室時，他隨口問道：「聽說你要辭職，有這回事嗎？」

他們過去非常熟稔——木戶還是宮內大臣的首席祕書時，阿南是天皇的侍從武官——使得木戶把這句話說出口：「我沒有要辭職，但如果我把心事告訴你，你可能會要我辭職。」

阿南想知道，便問：「什麼事？」

木戶向阿南透露了整個和平計畫以及天皇在其中所扮演的角色。他的直覺是對的，阿南並沒有表現出敵意，事實上，他「原則上同意」宮內大臣的行動路線。不過，對於時機問題，他卻有所保留。他指出，「等到美軍在『大陸海灘作戰』（Mainland Beach Operation）中遭受重大損失後」，日本再去追尋和平就會更為有利。

接著，木戶把集合幾千架戰機以對抗入侵部隊的作法貶抑了一番。「在飛機都出動之後，你又該如何是好？」既然日本的軍力只能消滅三分之一的美軍登陸部隊，那麼還是在對方發動入侵之前，達成協議會比較有利。阿南承認木戶的戰術結論有其說服力——木戶有自己的祕密情報[7]——雖然他不支持木戶的計畫，但他承諾不會在「六巨頭」面前「過於強烈地」加以反對。

阿南的想法被試探出來，這個意外的機會真是「上天的恩賜」。現在，木戶覺得已經得到自己所需要的支持，得以抗衡「最高戰爭指導會議」了。六月二十二日，天皇在宮內大臣的鼓動下，突然將「六巨頭」召至「御文庫」的偏廂房。天皇首先開口說話，表示這次會晤是非正式性的。他簡短地說：「此非朕之御令，只是一場討論。上次『最高戰爭指導會議』決定要採行一項新政策，準備防禦本土。但朕現在認為有必要採取一項前所未有的實現和平的行動了。請你們立刻採取行動，實現我的願望吧。」木戶事前未曾徵詢過意見的梅津上將和豐田上將都不禁一愣。

天皇問他們是否考慮過進行和談。他其實已經知道了答案——東鄉私下曾經向他呈報過。鈴木費力地站起身，匯報政府是如何考慮和談一事的。東鄉把廣田和馬利克之間的對談做了完整陳述。

天皇問道：「何時派出使者到蘇聯去？是否有成功的機會？」

東鄉估計使節可能在七月中旬之前抵達莫斯科。但他提出警告，日本勢必得被迫對史達林做出諸多讓步。

天皇轉身面對那兩名一直沉默無語的陸軍代表。阿南信守了他對木戶的承諾：他不反對「拯救局勢」的任何嘗試，但他很擔憂的是，如果日本顯得過於想要結束這場戰爭，將會是種示弱。另一方面，陸軍參謀本部長梅津卻公開表示擔憂：不論國內還是國外，任何和平提議都會造成無法估量的衝擊，應該「極度謹慎」。

天皇問到：「對此提案『極度謹慎』，是否暗指要再次重擊敵軍之後才要施行？」梅津表示並非如此。「謹慎當然很好，但是，如果過於謹慎，就會坐失良機。」

梅津表示退讓說：「嗯，那麼愈早愈好。」

這是邁向和平最明顯的第一步。

應東鄉之請求，廣田於六月二十四日再度拜訪馬利克。這一回，他放棄了外交辭令，開門見山地要求以新約取代即將失效的中立條約。但馬利克藉口推託，表示既然舊約還在有效期內，也就無須再立新約。

在絕望之下，廣田提出以日本的橡膠、錫礦、鉛礦和鎢礦交換蘇聯的石油。他說：「如果蘇聯陸軍和日本海軍能夠聯合起來，就將一起成為世界上最強大的軍事力量。」

可以理解，馬利克對此興趣缺缺，帝國海軍大部分現已躺在海底。他回答，蘇聯的原油都還不足以滿足本身需求。他唐突地說，除非日本拿出「具體計畫」，否則沒有必要再次會面。

不到一週，廣田就帶著一份書面文件來找馬利克：作為換取互不侵犯條約和石油的條件，日本承諾讓滿洲獨立，放棄在蘇聯水域的漁獲權。馬利克仍不置可否，他必須得到莫斯科的回應後，才能答覆廣田。接著他問，日本和美國正在瑞典進行和談一事是否屬實。

廣田大聲道：「當然不是！」日本在進行任何談判之前，都必定會先和蘇聯商量。

廣田機敏的回答的確接近實情：日本曾兩度拒絕在瑞典進行和談，也已經放棄藤村在伯恩的那條管道。不過，一個嶄新且更具威望的和平行動正在瑞士進行著。這是日本駐瑞士武官岡本清福中將在某次和兩名日本銀行家——北村考治和吉村寬——談話後，所引發的活動。岡本曾告訴他們：「日本試圖奮戰到底。不過，它無法長期打下去。如果美國方面有任何和平動作，我想和他們進行談判。」

身處敏感地位的將軍竟然說出這樣的言論，讓這兩名銀行家感到相當震驚。畢竟，這或許也能拯救日本免於毀滅？但是，要怎麼去說服國內那些軍國主義者支持這些談判呢？

岡本有信心地說：「梅津參謀本部長和我很熟。在『諾門罕事件』（一九三八年發生於滿洲邊界）中，他是我的軍長。所以，他會聽取我的意見的。」

這兩名銀行家同意去「試探」美國人的態度。不過有誰夠資格充當中間人呢？他們選定了銀行董事派爾・雅克布森（Per Jacobsson），他以擅長調停國際爭端著稱。就像之前的許多瑞典人一樣，雅克布森有求必應。美國人對他印象良好，他輕易地就和杜勒斯手下的一名特工取得了直接連繫。

雅克布森對這兩名銀行家說，美國人完全了解皇室在日本人心中的崇高地位，所以他們一直努力避免轟炸皇居。當然，任何和談的基礎都是日本得無條件投降。就軍事方面而言，吉村也反對這樣的條件。雅克布森極力主張，這總要比繼續打一場毫無希望的戰爭好。德皇在一九一八年投降，避免了德國像目前這樣全部被佔領，還保存了當時的德國政府。即使在無條件投降後，日本的憲法和天皇制度仍有可能被保留下來。

七月十日，雅克布森再度和美國人會談，這回出面的是杜勒斯的頭號助手格羅・馮・格韋尼茲（Gero von Gaevenitz）。他出生於德國，就是他策動了所有駐防義大利的德軍部隊投降。格韋尼茲再三強調無條件投降的必要性，但也給予日本人保留天皇的希望。不過，這項承諾不能作明文規定，唯有杜魯門總統和邱吉爾才有權力這麼做。這要花上好幾週的時間。

雅克布森問道：「艾倫・杜勒斯不能說說他（自己）的看法嗎？」

「他沒有被授權這麼做。」

「你是否做過或說過未被授權的事和話呢？」

格韋尼茲承認有這樣的可能性。「但是，假若艾倫·杜勒斯做出這樣的聲明，而在東京又被洩漏出來，那麼結果可能會是國務院方面不再聘用杜勒斯。」格韋尼茲反而提議雅克布森誇大口氣，告訴日本人他能夠「和負責投降談判的美方人員有著直接連繫」。他又補充上自己的意見：「這些談判只能和在場的美國人進行，不能再找其他美國人。如果日本人去找美國武官，只會把事情弄得一團糟，他就不會繼續談下去。也不能跟瑞士人談。」

現在，下一步棋就要交給日本人了。但是，岡本將軍——他的一番談話才激盪出這項密謀——表示，除非皇室的命運和日本憲法有所保證，否則他拒絕把東京捲進來。這些限制並沒有讓雅克布森感到氣餒，他剛剛收到美方的訊息，幾天之內他就會在德國與杜勒斯本人會面。他對於自己的斡旋能力深具信心，認為能夠說服杜勒斯去消除岡本的憂懼。

——

在零星做出這些努力的同時，日本的軍國主義分子也完成了自殺式防衛本土的最終計畫——「決號作戰」。他們徵集了一萬多架戰機——大多數是倉促改裝的訓練機。其中三分之二用來保衛九州，其餘的則用來擊退在東京附近登陸的部隊。由於塔拉瓦環礁和塞班島的血淚教訓，他們計劃用五十三個步兵師和二十五個旅的兵力——共計二百三十五萬人的部隊——在灘頭擊潰美軍。支援這些部隊的還有近四百萬陸海軍文職人員、二十五萬人的特別駐防軍以及二千八百萬民兵。在國會最後一個議期中，一致通過了國民志願軍役法，規定十五歲到六十五歲的男性以及十七歲到四十五歲的女性都得參加義勇軍。二千八百萬民兵這支龐大的力量，就是根據這條法律所組織的。軍方發言人以激昂的證詞確保法案得以通過，之後他們邀請鈴木和內閣成員觀看義勇兵使用的武器：前膛式步槍、竹茅以及封建時期所留下的弓箭。

三

日本政府自身發起的談判沒有人予以理會。一週過後，莫斯科方面都還未回覆廣田的提議。天皇這回卻失去耐心了，七月七日召見了鈴木首相。天皇表示：「切勿錯過探尋蘇聯真正意圖的時機。」不能直接要求蘇聯出面調停嗎？為何不派出一個帶著天皇親函的特使團？

顯然，天皇希望是由近衛去執行這一任務。七月十二日，近衛被從他在輕井澤的夏日別墅召到東京。他一身平民打扮，身穿卡其服——國家文官的制服——在「御文庫」內百感交集地等著天皇從地下居所走上來。天皇看上去焦躁不安——臉色蒼白、滿臉倦容且衣裝不整。他們省去了宮內的繁文縟節，只有他們兩人在場。木戶希望這樣能夠激勵近衛直率答話：身為前首相，他對於戰爭的看法為何？近衛直言不諱地答道：「國民厭戰，他們都希望陛下能夠紆尊降貴代表他們，設法把他們從苦難中解救出來。甚至有人說該歸責於陛下。必須盡快結束這場戰爭。」

天皇要他準備前往莫斯科。雖然近衛私下反對依靠蘇聯調停，但他願意採取任何步驟修正以往的過錯。他提到，在簽訂《三國公約》時，天皇曾經警告他這終將會導致與英美開戰。近衛接著說：「天皇陛下當時告訴我說，不論結果是好是壞，我都必須和陛下共同承擔。現在，如果陛下有令，」——他因情緒激動而哽咽——「我願為陛下效勞，萬死不辭。」

近衛一離去，木戶又來面見天皇。天皇轉身對著宮內大臣，滿意地說：「這回他似乎意志堅決。」

——

天皇還在試探近衛的意願時，日本駐莫斯科大使佐藤尚武就收到一封通知公爵即將抵達的電報：

天皇陛下極為渴望盡速終結戰爭，深切憂慮著戰事進一步持續下去只會惡化交戰國國內億萬無辜人民的苦痛。不過，如果美英兩國堅持要求日本無條件投降，為了維護榮譽與民族之存續，日本將被迫全力奮戰到底，而這將進一步使傷害擴大，讓日本深感遺憾。因此，我方政府出於對人類福祉的誠摯關心，企望早日進行談判，恢復和平。為此，近衛公爵將帶著陛下的親筆信函前往莫斯科，請蘇聯政府為此行大開方便之門。

佐藤相當了解俄國人，他知道這樣做並不會帶來什麼好處。他曾經在聖彼得堡待過九年的時間，自一九四二年初以來就擔任駐莫斯科大使。他想，蘇聯能從太平洋戰爭的終結中得到什麼利益呢？莫洛托夫對廣田與馬利克之間的對話完全不感興趣。為什麼現在他就有了興趣呢？當他打電話至克里姆林宮要求和這名外交人民委員會面時，他的評估獲得了證實。莫洛托夫即將動身前往德國參加盟國的會議，所以現在非常忙碌。那麼，外交副人民委員亞歷山大．洛佐夫斯基（Alexander Lozovsky）行嗎？

洛佐夫斯基就和馬利克對付廣田一樣，不肯合作。佐藤試圖讓他立刻同意近衛來訪，他卻有禮地避而不答。洛佐夫斯基最多也只是說，至少需要幾天的時間才能回覆。

佐藤用電報向東鄉匯報，並以譏諷的口氣表示，如果近衛只是來闡述「先前說過的抽象話語而缺乏具體內容」，那麼他最好還是待在國內；隔天，他又追加了一些讓人不悅的建議：

……透過談判的方式締結和平條約是得不到蘇聯支持的。歸根究柢，如果我國真心想要終結戰爭，除了接受無條件投降，或是近乎此條件之外的條件，別無他途。

在德國的派爾．雅克布森和艾倫．杜勒斯也在設法解決日本投降的問題。此時，美國戰略情報局已在威斯巴登（Wiesbaden）一家過去向希姆萊供應酒的香檳酒坊內成立總部。但因味道過於刺鼻，雅克布森、杜勒斯只好改在他們的寓所和格韋尼茲碰面，那是一棟舒適的兩層樓灰泥建物。

杜勒斯最關切的是，日本的談判者是否是真心想要談判。雅克布森對此相當肯定，日本國內的和平派也正在盡全力謀和，但杜勒斯卻仍疑心重重。「這會不會是主戰派為了提升士氣而耍的詭計？是不是在向他人表明美國人有多麼不可理喻？」

雅克布森對此看法感到相當憤慨，因為這暗指他是這場騙局中的同謀。他冷冷地說，他不如杜勒斯擁有那樣多的談判經驗，但過去確實因為深受信賴而博得好評。「在一九三五年到一九三七年之間，我甚至說服愛爾蘭的德．瓦萊拉[8]和英國人談判。」

他們在悶熱的高溫下爭論了幾個小時，但什麼問題也未能解決。早餐時，雅克布森再次請求保留天皇——他認為，這是談判的關鍵點。天皇的地位應完全取決於他本身的行為。他可以和軍方切割，如果那時他作出某種和平的姿態，問題就能迎刃而解。這樣美國大眾便能把皇族和軍閥區分開來。

杜勒斯無法讓美國政府做出保證，哪怕只是推論也不行。然而，如果天皇率先力促投降，並將日軍部隊從國外領土撤出，美國人會更傾向於讓他繼續統而不治。這只是一種意見，但卻是一個有份量的人的意見。杜勒斯在道別時強調了他的誠意。他告訴雅克布森：「我們真的很感謝你能夠來到這裡。不要認為我們不歡迎你。」然後他打了通電話到柏林西方的波茨坦（Potsdam）。杜魯門總統和總統顧問群剛抵達那裡，和史達林、邱吉爾一起舉行戰時的最後一次會議。

第三十二章
「那是不用你操心的決定」

一

七月十五日上午，曾經載著羅斯福到紐芬蘭外海和邱吉爾進行歷史性會晤，以頒布大西洋憲章的巡洋艦「奧古斯塔號」，又載著哈里・杜魯門在安特衛普（Antwerp）靠岸。中午剛過，他就搭上總統專機「聖牛號」，前往波茨坦參加代號為「終點站」的會議。

戰爭已經迫使資本主義和共產主義聯手建立起一個彆扭的聯盟，和平的到來卻暴露出隱藏在東西方之間的敵意。在雅爾達結成的聯盟已經開始裂解。史達林試圖赤化所有紅軍在東歐所解放的領土，這已違反他做出的遵守《解放歐洲宣言》的承諾。史達林也懷疑西方在其背後策動陰謀：杜勒斯小組不久前才在北義大利結束的「反蘇維埃」談判就是明證。

無須懷疑新任美國總統試圖處理俄國人的方法，莫洛托夫早已發現總統的坦率讓他們感到不安。在華府首度和這名外交人民委員見面時，杜魯門告訴他說：「美國準備忠實執行雅爾達所達成的所有協議，我們只要求蘇聯政府也比照辦理。但是，我要說清楚的是，只有在雙方共同遵守協議的基礎上才能執行，而不能在只有一方遵守協議的基礎之上執行。」

莫洛托夫憤怒地大喊道：「我活到這麼大歲數，還沒有人跟我這樣說過話！」

杜魯門說：「只要執行協議，就沒人會那樣跟你說話了。」

杜魯門對於「終點站」的目標是非常明確的。他想要為佔領德國一事建立起公平的政治與經濟原則，實踐《解放歐洲宣言》（特別是有關波蘭的部分）並解決賠償問題。這些都會列入全會的議程內。此外，終結亞洲的戰事也需要同等關注——雖然是以非正式的形式。對於杜魯門而言，在波茨坦的正式會議上無法解決這個「最迫切的」問題，而需要私下與史達林會晤。根據馬歇爾和麥克阿瑟的要求，他要說服史達林盡早加入對日戰爭。即使已經獲知很快就要在新墨西哥州進行原子彈試爆，他還是要這麼做。

他是帶著一份呼籲日本投降的宣言草案前來與會的。這份草案是在一名曾經致力於防堵戰爭爆發的外交官——約瑟夫·格魯[1]——的慫恿下完成的。轟炸東京引起大火的報導讓格魯大為驚訝。他在五月二十九日（當斯特蒂紐斯到舊金山參加聯合國會議時，格魯時任代理國務卿）會見了杜魯門，請求總統發出一份聲明通知日本，無條件投降並不意味著結束天皇制。他說，如果沒有這個保證，日本是否會投降是很值得懷疑的。國務院的遠東問題專家，如尤金·杜曼、包蘭亭和喬治·布萊克斯里教授（George Blakeslee）都支持他的觀點。

杜魯門回答：「我已考慮過這件事，我覺得這是個不錯的想法。」他要求格魯大使在做出最後決定之前，和參謀長聯席會議以及海陸兩軍部長進行磋商。

史汀生和福萊斯特兩人都「喜歡這個想法」，馬歇爾亦然，但這名參謀長聯席會議主席擔心「此時公開發表宣告，時機恐怕尚未成熟」。史汀生認為，用字遣詞應該取決於原子彈試爆的成功與否而定。這位陸軍部長已愈來愈關切使用原子彈的問題。他領導著由一群卓越的文職人員組成的、被稱為「臨時委員會」的組織，其中包括三名享有盛名的科學家，設立的目的是要向總統提出，原子彈爆炸之後在政治、軍事和科學等方面將會引發什麼問題。他把自己的結論提交給了這個委員會。兩天後，委員會與馬歇爾將軍及一個四人顧問組成的「科學小組」會商。他說：「我們的責任是建議採取某個或許會改變文明方向的行動。我們很快就將握有史無前例的毀滅性武器。今日，首要的事實是戰爭，我們的重責大任就是立刻成功結束這場戰爭。我們可以假定，我方的新式武器擁有全面壓倒性的力量。用我們所能有的最大智慧來運用它則是我們的職志。現在擺在面前的最重要問題是，從長遠的歷史角度看，使用這種新式武器會產生什麼影響。」

「科學小組」的一名成員、負責原子彈設計和試驗的科學家羅伯特·歐本海默博士（Robert Oppenheimer）估計，爆炸一顆原子彈能殺死兩萬人。這個數字讓史汀生大吃一驚。他插話道，目的是摧毀軍事目標，不是平民的生命，例如，已列入轟炸目標的城市之一京都就不應該轟炸，因為它是一座文化中心，當地的神社受人崇敬。他對這個古老城市的認識是偶然獲得的——不久前，一位友人的兒子（東方問題的研究生）曾詳細告訴他京都的迷人之處。

為了迅速結束這場戰爭，拯救美國人的性命，就應該使用原子彈，對於這一點，馬歇爾將軍毫不懷疑。但他卻不願用自己的威望去影響這個委員會。他說，他也希望可以不用原子彈，因為這樣做會過早地把美國擁有的新式武器暴露給蘇聯人，從而降低原子彈在戰後的威懾能力。

休會期間大家在用午餐時，另一名科學家阿瑟·霍利·康普頓（Arthur Holly Compton）轉身問坐在左邊的史汀生，是不是能搞出一些非軍事的示威以影響日本人。對這種可能性，大家在餐桌上展開了辯論。如果預先宣布要投在日本某個偏僻地方，攜帶原子彈的飛機可能會被擊落。還有，如果示威性的炸彈不爆炸，那又該怎麼辦？可能引發的問題實在太多。如果在中立地帶進行試驗，日本人可能認為這是假的。結論是，應該盡快使用原子彈「轟炸一個能明確顯示其破壞力的目標」而不預先提出警告。

「臨時委員會」的三名科學家——萬尼瓦爾·布希（Vannevar Bush）、詹姆士·科南特（James Conant）與阿瑟·霍利·康普頓——同意這一意見。然而，其他參與製造原子彈的科學家卻因為這個意見而大吃一驚，為首的是諾貝爾獎得主詹姆士·法蘭克博士（James Franck），他和另外七位著名科學家聯名給委員會提交了一份報告：

……如果美國首先將這個毀滅性武器不分青紅皂白地加在人類頭上，他就會失去世界人民的支持，造成軍備競賽，損害將來達成控制這種武器的國際協議之可能性。

如果選擇適當的無人居住區首先向世界展示原子彈的威力，那就能為最終達成這樣一個協議創造更為有利的條件……

週末，在新墨西哥州的「洛斯阿拉莫斯國家實驗室」（Los Alamos National Laboratory）進行了長時間的研究後，康普頓、歐本海默和「科學小組」的兩名成員——恩斯特·勞倫斯（Ernest Lawrence）和恩里科·費米（Enrico Fermi）——起草了對法蘭克報告的回覆。康普頓回憶：「當我們在六月十六日將這份報告交給臨時委員會時，心情是相當沉重的。」

……那些倡言要純粹技術性展示的人是希望禁止使用核子武器的，生怕如果我們現在使用這種武器，就會損害到我們未來的談判。其他人則強調，立刻在軍事上運用，便能拯救美軍性命，他們相信這將會改善國際前景，因為他們更關切防堵戰爭，而不是消滅這種特殊武器。

我們覺得我們比較接近後一種觀點：技術展示不太可能結束戰爭；除了直接做軍事用途之外，看不出有其他可行的替代方案。[2]

人在華盛頓的史汀生和陸軍助理部長約翰·麥克洛伊（John McCloy）當時正準備與參謀長聯席會議以及總統舉行一場關鍵性的會議，以決定是封鎖日本轟炸到投降，還是用登陸日本本土的方式迫使其投降。麥克洛伊反對這兩項計畫。好幾週以來，他和格魯都在私下討論著日本的未來，兩人達成了相同結論：應該對日本提出體面投降的條件。麥克洛伊答應格魯發揮他對史汀生的影響力。現在，他說：「如果我們不考慮政治解決，那麼我們就該檢查一下自己腦袋了。」美國已經掌握了制海權和制空權，還擁有原子彈。應該允許日本在憲政基礎上保留天皇，並允許日本能夠獲取而非掌控原物料。

麥克洛伊繼續說，總統應該以個人名義致函天皇或鈴木政府，一方面闡述提案，一方面威脅日本假使它不接受條件，美國將無從選擇，只好在日本使用新式武器——原子彈。這樣的程序便有可能在不再造成任何傷亡的前提下結束戰爭；如果結果並非如此，美國必須使用原子彈的話，在道德上也能站在更有利的位置。麥克洛伊解釋了這份提案的形式和內容，史汀生顯然是認同的，而他也認為這才是具有政治家風範的方式。他說他在會議上贊成這個提案。但他在星期天晚上致電麥克洛伊說：「傑克，我明天不能參加那場會議了。」他正為偏頭痛所苦。「我會跟白宮方面做出安排，由你代表我出席。」

六月十八日，星期一下午三點三十分，麥克洛伊來到白宮的會議室。總統的參謀長、萊希上將也在場，還有參謀長聯席會議的兩名成員——金恩和馬歇爾——但艾拉．埃克中將（Ira Eaker）卻代表陸軍航空軍指揮官阿諾德出席。史汀生也走了進來，看起來滿臉倦容又痛苦不堪。原來，他是硬撐著下床的。

從馬歇爾開始，杜魯門一一徵詢每個人的意見。參謀長聯席會議主席堅持表示，除了入侵主島之外，別無他途。十一月一日開始在九州島登陸，將動員七十六萬六千七百人。傷亡將會很慘重，不過他說，要征服日本不能光靠空中戰力。代表空軍的伊克中將證實了這個判斷；空軍並沒有使德國人屈服。金恩海軍上將也支持馬歇爾的看法。

史汀生點頭贊成，使麥克洛伊感到相當遺憾。但史汀生也建議探尋其他方案。「我確實認為，在日本有一大群人並不贊同目前這場戰爭。他們的意見與影響力還未被大家所認知。我覺得，我們應該做點什麼來喚醒他們，並在非得與他們交手之前，讓他們發揮可能有的影響力。」但史汀生卻隻字未提致函天皇一事，而他曾對麥克洛伊提過，他會在會中提出這點。

杜魯門接著徵求萊希的意見。這名海軍上將和往常一樣率直，他譴責了羅斯福的卡薩布蘭卡方案。「有人說除非讓日本無條件投降，否則我們就會輸掉這場戰爭。我並不同意這樣的說法。就算我們不能順利迫使日本無條件投降，在可預見的未來，我也不怕日本能造成什麼樣的威脅。我害怕的是，我們堅持無條件投降這點，只會導致日本人更為孤注一擲，因而增加我方的傷亡。我認為這沒有什麼必要。」

杜魯門並不認為公眾已經準備好接受放鬆無條件投降的要求。至於登陸九州島的作戰——麥克洛伊認為總統在這點上有些勉強——他說，他「十分確信參謀長聯席會議會著手進行」。但在還未與他諮商之前，他們不得入侵主島本州。他不想讓事態發展到除了只能同意入侵之外，「別無他法」的程度。

杜魯門說完這番話，會議顯然已經結束，與會者覺得應該離席告退，於是紛紛站起身。總統卻攔住他們。「每個人都要發表自己的看法，才能離開這場會議。麥克洛伊，你還沒發言。你的觀點為何？」

麥克洛伊用詢問的眼神看了看史汀生，史汀生點了點頭。於是，麥克洛伊把他告訴史汀生的話重覆了一次，甚至連「如果我們不考慮政治解決，那麼我們就該去檢查一下腦袋」這句話也說了。金恩上將瞪著他看，但杜魯門卻是饒有興趣。他說：「嗯嗯，這正是我要考慮的部分。把你認為我們應該傳達的訊息說出來聽聽。」

麥克洛伊把要寫給天皇的信口述了一遍，一方面承諾會保持天皇制度，一方面在結尾以使用原子彈作為要脅。原子彈這個字眼令人大吃一驚。麥克洛伊「感到一股股寒氣在這些聽眾的脊椎上上下亂竄著」。房間內的每個人都知道那個炸彈，但這是高度機密，除了在私下會談中，否則很少被人提及。

杜魯門說，原子彈「很有可能」被使用，聽起來好像這個話題從來沒有在正式會議中提出來過似的。他要求所有的人都留下來，該是把這議題丟到檯面上討論的時候了。會談集中在投放原子彈的可行性，以及在投放前是否該先警告日本的問題。雖然針對了原子彈的不可預測性做了諸多討論——「我們怎麼知道它一定會爆炸？」……「如果它沒爆炸，那可就丟臉丟大了。」……「如果我們先警告了日本，而又沒爆炸，那該如何？」——每個人似乎都認定，如有必要，就必須投彈。在沒有做出最後聲明的情況下，本質上已經確認了使用原子彈的決定。杜魯門告訴麥克洛伊：「對這封信函要進一步深思，但還不要在此階段就提到原子彈一事。」

當史汀生離開會議室時，因為大局已定而顯得清醒，比以往更加堅定地看到日本擁有一個更為現實的投降機會。在格魯和福萊斯特的協助之下，他開始歸納主張在使用原子彈前先警告日本的觀點。與此同時，麥克洛伊、杜曼和包蘭亭也著手草擬對日宣言，闡明投降條件。該宣言將由美國、英國與中國聯名發出。宣言的第十二條闡述了無條件投降的唯一例外，也是對日本人來說最為重要的一點——保留天皇的可能性：

一旦達成這些目標以及依據日本人民的自由意志建立起傾向於和平與負責的政府，盟軍佔領部隊將會從日本撤出。如果愛好和平的國家確信這樣的政府是真心決意奉行和平政策，使日本未來不會發展侵略性的軍國主義，這個政府可以包含天皇統治下的君主立憲體制。

七月二日，星期一上午，杜魯門大體上批准了這份宣言，但新任國務卿詹姆士．伯恩斯（James Byrnes）對第十二條的最後一句話提出了質疑。科戴爾．赫爾也有疑問。赫爾向伯恩斯建言說，那聽起來「太像姑息政策。必須剝奪天皇及其統治階級的一切特權，使之在法律面前和他人平等」。輿論也是如此。在最近一次的格羅普民意調查中，三分之一的民眾贊成處死裕仁，百分之三十七的人主張對他進行審判、終生監禁或是處決，只有百分之七的人認定可以留下他或是當作傀儡。

在總統與伯恩斯搭乘「奧古斯塔號」巡洋艦前往波茨坦的途中，兩人最後決定要把這句有爭議的話給刪去。同時，杜魯門重新檢討了使用原子彈的決定。同盟國領袖包括邱吉爾在內，對於一旦原子彈準備就緒就該投放這點不表異議。就某種意義上而言，杜魯門的決定是不可避免的。「曼哈頓計畫」的監督者萊斯利．格羅夫斯將軍（Leslie Groves）之後寫道：「在我看來，他的決定是個不干涉的決定——基本上是個不會推翻現有計畫的決定。」儘管如此，終歸要有人拍板定案，這個人就是總統，而杜魯門現在便充滿信心地承擔了責任。他的推論是，這畢竟純粹是一件軍事武器，因此早晚都得使用。[3]

二

會議的實際地點是在波茨坦市郊一個風景怡人、周圍有樹林環繞的小鎮上。這座名叫巴貝爾斯貝格（Babelsberg）的小鎮幾乎完全沒有受到戰爭侵擾，向來是避暑勝地以及德國電影的重鎮。它讓美國駐莫斯科軍事代表團團長約翰．迪恩少將（John Deane）想起一座鬼城。七月十五日星期天，杜魯門住進一間灰泥牆面的三層樓房，過去曾是一名電影製片商的住宅，此人現於俄國一間勞工營內。它坐落於格里布尼茲湖（Griebnitz Lake）旁，被暱稱為「小白宮」，四周有許多小樹叢，還有一座典雅的花園。花園就和房舍本身一樣，顯得乏人照料。邱吉爾也落腳於附近一間相仿的樓房內，雖然豪華，但卻破舊。史達林則住在一英里遠之外。

原定在七月十六日星期一上午召開的會議，因為史達林的心臟病輕微發作而延後一天。原子彈方面還存留的問題是：它會爆炸嗎？一封在星期一晚上七點三十分發給史汀生的電報做出了回覆：

今天上午已經動過手術，診斷報告尚未出爐，但結果似乎令人滿意，超乎預期效果。在當地發布新聞是必要的，因為遠近地區都表示興趣。格羅夫斯博士感到滿意。他明日將返回（華盛頓）。我將隨時向你匯報。

原子彈已在新墨西哥州阿拉莫哥多（Alamogordo）順利完成試爆。格羅夫斯和他的副手湯瑪士・法雷爾准將（Thomas Farrell）在一萬碼的距離外觀看了爆炸情況。巨大的爆炸讓法雷爾感到敬畏不已，不禁驚呼：「戰爭結束了！」格羅夫斯說：「是的，結束了，只要我們在日本丟下一顆、兩顆，戰爭就結束了。」

史汀生回電稱：「我向博士及其顧問致上最熱烈的祝賀。對總統來說，這個時機是再好不過了。史達林大元帥（他才剛被賦予此頭銜）已經和莫洛托夫、翻譯帕夫洛夫一起來到『小白宮』了。」史達林與杜魯門、伯恩斯親切地交談片刻後，就把談話帶到總統內心最關切的主題：太平洋戰爭。史達林透露，日本人已經請求他出面進行調停，但他還沒有做出明確回覆，因為他們不準備接受無條件投降。杜魯門和伯恩斯兩人對於日本的提議知之甚詳——已經攔截並破譯東鄉和佐藤之間的電訊——但他們兩人卻假裝是首度聽聞。史達林主動宣布，紅軍準備在八月初對日軍發動攻擊。唯一的障礙是要與蔣介石解決一些支節議題，例如如何處理大連的問題。

杜魯門說，大連應該維持開放。史達林很肯定地表示，如果他們能控制大連，就會維持開放。午餐時，史達林情緒高昂。他大力稱讚了葡萄酒。而這正是個合宜的時機：當一名菲律賓侍者把瓶身上的毛巾拿走時，露出了加州的商標。

第一次全體會議在五點十分於賽西琳霍夫宮（Ceciliehnf Palace）召開，這裡曾是威廉皇太子的居所，不久之前改作軍醫院。這是一座寬敞的兩層樓建築，坐落在湖畔，內部裝潢得美輪美奐。這又讓迪恩少將想起美國新港（Newport）或是葛洛斯波因特（Grosse Pointe）的莊園。

會議在宮中的接待大廳內舉行，聽內懸掛三國國旗，與會者圍著一張氣派的橡木桌坐下。依據史達林的建議，由杜魯門（邱吉爾的翻譯認為，史達林看起來像是個「客氣有禮且意志堅定的董事會議主席」）擔任會議主席。初步的討論集中在戰後歐洲的問題上。會後，邱吉爾在居所內對莫蘭勳爵說：「史達林非常和藹可親，但他的嘴張得好開。」他注意到，這名大元帥已經改抽雪茄，或許是心臟病的緣故。「他說他喜歡雪茄，而非香菸。如果他抽著雪茄和我一起拍照，大家會說他是受到我的影響。我把這話告訴他了。」莫蘭問，首相是否認為杜魯門是個有才幹的人。「我認為是。不論如何，他都有著極大的決心。他不顧鬆軟的地面，堅定地踏了上去。」為了表達得更傳神，邱吉爾光著雙腳牢牢地踩在地板上。

幾個小時之後，史汀生收到臨時委員會的第二封電報：

醫生剛剛回來，與高采烈，相信小老弟會和大哥一樣強壯。他眼中的光芒可以從這裡放射到海霍德（史汀生在長島的家）。從這裡到我的農場都可以聽到他的大叫聲。

解譯這份隱語電報的軍官猜想，七十七歲的史汀生又當了父親，不知道是否會休會一天以示慶祝。「小老弟」當然是指剛剛在新墨西哥州爆炸的鈽彈，而「他的大哥」則是指未經試爆而會投在日本的鈾彈。

阿拉莫哥多的成功讓那些製造出原子彈的科學家更為苦惱。利奧．西拉德博士（Leo Szilard，和法蘭克博士一樣，他也是從納粹手中逃脫出來的）向臨時委員會提交了一份他自己擬定，並有五十七名芝加哥的科學家簽名的請願書。他們主張給予日本適當的警告和投降的機會。[4]

星期三午宴時，杜魯門就是否要把原子彈一事通知俄國人的問題，試探了邱吉爾的意見。邱吉爾建議，如果杜魯門「已經決定要說」，那他應該解釋，他一直在等待試爆成功。那麼他也就回答了蘇聯這樣一個問題，為何不提早告訴我們？邱吉爾還提出另一個建議。「無條件投降」這個字眼讓他感到不安，這可能會導致無數美軍喪命。能否用其他方式來表達，如此一來，盟國取得「未來和平與安全所有必要的條件，也向日本人表明可以保住軍事榮譽，給他們一些民族存續的保證，但他們必須要遵守征服者所有的保證條款。」

杜魯門反駁說：「我認為日本人在珍珠港事件後已經沒有什麼榮譽可言。無論如何，他們有某種目的，為此他們準備面對必然要遭受的大量死亡。而這個目的對於我們，也許不像對他們那樣重要。」

當天下午，杜魯門和史達林會晤。總統沒有提到原子彈，但史達林倒是向杜魯門透露一個他早就知道的祕密。這名大元帥把天皇請求派近衛公爵作為和平使者的密信交給他看。史達林詢問，他是否應該不予理會，因為蘇聯「終將對日宣戰」。

杜魯門無私心地要史達林自行其是。史達林建議由他「哄騙」日本人上鉤：是否可以告訴日本政府，這份電報對於近衛來訪一事過於含糊，他無法給予明確答覆？

因此，莫洛托夫在莫斯科的副手洛佐夫斯基讓佐藤大使等了五天之後，給了他一份密函：天皇的提議含糊不清，近衛公爵的任務又如此不明確，因此他的政府認為無法對這兩個問題做出肯定答覆。佐藤向東京作了匯報，之後又發電報請求政府接受任何和平條款，只要能保住天皇皇位：

本人了解這種聲明乃彌天大罪，因為這些觀點和政府的看法相左。但是，如此行事的理由是，本人相信，解救國家的唯一策略必須和這些觀點相一致。

然而，他在國內的上級並沒有準備走得這麼遠。就算他們真的這麼做了，美國人對於天皇的問題也就不會給予正式保證了。

不過，在瑞士的雅克布森比以往更有決心要開啟談判的管道。岡本不相信美國人任何非書面的承諾，但雅克布森用詭辯法最終說服了他：在第一次世界大戰後，美國人撕毀了書面承諾；現在，因為想要信守承諾，他們才拒絕做出書面承諾。這似乎符合日本的邏輯。岡本中將於是同意向東京方面發電，「強烈建議」終結戰爭。

因為岡本的積極行動，促使艾倫·杜勒斯飛往波茨坦，向史汀生匯報關於日本人態度的第一手資料。杜勒斯並不指望立即得到回覆，實際上也沒有得到。儘管如此，他也感到相當滿意，因為他「已及時且有效地對美國權威人士」指出，透過岡本進行談判的現實可能性。不過，美方的領導人因為有了終極武器而鐵了心，只肯接受無條件投降，即使是最企盼和平的日本人找他們會晤，他們也不再考慮談判了。[5]

七月二十一日，史汀生向杜魯門和伯恩斯宣讀了一份目擊者的報告，詳盡地描述發生在阿拉莫哥多的驚人場面。兩人都「大為歡喜」，杜魯門更是「精神振奮」。隔天上午，史汀生把這份報告交給了邱吉爾。邱吉爾也是相當振奮。首相傾身向前說：「史汀生，火藥算什麼？」他揮舞著雪茄，音調起伏地問道：「小事一件。電又算什麼？毫無意義。原子彈才是憤怒的耶穌基督再臨。」突然之間，他好像想起什麼有趣的事。「我現在才知道，昨天杜魯門倒底是怎麼回事。我那時還不明白。他讀完這份報告後才來參加會議，整個人都已經變了。他一直指點俄國人該怎麼做，全盤掌控了會議的局面。」他的激動已經超越科學上的勝利。再也不需要入侵日本了。邱吉爾事後寫道：「現在，所有的可怕景象都揮之一空。替代它的是在經過一、兩次劇烈打擊後結束戰爭的景象——看來確實是相當壯麗而明亮……此外，我們也不再需要俄國人了。」

就邱吉爾和杜魯門而言，投下原子彈一事已經決定了。但是，美方三名軍事領導人還在爭論著這個議題。萊希上將除了在道德上有其保留看法之外，也懷疑科學家和其他參與計畫的人會要求使用原子彈，「是因為在這個計畫上花費了大筆經費」。阿諾德將軍則宣稱，單靠常規炸彈轟炸就能結束戰爭。即使馬歇爾一再堅持，要在原子彈與大量傷亡的入侵作戰中只能選擇其一，他還是這麼認為。德懷特．艾森豪上將（Dwight Eisenhower）也強烈質疑馬歇爾的結論。他私下告訴史汀生，日本已經戰敗了，投下原子彈「完全沒有必要」。況且美國也應該避免使用這樣一種在他看來「對拯救美軍性命並非必不可少」的武器，而引起全球輿論的譴責。

七月二十三日晚間，邱吉爾設宴款待。皇家空軍樂隊的樂聲掩蓋了舉杯慶祝聲和交談聲。邱吉爾戲謔地向萊希上將小聲說，這是他對杜魯門和史達林所辦的那些「枯燥到流淚」的古典音樂的報復。杜魯門總統說，希望他在這次會議上是公正的，在將來也會致力如此。史達林立刻站起身，並說：「誠實為人之本。」說完後又大加讚揚杜魯門一番。金恩歪向身旁的莫蘭，小聲說：「你看看總統。這對他來說可是全新體驗，但他能應付得來。他比羅斯福更像典型的美國人，他不僅會為美國也會為全世界成就一番事業。」

祝酒詞是愈來愈奔放了。邱吉爾稱讚蘇聯領導人為「史達林大帝」，而史達林以「敬下一次在東京相會！」一語回敬，也讓大家暗暗心驚。吃完甜點之後，史達林依序繞著大圓桌請其他人在他的菜單上簽名。

從社交角度而言，這場宴會非常成功，但在隔天上午，「三巨頭」之間能否持續團結的疑惑再度浮出檯面。布魯克元帥（現在是艾倫．布魯克勛爵）在日記中陰鬱地寫道：「有件比其他事實更明顯的就是，什麼事也沒談成！」再也沒有共同的志業能把「三巨頭」聯繫在一起了。

杜魯門一早就獲悉原子彈在八月四日到五日之間就能準備就緒，最遲也不會超過八月十日。午餐前，他檢視了同盟國參謀首長聯席會議的最終報告，該報告建議，為了使日本盡早投降，應盡速讓俄國參戰。這個結論反映出他們對那顆未經試驗的武器的保守態度。不過，國務卿伯恩斯完全沒有疑慮。他和邱吉爾一樣，把原子彈視為結束戰爭的一種手段。讓俄國人參戰，肯定會使戰後解決亞洲問題更加複雜，因此毫無必要。他在午餐時大力勸說，竟然說服杜魯門同意將原子彈一事通知史達林，但卻要以若無其事的方式說出。否則，這名大元帥可能會理解到原子彈的全面重要性，在承諾的日期——「八月初」——之前揮兵滿洲對抗日軍。[6]

當天下午全體會議休會後，杜魯門找到史達林，順便提起美國擁有「一種具有非比尋常毀滅力量的新式武器」，卻完全沒有提到「核子」或是「原子」等字眼。史達林也隨意回答道，他很高興聽到這件事，希望美國人「能妥善利用它對付日本人」。[7]

邱吉爾也和伯恩斯擁有同樣想法，不想讓俄國人插手亞洲事務，他側身走到杜魯門身旁，神祕詭譎地問道：「事情進行得如何？」

「他完全沒有提出任何問題。」

二十四小時之內，新任的戰略空軍指揮官卡爾．斯帕茲（Carl Spaatz）將軍就下達了投下第一顆原子彈的命令：

一九四五年八月三日後，一旦天氣允許目視轟炸後，第二十航空隊第五〇九混成大隊將對下列目標投下第一枚特殊炸彈：廣島、小倉、新潟和長崎。為載運陸軍部軍職和文職科學人員，觀察並記錄此顆炸彈的爆炸情況，需要增派飛機隨掛載這枚炸彈的飛機同行。觀察機將與著彈點保持數英里遠的距離……

一天後，重巡洋艦「印第安納波利斯號」在馬里亞納群島的天寧島海面下錨。無數小船湧向該艦，各軍種的高階軍官則登艦觀看這個最高機密的貨物卸船，那是一個直徑約十八英吋、高約兩英尺的金屬圓筒——第一枚實際使用的原子彈的核心部分。它重好幾百磅，裝有鈾金屬的衍生物「鈾235」，外殼以鉛覆蓋。一個計算上的小小差錯卻毀了這個盛大場面。絞盤的鐵絞鏈要將這個圓筒降到登陸艇上，結果短了六英尺，旁觀者——海陸兩軍人員——都對海軍發出嘲笑聲。但這個棘手的任務最終還是完成了，「鈾235」被安全地送上岸。「印第安納波利斯號」的莊嚴職責也就此結束。[8]

—

七月二十五日，英國反對黨工黨自開戰以來，首度在選舉中挑戰邱吉爾的領導權威。邱吉爾搭機飛回英國。雖然他對自己的保守黨充滿信心，能在大選中獲得絕大多數的選票，但還是帶著一點不祥的預感。他告訴莫蘭說：「我夢見我的生命結束了——夢境很逼真——我的屍體停放在一間空屋內的桌上，用白布覆蓋著。從白布下露出的光腳丫，我就認出那是我。簡直跟真的一樣。」接著他又說：「或許該結束了。」他上床就寢時還對勝選充滿信心，但當他醒過來時，「身體感覺就像真的被利刃給戳進一樣痛。」他突然相信自己已被打敗，他想：「打造未來的權力已經拒絕我了。我所累積的知識和經驗、在許多國家中取得的權威和善意，都將消失殆盡。」

到二十六日中午，工黨已明顯將會勝出，克萊門特．艾德禮（Clement Attlee）將成為新任首相，取代邱吉爾在波茨坦會議上的位置。邱吉爾夫人在午餐時說：「或許這是塞翁失馬。」

「眼下看來，確實如此。」

原子彈已經運到天寧島，也已經寫好使用它的軍令。現在只剩下向日本發出最後警告了——《波茨坦宣言》。[9] 就在邱吉爾敗選那天，杜魯門總統下令華盛頓的戰爭資訊局把這份最後警告向日本發送。它威脅日本說，除非無條件投降，否則「日本本土會全面毀滅」，但卻沒有提原子彈，也沒有包含保留天皇的有爭議性的那一段。它把日本主權限縮到四個主要島嶼上，但也確切承諾日本人不會被「當成一個種族加以奴役，或被當成一個民族加以摧毀」，相反，將允許日本「維持其經濟發展所必須的工業」以及得到原物料。而且，只要一等建立起新秩序，並有足夠證據證明已經摧毀了日本發動戰爭的能力，佔領部隊將立即撤離。

中國和英國都已經批准了這份宣言，但直到當天晚上才拿給俄國人看；可以理解，他們既驚訝又惱怒。莫洛托夫立刻拿起電話，要求延後幾天發表。伯恩斯抱歉地回覆道，太遲了，已經發表了。他連忙補充說：「我認為，在你的政府尚未與日本交戰時，和蘇聯磋商這份文件是不適宜的。」

日本的監聽人員在東京時間七月二十七日上午攔截到這份宣言。東鄉第一時間的反應就是，「顯然的，這不是無條件投降的命令。」或許同盟國已經獲知天皇本人的求和企望，而放寬了他們的態度。當然，宣言還是有些含糊不清之處，但顯然已能與同盟國進行談判要求澄清和「修改——就算是很微小的修改——宣言中對日本的不利觀點」。他立刻向天皇呈報，並立促「不論是在國內還是國外，都應極其謹慎地」對待這份最後通牒。他特別擔憂的是，如果讓外人知道日本有意拒絕後可能會發生的狀況。接著東鄉向「六巨頭」以及全體內閣滙報，建議採行他和天皇建議過的相同辦法。豐田上將反對，認為應該立刻發出一份聲明，宣稱「政府認為這份宣言是荒謬的，不予考慮。」

鈴木首相支持東鄉，但每個人都同意要在報上發表這份宣言。軍方要求，在新聞發布這個宣言同時，公開表示拒絕，但鈴木首相建議他們忽略這份宣言。最終達成妥協：允許報界公布修訂後的版本，不評論也不批評。

不過，到了隔天上午，幾家報紙無視官方指示，竟發表了社論，使外務省坐立難安。《每日新聞》的標題是「可笑的事件」，《朝日新聞》則宣稱：「美國、英國和重慶的聯合宣言並不是什麼大不了的事，這只會加強我國政府堅定地繼續奮戰，直到獲取最後勝利為止。」

東鄉認為軍方應該對此負責——報社的主編們是不敢擅自作主、違抗政府的。軍方卻反擊東鄉的指控，再次堅持要以明確的言詞駁斥這份宣言。他們再度達成妥協：首相會宣讀一份聲明，藐視同盟國的條款但又不加以回絕。下午四點，鈴木告訴記者，「我認為，《波茨坦宣言》只不過是《開羅宣言》的翻版，政府並不認為它具有重大意義。我們必須『默殺』。」顧名思義，「默殺」這個字眼意味著「沉默地殺害」，但鈴木告訴他的兒子，他想用這個詞表達英文的「無可奉告」，而在日文中並沒有對等詞。不過，美國人卻根據字典的解釋理解：「忽略」和「沉默輕視以對」。美國人這麼做的原因是可以理解的。七月三十日《紐約時報》在頭條下了這樣的標題：《日本正式拒絕同盟國要求（日本）投降的最後通牒》。

使用原子彈已勢在必行，但美國人心中還存著一個疑問：在使用原子彈迫使日本迅速投降「之前」，蘇聯會不會對日本宣戰？僅在幾天前，安托諾夫將軍已把蘇聯參戰日期延後到「八月下旬」。現在，在發出了這份宣言之後，莫洛托夫施壓要求發出一封正式邀請蘇聯參戰的信件。杜魯門故意拖延了四十八小時，最終在七月的最後一天給史達林發出一封模稜兩可的邀請，表示「如果蘇聯為了維持和平與安全的國際社群的利益，表達其願意與其他正和日本交戰的大國諮商以及合作並聯合行動，將是合宜的。」

在一封試圖把主動要求參戰的責任推給蘇聯的信函中，杜魯門表示，在史達林和蔣介石達成協議後，他會發出一封正式署名的文本給蘇聯。「如果你決定要使用它，那不會有任何問題。不過，如果你另外發出一份聲明，因為其他基礎或其他理由作為你的行動依據而不願使用這封信，我也表示滿意。請你裁定。」

「終點站」結束了。杜魯門、艾德禮和史達林都公開表示滿意，但暗地裡卻隱藏著厭倦和失望。懷疑俄國人動機的杜魯門，私下決心不讓他們「在控制日本方面有任何參與」，在達成某種控制和監督之前，不向他們透露出有關原子彈的訊息。他在寫給他母親的信中表示：「從來都沒看到過跟俄國人一樣固執的人。我希望將來再也不要和他們開會——但是，我當然還是得開。」

萊希對杜魯門頂住史達林的方式感到驕傲，特別是他拒絕「簽署勢必會重演第一次世界大戰歷史的賠償協議」。但是，蘇聯持續反對攸關歐洲未來和平的重要提議，使萊希上將「嚴重懷疑，是否能夠談定任何我方政府可以接受的和平條約」。伯恩斯也不滿意。從史達林那裡獲得的讓步能否實現，還有賴於蘇聯人是否履行在這筆交易中的義務；到了此時，伯恩斯「對他們的保證也沒有什麼信心」。「終點站」為戰爭的勝利者提供了一個獨特機會，在這個被戰爭撕毀達十年之久的世界中推動秩序和正義。然而，它卻為戰後的世界創造了新的衝突。

三

在莫斯科，佐藤大使再度試圖說服東京相信，蘇聯無意代表日本出面調停：

……我相信，史達林認為絕對沒有必要主動和日本達成協議。基於這點，我認為你的觀點和實際狀況之間差距極大。

不過，日本的領導人卻無法面對實情。他們似乎一廂情願地認定蘇聯終究是會幫助日本的。即使是務實派的木戶也期望莫洛托夫和史達林回到莫斯科後，會做出有利的答覆。東鄉持續督促佐藤：

……請求再進一步努力，總之要使蘇聯熱衷於特使一事……就目前這件事而言，一日之差或許會導致千年遺憾，請你立刻與莫洛托夫進行會談……

正當日本滿抱期望等待蘇聯解決他們的問題時，第一顆原子彈已經做好投送的準備，只待天氣好轉。其他原子彈也正在運送途中。美國領導人非但沒有探詢與日本謀和，反而決心使用一種已引起諸多爭論的武器，以迅速終結戰爭——為珍珠港事件所帶來的羞辱以及日軍在整個太平洋所犯下的暴行報仇雪恨。

八月一日，美軍在天寧島上一間有著空調系統的炸彈庫房內組裝這枚原子彈。它長十英尺，直徑達二十八英吋，除了大小的差異外，外型就像一顆尋常的炸彈。

投扔原子彈的機組人員，也就是第五〇九大隊，在極機密的情況下進行訓練，只有他們的大隊長保羅・蒂貝茨上校（Paul Tibbets）知道任務為何。他們所在的區域都被鐵絲網包圍，還架有機槍保護。就算是一名將軍也需要有通行證才能進入。

儘管安全措施極為嚴密，但五〇九大隊似乎無事可做。偶爾他們會以三架轟炸機為一組飛往敵軍領土丟炸彈。島上的其他部隊時常譏笑他們，還有人以匿名嘲諷地寫道：

這朵祕密的玫瑰飛上天，
沒人知道他們到底去了哪。
不過明天他們又會飛回來，
但我們不知道他們去幹啥。
不要問我們結果是什麼，
除非你們想自找麻煩。
但如果你相信我知道結果，
五〇九大隊要贏得戰爭。

八月五日上午，天氣預報顯示午夜過後適宜起飛。負責安裝原子彈的海軍軍械專家威廉・帕森斯上校（William Parsons），在前一晚就目睹了四架「超級空中堡壘」接連在起飛時墜毀。他告訴負責這項祕密計畫的湯瑪士・法雷爾准將，如果攜帶原子彈的轟炸機無法安全起飛，原子爆炸可能會把整座島都摧毀掉。

「我們只能祈禱不會發生這種事。」

「嗯，如果等我們飛離這個島之後，我再進行最後組裝，就不會發生這種事了。」法雷爾問帕森斯之前是否曾在這樣的情況下組裝過炸彈。「沒有，但我還有一整天可以試試看看。」

「好吧，去試看看。」

黃昏前，原子彈被從有空調設備的庫房中移到陽光耀眼的戶外，裝進一架以蒂貝茨上校的母親名字「艾諾拉．蓋」（Enola Gay）來命名的「超級空中堡壘」的彈艙中。原子彈彈殼上塗滿著用粗粉筆寫給天皇的訊息。夜暮降臨時，帕森斯爬進悶熱的機艙。他蹲在炸彈旁邊，一小時又一小時地反覆練習最後的組裝動作。

法雷爾看到帕森斯的雙手流血時說：「我的老天爺，老兄，用我的豬皮手套吧。它們很薄的。」

「我不在乎，我必須摸著做才行。」

晚上七點十七分，法雷爾發電報給格羅夫斯說：「法官（帕森斯）在起飛後安裝炸彈……」晚上十點過後，六名機組人員被召進一個半圓頂房屋內聽取出發前的簡報。他們一臉肅穆地看著蒂貝茨邁步上了講台。他說：「今晚就是我們期待已久的一晚，好幾個月的訓練就要進行檢測。我們很快就會知道那是成功，還是失敗。我們今晚的努力很可能就要創造歷史。」他們將要投下的是一顆大約兩萬噸黃色炸藥破壞力的炸彈。（三天前已告知「艾．諾拉蓋號」的機組人員要載運何物。）「因為這顆炸彈威力強大，我們要用不同於以往投擲普通炸彈的戰術。」他解釋，三架氣象偵察機將先行起飛，偵查三個已選定的城市上空的天氣，以便在最後一刻能夠改變轟炸目標。「艾諾拉．蓋號」在一個小時後起飛，後面跟著兩架載有科學儀器和攝影器材的護航機。在黎明過後幾分鐘，三架飛機在硫磺島上空匯合。

在午夜起飛前發布了最後一次簡報，發給每個人一副可調整的弧形焊工護目鏡，以能在爆炸產生強烈閃光時保護眼睛。機組人員一個個低著頭，敬畏地聆聽二十七歲的路德教派牧師威廉・唐尼（William Downey）的祈禱詞：「……主啊，我們向您祈禱，願戰爭盡早結束，和平再度回到世上。願今晚飛行的人員都能在主的庇佑下安然返回……」

他們表情嚴肅地依序走進餐廳，都拿到了一份上面印有美國大兵幽默笑話的菜單：

看啊！真的雞蛋（「你真的想吃它們？」）

燕麥片（「為什麼要吃這個？」）

牛奶（「沒有魚湯嗎？」）

碎肉香腸（「我猜那是豬肉」）

蘋果奶油（「看起來像是承軸潤滑油」）

牛油（「是啊，潤滑油又來了」）

咖啡（「清潔劑」）

麵包（「給我一條吐司吧」）

凌晨一時三十七分，三架氣象偵察機飛入黑夜之中，一群送行者和攝影師群聚在「艾諾拉・蓋號」旁，幾十架閃光燈不斷閃爍，有人擔心躲在山裡的日本游擊隊會向東京發出電報，報告這裡正在發生異常的狀況。

「艾諾拉・蓋號」以及兩架護航機緩緩滑向跑道。報導這一事件的唯一新聞記者——《紐約時報》

的科學版編輯威廉・勞倫斯（William Laurence）——正站在法雷爾准將身旁，從「北機場」的塔台上全神貫注地觀察「艾諾拉・蓋號」的起飛情況。飛機加速到時速一百八十英里，但由於額外負擔過重，似乎無法離地。旁觀著想起了昨晚墜毀的四架同型轟炸機，都緊張到想生出一股力氣將它抬升上空。

蒂貝茨降下機頭提速，但副駕駛羅伯特・路易斯上尉（Robert Lewis）認為「在跑道上滑行多了點」，便開始重新對機輪加壓。在跑道只剩下幾碼時，這架巨型轟炸機猛然升起，飛進夜空。

在塔台內，法雷爾准將轉身對一名海軍軍官說：「我從來沒看到過一架飛機起飛時要用這麼長的跑道。我當時還想，蒂貝茨永遠都無法把它拉上空中呢。」

時間正好是八月六日凌晨兩點四十五分。這會是值得紀念的一天。

第三十三章
廣島

一

「艾諾拉・蓋號」爬升到四千英尺高空後，帕森斯上校便鑽進彈艙內。他的助手莫里斯・傑普森上尉（Morris Jeppson）用手電筒照著原子彈，他自己則謹慎地從炸彈尾部插裝上炸藥引信。幾乎過了半個小時之後，帕森斯才說：「好了，這樣就行了。」

傑普森將一枚綠色插銷抽出，換上一個紅色的。完成接通電路，隨時都可以投下原子彈了。在機身後段，蒂貝茨想睡一覺——他已經二十四個小時沒有闔眼過——但卻無法入睡；十五分鐘後，他沿著狹窄的三十英尺長通道爬回前半部機艙。頭戴棒球帽的機尾砲手喬治・卡倫上士（George Caron）攔住他，問道：「喂，上校，我們今天是去分裂原子嗎？」

「兄弟，你差不多猜對了。」

蒂貝茨接手副駕駛的工作，路易斯離開駕駛艙去吃點東西。他注意到一個黑色箱子上有幾個小綠燈，便問帕森斯這些小綠燈「他媽的是幹什麼用的」。這些綠燈表示原子彈是正常狀態，紅燈亮就表示出了問題。

被砲火打得滿是彈坑的摺缽山，在晨曦中漸漸露出海面。蒂貝茨推動節流閥，「艾諾拉．蓋號」開始往上爬升。此時是凌晨四點五十二分。幾分鐘之內，飛機就攀升到九千英尺高空，兩架護航機與之會合。下方就是硫磺島——緊急預備基地——威廉．烏安納少校（William Uanna）正在那等著他們安全抵達。蒂貝茨用無線電通知他說：「小老弟，我們正朝目標前進。」

蒂貝茨拿起了飛機上的對講機要大家各就崗位，在投完炸彈之前不得擅離。他說，一旦日本進入視線，所有的談話都要錄音。「這是為了紀錄歷史，所以，請注意你們的用字。我們正攜帶著第一顆原子彈。」

在這之前，大多數的機組人員從未聽過「原子」這個詞，這個詞聽起來讓人毛骨悚然。

他們首要的目標是日本主要大島本州東南沿海的廣島。廣島是日本帝國第八大城市，該市已經把十二萬平民疏散到鄉間，但市內仍有二十四萬五千人。這座城市幾乎未受戰爭侵擾。雖然廣島是「第二總軍」[1]的總部所在地，也是一座重要軍港，但他們期望能夠免於轟炸的理由，卻是幼稚無知，甚至是荒謬可笑的：因為他們有許多親友住在美國；他們的城市就和京都一樣美麗，所以在戰後美國人會想在此定居；杜魯門總統的母親曾經住在附近等理由。兩天之前，空中飄下了七十二萬份傳單，警

告他們，除非日本立刻投降，否則廣島和其他城市一樣都會被毀滅，但市民們對此卻不怎麼在意。上午七點零九分（比天寧島時區早一個小時），警報整整響了一分鐘。自午夜起，這是第三次空襲警報，但很少人躲進防空洞。最後一次警報是美國「同花順號」氣象偵察機所致，機上繪有一幅卡通圖案，畫的是一名日本士兵被沖進馬桶。如果廣島的天氣狀況夠好，蒂貝茨也會和這架氣象機飛同樣的路線；如果天氣不理想，蒂貝茨就改成飛往小倉或長崎。

從遠處望去，廣島的雲層似乎甚低；不過，當「同花順號」抵達投彈點時，觀察投彈手肯尼斯·魏上尉（Kenneth Wey）透過瞄準器能清楚地看到廣島市。廣島地勢平坦，由大田川三角州的六塊細長小島組成。從三萬兩千英尺的上空向下看，廣島看起來就像根變型的手的指頭。南端，碼頭伸進美麗的瀨戶內海，三角州的邊緣上則有許多小山。

七點二十五分，「同花順號」轉頭飛回天寧島基地，遇上零星的高射砲火。飛行員克勞德·伊特里少校（Claude Eatherly）[2]下令電報員發送下列電文：「低雲層，厚度十分之一到三。中雲層，厚度十分之一到三。建議：轟炸首要目標。」

「艾諾拉·蓋號」剛剛飛到約三萬兩千英尺的轟炸高度，副駕駛路易斯應《紐約時報》特派員威廉·勞倫斯之請，在飛行日誌上寫下：「各位，目標不遠了。」

蒂貝茨收到伊特里的電報後，轉頭對導航員西奧多·范·科爾克上尉（Theodore van Kirk）說：「目標廣島。」七點五十分（他們的手錶是八點五十分），這架巨型飛機抵達了四國島。在它身後就是本州及廣島。機組人員急忙穿上防彈衣。雷達和敵我辨別器（IFF）都關掉。飛機藉助自動駕駛繼續飛行。帕森斯向前艙傳話表示，綠燈依舊亮著。然後他爬到駕駛艙，伸頭越過蒂貝茨的肩膀往前看，發現雲層中有個大缺口。下方是一片地域極廣的城市。蒂貝茨問道：「你也同意那就是目標吧？」帕森斯點頭說：「是的。」

此時是上午八點零九分，蒂貝茨透過對講機宣布：「馬上就要開始投彈。拿起你們的護目鏡，放在前額。一旦開始倒數，就把它戴上，閃光結束後才能拿下來。」

路易斯又在飛行日誌上寫下一行話，也是這次任務中唯一在飛行時記錄下來的話：「轟炸目標時將會有個短暫中斷。」

運載儀器的飛機「偉大藝人號」（The Great Artiste）緩慢飛在後方約一千碼的距離。另一架護航機「第九十一號」開始盤旋，為拍攝照片調整機身位置。

「艾諾拉．蓋號」上的投彈手湯瑪士．費里比少校（Thomas Ferebee）傾身向前，左眼貼在諾頓瞄準器上，八字鬍翹向兩邊。八點十三分三十秒，蒂貝茨說：「都交給你了。」這架「超級空中堡壘」是自動操控飛機，在廣島上方三萬一千六百英尺高空以對地時速二百八十五英里朝西飛行。費里比的瞄準需要校正飛行偏差。天空的雲層已經散去，費里比清楚地辨別出他從目標照片上熟悉了的一切——大田川的七條支流，形成六個島嶼。瞄準點相生橋的中心，已經爬進了瞄準器的十字準線上。

費里比說：「瞄準目標了。」投彈前四十五秒，他透過對講機送出轟炸無線電音訊號。除了兩名飛行員和費里比之外——費里比若是戴上護目鏡，就無法透過瞄準器觀察目標——所有的機組人員都拉下他們的深色護目鏡。

八點十五分十七秒，「艾諾拉．蓋號」的彈艙門自動開啟。投彈時間是依據費里比輸入到瞄準器的資訊用電控制的。他的手指按在一個電鈕上，如果炸彈不能脫落，他就會按下按鈕。無線電音突然停止。費里比看到細長的炸彈尾部往下掉，接著翻轉過去，彈頭朝下往廣島落下。因為少掉了九千磅的重量，機身向上猛衝。蒂貝茨猛力向右轉，彎度超過一百五十度，然後才壓下機鼻加速。

「偉大藝人號」的彈艙門也開啟了，掉下來三包東西。幾乎就在同時，三個包裹立刻開啟了降落傘，下方吊了個像是滅火器的圓筒——那是要把數據資料回傳的發送器。

蒂貝茨命令大家「一定要把護目鏡戴好」。炸彈定在四十三秒後爆炸，到三十五秒時，他也把自己的護目鏡戴上。

——

廣島的地面和天空都非常寧靜，廣島市民一如往常般繼續做著日常事務。看到那三個降落傘的人，還以為是敵機中彈，機組人員跳傘了，要不就是在散發宣傳單。有人想起上次的宣傳單在陽光中閃閃發亮的情景，他想，美國人又帶給我們一些美麗的東西了。

剛剛入伍的一等兵下山茂在相生橋（費里比的目標）以北數百英尺的地方，戴著深度的近視眼鏡，懶洋洋地抬頭盯著其中一個飄落而下的降落傘。他當時正站在他的軍營外面，軍營是棟大型木製建築，過去曾是一間倉庫。他到廣島才四天，已經感到「極度無聊」。他希望能夠回到東京，去改學生的作業本。突然之間，一道粉紅色的光芒在天空中爆開，像是無限大的閃光燈泡。

廣島所有的時鐘從此永遠固定在八點十五分。

原子彈在離地面六百六十碼的上空爆炸了，形成的火球直徑幾乎有一百一十碼。在火球正下方的人聽不見任何聲音，也無法說出閃光的顏色——藍色、粉紅色、暗紅色、咖啡色、黃色或是紫色，各人說法不一。

火球散發出來的高溫只持續不到一秒，但溫度之高（幾乎達攝氏三十萬度），把爆炸點正下方的「原爆點」（ground zero）半徑一千碼內的花崗岩都給熔化了。屋瓦也軟掉了，從黑色變成橄欖色或棕色。在整個市中心，有無數的人影印在牆面上。在外代橋的欄杆和柏油橋面上，有十個人在那裡永遠留下了自己的輪廓。

片刻之後出現一股可怕的爆炸震波，兩英里內除了少數幾棟堅固且防震的建築物之外，全都被摧毀。費里比幾乎正中目標，比預計的著彈點僅誤差三百多碼。

一等兵下山當時在離「原爆點」以北五百五十碼的地方。他沒有直接暴露在閃光之下，不然早就一命嗚呼了。爆炸把他拋進像是穀倉的巨大房舍內，再把他送上正在坍塌的橫梁，五根長釘刺進他的背部，讓他懸離地面好幾英尺。他的眼鏡卻毫髮無傷。

在更北五百碼遠處，狹戶尾秀夫上尉連長剛進辦公室，正在脫馬靴。房子垮下壓在他身上，還著了火。他想起自己七年來在滿洲、中國、新加坡、馬來亞和新幾內亞等地作戰。未能馬革裹屍，卻要被燒死在這裡，真是悲慘至極！他大喊道：「天皇陛下萬歲！」當大火就要燒到他時，壓在他身上的房屋殘塊被拉開了，他終於能夠脫困。他感到一陣噁心，抬頭一看，天空一片恐怖的黃色。目光所及盡是一片平地，所有的建築物全都消失無蹤——高聳的廣島城和第二總軍總部也都消失了。他跌跌撞撞地朝大田川的一條主要支流爬去。河的兩岸擠滿了幾百名軍醫院的傷患和護士，一臉茫然。他們的頭髮都已被燒光，皮膚被灼成咖啡色。他不禁毛骨悚然。

震源的另一方一千碼處，溫島品康子太太被埋在她家酒店的廢墟中。她首先想到的是還在外面玩耍的四歲女兒生子。不知道為什麼，她聽見生子的聲音在她耳邊說：「媽媽，我害怕。」她告訴女兒說，她們已被埋住，要死在那裡了。她身材嬌小，只有四英尺六英吋高。她拚命掙扎，終於爬進了庭院中。四周一片斷壁殘垣。人們面無表情地在四處亂晃，像是夢遊者一樣不發一語，衣衫襤褸且還冒著煙。這就像是佛教所說的從地獄召喚而來的眾鬼遊行。她像是著了魔一樣看著，直到有人拍了她一下。她抓起生子的手，加入了群眾的隊伍。在混亂中，她看到了幻影，似乎城市上空仍有無數戰機在不停地投擲炸彈。

在「原爆點」以東一千四百碼處有座廣島市唯一的天主教堂，德籍修道院院長愛宮真備（德文姓名Hugo Lassalle）聽到了飛機的聲音。他走到窗邊。天空突然一片灰黃——天花板也坍塌落下。神父奮力跑到街上，身上還淌著血。一片漆黑，整座城市都被煙塵覆蓋著。他與另一名德國教士一起，開始在瓦礫中搜尋教會人員。

在南方六個街口之外，十五歲的山岡美智子剛步出家門到電信局上班。她還記得「鎂光燈一閃」，接著聽到遠處傳來呼喚聲：「美智子！」是她母親在喊。她答道：「我在這兒。」但不知道聲音是從哪里傳來的。她什麼也看不見——肯定是瞎了！她聽見母親大喊：「我女兒被埋在下面！」另一個聲音，男人的聲音，要她媽媽趕緊逃跑，他說大火正沿著街道一路燒來。美智子哀求母親趕緊逃命，然後就聽到腳步聲漸漸遠去。她就要死了。不過，士兵們把水泥牆推向一旁，有道光線穿了過來。美智子的母親正大量流血，有片木頭穿過了她的手臂。她要美智子快跑，她要留下來救還困在廢墟底下的親屬。

美智子就像是穿走在夢魇的世界裡——從燒焦的屍體旁走過。在一棟倒塌的鋼筋水泥建築物後，有個小孩被困在扭曲變形的鐵欄杆裡，不斷在哭泣。她看到了一位認識的人，於是朝她大喊。

那名女孩問：「你是誰啊？」

「我是美智子。」

這名朋友睜大眼睛瞪著她看並說：「你的鼻子和眉毛都沒了！」

美智子摸了摸臉。她的臉已經腫到鼻子都像是消失了一樣。

在同一個區域，有三百五十名女子商業學校的學生正在清掃一塊空地。她們穿著藍色的裙褲和外衣，沒有戴帽子或防火帽。那些好奇地轉過身去看閃光的女孩——將近三百人——立刻喪命。十二歲的松原美代子本能地用雙手摀住臉。待她恢復知覺時，只見四周一片無法想像的荒涼——沒有人，沒有建築物——只有一些瓦礫石塊。她的褲裙到哪去了？身上只有一條圍在腰間的白布，而且還在冒火。（凡是穿深色衣服的人，如果暴露在閃光下，就首先會被高溫灼傷，但那殘酷的閃光，遇到白色物體會反射開去，不會造成傷害。）她用右手撲滅身上的火苗，恐懼地看到自己的皮膚稀稀拉拉地掉著。

那天早上，富田太太剛生下一名女嬰。她和先生虎雄正一起看著新生的女兒裕子。突然，一道強烈的光線穿進窗戶。富田太太記得，在她失去意識之前，聽到了一陣嘶嘶響聲。醒來時她已經躺在地板上，丈夫已不見蹤影，穿著紅色衣服的小嬰兒則躺在縫紉機上——還活著，但不哭鬧，極其不自然地安靜。富田太太連忙用布把膨脹的肚子緊緊裹住——助產士曾告訴過她盡量不要動——抱起嬰兒往街上走。虎雄歇斯底里地在廢墟中挖著，要找另外兩個孩子。大女兒還活著，但她的弟弟仍被埋在底下。有人喊了一聲，說有更多戰機飛過來了，一家人趕緊躲到臭水溝內。

在「原爆點」南方不到一英里處，廣島大學的主樓完整無損地聳立在一片廢墟之中。校園建築物上面的大時鐘指針停在八點十五分。不過，它卻和讓許多鐘錶都停在這個時刻的原子彈毫無關係；這座大鍾幾天之前就停了下來，像是先知般地停在這浩劫時的一刻。

在對街紅十字會醫院內的木造宿舍裡，有兩名學生護士因為生病還躺在床上；她們既沒有看到爆炸，也沒聽到爆炸聲。她們的第一個異常感覺是肺好像塌扁了，無法呼吸。佐藤京子爬出了大樓，到處煙塵滿布。她聽到一聲沉悶的喊叫聲：「佐藤！」她循著聲音找到了她的朋友，把她從廢墟中挖了出來。她們試圖一起穿過公路去醫院報到，但無法穿越往市郊移動的密集人群。人們沉默不語，衣不蔽體，身上都流著血。沒有歇斯底里，甚至連眼淚也沒有。這種非現實的景象實在令人害怕。

那天早上，醫院的內科部主任重藤文夫醫師也沒能抵達醫院。在震源東邊兩千碼處，他排在一長串繞過廣島火車站轉角人龍中的最後一個，等待搭乘無軌電車上班。閃光把他面前的一群女孩變成白色，白到幾乎看不見。燒夷彈！他趴在人行道上，雙手摀住眼睛和耳朵。此時，有塊沉重的石板壓在他的背上。捲起的煙霧遮住了陽光。在第二波的炸彈震波襲擊之前，他在昏暗中閉著雙眼摸索著尋找避難所。他害怕這是毒氣，連忙掏出手帕摀住了嘴。

一陣微風從東面吹來，逐漸吹散這片區域的濃煙，看起來像是天剛亮。眼前出現一片難以置信的景象：車站前的建築物全部倒塌，成為平地；地面上全是半裸冒著濃煙的屍體。在車站等車的人，只有他沒有受傷，因為他站在最後，車站的轉角保護了他。重藤醫生趕緊前往醫院，卻被一道還在燃燒且無法穿越的火牆擋住去路。他轉身跑向一片空地——車站後方的陸軍練兵場。他看到好幾十名倖存者在那裡打轉，歇斯底里般地哭喊著。為了減輕燒傷的疼痛，他們伸開雙臂，臂下都掛著長長的一捲捲的皮膚。

一名護士跑向他，認為他必定是名醫生，因為他帶著黑色皮包，同時蓄著修剪整齊的小鬍子。她請求他為一名醫師和躺在地上的妻子治療。他的第一個想法是：如果這一大群絕望的人發現他是個醫師，那該怎麼辦？他不可能醫治所有的人。那名受傷的醫師說：「請先治療我的太太吧。」他自己正在大量出血。重藤給她注射了一針治療休克的樟腦，接著再打了一支止血針。他重新包紮了護士綁的繃帶，然後轉身開始治療其他傷患，直到用光所有的藥品為止。到此時，他已經無能為力了，於是逃往山上。

二

「艾諾拉・蓋號」上的機組人員看到下方幾英里之外有個針頭大小的紫紅色光點，迅速炸開擴大為一個紫色的火球。火球接著爆成一大團噴著一圈圈煙霧的火焰和濃雲。有根煙柱從紫色的雲中竄起，迅速地爬升到一萬英尺高空，開了花，形成一個巨大的蕈狀雲。這朵蕈狀雲，如同沸水一般劇烈翻滾，繼續往上爬升到五萬英尺的高空。

一道震波衝撞上「艾諾拉・蓋號」。蒂貝茨以為是高射砲火來襲，連忙大喊「高射砲！」帕森斯喊道，那是衝擊波，又說：「我們現在安全了。」副駕駛路易斯為了查看儀錶板，在爆炸前幾秒把護目鏡摘下，轉身看了那道閃光一眼。費里比被那長長的投射彈道迷住，竟然忘記要拉下護目鏡。他感覺就像是被攝影師用鎂光燈在臉上閃了一下。蒂貝茨拿下護目鏡，掃視了儀錶板，然後調轉機頭飛回廣島去觀察結果。

機尾的砲手卡倫上士透過對講機喊道：「我的聖摩西啊，炸成一團糟！」

路易斯說：「我的上帝，我們都幹了什麼好事啊？」他在飛行日誌中草草寫下「我的上帝」四字。廣島看似已經「四分五裂」，讓他覺得自己就像是影集《巴克・羅傑斯在二十五世紀》（*Buck Rogers in the 25th Century*）裡的戰士一樣。

導航員范科爾克一開始被這景象給嚇著了，接著又覺得自豪，最後鬆了一口氣，一切都結束了。對講機傳出歡呼聲，這意味著戰爭結束了。然後，機組人員開始想起地面上的人。

蒂貝茨下令無線電員用明碼發送電報，表示已經轟炸了第一目標，目測效果良好。帕森斯則傳送了另一則加密電報：

> 爆炸乾脆俐落，各方面都很成功。目測效果優於「三位一體」（阿拉莫哥多的試爆）。投彈後機內狀況一切正常。正返回「羅馬教廷」（天寧島）……

在幾英里之外，坐在「偉大藝人號」上的科學家正聚精會神觀察爆炸紀錄儀。聖母大學的物理學家柏納德・沃爾德曼博士（Bernard Waldman）正坐在投彈手的位置上，操作著他從美國帶來的高速攝影機。他還來不及在空中試用。投彈後，他開始記數到四十秒，然後開動攝影機。當飛機飛走時，領航員羅素・加奇巴克上尉（Russell Gackenbach）也用袖珍相機拍攝了一系列的照片。

在地面上，在「原爆點」南方兩英里半的地方，曾是新聞攝影師的木村建一正在陸軍的一個馬廄外工作；他看到一道強光從左方閃過，立刻感到全身灼燙。他起初以為是廣島瓦斯公司的油槽爆炸了，但他馬上就發現油槽仍完整無損，便本能地覺得肯定是投下了一種特殊炸彈。他決定到附近倉庫內去取他的相機，以能盡快把這景象拍下來。當他爬過馬廄的廢墟時，炸彈爆炸後產生的那根細長白色的煙柱已經變成粉紅色，上端開始膨脹，變得像是個磨菇，而且不斷在脹大。

到倉庫後，木村發現所有的窗戶都已震碎，地上滿是玻璃碎片，甚至看不到落腳之處；他設法走了進去，拉開抽屜。倒下來的樹木擋住了倉庫外面的路，因此他轉身回到馬廄，以能拍到原子雲的第一張照片——「確實是可怕的景象。」此時，煙雲已經蓋住整片天空。從市區西部爆開的大火，正迅速蔓延開來，他站在一間工廠的屋頂上拍完了一卷底片。[3]木村從原子彈的浩劫中死裡逃生，但卻永遠再也沒能看到他的妻子——那天早餐後，她留在家中。

在「原爆點」附近的人始終沒有聽到爆炸聲。隨著距離的增加，爆炸聲響愈來愈清楚，然後就是猛烈的震動。在三英里遠的地方，爆炸聲有如天崩地裂的雷鳴；在四英里遠的地方，先像是遠方傳來的呻吟聲，然後一陣刺耳的轟隆聲。在東南方十二英里吳港附近，北山忠彥以為是附近的彈藥庫爆炸了；在離岸幾英里的海面上，救援人員正在打撈陷在海底泥床上的一艘運載四人的「蛟龍號」潛水艇。他們聽到一陣「霹靂聲」。片刻時間，他們看到一架「超級空中堡壘」從廣島方向飛來。

廣島上方的大氣層被這股巨大的力量翻騰滾動了整整一刻鐘，接著開始落下巨大的雨滴。裊裊上升的雲柱帶上去的水蒸汽已足以凝結成水滴，沾上了輻射塵大滴大滴地落下。這陣古怪且超自然的「黑雨」嚇壞了這群倖存者。這是不是某種黏在他們皮膚上慢慢毒死他們的毒油呢？雨滴打在半裸的人們身上，留下一道道灰色痕跡，讓很多人意識到廣島遭受到一場無法想像的浩劫。富田太太設法要保護出世只有兩個小時的嬰兒，但小裕子還是被雨水淋得濕透。自爆炸以來，這孩子就一聲也沒哭過。[4]

這場致命的黑雨不久變成霧濛濛的黃色細雨，往西北擴散。東面火勢猛烈的地方幾乎滴雨未落，皮膚科專家、廣島市的民防主管松坂義正醫師正試圖在混亂中建立起新秩序。他不顧傷痛，穿上了妻子從他辦公室的斷垣殘壁中找出來的民防制服，由兒子攙扶著，手裡高舉一面太陽旗，一拐一拐地走向東區警察局。當人們看到這一群意志堅強的小隊伍──松坂夫人和三名護士跟在後面──也就鎮靜了下來。他們在警局前面設立起急救站──離「原爆點」一千兩百碼──傷患立刻在倒坍的警局前排起長長的隊伍。

警察局長田邊至六的家離警局不到半英里，已全部被毀。此時，他正拚命地趕去警局。不過他被從「原爆點」跑來的幾千名難民擋住去路（他們「好像是剛從血池塘裡爬出來」）。當田邊抵達警局門口時，警局已經起火。他立刻控制局面，並且組織一個水桶消防隊去撲滅鄰近的「火塘」。雖然半棟大樓已經著火在燃燒著，松坂醫師和他的急救隊還是持續治療傷患，並且催促他們出城去避難。

整座城市一爐爐的炭火（家庭主婦正準備做早餐）把易燃的殘餘木料又燒了起來。爆炸後，一陣旋風來到「原爆點」附近，把幾千個小火源颳成燎原大火；大風藉著猛烈的火勢，大樹都被連根拔起。爆裂的火焰就像是怪獸打來的火炬一樣，把屋頂全部掀掉，好像它們是紙板一般，房子被炸得七零八落，金屬鐵橋被燒得歪曲變形，電線杆也被燒得爆炸開來。

在廣島城附近，有四個人扛著一幅巨大天皇畫像在街上蹣跚走著。畫像是從燒著大火的第二總軍的通訊中心裡搶救出來的，他們準備把它安全地送出城外。一看到這幅畫像，原本無動於衷的難民開始大喊「天皇的畫像」！被火燒傷還在流血的傷患紛紛向畫像敬禮或鞠躬。那些無法起身的人則雙手合十祈禱。畫像被抬過淺野長晟公園，來到河邊，河上停著一艘小船。此時，高聳的松樹已經燒得像是一把火炬。當載著畫像的小船安全穿過滿天亂飛的火星逆流而上時，河岸上受傷等待救援的士兵，掙扎著起身，立正向畫像敬禮。

在爆炸的最初幾分鐘內，第二總軍的指揮官藤井上將就被燒死在廣島城附近的總部之內，但更接近「原爆點」的一等兵下山茂雖然被屋樑上的釘子釘住，卻還活著。他痛苦地從釘子上掙扎著站起來，把頭當成大鐵鎚一般，持續地重撞屋頂，血不斷流下，遮住了視線，但他終於撞破屋頂爬了出去。濃厚的煙雲在他四周翻騰。他知道某種無法抗拒的力量，如同復仇巨人的手一般，已經橫掃了整座城市。在河邊，他看到好幾十名傷患瘋狂地跳進河中。他們到底為什麼要這麼做？河面上的紅色泡沫是血嗎？下山不斷告訴自己要鎮定。對於災難他並不陌生，在一九二三年的大地震中、在杜立德的空襲中、在四月十三日的東京轟炸中，他都幾乎死於非命。他沿著河水逆風而走，這樣他身後的大火就不會燒到他。

一匹騎兵的戰馬孤伶伶地立在他前方的路上。牠的外表呈粉紅色，大火燒掉了牠的外皮。牠搖搖晃晃地跟著他走了幾步，像是在乞求什麼。這樣淒楚的景象震懾了下山，但又不得不繼續前進（在數年之後他還會夢到這匹粉紅馬）。沿河北上的還有五、六名士兵，但看起來每個人都像是獨立個體，只顧慮自己的存活問題。有些幾乎全裸的平民們試著跟上他們，但身後的火聲愈來愈烈時，士兵們加快了腳步，把民眾遠遠地甩在後面。

在上游幾英里外，河水淹到脖子高的地方，下山渡過了河。當他繼續往尚未被原子彈侵襲的郊區前進時，有個想法突然纏住了他：那是一顆原子彈。在死於原子彈的後續效應前，他必須趕回家看看女兒。在一九四三年時，他有個妹夫就告訴他，日本人正在研製一顆原子彈；說來也奇怪，前幾天在軍營中還有很多人在討論著原子彈，如果有個人動怒發火，別人就會說：「他像原子彈一樣。」他走過好幾十名躺在道路兩旁的女學生身旁，她們都被燒得面目全非。長條皮膚像絲帶一樣掛在她們的臉上、手上和腿上。她們伸出雙手要水喝。在前面的道路上，村民把一片片切下來的黃瓜敷在生還者的傷口上，把最嚴重的傷患用送菜的車輛運往急救站。

首先傳到東京的零散報告指出，只有廣島遭受了史無前例的浩劫。帝國大本營無法和第二總軍取得聯繫，以獲取較完整的細節報告。

木戶伯爵立刻通知天皇，廣島已被某種祕密武器夷為平地。天皇說：「在這種情況下，我們必須向不可避免的事態屈服。」他無法掩飾自己的痛苦。「無論朕將會有什麼樣的遭遇，我們都必須盡早結束這場戰爭，不能讓悲劇再度重演。」但兩人都同意，天皇親自採取行動的時機尚未到來。

——

在黃昏的餘暉中，火勢漸漸消退，從遠處望去，廣島很祥和，就像軍隊在平地上進行大規模野營。天色漸暗，星光映在深沉的暗夜裡顯得特別閃亮。隨著救援隊從市外趕來，逃往郊區的人群也逐漸返回。

紅十字會醫院的重藤醫師逃過了這場大浩劫回到了廣島。他在各個急救站之間來回穿梭，每個站都告訴他，水對燒傷的病患是有害的。但與此相反，他宣布水能沖掉內臟因燒傷所產生的毒素。他豎起了一塊牌子，上面寫著：「可以喝水。紅十字會醫院副院長重藤醫師。」

當他深入這座被摧毀的城市內部時，他發現自己被還冒著煙的破瓦殘礫擋住了去路。雖然看來無路可通，但有輛載著木炭的卡車卻穿過了煙霧轟隆隆地開了過來，駕駛座內擠滿了人。他認出那名司機是一名釀造商。他冒險犯難載著緊急糧食和清酒給顧客，卻發現所有的商店都被燒毀。重藤繞過了卡車。司機大喊道：「這裡連個活人影子都沒有！連隻動物也沒有。要你這個醫生幹麻？」重藤被強拉上卡車。

當這位醫生借了一輛腳踏車，騎完返家的最後一英里路程時，他意外地迎面遇上一名背著嬰兒的婦人，在漆黑的路上徘徊。這名婦人一看到他，便歇斯底里地嚎啕大哭。原來那是他的妻子，為了悼念重藤，她已在家中的神龕上為他點燃了一根蠟燭。

城外，每個小時都有數百名病患死去，急救站束手無策。七歲的井浦靜子正瀕臨死亡邊緣，但沒有人聽到她的哭聲或是抱怨。她不斷地要水喝。她的母親不顧醫護人員的勸告，不斷給她水喝。為何不緩和她死亡的痛苦呢？靜子在幻覺中看到了父親，他是名水兵，還在太平洋的某個島上。她說：「爸爸在一個離家很遠，又很危險的地方。媽媽，你要活下去。如果我們兩人都死了，爸爸會非常孤單的。」她提到了所有朋友和親戚的名字。當她說到爺爺和奶奶的名字時，她說：「他們對我真好。」又哭喊了幾聲：「爸爸，爸爸！」就死了。

那天，大約有十萬人在廣島喪命，而因燒傷、受傷及原子時代的輻射中毒而陸續死亡的人數也大約有十萬人。[5]

三

當地時間下午兩點五十八分，「艾諾拉．蓋號」降落在天寧島的北機場。當機組人員步出這架飛機時，數百名軍官兵一擁而上，圍住了這架飛機。斯帕茲將軍邁著大步走來，在蒂貝茨胸前別上一枚「十字飛行榮譽勳章」，蒂貝茨狼狽地把菸斗藏在軍服的袖套裡，立正站好。機組人員在軍官俱樂部內，一面喝著摻有威士忌的檸檬水，一面接受詢問。一名情報官問導航員范科爾克精準的投彈時間為何時，他回說：「九點十五分十七秒」——比原定時間慢了十七秒。

「為何會晚了呢？」

大家都笑了。法雷爾准將離開了詢問會場，去把第一份完整的報告（早先依據「艾諾拉．蓋號」傳來的初步報告曾發出一份電報）發送給格羅夫斯將軍：

……由於陽光明亮，閃光不如「三位一體」那樣耀眼。首先出現一個火球，幾秒鐘後變成紫雲，大火翻騰，向上盤旋。飛機剛轉彎後，就發現到閃光。全體人員皆同意閃光的亮度極為強烈……除最遠的造船區域之外，整座城市都籠罩在深灰色的煙塵中，還有伴隨而來的雲柱之下。在煙塵中依然可見到火光，整個城市顯得極度混亂。據估計煙塵直徑至少有三英里。一名觀察者表示，隨著從河谷竄升而起的煙塵不斷朝市區移動，整座城市似乎正在裂解。由於煙塵，無法目測建築物的受損情形。

法官（帕森斯）及其他觀察者認為，即使是與「三位一體」相較，這回襲擊仍是巨大且可怕的。

其效果可能會被日方認為是龐大隕石墜落所造成。

在華盛頓，格羅夫斯將軍於八月五日午夜之前收到初步報告。因為時間太晚，他沒有叫醒馬歇爾上將。當晚他睡在辦公室，以便隨時可以收到更詳盡的報告。這份詳盡報告在清晨四點十五分抵達，三個半小時後，參謀長聯席會議主席馬歇爾用保密電話把這份報告傳給人在長島的史汀生部長。這名陸軍部長同意把杜魯門事先備妥的關於這顆原子彈的聲明在當天上午向媒體發表。

聲明表示，已在廣島投下一顆革命性的炸彈，該聲明中把廣島描述成一個重要的陸軍基地。「那是一顆原子彈。駕馭了宇宙的基本力量。這股連太陽都要從中吸取能量的力量，已經釋放到那些在遠東發動戰爭的人身上。」美國準備把日本所有的工廠、船塢、通訊設施都摧毀殆盡。「七月二十六日之所以要在波茨坦發表最後通牒，就是要使日本人民免遭徹底毀滅。日本的領導人立刻拒絕了這份最後通牒。如果，如果他們仍不接受我方條件，那麼將還會有一場毀滅之雨。這樣的毀滅之雨是地球上從未出現過的。」

杜魯門正搭乘「奧古斯塔號」巡洋艦從波茨坦趕回美國。陸軍上尉富蘭克林．格拉罕（Franklin Graham）找到正在後船艙餐廳吃午餐的總統，呈上一封史汀生發來的簡短電報，上面寫道：已經在廣島投下了「大炸彈」，顯然相當成功。杜魯門抬頭說：「格拉罕上尉，這是史上最偉大的事。」然後就沉默不語。幾分鐘之後，又傳進來一封電報。電報引用帕森斯的報告內容說，炸彈「乾脆俐落，各方面都很成功」。

杜魯門保留了第一份電報。此時，他突然把椅子往後推開，跨著大步走向鄰桌的伯恩斯。他簡短地說了一句：「是回家的時後了！」他拿起一根叉子，猛向玻璃杯敲了下去。餐廳頓時鴉雀無聲，接著他便把這種新式武器告訴所有的水兵。總統起身前往軍官廳，歡聲雷動的士兵們跟在他的身後，一路走下艙梯。他對吃驚的軍官們說：「我們剛剛在日本投下一顆炸彈，其威力超過二萬噸黃色炸藥。這是一次空前的勝利。我們賭贏了！」

——

當「同盟通信社」打來電話報告杜魯門的聲明時，內閣官房長官迫水正在東京的寓所內，躺在床上半睡半醒。「原子彈」一詞讓他完全醒了過來。他大為震驚，但同時也了解到，這是終結戰爭的「大好時機」。沒有任何國家能夠抵抗得了原子彈。如此一來，就沒有必要將敗仗的責任歸咎於軍方或是軍火商了。他立刻拿起了電話，打給了首相。

第三十四章 ……接著是長崎

一

在廣島，輻射線的神祕效應在八月七日拂曉開始為人所覺。前廣島大學地質學家長岡省吾正試圖穿過瓦礫到學校去。他剛剛入伍，因為擔憂學校的命運而擅離部隊，步行好幾個小時回來。他幾乎無法探測這片無邊無際的廢墟。在「原爆點」附近的護國神社，他筋疲力竭地坐在石燈籠下。他感到一陣刺痛，並立刻跳了起來——那是輻射。他在燈籠上看到一個奇怪的人影，影像表面已部分融化。他突然驚恐地意識到：原子彈！日本必須立即投降。

在數十個急救站中，醫生都感到疑惑不解。傷患的症狀都非常詭異，醫生們懷疑敵軍用了某種酸性毒氣散播桿菌性痢疾。有些受害者只有半張臉被燒焦；奇怪的是，有些人的臉頰上竟有鼻子或耳朵印。和長岡一樣，紅十字醫院的重藤醫生也曾聽聞過原子能，因此猜想這些受害者是受到輻射侵害。他用一台簡單的X光機器檢查了醫院的牆面。他發現檢測數值非常低，因此推論留在這裡還是安全的。

輻射線的後遺症是無法預測的。一等兵下山是當時最接近「原爆點」的其中一人。在那道閃光之前，他是近視眼。現在，他戴著眼鏡仔細看，所有的東西都還是模糊不清。難道是眼睛瞎了嗎？他最後把眼鏡拿了下來，發現自己又恢復至絕佳視力。但他的頭髮卻逐漸脫落，同時也罹患了和其他數千人一樣的疾病症狀：一開始會感到噁心、想吐，接著就是瀉痢和高燒。其他反應也都很古怪。有些受害者身上出現亮斑——紅色、綠黃色、黑色以及紫色——但大家都還活著；那些身體沒有明顯外傷的人，卻立刻死亡。有個人的手輕微燒傷，沒加理會，後來卻開始吐血。為了減輕痛苦，他把受傷的手放到水中，「某種奇怪且帶著藍色的東西像煙似地冒了出來。」

未知的恐懼侵襲所有的倖存者，而模糊的內疚和羞恥感又加深了這份恐懼：他們之所以能苟活，是因為對於救援親友鄰居不予理會，讓他們深陷在燃燒著的廢墟中。死者臨終前的痛苦呼喊聲一直盤旋於腦中揮之不去。痛失子女的父母不斷責怪自己，失去雙親的孩童則認為這是對自己某種過錯的懲罰。這場悲劇已把日本複雜且緊密的家庭生活架構打得粉碎。

在東京，狂熱的陸軍不願承擔投降的責任，反而質疑起一個大城市就算被完全摧毀又有何重要性可言。東鄉外相建議日本接受《波茨坦宣言》，同時條理分明地指出，原子彈已「急遽改變了整個軍事局勢，為軍方提供了結束戰爭的理由」，但陸軍認為這個建議毫無可取之處。

陸相阿南反駁說：「不需要採取這種行動。況且，我們還不清楚那是不是原子彈。」他們只知道杜魯門是這麼說的，這或許是個詭計。應該立刻派遣日本著名核子科學家仁科芳雄博士進行實地調查。

當仁科博士和情報單位的主管有末精三中將就要在立川空軍基地登上飛機時，空襲警報再度瘋狂大作。有末下令仁科博士等解除警報後再出發，自己則帶著幾名部屬立即起飛。落日之前，飛機抵達廣島。中將曾看到過無數被炸彈燒成廢墟的城市，通常都會有些冒煙的斷垣殘壁，臨時廚房升起的炊煙以及一些人類活動的跡象。但下方這座城市卻是一片荒蕪。沒在冒煙，也沒有餘燼，什麼都沒有。連街道也看不到。

飛行員轉身喊道：「長官，這應該就是廣島市了。我們該怎麼辦？」

「著陸！」

飛機在港口附近一塊草皮上降落。有末從飛機上下來後，發現地上的草都呈現出奇怪的泥土色，並向瀨戶內海方向倒伏，看起來就像是被某個巨型熨斗給燙平過一樣。一名陸軍中校前來迎接他們，並對他們行了恭敬的軍禮。他的左臉受到嚴重燒傷，右臉則安然無事。有末等人搭著汽艇來到「陸軍船舶司令部」。在碼頭迎接他的是士官學校時期的朋友馬場英夫中將，馬場報告，廣島目前是無水無電的狀態。兩名將軍坐在露天的一張長木桌旁，點了一根蠟燭照明。馬場有點難以抑制自己的情緒，他談起他女兒是如何被炸死在上學途中的。「不僅是我的女兒，還有成千上萬無辜的孩童被殺害。這種新式炸彈簡直就是魔鬼，太凶殘、太可怕了。」他用雙手摀住自己的臉。

有末摟住他的朋友。他說：「請記住，我們都是軍人。」馬場為自己崩潰哭泣而表示歉意。他告訴有末，「一直有謠傳」說，美軍還將會在東京投下另一顆這種新式炸彈。[1]

返回市內的人愈來愈多了。工作隊開始收集屍體，用隨手撿到的木頭將屍體火化。臭味讓人十分噁心，聞起來像是烤焦的沙丁魚，但有些工人卻變得特別喜歡這種味道，竟然能刺激他們的食慾。

仁科博士的飛機在隔天下午抵達廣島。他檢視了整座城市，立刻就做出結論，只有原子彈才能造成這樣的浩劫。他通知有末將軍說，這是一顆鈾彈，和他正在研發的類似。他是否應該繼續研發他的炸彈？

有末沒有回答。

——

廣島市的毀滅使日本期望透過蘇聯出面安排和談，變得更加迫切的和不切實際。東鄉致電駐莫斯科大使佐藤說：

局勢極為嚴峻，必須盡速澄清蘇方的態度。請再行努力，並即時回覆。

八月八日下午，佐藤請求立刻面見莫洛托夫。數週以來，莫洛托夫始終避不見面。莫洛托夫答應在當晚八點與他會面，但幾分鐘後，又不加解釋地將會面時間提前到五點。五點前幾分鐘，當佐藤進入曲折複雜的克里姆林宮時，他強作鎮定。他被帶往莫洛托夫的書房，但他還沒來得及（一如往昔）用俄語向這名外交委員致意，莫洛托夫大手一揮，打斷了他，說：「我這裡有一份以蘇聯的名義給日本政府的通知，我希望交由你轉達。」

佐藤的直覺告訴他，這會是一份宣戰書。雖然他一直都認為會有這麼一天，但當此事確實發生時卻是重重一擊。莫洛托夫起身離開書桌，在一張長桌的一頭坐下。佐藤被示意到長桌另一頭的椅子上坐下。莫洛托夫以固有的表情開始宣讀一份文件：

「在希特勒德國敗戰與投降後，日本是持續進行戰爭的唯一強權。

「美國、英國和中國三強在七月二十六日提出日本武裝力量無條件投降的要求遭到拒絕。因此，日本政府對蘇聯提出在遠東地區進行調停的提議，失去了所有的基礎。

「考慮到日本拒絕投降，同盟國已與蘇聯政府接觸，提出聯合抵抗日本的建議，以縮短戰爭時間，減少傷亡人數，盡速恢復和平。

「蘇聯政府恪守其身為同盟國一員的責任，接受同盟國的提議，加入同盟國七月二十六日的宣言。

「蘇聯政府認為，這個政策是更快實踐和平的唯一手段，使人民免於做出更大犧牲和進一步受苦，使日本人民有機會避免遭受到像德國在拒絕無條件投降後的毀滅危險。

「鑒於上述所言，蘇聯政府宣布，自明日，即八月九日起，蘇聯認定自身與日本處於交戰狀態。」

佐藤大使抑制激動情緒，彬彬有禮地對蘇聯在互不侵犯條約還要將近一年才到期就違約一事表示遺憾。現在，作為協助，他是否能把這項資訊用電報通知他的政府？莫洛托夫改變了毫無表情的面容說：「你可以盡量發送電報，而且是加密後的電報。」他說他本人對所發生的事深感遺憾。「對於過去幾年你身為日本大使的作為，我一直相當滿意；儘管我們正面臨各種難題，我們兩人、兩國政府直到今日為止一直維持良好關係。」

佐藤吞吞吐吐地用俄語答道：「對於貴國政府的善意和熱誠，我深表謝意，這使我在如此艱困的時局下還能待在莫斯科。我們就要作為敵人而分道揚鑣，實在是件憾事。不過，這也是無能為力的事。無論如何，讓我們握手道別。這可能是最後一次握手了。」

他們握了握手，但幾乎就在同時，日本大使館的電話立刻就被切斷，所有的無線電設備都被沒收。佐藤用日文寫了一份明電，派人送到電報局。

二

轟炸廣島一事，無疑使俄國人把參戰的時間提前了，不過，幾個月來，指揮一百六十萬蘇聯軍隊的亞歷山大·華西列夫斯基元帥（Aleksandr Vasilevsky）就一直沿著滿洲邊境集結部隊。他們所面對的關東軍數量只有他們的一半，既沒有裝甲車也沒有反坦克火砲，整體平均戰力還不足戰前的百分之三十。

在莫洛托夫向佐藤宣布戰書後兩個小時，蘇聯兩個軍的兵力就越過了滿洲西部邊界。與此同時，另一支以海參崴為基地的軍團也從東面入侵滿洲。剛下過一整天傾盆大雨，道路泥濘，河水漫溢過河堤，但這三支紅軍部隊依舊堅定不撓地往齊齊哈爾、洮南及大城市哈爾濱推進。

在和佐藤會晤之後，莫洛托夫就通知了美國大使埃夫里爾·哈里曼，今晚就會啟動對日作戰。蘇聯決定信守在擊敗德國三個月後參與太平洋戰爭的承諾。

哈里曼和喬治·坎南發現史達林相當健談。他宣布，蘇聯的前鋒部隊已經進入滿洲境內十到十二公里。他興高采烈地說：「誰能料想到，此時事態已發展得如此迅速！」

哈里曼問，原子彈會對日本人造成什麼影響。史達林很有信心地認為，敵人正在找尋藉口以組成一個能安排投降的新政府。哈里曼提醒他說，蘇聯站在研發原子彈的這一方有多麼幸運，這引起史達林饒有興趣地討論起原子能。對於同盟國取得科學上的重大勝利，他並沒有感到不安。他在五天之前召集了五名俄羅斯最頂尖的核子科學家到克里姆林宮，下令他們不惜任何代價盡速研發出自己的原子彈一事，他完全沒有提起；他已經責成國家安全人民委員拉夫連季・貝利亞[2]，這名全蘇聯最可怕的人物全面負責這項計畫。

——

所有的美國人都認為原子彈是把他們從四年來代價高昂的戰爭中解放出來的手段，這是可以理解的。不過，有少數幾個人卻在人們的歡欣鼓舞中看得更遠。萊希海軍上將認為，對於已經戰敗並準備投降的人民使用這種武器是不人道的，美國人「採用了黑暗時代中蠻族慣用的倫理標準」。[3]

史汀生依舊非常擔憂。當天下午，他拿了一張能生動說明廣島「全毀」的照片給總統看。他說，他們必須做出一切努力說服日本人盡速投降，而成功與否，很大程度上取決於對日本人採取什麼態度。他說：「當你處罰你的狗時，處罰完之後也不能整天討厭牠；如果你還想得到牠的好感，處罰就得謹慎一點。對待日本人也是如此，他們是天性溫和善良的民族，我們也要用笑臉對待他們……」

不過，杜魯門並沒有打算要超出《波茨坦宣言》的範疇。他對廣島那張照片並非無動於衷，他的確意識到「他和這裡的人對如此程度的毀滅所負有的重大責任」。與此同時，他們決定在不久之後必須投下第二顆原子彈。沒有召開高層會議討論使用第二顆原子彈的必要性，也沒有試圖判斷第一顆原子彈或是蘇聯參戰是否已經加速了日本投降的意願。在這些有影響力的人物中，除了史汀生之外，如果還有人在道德上感到愧疚，他們也沒有向總統表示，總統本人也認為沒有人存在這種想法。他準備要再投兩、三顆原子彈——如果能夠拯救美國人性命的話，甚至可能會投更多顆。

在關島，戰爭資訊局油印了三十二份第二次空襲的命令。此時，使用原子彈的時機與方式現在已由參謀首長聯席會議決定。起飛時間定在八月九日清晨。襲擊目標有兩個，通通都在九州島上：主要目標是「小倉兵工廠及城市」，次要目標為「長崎市區」。

在鄰近的塞班島上，戰爭資訊局的印刷廠油印了一千六百萬份說服日本人投降的傳單。最初的宣傳是毫無效果的——使用過時而陳舊的言詞；插畫中的日本男人穿著像是女人所穿由左向右開的和服；筷子像刀叉一樣放在盤子兩側，左右各一根；所用的日本字也相當可笑：「言論自由」寫成了「用字自由」，「免於匱乏的自由」也寫成了「擺脫慾望」。不過，這次他們修正了錯誤。自年初以來，美軍的傳單已在日本國民中產生重大衝擊。尤其是目前這份宣傳單，將會對日本士氣造成無可抹滅的影響：

致日本人民書

美國要求你們立刻注意這份宣傳單上我方所言。

我方握有人類有史以來最具有摧毀性的炸彈。一枚新近完成的原子彈的爆炸力，實際上等於我方兩千架巨型「超級空中堡壘」執行一次任務時所有的投彈能量。如此驚人的事實是值得你們思考的。我方嚴正地向你們保證，投彈是極其精準的。

我們已經開始在你們的本土使用這種炸彈。如果你們還有任何存疑，請您們去了解廣島在僅僅一枚原子彈落下之後的情景。

軍方一直在拖延這場一無是處的戰爭，在使用這枚炸彈催毀軍方的一切資源之前，請你們現在就向天皇請願，結束戰爭。我方總統已經向你們概述了體面投降的十三條結果。我方敦促你們趕快接受這些條件，開始努力建構一個更好的、愛好和平的新日本。

你們應該採取步驟，停止軍事抵抗。否則，我方將堅決運用這種炸彈以及其他一切優勢武器，迅速終結這場戰爭。

從此刻起就從你們的城市疏散撤離！

甚至在美方還沒發送這些傳單之前，日本報紙就已經提出警告，已經有種「不能等閒視之的新式炸彈」襲擊了廣島市。《日本時報》說，敵方似乎「為了盡快結束戰爭，無所不用其極地意圖要殘殺與重創無辜平民」。在一篇標題為《違反人道精神的道德暴行》的社論透露，這種新式炸彈擁有「空前無比的威力」，它不僅摧毀了城市中的大片區域，還造成大量城市居民非死即傷。

八月八日下午，曾經駕駛載運儀器的飛機「偉大藝人號」飛往廣島的查爾斯．斯威尼少校（Charles Sweeny）收到指示，要他駕駛另一架轟炸機去投第二枚原子彈。和投在廣島的那枚不同，這是一枚球型的鈽彈，十英尺長，直徑五英尺，因為以邱吉爾的體型命名，而被稱為「胖子」。蒂貝茨上校告訴斯威尼和他的機組人員說，「胖子」將使第一顆原子彈成為過時武器。他祝他們順利。

斯威尼及其機組人員執行此次任務所用的飛機名為「伯克之車號」（BockCar），原來駕駛這架轟炸機的飛行員弗雷德里克．伯克上尉（Frederick Bock）則駕駛載運儀器的飛機。[4]「偉大藝人號」非正式地準備去執行一項計畫外的雙重任務：三名年輕科學家——路易斯．阿爾瓦雷茨（Luis Alvarez）、菲利浦．莫里森（Philip Morrison）與羅伯特．塞伯（Robert Serber）——把他們共同簽署的呼籲書綑在一個罐子上，用降落傘空投在目標區上空。每個信封都寫上嵯峨根遼吉教授收。這位教授是日本的核科學家，三人都認識他，三〇年代他們曾在「加州大學輻射實驗室」一起工作。

致嵯峨根教授

寄自：以前閣下在美國工作期間的三名科學界同僚

我們以個人名義寄出這封信函，是為了敦促閣下發揮身為聲譽卓著的核子物理學家的影響力，說服日本參謀本部相信，如果你們持續進行戰爭，你們的人民將遭受的可怕結果。

數年來，你已經了解到，如果一個國家願意付出昂貴代價去準備必要的物資的話，原子彈是能夠造出來的。現在你看到我方已經建造出生產這種炸彈的工廠，你心中肯定毫無疑惑，一天二十四小時不停歇的工廠所生產的產品，將會在你的祖國土地上炸開。

在這三週之內，我方在美國的沙漠地帶進行了一次試爆，在廣島爆了一顆，今天早上則是第三顆。

我們懇求你向你的領導人證實這些事實，盡全力阻止這樣的毀滅和生靈塗炭；如果局勢持續下去，只會導致日本所有的城市徹底毀滅。身為科學家，我們對於一項出色的科學發現被這樣使用深感遺憾，但我們向你保證，除非日本立刻投降，否則原子彈將會如暴雨般落下。[5]

凌晨三點四十九分，「伯克之車號」轟隆隆地滑離長長的飛行跑道。和第一枚原子彈有所不同，「胖子」無法在飛行途中進行安裝，在起飛之前已完全裝備完成。這架轟炸機在地面上的滑行似乎是永無止境，但機鼻終於離開地面，在黑暗中顛簸搖晃地往北飛去，後面緊跟著的是「偉大藝人號」及一架攝影飛機。

此次任務開始時似乎不太妙。斯威尼發現，彈艙內六百加侖的燃油選擇器無法運作。因為無法使用備用油料，「伯克之車號」的航程危險地受到限制；但斯威尼決定繼續飛行。東京時間上午八點零九分，比原定時間提早一分鐘，在雲層空隙中露出一個小島。那是九州南岸外的屋久島，「伯克之車號」要在此處和其他護航機會合。

三分鐘後，另一架「超級空中堡壘」從雲層鑽出，那是「偉大藝人號」。這兩架轟炸機在空中盤旋了四十五分鐘，但進行拍攝的飛機始終不見身影。上尉對他的副駕駛罵了句「去他媽的，我們不能再等了。」他晃動機翼朝首要目標而去。據報告，九州東北海岸的小倉港清晰可見。但是，抵達後才發現煙霧和陰霾遮蔽了部分地區，奉命進行目視投彈的投彈手克米特・比漢（Kermit Beahan）無法找到瞄準點。他對斯威尼說：「我們必須再飛一圈。」

斯威尼宣布：「飛行員命令機組人員。不投彈。再說一遍。不投彈。」他把飛機緊急側身轉向，進行第二次瞄準投彈。比漢上尉瞇眼貼上「諾頓MK十五型」投彈瞄準器有橡皮圈的接目鏡上，還是只能看到濃密的煙霧。他說：「我無法找到瞄準點。」

斯威尼告訴他：「不投彈。再說一遍。不投彈。」

他們改從東面飛過去。這裡，小倉還是躲在煙霧中。飛行機師回報燃油「告急」，只夠他們飛回硫磺島。斯威尼說了一聲：「收到。」便轉身對武器官——負責「胖子」的弗雷德里克·艾許沃斯海軍中校（Frederick Ashworth）說：「如果你同意，我們就前往第二目標。」這名海軍軍官點了點頭。斯威尼通知組員說：「飛往長崎。」便朝西南方向飛去。長崎的氣象偵察機之前報告，該市上空只有十分之二的雲層。

——

長崎市擁有二十萬人口，和舊金山一樣，這座城市建在陡峭的丘陵地上。其港灣面對東海，是傳說故事中風景特別秀麗的港口，尤其是此時已接近初秋之際，許多樹葉已經開始轉紅或轉黃，顯得耀眼奪目。市中心面對港灣，浦上川從北面流入此灣。幾個世紀以來，長崎一直以此地為中心，朝著包括浦上川在內的周圍各個山谷不斷擴展，形成了長崎的工業區，容納全市九成的勞動力。

一五七一年，葡萄牙人曾協助長崎從一個漁村變成日本主要的對外貿易港口，引進了菸草、軍火和基督教。因為新信仰的廣泛流傳，導致日本政府採取嚴厲手段鎮壓。所有的傳教士不是被殺害就是被迫離境；但十七世紀時，有三萬七千名信徒群起反抗宗教迫害。他們在長崎附近的一座堡壘集結，在少數幾艘荷蘭船艦的協助下，擊退了中央軍，死守了三個月，最後全遭屠戮。

不過，他們的信仰卻流傳下來了，長崎依然是日本最歐化、基督徒最多的城市，東西方文化融為一體，它擁有許多教堂和教會學校，數以百計的西式房舍，還有吸引遊客的建築物，例如傳說中「蝴蝶夫人」那棟能夠俯瞰港灣的格洛佛大廈（Glover Mansion）。

森本繁由正急忙趕回長崎的家中，他有著神經質的性格，而且已經被發生在廣島的爆炸嚇壞了。就在三天前，他奇蹟般地躲過廣島轟炸。過去幾個月在廣島，他都在為陸軍製造防空風箏。原子彈爆炸時，他正在離「原爆點」不到九百碼的地方買油漆刷，使他免受閃光侵害的是那間破舊小店的殘骸。他和三名店員一起搭上開往長崎的運煤車，逃離了市區。整個晚上，他們幾人都不由自主地在討論「那顆炸彈」。是因為日本攻擊珍珠港而遭受到某種超自然力量的懲罰嗎？當運煤車爬過陡峭的山坡，急速開往長崎時，森本有種擺脫不掉的預感，那種炸彈會跟著他來到他的家鄉。他必須警告他的妻子。將近上午十一點，他回到了他位於市中心的店舖內。

——

惡運繼續跟隨著「伯克之車號」。當它逐漸接近目標時，天氣轉壞。長崎上空的雲層量可能達到十分之九。斯威尼告訴艾許沃斯中校，因為油料不足，無法再繞回頭進行第二次目視投彈，因此建議用雷達投放「胖子」。艾許沃斯猶豫不決，按命令，如果無法以目視找到目標，就應該把這枚原子彈丟棄到大海。他想，這樣太浪費了，因此他決定違反軍令。他說：「好吧，如果無法進行目視投彈，就用雷達投彈吧。」

當初是依據能最大程度摧毀長崎而挑選投彈點的，這個點位於森本的風箏店附近的高地上。在此處爆炸便能摧毀整個市中心、港口地區，甚至波及浦上川河谷的工業區。上午十一點，長崎市進入雷達範圍。投彈手比漢向斯威尼大喊道：「看到了。我看到市區了。」如此一來，他終於能夠用目視投彈了。從雲層縫隙中，他看見浦上川河畔室外體育場的橢圓形邊緣。雖然這裡在預定「原爆點」西北方約兩英里，但已不得不投彈。他把十字準線對準體育場。幾秒鐘後，上午十一點零一分，飛機突然上升。

比漢用對講機回報：「所有的炸彈都已投出。」接著他又修正自己的話：「炸彈已經投出。」

風箏商人森本上氣不接下氣地跑回家告訴他的太太，廣島已經被投下一枚恐怖炸彈，他擔心長崎就是下一個目標。他開始描述那道閃光：「首先，你會看到一道藍光——」正說到這裡，一道讓人無法睜眼的藍色閃光打斷了他的話。他匆忙把地板上的活門打開，把妻兒塞進避難所。當他把沉重的蓋子拉下來時，突然一陣地動山搖，就像是地震一樣。

如果不是上方有雲霧繚繞的話，森本的店面就會直接在投彈點下方，並被徹底毀滅，但炸彈在體育場和浦上川東北好幾百碼處，在三菱製鋼所和三菱魚雷製造廠之間爆炸。

隔天就滿十四歲的岩永肇此時正在魚雷製造廠附近的浦上川洗澡。他看到飛機拋出一個黑色物體（那是個儀器桶），然後散開成一頂降落傘。他對一個同伴喊道：「友機！」然後興奮地鑽進水中。就在此時，閃光出現了。幾秒之後，他浮出了水面，周遭一片漆黑。他感覺左肩一陣灼熱感，肩部呈黃色。他迷惑不解，伸手一摸，皮膚隨即脫落。天色愈來愈暗，當他趕緊游上了河堤拿衣服時，有兩個棒球般大小的墨綠色火球朝他打來。其中一個打中他的衣服，火球立即散裂開來，衣服燒了起來。當他爬上河堤岸時，他聽見一名還在河中的同伴痛苦大喊：「媽媽！」巨大的雨滴落在他身上，下了好一陣子。

十五歲的深堀妙子正在一個作為公共防空洞的天然洞穴內幫忙把水抽出去。她被拋進泥漿之中。此時，她想起上個星期人們躲在造船廠內逃避炸彈空襲，卻遭到活埋的事。她嚇壞了，趕緊摸出洞口。到了外面（這個山洞離「原爆點」不到兩百碼），她發現自己已身處地獄。在洞口工作的人全被燒焦，甚至無法分辨前胸後背。有個人，頭髮都沒了，全身黑乎乎地——無法辨別是男是女——若無其事地從她身旁走過，腰間只剩一條還在燃燒的繩帶。

妙子沿著山谷的東坡回家去找母親。一名陸軍士兵擋住她說，那個方向無法通行。她跟著那名士兵穿過鐵道來到河邊，沒有意識到自己的右臉和右肩都已經燒傷。不知何故，她突然很確信在山坡上的家人平安無事。

沿著山坡再往上，在長崎監獄附近離「原爆點」不到兩百七十五碼的地方，十二歲的東海和子，在爆炸前爬進了一個尚未完工的家庭防空洞休息。洞上兩英尺厚的泥土把她從閃光中救了下來。她覺得身上有種無法形容的感覺，並聽到像是炸肉排的嘶嘶聲。她爬出洞外，外面一片漆黑。她感到困惑不解，還以為是晚上了。什麼也摸不到，也聞不到任何氣味，她便開始漫無目的地到處亂走。

煙塵消散之後，和子發現自己站在一面半倒的牆前——浦上監獄就剩下這一面牆了。她轉身回家，房屋已經消失無蹤。和子把埋在磚瓦下的母親拉了出來，她們母女二人在瓦礫堆下找到了東海先生。當他被拉出來時，他的皮膚就像脫手套一般掉了下來。

接近山坡頂端有一所擁有七十張病床的肺結核療養院，離「原爆點」約一千五百碼。秋月辰一郎醫師正用一根長針向名男性病患的肋部注射，此時他聽到一陣恐怖的怪響。好像是一架巨型飛機直朝他們轟鳴而來。就要擊中醫院了！他大喊一聲：「趴到地板上！」他拔出針頭，接著就撲倒在地板上。有道白光一閃，碎片破瓦如雨般打在他身上。他奮力地站起身來，沒有受傷。空氣中瀰漫石灰粉末，嗆到無法呼吸。

他擔心二、三樓的病患都已被炸死，帶著一名護士往樓上跑去。病患驚魂未定地往樓下跑，他們只受到一些輕微外傷。他從窗口望去，看見浦上山谷中黃煙滾滾。教堂已經起火，職業學校也已陷入火海。天空紅而暗黃。他情不自禁地走到外面花園，茄子葉和馬鈴薯都在冒煙。這顆炸彈必定和廣島那顆炸彈相似。長崎醫科大學校長曾看過廣島的廢墟，前一天還在全校師生會上激動地描述了一番。

在山谷底下，小佐八郎剛走進魚雷工廠的倉庫領取某種金屬物料，就在那時他模模糊糊地感覺到什麼奇怪的事。他轉身一看，只見窗戶全冒著有色火焰——一定是瓦斯槽爆炸了。天花板坍落下來，他倒在地板上。當他步履蹣跚地往工廠醫務室走去時，沒有感覺到頭、腳和大腿上都有很深的傷口，醫務室也蕩然無存了。在昏暗中，人們無助地團團打轉。他的本能要他趕緊逃跑，想辦法逃回家。他因為失血過多，衰弱之極。他把綁腿緊繞大腿止血；因為擔心親友家人無法找到他的屍體，無法安排葬禮，他便朝南邊的三菱製鋼所走去。沒多久，雙腳再也無力支撐，他便手足並用，繼續往南爬行。鋼鐵廠向南綿延約一英里，一直延伸到火車站。在廠裡，十六歲的小幡悅子那天早上剛要開始她的新工作——在二樓安裝機器零件。震波把她震到失去知覺，醒過來時，她發現自己懸在離地面六英尺高的房屋殘骸上。她被人抬上了卡車，送往東邊山坡上的大學醫院；但大火迫使這輛「救護車」繞道南邊的火車站。街道因為竄燒的大火而無法通行，病患們被命令下車步行。悅子痛苦地爬下卡車。烈日當空，又紅又大，燒得像一團火焰。她想爬到卡車下面躲避，但趴不下去。天空不合時宜地下起了豪雨，雨滴打進大火中，落在滾燙的地面上，嘶嘶作響。

兩架轟炸機內的組員在天空看到「一個巨大的火球，好像從地球的內部竄升而起，噴出一個又一個巨大白色煙圈」。乘坐「偉大藝人號」的特派員威廉．勞倫斯看到一根火柱往上直衝有兩英里高。當這根火柱變成「一個活生生的東西，一個新的生物品種，令人難以置信地在人們眼前誕生」時，他拚命地在本子上記錄。火炷頂端出現了一朵巨大的蕈狀雲，比那翻騰的煙柱還要活躍。這朵蕈狀雲像白色浪濤一般翻騰，像一千根噴水柱此起彼伏。幾秒鐘後，蕈狀雲和主幹煙柱脫離，有個較小的蕈狀雲代之而起。勞倫斯想，這就像一個被斷頭的妖怪又長出一顆新的腦袋。

「伯克之車號」機尾砲手透過對講機向機長大喊道：「少校，我們趕緊離開這個鬼地方吧！」當斯威尼把機身調頭要離開這恐怖的景象時，副駕駛阿爾布里（Albury）向投彈手喊道：「喂！比漢，你剛剛殺死了十萬個日本鬼子。」

比漢沒有回答。

機組人員開始從緊張的氣氛中解脫出來。他們脫下厚重的防彈衣後彼此道賀。無線電發報員把斯威尼的第一份電報發回天寧島：

九點零一分五十八秒以目視轟炸了長崎，沒有戰鬥機升空迎擊，也無高射砲火。轟炸結果「從技術性來說是成功的」，但從其他因素來看，在採取下一步行動前，有必要開會討論。目測效果和廣島差不多。投彈後飛機發生故障，迫使我們飛往沖繩。燃料只夠飛到沖繩。

長崎的受難者不全都是日本人。在三菱製鋼所內，一群由盟軍戰俘所組成的勞動隊伍剛好遇上大爆炸，死了不少人。一英里外的戰俘營也遭到重創，沒人得知到底死了多少人。即使是四十英里外的千流戰俘營，在巴丹被俘的外科醫師朱利安・古德曼（Julien Goodman）也感受到震波。先是深沉的轟隆聲，接著吹來一股狂風。大地動搖。沒過多久，又晃動了一次。澳洲籍的內科醫師約翰・希金（John Higgin）說：「這必定是大規模的海軍砲擊開始了。」震波和晃動持續了五分鐘。這種無法解釋的現象使戰俘營發生了轉變。戰俘們集合在餐廳，被告知不會再派他們下礦井採煤了。

——

一架日本水上飛機在一萬英尺的高空穿過雲層，直朝長崎飛去。十分鐘前，佐世保的海軍航空基地收到一份報告，內容指出附近的長崎市遭受「大爆炸」。飛機駕駛員是個二十歲的軍校學生，他是擅自駕機前去調查的。軍校生小松延和曾經在短波無線電中聽到杜魯門轟炸廣島一事。這一次或許也是一顆原子彈。

飛機從雲層中鑽了出來，迎面遇上一根巨大的黑色煙柱。在上面有一個不斷膨脹的大圓球，「像一顆怪物的腦袋」，萬花筒般的變化色彩。再飛近一點後，小松才明白，那多變的顏色是陽光射線造成的幻覺。他開始繞著煙雲盤旋，下面的一切都模糊不清。他對兩名同僚喊道：「我們衝進雲中！」煙雲好像火爐。小松拉開駕駛艙的艙蓋，伸出帶有手套的手——感覺就像是把手伸進了熱蒸氣中，他連忙把手縮回來，用力關上艙蓋，發現手套上黏滿「黏稠的煙塵」。有一名同伴大喊一聲，原來梅田上士正在嘔吐。天空愈來愈黑，溫度愈來愈高。第三人是軍校生富村，他打開窗戶透透氣。一股熱氣迎面襲上來。他大聲尖叫，立刻關上窗戶。此時，飛機正好衝到陽光底下。他們的臉上都蒙上一層灰色煙塵。

小松感覺腦袋發脹，他抑制著噁心感，盤旋下降。下方的長崎市已是一團大火，濃煙滾滾。他減速低飛以便拍攝照片，但竄升的高溫迫使他往海灣飛去。他打算在港內降落，然後徒步到市區探明情況。[6]

三

儘管莫洛托夫承諾可以發送電報，但佐藤大使發給東京告知蘇聯已經對日宣戰的報告，始終未能傳送出去。蘇聯人自己在幾個小時後廣播了這個消息。當天清晨，也就是「伯克之車號」離長崎還有好幾百英里遠時，外務省的無線電室監聽到這條訊息。如此，東鄉不斷強力主張——儘管他明白希望渺茫——透過蘇聯進行和談的最後一絲期望便化為泡影。蘇聯沒有預先警告，日本被狠狠地暗算了——東鄉和珍珠港事件那天的科戴爾·赫爾一樣憤恨。他親自向鈴木首相報告了這個訊息，指責他在前一天未能召開「六巨頭」緊急會議。東鄉的憤怒是不必要的。鈴木既不爭辯，也不玩弄文字遊戲，他的反應既簡單又直接了當。他說：「讓我們結束戰爭吧。」不過，他首先要確定天皇是否同意立即投降；他在「御文庫」晉見天皇，天皇同意接受任何能帶來和平的條件。

鈴木得到這項保證後，便召開了「六巨頭」緊急會議。這時是上午十一點，也就是「胖子」落在長崎前一分鐘。鈴木說：「在目前局勢下，我的結論是，唯一的辦法就是接受《波茨坦宣言》，結束這場戰爭。我想聽聽各位的意見。」

沒有人開口。

米內上將問道：「你們怎麼都不說話？除非我們開誠布公，否則我們將一事無成。」

軍方另外三名將領非常不滿米內願意討論投降一事的態度，不過，俄軍入侵滿洲這件事比轟炸廣島更讓他們感到震驚。[7]

一名軍官拿著一份電報走進會議室。第二枚原子彈已經投下。這令人不安的消息，加上滿洲方面傳來的消息，讓阿南、梅津和豐田三人壓制已久的憤恨情緒公然爆發出來。他們心中知道，投降是不可避免之事，卻依然堅定地拒絕《波茨坦宣言》，即使允許天皇繼續統治也不行。此外，他們還堅持要由日本人自己審理戰犯；部隊由日本軍官來解散，佔領軍的數量應受到限制。

東鄉不耐煩地試著讓他們承認現實的局勢。日本幾乎是站在崩潰邊緣了，盟國無疑將拒絕這些條件，這樣就會危及謀和的一切努力。軍方能說出任何帶來勝利希望的理由嗎？陸相阿南說不出來，但他還是要求日本再打一場大決戰——在日本本土。東鄉繼續質問，你能阻止敵軍登陸嗎？

梅津回答：「要是有運氣，我們能在敵軍登陸前將他們打退。無論如何，我敢說，我們能把入侵的部隊大部分都殲滅掉。也就是說，我們能夠對敵軍造成極大損失。」

東鄉緊追不放：這有什麼差別嗎？如有必要，敵軍可以發動第二波、第三波攻擊。除了提出求和的最低要求外，已經無計可施。經過三個小時的討論後，問題依舊未解。鈴木宣布休會，並把這毫無結果的討論向木戶報告。他告訴木戶說：「只有一個解決辦法，我們請天皇做出決定。」

這是個大膽的建議。雖然天皇權力極大，但並不包含提出政策。但木戶也知道，只有天皇採行特別舉措才能拯救日本。木戶毫不猶豫地向天皇說明了目前的局勢。天皇也認為必須打破傳統。

當天下午的內閣會議和上午的「六巨頭」會議一樣，沒有解決問題。軍方——除了米內之外——再度一致對抗文官。米內認為，持續作戰將會一無所獲。「因此，我們必須拋開『顏面問題』，盡早投降，立刻開始考慮保存國家的最佳方式。」

他的說法激怒了軍方同僚。阿南幾乎無法壓制他的憎惡。他說：「敵軍入侵日本時，我們肯定能給他們造成嚴重損傷。反轉戰局，甚至是反敗為勝，也不是不可能。」況且，戰場上的陸軍部隊也不會就此解散。「我們的將士將拒絕放下武器。他們知道是禁止投降的。除了繼續作戰外，我們確實沒有其他辦法。」

四名文官大臣——農林、商工、運輸和軍需相——都不同意。國民已處於精疲力竭的邊緣，稻米產量是近年來的最低點，國家已無力再戰。

阿南不耐煩地打斷他人發言。他說：「每個人都知道這些事，但不論時機對我們有多麼不利，我們都必須奮戰到底。」

在浦上川河口，火車站附近的圓形瓦斯槽像是巨大的火球一般，被拋上天空，墜落到地上，又彈入空中。鼓形槽罐飛得更高。北面，生還者茫然地設法離開「原爆點」區域。一名全身赤裸的男子，面無表情地背著一名肚破腸流的男童。有隻貓，全身的毛燒到糾結起來，在舔一匹馬流出的腸子。

西田綠是製鋼所的收發員。閃光燒掉了她的頭髮。她急忙穿過體育場上方的鐵道大橋逃跑，但她不知道自己正朝著毀滅的中心走去。由於枕木都已燒壞，她只好沿著扭曲變形的鐵軌，搖搖晃晃地一步一步前進。河面滿是浮屍。岸邊，有個女人的屁股被炸得像是爆開的氣球。附近有一條黑白相間的乳牛，身上滿是粉紅色的斑點，正安靜地喝水。

西田一度要倒下去，連忙拜託迎面走來的女孩幫忙他。那是她的同班同學，但西田被燒壞的面容嚇壞了她的同學。同學大哭起來，不願碰觸西田。西田懊喪地緩緩走到東岸。她走過一個燒得焦黑的男人，那人像是座雕像般站在那裡，四肢伸開——已經死了。遠處，她看到幾包木炭。她幾乎就要踩了上去，才發覺那是幾個燒焦的人。他們的臉又腫又圓，好像灌進了氣體一樣。周遭什麼建築物都沒了，只有平坦的還在冒煙的瓦礫廢石。在「原爆點」附近，她遇到了一位同班的男同學。直到她開口說話，他才認出她來。他問：「妳真的是西田嗎？」

四周充滿痛苦的呼救聲。西田不由自主地向他們走去，卻又驚慌地逃回河邊。他們沿著河岸往南走，找到水淺的地方就渡河。他們經過一對坐在燒焦的床墊上的母女。女孩身體往前傾，死了，頭還泡在水裡。這名母親雙眼無神地看著她。西田不解，她怎麼不把女兒的頭從水中拉出來呢？她繼續往南走，經過製鋼所，連自己的鞋底已被燒穿都沒發覺。

夜幕降臨，遮掩住了長崎這片驚恐景象。成千上萬的倖存者因為傷痛或無力而無法離開這片爆炸中心。東海和子，就是那個離「原爆點」只有二百七十五碼，被薄薄一層土的防空洞救了一命的和子，和雙親一起蜷縮在他們家附近的一個公用防空洞內。天上的星星快出現時，和子的父親死了。母親的聲音也愈來愈細，愈來愈難以聽聞。和子在黑暗中哀求著：「別死啊！」沒有回應，和子叫不醒母親。她也死了。小女孩等待著。在這片廣大的荒蕪中，萬籟俱靜。她想，就只剩我還活著了。[8]

第三十五章「忍所不能忍」

一

在東京，內閣在當晚繼續那場毫無結果的爭辯。身為軍方代言人，阿南仍像以往一樣寸步不讓，但迫水卻懷疑陸相是在玩他自己的「腹藝」。如果阿南所言真的代表他內心所想，那麼他只要辭職就行了，內閣就會因此解體——不論是誰繼任首相，都必須臣服在這些軍國主義者之下。接近午夜十一點時，一直謹慎避免捲入這場爭論之中的鈴木首相宣布休會。內閣顯然是無法做出決定。此時，最後的手段就是籲請天皇出面。

幾分鐘之後，鈴木首相在私人辦公室指示迫水即刻安排一次御前會議。首先必須取得陸軍參謀本部長和海軍軍令部長的簽章。迫水早有預見，已經說服豐田上將和梅津上將在請求召開會議的請求書上蓋印——他曾合乎情理地告訴他們，這個會議可能隨時都會召開。這兩名將軍認為，只有在達成一致意見後御前會議才能召開。迫水並沒有徵求豐田和梅津的同意，因為他知道他們是不會同意的。他也沒有報告首相，他已依據緊急狀況取得簽章。

不到一個小時，與會者一個個感到困惑不安地——他們是在未充分說明的情況下就被倉促召集——先後來到「御文庫」。在明亮的月光下，他們步出了座車，由一名皇居內侍帶到一個很陡的樓梯口。樓梯下是一條長長的地道，通往天皇的地下避難所御文庫。這個地下建築物一直挖到一座小丘的一側，由六間房組成，最大的一間是會議室，通風設備不良，又悶又熱。室內相當簡陋，天花板只用鋼條支撐；牆板是深色木板，顯得非常昏暗。

被召集來開會的，除了「六巨頭」外，還有年邁的樞密院院長平沼男爵——外加四名祕書，其中包括迫水。在候見室等候時，他們把怒氣和混亂的心情都集中發洩在迫水身上。豐田、梅津和兩名軍方祕書身上的佩刀叮噹作響，圍著迫水追問，指責他用謊言騙取簽章。

內閣官房長官不得不對他們說謊，以消解他們的怒氣，這幾人還是平靜不下來。迫水撒謊說：「我們在這次會議中不會做出任何決定。」直到與會者被帶到會議室內的兩張平行長桌前就座時，迫水才得以擺脫指責他的人。在長桌頂端，擺著一張小桌，上面鋪蓋金絲邊的錦緞，小桌後面有張椅子和一面六扇的金邊屏風。

午夜前十分鐘，天皇步入會議室。他看起來疲倦且憂心忡忡，費力地在御座上坐下。與會者起身鞠躬，然後坐下，不敢直視天皇。幾名年紀較長者開始咳嗽，增添了不安的氣氛。應鈴木的要求，迫水把《波茨坦宣言》朗讀了一遍，宣言中令人不安的用詞令他哽噎。

鈴木簡短地回顧了「六巨頭」會議和內閣會議的爭辯情形，然後請「六巨頭」一一發表意見。儘管室內悶熱難耐，東鄉還是相當沉著。他冷靜地宣稱，只要能保持國體，就應該立刻接受《波茨坦宣言》。米內上將也非常自制，他平靜地說：「我同意東鄉外相的意見。」

米內毫不閃躲地同意東鄉的看法激怒了下一個發言的陸相阿南。他喊道：「我反對外相的看法！」除非同盟國允許日本自己解散軍隊，自己審判戰犯以及限制佔領軍數量，否則陸軍不同意投降。「不然，我們就拿出勇氣繼續作戰，死中求生。」他的雙頰閃爍著淚水，當他請求在本土進行最後決戰時，聲嘶力竭。「我十分肯定能夠對敵軍造成重大傷亡，就算我們失敗了，我一億人民也準備光榮犧牲，讓日本民族的功業光耀史冊！」

剃光頭的梅津站起身來。他神情肅穆地說，在這麼多勇敢的將士為天皇盡忠後，無條件投降是無法想像的。

下一個發言的人應該是豐田上將，但是鈴木似乎搞混了，但也許是有意安排平沼男爵發表意見。阿南和梅津用狐疑的眼神看著平沼——他可是出了名的超國家主義者，但也可能像大多數的重臣一樣是個「巴多利奧」。平沼提出了一系列尖銳問題，最後一個問題要求軍方直接答覆：「你們還有辦法打下去嗎？」

梅津向他保證，防空措施能夠阻擋下一波原子彈攻擊。他說：「我們一直在為未來作戰保持戰力。我們期待總有一天能夠反擊。」

一向奉公守法的平沼似乎不為所動。他或多或少同意東鄉的看法，但他說應該按陸軍的要求和同盟國談判。他又轉身向天皇說：「依據先皇遺訓，陛下對於防止國內不安也有責任。懇請陛下做出聖裁時，能將這點納入考量。」這名執拗的老人說完後便坐了下來。

輪到豐田發言時，他試圖再度強調軍方的立場，但結論卻是模稜兩可。他說：「我們無法說一定能取得最終勝利，同時，我們也不相信會徹底失敗。」

他講了將近兩個小時，幾乎是逐字地重複過去的論點。豐田終於說完後，鈴木再度緩慢而慎重地站起身。迫水覺得，他終於要說出他壓制已久的信念了。不過，他所說的話卻讓聽者更為詫異：「我們已經討論這個議題好幾個小時了，依然沒有結論。局勢確實相當嚴峻，不應該再虛耗時光。我們沒有這樣的前例——我也覺得難以啟齒——但我現在必須恭請天皇聖斷。」

他轉身面向天皇。他請天皇決定日本是即刻接受《波茨坦宣言》，還是要求取得陸軍提出的條件。他令人不解地離開自己的座位，走向天皇。大家屏息看著。

阿南喊道：「首相！」但鈴木似乎沒有聽到，他來到天皇御座下面，他寬廣的雙肩因年邁而前傾。他停了下來，深深一鞠躬。天皇會意地點了點頭，要鈴木坐下。這名年邁長者聽不清楚天皇說些什麼，便把一隻手掌緊貼左耳後。天皇以手勢示意他回到座位就坐。

鈴木一回座，天皇自己站起身來。天皇的語調通常是不帶有情緒的，這次卻極為感性。他說：「朕已認真考慮了國內外局勢，並認定持續作戰就意味著民族的毀滅，並延長世間的流血和殘忍行為。」與會者都低頭聆聽。「朕不忍目睹無辜國民繼續承受苦難。恢復世界和平並解救國家於苦難的唯一的方法，就是結束戰爭。」他說到這裡停了下來。

迫水用戴著白手套的拇指擦拭眼鏡，看了一下若有所思凝視著天花板的天皇。迫水覺得自己的眼淚已奪眶而出。與會者也不再直挺挺地坐在位子上，而是欠身向前傾——有些人竟伸出手臂，趴在桌上啜泣起來。此時，天皇重新鎮靜下來，繼續以感性的語調講話，但不得不再次停下來。迫水幾乎要大喊出：「陛下的期望我們都領會了。請勿屈尊再講。」

天皇說：「每想到那些忠誠為朕效勞的人，想到在遠方戰場上犧牲或負傷的陸海軍將士，想到那些在國內因空襲而失去家業、往往還失去自己性命的家庭，朕痛苦萬分。無須贅言，朕難忍見到忠勇戰士被解除武裝。朕同樣不忍見到曾經獻身於我的人，被當成戰爭鼓動者受到懲罰。然而，我們必須忍所不能忍的時刻已經到來。當我想起先帝明治天皇在面對『三國干涉』[1]時的心情，朕只能吞下自己的眼淚，按外相所概述的批准接受盟國的宣言。」

天皇說完後，鈴木和其他人都站起身。鈴木說：「臣下已經恭聆陛下聖訓。」

天皇想要回答，但只是點了點頭。他似乎身負難以承受的重擔，慢步離開了會議室。

鈴木說：「現在應該將天皇聖裁變成本次會議的一致決議。」當然，所謂決議並不是西方意義上的決定，只不過是天皇表達自己的願望而已。但是，對一個忠誠的日本人而言——室內的十一人都是這種人——天皇的願望就等於命令。會議的情況被正式記錄了下來。與會者仍為天皇的痛苦感到心神不定，開始依序簽字；從而批准在同盟國承認天皇合法地位的前提下接受《波茨坦宣言》[2]。

除了平沼男爵之外，其他人都簽了字。和往常一樣，好像有什麼事在困擾著他，他反對條文中「天皇地位乃神授」的用語，堅持改用憲法中的正確用語——「天皇至高無上的權力」。

平沼於兩點三十分簽了字。這場重要會議就此結束，軍方也批准了等同是無條件投降的文件。不過，在天皇離開後，他們又把挫折和被出賣的憤怒發洩在鈴木身上。以祕書身分出席的吉積正雄中將大吼道：「首相先生，你沒有信守承諾。你現在高興了吧！」

阿南把兩人勸開。

只剩下一項正式程序了——由全體內閣批准。內閣會議立刻在首相官邸召開。閣員們也草擬致各同盟國的內容一致的照會，宣布在「了解到上述宣言並不包含任何損害天皇陛下身為最高統治者之君權的情況下接受《波茨坦宣言》」。[3]

這真是漫漫長夜。鈴木上樓就寢。迫水並沒有離開官邸，他倒在躺椅上，很快就睡著了。其他人則疲憊不堪地穿過黑暗寧靜的東京街頭返回家中。所有的人都走了，除了東鄉，惡性貧血讓他非常衰弱，他可能是所有的人當中最疲憊的一個。當東方已呈魚肚白時，他的座車停在外務省臨時辦公地之前，他想在那裡把他內心熱切盼望的、從天皇口中所說的話紀錄下來。他把這些話口述給他的非正式祕書、他的女婿東鄉文彥；雖然他們是一家人，但東鄉文彥還是對這名老人抱持著敬畏之心。東鄉文彥很少看到他顯露心情，但當他在背誦天皇的話語時，眼中充滿了淚水。

—

八月十日黎明，東京的天氣又悶又熱。在市谷地勢較高處的陸軍總部內，有五十多名陸軍省的軍官在防空洞內等著阿南上將的到臨。緊急召集這麼多重要軍官引起了熱烈的猜測：陸相是不是要宣布海陸兩軍合併？是有關原子彈的事，還是傳達昨晚御前會議的事？

九點三十分，在兩名高階軍官一左一右陪同下，阿南走下總部大樓長長的地道，來到防空洞內。他右手握著馬鞭，登上一座小講台，所有的軍官圍成了半圓形。他平靜地說，昨晚的御前會議已經決定接受《波茨坦宣言》。

好幾個人不敢置信，異口同聲喊道：「不！」阿南舉起雙手，要大家安靜。他說：「我不知道我還有什麼藉口。但是，既然天皇陛下的期望是接受《波茨坦宣言》，那麼我們也就無能為力了。」他把陸軍最低的要求告訴他們，對於自己無法實現這些要求感到遺憾。不過，他承諾會再試一次，並要求他們不論發生何事，都要協助維持陸軍內的秩序。「你們個人還有部下的情緒，都無須理會。」

一名少校站了出來，他說：「陸軍不是有保護國家的義務嗎？」

阿南平日性格溫和；此時，他拿起馬鞭往少校身上一揮，接著說：「有誰想要違背阿南的軍令，誰就先把阿南的頭給砍下來！」

軍需局的稻葉正夫中校拿著一份維持陸軍秩序的計畫，走到阿南身旁。他說：「不管是否要結束這場戰爭，我們都必須發出繼續作戰的指令，特別是抗擊正在入侵滿洲的蘇聯部隊。」

阿南說：「把作戰命令寫出來。」

——

內閣還需做出決定的是，該告訴日本大眾天皇的決定到何種程度為止。軍方不願意透露天皇的決定，害怕這樣會立刻破壞日本的作戰意志並帶來混亂不安。因此他們達成折衷方案：僅發出一份模糊聲明，要大眾對於投降做好心理準備。這份聲明由情報局總裁下村海南與其幕僚草擬。聲明把勝利吹噓了一番；譴責新式炸彈是殘酷且野蠻的東西；警告國民敵軍即將入侵本土。只在最後一段中才指出，國民即將面臨前所未有的局勢：

確實，我們必須承認，我方正處於極為惡劣的局勢中。政府正在盡全力防衛故土，保衛國體，維護國家榮耀，國民們也要有所準備，克服各種困境，保衛帝國國體。

另一方面，在稻葉發給陸軍官兵的指令中，不僅沒有任何要投降的暗示，反而還要他們把聖戰進行到底：

雖然可能要啃食野草、吃土和露宿荒野，但我們仍決心奮戰。我們堅信死中有生。這是七生報國的偉大楠公之精神，也是時宗[4]以「莫煩惱，驀直前進」精神粉碎蒙古鐵騎的氣魄。

在稻葉把電報送給陸軍部批准後不久，兩名心煩意亂的中校——一名是新聞官，另一名是阿南的內弟竹下正彥——衝進了稻葉的辦公室，告訴他內閣就要發表一份暗示投降的聲明。由於這將造成部隊內部混亂，他們必須立即廣播稻葉這份規勸令。稻葉把整個字紙簍都倒空，才找到那張聲明草稿。因為是以阿南的名義發出，因此他對是否未經陸軍部的批准，就逕行發布而猶豫不決。不過，這兩名中校說服了他，已經沒有時間了，於是這份指令的複本便被立刻傳送到各地電台和報館。

這兩份相互衝突的聲明幾乎是同時發出，讓報社編輯和電台經理都感到困惑，並迫使東鄉不得不採取斷然行動。阿南的聲明，無疑地將會導致盟軍認定日本決心繼續作戰。通知各同盟國日本願意投降的正式照會正在透過緩慢的外交管道送出，再拖個幾個小時就可能遭受第三顆原子彈。為何不把這份正式照會立刻以新聞形式發送出去？不過，如果軍方的新聞審查官員認出了電報內容，就有可能把它扣留。為了保險起見，決定把日本提議的英文本以摩斯碼發送出去。待新聞審查官把電碼譯出時，一切都已順利發出。

「同盟通信社」國際新聞編輯長谷川才次接受了發播這項電報的危險任務。上午八點，他把電報送上發報器，首先傳送到美國，然後是歐洲。他緊張地等待著，祈禱對方接收到電文。

幾乎就在同時，東京的街頭響起一陣手榴彈爆炸聲。陸軍內部的不滿分子，包括稻葉在內，企圖製造混亂引起全市戒嚴。東京一旦被軍方控制住，天皇就可能受到影響，改變心意，持續作戰。不過，這座城市早已習慣轟炸，根本不在乎這種斷斷續續的爆炸。

在長崎這座已被毀壞殆盡的城市上空，飄下了警告要市民疏散的傳單，但為時已晚。

二

在世界的另一頭還是八月十日上午。上午七點三十三分，長谷川所發出的摩斯碼電報——非常幸運的，日本陸軍的審查官員根本懶得檢查——被美國監聽人員攔截。杜魯門總統把萊希、伯恩斯、史汀生和福萊斯特召集到辦公室，把電報念給他們聽。因為這封電報來自非官方，他依序詢問他們，這是否可以視為日本接受了《波茨坦宣言》。如果表示接受了，那麼是否要讓天皇繼續統治？幾個星期以來，許多具有影響力的人士，包括哈利．霍普金斯、阿契博爾德．麥克利什（Archibald MacLeish）和迪恩．艾奇遜（Dean Acheson），一直在力陳廢除天皇體制。

但是，室內的四名顧問中，有三人反對這樣激進的建議。病痛纏身的史汀生認為，保留天皇是切合實際的。他指出，為了使四散各地的日軍部隊投降，同盟國需要裕仁的協助。「必須如此利用天皇，才能免於在中國全境以及新荷蘭群島中碰上像是數十個硫磺島和沖繩島那樣的流血犧牲。」萊希「對小裕仁沒有什麼想法」，但支持史汀生。

不過，伯恩斯卻是反對「從要求日本無條件投降的立場」撤守。「這個要求是在使用原子彈之前，還有蘇聯成為交戰國之前，就向日本提出。如果要接受任何條件，我希望是由美國而不是日本提出條件。」福萊斯特反駁說，可以「透過我方發表肯定的聲明，說我方會留意，使投降的語言和我方的意圖、觀點完全一致」，讓日本人安心。

日本人提出投降，使史汀生對於持續犧牲生命更加擔憂。他建議停止轟炸——當時艦基戰機以及馬里亞納群島上的轟炸機依然在攻擊日本各城市。在美國，大家也愈來愈對美國使用原子彈感到害怕。福萊斯特補充說：「我們必須記住，美國一定會成為日本人仇恨的焦點。」

杜魯門仍不表態。他決定等收到外交管道發來的正式投降聲明後，再做決定，但又下令伯恩斯立刻草擬答覆。國務卿字字斟酌，因為他知道他不僅代表美國，也代表俄國、中國和英國。快到中午時，他收到通知，瑞士大使館已收到日本的正式投降書。一收到這封電報，他便親自帶著他的草稿前往白宮。杜魯門於下午兩點召開了緊急內閣會議，並宣讀了伯恩斯的回覆。史汀生對其和解的語調（「……這是份相當明智且謹慎的聲明，比直言不諱的聲明更有機會被對方接受」）感到很高興。聲明表示，從投降那一刻起，天皇以及日本政府治理國家的權力都將隸屬於同盟國最高指揮部，日本政府的最終形式將由日本人民依其自由意志來建立。所有的人都同意，這個答覆既能讓日本人對於天皇未來的地位安心，又不損害無條件投降的基本原則。

不過，給東京的答覆首先要徵得各同盟國的批准，於是，複本便被發送到美國駐倫敦、莫斯科和重慶的大使館，要求盡快取得同意。

金恩上將把和談的訊息發送給人在珍珠港的尼米茲，由於想起在「屈辱之日」[5]的十天之前海軍發出的第一份警告，金恩的電報開頭便說：這是一封預告和平的警告……

——

阿南愈是檢視過去三十六小時所發生的事件，他就愈是憎恨鈴木和東鄉。八月十一日上午，在家中花園練完射箭之後，他在驅車前往辦公室途中對祕書林三郎上校抱怨起首相。一到辦公室，他又見到五、六名軍官——包括他的內弟竹下中校在內——在大鬧情緒。這樣一來，他的不滿就更充分了：御前會議開得過於倉促，只有東鄉事前準備好向天皇提出建議；還有，為何平沼男爵會出席那場會議？阿南在離開會場時，有一種與會者是被操縱而同意投降的印象。

他含糊地說出這些指責，但卻鼓舞了這些不滿分子再度犯下一次「下克上」行動；約莫二十名反對派分子祕密聚集在陸軍省內，計劃發動政變。竹下身為一名高級軍官，警告他們這麼做是會被判處死刑的。他建議，首先把天皇和那些慫恿他求和的人區分開來。然後再謀取阿南支持，讓他去進諫天皇繼續戰鬥下去。在本土進行一場決戰將造成美軍的大量損失，如此才能安排一場體面的和平談判。如果不行，他們就會在山中進行游擊戰。

陰謀者們熱烈地接受了這個計畫。他們將動用駐紮在東京的部隊包圍皇居，切斷通訊並佔領廣播電台、報社以及主要政府建築物，然後逮捕像是「巴多利奧」之流的鈴木、東鄉和木戶等人。

竹下很有信心阿南最終會加入他們的行列，之後還會把梅津也帶進來。屆時，兩名東京地區指揮官，即近衛師師長森赳中將及「東部軍管區」指揮官田中靜壹等必須與他們合作。有陸相和參謀本部長支持政變，他們就不會失敗——如同一九三六年，一小群軍官短時間佔領了東京一樣。這件事本質上是一次陸軍的行動，但他們將以國家利益為名，在最高指揮官的指揮下合法行動。

這種自認合法的觀念實際上是對平泉澄教授之教導的曲解。教授本人對軍官團有著無法估量的影響力。一九二六年，年僅三十一歲的平泉澄就已是東京帝國大學的副教授。他的主要興趣是日本史，主要目標是如何保持明治時期領導人的精神。當共產主義思潮開始席捲校園時，他建立起「青青塾」與之抗衡。[6]他的教導的本質是，每個民族都有各自的傳統、歷史和道德，其他民族應該尊重這些差異。他教導說，日本社會是建構在對父母、民族和天皇的絕對忠誠和順從之上。「青青塾」後來發展為超國家主義的學校，神道教為其骨幹，儒家思想為其肉體，武士道則為其血脈。

平原個頭矮小，待人溫和，外表很符合他歷史學教授的身分。但是，第一次在陸軍士校講課時，他的出場極具戲劇性。他配帶軍刀，大步跨上講台。他把佩刀擱置一旁，輕聲細語地講課，從不用手或臉上的表情強化效果。他的熱烈真誠讓那次在座的年輕軍官像觸電般震驚，以後每次都聽他的課。他們所聽到的皇道和國家，都是灌輸給他們要以自我犧牲的精神對天皇和國家效忠，因此那些執行「神風」特攻任務的人常把他的話掛在嘴邊。

高階軍官也是他的信徒。東條擔任首相時，時常諮詢他的意見。阿南也對他景仰萬分。竹下和其他陰謀者也曾上過「青青塾」，深信他們現在的作為就是在實踐平原的教誨。無條件投降豈不是摧毀

「大和魂」和「國體」嗎？因此，違抗天皇的決定是完全正當的，何況天皇謀和的決定是錯誤的，是聽從錯誤建議的誤判。事實上，正是對天皇的忠誠才必須暫時不服從天皇。

三

同盟國中除了一個國家之外，都立即接受了伯恩斯草擬的回覆。蘇聯政府「懷疑」日本的提議：莫洛托夫認為，日本的提議既不是無條件的，也不具體，因此，蘇聯紅軍繼續向滿洲推進。

不過，駐蘇聯大使哈里曼卻緊逼蘇聯盡速答覆，莫洛托夫也同意了——但有個條件：「蘇聯政府認為，如果日本政府做出肯定答覆，那麼同盟國應該對最高指揮部的候選人或數名候選人達成協議，日本天皇和日本政府都將隸屬此指揮部。」

哈里曼對此條件「表示堅定反對」，他的政府絕對不會同意。他甚至不能肯定這到底代表什麼意思。莫洛托夫解釋，遠東最高指揮部應該包含兩人，一名美國將軍和一名俄國將軍。

哈里曼的反應是尖銳而明確的。美國已經擔負起太平洋戰事的主要重擔四年之久，使得俄國不用擔心它後方的日本，而蘇聯參戰只有兩天。因此，無法想像最高指揮部中居然有非美國人的人選。莫洛托夫的反應激烈，但哈里曼卻堅定不移。他說，他會把這項建議電告華盛頓，但他知道華府是不會接受的。

哈里曼回到大使館後依然憤怒難平。有人打來電話。那是莫洛托夫的祕書帕夫洛夫打來的，他說，外交人民委員和史達林發現，對伯恩思的回覆有誤解之處：「原意是指『磋商』，不必然是『批准』。」哈里曼再次警告表示，華盛頓不會接受「數名候選人」這樣的字眼。幾分鐘後，帕夫洛夫又打了通電話過來，表示史達林同意刪除這些冒犯性用字，並確認了這份書面電報。

由於和平在即，福萊斯特和史汀生再度試圖說服杜魯門總統停止所有對日的海空行動，以展現人道主義的姿態。杜魯門聽不進去。他說，應該繼續作戰，如此日本才不敢提出更多要求。但他也承諾暫時停止使用原子彈，除非東京的回覆不能讓人滿意。天寧島上還準備了兩顆原子彈，預計在八月十三日和八月十六日投射。斯帕茲將軍認為東京已經殘破不堪，不值得當做常規轟炸的目標。杜魯門依然迫切想在日本首都投下一枚原子彈。[7]

——

在伯恩斯的回覆通過瑞士正式發出的同時，舊金山電台也透過短波向遠東廣播，以對日本民眾產生宣傳效果。八月十一日午夜剛過，曾祕密傳送日本對《波茨坦宣言》回覆的「同盟通信社」的長谷川才次，從一個監聽站獲悉同盟國的回覆建議。他通知了外相，並打電話給他的朋友迫水。睡眼惺忪的內閣官房長官焦急地想知道內容。長谷川回說：「我們還不知道全文，但看來不會太好。」

迫水焦慮地等了兩個小時，才收到英文版全文：

我們收到了日本政府接受《波茨坦宣言》的電報，但電報內稱了解到上述宣言並不包含任何侵害天皇陛下身為最高統治者的君權的要求，對此，我們的立場是：

> 從投降那一刻起，天皇以及日本政府治理國家的權力都將隸屬同盟國最高指揮部，該指揮部將採取其認定的可貫徹投降條款的適當步驟。
>
> 天皇必須授權並保證日本政府以及帝國大本營簽署並執行《波茨坦宣言》條款規定的必須的投降條件；並命令日本陸海空單位及其所控制的一切部隊，不論駐紮在何處，都要停止行動，交出武器，以及發布最高指揮官為使投降條款付諸實施而需要發布的命令。
>
> 投降後，日本政府將立刻把戰俘和被拘留的非軍事人員送往指定的安全地點，使其能迅速登上同盟國的船隻。
>
> 日本政府的最終形式將依據《波茨坦宣言》，按照日本人民之自由意志建立。
>
> 在實現《波茨坦宣言》中所設定的目標之前，同盟國的武裝部隊將駐紮日本。

內容倒是沒有長谷川所想像的那樣負面。同盟國並沒有斷然回絕日本保留天皇的要求，但也沒有指出天皇的最終命運究竟如何，這將給予主戰派回絕整份提案的理由。這時外務次官松本穿過街道找到了迫水。他讀完之後，臉色馬上為之一沉。關於國體的含糊提法又因第五段中的兩個錯字而更加混亂不明。伯恩斯原來寫的是「日本政府（government of Japan）的最終形式」，但監聽人卻抄寫成「此日本政府（the Government of Japan）的最終形式」。「政府」採用大寫G字母是否單指文官行政機構，也就是說包不包含天皇在內？而「此」（the）這個字有無特定意涵？松本採取了樂觀的看法，認為「此政府」不包括天皇在內，最好的辦法就是把這個照會「狼吞虎嚥吞下去」，以免軍國主義分子斷章取義爭論不休。當松本帶著他的建議去找東鄉時，迫水則往鈴木的官邸走去。老首相聽了新提議和松本的推論後嚴正地說：「無論如何，我們都必須結束戰爭。」

在御文庫，木戶向天皇解釋這份照會所提出的問題。天皇陛下說：「這些都不是重點。如果人民不要天皇，說什麼都沒用。我認為讓國民來處理這個議題完全正確。」天皇的沉著、平靜使木戶感覺像是「頭上挨了一棒」。天皇對於臣民的絕對信任，使宮內大臣最為擔憂之事也就消失無蹤。

迫水擔心軍方的反應是有道理的。海軍軍令部長和陸軍參謀本部長在伯恩斯的回覆中，找到了繼續作戰的充分藉口。他們搶先──甚至先於東鄉──上奏天皇，表示反對。

天皇表示，他們的結論是不成熟的；還沒有收到同盟國的正式回覆。他說：「等收到後，我們肯定會加以研究。我們或許能就疑義之處再作詢問。」語畢，就把他們送走了。

然而天皇自已卻已做出結論。兩個小時後，東鄉來到御文庫。天皇對東鄉說，盟國的提議是令人滿意的，應該接受。鈴木和東鄉都對他的反應表示歡迎。但最終接受同盟國的條款離塵埃落定還有一段距離。關於天皇問題的那段文字讓平沼男爵這樣的保守派分子感到困擾。他對「國體」問題焦慮不安，從而驅使他來到鈴木家中。平沼首先極力反對「天皇以及日本政府治理國家的權力都將隸屬同盟國最高指揮部」這段話。他把「隸屬於」解釋為「奴隸化」之意。對於宣布政府的最終形式將由日本人民建立這段話，他也表示反對。那是無法忍受的。天皇是神性的，不能從屬於臣民的意志。

當天下午，全體內閣成員都在開會討論伯恩斯的回覆。東鄉認為沒有理由不接受。第二段文字在原則上並沒有損害天皇的地位，而第五段則允許日本人民選擇自己的政府形式。他表示：「無法相信我國絕大多數的忠誠人民會不想保留我們的傳統制度。」況且，如果要求修改措詞，那麼同盟國中敵視天皇制度的人很可能會要求廢除皇室。

不過，阿南上將（不久前，那些要求阿南拒絕這份提案的少壯反對派軍官還把他困在辦公室內。「如果你不能辦到這點，你就切腹！」）卻堅持立場，堅決反對，而且還得到平沼和另外兩名受平沼影響的文官支持。他們是內務相和法務相。也有人支持東鄉，但只有海相米內上將公開表態。在歷經一個多小時毫無結果的爭論之後，始終沉默不語的鈴木——或許是不願意對抗如此強大的反對意見——終於說話：「如果強迫我們解除武裝，那我們別無選擇，只能繼續作戰了。」

直言不諱的東鄉對於鈴木搖擺不定的態度，簡直不敢置信，他盡量壓下自己的脾氣，不得不設法拖延做出決定的時間。他說：「既然還未收到同盟國的正式答覆（正如天皇之前對他說的那樣），我們最好等收到之後再繼續討論。」沒有人反對。東鄉跟著鈴木回到他的私邸，並責備了鈴木一番。他大聲斥責道，都什麼時後了，你還提出解除武裝的問題！他說：「除非我們準備使和談破裂，否則就得接受他們的回覆。」首相難道不知道天皇想結束戰爭嗎？現在討論的問題不正是攸關皇室存廢嗎？「如果你堅持這種態度，我可能得獨自上奏天皇！」

東鄉回到自己的辦公室，怒氣未消，心情沮喪。他告訴松本，他可能不得不辭職。這名次官求他不要倉促行事。松木建議說：「雖然同盟國的正式回覆隨時可能送達，為何你就不能假裝在明天上午之前都還沒收到呢？[8]今晚先請回家休息。」東鄉鮮少採納他人意見，但這回他點了點頭表示同意，神情低落地往座車走去。他必須把鈴木的「背叛之舉」通知木戶侯爵。

木戶打了通電話到鈴木的辦公室，請他來會上一面。不過，木戶被告知首相無法接聽電話，但一有空就會到宮內省去。一個小時、兩個小時過去了，木戶愈來愈焦慮不安。晚上九點三十分，鈴木終於來了，嘴裡嘟囔著對那些把自己搞成像是「國體」衛士的「平沼之流」表示不滿。

木戶說：「我無意貶低那些一心捍衛國體的人。但是，經過謹慎的研究後，外相向我們保證，那些有疑義的段落，並沒什麼值得反對的……假如我們在現階段回絕《波茨坦宣言》，繼續作戰，那麼就會有千千萬萬無辜的日本國民死於轟炸和饑餓。」鈴木放鬆了他的防禦姿態。木戶繼續說：「如果我們現在就實現和平，我們當中可能會有四、五人被暗殺，但這也值得。讓我們毫不動搖地接受《波茨坦宣言》，執行它的政策吧！」

鈴木突然喊道：「我們動手吧！」

在內閣會議上，阿南上將還是堅定明確地反對接受同盟國的提議，但私底下自己也滿腹疑惑。他怎麼能反對聖旨呢？像那天下午找他入夥的反對分子一樣，他也認為日本的光榮之道就是繼續作戰，不過要得到天皇的允許。或許他能說服三笠宮親王協助改變他皇兄的想法？他帶著祕書林上校，驅車前往一個防空洞；自從三笠宮親王的宮殿被炸毀之後，他就以此為家。

三笠宮帶有敵意地接待了阿南，讓他覺得很受挫。他了解到當天下午曾開皇族會議，卻不知道三笠宮以及其他親王都誓言支持天皇的決定。阿南倉皇補充道，他想採取先發制人的行動，對付那些一頭熱反對投降的少壯派軍官。

親王說：「自滿洲事件以來，陸軍時常不按天皇的意志行事，當事態已經發展到了這個階段時，你還要繼續作戰，這是極其不合宜的。」阿南遭到一番責罵後，告辭而去。三笠宮不禁懷疑，像阿南這樣身負重任的軍官竟然都會忽視聖旨，那麼陸軍總部內是不是普遍存在這樣的情緒呢？不久，又有幾名陸軍參謀官來拜訪三笠宮。其中一人恰巧是他的老同學，他們便在防空洞外面的花園中交談起來。當三笠宮把阿南的請求告訴他的老友時，那人反問親王怎麼不向天皇報告。他的大嗓門和爭辯的態度讓三笠宮以為自己受到了威脅。他們的高聲談話驚動了防空洞內的王妃，使她不禁擔心起她先生的安危來。

三笠宮的反應動搖了那名參謀。他安慰親王說：阿南能控制住那些桀傲不羈的軍官，況且，在陸相的指揮之下，陸軍會維持軍紀。「無須擔心叛亂問題。」

——

阿南無法入睡。午夜過後許久，他叫醒了祕書，派祕書去找他最堅定的盟友陸軍參謀本長梅津，建議由梅津上將請畑俊六元帥代表陸軍高級將領向天皇說情。

梅津一邊在地板上踱步，一邊對林上校說：「你必須原諒我，我現在贊同接受《波茨坦宣言》。」即使在梅津戲劇性地變心後，阿南還是要再度私下嘗試動搖天皇的意志。八月十三日清晨，他不顧禮貌地打斷了宮內大臣的早餐，簡直就是「蹦進」木戶的房間內。木戶從來沒見過他這樣心煩意亂。他傾盆說出一大堆話。同盟國的條件會毀滅「大和魂」。應該打一場決戰。「你難道就不能再度籲請天皇重新考慮接受宣言一事嗎？」

木戶回答：「我不能這麼做。」他不同意阿南提出的讓國民選擇政府將標誌國體終結的質疑。他甚至表示：「假使天皇改變心意，取消十日的和平提案，發出最後決戰公告，那會出現什麼狀況呢？」毫無疑義，同盟國會把天皇陛下當成瘋子或是蠢蛋。「讓他受到這樣的汙辱是令人無法忍受的。」

阿南強抑自己的情緒。他說：「我了解你的感受。在你這樣的位置上，你當然必須保護天皇。」

木戶說：「陸軍還是很強大，你身負重任得好好把它控制住。」

阿南強作笑容說：「你難以想像陸軍省內到底是什麼樣子。」他們握手道別。

上午九點，「六巨頭」繼續爭論前天的內閣會議中無法解決的問題。爭論依舊陷入僵局，此時御文庫來了一通電話打斷了正在進行中的會議。天皇已經知道阿南情緒激動地去見木戶一事，他現在想要見見梅津和豐田兩名總長。

天皇告訴他們，終結戰爭的談判正在進行，他用轉彎抹角的方式暗示，他希望在做出決定之前盡可能少流血。他問，在和談其間將採取什麼樣的空中行動。梅津回答，只有對方開火時，我方才會還擊。天皇點頭表示稱許。

兩名將軍鞠躬退出，回到「六巨頭」會議。如果說，天皇召見他們是抱持著拯救生靈和影響這場爭論這雙重目的的話，那麼，它對「六巨頭」的會商並沒有立即產生效果。不過，在當天下午的內閣會議上，大多數的閣員表示贊成接受盟軍要求；此外，反對派的領袖阿南上將也故意在私下用日本典型的拐彎抹角方式說，他實際上不像他的外表那樣顯得打死不退。

他起身離開會議桌，示意迫水跟著他到隔壁房間。他在那打電話給脾氣暴躁的軍務局局長吉積正雄中將。阿南說：「我在內閣會議上，正在說服所有的大臣同意你的觀點。因此你們所有的人都不要走，等我回來。」迫水搞不懂他在做什麼。實際情況剛好相反。阿南眨了眨眼說：「內閣官防長官就在我身邊，如果你想直接問他會議狀況的話，你可以問他。」迫水突然明白了。阿南是在玩弄「腹藝」，以平息陸軍省內那些躁動不安的下屬。

阿南的話語原本是要對這些反對分子先下手為強，不過卻造成了反效果。下午三點四十五分，內閣會議突然中斷。有個傳令員送來一份將在十五分鐘後於電台和報紙發表的聲明：「皇軍收到新聖令，已重新對美國、英國、蘇聯和中國發動攻勢。」

阿南喊道：「我完全不知道此事！」他立刻打電話給剛回到總部的梅津。和阿南一樣，參謀本部長勃然大怒。這樣的聲明需要得到陸相和參謀本部長的批准，但不論是他還是阿南，都未曾批准。這一定是參謀本部次長和陸軍次長的作為，儘管陸相曾用電話通知吉積中將不得採取任何行動。梅津下令廢除這份聲明，在發布前幾分鐘終於阻攔了它。

內閣會議重新進行，但阿南卻暫時對會議失去興趣。雖然有兩名也反對立即投降的文官——內務相和法務相——還在那裡要求取得更有利的條件，但阿南陸相看似心煩意亂，若有所思。

東鄉堅持表示：「伯恩斯的回覆毫無疑問是代表幾個同盟國所提條件的最低限度，如果我們想重建日本並為人類帶來和平的話，我們就必須接受這些條件。」

在語義方面又起了爭執。鈴木大怒，插話說：「軍方將領們是不是有意藉由故意挑剔伯恩斯的回覆，推翻我們為終結戰爭所付出的努力？為何不能以我方認可的方式解讀呢？」必須做出最終決定。許多大臣都不發表意見，鈴木現在要他們一一明確表態。他點名法務相發言。法務相當然同意阿南和豐田的看法，內務相也是。好幾名大臣不願採取肯定立場，但鈴木一一詢問。最後除了一人之外全都同意投降。現在該鈴木自己明確表態了。

他說：「我已下定決心，依據天皇的意願在此危急時刻終結戰爭。起初我在檢視同盟國的回覆時，覺得有些條款無法接受，但仔細推敲之後，發現美國對我方所提出的這些條件並無惡意；我覺得他們無意改變天皇的地位。我認為必須依照天皇的意願結束戰爭，因此我會將我們在此討論的全部情況如實上奏，請天皇聖斷。」

決定會是如何，這已是毫無疑問。不過，阿南因職務之故而認為他個人應對戰爭結果負責任，並因無法接受不可避免之事以及效忠天皇之間的衝突感到心力交瘁。內閣會議結束後，他跟著來到鈴木的辦公室，那裡已有一名海軍軍醫在等待首相。阿南問道：「在召開另一場御前會議前，你可否再給我兩天時間？」

鈴木回說：「很抱歉。這是我方千載難逢的機會，必須立刻掌握。」在阿南離開後，首相轉身對那名軍醫說：「如果再延宕下去，俄國就會佔據北海道以及滿洲、朝鮮和庫頁島。這是對日本的致命一擊。我們必須趁和談對象主要還是美國時採取行動。」

「不過，阿南上將可能會自殺。」

鈴木說：「我知道，我只能說聲抱歉。」

——

陰謀者的首領並不是阿南的內弟竹下中校，而是軍階比他低一級的畑中健二少校。畑中外表看起來不像是革命分子。他沉著、安靜、勤奮好學且謙和，但他堅持「國體」的不可動搖以及抱持不妥協的態度，讓他獲取了無人可比的威信。成功與否，阿南的支持是個關鍵，因為各層級的軍官都信賴他；當天晚上，這些共謀者受邀到阿南的家中聚會。在此之前，畑中曾有兩次做出安排，邀阿南加入行動。第一次他認為已經說服竹下去勸說他的姊夫，但竹下不願利用自己的特殊身分。第二次，他請求平泉澄教授說服陸相，因其倡言國家榮譽的學說早已浸透陸軍總部。平原曾寫了一封信給畑中，要求他和其他叛亂分子「切勿恣意妄為，魯莽行事」，應聽從阿南的領導。畑中向來是個樂天派，希望教授會讓阿南參與密謀，但事實上，平原卻力促阿南順從天皇旨意。畑中親自陪同平原前往陸相家中，但卻沒有看到阿南。他們等了很久才被告知，阿南在宮中開會，一時半刻內不會返回。

八月的夜晚既寧靜又悶熱，晚上八點，陰謀者的核心要角都群聚在阿南家中。那是棟樸素的木造平房，在東京遭轟炸後，這座房子成為他的官邸。畑中起初想把阿南和那些主降派區分開來，並向他報告有些「巴多利奧之流」正計劃暗殺他。阿南覺得有趣，一笑置之。他對這樣的政變計畫也不感興趣：監禁木戶、鈴木、東鄉和米內；宣布戒嚴，孤立皇居。要完成這些行動，四名將軍——阿南、梅津、田中以及森——必須合作。對於這個計畫的叛變性質，阿南置之不理，只對計畫吹毛求疵。比方說，他們要如何去控制通訊連絡？

竹下極不願放棄，大喊道：「我們必須實施這個計畫。」此外，計劃在御前會議正式接受伯恩斯的照會前執行。阿南並沒有表態，讓這些陰謀者無法探知他的意圖。荒尾興功上校覺得沮喪受挫，但竹下卻堅不退讓。

為了不站在這群人的對立面，阿南承諾「明天上午要做的第一件事」就是影響梅津——他知道梅津已經決定支持天皇。但這些少壯派軍官卻要求採取更及時的行動。因此阿南同意在午夜會見其中一員荒尾上校，並暗示說，到那時他或許會對政變一事通盤考慮，語畢便把他們打發走了。當他送他們到門廊時，他還熱心告誡他們說：「謹慎一點！你們可能都被監視了。下次最好是分開過來，不要一起過來。」

等到大家都離去後，竹下仗著他和姊夫的關係，詢問阿南願意加入他們嗎？上將答道：「在這麼多人面前，怎能透露真實想法呢。」他沒有再說什麼，竹下便帶著樂觀的情緒離開了。

陸軍參謀本部長和海軍軍令部長——梅津和豐田——並未直接受到陰謀者的壓力，但也無法壓下接受無條件投降的疑慮。他們把外相東鄉從一場晚宴上叫到首相官邸的地下會議室，舉行一場祕密會談。但東鄉仍不願在最後一刻修改條文。他一再強調說：「不可能！不可能！」外面響起一陣騷動，安排這場會談的迫水在連聲道歉下，把「神風」特攻隊創始人大西中將領了進來。大西走到豐田上將面前，用哽咽的語調承認，他剛請求高松宮親王去勸說他的皇兄繼續作戰。但是，他當然和阿南去請求三笠宮親王一樣，沒能成功。高松宮反而說：「你們軍人已經失去了天皇的信任！」大西雙眼滿是淚水。他說：「我們必須提交一份能取得勝利的計畫給天皇，請他重新考慮他的決定。我們必須奮力執行此計畫，使之實現。如果我們準備犧牲兩千萬人民的性命發動『特攻』，勝利就是我們的！」儘管慷慨激昂，但他的呼籲並沒有得到回應。他絕望地轉求東鄉。

外相說：「如果還有任何能獲勝的希望，誰也不想接受《波茨坦宣言》。然而，贏得一場戰役，並不會讓我們贏得這場戰爭。」

空襲警報開始尖銳響起，東鄉藉口散會。當他驅車穿越一片漆黑的街道回家時，不禁想起大西所說犧牲兩千萬性命一事。明天就得作出實現和平的最後決定。他後來寫道：「只要國家有希望恢復一切，我們就能承受一切；而軍人所炫耀的弓箭和竹茅，卻無法帶來任何希望。」

第三十六章
皇居叛變

一

八月十四日，東京的東方天空開始漸漸亮起，有架「超級空中堡壘」獨自飛臨東京上空，飛抵市中心上空時，拋下了一長串物品。這些物品一個接一個爆開來，天空頓時飄滿傳單。傳單的內容是由華盛頓的戰爭資訊局倉促草擬的，譯成日文後電傳至塞班島。

告日本人民書

今天，美國飛機並不是向你們投擲炸彈，投下的是傳單。因為日本政府已提出投降，而每個日本民眾都有權知道條款內容以及美國政府代表美國、英國、中國和蘇聯對此所做的回覆。你們的政府現在有了立刻結束戰爭的機會。

傳單摘引了日本接受《波茨坦宣言》的條件以及伯恩斯的回覆。

木戶侯爵撿起一份掉落在皇居內的傳單，拿到御文庫。他告訴天皇，如果這些傳單落入對談判一無所悉的各部隊中，可能會引起叛亂。天皇陛下應火速召開御前會議，以能讓與會者知道他希望立即終止戰爭的決心。

天皇草草看完宣傳單後，指示木戶立刻去找鈴木。首相正巧就在前廳。鈴木表示，在這種情況下，要取得兩名總長的簽章時間太長；他請求天皇採取空前舉措，以他自己的威權召開這次御前會議。木戶也認為有必要採取緊急手段，他認為還需採取另一項空前舉措：他會陪同鈴木一起晉見天皇。從前，首相和天皇密談時，宮內大臣是從不在場的。天皇陛下不僅同意在上午十點三十分召開御前會議，還答應如果出現僵局，他將「命令」內閣接受伯恩斯的照會。

那天上午，阿南又被逼著對陰謀行動表態。他在半夜和荒尾的談話中，始終閃躲逃避，以致曾建議他要對荒尾坦白以對的祕書林上校也唐突表示：「從你剛剛說話的樣子看，我都無法判斷你是支持還是反對他們計畫。」現在，離政變只有幾小時了，叛亂分子紛紛來到陸軍總部找阿南，要求他立刻支持他們。阿南還是無法直接了當地拒絕他們，他藉口要找參謀本部長商量，離開了辦公室。

梅津並未如此猶豫不決。他告訴阿南，如果在皇宮內動用軍隊，那就是褻瀆神明。阿南在回辦公室的途中被這些陰謀者攔住，他再也無法閃避這個問題了。他說：「與參謀本部長討論後，我決定不支持你們的行動。」他拒絕再討論下去，斷然邁開大步走出大樓，座車已經在那裡等著，要接他到首相的地下會議室出席內閣會議。[1]

內閣會議剛開始，就宣布全體內閣官員立刻轉到御文庫去開緊急御前會議。自一九四一年十二月一日召開歷史性的全體內閣官員參加的御前會議以來，這還是第一次。時間緊迫，他們甚至來不及換穿正式服裝；軍需相不得不向宮內省一名官員借領帶，還叫厚生大臣幫他繫上。這是軍方五天以來第二次中計，在毫無準備的情況下參與會議，他們的憤怒只好發洩在鈴木身上。

他們列隊進入狹窄的會議室後發現，因為人多，室內的桌子都被撤掉，換上長長的兩排椅子。他們在這熱得讓人冒汗又靜得讓人害怕的會議室內焦急等待。約在十點五十分，天皇穿著軍裝，戴著白手套，在侍從武官長蓮沼蕃上將陪同下，步入會議室。

鈴木為了內閣未能一致同意接受伯恩斯照會一事對天皇表示歉意。他指出三名主要反對者——豐田、梅津和阿南——要他們直接向天皇呈報自己的論點。梅津呼籲繼續作戰。如果投降意味著「國體」的終結，那麼全體國民就該在最後決戰中犧牲。豐田連聲附和。阿南情緒激動，聲音哽咽，認為該繼續打下去，除非同盟國明確承諾保證天皇的安全。日本還有一絲打勝的機會，如果未能打贏，至少可以在更好的條件下結束戰爭。

天皇還在等著是否有人要發言，但沒有人再站起身。最後，他點了點頭說：「如果沒有其他看法，朕來談談朕的看法，朕希望你們都能同意朕的結論。反對日本接受同盟國的回覆之論述，朕已仔細聽取了，但朕還是沒有改變看法。朕研究了國內外局勢，得出結論認為我方無法再繼續作戰下去了。」他用戴了手套的手擦了擦臉頰上的眼淚。此情此景讓幾名與會者感到不安，無法抑制而啜泣起來。「朕也已研讀過同盟國的回覆，並認定它實際上承認我方幾天前發出的照會。朕認為這是完全能夠接受的。關於天皇的至高無上威權的部分，有些人似乎質疑同盟國的動機，但朕同意外相的看法。朕不相信該照會是要推翻『國體』。朕完全了解，要那些忠誠的海陸軍將士們放下武器向敵軍投降，看著自己的國家被佔領，自己還可能會以戰犯身分受審，是多麼困難的一件事。」他聲音哽咽，停頓了一下。「多少戰士陣亡，他們的家庭還在受苦……朕是感同身受。」他再度用手套擦拭了臉頰。「朕也難忍這些感受，但朕不能再讓臣民受苦。朕願意犧牲自己的性命拯救國民。如果繼續作戰，整個國家都會化為廢墟，千百萬國民將會喪命。朕無法忍受這點，因此朕此刻必須像明治天皇在『三國干涉』時所做的決定那樣，忍所不能忍，承受無法承受之事。朕現在就必須這麼做，我們必須團結起來，共同把日本重建為一個和平的國家。」他再次停頓。有兩名大臣無法自持，倒在地板上。

「朕希望你們全體，國家的大臣們，順從朕之願望，立刻接受同盟國的回覆。國民對局勢一無所知，對朕突如其來的決定將會大感訝異。朕已準備妥當。如果對國民有利，朕願意發表廣播演說。不論要朕去何處說服海陸軍將士們放下武器，朕都願意去。朕期望內閣立刻草擬詔書，結束戰爭。」與會者在悲痛中緊緊相互挨靠著。鈴木困難地站起身，再次請罪。他走到御座前，鞠躬行禮。天皇起身，疲倦地往門口走去。

——

就在梅津要離開陸軍總部去開會時，兩名密謀者衝進他的辦公室，把他痛斥一頓。為了安撫他們，他告訴他們，他並不是「絕對」反對政變。他們魯莽地跑到竹下中校的辦公室。其中一人高喊：「梅津會和我們一起行動！」應該把事態發展立刻通知阿南。於是竹下便開車前往首相官邸。他發現內閣會議已被中止，都被召集去開緊急御前會議了，這讓他驚愕不已。到了皇居，他被迫在宮內省等候，許久才得到通知，所有的閣員又回到首相官邸的地下會議室內繼續開會了。到首相官邸後，他又得再次等候——內閣閣員全都在吃午餐。

吃完午餐後，阿南上將如廁時，他的祕書跟了過來。陸相顯得有點不自然的高興。他向林上校喊道：「我們剛收到訊息，美國艦隊就在東京灣外！我們傾其全力去攻擊它們，你覺得如何？」對於阿南依舊維持著搖擺不定的態度，林上校感到腦火，好像他根本就沒有參加御前會議似的。因此他說：「辦不到。首先，說美國艦隊在東京灣外只是個謠傳。其次，天皇剛剛要求結束戰爭了。」

阿南是個有著深沉信念的人，因為有能力從各個面相看出事物的好壞優劣，反而使他在情感上受到各方的拉扯。他決定在內閣會議重新開始之前回陸軍總部幾分鐘，面見陰謀者。當他走過會客廳時，遇上了正在等他的內弟。竹下突然喊道：「梅津上將已經改變心意！」

阿南臉上露出喜色。「是嗎？」他說，突然感興趣起來。接著，他似乎又想起這一切都已底定，便沮喪地說：「不過，所有的事都已成定局。」

竹下內中校請求他在內閣會議上發揮影響力，阿南搖了搖頭。竹下堅持說：「那麼，你至少可以辭職。」如果他真的辭職了，鈴木政府就會解散，無法終結戰爭。

阿南重燃起了熱情說：「拿些墨汁過來，我這就寫辭呈。」但他再度改變了心意——不論他離不離開內閣，和平都是無可避免的局面。他又說：「如果我辭職，我將再也無法見到天皇了。」

在市谷高地的陸相辦公室內，阿南發現至少有十五名密謀者。陸相已經沒有必要再裝模作樣了。他說：「御前會議剛開完，天皇決定終止戰爭。」他對不能滿足他們的期望道歉，室內一片尷尬的靜默。他說：「全體陸軍必須根據這項決定行動。日本將會面臨非常艱困的時刻，但無論生活有多麼艱難，我要求你們盡全力保存『國體』。」

一位名叫井田正校的中校對他提出質疑。你為什麼改變心意？

阿南上將閉上雙眼，想起上午在御文庫備受折磨的經歷。他告訴他們：「一旦天皇做出決定，我就不能反對。」天皇還雙眼含淚對他說：「阿南，朕了解這對你而言特別艱難，但你得承受住！」他盯著在他周遭一張張痛苦的臉，但這一回他並不想緩和他們的情緒。他堅絕且鄭重地說：「這個決定是有效的，必須服從。凡是不滿意的人，就先把我砍了！」

顯然的，再也沒什麼好多說的了。畑中少校崩潰大哭。眼淚流過他的雙頰。阿南深受感動，但不發一語，轉身離開辦公室。其他人一個個跟著他，垂頭喪氣地離去。

阿南回到內閣會議上，態度比以往任何一次會議都還順從。鈴木斥責閣臣們兩度迫使天皇做出和平決定，這是對天皇陛下的不敬。對於他嚴厲的責罵，沒有人提出反駁。俯首於天皇的意志，十五名閣員一個個在無條件接受《波茨坦宣言》的文件上署名。

還剩一個關鍵問題：如何把這個決定告訴全國？情報局總裁下村海南建議由天皇親自廣播這份詔書。這當然是讓人感到不快的事，但是，只有從天皇的口中說出投降一詞，大眾才會相信。內閣一致同意，但有個但書：讓天皇透過廣播直接對臣民講話是冒昧且放肆的。應該播放錄音。

二

美軍艦隊已經開到東京灣外的謠傳，傳遍了整個陸軍總部。敵軍正準備登陸，傘兵部隊即將空降各重要機場。驚恐的軍官們把機密文件都拖到庭院，要放火燒掉。一名從沖繩回來的上校，揮舞著武士刀衝進了英語廣播和報紙翻譯室。他指責翻譯人員散布投降主義的行為。他一面朝著他們揮著武士刀，一面大吼：「你們都該因為誤導我們而去死！」但他被翻譯人員的淚水軟化了，猝然轉身，甩門離去。

負責守衛皇居的近衛師師長森赳中將，把挫敗感都發洩在情報主管有末精三身上。他衝進了有末的辦公室大吼：「自殺吧！殺死你後，我會切腹自盡！」有末提醒他，保衛天皇是他的職責。「那是我的事，我會保護天皇陛下。然後會宰了你！」有末大驚，連忙走到作戰部長宮崎周一中將的辦公室。後者也被森威脅過。有末說：「他瘋了。」

各級軍人的秩序開始解體。派駐大樓的憲兵隊士官們紛紛擅離職守，還把衣物和糧食帶走；初級軍官辱罵上級長官；某些高級軍官關起門來拚命喝著清酒和威士忌。混亂還是有其正面效應的，它使得陸軍高層將領團結起來。阿南、梅津、畑和杉山等人都在一個幾乎等同信條的簡短宣言上畫押簽字：「陸軍將貫徹天皇之決斷。」所有的單位主管都奉命到第一會議室報到，由陸相阿南訓話。

下午三點三十分，阿南步上一個小講台。他對站立不動的下屬說：「天皇已經決定結束戰爭。因此，我們應該遵守天皇的旨意。天皇陛下對於保有『國體』深具信心，他已向各元帥表示此信念。困境就橫在我們面前，你們身為軍官，應該面對現實，一死不能免除你們的責任。就算是得去吃草，睡在岩石和荊棘上，你們也得活下去。」

阿南的訓話把高階將領涉入政變的可能性摧毀掉了，只有不可動搖的畑中少校和幾名死硬派堅決採取行動。他們還是有機會佔領皇居的：森的師部中有兩名少校——其中一人是東條英機的女婿古賀秀正——仍然支持他們的志業。不過，他們還有一個最重要的新目標：他們必須在天皇的講話錄音被送到日本放送協會之前，予以攔截。

整個下午，畑中騎著自行車，在酷熱高溫下轉遍東京街頭，想要激活這場陰謀行動。他的不甘罷休驅使他來到第一保險大樓的六樓，東部軍管區指揮官田中靜壹中將在那有間套房。畑中在不經通報下，大步跨入了中將的私人辦公室。田中命令他滾出去。中將的怒火讓畑中無話可說，他恭敬地行了個禮，轉身離去。

然而，他的決心仍沒有瓦解，他騎車回到市谷高地，企圖把已經放棄陰謀叛變的這一夥人重新召集回來。他首先找了井田中校，井田聽了阿南的訓示後認為，解決方式只有一條，那就是讓陸軍總部內的將領集體自殺，以謝天皇和國人——但沒有多少人願意加入。

畑中要井田跟他一起到樓頂去，說他有「重要事情」要告訴井田，在那才能暢所欲言。他計劃當晚佔領皇居。他勸說井田道：「近衛師中大多數的營長和連長都已經同意了。」井田說：「這沒有用的，天皇已經做出決定。近衛師長的態度如何？」

畑中退讓了：「我不確定他的想法，但我們不管怎樣都得把他拉進來。」井田對於能否爭取到森中將表示懷疑。「我知道，但這也不能阻止我。天皇本人或許也不敢確定接受了《波茨坦宣言》是否就意味著維持『國體』。當我們對結果沒有五成把握時，怎麼能去服從天皇的命令呢？」他推論，任何有這種疑慮的日本人，如果在這歷史的關鍵時刻不挺身而出，那麼將會玷汙國家的榮譽。「這就是我現在必須採取行動檢視這一切的原因。政變如果失敗，那就證明天皇的決定是正確的。如果成功，那就證明我是對的。我必須採取行動，我不能坐等。」

井田不同意他的推論，但欣賞畑中不顧生命危險實踐理想的方式。他說：「如果你真的這麼想，那就放手去做吧。我不會阻止你的。」

不過，畑中要的卻不只是同意，「我需要你的協助。」井田表示他需要考慮，但他無意改變自己的觀點。

畑中下樓時，遇到了草擬那份未經授權規勸部隊繼續作戰的稻葉正夫中校。稻葉直言不諱地表示不會支持這個新的陰謀。他說：「內閣已經簽署投降文件。天皇明天廣播。沒用了，放棄吧。」

——

天皇在廣播詔書中到底該說些什麼，內閣還在爭辯著。阿南無法容忍「戰局日益對我方不利」這樣一句話。他怎麼能為這種聲明背書呢？這將使帝國大本營所有的公告都成了謊言。此外，他們還沒有輸掉這場戰爭。

米內用緬甸和沖繩的災難性戰損反駁他，幸而是迫水婉轉地建議將用語改為「戰局的發展對日本未必有利」，從而避免了又一次冗長的爭論。

休息期間，阿南回到國會大廈附近的居所，換上軍裝，以參加簽署文件的儀式。當他正準備離開房舍時，畑俊六元帥和前首相東條來到。顯然是因為在戰後他們都將作為戰犯受審，東條想要讓每個人作證，他們打的是一場防衛性戰爭。畑的要求並不同：他要求放棄元帥的官銜。

當內閣著力於詔書上的最後措辭時，宮內省的兩名官員則用毛筆把詔書謄寫兩份，一份作正式文件，一份供天皇錄音時使用。定稿後，交由天皇過目，天皇做了五項小更動。因為詔書有將近八百字，所以重新抄寫要耗費數個小時。[2] 文書吏沒有重新抄寫，而是把更動的地方用紙條黏在原文上。此時首相打了電話過來——又要更動，是阿南要求更改的。改完後，又難堪地發現居然漏抄了一句話。

晚上八點三十分，在鈴木首相的見證下，天皇終於在這份修修補補的文件上蓋上御璽。然而，只有在全體內閣閣員都簽署後，才能將這份正式投降書發給同盟國。這又幾乎花了一個半小時才讓所有的閣員完成簽署。晚上十一點許，最後一人即運輸大臣，來到首相的會議室簽字後，投降書才算是正式文件。一名祕書打電話到外務省，把相同內容的英文電報發給日本駐瑞士和瑞典的公使館。駐這兩國的公使收到指示，將這份電報發送給美國、英國、蘇聯和中國：

日本政府很榮幸地就美國、英國、蘇聯和中國四國政府八月十一日對日本政府八月十日關於接受《波茨坦宣言》各項條款的照會之回覆，通知四國政府如下：

一、天皇陛下已發出詔書，接受《波茨坦宣言》各項條款。

二、天皇陛下準備授權並保證日本政府和帝國大本營簽署實施《波茨坦宣言》各項規定的必要條款。天皇陛下也準備對日本陸、海、空單位及其下轄之全數部隊發出命令，不論駐於何處，停止作戰行動，放下武器，並發布盟軍最高指揮部認定在執行上述條款中有必要發布之其他命令。

閣員麻木地圍桌而坐，已經沒有什麼需要議決的了。鈴木起身離開會議室。穿著軍禮服的阿南起身走到他的宿敵東鄉面前。他挺起胸膛，鄭重地說：「我已經閱讀過外相所草擬的發給盟同國關於佔領軍和解除武裝的通知，本人感激不盡。如果早知事情會是如此處理，我就不會在御前會議上慷慨陳詞了。」

東鄉覺得這太過客套，便生硬地回答，對於陸軍所提的投降條件，他始終深表贊同。

阿南一手按著軍刀，軍帽夾在臂下，走進鈴木的私人辦公室。他向首相敬禮，然後說：「自從開始和談以來，本人給你帶來諸多困擾，在此表達深深歉意。我只是要維持『國體』——僅此而已。希望你能夠了解這點，我深表歉意。」

「我完全了解。」鈴木邊說邊走向雙眼含淚的阿南身邊。他握著上將的手。「不過，阿南君，請放心，皇室將會安然無事，因為天皇陛下在春秋兩季奉祀皇祖時，總是為和平而祈禱。」

三

在宮內省，日本放送協會為天皇宣布投降進行錄音的四名人員，從下午起就一直在那等候。放送協會的技術局長荒川大太郎已在二樓房間內架設好錄音設備。之前，只錄過一次天皇的聲音，即一九二八年十二月二日，當年輕的天皇向陸軍宣讀一份詔書時，放送協會的麥克風在五十碼外偶然錄到他的聲音。

晚上十一點三十分，天皇被護送到麥克風前。麥克風背後是個兩折的金箔屏風。聲音和天皇有點相似的侍從戶田康英對著麥克風說了幾句話，以使工程師能夠判斷該如何調整天皇的音量。

天皇問：「我該用多大的音量講話？」情報局總裁下村說，用平常說話的音量——天皇的聲音本來就很大——就夠了。不過，當天皇用獨特的皇室語言說話時，他無意識地壓低了音量：

惟天下之大勢，睹本朝之現狀，欲取非常之措施，收拾時局。茲布告天下：朕已諭令廷臣通告美、英、中、蘇四國，願受諾其共同宣言。

朕纘承洪緒，錫福生民。曩者，本朝傳檄四方、戰與英美，本求社稷於億萬斯年之舉，兼定東亞安寧平和之意。至如毀別國之宗社、奪領邦之故土，悉非朕意。今征伐已歷四載，雖我將兵驍勇善戰，百官有司勵精圖治，一億眾庶奉公體國，然時局每況愈下，失勢之徵已現。及今，夷軍彈石之殘虐，頻殺無辜，慘害生靈，實難逆料。如若征伐相續，則我生民不存於世，被髮左衽之期重現；如此，則朕何以保全億兆赤子、何面目復見列祖列宗乎？此朕所以敕令廷臣接受聯軍之誥者也。

至若同事業之盟邦，朕遺余恨也。然念及臣工黔首曝屍於沙場，忠志之士殉國於內外，遺屬之狀慟天，朕五臟為之俱裂。而殘喘之生民，或負戰傷、禍難，或失家業、生計，朕所視之，深為軫念。故日後國朝所受之苦非常，臣民衷情之表勝往；雖時運之所趨，然朕欲忍所難忍、耐所難耐，以開太平於萬世。

朕於茲得護國體，賴爾等忠良之精誠，並與臣民之同在。若夫為情所激、妄滋事端，或同胞相煎、擾亂時局，何至迷途於大道、失信於天下哉？斯之謬誤，朕當深鑒。今誠宜舉國一家，子孫相傳，信神州之不沉，保家國於不滅，念任重而道遠，傾全力於建設，篤守道義，鞏固志操，誓必揚國

致忠良臣民書

體之精華，期同步天下之進化。咨爾多方，宜悉朕意。[3]

天皇轉身問道：「這樣可以嗎？」隔壁房間的一名工程師有點困窘地說，很抱歉，有幾個字不是很清楚。天皇對錄音的過程愈來愈感興趣，也知道他口吃了好幾回，於是表示要重錄。這次，他的音調過高，還漏掉一個字。他很客氣地說：「我願意再錄一次。」但技術人員認為這樣做對他來說「太辛苦了」，最後沒有重錄。

結果決定採用第二個版本作為正式錄音，第一次的錄音則留作備用。這兩組各由十英吋的唱片組成的錄音被小心地分別放在兩個硬紙盒內，裝在從房間內找到的棉布袋中。現在的問題是：把這些唱片存放在哪裡最安全？很明顯，電台是危險的，如果叛亂的謠傳屬實的話；放在宮內省比較安全。因此，這些錄音唱片就鎖在二樓的一個小保險箱中。

——

採取這些預防措施是正確的。當時，判軍部隊即將封鎖皇居，使之與外界隔離。一名將軍甚至已遭暗殺。畑中在陸軍總部遭痛斥後，去找了近衛師第二團團長芳賀豐次郎。他發誓說，阿南、梅津、田中和森都已加入密謀；芳賀勉強答應支持。接著，畑中又騎著腳踏車回市谷，把井田中校叫醒——過去一週以來，許多軍官都在陸軍總部過夜。畑中吹噓背後的支持，說：「近衛師的所有的團長都同意加入我們！要說服的就只剩下師長一人。」畑中不敢肯定森中將會聽他的話（中將是他在戰爭學院的教官之一，一直到現在都還把他當成「學生」看待），但井田是個中校，森中將或許會聽他的。畑中發誓，如果森拒絕加入，他就放棄整個計畫。

對於叛亂的目的，井田還是支持的，他說服自己和畑中一起採行動。如果能夠說服森中將加入他們的行列，他對自己說，「那將能證明我們是對的。」況且，如果遇上了麻煩，我井田也能隨時阻止它。

兩人騎上腳踏車，穿過夜色中的街道，來到近衛的軍營，該軍營就位於皇居之外，離「御文庫」只有幾百碼。由於有個車胎破了，他們於晚上十一點才抵達軍營，但中將剛好出去查哨。森回來後，因為森的內弟白石通義中校到訪，他們也只能繼續在勤務兵室內等待。午夜過後不久，畑中焦躁地站了起來。他說：「別管他的訪客了，我們進去找森。」井田跟著他來到中將的辦公室。到門口時，畑中停了下來。他說：「你一個人進去。」於此同時，畑中想再把竹下中校拉進來，要他幫忙說服他姊夫阿南上將。畑中離開後，井田非常生氣，甚至想回到陸軍總部。但井田還是敲了門走進去。

當天下午，森中將（是位具學者風範且性格肅穆的人，有個相襯的綽號叫「大和尚」）在陸軍總部內痛斥兩名將軍對敗戰負有責任。井田一進來，森熱情迎接井田。他沒問到訪的緣由，便開始滔滔不絕地講述人生和宗教哲學。森講了半個小時，井田才找到合適的開場白。他說，一個忠誠的日本人通常都要服從天皇的命令，這種服從是美德。但今天，作為忠誠的臣民，責任是向天皇建議，請他重新考慮他的決定。「盲目服從天皇並不是真正的忠誠。」森忐忑不安地聽著井田的話，但卻愈聽愈感興趣。井田緊追著說：「如果你絕對相信同盟國會保證維持『國體』，那就服從天皇；如果你不敢肯定，你難道不該勸諫天皇陛下嗎？」但是，除非奪到天皇的講話錄音，否則一切都太遲了。他力促森即刻動員近衛師部隊。

森疑惑地表示：「我還不甚肯定怎麼做才對。我想到明治神宮去釐清我所有不潔的思維，然後我才知道誰是對的——是你還是我。」森的參謀長水谷一生上校此時走了進來。森說：「你來得正好。」然後轉身面對井田——井田緊張得滿頭大汗——說：「問他怎麼想。」

當將軍正要更衣準備去神宮時，水谷建議他們到他的辦公室談談。他們在走廊上遇到了畑中少校——因為畑中的遊說，竹下中校同意再度去見阿南和幾名密謀者。

井田說，他和森中將要到明治神宮去，不過他得先和水谷上校談談。

畑中憤怒地大喊道：「這簡直就是浪費時間。」

井田表示，這不會花多少時間。他要畑中在森的辦公室內等他。

不過，畑中卻不願耽誤時間。焦躁不安已使他到了不顧一切的地步。事實上，他已準備殺死森，如果後者拒絕他們的話。他大步跨進森的辦公室，幾名來勢洶洶的陰謀叛亂者也跟了進來。畑中不顧軍中倫理，直接就要求——應該說是堅持——中將加入他們。但森卻不願意倉促行動，他要去過神社後才會做出決定。

他們不能忍受他的拖延。航空士官學校的上原重太郎上尉抽出配刀，衝上前去。白石中校也衝上前去保護他的姊夫森中將。上原一刀砍倒森。另一名叛亂少校凶狠地砍了白石幾刀，幾乎把他的腦袋砍斷。上原壓抑多日的不滿情緒一股腦爆發出來，持刀攻擊。畑中抽出手槍，對準森中將，扣下了扳機。中將立即倒斃在血泊之中。

井田和水谷聽到槍聲以及咔咔的腳步聲，於是衝出走廊。畑中臉色枯槁，手上握著手槍站在那裡。井田立刻猜出了原委。他大罵道：「混帳東西！畑中怎麼就不能等一等！森去過明治神宮之後，也許會加入我們啊！」

畑中喃喃道：「因為已經沒有時間了，我才這麼幹的。很抱歉。」他低下了頭，但完全沒有動搖一絲決心。他請求井田再去拜託田中中將。因為森已死去，近衛師目前歸他指揮。

井田勉強地陪畑中來到近衛師部的目的就是阻止暴力事件發生，但現在已經發生了最糟糕的事情，他實際上已經成為殺人幫凶，於是他決心投入他先前所反對的行動。森中將已經死去，近衛師內真正反對政變的力量就已被消滅，該師部隊很快就能佔領皇居。井田在近乎歇斯底里的水谷上校陪同下，乘車輛飛快來到第一大廈，即東部軍管區指揮部。水谷衝進田中辦公室，井田則完全不提森中將被殺一事，開口便要求田中的參謀長高嶋辰彥少將與叛軍合作。高嶋的反應幾乎是難堪的——他說就像是「剛從火坑跳出，又跳進冰窟」——井田那輕易產生的信心也就隨之消失。

此時電話響起，是東條的女婿古賀少校打來的。他報告，近衛師剛才已發動叛變，堅不投降。東部軍管區必須加入他們的行動。高嶋少將回身走進田中的私室，留下一名參謀軍官和井田繼續爭論。這名參謀人員表示，田中中將完全不可能反對天皇。他的堅定信念把井田拉回到現實。他冷靜地說：「我將會盡最大努力，在天亮前就把部隊撤出。」

已經給近衛師的團長發出命令，上面蓋的是森中將的關防，但卻是由畑中所蓋。而軍令實際上是由谷賀少校所寫，指示部隊佔領皇居，「保護」天皇以及「國體」，並派出一個連佔領日本放送協會大樓，控制廣播。包圍皇居地區的部隊總數達一千多人。如同「二二六事件」那樣，大多數的人並不知道自己已經是叛亂分子了。從表面看，他們就像是緊急增援部隊。幾分鐘內，皇宮所有的大門都被封閉，把天皇與外界隔離。

任何人，不論官階高低，沒有畑中的允許不得離開皇居。在宮內省，天皇已經完成錄音，下村總裁和放送協會人員開車離去。汽車開到不足一百碼外的坂下門時，上了刺刀的士兵攔住了他們。一名士兵竟探頭進車內，他奉命要找情報局總裁。下村的祕書承認了自己的身分，所有的人都被帶到一間受到戒護的小木屋中盤問。其中一人洩漏出，錄音唱片已交由一名侍從保管。於是，一個搜索隊便被派去宮內省進行搜查。

侍從戶田康英把睡在宮內省四樓的木戶叫醒。因為一連串的聲響——空襲警報、遠方炸彈的爆炸聲、大廳內擴[4]音器播報受損的聲音以及不久前在礫石上行軍的腳步聲——使這名宮內大臣一直處在半睡半醒的狀態。

戶田向他報告，叛軍已進入大樓搜尋木戶和錄音唱片，「御文庫」已被包圍。這名大臣還是很冷靜，他說：「我早就料到會發生這種事。陸軍是該死的笨蛋。」由於皇居外鮮少有人認識木戶，戶田建議他到宮內省侍醫的值夜室去，在那裡他可以冒充醫師。木戶剛在醫師的床上躺下時，他就想到，如果像四十七浪人中的吉良那樣，在躲藏時被人殺掉，這有多丟臉啊！他回到辦公室，匆忙收集起最機密的文件，通通撕碎，扔進馬桶用水沖掉。

又有一人來請求他躲避，侍從德川義寬請他躲到宮內省地下室的倉庫內。走廊間已經響起士兵的軍靴聲。木戶只好讓侍從帶他走下黑漆漆的樓梯。

戶田以為木戶已安全地留在值夜室內，便徒步前往「御文庫」向廷臣示警——因為所有的通訊方式都被切斷。他擔心通往「御文庫」的捷徑——一條地道——有人把守，因此繞道前往御文庫。暗處中跑出五、六名士兵。戶田解釋他是名侍從，但帶隊的人不相信，用槍指著戶田的胸口說：「回去，此路不通。」

戶田回到了宮內省，在門口遇到了德川，兩人便一起下地道前往御文庫。不出所料，地道另一頭已有哨兵看守，但沒有軍官指揮。他們若無其事地說，他們是值班的侍從，哨兵便讓他們過去了。一到御文庫，他們便叫醒了宮內侍女，但指示她們不要驚動皇室成員。德川個頭矮小，試著把鐵百葉窗拉下，但因為嚴重生鏽，需要幾名壯漢才拉得動。當他和戶田回到宮內省時，一名少尉喝令他們站住，兩人拔腿就跑，終於逃離。

此時，宮內省主要入口已被重機槍衛兵封鎖，他們只能分別從側門進去。在二樓，端著刺刀的叛軍，押著一名被五花大綁的俘虜，那是日本放送協會的一名官員，此景象讓戶田大驚。

一名士兵問：「你是誰？」

戶田回說：「侍從。」

那名士兵轉身問俘虜：「你把唱片給他了嗎？」

「不，那個人個子高很多，還有個大鼻子。」

當時收下唱片的是德川，個子其實更矮。回到宮內省不久，德川被那名在「御文庫」附近命令他們站住的少尉逮住。他下令士兵把德川帶到警衛室。

不過，先祖曾經統治日本超過兩百五十年的德川高傲地拒絕到那裡。他說：「如果你們找我有事，就在這裡討論。」兩名叛亂軍官被爭吵聲吸引了過來。其中一人喊道：「砍了他！」德川嚴正地說：「殺了我對你們沒有什麼好處。」

中尉冷笑說：「我才不要讓你鏽了我的軍刀。」但德川的行為顯然打動了他，他試著解釋這場政變的合理性。他說，佔領皇居是必要的，因為天皇的顧問們誤導了他。「那些人簡直不像話！」德川只是盯著他看。少尉火冒三丈，大吼道：「你難道沒有日本精神嗎？」

德川驕傲地說：「我是名侍從。不是只有你們在保衛國家。要保衛國家，大家得合作。」

一名士官狠狠地打了德川一巴掌，眼鏡都被打歪了，掛在一隻耳朵上。德川叫來一名皇居警察（這群警察武力薄弱，無法公開抵抗叛軍），要他「去找侍從武官！」那名少尉連忙把警察抓住。德川憤怒地上前阻擋少尉，像是他在掌控全局一般。他說：「他在值勤。」他們放開了那名警察。另一名軍官客氣地問德川，怎樣才能到木戶的辦公室。

德川指了指方向，但補上一句：「我懷疑你們能否在那裡找到他。」然後他轉身，邁著大步離開。沒有人想要攔住他。他來到天皇侍從武官的辦公室。

天皇的海軍副官中村俊六中將警告：「他們像瘋子一樣，小心點。」他想知道木戶究竟在哪裡。

德川說：「我不會向任何人透露他在哪裡。」他不會輕信在這個緊急時刻還躲在自己辦公室裡的任何高級軍官。「請放心，他很安全。」

畑中少校成功地孤立了天皇，但卻未能找到錄音唱片。此外，他派去執行重大任務的井田中校所帶回來的消息也是令人沮喪的：他們沒有外援。井田說：「東部軍管區不願介入。」事實上，井田本人也不再認為政變還進行得下去。「一旦近衛師的官兵發現師長被殺，就會拒絕繼續執行命令。假如硬要這麼幹下去，那就會出現一團混亂。沒有其他辦法了，只好在天亮前就撤出所有的部隊。」畑中試著插嘴，但井田揮了揮手。「面對現實吧，政變已經失敗了。但如果你迅速將部隊撤離，人民永遠也不會知道發生過什麼事。」這件事就會像「仲夏夜之夢」那樣過去了。

畑中臉色陰沉。他說：「我明白了。」

井田繼續說：「我去向陸相匯報情形。畑中是否保證撤出部隊？」畑中點了點頭。不過，井田這番論述的效果因為他的離去，也隨之煙消雲散；畑中的叛亂精神仍和先前一樣炙熱。他回到叛亂的指揮點近衛師兵營。對於森中將怎麼消失這麼長的時間，第二團團長芳賀上校愈來愈懷疑。畑中竭力迴避，但古賀少校不願再保持沉默。他向長官坦白森中將已經死了，並敦促芳賀接管指揮權。

芳賀上校問，森是怎麼死的？畑中和古賀都宣稱不知道。芳賀感到不安，要不是這時東部軍管區總部打來電話，他還是會勉強繼續和這些反對派合作。打電話來的是田中的參謀長高嶋少將，他想要知道皇居內到底發生了什麼事。芳賀無法給予明確回覆，便把電話遞給畑中。

他用顫抖的聲音說：「參謀長閣下，我是畑中少校。請理解我們的熱忱。」

高嶋幸運地找到了事件原凶。他想起，畑中在戰爭學院時就是個聰明卻無知的理想主義者。因此，他決定「對他好言規勸，曉之以理，而非命令或是訓斥」。高嶋說，他了解反對派的感受，但天皇已經下了詔書，「東部軍」[5]決定服從命令。「不要再動用部隊了，沒有什麼成功的希望了。這只會徒增無謂的犧牲……在日本，服從天皇訓令既務實又具有崇高的道德性。」他停頓了一下說：「你有在聽嗎？」

井田剛剛預言的一切都成為現實。畑中的聲音哽咽了。「參謀長閣下，我非常清楚，我會再仔細考慮。我還有個請求。在播放天皇的錄音前，可以給我十分鐘廣播時間嗎？」他想告訴大眾少壯派軍官叛變的理由。

高嶋說，這是「不堅定」的行為，應該盡量拯救生靈。「我們已經到了無法改變結局的地步。你懂嗎？畑中。」畑中沒有回答。接著高嶋聽到啜泣聲。

即使只聽到其中一方的話語，芳賀也證實了自己的疑慮。對畑中和古賀自稱東部軍管區支持叛亂的說法，他大感憤怒。他也命令他們立即結束叛亂，否則就要處死他們。

如同先前遇到強有力的對質時一樣，畑中口頭上屈服了，但內心並沒有放棄。他決定採取新的策略阻止播放天皇的講話錄音。他的部隊已佔領日本放送協會大樓，他要親自向全國呼籲。

——

竹下中校在陸相阿南位於國會大廈附近的簡樸官舍中找到他。他之所以去找陸相，既是因為害怕他姊夫會自殺，也是代表反對派實踐自己的承諾。阿南正在客廳內桌前寫遺囑。床墊就鋪在另一邊，掛著蚊帳。上將匆忙將遺囑摺好，用多少有點責備的口氣問：「你來幹嘛？」

竹下可以看出，他正準備尋死。再談判亂已經毫無意義，因此，他和阿南一邊喝著清酒，一邊漫無邊際地聊天。最後，上將隨口說出：「我考慮今晚自殺。」

竹下回說：「你自殺也許是合適的，但不一定就在今晚，對吧？」

阿南如釋重負，並說：「我原本以為你會勸我不要這麼做。我很高興你會同意。」他把遺囑給竹下看，上面的日期是八月十四日。「十四日是家嚴的忌日，二十一日是犬子戰死沙場的日子。我還在掙扎著該選哪一天，二十一日太晚了。天皇明日的廣播講話，我聽了會受不了。」

他們聊著私事，直到凌晨兩點，從皇居方向傳來一陣槍響，竹下這才想起他對畑中的承諾。他把最新的叛變計畫扼要地說了一遍。[6]不過，阿南一心只想著自己的死——就他而言，政變失敗，已成定局。竹下為了再度推延姊夫的死，便問他在喝了這麼多酒後，還能完成「切腹」儀式嗎？

阿南很有信心地說：「我有『劍道』五段的資格，我不會失敗的。『清酒』只會讓血液流得更多而已。如此一來，肯定會死的。萬一不行，我想請你幫忙。」他脫掉衣服，用一條白棉布圍繞腹部。此時，井田中校到了，並向陸相報告畑中的事情。切腹儀式的準備工作不得不中斷。但井田什麼也沒說，他不想讓一個就要自殺的人感到「煩躁」。

阿南說：「進來。我正在準備赴死。井田同意嗎？」

井田對陸相說：「我想這樣很好。」他是主張集體自殺的。阿南作為榜樣將終結陸軍內的混亂，終止其他陰謀活動。井田低下頭，強忍眼淚說：「我很快就追隨你而去。」

阿南伸手狠狠地打了井田幾巴掌。他說：「我死就夠了，你不准死！」然後便抱著井田好一段時間。兩人大哭。阿南用比耳語還大一點的聲音說：「別死，日本的前途靠你們了。你懂嗎？」

井田回說：「懂，長官，我懂。」但他還是想自殺。

阿南突然之間開心地提議：「讓我們喝杯訣別酒吧。」三人正在啜飲時，林上校走了進來，身上批著阿南的外套。他不安地說：「上將，陸軍省內有緊急事件找你。我們得立刻過去。」

阿南相當惱火，轉身對他說：「你在吵些什麼。出去！」

這三人重新對飲起來。阿南拿出兩卷條幅給井田看，其中一幅簽著「陸軍大臣阿南惟幾」。阿南對著條幅朗讀起來：

深信我國神土永恆不朽，
為滔天大罪向天皇以死謝罪。

另一幅是首「和歌」，一首三十一音節的詩：

深受浩蕩皇恩
為了向死致敬
未留下隻字片語就此離去

竹下提醒他：「上將，就快到黎明時分了。」
阿南說：「我現在就走，永別了。」
井田上校躬身告退後，阿南再度請求竹下，如果他未能自殺而死，請一定要給他仁慈的一擊。他把軍服整整齊齊地放進壁龕，擁抱了他的內弟，提出最後一個請求——給他的屍首穿上軍服。
四點左右，又有人來打擾。這回是憲兵隊指揮官大城戶三中將來找陸相。阿南要竹下去應付他。自己則把床墊拉到走廊上，盤腿朝皇居方向坐下。根據「切腹」禮，如果血能噴濺到榻榻米上，那就表示他自認是沒有過錯的。他謹慎地把短刀深深插入腹部，然後劃了兩刀——一刀朝右，一刀往上。這叫做「割腹」，由於極端疼痛，很少人能夠做到。他端坐在那裡，血流到地板上，浸透了身旁的兩卷條幅。他聽到有人走近，便大聲問道：「是誰啊？」

來人是林上校。阿南呻吟著，他的祕書趕緊跑到會客室去找竹下。竹下說：「去告訴我姊姊，姊夫已經切腹了。」竹下來到走廊上，看到上將身子稍稍前傾，右手握著短刀，左手摸著頸靜脈。突然之間，他把短刀猛插進喉嚨。奇怪的是，傷口幾乎沒有出血，竹下問：「要我幫忙嗎？」

阿南哼著說：「沒有必要。走吧。」

竹下退了下去，但上將的呻吟聲又讓他走了回來。他問：「很痛嗎？」阿南已失去知覺。竹下拿起短刀，朝阿南頸背一刀戳下，拿起掛滿徽章的軍服，批在這名垂死的將軍身上。

四

清晨。八月十五日，又是酷熱的一天。軍隊依然佔領著皇居，最初頒發的命令還沒有取消。六點十五分，侍從戶田再度試著要進入御文庫，但這次無法進去。一名年輕軍官奉命不准任何人進入。戶田佯稱要護送天皇到安全的地方，因為空襲警報還沒有解除，但怎麼說都沒有成功。有一名年紀較大的軍官勸說，既然叛軍可能全體入侵御文庫搜尋還沒找到的錄音唱片，那麼讓一個人進去又有什麼關係呢？

進到御文庫後，戶田通知侍從武官長藤田尚德，叛軍隨時可能衝進來，可能會發生肉搏戰。必須叫醒天皇。六點四十分，天皇穿著睡衣出現了。昨晚發生的事讓他痛苦萬分。「他們難道還不了解我真正的意圖嗎？」天皇眼中滿是淚水。「近衛師全體官兵集合。朕要親自曉諭。」

性格溫和的侍從三井安彌被挑選出來，走過封鎖線，去和軍方接觸。他走了不到五十碼就被一名年長軍官攔住。軍官問他：「你是侍從嗎？」

那名軍官就是田中中將。他是個很有文化涵養的人，嚴格遵守紀律，早年曾留學牛津大學，和東條一樣，曾擔任過關東軍憲兵隊指揮官。他是親自來恢復秩序的，已經逮捕一名叛軍少校，並下令芳賀上校把他的部隊全數撤回原駐地。

他對侍從說：「別害怕。」他鞠了躬，遞上一張大名片給三井，三井也給他自己的名片。兩人又相互鞠躬。中將說：「引起這麼多的麻煩，我深感歉意。一個小時內即可控制一切。請別擔心，所有的部隊都會撤出。」[7] 這名侍從忘了回禮就直接跑回御文庫。

——

畑中少校親自控制日本放送協會大廈長達兩個小時。他用槍抵著即將播報晨間新聞的館野守男，命令館野把麥克風交給他，他要向全國廣播。館野想出好幾個藉口：馬上要發送空襲警報，未經東部軍管區的許可不能進行廣播；此外，還要有時間通知各地電台進行全國聯播。

館野到中控室要求與田中中將辦公室通話。工程師會意，開始對線路已被判軍切斷的電話筒說話。他推託線路不通。畑中只好無奈地在那等著，但有一名少尉卻被不斷的延宕激起怒火，用槍抵著那名工程師，威脅他說，如果再不快一點，就要開槍。畑中把他攔住，並對館野說：「我必須向人民傳達我的感受。」語氣聽起來像是哀求，而不是命令。畑中展開一捲用鉛筆草草寫成的講稿。館野讀到第一行幾個字：「我們的部隊一直在保衛皇居……」

館野要他們有點耐心。「我們正在盡全力與東部軍管區聯繫。」電話室內的另一隻電話響起，打斷這一切。工程師接起了電話，沒有把握地看著館野。電話是東部軍管區打來的，要求和「播音室內的軍官」通話。

畑中接過話筒，乖乖聽著。他原先答應放棄叛亂，卻自食其言，現在上面直接命令他停止叛亂，但他仍請求給他一個機會，以向大眾解釋，但館野明顯看出，這個要求遭到駁回。心灰意冷的畑中放下了話筒。一切都結束了。

七點二十一分，館野向全國播送了一則特別通知：「今天中午，天皇廣播詔書。全體國民恭敬地聆聽天皇玉音。白天不供電的區域也將提供電力。各工廠、火車站和政府單位都能聆聽廣播。今天中午十二點就能聽到廣播。」館野想，剛好繞了一圈，一九四一年十二月八日，他就是在同一隻麥克風上，宣布開戰的消息。

有組織的反對投降的行動總算結束，但還是有許多不願妥協的個人和團體準備犧牲生命阻止投降。皇居的工作人員擔心再次發生欲摧毀天皇錄音唱片的事件，甚至覺得把錄音唱片從宮內省的二樓保險箱拿到庭院也是危險的。一套蓋有「副本」字樣的唱片被放在一個押有皇室紋章的方形漆器盒內，由宮內省庶務課長筧素彥大搖大擺地從漆黑如迷宮般的走廊帶出去。另一套蓋有「正本」字樣的唱片則放在一名侍從的便當盒內，由他綁在肩上帶出去。兩人都安全到達一樓。筧課長用一塊紫色風呂敷把盒子包起來，搭上皇居座車前往播音室；便當盒袋則交給另一名官員，他搭上東京都的警車離開。副本被安全地送到日本放送協會大樓地下室的預備播音室內。正本則被帶往協會會長辦公室，鎖在保險箱內。

畑中和東部軍管區的通話結果是後者派來了憲兵隊。憲兵一到，所有的叛軍都毫無反抗地離開了這棟大樓。畑中沒有回到陸軍總部，他唯一的想法就是證明自己的真誠並合宜地結束暴力行為。他和一開始就堅定不移的夥伴椎崎二郎中校一起，朝皇居前的廣場走去。他們在那裡做最後一次毫無意義的表態，散發傳單，呼籲群眾阻止投降。十一點二十分，畑中抽出那把射殺森中將的手槍，對準自己前額開了一槍。椎崎往自己的腹部戳了一刀，然後舉起手槍，對準腦袋扣下扳機。

在畑中的口袋中找到了一首詩：

我了無遺憾
天皇統治上方的烏雲
此刻已逝

雖然天皇陛下並沒有親臨現場，玉音廣播還是很隆重的。第八播音室擠滿了放送協會的工作人員和來自內閣、情報局、宮內省和陸軍的見證人。幾乎在畑中自殺的同時，協會會長把標有「正本」字樣的錄音唱片從保險箱中拿了出來。有人建議先試播一下，但這樣做是否對天皇不敬？大家一致認為，先試一下是明智的，以免發生差錯。

天皇的聲音驚動了一名站在第八播音室外的憲兵中尉。他抽出佩刀喊道：「如果這是投降廣播，我要把你們全都殺光！」一名陸軍衛官連忙抓住他，要衛兵把他帶出去。

在播音室內，日本最有名的播報員和田信賢滿臉蒼白，緊張地坐在麥克風前，看著時鐘上的秒針與分針在十二點重疊。正午，他說：「這次廣播極為重要。所有的聽眾請起立。天皇陛下現在向全日本國民宣讀詔書。我們將恭敬地播放玉音。」

在播放國歌《君之代》後，暫停了一下，接著就是很少人聽過的聲音：「致忠良臣民書：惟天下之大勢，睹本朝之現狀，欲取非常之措施，收拾時局。茲布告天下：朕已諭令廷臣通告美、英、中、蘇四國，願受諾其共同宣言……」

第三十七章
鶴鳴

一

全國上下，全神聆聽，音調高昂，幾乎失真的聲音讓人心生敬畏。陌生的皇室語言，加上收訊品質不佳，天皇的臣民只有少數人能聽懂他究竟在說什麼。顯然的，這應該是宣布投降或發生了某個形同大災難的事件。

「傾全力於建設，篤守道義，鞏固志操，誓必揚國體之精華，期同步天下之進化。」

一片寂靜。站著或靜靜跪著的聽眾，臉部抽蓄，再也無法控制自己的情緒。千百萬人同聲啜泣，或許這是人類史上最多人同時哭泣的時刻。不過，在羞辱和痛苦之餘，卻無可否認的有某種解脫感。連年戰爭、死亡和破壞所造成的沉重負擔終於卸下。在御文庫內，天皇用一台美國無線電公司在大戰前生產的收音機，全神貫注聽著自己的話語。在宮內省，木戶百感交集，為自己所努力的志業得以實現而竊喜。

在陸軍總部的昏暗禮堂內，數百名軍官，包括梅津上將在內——穿著華麗整潔的軍服，戴著全白手套，配帶軍刀和勳章——肅立聆聽，兩頰滿是淚水。但對某些軍官而言，戰爭還沒結束。在離東京不遠的厚木基地，海軍第三〇二航空大隊指揮官小園安名上校爬上跑道附近的講台上向飛行員發表談話。他說，命令投降就意味著結束「國體」，服從這道命令就是叛國。他喊道，跟著我去摧毀敵軍。幾十人被他的話激起怒火，高喊「萬歲！」在九州東北方的大分基地，山本五十六生前的參謀長、現為海軍「神風」特攻隊指揮官宇垣纏中將，也同樣一心想戰死。他覺得自己應為山本之死負責——他無法忘懷他的長官墜機身死的景象。不久前，他在寫給渡邊上校的信中寫道：「我必須為此付出代價。」天皇的話語增加了他的羞辱感。他比以往更覺得該追隨所有那些他曾派出的特攻隊員的腳步。

「鶴聲」[1]傳到了離本土幾千英里外遠達滿洲哈爾濱的部隊。一位名叫山本友已的參謀，因發現到這個非尋常人的聲音猶豫地顫抖而感到懊惱。自己怎麼會朝著皇居方向鞠躬這麼多次呢？但是，受到周遭人啜泣的感染，他無法自抑地哭了起來，他還是出於習慣轉身對著總部大樓大門上方的皇家紋章，最後一次以日本軍人身分行禮。然後他換上便服，以免被逐漸接近的蘇軍逮捕。

在沖繩島，曾經頑強死守前田高地的志村常雄上尉營長仍在進行游擊戰。為了突破防線到達北方，他正試圖偷走一輛美國軍車。突然之間，天空中滿是曳光彈，就像煙火一樣炫麗。他想了想，這大概是他夢寐以求的日軍反攻吧。但斥候回報那是美軍在慶祝戰勝。他們喝著啤酒，還對空鳴槍。又有什麼新的災難落到日本頭上呢？

僅憑言語，哪怕是出自天皇之口，也無法立即結束四年多戰爭所培養的情感。在九州福岡，約十六名被俘的轟炸機機組人員被帶上了卡車，運至火葬場附近的一個小山旁；四天之前，他們的八名袍澤就在這裡被砍了頭。美國人被迫脫光衣服，一個接一個被帶入樹林處決。

日本還未收到美國就提出投降一事的回覆，但海軍已經奉命在午夜前停火。然而，陸軍卻不願在收到華盛頓的正式回覆前停火。在當天下午舉行的最後一次鈴木內閣會議上，大家得悉，需要十二天時間，才有辦法通知到孤立在菲律賓和新幾內亞的部隊。因此，必須通知同盟國這項通訊問題。

鈴木對於「兩次麻煩天皇聖斷」感到慚愧。現在，有必要盡快組成新內閣。下午三點前，鈴木向天皇提出內閣總辭。應天皇建議，木戶最後一次被請出選取新首相。木戶與重臣商議後認定東久邇宮親王是最佳人選。不過，親王劈頭就回拒，表示政治已經毀掉他的父親。更何況他是很有主見的人。當他還是一名戰爭學院的少尉時，曾拒絕參加明治天皇邀他與會的晚宴；他曾和皇太子（之後的大正天皇）吵過架；他還是因為一名元帥的規勸才保留皇族身分的。幾年後，他娶了明治天皇的女兒泰宮聰子內親王。不過，他還是嚮往成為一位自由自在的平民。然而，天皇今天卻批准了木戶的人選——身為皇族一員，他的姑父是超越政治的，可以免於遭受攻擊。東久邇宮親王對木戶的使者說：「我昨晚已說過了，我完全無意接受首相職務。不過，在目前如此危急局勢下，我願意考慮一下。」

在九州大分基地內，宇垣中將正準備和部下執行最後一次神風任務。在日記中，他呼籲進行復仇：

造成日本當前局勢的原因甚多。我必須承擔責任。不過，從大方面看，主要原因是兩國之間（日美兩國）國力上的差異。我希望，不僅是軍人，還有全體日本國民，都應忍受困頓，激起大和魂，盡全力重建國家，使日本得以在將來報仇雪恨。我也下定決心以楠公精神永遠為國效力。

宇垣穿著一套全無軍銜章的軍服來到機場，帶著雙筒望遠鏡，佩上一把山本贈予他的短武士刀。按原計畫，他將用三架戰機出擊，但停機坪上卻停著十一架轟炸機。宇垣登上小講台，問集合在一起的飛行員，他們是否「全都心甘情願隨他一起赴死」。每個人都舉手。他爬上領航機飛行員的後方座位。被宇垣換下的遠藤明義士官長抗議：「那是我的位置！」

宇垣似笑非笑地說：「你被我免職了。」遠藤毫不氣餒地也爬上飛機，擠在中將身旁。宇垣只好微笑地移到一邊去。

四架轟炸機因為引擎發生故障被迫折返。其餘繼續往沖繩飛去。上午七點二十四分，遠藤發回了一封宇垣充滿感情的告別電報：

對於未能保衛祖國和摧毀敵軍，應由我一人負責。六個月來，我對部下官兵的英勇付出，深表感謝。

我將前去攻擊沖繩，在那裡我部將士有如櫻花殞落。我將以真正的武士道精神，懷抱日本帝國將永續恆存的堅定信念，撞擊並摧毀驕傲的敵軍。

我深信我旗下所有的軍士都能了解我的動機，克服未來所有的艱辛，為重建我偉大祖國，使之萬世長存。

帝國天皇陛下萬歲！

幾分鐘後，遠藤電告，戰機正朝著一個目標衝去。[2]

阿南和兩名叛軍軍官畑中和椎崎的遺體，被抬到陸軍總部旁邊的一棟大樓內舉行喪禮。幾百名弔唁者列隊致意。人們特別緬懷阿南，因為他犧牲了自己的生命以換得國家秩序。

當天傍晚，畑中不堅定的同謀井田中校前來弔喪。在此之前，他已寫好遺囑並向妻子道別。他躺在隔壁的辦公室內，為自殺做好精神上的準備。當一切都肅靜之後，他起身走過黑暗的走廊，來到阿南的辦公室。這裡就是適合他自殺的地點。在辦公室門口，一名叫酒井的少校喊住他。

「酒井，你在這裡做什麼？」

「你呢？」

井田說：「別管我。這沒你的事。」

酒井說，他奉命「好好看住」中校。「如果你想尋死，你得先把我殺了。」

井田大怒，罵道：「你難道不了解身為一名武士的心情嗎？」但酒井相當堅持，兩人爭吵起來，結果卻打消了井田自殺的念頭。他懊悔地想，一個人一旦錯過切腹的時機，那麼也就永遠都沒機會了。

他們回到了井田的辦公室，分別躺在兩張緊鄰的臥鋪上，聊了好幾個小時。第二天上午，井田被一陣恐怖的哀求聲吵醒。妻子和岳父（他也姓井田，井田上校是入贅）來領遺體。感到難堪的井田試著要解釋事情經過，但他太太臉上的表情似乎在問：「你怎麼還活著？」

在東京的另一個區裡，「神風」特攻隊創建人大西瀧治郎中將在家中自殺未成，身受重傷。他派人去請他的同志兒玉譽士夫，因為他昨晚向兒玉借了刀。兒玉進來後發現，大西已經劃破肚子，還在胸口和喉嚨戳了幾刀，但神智還很清醒。他握住兒玉的手說：「我想對你說的話都寫在桌上的遺囑上了。還有一封給我太太的信，她住在鄉下。」他淡淡地笑著。「我還以為你的刀會鋒利些，可切起來也不怎麼樣。」

刀就在地板上，兒玉把它撿起來。他小聲說：「中將閣下，我隨你而去。」

大西喊道：「混帳！」聲音大得嚇人。「你現在去死又能得到什麼？書桌上還有封信。立刻把它送到厚木基地，控制住那群不受管束的傢伙。這比死在這裡更有益於日本。」他的額頭已滿是汗水，喘著氣說：「很多軍國主義分子又要起事。阻止他們！」

兒玉在書桌上找到遺書。這個在幾天前還請求豐田上將和東鄉外相在防衛本土的最後一戰中犧牲兩千萬人的中將，在信中為未能取得勝利表示歉意。他要求日本青年從他的死中汲取精神力量。「魯莽行事只是幫助敵人。你們必須至死不渝地遵守聖旨精神。切莫忘記你們身為日本人的驕傲。你們皆是國家之寶。用特攻隊的精神力量，為日本的福祉和世界和平努力不懈。」

信旁有首俳句，是大西的最後一首詩：

清醒異平常，
疾風風暴過後的
一輪明月啊。

兒玉回到中將身邊，大西正在咳血；兒玉請求大西在把他的夫人帶來之前不要死——大概要五個小時。大西淡淡微笑著說：「一名軍人自殺，又故意拖延死期就只為了和老婆見上最後一面，還有比這更蠢的事嗎？」他伸手握住兒玉的手說：「再會吧。」

二

東久邇宮獲知自己被天皇「親自挑選」擔任首相一職後，幾乎無法拒絕。八月十六日上午，他堅定地告訴木戶：「在此嚴峻的局勢下我無法只考慮個人的福祉。如果國家有需要我效力之處，我將欣然接受這個職務。」然而，在下定決心之前，他想先了解目前的局勢。

木戶告訴他，麥克阿瑟上將要求迅速派出一名能代表日本政府的聯絡官前往馬尼拉。「所以，有必要盡早組成內閣。目前，我們無法和美國人打交道，任何延宕都會引起同盟國的懷疑，使我們的處境變得更為艱難。」因為前晚未遂的政變，有必要挑選一名受陸軍尊崇的人選。「如果你不接受這個職務，就會給天皇造成極大的焦慮。」

東久邇宮暗自思量：領導一個敗戰國將會是繁重的任務，不過，他知道他能透過軍中同僚——他本人有上將軍銜——控制住陸軍中反對派的叛亂行動。一旦安定住日本目前的局勢，他就可以辭職。他說：「我謹領御令組閣。」

中午前，華盛頓接受日本投降的照會送達，帝國大本營遂下令陸海兩軍停止敵對行動。此外，天皇還指示三名皇族成員到海外各指揮部，要軍隊放心，投降的決定是出自天皇本人的自由意志。朝鮮和滿洲的部隊責成陸軍中校竹田宮恒德王；中國派遣軍和中國方面艦隊交由陸軍中校朝香宮鳩彥王；前陸軍參謀本部長閑院宮載仁王的兒子閑院宮春仁王負責上海、廣東、西貢、新加坡、印度支那以及南京。三人在羽田機場同乘一架白色雙引擎三菱「五七式」陸軍運輸機出發。

公開的反叛行動還在本土滋擾著。厚木航空基地的飛行員在東京上空散發了數以千計的傳單，批評重臣和鈴木政府誤導了天皇。他們的帶頭者小園上校在一名海軍將領面前，依然態度強硬。他抨擊，天皇必定發瘋了，才會投降，必須繼續打下去。但叛亂失敗了。當天晚上，神經錯亂的小園因大罵天照大神而不得不被管束。他被注射了嗎啡，穿上拘束衣，被送往一所海軍醫院。

在大分基地——即宇垣中將發動最後一次神風攻擊任務的那個機場——也瀰漫著叛亂氣氛。宇垣的繼任者，歷經珍珠港和中途島戰役的老將草鹿龍之介中將，召集了所有的高階軍官。一群年輕軍官則心懷敵意地不請自來。草鹿表示，他知道他們中有些人出於愛國心，認為應該繼續作戰——但是，「只要我眼珠子還是黑的（也就是還活著），我就不容許輕舉妄動」。那些一心想叛亂的人首先就得「把我碎屍萬段」。他閉上眼睛，等著被殺死。一片肅敬——似乎永無止境。然後草鹿聽到有人在啜泣，於是睜開眼睛。

一名年輕軍官承認：「您這番訓話讓我們冷靜了下來。」他和其他幾名軍官都承諾會控制自己的部下。草鹿環顧室內。「你們這些年長的軍官怎麼說?你們中有沒有人不同意我的看法?」沒人開口說話。「如果任何人改變了心意,隨時來見我。晚上我沒有警衛。天氣這麼熱,我會赤裸入睡(毫無防護)。」

當晚,一個大喊聲「指揮官!指揮官!」吵醒了草鹿。原來是名狂熱的中校,一手拿手槍,一手握軍刀。他說,他剛剛「得到神啟」,除非日本發動最後一擊,否則就沒有前途。「神明說,只有長官您是領導我們的唯一人選。」

草鹿盯著他說:「你相信神的啟示,但我可沒辦法——或許我還沒有受到足夠的宗教訓練。無論如何,是天皇本人下令讓我執行這些命令,我無法相信神明,只能相信自己。」他覺得,時間會解決這名年輕軍官的問題的,因此建議他坐飛機到東京,向聯合艦隊、海軍大臣和首相報告此神啟一事。[3]

當晚,新首相因為承擔起原本不想承擔的責任,而無法入眠。東久邇宮想起一個早已遺忘的、二十五年前在法國遇到的偶然事件。他告訴一名年長的算命老婦人,他是一名畫家。她看了看他的手掌後說:「這是謊言。你將會成為日本首相。」他笑著承認他是名親王,也是名軍官。「在日本,皇族和陸軍將領按例是不能當政治家的。我怎麼可能成為首相呢?」

「日本會發生革命或是大混亂,你會當首相的。」

隔天,八月十七日上午十一點,他把內閣建議人選名單送交天皇。只有米內維持原職位。東鄉拒絕出任外相,由其前任重光葵接任。近衛公爵擔任「無任所大臣」(不管部部長)。其他人選天皇都表示同意。

新政府的首要任務就是派一個代表團前往馬尼拉，與麥克阿瑟將軍一起安排各戰場軍隊的投降事宜。挑選出來擔任團長的是梅津的副手河邊虎四郎中將。因為害怕叛軍飛行員攔截代表團座機，他們採取了詳盡的預防措施。八月十九日剛過黎明，十六名團員抵達羽田機場，他們分乘數架小型飛機，在東京灣上方盤旋了幾分鐘後，降落在木更津基地。這裡有兩架身經百戰、彈痕累累、長型雪茄狀的三菱轟炸機——盟軍代號為「貝蒂」（Betty）——等著他們。根據麥克阿瑟的指示，飛機已漆成白色，並劃上了大大的綠色「十」字。

代表們都登機後，飛行員才打開密封的指令：目的地是伊江島，也就是厄尼．派爾喪命的那個小島。兩架轟炸機一同南飛。飛臨九州上方時，團員們看到一組飛機直朝他們而來，非常焦慮。當他們看到機身有美軍標誌，才放心下來，於是這兩架轟炸機有了十二架戰鬥機在旁護航。日機發出密語「巴丹」，對方發出令人安心的回覆：「我們是巴丹守衛。跟著我們。」這群毫無編隊的機群在東海上方飛了一個半小時，才看到伊江島。第一架轟炸機安全地降落在柏奇機場；第二架轟炸機的飛行員忘記放下著陸襟翼，飛機幾乎就要衝出跑道，幸好落在珊瑚礁上，機身一震，停了下來，然後才慢慢且不穩地滑回停機坪。代表團員步出機身，幾百名美國海陸軍官兵湧了上來，搶拍照片。

十六名團員改乘一架美軍「空中霸王」（C-54）四引擎運輸機，在飛機上每人都拿到了一個餐盒，兩名陸軍士兵還遞來橘子汁。外務省最高代表岡崎勝男向祕書做了個手勢，要他給每個士兵十美元小費。

黃昏之前，這架運輸機抵達了尼可斯機場。河邊中將領著一行人穿過停機坪，來到離代表團最近的美國人西尼．馬西比爾上校（Sydney Mashbir）——他是麥克阿瑟的翻譯科長——面前。當馬西比爾舉手敬禮時，他看到岡崎伸開雙臂朝他走來——他們在戰前就認識了。馬西比爾對他用大拇指比個讚的手勢，當作非正式的回禮。為了避免與敵軍握手，他已經在鏡子前演練這個動作二十多次。然後，上校陪著代表團來到麥克阿瑟的情報處處長查爾斯．威洛比少將（Charles Willoughby）那裡。數千名士兵、平民和新聞人員圍了上來，照相機的喀嚓聲對岡崎來說，「就像是機槍對著奇怪的動物掃射一樣。」

威洛比和河邊同乘一輛座車。在前往馬尼拉途中，威洛比客氣地問河邊，他想用哪一種語言交談。河邊建議用德語，恰巧這是威洛比的母語。於是，他們立刻產生了親切感，這出乎河邊的意料之外。

在通往杜威大街的狹窄街道上，早已擠滿好奇的人群。美國大兵善意地學著喊「萬歲」！但菲律賓人卻滿懷敵意。有不少人喊道「混蛋」或丟石塊。當代表團下車時，他們目不旁視地筆直往前走。

他們剛在馬尼拉飯店附近的一棟兩層公寓安置好，就吃到一頓火雞肉大餐，讓他們多年後回憶起這頓飯時還「津津有味」。飯後，他們驅車前往市政府，被領到一張大會議桌前坐下，對面坐著美國人。河邊面對麥克阿瑟的參謀長薩瑟蘭少將坐下。薩瑟蘭宣讀了《第一號總命令》，指定各地日軍應向誰投降。在中國、台灣和印度支那北部的部隊應向蔣介石投降；在滿洲、庫頁島南部與北朝鮮的部隊則向蘇聯人投降；其餘部隊則由英國或美國接管。正式投降儀式將於九月初在東京灣的一艘美國軍艦上舉行。日本代表團奉命開列出所有的部隊、船艦、機場位置、潛水艇、回天（人肉魚雷）基地、彈藥庫和地雷區的位置。

翌日上午繼續舉行會議。薩瑟蘭交給河邊一份要由天皇發布的《投降文件》草稿。河邊沒接住掉在桌上，然後小心翼翼地撿了起來；根據一名美國海軍軍官的觀察，那份草稿好像是什麼致命毒藥。

河邊把文件交給了助理、紐約大學畢業生大竹貞雄少尉〔他在美國用的名字是羅伊（Roy）〕，並說：「翻譯！」

第一句話——「我，日本天皇裕仁」——就讓大竹臉色慘白。天皇從來不用「我」這個字，而是用只有他能用的字眼「朕」。河邊雙手抱著胸口，閉著眼睛，看似痛苦地聽著翻譯；一聽到「終了」時，他用力拍桌並說：「完蛋了！」

馬西比爾是名日本通，深知對日本人而言，給天皇使用那些露骨的字眼是多大的汙辱——顯然的，日本代表「就要死在他們的座位上」。在公寓內，當日本人正準備收拾行囊返回日本時，馬西比爾和威洛比試著說服河邊和岡崎放心。馬西比爾用日文說：「我很肯定，最高指揮部不是有意貶低天皇在日本人心中的地位。」他要他們不要去管文件上的措詞——他會親自與麥克阿瑟討論這個議題。他建議他們「按照詔書的正常格式，以習慣用語」草擬一份文件。馬西比爾對威洛比解釋他對日本人的承諾。這名將軍原本還無法理解，日本人為何憂愁滿面。

岡崎用英語說：「威洛比將軍，這是至關重要的。我無法向你解釋這點有多麼重要！」

代表團離開公寓時，大竹向一名正在值勤的日裔美國衛兵自我介紹。這名衛兵告訴他，他的姓氏是高村。大竹在美國所娶的日裔美國人太太也是這個姓氏，因此他問道：「你有沒有名叫越代的姊姊？」這名衛兵點了點頭。大竹說：「我是她先生。」他們握了握手。大竹上車時對他的內弟說：「到日本後找我吧。」

薩瑟蘭少將認同馬西比爾允許日本人修改文件上的用詞是恰當的，但要他向麥克阿瑟解釋清楚。麥克阿瑟摟著上校的肩膀說：「馬西比爾，你處理得非常正確。事實上，我確實無意要貶低他（天皇）

在日本人民心中的地位。」透過裕仁能井然有序地維持日本政府。他還疑惑問道，到東京後天皇陛下是否會去拜訪他。「如果他來了，那將是日本天皇首次拜會他人，是嗎？」「是的，將軍，會來的。我相信他會這麼做。」

——

代表團回到伊江島後，發現有一架三菱飛機無法起飛回日本。對於有幾名團員表示這是遭到陰謀破壞，大竹嗤之以鼻，很明顯出問題的就是那架驚險降落的飛機。河邊、岡崎和其他六人搭上另一架轟炸機，開始返國的長途之旅。岡崎向一名年輕官員竹內春海（之後成為駐菲律賓大使）口述了一份備忘錄。但河邊中將卻在沉思，對美國人展現出的尊重感到驚訝。他之後寫道：「如果人類能在相互交往中實現正義和人道，就可能避免戰爭的恐懼，即使不幸爆發戰爭，勝利者也不會傲慢自大，並能緩解失敗者的苦難。這是成為真正的文明大國的首要條件。」

入夜後，涼爽的空氣透過機身的彈孔咻咻穿了進來。為了保暖，這群乘客喝起威士忌，最後全都睡著了。約在十一點，飛行員把大家叫醒，說有個油箱漏油，必須飛往最近的陸地上。如果飛不到，掉入海中，這架轟炸機只能短暫浮在海面上。他要大家都穿上救生衣。

他們最擔心的是那些文件。如果丟失，美國人會認為他們是為了拖延投降儀式的舉行。文件交給了岡崎，他曾經是代表日本參加一九二四年巴黎奧運會的運動員。

引擎慢慢停止轉動，機身開始下降。竹內透過窗戶望出去，看到月光下大海的波浪在閃爍。他試著繫上救生衣，但因為太冷，手指凍僵不聽使喚。除岡崎外，所有的人都默默地用雙手撐著前座，頭部放低。岡崎雙手緊抓著重要文件。轟炸機在海面上彈了幾下，海水噴濺到機窗上。就像一塊掠過水面的石片般，直到碰到了什麼，才立刻停了下來。

油桶翻了過去，從竹內身上滾過。他聽見有人喊了一聲：「我們沒事。」竹內摸了摸臉，黏黏糊糊，以為是血，實際上卻是油。飛行員打開一個側門，海浪不斷湧進，竹內希望在飛機沉沒之前能爬出去。接著他發現，飛行員站在水中，水深只到膝蓋高度而已。

岡崎的額頭撞了一下，昏沉沉的，自己踉蹌地爬出飛機，蹚著水上了岸。前方，富士山映現在月光下。

三

美國在應付同盟國方面要比對付日本還要困難。史達林想要分得一份更大的戰利品。他在給杜魯門的電報中提議，在雅爾達會議中「獎賞」給蘇聯的千島群島及日本國土最北邊的北海道北半部的日軍，都應向蘇聯遠東指揮官投降。

……對於蘇聯輿論而言，後一提議具有特殊意義。眾所皆知，日本軍隊在一九一九年到一九二一年間佔領了蘇聯的整個遠東地區。如果蘇軍不佔領部分日本國土，輿論會認為是對蘇聯的嚴重汙辱。

本人誠摯希望，上述謙虛建議不會遭到任何異議。

杜魯門怒火中燒，他回答，他同意關於千島群島的提議，但他也要清楚表示，美國想在千島群島某個島上建立空軍基地。但關於北海道的提議，他堅不讓步，必須維持目前對於日軍在四個主島上的投降安排。

史達林也發火了。兩天後，即八月二十二日，他回覆表示，對於北海道問題，他「沒有想到會是這樣的回覆」，至於美軍在千島群島建空軍基地一事，在雅爾達會議中完全沒有提起過。

……通常，這種性質的要求只能對被佔領國，或是對無力以自己的方式防衛其部分領土、因而願意為其同盟提供合適基地的同盟國提出。我不認為蘇聯屬於這類國家……由於您的電報並未說明要求授予永久基地的動機，我必須坦白以告，不論是我還是我的同僚，都無法理解是什麼因素促使你向蘇聯提出這一要求。

杜魯門的「第一個想法，是不回覆這封措辭強烈懷有敵意的電報」，但經過再三考慮後，覺得還是結束這場爭論較好。他向蘇聯解釋，美國只想在千島群島上有個臨時基地，以應付佔領日本期間的緊急需求。

不過，中國的問題就不是這麼容易解決的。在日本接受《波茨坦宣言》的四天前，中國共產黨軍隊總指揮官朱德就貿然宣布，日本已無條件投降，下令紅軍部隊盡可能佔領城市和鄉鎮。蔣介石指責這是「違法亂紀的行為」，下令朱德停止單獨對日軍採取行動。因此，中共廣播電台便給蔣介石扣上法西斯主義的帽子。「我們要向全國同胞和全世界人民宣布：重慶統帥部無法代表中國人民真正抗日的軍隊。中國人民要求，解放區內在朱德領導下的抗日軍隊，有派遣代表直接參與四大同盟國接受日本投降的權利。」

但莫斯科的共產主義意識型態同志阻礙了赤色中國的戰後統治計畫。在日本投降前一天，莫洛托夫和國民黨中國簽署了一份協議。這種侮辱行為，在今後幾十年內一直成為蘇聯和紅色中國關係中的疙瘩所在。

與此同時，蘇聯也一心一意想建立起自己在亞洲大陸的地位。幾乎沒有遭遇到殘弱的關東軍的抵抗，蘇聯紅軍輕易地佔領大片滿洲區域，掠奪了所有佔領的城市。把數以噸計的小麥、麵粉、高粱、稻米以及大豆，還有機器、印刷機、紙張、照明器材和電力設備等全都運送回蘇聯。椅子、桌子、電話、打字機也被洗劫一空。一輛輛滿載破家具和無數破玻璃的貨車都朝西開去，這些破銅爛鐵對蘇聯人也是寶物。

日本戰俘的一切值錢東西也全被搶走，連口中的金牙也被撬掉。姦淫、擄掠和屠戮已是司空見慣，但這些暴行卻並非出於仇恨或報復。這些征服者就像他們的祖先阿提拉[4]和匈奴人一樣，是在享受戰利品。

四

反抗投降的非理智精神並沒有隨著宇垣和畑中的死亡而消失。八月二十二日黃昏，十名自稱「尊皇攘外義軍」的年輕人，頭綁白布條，佔領了能夠看到美國大使館的愛宕山。警方圍起了封鎖線要驅散他們，但他們卻用手槍和手榴彈威脅警方。在傾盆大雨中，他們手挽著手，高唱國歌，三呼「天皇陛下萬歲！」後，五顆手榴彈幾乎同時爆炸，全都倒地而亡。他們的帶頭者身上還留下一張訣別字條：「山河失陷，蟬雨妄然。」幾天後，三名已死的叛亂者的太太也登上愛宕山頂自殺，其中兩人喪命。在這波自我毀滅的浪潮中，屬於某個佛教教派的十一名運輸官員在皇居前自殺，十四名年輕學子在代代木閱兵場切腹。

其他叛亂分子持續零星地攻擊一些通訊中心。一名通訊學校的少校率領六十六名士兵短暫地佔領了日本放送協會在川口的電台；約四十名平民，包括十名婦女在內，佔奪了松井廣播站，然後攻擊郵局、發電廠、當地報社及縣政府。

宣布美軍不久將佔領日本的消息後，又激起新的恐慌和不安。謠言四起，大眾驚慌失措：有人說中國人正在大阪登陸，有的說數千名美軍已在橫濱姦淫擄掠。女孩們和家中的寶物都被撤到鄉下或山間。報紙大量報導和美軍部隊的相處之道。他們告訴婦女：「夜間不要外出。手錶等貴重物品放在家中。面臨強姦的危險時，要顯出嚴正的態度。不要屈服，大聲呼救。」報紙要大家小心謹慎，避免諸如抽菸或不穿襪子等「挑釁行為」。有些工廠還給女工發了毒藥丸。

八月二十八日天亮後不久，麥克阿瑟的參謀之一查爾斯．譚奇上校（Charles Tenc）率領載運著美軍前鋒部隊的四十五架「空中列車式」運輸機，飛臨富士山。領頭的第一架飛機降落在厚木機場，停穩後，第一名踏上日本國土的征服者就是譚奇上校。在停機坪的另一端，一群日本人高喊著朝他而來。他還以為，這些瘋子就要把他砍死了。

原來是一群接機人員。一名個頭矮小的軍官走上前來，自我介紹是有末精三中將[5]。當兩人往接待區的一頂帳篷走去時，日本的攝影人員和美軍通信兵的攝影師都不斷拍照，幾乎把每一步都紀錄了下來。進帳篷後，有末請譚奇喝橘子汁時，譚奇臉色發白。為了表示沒有下毒，中將先喝了一杯，譚奇只啜了一口。

美軍「第十一空降師」在四十八小時內就佔領了厚木機場，一連幾個小時每隔兩分鐘就會降落一架四引擎運輸機。機場剛被佔領，遠方又出現一架「空中霸王式」運輸機。那是載運陸軍上將道格拉斯・麥克阿瑟的「巴丹號」。麥克阿瑟正和軍方祕書邦納・費勒斯准將（Bonner Fellers）在機上討論日本的命運，費勒斯曾造訪日本無數次。麥克阿瑟說：「很簡單。我們將會用日本政府這個工具來實行佔領。」其他不談，他要給予日本婦女投票權。

「日本男人會不滿這點的。」

「我不在乎。我要讓日本軍方名譽掃地。婦女不會想要戰爭的。」

這架大型運輸機在下午兩點十九分著陸。第一個步出機艙的是麥克阿瑟。他在舷梯上方停了一陣子，費勒斯聽到他喃喃自語說：「這就是結局。」他點上菸斗，咬著它步下了飛機。幾小時前先行抵達的羅伯特・艾克爾伯格中將走上前與麥克阿瑟握手。麥克阿瑟張著大嘴笑說：「鮑伯，從墨爾本到東京可是漫漫長路，不過，這兒似乎是這條長路的終點了。」

一排破舊的汽車在那裡等著，準備接送麥克阿瑟一行前往橫濱臨時總部。開道車是一輛紅色消防車，這讓考特尼・惠特尼將軍想起了托納維爾（Toonerville）的無軌電車。消防車行駛時發出驚人的爆炸聲，車隊鏗鏘鏗鏘地跟了上去，開往十五英里遠的橫濱。沿途站崗的日軍幾乎有三萬人，全都背對麥克阿瑟。

美國人住在新格蘭酒店內，這是在一九二三年大地震後重新興建的一棟豪華飯店。晚餐時，惠特尼還警告他的長官，牛排可能下了毒。麥克阿瑟大笑說：「反正沒人能永遠活著。」當晚，他告訴聚集在他房間內的軍官：「弟兄們，這是軍事史上最大的一次冒險行動。我們坐在敵軍的國土上，我們只有那麼一點軍隊，要看管十九個全副武裝的師，還有七千萬個瘋子。只要走錯一步，就像在阿拉莫[6]進行主日學校的野餐郊遊一樣！」

次日，強納森・溫萊特中將從滿洲的一座戰俘營搭飛機到達。麥克阿瑟當時正在吃晚餐，聽到溫萊特到了樓下大廳，便立刻下樓迎接這名巴丹戰役中著名的生還者。這名因為投降而損失的部隊人數比其他美軍指揮官要來得多的軍官，憔悴地站在那裡，蒼老不堪，頭髮雪白，骨瘦如柴，還拄著拐杖。他笑了一笑。麥克阿瑟擁抱他，但溫萊特卻說不出話來。麥克阿瑟情緒激動地說：「好啦，瘦皮猴。」雙手搭在他的肩膀上。

溫萊特只哽咽地說出兩個字「將軍」。攝影師拍照時，他才說出話：他認為放棄菲律賓投降是丟臉的事。[7]但麥克阿瑟要他放心，可以滿足他的任何要求。

溫萊特用沙啞的聲音說：「將軍，我現在只想指揮一個軍。這也是我一開始就要求的。」

「怎麼了，吉姆，你要的話，你原來的軍仍歸你指揮。」

只有一支象徵性的部隊被派到殘破不堪的東京。隨軍前往的記者們首先要採訪「東京玫瑰」[8]。美國記者哈利・布朗迪奇（Harry Brundige）和克拉克・李（Clark Lee）透過一名姓山下的日本記者終於找

到了她。九月一日上午，山下把她帶到帝國大飯店。她穿著西式長褲，梳著辮子。與她一同來的還有一個嚴肅的年輕人，是個葡萄牙人和日本人的混血兒。

「這是伊娃．戶栗郁子，你們的『東京玫瑰』。這是她的先生，菲利浦．達奎諾。」

布朗迪奇問：「你真的是『東京玫瑰』嗎？」

她笑著回說：「只此一人。」

布朗迪奇答應給她兩千美金，要她根據他預先擬好的提要，用第一人稱為《柯夢波丹》（*Cosmopolitan*）雜誌撰寫一篇獨家報導，不過有一個條件，在發表這篇報導前，不得與其他記者聯絡，包括陸軍情報單位及中央情報中心人員。她同意了。布朗迪奇便用打字機打了一份長達十七頁的提要。後來所刊登出來的，卻是一篇諷刺報導，描述一個天資聰穎、勤學向上且擁有加州大學洛杉磯分校動物學學位的年輕女性，為了每個月六塊六角美元的薪資，把她所熱愛的國家出賣給她仇恨的國家，因為如果不做宣傳工作就得在一家軍火工廠當女工。

從加州大學畢業後，伊娃在無可奈何的情況下到日本探望正在病中的阿姨——因為她的母親病重而無法前去。她發現自己幾乎討厭日本的一切，包括吃米飯和親戚；但是，沒等到回國，戰爭就爆發了。她以當祕書維生，後來又在日本廣播協會當打字員。在一名美軍上尉的鼓舞下——這名上尉曾經是名廣播評論員，經人勸說後重操舊業，但卻是為日方工作——她答應每天向同盟國的士兵做十五分鐘的廣播。因為身為廣播播音員，她結識了許多為日本進行廣播宣傳的美軍戰俘。（他們後來被赦免，因為他們是在「可能立刻被處死或是肉體遭受傷害的情況下」被迫如此。）伊娃常給戰俘們帶來食物、藥品、香菸，總之是她能盡力取得的東西。她後來寫道：「同思想與情感和我一樣的人相處，真是上天恩賜。」

《柯夢波丹》的編輯對於布朗迪奇和一名叛國賊進行交易，感到大為吃驚，發電要求解釋。布朗迪奇感到厭煩，便把這份稿件給了李。他另寫一篇投稿至《國際新聞社》（International News Service），即刻獲得刊登。[9]

五

在海軍部長福萊斯特的慫恿下，正式投降儀式於九月二日，即麥克阿瑟抵達日本後三天舉行，地點是停泊在東京灣的主力艦「密蘇里號」（Missouri）。杜魯門對這個選擇感到特別高興，因為「密蘇里號」是世上四艘最大的主力艦之一，以他的故鄉密蘇里命名，而且是由他的女兒瑪格莉特授名的。九月一日，「密蘇里號」砲長霍拉斯．柏德中校（Horace Bird）在甲板上進行了一次預演。他集合了三百名水兵充當戰勝國代表。一切都很順利，但是當樂隊奏起《海軍上將進行曲》，表示尼米茲抵達會場時，卻出了紕漏。「尼米茲」並未現身，他的替身，身材壯碩、外號叫「雙膽」的水手長卻站在那一動也不動。他先是呆若木雞地站在那裡，然後搔頭抓腦，惶恐地說：「媽的！我當海軍上將！」

次日清晨，氣溫低寒，一片灰濛濛的，柏德中校失意地望著這黎明。約七點三十分，一艘驅逐艦駛了過來，世界各國記者紛紛爬上這艘主力艦。每個記者都有一個指定的位置，只有膽怯害怕的日本記者待在原地。蘇聯人特別吵鬧，「像野蠻人一樣」在艦上四處亂晃。

對於美國人，這個時刻讓他們不由得回想起記憶猶新的往事。《紐約時報》的記者羅伯特．川布爾永遠也不會忘記珍珠港被襲那天上午的情景，那時他在檀香山《廣告報》工作；負責「密蘇里號」上廣播工作的韋伯利．愛德華茲也絕不會忘記這點，一九四一年十二月七日，在檀香山電台宣布「這是千真萬確的」就是他。

一艘驅逐艦開到「密蘇里號」旁，同盟國的陸海軍將領，包括哈爾西、海爾佛里克、特納、帕西佛、史迪威、溫萊特、斯帕茲、肯尼和艾克爾伯格等，走下驅逐艦轉上「密蘇里號」。八點零五分，尼米茲登艦，接著是麥克阿瑟。由於大家情緒過於激昂，以至於這兩名高階將領的到臨都沒人注意到。柏德中校連忙衝到大家面前，高喊：「各位，尼米茲海軍上將和麥克阿瑟陸軍上將到。」沒人理會。柏德無計可施，只好高喊：「全體立正！」聚集在艦上的海陸軍將領刷地馬上立正。艦上立刻靜了下來，連波浪拍打艦身吃水線的聲音都能聽到。

此時，為紀念飛艇「仙那杜號」（Shenandoah）艦長而命名的「蘭斯多恩號」驅逐艦（Lansdowne）載著十一名日本代表前來。日本人對於該由誰擔任代表團團長的問題，曾經引起爭論。如果由皇族、新首相東久邇宮去承受這種恥辱，那是無法容忍的；曾經為了謀求和平而冒著兩年生命危險的近衛公爵，也不願意使自己在這個時刻蒙羞。這個繁重的責任就落在新任的外相重光的身上。重光覺得這是個「痛苦但有利的任務」，對於天皇委以重任感到榮幸。由於天皇親自請求，陸軍參謀本部長梅津不得不出席。海軍軍令部長豐田下令作戰部長富岡少將代表他參加。他說：「你打輸了這場仗，所以你必須去。」富岡默默地接受了，但已經決心要在投降儀式後切腹自殺。

日本代表團登艦後，甚至不能確定該用何種禮儀。他們應該敬禮、鞠躬、握手還是微笑呢？他們的顧問馬西比爾上校曾經告訴他們，軍人採用敬禮，文官僅需脫帽鞠躬。「我建議你們大家顯出漫不經心的神色。」

八點五十五分，馬西比爾領著一名頭戴高禮帽、身穿燕尾服、繫著領巾的日本文官登上「密蘇里號」。這位文官吃力地往上走，每走一步就得呻吟一次。這是外相重光，他的左腿多年前在上海被暗殺炸彈炸斷了。他的義肢讓他步履艱難、疼痛不堪。柏德站在上面看著，原以為在重光後面的那個一臉陰森的將軍會幫他一把——那是梅津。梅津認為重光是可惡的「巴多利奧」，對他的痛苦置若罔聞。柏德走下去伸出一手。重光搖了搖頭，但後來還是讓這名美國人幫了他一把。

穿過後甲板來到舉行儀式的前甲板這一段痛苦的路程，使重光成為所有人注目的焦點。有一名美國記者注意到，旁觀者「以一種殘酷的滿足感」注視著他。柏德想再度幫他一把，但遭到了拒絕。重光狼狽地爬上扶梯，臉上看不出任何表情。

日本代表團就位後，全體立正聆聽艦上牧師的禱告。當擴音器播放美國國歌《星條旗》時，大家依然立正。此後是有點拘束的長時間停頓。加瀨俊一（先前是松岡洋右的祕書，現在是新外相的祕書）發現在附近的船體上畫著幾幅小小的「太陽旗」，顯然這是擊落日軍戰機和擊沉潛水艇數目的標誌。他數著數著，不禁喉頭哽咽。站在他身旁的富岡少將則是處於驚奇和憤怒之中——驚奇的是美國人對日本人並沒有顯現出蔑視的態度；憤怒的是蘇聯代表竟在場。蘇聯人也有部分是亞洲人，不但忽略日本人請求他們擔任調停者，還在背後從滿洲捅了一刀。[10]

麥克阿瑟到場，他和尼米茲、哈爾西精神抖擻地穿過甲板，來到一張布滿文件的桌子旁。英國人主動提供了一張在「日德蘭海戰」中使用過的桌子，但因為太小，柏德換了一張破舊的餐桌，上面鋪著一張還有咖啡痕跡的綠絨布，咖啡痕跡則用文件蓋住。溫萊特和帕西佛走到麥克阿瑟身旁，站在桌子後面。

麥克阿瑟說：「我們，各交戰國的代表，聚集於此，是為了簽署一份莊嚴的協議，進而恢復和平。涉及分歧的理念和意識型態的爭端，已在戰場上見分曉，因此，我們無須在此討論或爭論。身為地球上大多數的人民代表，我們也不是懷著不信任、惡意或仇恨在此相會。我們勝敗雙方的責任是實現更崇高的尊嚴，只有這種尊嚴，才有利於我們即將致力於投入的神聖目標，讓所有的人民都毫無保留地承諾，會忠實履行我們在此即將正式取得的諒解。」

麥克阿瑟的言談中沒有怨恨和復仇，這讓富岡深深感動。曾陪同富岡出使柏林和莫斯科的永井八津次少將目不轉睛地看著麥克阿瑟。對照梅津，他看起來多年輕多健康！是否因為戰敗的心理影響使得參謀本部長未老先衰？曾在先前投降儀式中擔任過翻譯的杉田一次上校，也盯著另一名同盟國軍官帕西佛將軍。他們四目相會，兩人顯然都想起了新加坡福特汽車工廠裡那次痛苦的經歷。

麥克阿瑟繼續說：「我本人誠摯企盼——事實上也是全人類的期望——從這莊嚴的時刻起，將從過去的流血和屠戮中產生一個更美好的世界，一個以信任和諒解為基礎建立的世界，一個奉獻於人類尊嚴、實踐人類最為期盼的自由、寬容和正義的世界。」

幾乎就在此時，烏雲散去了，富士山山峰在陽光下閃閃發亮。麥克阿瑟指著桌子對面的另一張椅子。重光一跛一跛走過去，坐了下來。他不知所措地摸了摸禮帽、手套和拐杖，給人以拖延時間的印象。哈爾西真想給他一巴掌，並告訴他：「簽字，他媽的！快簽！」不過，麥克阿瑟卻看出重光有點不知所措，便轉身對他的參謀長嚴厲地說：「薩瑟蘭，告訴他簽在哪裡。」重光簽字後，梅津僵硬地走上去，連坐也不坐就潦草地簽下了自己的名字。麥克阿瑟以同盟國最高指揮官的身分用另外的筆簽了字。接著，尼米茲和其他同盟國代表依序簽字：中國代表是徐永昌將軍，布魯斯．弗雷瑟爵士海軍上將（Bruce Fraser）代表英國，蘇聯派出庫茲瑪．傑烈維洋科中將（Kuzma Dereyanko），澳洲代表是湯瑪士．布萊梅爵士將軍（Thomas Blamey），加拿大是勞倫斯．穆爾．葛斯格洛夫中校（Lawrence Moore-Grosgrove），法國是雅加．勒克萊爾將軍（Jacques Lerlerc），荷蘭是海爾佛里克中將，紐西蘭是倫納德．艾西特爵士空軍中將（Leonard Isitt）。

有個酒醉的代表——不是美國人——短暫地破壞了這個莊嚴場面，他冒失地對日本人做了個鬼臉。重光看了他一眼，面無表情地慢慢地戴上禮帽。其他日本文官也同樣如此。馬西比爾想，這或許是巧合，但這也是個充分說明了東方人難以捉摸的實例。

簽字完畢後，麥克阿瑟再度發表講話。他說：「讓我們祈禱，現在世上已經恢復了和平，祈求上帝會讓它永存於世。儀式到此結束。」他走到哈爾西面前，胳膊搭在他的肩膀上。柏德就在附近，聽到麥克阿瑟說：「比爾，那些飛機他媽的到底在哪裡？」遠方傳來飛機的轟隆聲，似乎回答了這個問題。數千架「超級空中堡壘」撼動人心地飛越了「密蘇里號」上空。

麥克阿瑟離開舉行儀式的甲板，來到另一個麥克風前，向美國發表廣播演說。他說：「今天，槍砲靜默。一場巨大悲劇已然告終，一場偉大勝利已經贏得。天空不再降臨死亡，大海只為商業之用。各地的人們都在陽光下行走，全世界一片安寧和平。神聖的任務已經完成……

「一個新時代已經降臨。既使取得勝利，但為了我們未來的安全和文明的存續，教訓本身更值得深切關注……軍事同盟、權力平衡、國際聯盟，全都失敗了，剩下的唯一道路是藉由殘酷的戰爭來考驗……

「現在，戰爭的巨大破壞性消除了這個選項。我們已經有過一次最後的機會。如果我們不制定出更偉大、更公正的機制，那麼，世界末日終將會來敲門的……」

麥克阿瑟的話語真誠地保證，美國將以諒解和同情的方式對待戰敗的敵人。在日本各地，人民也開始從那不堪承受的痛苦中恢復過來。《日本時報》用下述的言詞歸勸其讀者，其用意在於激勵人心，並證明其預言性：「如果允許痛苦和羞辱在我們腦中滋長出將來報仇雪恨的黑暗思維，那麼我們的精神狀態就是乖戾的，就是病態的……但是，如果我們把這種痛苦和羞辱視為自我反省和改革的動力，如果將這種自我反省和改革作為偉大的建設的動力，那麼，就沒有什麼力量能阻止我們在戰敗的灰燼上，重建一個不受昔日殘渣影響的光輝新日本，一個能維護自己尊嚴，並贏得世人尊敬的新日本。」

尾聲

一

在「密蘇里號」上舉行投降儀式後六天，麥克阿瑟來到東京。九月八日中午，他大步邁上美國大使館的陽台，第一騎兵師的一名儀仗隊士兵正把一面具有歷史意義的旗幟拴在旗桿的繩索上。麥克阿瑟聲音宏亮地說：「艾克爾伯格中將，把國旗展開，讓它作為被壓迫者的希望象徵，作為公理戰勝的先兆，在東京的陽光下榮耀地飄揚吧。」這面在珍珠港事件那天飄揚在國會大廈上的國旗，在軍號聲中緩緩升起。

征服者麥克阿瑟的來到以及美國國旗羞辱性地在皇居視野內飄揚，如果說日本民眾無法全然理解這個現實的全部意涵，那麼，對於未能阻止敵軍負有直接責任的軍方而言，戰敗則是難以容忍的。況且，其中有許多人都將受審。麥克阿瑟在抵達後三天，就發布命令逮捕首批被指控的四十名戰犯。

名單上有個名字是眾所周知的——東條英機。幾乎就在同時，東條位於世田谷的簡樸寓所已被新聞記者和攝影師團團包圍。他們全擠在房前的石牆旁。東條此時正坐在書房內一張大書桌前寫東西。

室內懸掛著一幅這名前首相身穿軍禮服的全身像。另一面牆掛著一張馬來亞某個敬仰者送的虎皮。外面的人群愈來愈多，記者們竟然都擠到花園內；約莫下午三點，人潮已過於擁擠，東條要他太太帶著女傭立刻離開家中——小孩早已撤到九州。東條夫人不願離去。擔心他會自殺，她說：「請好好照顧自己。」她又說了一次：「請好好照顧自己。」然後躬身離開。他只含糊地應了一聲。

她跟著女傭從後門離開，繞過圍牆，來到街上，往汽車道走去。前面擠滿了人和車，一片混亂，擋住了她往家中看去的視線。因此，她走進對街一間房舍的花園中。這間房舍地勢較高，曾是鈴木醫師的家。早些時候，他曾用木炭在東條的胸部畫出心臟的位置。她從圍牆上看過去，美軍——那是憲兵——已把她家包圍。一名軍官大喊：「告訴這個黃種王八蛋，我們已經等得夠久了。把他帶出來。」突然間，她聽到一聲沉悶的槍響，士兵們開始衝進房舍。即使身在對街，她也能聽到木板破裂的聲音。此時是下午四點十七分。

保羅．克勞斯少校（Paul Kraus）和執行逮捕命令的隊伍，以及跟在後面的《紐約時報》記者喬治．瓊斯（George Jones）衝進了書房。東條沒穿外衣，搖搖晃晃地站在一張安樂椅旁，鮮血浸透襯衣。他右手上還握著一把點三二口徑的柯爾特手槍，槍口對著這群入侵者。

克勞斯大喊：「別開槍！」

東條並沒有表示他是否聽到喊聲，但是當手槍喀啦一聲掉到地板上時，他也跌坐在安樂椅上。他向一名跟著美軍一起進到書房的日本警察示意要喝水。他幾口就把水給喝光，並且再要了一杯。

在對街花園的東條夫人跪了下來，不斷念著佛經。她想像著東條的痛苦，極力控制自己，準備面對美軍把屍體抬出來的那一刻。不過，出現的卻是一台救護車，一名日本醫師急忙衝進屋內。

四點二十九分，東條動了動嘴唇。陪同記者前來的兩名翻譯開始記錄他的話。他喃喃自語地說：「真是遺憾，竟然要花這麼久的時間才能死。」他的臉痛苦地抽搐著，但美國人低著頭毫不同情地盯著他看。他說：「大東亞戰爭是正義且合理的。我對不起我國和大東亞各國所有的民族。我不願在征服者的法庭上受審。我等待著歷史的公正判決。」他的聲音大了一些，但咬字並不完全清楚。「我想自殺，但自殺有時會失敗。」子彈幾乎一絲不差地從鈴木醫師在他胸口所標示的位置穿入，但就是沒有打中心臟。

當醫務人員把他移到一張長沙發上時，東條小聲說：「我沒有朝自己腦袋開槍，是因為我要人們能夠認出我的樣貌，知道我已經死了。」他被送至橫濱的第四十八野戰醫院。晚上，艾克爾伯格中將來到他的床邊。東條睜開雙眼，想鞠躬行禮。他說：「我快死了。很抱歉，我給艾克爾伯格中將添了這麼多麻煩。」

「你是說今晚，還是過去這幾年？」

「今晚。我希望艾克爾伯格中將接受我的新軍刀。」

東條活了下來，並作為主要戰犯受審；[1] 翌日上午，杉山元帥的槍法比他準確，他在辦公室內舉槍射中自己的心臟。他的夫人獲知他的死訊後，也效法乃木希典將軍夫人，在她房中的佛像前跪了下來，喝了少許氰化物，伏倒在一把短刀上。乃木是日俄戰爭中日本陸軍的指揮官，之後因部下傷亡極其慘重而自殺謝罪。[2]

對日本領導人來說，由勝利者操控審判是種詛咒。對於像近衛公爵這樣自尊心極強的貴族來說更是難受。他寧可一死也不願受這種羞辱。他開玩笑地對一個朋友說：「我是個懶骨頭，監獄的生活對我可能是相當安逸且無憂無慮的。」——三十年來，他身上從未帶過皮夾，洗澡時也未擰過一條毛巾——「但我無法忍受被稱為戰犯的屈辱。」

在近衛進入巢鴨監獄的前一晚，他的幼子道隆[3]仔細搜查了父親的房間，看有沒有武器或毒藥。雖然一無所獲，但還是很擔心，就寢前再度回到他父親的臥房。他們細細談論了中國事件、和美國人談判的情形，以及近衛覺得自己對天皇和國民所該承擔的重任。道隆認為父親應該把這些個人想法記錄下來。近衛用鉛筆——手邊當時沒有毛筆——寫了一段時間，然後把這份手稿交給兒子。他說：「用字遣詞可能不當，但卻表達了我此刻的感受。」

道隆感到，這可能是他們最後的相處時刻了。「長久以來，我給您帶來麻煩，未能對您盡孝。我很抱歉。」

近衛並不認同。他反問道：「『盡孝』是什麼意思？」把臉轉了過去。他們靜靜不語地坐著。最後，道隆說：「現在已經很晚了，請就寢吧。」他遲疑了一下又問：「您明天走嗎？」

近衛沒有回答，但道隆仍以乞求的眼神看著他。近衛看了看他，道隆覺得他似乎在說：「你怎麼還問我這樣的問題？我以為你已經了解這一切了。」道隆從來沒有在他父親臉上看過這樣「古怪、厭惡」的表情，他第一次看出父親尋死的意圖。

道隆說：「晚上您要是需要什麼，請叫我一聲。我就在隔壁。」

道隆好不容易才在黎明之前睡著，但旋即被母親悲痛的叫聲驚醒。他想爬起身，但一時動彈不得。他眼睛閉著坐在那裡，全身顫抖。他終於站起身，走進父親的臥房。近衛平躺在床上，寧靜安詳，就像熟睡了似的，在他高貴的臉龐上沒有一絲痛苦表情。他已離開人世。有個褐色的空瓶子就擺在枕頭邊。

——

美國人認為，日本名義上的領袖天皇，和東條等人一樣對戰爭負有最大責任。現在，甚至某些被解放的日本媒體也開始痛罵天皇，不僅說他是戰爭販子，還說他是好色之徒。麥克阿瑟的總部前還出現示威抗議，主張廢除天皇。對於蘇聯、美國與澳洲報界部分人士所提出的類似要求，最高指揮部都不予理睬。審判天皇會在全日本激起游擊戰，使軍政府長期存續。

麥克阿瑟不顧部下參謀們的建議——要他斷然把天皇召到盟軍指揮部，以顯示威權——堅決要禮待天皇。這名上將說：「這麼做，會傷害日本人民的感情，讓他成為日本人心中的殉道者。不行，我應該等待，到時天皇將主動來見我。在這件事上，東方人的耐心會比西方人的性急更有利於我方的目的。」

麥克阿瑟直覺的正確性得到了證實。東條自殺未遂後兩個星期，天皇本人請求會面。他穿著燕尾服、條紋長褲、帶扣鞋和高禮帽，與侍從長藤田一起搭車來到美國大使館。他步出老式的豪華轎車，費勒斯准將便向他敬禮。費勒斯的手剛放下，天皇就握住他的手。年輕的日本翻譯說，天皇陛下見到將軍很高興。

費勒斯答道：「見到您是我的榮幸。請進來和麥克阿瑟將軍會面。」天皇在費勒斯的陪同下緊張地進入大使館，然後走上寬敞的樓梯，來到麥克阿瑟位於二樓的辦公室。

為了使天皇感到自在，麥克阿瑟說，在日俄戰爭後，他曾經晉見過天皇的父親大正天皇；接著他體貼地令左右退出，只留下翻譯。他們坐在壁爐前，沒發覺將軍的太太和兒子亞瑟（Arthur）就躲在紅窗簾後偷看他們。麥克阿瑟上將拿了根美國香菸請天皇抽，天皇道謝接過。麥克阿瑟替他點菸時，天皇的手在發抖。

天皇臨出發前往大使館時，木戶給天皇的最後忠告就是不要承擔任何戰爭責任，但天皇現在卻剛好相反。他說：「麥克阿瑟將軍，我來此是為了表示接受您所代表的各國的判決。在這場戰爭中，我國人民所採取的行動以及做出所有的政治和軍事決定，都應由我承擔起責任。」

如同麥克阿瑟事後描述當時的情景時所說，他「感動入骨。我原以為他當天皇只是與生俱來的，但在那一瞬間，我了解到，在我面前的是一名切切實實的日本最高尚的紳士。」

二

第二次世界大戰結束了，但它遺留的問題卻比解決的問題還多。叛亂四起的亞洲正在掙脫西方統治的枷鎖。戰事從全球性的衝突轉化成零星的民族解放鬥爭。

諷刺的是，日本人最重視的戰爭目標卻正逐漸實現。亞洲終於開始擺脫白人的控制。英國已經失去緬甸，對印度的統治也被迫放鬆。在荷屬東印度群島，曾經在戰爭中支持日本的蘇卡諾和穆罕默德・哈達（Mohammed Hatta）正在發動一場不可抗拒的獨立運動。

在中國，戰爭解決了共產黨和西方宰制的國民黨爭奪最高統治權的鬥爭。由於財產大量的破壞以及資本的流失，國民黨的工業產能停滯不前。和一九三七年相比，物價上漲了兩千多倍；在日本投降不到一個月內，中國貨幣的外匯匯率下降了百分之七十多。通貨膨脹幾乎消滅了中產階級，使知識分子幻想破滅。受到種種困境包圍，國民黨再也無法滿足人民的需求，和共產黨不一樣，他們又不願分配土地。不論是好是壞——對一般老百姓來說也壞不到哪裡去了——中國的唯一希望是毛澤東。

在印度支那，土地改革也是新政府的基石。大戰期間，共產黨員胡志明領導下的「「越盟」」（Viet Minh）得到英國和美國的同情與支援，同法國人與日本人作戰，成為該國民族運動的主宰。和平到來後，花花公子保大皇帝（Bao Dai）退位，「越盟」發表了從美國那裡抄襲而來的《獨立宣言》，宣布成立越南共和國。不過，在大戰期間曾保證印度支那獨立的美國，已經改變了政策。一九四五年八月二十四日，杜魯門通知戴高樂將軍，他主張把印度支那交還法國。一九四六年一月，在新共和國的首次選舉中，「越盟」在新國會中贏得了大多數的席位，但境內的法軍加上美國運輸艦協助運輸法國援軍，佔領了西貢，保大復位。在柬埔寨和寮國也建立了傀儡王朝，這些政府得到美國的承認。

美國支持法國殖民主義一事表明，美國領導人意圖遵循英國過時的「蘇伊士以東」政策（East of Suez）——歐洲國家可以民族自決，但亞洲國家不行——並認為亞洲人並不懂對他們以及世界安全最有利的是什麼。美國還沒有認知到，它付出的鮮血和財富，協助贏得了兩場不同的戰爭：一場是在歐洲對抗法西斯主義的戰爭，另一場是違反亞洲人願望的戰爭。而今後二十年、三十年，或許四十年的世界歷史進程卻無法挽回地就此決定了。

在戰後幾個月，一名滿臉皺紋的年邁樵夫，在麥克阿瑟的新總部第一大廈前停下來。他背著一大捆柴火。他先向麥克阿瑟的軍旗深深一鞠躬，轉身又朝廣場另一邊的皇居深深一鞠躬。旁觀的美國人覺得有趣但又不解地看著，似乎他就是無法摸透的東方人矛盾性格的生動體現。但是，看到這一幕的日本人卻了解，他毫無保留地承認「將軍」在今天的暫時權力，同時也崇敬廣場另一邊永恆存在之事。

致謝

如果沒有亞洲、歐洲與美國境內數百名的友人合作協助，我是無法完成此書的，特別要感謝那些願意受訪的友人。各個圖書館也對完成本書做出無與倫比的貢獻：維吉尼亞州亞歷山卓國家檔案與記錄局（National Archives and Records Service）的Wilbur Nigh與Lois Aldridge、國家檔案局（National Archives）的John Taylor、國會圖書館（Library of Congress）、紐約公立圖書館總館（New York Public Library）、康乃狄克州丹伯里公立圖書館（Danbury Public Library）、東京國會圖書館（Diet Library）、美國駐東京大使館附屬圖書館（Library of the U. S. Embassy Annex in Tokyo）的Yuji Yamamoto、耶魯大學圖書館（Yale University Library）的Judith Schiff，以及佛蘭克林羅斯福總統圖書館（Franklin D. Roosevelt Library）的Elizabeth Drewry、William Steward、Jeromy Deyo、Robert Parks、Anne Morris以及Joseph Marshall。

還有無數的政府單位、組織以及個人對此書提供具體的貢獻。

美國：國防部助理部長辦公室雜誌與書刊分部的Gerald M. Holland中校、Herbert C. Prendergast中校與Anna Urband；國防資訊理事會影音局的Betty Sprigg；海軍陸戰隊歷史資料部總局的Roland F. Gill；陸軍部軍史局局長辦公室的Hal C. Pattison准將、Israel Wice法官、Charles B. MacDonald、Charles Romanus、Detmar H. Finke以及Hannah Zeidlik；海軍部；空軍部；國務院歷史局的Arthur G. Kogan；六位美國作家：Michael

Erlanger、Walter Lord、Martin Blumension、Landilas Farago、Tom Mahoney以及Tom Coffey；我的兩位打字員：Isabelle Bates與Helen Toland；我的研究助理Dale P. Harper；《展望》（*Look*）雜誌的Myron Land與Robert Meskill；Ray M. O'Day上校；理海大學（Lehigh University）的John McV. Haight教授；「世界出版公司」（World Publishing Company）的James O. Wade；紐約市日本國家旅遊組織；William Henry Chamberlain、Pearl Buck、John J. McCloy、Mark Wohlfeld、Robert C. Mikesh上校、Virgil O. McCollum；康乃狄克州哈特福特WTIC電台的Jean Colbert；Marty Allen、Joseph W. Enright上尉、Roy L. Bodine二世博士；「藍燈書屋」（Random House）的Jean Ennis、Cynthia Humber、Elizabeth Kapuster、Sono Rosenberg、Anthony Wimpfheimer、Donald Klopfer以及Bennett Cerf。

德國：Gero von S. Gaevernitz以及我的德國代理人Karola Gillich。

瓜達爾卡納爾島：Brian D Hackman、J. C. Glover與英屬所羅門群島地理調查部的Dominic Otuana。

菲律賓：Aurelio Repato、C. Bohannon、J. A. Villamor、Eduardo Montilla以及外交部長Carlos Romulo。

沖繩：美國琉球群島民政署公共事務部的Samuel Mukaida博士、Samuel H. Kitamura與Joseph S. Evans, Jr.，以及Eikichi Yamazato。

泰國：美國新聞與世界報導（U.S. News and World Report）的Sol Sanders

硫磺島：美國海岸防衛隊（U.S. Coast Guard）的A. B. Traux以及美國空軍。

中華民國：行政院新聞局局長魏景蒙。

關島：Horace V. Bird海軍少將。

夏威夷：美國空軍的James Sunderman上校與Mart Smith少校，以及W. J. Holmes上尉。

塞班島：Tony Benavente以及載我飛過整個馬里亞納群島的民航機飛行員。

天寧島：Henry Fleming。

馬來亞：Abdul Majid bin Ithman。

新幾內亞：John Robertson。

東京：三笠宮崇仁親王、Edwin O. Reischauer大使、美國大使館的John Emmerson與George Saito；西浦進與Hiroshi Fukushige等上校；Yukuta Fujita與Masao Inaba等中校；Kengo Tominaga、Kazue Ohtani與Kenji Koyama等少校，以及日本自衛隊戰史局的Masanori Odagiri上尉；「歷史研究所」（Historical Research Institue）的富岡定俊軍少將；《紐約時報》的Robert Trumbull；《朝日新聞》的Denroku Sakai；《每日新聞》總編Tatsuo Shibata；《日本時報》社長Shinji Hasegawa；「原書房」總裁Kyo Naruse；日本放送協會的Lewis Bush與Hiroshi Niino；「國家廣播公司」（NBC）的John Rich；《太平洋星條旗報》（*Pacific Stars and Stripes*）執行主編Ernest Richter；「新家庭中心」（New Family Center）的Kazutaka Watanabe博士；「日本公關公司」（Japan Public Relations, Inc.）的Taro Fukuda；近衛總理的前私人秘書牛場友　；近衛公爵遺孀千代子夫人；東京富士公司的Toshio Katsube；外務省的有地一昭；安排訪談「武藏號」生還者的Sadae Ikeda上校；安排訪談北海道老兵的Yoshimichi Itagawa；Koichi Narita與Kiyoshi Kamiko一同安排探訪雷伊泰；Suguru Suzuki中校；河邊正三將軍遺孀Junko Kawabe；栗林忠道將軍的遺孀Yoshii Kuribayashi；市丸利之助將軍的長女Haruko Ichimaru；大西治郎將軍的遺孀Yoshie Onishi；Yoshio Kodama；「海空技術研究協會」Atsushi Oi上校；伏見宮博義王的遺孀博恭王妃經子；硫磺島陣亡中士Minoru Dantani遺孀Toyoko Dantani；硫磺島老兵海軍士官Iwao Matsumoto與陸軍中士Shinya Ryumae；淺枝重治中校；鈴木宗作將軍的女婿Iwao Takahashi；辻政信上校

的遺孀Chitose Tsuji；Mannesmann Aktiengesellschaft日本聯絡處的Seizo Yamanaka、Yoichi Oshima、Motoji Tokushima、Keizaburo Matsumoto、Beiji Yamamoto、Kimiko Matsumura、Toshino Haneda、Keiko Ohtake；以及其他譯員：Kanji Motai、Tsuneo Oki、Toshio Nagasaki、Kiichiro Kumano與Toshihiko Kasahara。

大磯：木戶幸一侯爵安排了與眾多的宮內省官員訪談，並且提供無數的建議。

廣島：導遊兼聯絡人Shogo Nagaoka；「廣島友誼中心」（Hiroshima Friendship Center）的Barbara Reynolds；知事Shinzo Hamai；市政府外務部長Masao Niide；安排無數訪談的市政府官員Seigo Wada。

長崎：導遊兼聯絡人Shogo Nagaoka；副知事Kaori Naruse；知事Tsumoto Tagawa；以及安排許多訪談的Toshiyuki Hayama與Sunao Tanaka。

大阪：《每日新聞》的Gen Nishino。

京都：安排與第十六師生還者以及Koichiro Hatanaka訪談的Yoichi Misaki博士。

松山：Toyoshige Miyoshi。

北海道：安排研究訪問的Daisuke Kuriga。

吳市：安排到吳市、江田島、岩國和柱島參訪的Shinji Chiba，以及吳市海上保安局教育部隊指揮官Arashi Kamimura上校。

江田島：海軍官校監督Toshihiko Tomita將軍及海軍官校展覽館館長Seizo Okamura。

岩國：日本自衛隊岩國空軍基地指揮官Hideo Nakamura上校；海軍陸戰隊空軍站少尉William M. Bokholt；岩國港務長Hajime Takahashi；Kujiman Inn女業主Yoshiko Kugiya。

柱島：Hisaro Fujimoto、Tsutae Fujiyama以及Isami Horimoto。

横須賀：三笠號戰艦紀念館指揮官Noburo Fukuchi中將；Frank L. Johnson少將；駐日美國海軍上校Tom Dwyer與Douglas Wada；Wada先生安排許多特別的訪談，也身兼口譯。

最後，我還要感謝六位對本書做出極大貢獻的人：我的首席助理間口譯，也就是我的妻子淑子；我在日本的兩位代表Tokiji Matsumura和Yoshitaka Horie知事；校訂編輯Barbara Willson，她不僅修正了許多錯誤，在文體和內容上也提供無數的改進建言；我的經紀人Paul Revere Reynolds，是他給我了此書的發想，同時也是完成此書五年以來持續鼓勵的來源；我的編輯Robert Loomis，他為了最後一版草稿與我一起辛勤努力超過十六個月的時間，才能將最終定稿稱為齊心協力之作。

註釋

第十八章

1 在邱吉爾事後寫給羅伯特．薛伍德（Robert Sherwood）的信中，卻說他一直到了記者會上才聽到羅斯福說出這樣的話，而他自己是不會使用那樣的字眼。不過，在此之後，他在一份對國會發表的聲明中，承認之前確實「已經」聽過這些話，「或許是在非正式的會談中，我想是在吃飯的時候。」

2 莫里森將軍（Morison）寫道：「那是個可怕的任務，但也是軍事上的必要，因為日本兵都不肯投降，而且還在可以游泳上岸的距離之內，不能讓他們上岸去加入萊城的駐防軍……有好幾百人游上了岸，而在巴布亞半島有一個月的時間是在搜捕日本鬼子，那些當地人就像回到昔日獵人頭的時光，到處獵捕他們。」當這次屠殺中的日軍生還者讀到美軍怒斥日軍的飛行員會對已經跳傘的飛行員還加以射殺，而對美軍掃射這些無助的日軍卻視為「軍事上的必要」時，是感到相當憤慨的。在雙方眼中，這兩個案例都是軍事上的必要。

3 日本通訊軍官們從來不曾懷疑他們的密碼遭到破譯。直到戰爭結束，他們都還相信那份密碼是「無法破譯的」。

4 當美軍幾乎是用三萬五千名士兵去對基斯卡島發動猛攻時，在那除了找到三隻雜種狗之外，一無所獲。有名美國大兵寫了《基斯卡的故事》這首歌，其中有幾句歌詞：我們可是花了三天時間才知道，那裡不只是只有狗而已。

5 在接下來的幾個星期內，天皇數次表示出不滿。八月五日那天，因為在新幾內亞和所羅門群島一連串的敗戰，把陸軍參謀本部長杉山訓斥了一頓。「我們不能繼續被一吋一吋地推回來。不斷的挫敗不僅會對敵軍產生影響，也會影響到第三國。你們準備何時發動『決戰』？」杉山回答：「戰事處處都不利，我深感遺憾。」三天之後，海軍成為天皇不滿的標靶。天皇問蓮沼：「你們海軍到底在幹些什麼？難道我們沒人能對敵軍發動攻擊嗎？他們持續被打退回來，逐漸喪失信心。他們不能想辦法在某個地方給予敵軍猛力痛擊一回嗎？」

6 從《日本時報》等報為勝利標語所舉辦的競賽中，就可以看出日本大眾只看到了共榮圈中的理想主義層面。

「日本行動解讀為建設，敵軍的則是自我毀滅」、「我們堅定地奮戰，我們仁慈地建設」、「奮戰至亞洲為我所屬方休」、「東方的自由在於西方的和平」。

7 弔詭的是，皮膚白皙自遠古以來都被日本人當作是女性美麗的標記。有句古老諺語：「一白遮七醜。」明治初期，作家們開始表達對西方人白皙皮膚的讚賞，一九二〇年代，日本最受歡迎的電影明星還是克拉拉．寶（Clara Bow）、葛洛莉亞．史旺森（Gloria Swanson）和葛麗泰．嘉寶（Greta Garbo）等人。在谷崎潤一郎的《癡人之愛》小說中正好說明了這種偏好。他把一名日本女子奈緒美和俄國女子做了比較：

「後者的皮膚……是如此白皙，幾乎就像妖怪般的美女，皮膚下淡紫色的血管依稀可見，有如大理石上的紋路一般。與此肌膚相比，奈緒美的皮膚就缺少了透通感和色澤，看起來是相當無光澤的。」

當日本人在這場對抗「白種人」的大戰中宣稱自己是「有色人種國家的捍衛者」時，也禁止表達對白皙膚色和西方人種特徵的偏好。不過事實上，日本人依然並不認為他們自己是「黃種人」。日本女性喜歡說自己的皮膚是「小麥色」，皮膚較為淡色的部分才用「白」，迄今依然如此。傳統上，白色是美德的代表色，例如，歌舞伎中的主角總是畫上讓人目眩神迷的白妝，類似的象徵就像美國電影中「好」牛仔總是戴上白色牛仔帽一樣。

8 在戰爭歇斯底里的壓力下，這些行為或許是可以被理解的，但是戰後政府的態度是難以和民主劃等號的。那些無辜受害損失土地和大部分私財的人們，只得到少許的賠償。損失估計達到四億美金，不過賠償金額只有四千萬美金——百分之十而已。

9 譯註：「派克瑞特」是一種使用約百分之十四的鋸末或其他紙漿和百分之八十六的冰做成的複合材料。融化速度極慢，強度接近混凝土。

10 並沒有邀請印尼政治領袖蘇卡諾與會。依據佐藤賢了的說法，東條反對當時就讓印尼獨立，因為日本的戰爭需要印尼供應原物料，而且印尼「還沒有做好處理所有寶物的準備」。

11 最初的宣言是由東條的顧問佐藤賢了所起草，而且言為心聲。對草稿的批評者認為，對於種族偏見的強烈措辭或許會造成反效果，不過佐藤還是認定日本人在佔領政策上有時是相當專制暴虐的，倒是沒有執行過種族歧視政策。「既然這是事實，為何還要猶豫用與不用這篇文章呢？」

在「國際聯盟」時期，日本還曾試圖在「民族平等原則」決議案中加入一段種族平等的段落。不過卻被英國人阻擋了，而當時的主席威爾遜總統還裁定，「因為我們之中有人強烈反對」，而未被載入。只有英美兩國投票反對此決議案。

12 在德黑蘭「確實」有暗殺「三巨頭」的計畫。這計畫在「元首」和希姆萊的協助下，由希特勒最鍾愛的突擊隊指揮官黨衛軍（SS）少校奧托．斯科爾茲尼（Otto Skorzeny）所策畫——他在不久之前才解救被囚禁的墨索里尼。不過斯科爾茲尼從軍事情報局（Abwehr）

幾乎無法從安插在德黑蘭的唯一密探那裡取得特定資訊，因而向他的長官報告，要成功暗殺或是綁架都是不可能的。根據拉斯洛・哈瓦斯（Laslo Havas）所著（一九六九年出版）的《希特勒暗殺三巨頭的陰謀》一書，先後有六名德國人空降到伊朗，但是在執行任務之前就被打死，這主要歸功於雙面間諜恩斯特・莫賽爾（Ernst Merser）和一名大膽的美國人彼得・佛格森（Peter Fugerson）的努力。一九七〇年，斯科爾茲尼寫道，他從來不曾聽聞此行動。他又寫道：「說實在的，我很懷疑曾經採行過這樣的行動。」

13 編註：意指左傾。

14 六個月之後，羅斯福告訴作家埃德加・史諾（Edgar Snow），他極力試圖讓史達林相信美國人的友誼以及他本人的善意。「事實上，我在德黑蘭會議中所達成的最大成就是，讓史達林看到我們自身的問題。我告訴他：『你知道的，我遇到的問題是你完全不會遇到的。比方說，你根本無須擔憂再度連任的問題。』……我也告訴他一些關於我們新聞界的事，以及要如何解讀的方式。我說：『當每回麥科米克上校（Colonel McCormick）和赫斯特（Hearst）又在找你麻煩時，你都別發怒。他們不代表我，或是我的政府，同時他們也不代表大多數的美國人。』他聽到我這麼說後，似乎感到放心了。」

第十九章

1 東條在前一年的國會中，還否認他的政權是獨裁政權：「人們經常指稱本政府是獨裁政府，但是我想要澄清這個問題……這名叫做東條的人，不過就是一個卑微的臣民。我和你們大家都是一樣的。唯一的差異就是，我被賦予首相的責任。就此而言，我卻是與眾不同。只有當我沐浴在天皇陛下的光輝之下，我方能閃耀出眾。要是沒有這樣的光輝，我不過就是路邊的一塊小石頭。正是因為我享有天皇陛下的信任，並擔任目前的職務，才得以閃耀出眾。這也使我與歐洲那些眾所皆知且被認為是獨裁者的統治者完全不同之處。」

2 有個由五十名航空科技官員組成的菁英團體曾經嘗試過另外一次的暗殺行動，不過失敗了。這些年輕人負責研究和生產陸軍軍機。就在珍珠港事件之前，他們遞給東條一份請願書，表示希望後二十年後再開戰，屆時日本才能做好發動大規模戰爭的準備。東條在私下的聚會中聆聽他們的意見，並且承諾給予他們二十年時間去建構空軍。之後當戰爭爆發了，他們就認為這得由東條個人來負責。他們擔心在前六個月內技術的疏失就證實了戰事的爭議：例如，機器生產工具會失去準度，以及飛機設計的缺失要花好幾年的時間才能修正。在瓜達爾卡納爾島戰役期間，東條告訴這些科技專家要想出些飛機不靠汽油飛行的方法，建議他們使用如「空氣這類的東西」。他們大笑出來，後來才了解到他是認真看待這個問題，之後一致誓言要謀求一項和平計畫。他們帶著他們的請求去拜訪近衛公爵，之後再去找東條本人。而東條對他們大加訓斥，這激怒了其中十五名最為頑固的人發誓要暗殺他。某天晚上，這群人的領導者佐藤廣中尉在喝了大量的清酒之後，和他的上級大吵一架脫口說出：「像東條這樣的人，該殺。」憲兵隊調查了這個團體，但是只處分佐藤一人而已；只是以喝酒過量，被判監禁一週。不過這名元兇還是被送到前線去了。

3 譯註：愛蜜莉亞．厄爾哈特（Amelia Earhart）是美國女飛行員和女權運動者。一九三七年，她嘗試全球首次環球飛行時，在飛越太平洋時失蹤。

4 關於古賀之死有好幾種版本。其中之一是，他和山本一樣都是遭到美國海軍戰機的伏擊而被擊落，並且有艘美軍潛水艇救起了垂死的古賀。在美軍的記錄中並無此伏擊的資料或是尋獲古賀座機的紀錄。可能是墜毀在某個島上，但是看起來更有可能是墜入大海中，成為風暴的受難者。

5 主要是因為盟軍情報局局長考特尼．惠特尼將軍（Courtney Whitney）的努力，庫興才得以官復原職。戰後授予他一大筆現金，以表彰他對勝利所做出的貢獻。這筆錢本來是夠庫興在菲律賓過一輩子的，但是因為他四處慶祝，甚至橫跨太平洋到加州去狂歡，在幾個月內錢就花得精光。二十年後，他在菲律賓去世，深受戰時袍澤的喜愛，但是他至死至終都是個堅定不移的個人主義者。在宿霧，還有人堅信庫興逮到的是古賀，並說古賀後來在馬尼拉自殺了。宿霧的日軍指揮官大西中校也認為他營救出來的是古賀，說古賀後來切腹自殺。

福留將軍談到這段被俘經歷時，並不願詳談。此事件大多數的資訊都來自庫興和庫興的袍澤。

6 譯註：「自由輪」是二戰時的產物。由於德國的海上轟炸使同盟國的運輸船大批被擊沉，美國總統羅斯福下令以最快的速度趕造一種標準化的運輸船，這批船便是「自由輪」。

7 這些美國人的猜疑牽涉到愛蜜莉亞．厄爾哈特最後一趟造成轟動的飛行事件。一九三七年七月的某天上午，厄爾哈特小姐和她的導航員弗雷德．努南（Fred Noonan）駕著一架洛克希德公司（Lockheed）的雙引擎飛機，從新幾內亞的萊城起飛，之後就消失無蹤。到了戰後，謠傳說這兩人刻意偏離航道去祕密偵查塞班島上的軍事設施，並在海軍基地附近墜機。他們應該是被俘獲關進牢中，不是因傷死亡，就是被謀害。塞班島上的警官托尼．班納凡特（Tony Benavente）曾協助兩名美國官員對此事加以調查。他們大約訪視過十五名男女（班納凡特先生之後認定為「可靠人證」），指證了厄爾哈特和努南的照片就是他們在一九三七年時所見過的那「兩名美國囚犯」，而努南還是坐在海軍基地附近的一台日本機車的邊車之內被看到的。有名日本人告訴他們，說這些人是在外海被打撈到的美國間諜。

愛蜜莉亞．厄爾哈特的命運之謎沒有確切證據解開，此事件也無法從日本官方資料取得任何線索。

第二十章

1 一九四二年六月二日，古賀忠義士官駕駛著一架「零式」戰鬥機在阿留申群島中的一個孤島阿庫坦島（Akutan）迫降。有枚美軍機槍子彈擊中他的壓力計儀表線。他的機輪陷入苔原中，戰機翻倒一旁，古賀也弄斷了脖子。一個月之後，這架幾乎是毫無損傷的「零式」戰鬥機被發現了，美國工程師便設計出一種能夠對抗它的戰鬥機——F6F「地獄貓式」。讓人感傷的是，自從陳納德上校提供「零式」戰鬥機完整的細節給陸軍部，同時還建議提升P-40「戰鷹式」的機動性，如此才能對抗敏捷的日軍戰機，已經過了兩年之久——這一切都被束之高閣，也被遺忘。否則在這段期間內，早就可以拯救許多美軍飛行員的性命，這就如同「地獄貓式」的空中優越性好於「零式」所展現出來的結果是一樣的。

2 攻下塞班島不久，金恩上將來到了亞斯里托機場，他第一件事就是要史普魯恩斯放心，「不管別人怎麼說，他帶領第五艦隊在菲律賓海海戰中，完全做對了；尤其是他還記得，日軍有另外一支艦隊在瀨戶內海待命要發動撲襲」——這是指還有為數眾多尚未卸貨的運輸艦和補給船。

3 戰事尚未結束之前，太平洋地區陸軍總指揮官羅伯特·里查森中將（Robert Richardson）已經指派全陸軍委員會調查此案件。結論是霍蘭德·史密斯有權撤換拉爾夫·史密斯，但是這名海軍陸戰隊將軍「對於第二十七步兵師所處地區的狀況並不完全清楚」，因此解除陸軍史密斯將軍的職務「依據事實是無法構成正當理由的」。在華盛頓，馬歇爾的副手湯馬士·漢迪少將（Thomas Handy）承認，批評陸軍在死亡谷中欠缺積極性，多少是有其合理性，因為其對陸軍人員的偏見，以及「在塞班島上陸軍與海軍陸戰隊之間所衍生出的嫌隙」已經達到一種危險的程度，也在報告中指出「霍蘭德·史密斯在職務上稱職與否是可以公開質疑。」「就我個人看來，最好是能同時將兩位史密斯都調離太平洋地區。」戰鬥結束後過了幾天，里查森飛往塞班島，在未先徵詢尼米茲，也沒取得霍蘭德·史密斯的同意下，就給陸軍部隊頒發勳章，這更是火上加油。據說他曾告訴這名海軍陸戰隊將軍：「我要讓你知道，你不能像過去那樣對陸軍呼來喚去。」這不僅使得霍蘭德·史密斯感到憤慨，史普魯恩斯和特納也一樣不滿，而霍蘭德·史密斯還激烈地向尼米茲抱怨里查森這種「高壓手段與非正規的行為」。兩個軍種之間的怨仇也捲入到報業。赫斯特旗下的舊金山《考察家報》（*The Examiner*）指責海軍陸戰隊在像是塞班島等處的傷亡人數都過多，遠遠高於麥克阿瑟部隊的傷亡數；並且推論出，「就邏輯和效率兩方面而言，太平洋地區的最高指揮權當然該交付給麥克阿瑟。亨利·魯斯手下兩份具有影響力的《時代》和《生活》雜誌，則積極替霍蘭德·史密斯進行辯護。《時代》雜誌說：「當戰場指揮官因為擔心軍種間的紛爭，猶疑是否要撤換下屬職務時，那麼戰役和性命都將雙雙被白白地葬送掉。」

4 松谷在中國接替說話更為率直的辻上校，他剛剛被調往緬甸。（毫無疑問，辻對瓜達爾卡納爾島戰役的直率觀點被東京方面列為「不受歡迎人物」（persona non grata）。松谷從來就不相信，他突然被調動和東條會面談話有關連。他兩年前曾在中國待過，而且表現相當稱職。

5 譯註：金鵄勳章是日本對陸海軍、軍屬所授與的勳章。「金鵄」的名稱由來，是根據日本神話傳說中，神武天皇東征時，弓上停了一隻金鵄，迷惑了長髓彥軍。

另一方面，協助松谷完成那份爭議性報告的種村上校接替了松谷的戰爭指導班班長職位，他在一九四四年七月三日《大本營機密日誌》中寫道：「調任的原因不明。不過，據說是他近來在外要結束戰爭的行動已經傳到上級的耳朵裡，並且引起他們的憤怒。」

6 日本政府的宣傳品中把美國人和英國人描繪成「鬼畜」，相當普遍而且頗具成效。有名觀察家在日記中寫道：「近來我搭乘一輛滿載著志願兵的火車。他們的領導說：『邱吉爾和羅斯福簽訂了一個他們所謂的《大西洋憲章》的東西，並且一致同意要殺光日本人。他們還發出一份聲明，會把男男女女都斬盡。我們不會讓他們來屠殺我們！』群眾們似乎相信，敵軍會把他們的睪丸割掉，那麼就無法再生育，或是會把他們送到荒島上去。」

7 譯註：楠木正成效忠天皇，湊川之戰失敗後，對其弟正秀說：「我願七世轉生報效國家。」兄弟二人對刺，自殺殉國。「七生報國」是二戰時日軍的口號。

8 過了二十五年，那些空罐還覆蓋在那山坡上

9 日軍在攻擊時，從來不曾用過「萬歲」一詞。

10 謝洛德在幾個小時後去檢視這片戰場。「整個區域看起來死屍如山，還有腥臭難聞的肚腸和腦漿。」

第二十一章

1 美國到了一九四四年夏末，在太平洋地區有支幾乎多達百艘戰艦和護衛航空母艦的艦隊。

2 這些謠言全無事實依據，但是抱怨總是找得到理由的。東條確實濫用職權，利用憲兵隊來監控異議分子。像近衛這樣著名的和平主義者都在嚴密的監控之下，還有許多公民都被陷害入獄，有些人因為擁護基督教或是煽動政治對抗遭受酷刑而亡。公然宣稱自己為納粹分子的中野正剛在公開發表反對東條的演講後，就被逮捕。他獲釋不久之後，很神祕地切腹自盡，很多人相信是憲兵隊特務「勸說」他自殺的。

這些事情是真實的，並且引起大家的公憤，但是誇大了鎮壓的範圍。

3 東條是指去年夏天率領義大利向盟軍無條件投降的皮耶特羅．巴多利奧（Pietro Badoglio）元帥。

4 譯註：捷號作戰分成四區。捷一號：比島（菲律賓）方面；捷二號：九州南部、西南諸島及台灣方面；捷三號：本州、四國、九州方面及小笠原諸島方面；捷四號：北海道方面。

5 在鈴木將軍離開馬來亞後，他告訴一名同僚堀江芳孝少校說：「就是石原—辻派系——『下克上』的化身，把日本陸軍帶到這樣可悲的境地。在馬來亞，辻的言行舉止通常是傲慢無禮的；而且那裡還有非人道對待華商的問題，因此我建議山下將軍要嚴厲懲處辻，並將他解職。不過他卻佯稱毫不知情。我告訴你，只要他們（辻、石原和其他一丘之貉）對陸軍發揮影響，就會導致毀滅。消滅這些毒蟲應該比其他問題都來得更為重要。」

6 日軍堅決要捍衛貝里琉島，每殺一名日軍平均需要耗費一千五百八十九發輕重武器的彈藥。美軍傷亡極其慘重。在這一個月內的艱苦戰鬥中，一千一百二十一名海軍陸戰隊員陣亡。

海軍陸戰隊和自己的海軍，以及陸軍之間的摩擦也是愈來愈烈。就在下船要發動攻擊之前，記者湯姆．李（Tom Lea）在其所搭乘的運輸艦軍官餐廳內的布告欄上，還看到了這則啟事：

銘謝啟事發文者：

登上美國海軍「反擊號」的美國海軍陸戰隊員收文者：美國海軍「反擊號」上所有的官兵

一、我們很榮幸能於此時，對於在此行程中海軍陸戰隊員受到所有的組員所提供無微不至的照料，在此表示我們誠摯的謝意。

二、我們非戰鬥人員了解到，英勇果敢的海軍陸戰隊員們正在贏取太平洋戰爭的勝利。而你們各位海軍弟兄只到離日本島嶼不足十英里的地區，必須冒著犧牲寶貴生命的代價。你們是何等的勇敢啊！我們又該為你們流多少血才夠啊！

三、因為你們此次航程的表現，我們由衷地祝福：

（一）在所有的人都離艦下船後，「反擊號」立刻被日本魚雷擊中。

（二）「反擊號」的組員都擱淺在「三號橘色海灘」上，而搭乘此艦的海軍陸戰隊員因此才能對此行中艦上組員和軍官所表現的良善友誼加以回報一番。

四、末了，我們海軍陸戰隊員希望對所有敬愛的你們海軍的親愛的小伙子們說：「我肏，你們這群混帳東西！」

7 東寶株式會社在世田谷挖了一座湖，裡面擺滿了六英尺長的美軍戰艦模型。把攝影機架在一座塔上的吊杆上，從不同角度拍攝這些船艦，模擬不同的接戰速度。為了節省燃油，放映這些電影替代作戰訓練。

第二十二章

1 哈爾西事後告訴作家西奧多．泰勒（Theodore Taylor）：「我希望雷伊泰灣戰役史普魯恩斯和密茲契一起，而菲律賓海海戰我和密兹契在一起，那就好了。」

2 美軍資料來源無法證實此事件。這是由志摩將軍口述。

3 譯註：指《聖經》中擊倒腓尼基巨人哥力亞的人，後來成為以色列國王。

4 公元一五七〇年，元世祖派出艦隊渡海攻擊日本。看起來可以輕易征服日本，但是有股颱風摧毀了蒙古船艦。日本人相信這場颱風是神召喚而來的，於是定名為「神風」。

第一名「海軍」神風隊員是海軍少將有馬雅文。十月十五日台灣戰役期間，他從克拉克機場起飛，意圖使用他所駕駛的轟炸機去撞擊一艘航空母艦，不過在還沒撞上美軍航空母艦之前就被擊落。不過第一次「神風」攻擊早在一個月前就發生了。九月十二日晚間，內格羅斯島上的陸軍「第三十一戰鬥機中隊」一群飛行員自行決定隔天早上發動一場自殺攻擊。選中兩名飛行員——小齊猛中尉和一名士官。那名曾經陰謀要暗殺東條的五十名航空專家之一的杉山達丸上尉負責後勤工作。他在機翼上各掛上一枚一百公斤的炸彈，兩名飛行員在黎明前一個小時起飛，決心要去衝撞航空母艦。他們再也沒反航過。顯然，他們的結局就和有馬少將一樣，在撞上目標之前就被擊落了；在九月十三日這天的紀錄中，並無敵軍戰機撞上美國軍艦的資料。

5 栗田在戰後與作家伊藤正德的一對一訪談中說：「我當時完全執著於要摧毀敵軍的航空母艦，成為那種想法的受害者。我現在想，我當時的判斷似乎不很周全。那時，我的決定似乎是對的，但是我極度疲憊。應該說是『糊裡糊塗的判斷』。我當時不感覺疲憊，但是神經一直都繃著，而且三天三夜都未曾闔眼，體力上和精神上雙雙被榨乾了。」

這名將軍拒絕為本書接受我的訪談，但是同意小柳將軍替他發言。小柳說：「我現在認為，我們當時應該進入雷伊泰灣的。栗田將軍現在也是這麼想的。那時，我們認為那樣是最好的決定，不過現在頭腦冷靜下來看，我們當時完全被敵軍的特遣艦隊迷惑住。正是因為我們收到那份電報——之後也被證明為誤報——說附近有支航空母艦艦隊，我們不該去追擊的。」

如果栗田繼續前往雷伊泰灣，他首先會遭遇到金凱德的第七艦隊，那就會在狹窄的水域內歷經一連串的空襲。灣內還有大量的運輸艦——包括二十三艘的登陸艇和二十八艘的「自由輪」——但是就算全部都擊沉了，又能怎樣？船上的物資大多都已上岸，而這正如栗田所猜想的一樣，這些補給品足夠支撐陸上部隊一個月的軍事作戰行動。麥克阿瑟宣稱，損失這些運輸艦將會「危害」整個入侵作戰。還在船上的物資大多數是機場跑道要用的鋪路鋼絲墊，如果沒有這些物資，麥克阿瑟或許會暫時損失地區空中優勢。還有，日本海軍砲擊美軍部隊或許會造成暫時性的破壞。就算如此，麥克阿瑟的推進是否會被延誤一週左右，還是值得懷疑的。

第二十四章

1 這個訊息是從位於聖湯瑪士大學附近的戰俘營傳進來的，地下新聞公報上面的標題還寫著：「到了雷伊泰總比不到來得好。」（Better Leyte than never）譯註：運用「遲到總比不到好」（Better late than never）發音相似的句子。

2 七週前，一艘五千噸的貨輪載著一千八百零五名菲律賓戰場的美軍戰俘，在南海被一枚魚雷命中〔很可能是「鯊魚二號」（Shark II）潛水艇所發射的〕。五名美軍生還，包括了卡爾文・葛雷夫中士（Calvin Graef）和唐納德・梅耶下士（Donald Meyer），他們歷經了一連串不可思議的巧合：他們在殘破的貨輪上待一整夜之後，發現了一艘上面還有一小桶清水的救生艇；當他們安裝船舵時，在小船艙內找到一罐密封的壓縮餅乾，旁邊還浮著一個箱子，裡面所裝的滑輪和索具正好適合這艘救生艇；幾個小時之前有人撈起的一根杆子，做了船的主桅。正當他們要揚帆啟航時，一艘日本驅逐艦開到離他們不到一百碼的距離，但是從旁經過時，不知道什麼原因沒有開槍。即使如此，如果不是繼續有好運眷顧他們，也無法安全抵達到中國。航行兩天之後，中國漁夫搭救他們上了平底帆船，並讓他們在沿海一帶蔣介石唯一控制的地區上岸。

第二十五章

1 緬甸語獅子（chinthe）的錯誤讀音。

2 這份資料夾在史迪威檔案中一份日期為一九四四年五月十四日的電文內。

3《美國戰略轟炸調查報告》之後推論，這些由中國基地起飛的「超級空中堡壘」攻擊效果不大「並不能說明其所投入的心力不足，而這些轟炸機的燃油和補給配置給第十四航空隊以擴大戰術作戰和攻擊船運，或許會來得更為有利。」他們所投下的八百噸炸彈「無法精準擊中目標和帶來重要的戰果」。

4 麥克阿瑟在一九五五年三月二十三日抨擊，雅爾達會議並沒有徵詢他的意見，如果當初曾向他徵詢，他「將會斷然地反對在那麼晚的時間還把蘇聯帶進太平洋戰爭之中」。一九四五年二月，有三個人和他談過話，卻是得到相反的印象。喬治・林肯准將（George Lincoln）在和他會談之後，匯報說：「關於全局的計畫，麥克阿瑟將軍認為在美軍部隊攻擊日本本土之前，把大量的日軍部隊牽制在亞洲大陸上是絕對必要的。」保羅・弗利曼上校（Paul Freeman Jr.）這麼記錄著：「他明確地主張，除非俄羅斯部隊能事先承諾在滿洲作戰，否則我們不該入侵日本本土。」新任的海軍部長詹姆士・福萊斯特（James Forrestal）在日記中寫到：「他認為，我們應該保留軍力用於日本本土，用於關東平原；而俄國人若不能保證讓日軍大量投入到滿洲作戰的話，那麼也就無法達成這點。」

5 譯註：格里高利・拉斯普丁（Grigori Rasputin, 1869-1916），俄沙皇尼古拉二世時期的神祕主義者，「拉斯普丁」意為「淫逸放蕩」。因醜聞百出激起公憤，尤蘇波夫親王等人合謀將其刺死。死後其巨大陰莖遭割除，展示於聖彼得堡一間博物館中。

6 在這場會議的幾個星期之後，羅斯福在白宮召見了美國記者兼作家埃德加・史諾。總統說：「這回我和史達林相處得絕對是好極了。我覺得終於能夠了解這個人，而且也喜歡他這個人。」他以「做作的樂觀態度」把史諾保留的態度擱在一旁，但又承認俄國人顯然是「要在他們所佔領的地方任意行事」。羅斯福似乎很有信心能以相互妥協的方式來解決未來的問題。他說：「我有這樣的印象，俄國人現在是心滿意足，而且我們能夠一起解決所有的問題。我相信我們能夠相處得宜。」

第二十六章

1 特納將軍的綽號從來都不是「短吻鱷」。日軍顯然是因為「第五兩棲軍」的肩章而這樣取名的。

2 譯註：喬治・皮克特在南北戰爭蓋茨堡之役的第三日，指揮一萬五千名南軍正面攻向平原後方的石牆。但最終敵不過北軍猛烈的砲火反擊，失去半數的部隊。

3 這張照片內的六名海軍陸戰隊員中有三人戰死在硫磺島。其他兩人回到了美國，要他們協助激勵民眾購買公債。其中一人是名為艾拉・哈耶斯（Ira Hayes）的印地安人，無法應付這樣的大眾宣傳。一路伴隨他們三人的凱斯・畢齊技術中士（Keyes Beech）寫著：「他是名極佳的戰士，不過卻不是那種你該派去進行公債之旅的人。他非常非常得害羞，而且感到不自在。為了抗拒他自身的不安全感，只要一有機會能夠溜走，他就會狂喝不已。如果沒有公債之旅，或許哈耶斯會是個酒鬼——不過這趟旅程幫了他一把。如果我們還要再次投入戰爭，我就會投入那些個反對公債之旅的活動……在這趟旅程中私人的幾分鐘時間內，我們一直在問我們自己，我們他媽的有何必要四處去雜耍表演，好說服一群發了戰爭財的肥貓去投資一個穩賺不賠的事……」在這趟旅程中，哈耶斯只真心發言過一次。那是在「美國印地安人全國代表大會」（National Congress of American Indians）上。他眼中含著淚水告訴他們戰爭中所帶來的好事，就是「白種人將更為了解印地安人，而這個世界會更為美好。」他在一九五五年因酗酒過量去世。

4 「戰略情報局」（Office of Strategic Services）在一九四四年六月下旬派出史丹利・洛威爾（Stanley Lovell），前往珍珠港去和尼米茲上將會商此事。當洛威爾返回華府時，獲知白宮方面否決了這份提案：「否定所有先前認可的簽署——總司令富蘭克林・羅斯福」。倫敦方面也出乎意外地加以反對。英國人最初曾經建議對某些特定目標採取毒氣攻擊，現在卻是堅決否定要對德國使用毒氣；他們害怕希特勒對英國實施報復。尼米茲上將在他過世前不久的一場訪談中，悔恨地以下面這句話做出總結：「喪失了許多優秀的海軍陸戰隊員。」

5 美軍發現了英文版本，目前存放於安納波利斯的美國海軍官校博物館內。

第二十七章

1 根據日本防衛廳戰史室計算，共有七萬兩千四百八十九人死亡。

2 山下和本間將軍都依照麥克阿瑟的命令受到審判，並定讞處決。儘管他已經下令撤離所有的部隊，但是日軍在馬尼拉所犯下的暴行卻對山下極為不利。這場審判就和對本間的審判一樣，速審速決。麥克阿瑟從東京發電，他懷疑辯護是否有必要拖「更多的時間」，並且「敦促」法庭要迅速審結。判決有罪一事是毫無爭議的，麥克阿瑟檢視此案件也未能找到任何「減輕的情節」。「審判過程完全依照司法目的之基本原理來進行——確認所有的真相不受到人為的狹隘方式以及技術性的武斷所桎梏。此結果是不容質疑的。」不過兩名最高法院的陪審法官卻責疑調查結果。法蘭克・莫菲宣稱：「為了要處理一名敗軍之將，以正式而合法的程序來遮掩其懲罰和復仇的目的，和所有起因於那種懲罰和復仇的目的加總而來的暴行相比，這會造成更為持久性的傷害。」威利・拉特利奇（Wiley Rutledge）說：「這不是依據憲法或是習慣法的傳統所進行的審判。」並且引用湯瑪士・潘恩（Thomas Paine）的話：「凡欲確保自身自由者，必須確保敵人免於受到壓迫；因為如果其人違反此之職責，將會建立起先例，而終將自食其果。」杜魯門總統拒絕將判決減刑為終生監禁，山下於一九四六年二月二十三日，在馬尼拉南方三十五英里遠的洛斯巴尼歐斯（Los Baños）被執行絞刑。他當時「沉著而冷靜」。遺言是：「祝禱天皇萬歲，永遠繁盛。」山下的首席律師小阿道夫・里爾（Adolf Reel,Jr.）說：「我們一直都不公義、偽善並且一心復仇。我們在戰場上打敗了敵軍，但是卻讓他們的精神在我們的心中獲勝了。」

第二十八章

1 譯註：美國南北戰爭期間的南方美利堅聯盟國。

2 原嘉道於一九四四年過世。

3 天皇也同樣深知鈴木的目標。戰後，天皇告訴木戶的首席祕書松平康昌侯爵：「我一開始就知道指派鈴木出任首相時，他的感受為何，同樣的，我相信鈴木也了解我的心情。因此，我完全不急於要向他表達我對和平的期望。」

4 豐田上將在戰後表示：「我非常清楚知道，沒有空中掩護的戰艦命運會是如何，而且這樣做，成功的可能性微乎其微。儘管如此，我們還是得盡力去協助我方在沖繩的部隊。」

5 「大和號」共有三千三百二十二名船員，只有二百六十九人生還。

6 還有其他的自殺攻擊方式，不過相對而言是比較不成功的。曾經廣為宣傳的袖珍潛水艇確實有過六次被證實的突襲紀錄：珍珠港、雪梨港（一九四二年五月三十一日）、瓜達爾卡納爾島區域（一九四二年十一月二十三日和十二月七日）、馬達加斯加外海

（一九四二年五月三十一日）、民答那峨海西側（一九四五年一月五日）。二十八名潛艦人員陣亡，而所造成的損傷是極輕微的。有種搭載雙人的新型潛水艇「海龍式」進行量產，航程有兩百五十英里，可攜帶兩枚航空魚雷。到了戰爭結束之時，生產了兩百三十艘，不過連一艘也沒用過。

另外一個著名的失敗案例是「回天」，是種人肉魚雷，安置在常規潛水艇的甲板上載運接近目標。有艘初期的款式曾經穿過烏利西環礁，擊沉載運著四十萬加侖航空燃油的「密西西奈瓦號」（Mississinewa）。這次的成功案例激勵出改良型式，最後一型「回天」有五十四英尺長，彈頭裝載著三千磅的高爆炸藥。發明者還宣稱，這種攻擊能夠擊沉任何水面艦；而在甲板上掛載著四枚「回天」的潛水艇能接近美軍軍艦停泊地，並在單一攻擊中擊沉四艘大型軍艦。然而這只是預言和希望。對盟軍船隻發射過幾百枚的「回天」，只有擊沉過一艘商船「加拿大勝利號」（Canada Victory）。驅逐護航艦「恩德希爾號」（Underhill）曾經被一枚「回天」命中過，不過卻是意外地被友軍船艦擊沉。「回天」計畫造成幾乎九百名日本人的死亡。

7 同樣無效的還有野心勃勃的「飛象作戰」，要用數以千計的巨型氫氣球掛著燒夷彈，攻擊目標是美國西北部的濃密森林地帶。這些氣球在日本上空三萬三千英尺會被對流層的噴射氣流帶動，以一百二十英里的時速朝東飛行，大約四十八小時之內會飛抵華盛頓州、奧勒岡州和蒙大拿州。由裱糊匠、女學生和室町紅燈區的婦女組成的勞動大隊，在東京許多的電影院和一座相撲館內，去製造這些在海平面高度時有三百公斤升力的氣球。需要蒟蒻來強化米紙，才能將氣球定型，因此徵用了全國的蒟蒻生產。每個氣球需要六百條紙條，貼成球型。生產一萬顆氣球動用了好幾百萬名勞動力。一九四四年十一月一日，在千葉、茨城和福島各縣發射場的指揮官們奉命「對北美發動攻擊！」還派出一名參謀前往伊勢神宮去祈禱成功。在接下來的六個月內，共送出九千三百個氣球到對流層上。結果是相當讓人失望的：只在太平洋西北地區引起幾場森林小火災。

日本新聞媒體並沒有報導鈴木的廣播內容，甚至他的兒子到了戰後才知道這件事。

8 只有友近那艘船能抵達民答那峨島，不過該島旋即被麥克阿瑟佔領。友近事後說：「始於美夢，終於惡夢。」

第二十九章

1 在該處現在還有個紀念碑。上面寫著：「一九四五年四月十八日，第七十七步兵師在此損失了一名弟兄——厄尼・派爾。」杜魯門總統表揚說：「比起其他人來，他更加是那些成就非凡的美軍一般士兵的代言人。」

2 譯註：此小山峰位於蘇聯、滿洲國、朝鮮三國的交界處，是個疆界模糊、不易明確的爭端位置。蘇日雙方曾激烈爭奪對張鼓峰這個僅有一百多公尺的制高點的控制權。

3 當青木於一九四六年年底返回日本時，曾是中將的叔叔很高興地接待他，並諒解他——青木第一次為了活著而感到高興。他事後說：「我活過兩次。現在每個時刻都是很珍貴的。」

第三十章

1 神子和中尾兩人都活下來了。不可置信地，間山也倖免於難。當神子在一九六五年出版他的書《我沒有死在雷伊泰》（われレイテに死せず）不久，他在東京街頭巧遇間山。他告訴間山，同行的人中還有另外一個人也倖存下來，間山聽聞後嚇到倒退幾步。不過他說，他從來不害怕會被神子給吃掉。他解釋：「因為你是老師。」

2 譯註：賈利．古柏（Gary Cooper），美國知名演員，曾經以電影《約克軍曹》（*Sergeant York*）與《日正當中》（*High Noon*）兩度獲得奧斯卡最佳男主角獎，並在一九六一年獲得奧斯卡終身成就獎。

3 大野的父親在一九四六年十一月三十日收到上面標註著大野名字的骨灰罈。而大野被關在夏威夷幾乎一年半之後，就在同一天回到了家中。當他們父子相見鞠躬時，他父親驚嘆喊道：「多美好的一天！我突然有了兩個兒子。」

4 他們一直堅持到一九五一年才投降。後來山陰與立川空軍基地的歷史學家、後來成為《每日新聞》的專欄作家斯圖亞特．葛里分（Stuart Griffin）一同回到了硫磺島。他們來此是要尋找山陰堅持說他寫了五年的日記。這兩人有條不紊地找遍了山陰最後所待過的洞穴，不過一無所獲；葛里分懷疑是否真有這本日記的存在。山陰當天晚上消失不見，繼續去尋找那本日記。隔天早上，山陰心灰意冷地回來了，雙手都是傷。

第三十一章

1 譯註：艾倫．杜勒斯（Allen Dulles, 1893-1969），是首位文人出身，且擔任了任期最長九年的「中央情報總監」，是中央情報局的實際領導人。

2 譯註：約翰．杜勒斯（John Dulles, 1888-1959），一九四四年起成為共和黨外交政策的主要發言人，在艾森豪總統任內擔任國務卿。

3 松樹根計畫需要幾百萬名的勞力去挖掘樹根，還需要三萬七千多個小蒸餾器，而每個蒸餾器每天只能生產三到四加侖的原油。產量最後終於達到每月七萬桶，但是提煉的過程相當困難，因此到了戰爭結束時，總產量還不足三千桶航空用油。

4 西鄉是九州出身的武士，在一八六七年時曾經安排叛軍部隊和平移轉江戶城。譯註：西鄉於一八六八擔任征討大總督參謀，與幕府重臣勝海舟談判成功，兵不血刃進入江戶城。

5 蘇聯政府在一九四五年四月五日宣布，因為局勢已經起了「根本性的變化」，所以不再延長與日本所簽訂的條約。《蘇聯簡史》書中表示，此條約「自一九四五年四月五日起失效」。不過，直到四月十三日才失效；而根據條約內文，如果雙方中有任何一方不希望延長條約，必須提前一整年通知對方。日本並不知道雅爾達會議中的祕密條款，認為還有十二個月的寬限期；而在這段期間內，他們或許能和俄國人簽署新條約。或許是蘇聯的史學家犯了個錯誤，也可能是故意抹煞這個事實，當蘇聯在一九四五年八月八日對日宣戰時，還是違反了日蘇中立條約。

6 鈴木在兩天前就把這份講稿交給內閣閣員，他們建議刪去「和平之海」這幾個字，還有關於懲罰的部分。只有美國人才會被神明懲處。不過鈴木根本不加以理會。他在國會開議之前告訴了他的兒子，如果刪掉這些部分，通篇演講將無要點可言，他希望美國會把他的話語當成微弱的試探和平的觸角。

7 某些要員的助手們組成了一個特別小組，他們致力於把此「六巨頭」轉變成一個追求和平的團體，並時常將最高機密送給木戶和其他主和派。其成員有鈴木的首席祕書松谷誠上校、東鄉的祕書加瀨俊一、木戶的助理兼祕書官松平康昌侯爵以及代表米內的高木惣吉少將。這四個人經常進行會商，還常常更換會議地點以避免被憲兵隊跟蹤。他們最喜歡在國會大樓內一間僻靜的房間內聚會。

8 譯註：埃蒙·德·瓦萊拉（Eamon de Valera, 1882-1975），父親是西班牙裔古巴人，母親是愛爾蘭裔美國人，在美國出生。是愛爾蘭共和國一九三七年獨立後的第一任總理和第三任總統。

第三十二章

1 譯註：美國在二戰前最後一任駐日大使。

2 愛德華·泰勒（Edward Teller, 1908-2003）在一九六七年二月六日於聖母大學的一場演講中，對做出此決定表示遺憾：「我們應該可以在東京上方以安全的高度讓原子彈爆炸的，這頂多只會震壞窗戶。我們本來能以神奇的方式來展現人類技術上的天分，是可以阻止一場最可怕的戰爭的。」

3 一九五八年本書作者在訪問杜魯門總統時，提出這樣的問題，即這樣的決定是否歷經了極盡的深思熟慮之後才得以做出。他回答：「見鬼了，才不是，我當時就像這樣」——他彈了彈手指——「就做出決定。」

一年之後的一九五九年四月二十八日，他在哥倫比亞大學的一場研討會中表示：「原子彈不是『重大決定』。這是用來打仗的，可以告訴你們的是，在東京投下的燒夷彈所燒死的人要比那兩顆投下的原子彈所炸死的人還要更多。這不過是在那正義軍火庫中更具有威力的武器而已。投下這兩枚原子彈終止了這場戰爭，拯救了幾百萬條人命。這就像是我方的火砲一樣。拿破崙說過，勝利永遠都屬於大砲這方。這不過就是用來終結戰爭的武器。」

在這場研討會結束時，有名學生再度逼問他。總統駁斥：「那是不用你操心的決定。那就像比對方擁有一個更強大的火砲一樣，讓你打贏戰爭，目的也就在於此。它只不過是個火砲武器。」

4 西拉德在這份請願書的初期草稿中說得更遠，甚至呼籲全面禁止使用原子彈。「一旦它們在戰爭中被當成了一個工具，那麼面對著要使用的誘惑，抗拒也就毫無招架之力……如此一來，一個國家史無前例地為了摧毀一切，而使用這些新型態釋放出大自然的力量，那麼它就得以無法想像的規模，去承擔起朝著一片荒廢的年代開啟了大門的責任。」少數幾名願意對這份草稿背書的科學家同僚所抱持的理由是，如果不使用原子彈，讓戰爭拖延下去，而屠殺持續進行，他們就感到良心不安。其他人則完全不同意西拉德的看法，而以要寫他們自己的請願書來作為回應。其中一個結論認定：「簡言之，當我們取得一個加速勝利的方法時，我們還是要繼續流美國人的血？不！如果我們能拯救一些美國人的性命，那麼，就讓我們用吧——現在就用！」

5 一封署名為「一名觀察家」寫給《華盛頓郵報》主編的驚人信件中，隱藏了這樣強硬的立場，在七月十八日被刊登出來。這名作者宣稱，依據歷史性判例，美國軍法清楚明確地說明出征服或是佔領並不影響戰敗國的主權。信中建議美國對於透過要騷動的正規外交管道的談判，採取開放的態度。饒有見識的記者將它解讀為官方性試探氣球。他們確實私下被告知這是艾里斯．薩卡里亞斯（Ellis Zacharias）的作為，他是個特立獨行的海軍上尉，也是「Op-16-W」的主管，而這是海軍祕密作戰情報單位，主要是負責心理戰。身為一名「官方發言人」，過去有段時間薩卡里亞斯曾透過無線電廣播向日本人保證，無條件投降主要是軍事用語，並不意味著終結日本人的生活方式。不過此封信的作者事實上是他的一名助手拉迪斯拉斯．佛拉哥（Ladislas Farago），他自發性並擅自作主決定要緩和這個無條件投降方案。當薩卡里亞斯獲知屬下的大膽行事後，也批准了，而且在後續的廣播中對日本人重複同樣的建議。

6 在兩個小時之內，同盟國參謀首長聯席會議就聽到紅軍的參謀總長阿列克謝．安托諾夫將軍（Alexei Antonov）宣布，「蘇聯軍隊此時正在遠東地區集結，並且準備在八月下旬開始對日作戰。不過實際日期還須視與中國代表會談的結果而定，而目前會談尚未完成。」

7 一九四六年，倫敦的《星期日泰唔士報》駐蘇聯的特派員亞歷山大．沃斯（Alexander Werth）問莫洛托夫，在波茨坦會議中是否曾把原子彈一事告訴蘇聯人。莫洛托夫驚訝地看著他，想了一陣子然後才說：「這是個難以處理的議題，而你問題的真實答案既為『是』，也為『非』。他們告訴我們有個『超級炸彈』，一顆『從來未曾見過的』炸彈，不過從來沒提到『原子』這個字眼。」

8 「印第安納波利斯號」在不到四天後，被橋本以行少校艦長所率領的「伊—五八」號潛水艇發射的三枚魚雷擊中，並在十二分鐘後隨即沉沒。船上沒有救生艇，只有幾艘救生筏。然而不可置信的，這四天以來幾乎沒有人想起「印第安納波利斯號」，因此一千一百九十六名船員中只有三百一十六人獲救。這是美國海軍史上最受爭議的海難事件。

9 國務院把《波茨坦公告》（在七月二十六日要求日本無條件投降的文件）和《波茨坦宣言》（Potsdam Declaration）（同盟國關於歐州的政策聲明）加以區隔開來，但是通常兩者都被稱為「宣言」（declaration）。

第三十三章

1 譯註：總軍是日本陸軍在二戰中的最高編制，指揮官為陸軍上將，下轄數個方面軍。在日本無條件投降時，日本陸軍計有中國派遣軍、關東軍、南方軍、第一總軍、第二總軍、航空總軍等六個總軍。

2 大戰結束後，一些「禁止使用核武」（Ban the Bomb）的團體利用了伊特里少校，宣稱因為少校表示對他參與了廣島轟炸感到愧疚，因此入獄並受到迫害，所以他是烈士，是「美國版的德雷福斯事件」＊。許多倉促刊印的書籍和文章捏造了許多說法（至少其中有一個是來自伊特里本人）：是他本人選定廣島為目標；他被授予「十字飛行榮譽勳章」；他飛越過廣島原子彈的蕈狀雲；他指揮廣島轟炸；他參與了長崎轟炸。

譯註：德雷福斯事件（L'Affaire Dreyfus）十九世紀末發生在法國的一起政治事件，事件起於一名法國猶太裔軍官德雷福斯被誤判為叛國，法國社會因此爆發嚴重的衝突和爭議。此後經過重審以及政治環境的變化，事件於一九〇六年獲得平反，德雷福斯也成為國家英雄。

3 木村自己在家裡沖洗好底片。雖然有些曝光過多，但是都還能用。沃爾德曼的底片在天寧島上裝備精良的實驗室內處理時，卻被毀了。設備應該保持在攝氏七十度之下，但是冷藏設備發生故障，使得底片因為溫度過高造成感光乳劑脫落。加奇巴克上尉的袖珍照相機拍出來的相片效果極佳。

4 除了那名小男童再也未能尋獲之外，這個家庭的其他人奇蹟般地都活了下來，而且沒有什麼後遺症。裕子的綽號是「閃子」，長大成人後健康漂亮——還是當地的網球冠軍選手。富田一家在被毀壞的原址上重建了家園。

5 廣島的和平紀念館首任館長長岡省吾教授推論，至少有二十萬人因為這顆原子彈死亡。經過廣泛的研究之後，莊野和佐間兩名博士也同意這個數字。

受難者中有二十二名是美軍戰俘，其中還包含數名女性。柳田浩當時是擔任看守美國戰俘的憲兵隊士官長，他在一九七〇年七月向一家日本報紙披露此事。一共有二十三名美軍戰俘。第二十三人是名年輕士兵，被人從瓦礫堆中拉出來時還活著，不過被一群憤怒的日本暴民活活打死了。

第三十四章

1 因為在隔天晚上逮捕到墜毀於大阪附近的美軍戰鬥機飛行員，而「證實」了東京將會是下一個原子彈的目標。在一名審訊馬庫斯·麥克迪爾達中尉（Marcus McDilda）的將軍用刀鋒頂著他的嘴唇，並且威脅要砍斷他的頭之前，他其實根本就搞不清楚什麼是原子能。麥克迪爾達屈服了。他用著佛羅里達州的口音描述原子是如何分裂成正電子和負電子，然後分別用鉛罩把它們裝在一個長三十六英尺寬二十四英尺的箱子內。當箱子從飛機上投下來時，鉛罩會溶化而且正負電子會再度結合，產生出一個把整座城市炸成廢墟的巨大爆炸。審訊者感到膽怯，問他下一個目標是哪。麥克迪爾達快速地想了一下後回答：「我相信是京都和東京。應該在幾天之內就會在東京投彈。」

2 譯註：拉夫連季·貝利亞（Lavrentiy Beria, 1899-1953），喬治亞人，長期擔任內務人民委員部首腦，史達林大清洗計畫的主要執行者之一，二戰結束後被史達林晉升為軍事元帥。史達林逝世之後，他在權力鬥爭中失勢，被祕密處決。

3 印度籍法官拉達賓諾德·巴爾（Radhabinod Pal）在東京大審中抱持異議論點，然而他的所言倍受輕忽。他宣稱，「如果在戰時，不分青紅皂白地摧毀平民的生命財產是非法的話，那麼在太平洋戰爭中作出使用原子彈之決定的人，則是唯一接近一戰的德皇，二戰的納粹領袖的人。這樣的事情是完全可以追溯到目前的被告身上的。」

4 最後一刻才更換飛機一事讓歷史學家們都搞混了。官方公報錯誤地宣布是「偉大藝人號」投下第二枚炸彈，而大多數的報導、甚至包括數份目擊者的報告也如此記載。當一九四六年計劃把「偉大藝人號」除役時，因為其在歷史上的角色，才發現此過錯：載運第二枚原子彈的飛機之序號和它並不相同。

5 嵯峨根教授一直到戰後才讀到此信。如果他收到這封信，他會立刻試著去說服一群有影響力的科學家，與他一起前去抗議；不過軍方故意不讓他看到此信。一名海軍軍官是他昔日學生，在轟炸的隔天非常激動地通知他，好幾名美國科學家寫了封信給他，信件已經交給海軍當局了。不過，有名陸軍軍官卻讓嵯峨根教授不要相信謠言，根本就沒有那封「有關原子彈」的信。

6 梅田在兩年後死於白血病，富村也在一九六四年死於同樣的病症，而小松迄今還為貧血症所苦。

7 豐田上將在戰後說：「我相信俄國加入了對日作戰一事，比兩顆原子彈更能加速日本提出投降。英國官方的史書《對日戰爭》（The *War Against Japan*）支持了這樣的爭議說法：「……因為它使得戰爭最高指導會議中所有的成員都了解到，和談的最後一線希望已經消失了，除了遲早都得接受盟國的條件之外，毫無他法。」

8 美軍估計死亡人數為三萬五千人，而長崎官員估計是七萬四千八百人。

第三十五章

1 譯註：三國干涉還遼事件，發生於日清戰爭後。清政府與日本明治政府簽署《馬關條約》，割讓遼東半島予日本。六日後，俄羅斯、德國與法國以提供「友善勸告」為藉口，使日本把遼東半島交還給清朝。

2 天皇在一九四六年一月和藤田侍從武官長談話時，指出了發動戰爭以及結束戰爭兩個決定之間的差異，還有這是如何影響他作為天皇的角色定位。「在要投降期間，不管他們（六巨頭）做了多少次的討論，都沒有希望取得一致意見。除了密集的轟炸以外，我們又慘遭了兩次原子彈的攻擊，突然之間就加快了戰爭的蹂躪。到了最後，當鈴木在御前會議上問朕時，就這兩個觀點中要採納哪一個時，朕才有機會首度表達心中的自由意志，而又沒有侵犯到任何人的權限和責任……」

3 這樣的英文措詞還是不精準的。東鄉的外務次官松本俊一事後說這會讓人誤解。應該解讀為：「我方接受《波茨坦宣言》。我方了解到，此項接受並不會影響皇室的地位。」

4 譯註：北條時宗（一二五一—一二八四）是日本鎌倉幕府中期的第八代執權（幕府實際上的最高領導人）。面臨元帝國對日本的侵略，幕府朝野都主張投降，但他堅持與元軍一戰，並說下了這句「莫煩惱，驀直前進」。在「神風」相助之下，兩次擊退具有壓倒性武力的蒙古帝國遠征軍。

5 譯註：羅斯福所描述和定義的珍珠港事件。

6 私塾名稱的由來是一名中國愛國詩人在被蒙古入侵者處決之前所寫下的詩，摘自其中的一句：「雪中長青青更青。」這也就表示，經過大火淬煉的人還能保持「青」，才是真實的純淨。

7 當時在東京一直都謠傳著，在八月十三日將會有原子彈空襲日本首都。

8 華盛頓方面的電報繞過伯恩斯，在晚上六點四十分送達了外務省；不過電報課長根據松本的指示，把時間延後改為八月十三日上午七點四十分，且把它一直放在公文欄中。

第三十六章

1 在空襲和警報期間，內閣會議都在較為安全的赤坂區的電報局內舉行。

2 這份詔書的最後草稿共有八百一十五個字。巧合地也在八月十五日那天廣播。

3 譯註：《終戰詔書》全文是以日文漢文訓讀體寫成。當時天皇朗讀《終戰詔書》時，庶民難以理解其內容。

4 在那天，八百二十一架「超級空中堡壘」從馬里亞納群島起飛，要轟炸東京地區。斯帕茲將軍想要「把結尾給弄得愈大愈好」。

5 田中中將同時指揮兩個單位，東部軍管區和第十二方面軍。通常習慣合稱為「東部軍」。

6 陰謀要謀反叛亂的軍官不只是畑中而已。橫濱衛隊的指揮官率領著大約有四十人，一路開車來到東京，要去暗殺政府內那些「巴多利奧之流」。他們在八月十五日的凌晨之前，封鎖首相府。他們希望把鈴木還有其他閣員都圍困在內，但是首相當晚睡在家中。判軍放火燒掉這座空大廈，然後再前往鈴木的家中。鈴木一家人躲上了一台汽車——用人推了之後，才發動得起來——就在這些判軍剛剛抵達之前才逃離。這些一心想成為暗殺者的人再度成了縱火犯，還用槍指著消防員，阻止他們撲滅大火。他們這群人備感挫折，又去找到平沼男爵的居所，把它付之一炬。年邁的男爵把假牙留在了家裡，從唯一沒被追捕者封鎖的花園門逃了出去。

7 田中在八月二十四日穿著軍禮服，坐在辦公桌前開槍自盡。在這之前他曾經對高嶋少將說過，叛亂和他決定要自裁幾乎是毫無關聯。主要是因為，他對於東京空襲大火中引起皇居著火，還有喪失的生命該負起責任。他必須向天皇謝罪。他說，東部軍管區內其他人誰也不准自殺，「我要為所有的人承擔起責任。」

第三十七章

1 鶴是天皇或是皇室的象徵，就像英國用皇冠來代表君主一樣的意思。

2 這是這七架戰機最後的電報。奇怪的是，當天美軍方面並無任何神風攻擊的記載。

3 小澤和米內上將接見了這名中校。在會見東久邇宮親王前，他坐在板凳上休息，卻睡過頭了。醒來之後，已經錯過會晤時間，因而他推想：「一定是神的旨意要我睡過頭。」還說他誤解了神的啟示。

4 譯註：阿提拉（Attila, 406-453），歐亞內陸最為人熟知的匈奴領袖，多次率領大軍入侵東羅馬帝國及西羅馬帝國，亦曾遠征至高盧（今法國）。在西歐被視為殘暴及搶奪的象徵，史學家稱之為「上帝之鞭」。

5 在兩個小時之前，有三架藍色的美軍戰鬥機直朝厚木機場飛來。其中一架拋下一個大型的管子。有末呆站著不動，看著它落到地面上，害怕是某個還想要持續作戰的激進美軍所扔下來的。管子落在草地上，並沒有爆炸。當它被小心翼翼地帶到有末面前時，他看到末端有個螺絲帽。他們轉下螺絲帽，如此一來就「拆除了」炸彈；裡面捲著一個布條，是十五英尺長的橫幅，上面寫著：

歡迎美國陸軍 ——美國海軍上

裡面還有張字條，要求把這張橫幅掛在停機坪的一邊，好讓麥克阿瑟的官員們在下飛機時能夠一眼就見到。有末「害怕這會引起麻煩和反感」，下令把它藏起來了。

6 譯註：阿拉莫（Alamo），位於德州聖安東尼奧的一座建築物。一八三六年，墨西哥總統山塔納（Antonio Lopez de Santa Ana）率軍隊包圍了它，並向剩下的只有五個人的守軍承諾，投降後就赦免他們，但五人投降後還是被殺。

7 在麥克阿瑟的《回憶錄》中寫著，當他聽到這句話時，他「大感驚訝」；麥克阿瑟顯然忘記了自己在一九四二年發給馬歇爾的電報中對於溫萊特的話了，其中一封電報內容還宣稱他相信，他的繼任人已經「暫時精神失常」。

8 譯註：「東京玫瑰」（Tokyo Rose）是二戰時美軍對東京廣播電台的女播音員的暱稱。當時日軍企圖以女播音員的英語廣播進行心理戰，勾起美軍的鄉愁和厭戰情緒。戰後美國調查發現，當時負責廣播的女性播音員可能有四至二十人，但僅有一名日裔美國人戶栗郁子承認了自己的身分。

9 達奎諾夫人因為叛國罪遭到逮捕。大陪審團在一九四八年九月開庭時，李和布朗迪奇「把罪名都推給教唆『東京玫瑰』去從事廣播行業的那名上尉身上」——對於他們而言，他的罪刑是比她更為嚴重——陪審團要求對上尉和「東京玫瑰」兩人進行起訴。大陪審團在獲知他們對上尉並沒有司法管轄權後，也就拒絕對戶栗郁子起訴。當檢方向陪審團保證，上尉也會受到司法審判時，她也就被大陪審團起訴。她接受審判，被以叛國罪定讞，遭到判刑十年以及罰款一萬美元的處罰。而這名上尉從未受審，還被晉升為少校。

10 史達林元帥就在同一天向蘇聯人發表重要談話。他說，因為日本人佔據了庫頁島南半部，以及在一九〇四年強化了對千島群島的掌控，所以他們和日本人有一筆特別的帳得算清楚。

尾聲

1 審訊地點就是市谷高地的陸軍總部大樓，當冗長的審判接近尾聲時，東條和兒玉譽士夫在巢鴨監獄的運動場上看著天空中的兩架美軍戰機。這名上將說：「兒玉，只要不再發生戰爭，這場審判就是有意義的。就如你看到的天空，他們正在演練要去對付蘇聯人。到了審判結束時，蘇聯和美國之間的關係就會變得不穩定。如果戰爭再起，像這樣的犯罪審判真的是毫無意義。」東條在一九四八年十一月十二日被判處死刑。他在獄中完全變成另外一個人。宗教現在已經主宰了他的生活，大家給他的綽號是「小和尚」。在他行刑前的數個小時，東條告訴花山信勝博士——他是佛教僧侶，也是監獄中的輔導師——他要感謝很多事情：他的軀殼將成為日本的土壤；他的死不僅是向日本人謝罪，也是對和平及重建日本而邁出的一步。他說，是該他死的時候了，因為他的牙齒也差不多掉光了，眼睛也看不清楚了，而且記憶力衰退。與其在監獄中渡此餘生成為塵世間情感的受害者，那還不如死了好。最後他說，知道死後自己可以在極樂世界重生，是可喜的。他甚至還有了幽默感。他笑著拿起一條「卡農牌」毛巾說：「觀音菩薩終於顯靈了！」〔譯註：日語中「卡農」（Cannon）和「觀音」（Kannon）的發音相似。〕在東條最後的遺言中，他呼籲美國人不要轉化日本人的情感，或是灌輸給他們共產主義。日本曾經是亞洲反對共產主義的堡壘，而現在滿洲已經成為這塊大陸共產化的基地。美國人也將朝鮮一分為二，而他預言這在將來會帶來大麻煩。他對日本軍人所犯下的暴行致歉，並且敦促美國軍方要對日本平民展現憐憫和懺悔，因為美軍毫不區隔地空襲轟炸和兩枚原子彈，讓他們深受其害。他也預言，因為美蘇兩國之間的利益衝突，將會爆發第三次世界大戰，而且戰場會是日本、中國以及朝鮮；而保護手無寸鐵的日本將會是美國的責任。

東條以兩首詩作為遺言的收尾：

雖然我現已離去，但我將回到故土，因為對逾祖國之恩，尚有未償還之債。

是該說訣別的時候了。當花兒再度綻放前，我將在大和島上的青苔下等待著。

他莊嚴地走上絞刑台的十三層台階。在十二月二十二日午夜一過，腳下的活板門就彈開來了。

2 譯註：一九〇四年日俄戰爭中，他率軍攻打旅順「二〇三高地」時，造成日軍死傷慘重——其長子與次子都在此戰役中陣亡——當時乃木希典已起自殺謝罪之念，並向明治天皇請辭，天皇不許。一九一二年明治天皇大葬，乃木切腹自殺，其妻亦以短刀割頸自殺，因此成為武士道的精神象徵。

3 近衛的長子文隆（在普林斯頓時被稱為「小平頭」）在滿洲被俄國人俘獲。死於離莫斯科不遠的戰俘營內。

國家圖書館出版品預行編目(CIP)資料

帝國落日：大日本帝國的衰亡(1936-1945)/約翰.托蘭(John Toland)作；吳潤璿譯. -- 二版. -- [新北市]：黑體文化, 左岸文化事業有限公司出版：遠足文化事業股份有限公司發行, 2025.08
冊； 公分
譯自：The rising sun : the decline and fall of the Japanese empire, 1936-1945
ISBN 978-626-7705-67-4(全套：平裝)

1.CST: 日本史 2.CST: 第二次世界大戰
731.2788　　114010109

特別聲明：
有關本書中的言論內容，不代表本公司／出版集團的立場及意見，由作者自行承擔文責。

黑體文化　讀者回函

帝國落日：大日本帝國的衰亡（1936-1945）（下）

The Rising Sun: The Decline and Fall of the Japanese Empire, 1936-1945

作者・約翰・托蘭（John Toland）｜譯者・吳潤璿｜責任編輯・龍傑娣｜協力編輯・胡德揚｜封面設計・林宜賢｜出版・黑體文化／左岸文化事業有限公司｜總編輯・龍傑娣｜發行・遠足文化事業股份有限公司｜電話・02-2218-1417｜傳真・02-2218-8057｜客服專線・0800-221-029｜客服信箱・service@bookrep.com.tw｜官方網站・http://www.bookrep.com.tw｜法律顧問・華洋法律事務所・蘇文生律師｜印刷・中原造像股份有限公司｜排版・菩薩蠻數位文化有限公司｜二版・2025年8月｜二版・2025年8月｜定價・1500元（二冊不分售）｜ISBN・9786267705674｜EISBN・9786267705681 (EPUB)・9786267705698 (PDF)